JN439876

입법학 연구

홍완식 저

머 리 말

이 책에 실린 글들은 새로이 쓴 글들이 아니며, 이 책은 그동안 쓴 글들을 모아놓은 것입니다. 글을 쓸 때마다 여러 학술지에 실린 글들을 일일이 찾아서 인용하는 것이 번거롭기도 하고, 입법학관련 강의에 사용할 교재가 아직 개발되지 못했기 때문에, 입법학 관련 논문들을 모은 책의 출판을 결심하게 되었습니다.

'입법학원론(立法學原論)'이라는 책의 제목을 정해놓고 입법학 강의를 위한 교과서를 구상하고 작업한 지가 몇 년 되었습니다만, 쓰면 쓸수록 욕심이 나고 부족함이 드러나기 때문에 아직도 탈고를 하지 못하고 있습니다. 독일·미국·일본의 입법학 관련 저서의 장점을 택하고 단점을 보완해서 한국 실정에 적합한 입법학 저서를 써야겠다는 너무나도 거창한 목표를 잡는 바람에, 부족한 저의 재능과 시간만을 탓하고 있었습니다. 다행히 책을 쓰기 위해서는 관련 분야의 연구가 선행되어야 한다는 사명감이나마 가진 덕분에, 입법학 분야의 글들을 여러 학술지에 게재하게 되었고, 이번에 이 글들을 모아서 출판을 결심하게 된 것입니다. 출판을 위해서 논문들을 다시 읽다보니 아쉬운 점도 있지만, 오·탈자를 교정하는 정도로 최소한의 수정만을 하였습니다. 아쉬운 점과 쓰고 싶은 글들은 향후 제가 수행해 나갈 입법학 연구에 반영하도록 하겠습니다.

그간의 논문을 모아 책으로 내도록 격려해주신 교수님들께 감사드리고, 출판을 위해 애써주신 피앤씨미디어의 박노일 사장과 심성보 이사에게 감사의 마음을 전합니다.

2014년 7월 31일
사바나 초원을 그리워하며
홍 완 식

차 례

제1편 입법평론(立法評論)

제1장 안전권 실현을 위한 입법정책

제2장 연령기준에 관한 입법평론

제3장 성희롱 관련법에 대한 입법평론

제4장 영리병원 법안에 대한 입법평론

제5장 미국의 아동대상 성범죄 관련 법률에 대한 입법론적 검토

제6장 존엄사 법안의 분석과 평가 - 입법학적 관점에서 -

제 2 편 입법원칙론(立法原則論)

제 7 장 체계정당성의 원리에 관한 연구

제 8 장 처분적 법률에 관한 연구

제9장 한국 법제에 대한 고찰

제10장 헌법재판소의 결정을 통해 본 입법의 원칙

제12장 의정평가의 구체화 방안에 관한 검토

제 3 편 입법과정론(立法過程論)

제13장 현행 입법과정의 문제점과 개선방향

제14장 의원입법에 대한 합리적인 통제방안

제15장 규제개혁과 입법정책

제16장 '국회선진화법'에 관한 고찰

제17장 국회 법안발의 규칙의 제정에 관한 검토

제18장 헌법재판소에 의한 입법절차 통제

제 1 편

입법 평론

立法評論

CHAPTER

01 안전권 실현을 위한 입법정책

출처: 유럽헌법연구 제14호, 2013년

새로운 자연적·인공적 위험은 갈등의 점증과 기술의 발달과 함께 새롭게 대량으로 나타나고 있으며, 잦은 빈도로 현실화되고 있다. 따라서 이러한 위험으로부터 개개의 인간 나아가서는 인류의 안전을 확보하려는 노력도 발전하고 있다. 헌법은 국민의 기본권과 자유를 보장하기 위한 규범체계이며, 헌법이 궁극적으로 지향하는 가치는 자유라고 할 수 있다. 그러나 자유는 안전을 기본적인 전제로 하며, 안전이 확보되지 않은 곳에는 자유가 존재할 수 없다. 자유와 안전은 긴장관계에 있지만, 자유와 안전 양자는 헌법이 존중하는 가치이며, 이 둘의 가치를 조화롭게 실현하는 것은 입법자에게 맡겨진 과제라고 할 수 있다. 안전을 확보하려는 국가 차원의 노력, 다른 관점에서 말하자면 안전권을 실현하기 위한 국가작용은 법령에 근거를 두어야 한다. 국가의 안전관련 정책은 법령에 근거를 두어야 관련 행위, 인원동원, 예산집행이 가능하기 때문이다. 대량의 재난이 종종 발생하는 현대적 상황 하에서 이러한 안전권 실현을 위한 국가의 의무나 안전보장을 국가에 요청할 권리는 법률적인 차원에서만 머무르지 않고, 헌법적인 차원으로 격상되고 있다. 즉, 안전권은 입법자가 자유롭게 선택할 수 있는 재량사항이 아니고, 안전권의 확보와 실현을 위하여 입법을 하여야 하는 헌법적인 의무이다. 또한 국가의 안전권 실현을 위해서는 중앙정부와 지방정부의 협력을 통한 완벽한 안전체계의 구축이 필요하며 또한 안전권의 실현을 위한 법체계의 완비가 필요하다. 이러한 관점에서 우리나라에서의 안전권 논의는 아직도 초기단계에 머무르고 있다. 헌법학의 관점에서 안전권에 관한 논의는 아직 활발하다고 볼 수 없으며, 안전권의 보호범위와 내용에 관해서 본격적인 논의가 필요한 단계이다. 입법적인 차원에서도 안전권 실현을 위한 법제는 미비하고 비체계적이기 때문에, 법령에 근거를 둘 수밖에 없는 국가의 안전확보활동도 신속하고 효과적이라고 볼 수 없다. 따라서 산재해 있는 안전관련 법률의 정비와 그 실질적 효과를 점검해 볼 필요가 있다.

제1절 머리말

현대사회는 다양한 위험에 상시 노출되어 있으며, 이러한 위험은 대형피해를 유발하고 있다. 따라서, 다양한 위험이 잠재하는 현대사회는 위험사회라는 특징을 지니고 있으며, 현대사회에서 발생하는 국민의 생명·신체·건강·재산 등에 대한 피해를 예방하고 수습하는 것이 국가의 의무로 인식되고 있다. 대형참사로 각인된 2011년의 쓰나미에 의한 일본 원자력발전소 폭발사건이나 2001년의 미국의 9·11테러를 경험한 일본이나 미국의 국내 여론은, 이러한 일이 발생하기 전에 국가는 국민들의 안전 확보를 위해 무엇을 하였는가를 질문하고 있다. 우리나라에서도 전쟁이나 테러는 물론이고 원자력발전과 자연재해로 인한 위험 때문에, 안전에 대한 국가의 역할을 묻는 질문과 요구가 증가하고 있다. 즉, 원자력사고나 대형 테러를 염려하는 의견이 있으며, 북한의 전면전이나 국지전으로 부터의 안전이나 기후변화가 초래하는 자연재해로부터의 안전 그리고 위해식품이나 성범죄를 포함한 강력범죄로 부터의 안전 및 고감염성 질병으로부터의 안전 등 각종 위험으로부터의 안전이 심각하게 논의되고 있다. 안전확보와 재난예방을 위한 국가작용은 당연히 법령에 근거를 두어야 하며, 안전확보와 재난예방을 위한 국가의 의무를 도출할 수 있는 헌법적 근거를 검토할 필요도 있다. 현대사회에서는 예상치 못한 자연적 또는 인위적 위험요소들이 산재해 있기 때문에 국가는 이러한 위험으로부터 국민을 지켜야 할 의무가 있으며, 따라서 새로운 기본권으로 인식되는 안전권 보장의 필요성이 절실해 지고 있다. 이 글에서는 헌법적 차원에서의 안전권에 관한 논의와 법률적 차원에서의 안전권 실현에 관한 논의를 중심으로 고찰해 보고자 한다.

제2절 안전권의 개념

최근에는 삶의 전반적인 여건 내지 생존조건에 대한 것 까지 기본권적 보호의 대상으로 파악하려는 움직임이 등장하고 있다.[1] 안전권은 여러 자연적 및 사회적 위험으로부터 안전할 권리이고, 국가는 이러한 여러 위험으로부터 개인의 안전을 보장할 의무를 진다. 안전이 넓은 개념인 것처럼 위험도 역시 넓은 개념이다. 위험이란 인간의 생존에 위해가 되는 모든 것을 의미하는 데, 이러한 위험은 타인으로부터의 위험은 물론이고, 자연재해 및 사회적 위험도 포함한다.[2] 위험에 대조되는 개념으로서의 안전이란 사용영역에 따라 내용이 다르며 그 범위 역시 해당되지 않는 곳을 찾기 힘들 정도로 넓다.[3] 안전에 대한 개념은 시대에 따라 달라질 수 있는데, 현대사회에서의 안전은 전통적인 안전개념인 생명과 신체에 대한 안전만이 아니라 사회적인 안전 및 생태계적인 안전도 포함한다.[4] 독일에서 논의되었던 국가의 기본권보호의무의 구체적인 사안도 낙태로부터의 태아의 생명보호, 테러리스트의 공격에 대한 생명·신체의 보호, 원자력위험으로부터의 보호, 항공과 교통소음으로부터의 보호, 각종 오염과 환경훼손으로부터 보호 등이다. 이처럼 개인이 국가에 대하여 제3자적인 법익침해로

1 장영수, 헌법학, 2011, 456면.

2 Roßnagel, Alexander, Sicherheit für Freiheit?, 2002, S.20.

3 유현정, 국민 안전권 확보를 위한 고찰, 한국위기관리논집, 제4권 제2호, 2008, 19면.

4 Isensee, Josef, Das Grundrecht auf Sicherheit, 1983, S.3.

부터 지켜줄 것을 요구하는 권리가 안전권이다.[5] "국가가 국민의 생명·신체의 안전을 보호할 의무를 진다"[6]고 하여, 우리 헌법재판소의 다수 결정에서도 국가는 기본권보호의무를 이행할 의무가 있음을 확인하고 있다.

독일에서 안전과 관련된 개념은 'Sicherheit'이다. 'Sicherheit'는 '위험으로부터 자유로운 상태'를 의미한다. 영어에서의 안전과 관련된 개념은 'Safety'이다. 'Safety'는 '물리적·사회적·정신적·재정적·정치적·감성적·직업적·심리적·교육적 또는 모든 형태의 실패·피해·실수·사고·손해 및 기타 바람직하지 않은 것으로 여겨지는 것으로부터 보호되는 상태'를 의미한다.[7] 안전에 대한 반대개념으로는 위험, 재난 등이 있지만, 이에 대한 개념 정의도 다양하다. 위기는 중요한 변화가 절박하게 요구되는 불안정한 상태이거나 또는 하나의 사건이나 행동과정이 계속 진행되어야 하는지 아니면 수정 또는 종결되어야 하는지의 여부가 결정되는 순간으로서의 전환점이다. 재난은 사회의 기본조직 및 정상기능을 와해시키는 갑작스런 사건이나 큰 재해로써 재해의 영향을 받는 사회가 외부의 도움없이 극복할 수 없고, 정상적인 능력으로 처리할 수 있는 범위를 벗어나는 재산, 사회간접시설, 생활수단의 피해를 일으키는 단일 또는 일련의 사건이다. 현대사회에서 안전권 보장을 위한 입법적 과제에 대해서는 주로 환경법과 기술법의 영역에서 논의되고 있다.[8] 전통적 위험으로부터의 안전은 물론이고 새로운 현대사회의 위험으로부터의 안전을 위한 입법이 필요하다.

---

5 Robbers, Gerhard, Sicherheit als Menschenrecht, 1987, S.40.
6 헌재 2009. 2. 26. 2005헌마764 등.
7 wikipidia, 2013. 5. 22 방문.
8 강문수, 위험사회에서의 입법, 토지공법연구, 제32집, 2006, 354면.

제3절 안전권에 관한 헌법적 논의

근대국가의 이상인 '야경국가'적 맥락에서 범죄로부터 국민의 안전을 지키는 치안확보가 국가 최우선의 과제였다. 현대국가의 이상이라고 할 수 있는 '복지국가'적 맥락에서도 물리적 위험만이 아니라 모든 사회적 위험으로부터 국민을 지키는 안전확보가 국가의 중대한 과제임에 틀림없다. 즉, 근대국가에서는 물론이고 현대국가적 관점에서도 안전의 확보는 국가의 존립근거이자 최우선 과제이며, 국가과제로서의 안전의 범위는 점차 확대되어 왔다. 독일의 경우에도 국민들의 안전을 지키는 것이 국가의 존재이유라는 것에 대하여 헌법적 차원에서 확인되고 있으며, 헌법학에서의 국민의 안전에 관한 논의는 점차 중요한 의미를 지니고 있다.[9] 헌법이 국민의 기본적 권리와 자유를 보장하기 위한 규범이며, 헌법의 궁극적 가치는 자유이다. 자유는 안전을 기본적인 전제로 하며, 안전이 확보되지 않은 곳에 자유가 존재할 수는 없다. 그러나 자유를 지나치게 강조하면 안전이 위협받을 수 있고, 반대로 안전을 지나치게 강조하면 자유가 축소될 수 있다.[10] 결국, 자유(Freiheit)와 안전(Sicherheit)라는 지향점 모두가 헌법이 존중하는 가치이며, 이를 조화롭게 실현하는 것은 일차적으로 입법자에게 맡겨신 과제라고 할 수 있다. 범죄의 위험이 있으면 국가의 적극적인 범죄방지의무가 발생함에도 불구하고 이를 게을리한 경우에 있어서 국가의 기본권보호의무가 논의되는 상황[11]도 안전권의 보장과 무관하지 않다. 안전권은 헌법에 명시되어 있지 않음에도 불구하고, 국민은 국가에 안전을 요구할 수 있는 권리가 있다는 점에 대해서 이론이 있을 수 없다. 물론 안전권의 헌법적 근거와 안전권의 보호범위와 이에 대응하는 국가의무의 범위 등에서는 논의가 필요하다. 우선

9 Thiel, Markus, Die "Entgrenzung" der Gefahrenabwehr, 2010, S.143.

10 Mackenroth, Geert, Der Rechtsstaat in der Zwickmühle? Zur Balance von Freiheit und Sicherheit, 2011, S.40.

11 전광석, 한국헌법론, 2013, 194면.

안전권에 관한 헌법적 논의는 두 가지 점에서 검토해 볼 수 있을 것이다. 우선 안전권이 우리 헌법상 보장될 수 있는 기본권이냐는 것이고, 헌법적 근거와 범위 등이 검토될 필요가 있다.

1. 헌법적 권리로서의 안전권

우선 안전권이 헌법상의 권리인가 아니면 법률상의 권리인가에 관한 문제이다. 물론 안전권을 헌법상으로나 법률상으로나 권리로 인정할 수 없다는 견해도 있을 수 있겠지만, 이러한 안전권 부정론을 표방하는 견해는 찾아볼 수 없다. 안전권이 헌법차원의 기본권인가 법률적 차원의 권리인가는, 안전권의 보호필요성 및 보호범위와 깊은 연관을 지니고 있다고 할 수 있다. 헌법은 완결된 규범체계가 아니라 시대적 요구를 수용할 수 있도록 추상적이며 다의적 용어나 문장구조를 취하는 개방적 구조를 가지고 있다[12]는 점을 감안하면, 안전권을 기본권으로서 보호하여야 한다는 필요가 있으며, 이러한 시대적인 요청에 부응하여 안전권은 헌법상의 권리로 인정되어야 한다. 대량의 재난이 상시화된 현대적 상황에서, 안전권의 기본적인 내용은 각종 위험과 재난으로부터 안전할 수 있도록 국가에 요청할 수 있는 권리라고 볼 수 있다. 따라서 입법자에게 안전권 실현을 위한 입법의무를 부과하기 위해서는 안전권이 헌법에 의하여 보장되는 기본권으로 인정되어야 한다. 안전권을 소구할 수 있느냐의 여부는 별론으로 하더라도, 안전권을 법률상의 권리로만 본다면 안전권 실현을 위한 입법을 할 것이냐의 여부는 오로지 입법자의 자유재량에만 맡겨지는 것이기 때문이다.

2. 안전권의 헌법적 근거 등

우리 헌법에서 안전권을 명시적으로 규정한 규정은 없지만, 헌법의 여러 규정으로부터 안전권이 도출된다. 즉, 헌법 전문과 제10조의 기본권보장의무로

---

12 유시조, 헌법의 개방성과 폐쇄성, 헌법학연구, 제9권 제3호, 2003, 58면.

부터 국민의 생명과 신체에 대한 안전권이 도출된다. 또한 헌법 제34조 6항의 국가의 재해예방의무나 제36조 제3항의 국민보건보호의무와 연결하여 해석하면 보다 구체적인 구성요건을 지니는 안전권의 도출이 가능하다.[13] 국가가 존립하기 위한 최소요건은 영토와 국민의 보전이다. 국가는 이를 위해 국민에게 국방의 의무와 납세의 의무를 부과함과 아울러 국민에 대하여 국가 외부에서 초래되는 외적의 침입과 국가 내부에서 초래되는 범죄의 발생을 예방하고 이를 물리칠 의무를 스스로 부담하고 있는 것이다.[14] 대한민국 헌법 전문에는 "우리들과 우리들의 자손의 안전과 자유와 행복을 영원히 확보할 것을 다짐하면서"라고 하여 안전·자유·행복이 중요한 국가적 과제임을 천명하고 있다. '안전과 자유와 행복'이라는 표현은 제헌헌법의 전문에서부터 명시적으로 규정되어 있다. 이는 헌법의 기본원리이며 특히 안전을 가장 먼저 언급하고 있는 것은 안전이 자유와 행복의 전제가 됨을 표현하는 것으로 이해하는 견해도 있다.[15]

국가는 국민의 기본권을 보호하고 실현하여야 하는 의무를 진다는 것이 국가의 기본권보호의무 이론이다. 국민이 제3자에 의하여 생명이나 신체 등 기본권적 법익의 침해나 침해의 위협을 받고 있을 경우에 국가가 국민을 적극적으로 보호할 필요가 있다고 하는 기본권보호의무에 관한 이론은 독일 헌법학계와 독일연방헌법재판소가 발전시켰다. 우리 헌법 제10조 후문의 "국가는 개인이 가지는 불가침의 기본적 인권을 확인하고 이를 보장할 의무를 진다"는 규정의 해석을 통하여 국가에 기본권보호의무가 있다는 이론을 발전시켰다.[16] 국가가 국민의 생명·신체의 안전에 대한 보호의무를 다하지 않았는지 여부를 헌법재판소가 심사할 때에는 국가가 이를 보호하기 위하여 적어도 적절하고 효율적인 최소한의 보호조치를 취하였는가 하는 이른바 '과소보호 금지원칙'의 위반 여부를 기준으로 삼아, 국민의 생명·신체의 안전을 보호하기 위한 조치가 필요한

---

13 송석윤, 위험사회에서의 안전과 기본권으로서의 안전권, 헌법과 사회변동, 2007, 45면.
14 헌재 1989. 4. 17. 88헌마3.
15 송석윤, 위험사회에서의 안전과 기본권으로서의 안전권, 헌법과 사회변동, 2007, 3면.
16 송기춘, 국가의 기본권보장의무에 관한 연구, 서울대학교 대학원 법학박사학위청구논문, 1999 참고.

상황인데도 국가가 아무런 보호조치를 취하지 않았든지 아니면 취한 조치가 법익을 보호하기에 전적으로 부적합하거나 매우 불충분한 것임이 명백한 경우에는 국가의 기본권보호의무에 위반된다.[17] 헌법재판소는 1997년의 교통사고처리특례법 제4조 1항에 대한 헌법소원사건 결정[18]을 통하여 국가의 기본권보호의무에 관한 입장을 밝힌바 있다. 이 사건에서 다수의견은 비록 기본권보호의무 위반을 인정하지 아니하였지만, 국가의 기본권보호의무를 우리 헌법으로부터 도출하였다는 점에 동 결정의 의의가 있다. 교통사고처리특례법 제4조 1항에 대해서는 2009년에 재차 헌법소원심판[19]이 제기된 바 있다. 미국산 쇠고기 및 쇠고기 제품 수입위생조건 위헌확인 사건[20]에서도 국민의 생명·신체의 안전을 보호할 국가의 기본권보호의무가 논란이 된 바 있으며, 사산된 태아의 손해배상청구권을 인정하지 않는 민법 제3조 및 제762조가 국가의 기본권보호의무에 위반되는지의 여부도 논란이 된 바 있다.[21]

헌법 제34조 제6항은 "국가는 재해를 예방하고 그 위험으로부터 국민을 보호하기 위하여 노력하여야 한다"고 규정하고 있다. 이는 1987년에 개정된 현행 헌법에서 신설된 규정이다. '재해 예방'이나 '국민 보호'라는 문구와 문맥으로 보아, 이 규정은 현대사회에서 새로이 나타나는 재난의 문제를 인식하고 이에 대비하여야 하는 국가적 의무를 강조하는 취지로 신설되었다고 보인다.[22] 헌법 제34조 제1항은 인간다운 생활을 할 권리를 규정하고 있으며, 제2항에서 제5항까지 국가의 사회보장·사회복지에 관한 사항을 규정하고 있다. 국가적 재앙은 바로 전국민의 생존과 연결되는 사안으로서, 국가의 적극적인 시책의 수립과 더불어 국가적 재앙으로부터 국민을 보호하여야 할 국가의 적극적인 정책수립은 사회복지원리의 구현이기도 하다.[23] 따라서 제34조 제6항은 사회보장의 연장선

17 헌재 2008. 12. 26. 2008헌마419.
18 헌재 1997. 1. 16. 90헌마110.
19 헌재 2009. 2. 26. 2005헌마764.
20 헌재 2008. 12. 26. 2008헌마419.
21 헌재 2008. 7. 31. 2004헌바81.
22 송석윤, 위험사회에서의 안전과 기본권으로서의 안전권, 헌법과 사회변동, 2007, 3면.
23 성낙인, 헌법학, 2013, 751면.

상에서 국가의 안전권 보장의무를 규정하는 것으로 볼 수 있다. 헌법재판소는 "헌법 제34조 제2항, 제6항을 보더라도 이들 규정은 단지 사회보장·사회복지의 증진 등과 같은 국가활동의 목표를 제시하거나 이를 위한 객관적 의무만을 국가에 부과하고 있을 뿐, 개인에게 국가에 대하여 사회보장·사회복지 또는 재해예방 등과 관련한 적극적 급부의 청구권을 부여하고 있다거나 그것에 관한 입법적 위임을 하고 있다고 보기 어렵다. 결국 최소한의 수준을 넘는 사회복지·사회보장에 따른 급부의 실현은 이에 필요한 사회경제적 여건에 의존하는 것으로서, 국가가 재정능력, 국민 전체의 소득과 생활수준 내지 전체적인 사회보장 수준과 국민감정 등의 사정, 사회보장제도의 특성 등 여러 가지 요소를 합리적으로 고려한 입법을 통하여 해결할 사항이라 할 것인데, 주어진 가용자원이 한정되고 상충하는 여러 공익이나 국가과제의 조정이 필요한 상황 하에서는 입법자에게 광범위한 입법재량이 부여되지 않을 수 없다"고 한다.[24] 이러한 관점에서 보면, 국가의 재해예방의무는 개인에게 직접 주어지는 헌법적 차원의 권리로 볼 수는 없고, 입법자인 국회가 입법재량권을 행사하여 구체적인 사항을 규정하여야 하는 것으로 보인다. 그러나 이는 재해예방의 1차적인 책임이 입법자인 국회에 있음을 의미하는 것이지, 입법자에게 안전권 실현에 관한 입법여부에 관해서 자유로운 재량을 허용하는 것을 의미하지는 않는다. 이와 같은 관점에서 "이 조항이 현행헌법에 신설된 의의는 국가의 재해예방 및 보호의무에 대응하여 국민에게 사전적인 재해예방 및 보호청구권을 인정하고 있다는데 있다. 따라서 국민은 자력으로 재해를 예방할 수 없을 경우에는 국가에 대해 재해의 예방을 청구할 수 있고, 또 재해를 예방할 수 없는 경우에는 예상되는 재해로 인한 위험으로부터 보호를 청구할 수 있다"[25]고 한다. 재해예방과 위험으로부터의 보호를 위한 입법을 전혀 하지 않는 경우와 지극히 불충분하게 입법을 하여 국민의 안전권을 중대하게 침해한 경우에는 입법부작위의 책임을 면할 수 없을 것으로 본다. 이 규정을 통하여 헌법은 명시적인 입법의무를 입법자에게 부여

24 헌재 2003. 7. 24. 2002헌바51.
25 김철수 외, 주석헌법, 법원사, 1995, 280면.

하였다고 볼 수 있다.

헌법 제36조 제3항은 "모든 국민은 보건에 관하여 국가의 보호를 받는다"고 규정하고 있는데, 이는 '보건에 관한 국가의무'[26]를 규정하는 것으로 해석되고 있다. 즉 이 규정은 국민의 건강에 대한 국가의 보호의무를 정하고 있는 동시에 일정한 범위에서의 건강권을 보장하고 있다.[27] 이 규정은 '보건에 관한 권리' 혹은 '보건권'으로 해석되며, 소극적으로는 강제적 불임시술·의학실험과 같은 국가의 건강침해로부터의 방어권이면서, 적극적으로는 전염병에 대한 예방·관리, 식품유통과정에 대한 관리·감독, 건강보험제도와 같은 의료정책의 실시 등을 적극적으로 시행할 것을 청구할 수 있는 권리로 해석되고 있다.[28] 예를 들어, 국가는 전염병의 전파를 방지하여 국민의 건강을 보호해야 할 의무를 지고 있으므로 필요한 경우에는 국민에게 예방접종을 강제할 수 있다. 이러한 경우 예방접종을 거부할 수 있는 자유는 공공복리와 타인의 건강을 위하여 제한된다.[29]

헌법 제37조 제1항은 인간의 잠재적 권리가 무한하다는 사실과 가치관의 변화에 따른 인간인식의 발전과정에서 새로이 드러나는 권리의 헌법적 준거로서의 의의를 지닌다[30]고 할 때, 안전권은 헌법에 열거되지 아니한 기본권으로 인정될 수 있다고 본다. 헌법재판소는 주민투표권이 헌법 제37조 제1항에 의하여 보장되는 기본권으로 볼 수 없으며, 이는 지방자치법이 인정하는 법률상의 권리라고 보았다.[31] 그러나 평화적 생존권이 헌법에 명시되지 아니하였음에도 불구하고, 헌법 제10조 제1문과 헌법 제37조 제1항에서 도출되는 것으로 인정된다.[32] 헌법재판소가 "오늘날 전쟁과 테러 혹은 무력행위로부터 자유로워야 하는 것은 인간의 존엄과 가치를 실현하고 행복을 추구하기 위한 기본 전제가 되

---

26 정극원, 헌법 제36조, 헌법주석서 Ⅱ(총강 및 기본권 부분), 2007, 1170면.
27 정종섭, 헌법학원론, 2013, 805면.
28 성낙인, 헌법학, 2012, 799면.
29 정종섭, 헌법학원론, 2013, 807면.
30 권혜령, 헌법에 열거되지 아니한 권리, 2010, 396면.
31 헌재 2005. 12. 22. 2004헌마530.
32 헌재 2006. 2. 23. 2005헌마268.

는 것이므로 헌법 제10조와 제37조 제1항으로부터 평화적 생존권이라는 이름으로 이를 보호하는 것이 필요"하듯이, 전쟁과 테러 및 각종 자연재해나 인공재해로 국민의 생명과 신체에 대한 대량의 위협이 상존하는 오늘날 헌법 제10조와 제37조 제1항으로부터 안전권이라는 이름으로 이를 보호하는 것이 필요하다.

제4절 안전권 실현을 위한 입법현황

1. 안전권 실현에 있어서 입법자의 형성의 자유

법률의 입법자인 국회, 행정입법의 입법자인 행정부, 자치입법의 입법자인 지방의회는 안전권의 실현을 위한 입법의무를 진다. 안전권 실현을 위한 입법을 함에 있어서, 입법자의 입법재량 내지 형성의 자유는 넓다. 헌법재판소도 "국가가 국민의 생명·신체의 안전을 보호할 의무를 진다하더라도 국가의 보호의무를 입법자 또는 그로부터 위임받은 집행자가 어떻게 실현하여야 할 것인가 하는 문제는 원칙적으로 권력분립과 민주주의의 원칙에 따라 국민에 의하여 직접 민주적 정당성을 부여받고 자신의 결정에 대하여 정치적 책임을 지는 입법자의 책임범위에 속하므로"라고 하여, 국민의 생명과 신체의 안전을 보호할 입법자의 의무와 입법의무의 범위 등을 확인하고 있다.[33] 이러한 안전권 실현을 위한 입법에 있어서 입법자는 광범위한 입법재량 내지 형성의 자유를 지니며, 헌법재판소는 입법자의 입법의무이행에 대하여 단지 제한적으로만 심사할 수 있다. 즉, "국가가 국민의 생명·신체의 안전에 대한 보호의무를 다하지 않았는지 여부를 헌법재판소가 심사할 때에는 국가가 이를 보호하기 위하여 적어도 적절하고 효율적인 최소한의 보호조치를 취하였는가 하는 이른바 '과소보호 금

33 헌재 1997. 1. 16. 90헌마110등 ; 2007. 7. 31. 2006헌마711; 2008. 12. 26. 2008헌마419; 2009. 2. 26. 2005헌마764.

지원칙'의 위반 여부를 기준으로 삼아, 국민의 생명·신체의 안전을 보호하기 위한 조치가 필요한 상황인데도 국가가 아무런 보호조치를 취하지 않았든지 아니면 취한 조치가 법익을 보호하기에 전적으로 부적합하거나 매우 불충분한 것임이 명백한 경우에 한하여 국가의 보호의무의 위반을 확인"[34]하여야 한다.

2. 안전권의 실현과 법률유보원칙

안전권이 헌법에 의하여 보장되는 기본권이라면, 입법·행정·사법을 포함한 모든 국가권력은 안전권의 보장과 실현에 노력하여야 한다. 소위 말하는 국가의 안전보호의무론은 제1차적으로 입법자의 의무에 대하여 제2차적으로는 행정부와 사법부에 대한 국가의 기본권보호의무를 실현하도록 한다.[35] 우선, 국민안전권 보호의 가장 큰 역할은 행정권에 달려있다. 그럼에도 불구하고 안전권 실현을 위한 행정은 법률유보원칙에 벗어나서는 안된다. 역사적 경험에 비추어 볼 때, 행정권의 확장은 기본권의 침해로 변질될 수 있는 위험이 있기 때문에, 안전확보를 위한 행정활동도 역시 그 권한발동의 근거를 법률에 두어야 한다.[36] 사법권도 법률의 해석과 적용과정을 통해서 국민의 안전권을 보장하여야 한다. 이 경우에도 법관은 '헌법과 법률에 의하여' 심판하여야 하므로, 안전권의 구체적 내용을 규정하고 있는 법률에 근거하여 사법작용이 행해질 수밖에 없다. 따라서 안전권의 실현을 위한 입법부의 역할은 안전권의 실현을 위해서 대단히 중요하다.

3. 안전권 실현을 위한 법률

안전권의 실현을 위한 대표적인 현행 법률은 「재난 및 안전관리 기본법」인

34 헌재 1997. 1. 16. 90헌마110등; 2008. 12. 26. 2008헌마419; 2009. 2. 26. 2005헌마764.

35 김종천, 과학기술발전에 따른 리스크·위험방지를 위한 국가의 안전보호의무, 외법논집, 제33권 제1호, 2009, 46면.

36 정문식, 안전에 관한 기본권의 헌법상 근거와 위헌심사기준, 법과 정책연구, 제7집 제1호, 2007, 236면.

데, 이 법률은 2004년 3월 11일에 제정·공포되어 6월 1일부터 시행되고 있다. 제1조에서 규정하고 있는 이 법률의 목적은 "각종 재난으로부터 국토를 보존하고 국민의 생명·신체 및 재산을 보호하기 위하여 국가와 지방자치단체의 재난 및 안전관리체제를 확립하고, 재난의 예방·대비·대응·복구와 그 밖에 재난 및 안전관리에 필요한 사항을 규정함"이다. 동 법률은 특별히 기본이념을 제2조에 두어 "이 법은 재난을 예방하고 재난이 발생한 경우 그 피해를 최소화하는 것이 국가와 지방자치단체의 기본적 의무임을 확인하고, 모든 국민과 국가·지방자치단체가 국민의 생명 및 신체의 안전과 재산보호에 관련된 행위를 할 때에는 안전을 우선적으로 고려함으로써 국민이 재난으로부터 안전한 사회에서 생활할 수 있도록 함을 기본이념으로 한다."고 규정하고 있다. 법 제3조에서는 재난의 개념 정의를 통하여 재난의 범위를 한정하고 있다. 즉, "재난"이란 국민의 생명·신체·재산과 국가에 피해를 주거나 줄 수 있는 것으로서, ㉮ 태풍, 홍수, 호우(豪雨), 강풍, 풍랑, 해일(海溢), 대설, 낙뢰, 가뭄, 지진, 황사(黃砂), 적조(赤潮), 조수(潮水), 그 밖에 이에 준하는 자연현상으로 인하여 발생하는 재해 ㉯ 화재, 붕괴, 폭발, 교통사고, 화생방사고, 환경오염사고, 그 밖에 이와 유사한 사고로 발생하는 대통령령으로 정하는 규모 이상의 피해 ㉰ 에너지, 동신, 교통, 금융, 의료, 수도 등 국가기반체계의 마비와 「감염병의 예방 및 관리에 관한 법률」에 따른 감염병, 「가축전염병예방법」에 따른 가축전염병 확산 등으로 인한 피해 등이 규정되어 있다. 이러한 재난의 범위는 열거된 것이 아니라 예시된 것이라고 보아야 할 것이다. 특히 예견치 못한 재난이 발생하기도 하는 현대적 상황에서는 재난의 범위를 개방적으로 보아, 모든 재난에 대응하는 것이 국가의 중요한 임무가 되어야 한다.

안전권에 관한 다른 법률로는 「민방위기본법」을 들 수 있는데, 이 법률은 1975년 7월 25일에 제정·공포되어 8월 25일부터 시행되고 있다. 이 법률의 목적은 "전시·사변 또는 이에 준하는 비상사태나 국가적 재난으로부터 주민의 생명과 재산을 보호하기 위하여 민방위에 관한 기본적인 사항과 민방위대의 설치·조직·편성과 동원 등에 관한 사항을 규정함"이다. 2004년에 「재난 및 안전관리 기본법」이 제정되기 전에는 「민방위기본법」이 대표적인 안전권 실현을 위한 법률이었다. 「재난 및 안전관리 기본법」이 제정되면서 「민방위기본법」의 민방위 상황에는 기존의 민방위사태에 해당하는 ① 전시·사변 또는 이에 준하는 비상사태와 ② 「통합방위법」 제2조 제3호에 따른 통합방위사태 이외에 ③ 「재난 및 안전관리 기본법」 제36조 제1항에 따른 재난사태 선포 또는 같은 법 제60조 제1항에 따른 특별재난지역 선포 등의 국가적 재난, 그 밖에 행정안전부장관이 정하는 재난사태가 추가되었다. 이를 통하여 「민방위기본법」과 「재난 및 안전관리 기본법」과의 관계가 나름대로 설정되었다고 할 수 있다. 「민방위기본법」 제5조(다른 법률과의 관계)는 "이 법은 민방위에 관하여 다른 법률에 우선하여 적용된다. 다만, 군사적 필요에 따라 제정된 법률은 이 법에 우선하여 적용된다" 고 하고 있고, 「재난 및 안전관리 기본법」 제8조(다른 법률과의 관계 등) 제1항에는 "재난 및 안전관리에 관하여 다른 법률을 제정하거나 개정하는 경우에는 이 법의 목적과 기본이념에 맞도록 하여야 한다" 고 규정되어 있다. 민방위기본법 제2조에는 민방위의 개념을 정의하고 있다. 즉, "민방위"란 다음 각 목의 어느 하나에 해당하는 상황(민방위사태)으로 부터 주민의 생명과 재산을 보호하기 위하여 정부의 지도하에 주민이 수행하여야 할 방공(防空), 응급적인 방재(防災)·구조·복구 및 군사 작전상 필요한 노력 지원 등의 모든 자위적 활동을 말한다. 구체적으로는 ㉮ 전시·사변 또는 이에 준하는 비상사태 ㉯ 「통합방위법」 제2조 제3호에 따른 통합방위사태 ㉰ 「재난 및 안전관리 기본법」 제36조 제1항에 따른 재난사태 선포 또는 같은 법 제60조 제1항에 따른 특별재난지역 선포 등의 국가적 재난, 그 밖에 행정안전부장관이 정하는 재난사태 등이 민방위에 해당하는 상황으로 규정되어 있다.

「자연재해대책법」의 목적은 "태풍, 홍수 등 자연현상으로 인한 재난으로부터 국토를 보존하고 국민의 생명·신체 및 재산과 주요 기간시설(基幹施設)을 보호하기 위하여 자연재해의 예방·복구 및 그 밖의 대책에 관하여 필요한 사항을 규정함"이다. 제3조에서는 국가에 "자연현상으로 인한 재난으로부터 국민의 생명·신체 및 재산과 주요 기간시설을 보호하기 위하여 자연재해의 예방 및 대비에 관한 종합계획을 수립하여 시행할 책무"를 부과하고 있다. 이 법률 제2조에서는 재해, 자연재해, 풍수해의 개념을 정의하고 있는데, "재해"란 「재난 및 안전관리 기본법」에 따른 재난으로 인하여 발생하는 피해라고 하여 두 법률간의 연계를 설정하고 있다. 또한 "자연재해"도 「재난 및 안전관리 기본법」에 따른 자연현상으로 인하여 발생하는 재해와 동일시한다. "풍수해"(風水害)란 태풍, 홍수, 호우, 강풍, 풍랑, 해일, 조수, 대설, 그 밖에 이에 준하는 자연현상으로 인하여 발생하는 재해라고 규정하고 있다.

「재해구호법」의 목적은 "이재민(罹災民)의 구호와 의연금품(義捐金品)의 모집절차 및 사용방법 등에 관하여 필요한 사항을 규정함으로써 이재민 보호와 그 생활안정에 이바지함"이다. 재해구호법 상의 구호의 종류는 임시주거시설의 제공, 급식이나 식품·의류·침구 또는 그 밖의 생활필수품 제공, 의료서비스의 제공, 감염병 예방 및 방역활동, 위생지도, 장사(葬事)의 지원, 현금지급 등이 있다. 제2조에서는 용어의 개념을 정의하고 있는데, "이재민"이란 「재난 및 안전관리 기본법」에 따른 재해로 인하여 피해를 입은 사람을 말한다고 규정하고 있다.

「소방기본법」의 목적은 "화재를 예방·경계하거나 진압하고 화재, 재난·재해, 그 밖의 위급한 상황에서의 구조·구급 활동 등을 통하여 국민의 생명·신체 및 재산을 보호함으로써 공공의 안녕 및 질서 유지와 복리증진에 이바지함"이다. 이 법률은 화재라고 하는 단일 재해에 대한 예방과 복구 등을 규율하고 있다. 수난구호법은 해수면과 내수면에서 조난된 사람, 선박, 항공기, 수상레저기구 등의 수색·구조·구난 및 보호에 필요한 사항을 규정함으로써 조난사고로부터 국민의 생명과 신체 및 재산을 보호하고 공공의 복리증진에 이바지하는 것을 목적으로 한다. "수난구호"란 해수면 또는 내수면에서 조난된 사람 및 선박, 항공기, 수상레저기구 등의 수색·구조·구난과 구조된 사람·선박 등 및 물건의 보호·관리·사후처리에 관한 업무를 말한다. 이 법률은 조난사고라고 하는 단일 재해에 대한 수난구호를 규율하고 있다.

이상에 관한 법률들은 안전권 실현을 위한 일반법률이라고 할 수 있다. 전술한 바와 같이 위험이 다양하며 이들로부터 안전을 보장하기 위한 다양한 법령이 존재한다. 예를 들어 원자력관련 법령, 기후관련 법령, 식품안전관련 법령, 성범죄자 처벌과 피해자관련 법령, 감염병관련 법령 등 개별 영역의 안전권 실현을 위한 개별 법률들이 입법되어 있으며, 이들 법률들은 부단히 관찰되고 개선되어야 한다.

제5절 안전권 실현을 위한 법제 개선방향

1. 안전이나 재난과 관련한 개념과 내용의 명확성 강화

동일한 법률용어에 대하여 상이한 개념 정의를 하는 것은 바람직하지 못하다. 예를 들어 「자연재해대책법」 제2조 제1호에서는 "'재해'란 「재난 및 안전관리 기본법」 제3조 제1호에 따른 재난으로 인하여 발생하는 피해를 말한다."고 규정하고 있다. 「농어업재해대책법」 제2조에서는 "'재해'란 농업재해와 어업재해를 말한다."고 규정하고 있다. 또 하나의 예는 '해외재난'에 관한 규정이다. 「재난 및 안전관리 기본법」 제3조 제2호에서는 "'해외재난'이란 대한민국의 영역 밖에서 대한민국 국민의 생명·신체 및 재산에 피해를 주거나 줄 수 있는 재난으로서 정부차원에서 대처할 필요가 있는 재난을 말한다."고 규정하고 있다. 「해외긴급구호에 관한 법률」 제2조에서는 "'해외재난'이란 대한민국의 영역 밖에서 발생한 천재지변·대형사고 그 밖의 재해 또는 사고로 인한 신체 및 재산상의 대규모 피해를 말한다."고 규정하고 있다. '해외재난'에 관한 두 가지의 상이한 개념정의이다. 동일한 개념에 대하여 법률마다 달리 개념정의를 하는 것은 법해석과 적용에 있어서 혼선과 불명확성을 초래할 수 있다.[37]

37 조성제, 재난 및 안전관리와 관련한 법·제도 개선에 관한 연구, 한국위기관리논집, 제6권 제2호, 2010, 7면.

국가의 발전과 생존을 위해서는 지속적으로 신종위기의 발생에 대한 예측 노력을 기울이는 한편 효율적인 위기관리시스템을 구축하려는 노력을 기울이는 것이 필요하다.[38] 위기 등의 개념 정의를 명확히 하여 신속한 위기대응성을 가지도록 할 필요가 있다.[39] 또한 기존의 법률들이 주로 개별위기에 관한 규정을 하고 있기 때문에 포괄적인 차원에서 국가 위기관리의 개념과 이념, 가치 등에 대한 규정이 부재한 실정이라는 지적이 있다. 재난 및 안전관리기본법 조차 재난위기와 국가핵심기반위기에 대하여 규정을 하고 있으나 이 법률도 국가위기와 국가위기관리에 대한 논의를 포괄적으로 담고 있지는 못하다[40]는 지적이 있다.

2. 안전관련 법제의 체계성 강화

재난 및 안전관리에 관한 법률은 기본법으로 볼 수 있는 「재난 및 안전관리에 관한 기본법」, 「자연재해대책법」, 「민방위기본법」, 「소방기본법」 등과 다수의 법령으로 구성되어 있다. 이와 같이 현재 재난 및 안전관리에 관한 관련 입법은 기본법을 중심으로 하여 개별영역에 대하여 별도의 법률을 두는 방식을 취하고 있다. 개별영역이라고 할 수 있는 자연재해에는 「자연재해대책법」이 있고 이 중에서도 농업재해와 어업재해는 「농어업재해대책법」의 적용을 받도록 하고 있다. 이와는 별도로 「농어업재해보험법」도 두고 있다. 이와 같이 재난 및 안전관리에 관하여 다수의 개별법률을 두는 것은 개별법률간의 상호 연계성 부족으로 법적용의 공백을 초래할 수도 있다는 점이 지적되고 있다.[41] 국가적 위기라고 할 수 있는 국민생활위기 · 안보위기 · 재난위기 · 핵심기반위기 등과 관련

38 이재은, 국가위기관리와 국민생활 영역에서의 신종 위기, 충북대학교 국가위기관리연구소 학술세미나, 2009, 2면.

39 김원중, 지방자치단체의 위기관리에 대응한 법집행 권한의 한계, 국가위기관리학회 하계학술대회 자료집, 2010, 316.

40 이재은, 포괄적 안보 개념 하에서의 국가 위기관리 법제화의 의의와 내용 분석, 한국위기관리논집, 제2권 제2호, 2006, 27면.

41 조성제, 재난 및 안전관리와 관련한 법 · 제도 개선에 관한 연구, 한국위기관리논집, 제6권 제2호, 2010, 7면.

된 법령들이 체계화되어 있지 못하고 무질서하게 난립되어 있는 실정이며 법령 간의 계층성이 제대로 확립되어 있지 못하고 필요에 따라 제정되거나 개정되어 왔다. 따라서 국민생활위기·안보위기·재난위기·국가핵심위기 등에 더하여 미래의 신종 위기에 대한 대응을 위하여 국가위기관리 전반에 걸친 법령의 체계화를 위한 노력이 필요하다.[42]

3. 안전관련 법제의 통합

현재 재난 및 안전관리기본법과 민방위기본법에 산재되어 있는 위기에 관하여 단일화된 법으로 일원화할 필요가 있다.[43] 재난관련 법제를 통합하는 통합법전화 작업이 필요하다. 재난이나 재해 등을 구분하고 있는 법률의 통합이 필요하며, 안전관련 법제의 통합에 있어서는 통합위험 분야별 상호연계성과 실효성을 확보하는 방향으로의 통합이 이루어져야 한다는 의견이 있다.[44] 자연재해대책법과 농어업재해대책법을 재난 및 안전관리기본법으로 통합하는 방안이 있을 수 있다. 반드시 법률의 단일화가 능사는 아니겠지만, 복잡한 재난관련법제를 단순화하고 통합화하는 입법작업은 필요하다고 본다. 재난 및 안전관리기본법이 기왕에 안전에 관한 입법체계의 기본법의 역할을 하고 있으므로, 여러 재해에 대한 일반규정을 보강하고 재해분야별로 장절을 구성하여 안전관련 법제를 통합하는 방향으로 법제정비를 해나가는 것이 바람직하다고 본다.

4. 기본권간의 균형

국민들의 안전을 확보하고 안전권을 실현시킬 수 있는 국민들의 안전권도

42 이재은, 포괄적 안보 개념 하에서의 국가 위기관리 법제화의 의의와 내용 분석, 한국위기관리논집, 제2권 제2호, 2006, 34면.

43 김원중, 지방자치단체의 위기관리에 대응한 법집행 권한의 한계, 국가위기관리학회 하계학술대회 자료집, 2010, 316.

44 김평섭, 국민의 안전을 위한 국가재난관리 방향, 세계헌법연구, 제7호, 2002, 307면.

중요하지만 국민의 기본권과 국가의 과제는 많고 다양하다. 안전의 실현은 자유의 축소를 의미할 수도 있다. 즉, 안전을 확보하기 위해서는 신체의 자유나 통신의 자유, 사생활의 자유나 표현의 자유 등 관련 기본권을 불가피하게 제한하는 경우가 발생할 수 있다. 국민들의 여러 기본권이 국민들의 안전의 확보라는 이름으로, 기본권 제한의 목적인 '국가안전보장'이나 '질서유지'의 목적으로 과도하게 제한될 수 있다. 이와 같은 맥락에서 "안전에 대한 국가의 보장의무를 강조하는 입장의 일각에서는 안전의 중요성을 지나치게 강조하여 법치국가적 균형성을 상실하고 경찰국가로의 회귀를 가져올 수 있다는 우려를 확대시키는 측면도 있다"45는 신중론이 있는 것이다. 따라서 안전과 자유간의 균형, 안전을 위한 국가작용에 있어서의 균형과 자제가 필요하다. 안전권 실현을 위한 법령을 입법하는 입법작용에 있어서 이러한 고려가 필요하며, 이는 과잉금지원칙의 적절하고 엄격한 적용으로 이어져야 할 것이다. 또한 행정작용에 있어서도 엄격한 법률유보원칙이 적용되어야 함은 물론이다. 테러방지법 제정 시도와 관련한 논의가 이러한 고려와 무관하지 않다. 테러방지라고 하는 입법목적의 필요성과 정당성에 대해서는 수긍할 수 있다. 그러나 테러방지의 수단과 방법, 기본권 제한의 정도, 권한의 집중, 기관간의 권한조정 문제 등에 대한 신중론이 있는 것이다.

5. 안전권과 입법부작위

입법부작위란 입법자가 법령을 입법하지 아니하거나 불충분한 입법만을 한 경우를 의미한다. 국회가 법률을 입법하지 않은 경우의 입법부작위가 있고, 행정기관이 행정입법을 입법하지 않은 경우의 입법부작위가 있다. 조례나 규칙 등을 입법하지 않은 경우의 입법부작위도 있을 수 있다. 이러한 입법부작위에는 단순입법부작위와 진정입법부작위 및 부진정입법부작위가 있다. 단순입법부작위의 경우에는 입법자에게 입법의무가 존재하지 아니하므로 국민이나 주민은

45 송석윤, 위험사회에서의 안전과 기본권으로서의 안전권, 헌법과 사회변동, 2007, 38면.

입법자에게 입법을 요구할 수 없다. 이 경우에도 국민들은 청원권의 행사를 통하여 입법자인 국회, 행정기관, 지방자치단체에 안전권 실현을 위한 입법청원을 할 수 있음은 물론이다.

헌법상 보장되는 기본권으로서의 안전권 실현을 위한 입법이 전혀 없거나 불충분한 경우에는 진정입법부작위나 부진정입법부작위로 인한 헌법소원심판이나 위헌법률심판의 제기가 가능하다고 본다. 전술한 바와 같이 영역별로 안전권 실현을 위한 법령이 입법되었으므로, 이러한 입법들이 불충분한 경우에는 부진정입법부작위에 해당한다. 이 경우에도 입법자는 불명확하거나 비체계적이거나 비합리적인 법령을 개선하여야 할 것이다. 특히 문제는 특정 영역의 안전을 위한 입법이 전혀 없는 경우일 것이다. 「헌법」 제34조 제6항의 "국가는 재해를 예방하고 그 위험으로부터 국민을 보호하기 위하여 노력하여야 한다"는 규정은 안전권 보장을 위한 헌법상의 입법의무로 보아야 한다. 헌법에서 이렇게 안전권보장을 위한 명시적인 입법의무를 규정하고 있음에도 불구하고, 특정 재해 영역에서 해당 재해나 위험으로부터 국민을 보호하기 위한 입법이 전혀 없는 경우에는 입법부작위로 인한 헌법소원이 가능하다고 본다.[46] 또한 안전권 보장을 위한 법률이 마련되어 있으며 상세한 내용에 관해서 대통령 등에 위임하고 있음에도 불구하고, 행정입법의 부작위가 있는 경우에는 이 역시 행정입법부작위로 인한 헌법소원이 가능하다고 본다.[47] 법령에서 조례에 조례입법을 위임하였거나 지역환경 또는 지역특성상 재해예방이나 안전확보를 위하여 조례를 입법하여야 함에도 불구하고, 이러한 입법의무를 이행하지 않은 경우에도 조례입법부작위로 인한 헌법소원이 가능하다고 본다.[48]

---

46 "입법자는 헌법에서 구체적으로 위임받은 입법을 거부하거나 자의적으로 입법을 지연시킬 수는 없는 것이므로, 가령 입법자가 입법을 하지 않기로 결의하거나 상당한 기간 내에 입법을 하지 않는 경우에는 입법재량의 한계를 넘는 것이 된다. 따라서 입법부작위는 이와 같이 입법재량의 한계를 넘는 경우에 한하여 위헌으로 인정되는 것이다." 헌재 1994. 12. 29. 89헌마2. (조선철도(주) 주식의 보상금청구에 관한 헌법소원)

47 "행정과 사법은 법률에 기속되므로, 국회가 특정한 사항에 대하여 행정부에 위임하였음에도 불구하고 행정부가 정당한 이유 없이 이를 이행하지 않는다면 권력분립의 원칙과 법치국가의 원칙에 위배되는 것이다." 헌재 2004. 2. 26. 2001헌마718. (군법무관의 봉급과 보수 등의 행정입법부작위)

제6절 맺음말

새로운 자연적·인공적 위험은 갈등의 점증과 기술의 발달과 함께 새롭게 대량으로 나타나고 있으며, 잦은 빈도로 현실화되고 있다. 따라서 이러한 위험으로부터 개개의 인간 나아가서는 인류의 안전을 확보하려는 노력도 발전하고 있다. 헌법은 국민의 기본권과 자유를 보장하기 위한 규범체계이며, 헌법이 궁극적으로 지향하는 가치는 자유라고 할 수 있다. 그러나 자유는 안전을 기본적인 전제로 하며, 안전이 확보되지 않은 곳에는 자유가 존재할 수 없다. 자유와 안전은 긴장관계에 있지만, 자유와 안전 양자는 헌법이 존중하는 가치이며, 이 둘의 가치를 조화롭게 실현하는 것은 입법자에게 맡겨진 과제라고 할 수 있다. 안전을 확보하려는 국가 차원의 노력, 다른 관점에서 말하자면 안전권을 실현하기 위한 국가작용은 법령에 근거를 두어야 한다. 국가의 안전관련 정책은 법령에 근거를 두어야 관련 행위, 인원동원, 예산집행이 가능하기 때문이다. 대량의 재난이 종종 발생하는 현대적 상황 하에서 이러한 안전권 실현을 위한 국가의 의무나 안전보장을 국가에 요청할 권리는 법률적인 차원에서만 머무르지 않고, 헌법적인 차원으로 격상되고 있다. 즉, 안전권은 입법자가 자유롭게 선택할 수 있는 재량사항이 아니고, 안전권의 확보와 실현을 위하여 입법을 하여야 하는 헌법적인 의무로 주장되고 있다. 또한 국가의 안전권 실현을 위해서는 중앙정부와 지방정부의 협력을 통한 완벽한 안전체계의 구축이 필요하며 또한 안전권의 실현을 위한 법체계의 완비가 필요하다. 이러한 관점에서 우리나라에서의 안전권 논의는 아직도 초기단계에 머무르고 있다. 헌법학의 관점에서 안전권에 관한 논의는 아직 활발하다고 볼 수 없으며, 안전권의 보호범위와 내용에 관해

48 "조례를 제정할 의무가 헌법상 의무로 인정되고 그러한 조례의 제정이 지체되었더라도, 그러한 조례를 제정함에 필요한 상당한 기간을 넘기지 않았거나 그 조례제정의 지체를 정당화할 만한 사유가 있다면, 헌법에 위반된다고 보기 어렵다" (조례입법부작위) 조례제정이 부작위이니 지체를 정당화할 사유가 없다면 이는 헌법에 위반된다는 것이다.

서 본격적인 논의가 필요한 단계이다. 입법적인 차원에서도 안전권 실현을 위한 법제는 미비하고 비체계적이기 때문에, 법령에 근거를 둘 수밖에 없는 국가의 안전확보활동도 신속하고 효과적이라고 볼 수 없다. 따라서 산재해 있는 안전관련 법률의 정비와 그 실질적 효과를 점검해 볼 필요가 있다.

| CHAPTER 01 _ 참고문헌 |

강문수, 위험사회에서의 입법, 토지공법연구, 제32집, 2006.

권혜령, 헌법에 열거되지 아니한 권리, 한국학술정보, 2010.

김원중, 지방자치단체의 위기관리에 대응한 법집행 권한의 한계, 국가위기관리학회 하계학술대회 자료집, 2010.

김종천, 과학기술발전에 따른 리스크·위험방지를 위한 국가의 안전보호의무, 외법논집, 제33권 제1호, 2009.

김철수 외, 주석헌법, 법원사, 1995.

김평섭, 국민의 안전을 위한 국가재난관리 방향, 세계헌법연구, 제7호, 2002.

성낙인, 헌법학, 법문사, 2013.

송기춘, 국가의 기본권보장의무에 관한 연구, 서울대학교 대학원 법학박사학위청구논문, 1999.

송석윤, 위험사회에서의 안전과 기본권으로서의 안전권, 헌법과 사회변동, 경인문화사, 2007

유시조, 헌법의 개방성과 폐쇄성, 헌법학연구, 제9권 제3호, 2003.

유현정, 국민 안전권 확보를 위한 고찰, 한국위기관리논집, 제4권 제2호, 2008

이재은, 국가위기관리와 국민생활 영역에서의 신종 위기, 충북대학교 국가위기관리연구소 학술세미나, 2009.

______, 포괄적 안보 개념 하에서의 국가 위기관리 법제화의 의의와 내용 분석, 한국위기관리논집, 제2권 제2호, 2006.

장영수, 헌법학, 홍문사, 2011.

전광석, 한국헌법론, 집현재, 2013.

정극원, 헌법 제36조, 헌법주석서 Ⅱ(총강 및 기본권 부분), 2007.

정문식, 안전에 관한 기본권의 헌법상 근거와 위헌심사기준, 법과 정책연구, 제7집 제1호, 2007.

정종섭, 헌법학원론, 박영사, 2013.

조성제, 재난 및 안전관리와 관련한 법·제도 개선에 관한 연구, 한국위기관리논집, 제6권 제2호, 2010.

Isensee, Josef, Das Grundrecht auf Sicherheit, 1983.

Mackenroth, Geert, Der Rechtsstaat in der Zwickmühle? Zur Balance von Freiheit und Sicherheit, 2011.

Robbers, Gerhard, Sicherheit als Menschenrecht, 1987.

Roßnagel, Alexander(Hrsg.), Sicherheit für Freiheit?－Riskante Sicherheit oder riskante Freiheit in der Informationsgesellschaft, 2002.

Thiel, Markus, Die “Entgrenzung” der Gefahrenabwehr, 2010.

CHAPTER

02 연령기준에 관한 입법평론

출처: 입법학연구 제10집 제2호, 2013년

우리나라의 법률에는 영유아·영아·유아·아동·소년·청소년·연소자·미성년자 등의 다양한 연령 관련 용어가 사용되고 있거니와, 그 연령기준도 다양하여 많은 혼란이 초래되고 있다. 이 중에서도 아동·청소년의 연령기준과 관련되는 법률이 특히 문제가 되는 이유는 「형법」이나 「아동·청소년의 성보호에 관한 법률」 등과 같이 형벌과 관련되거나, 「담배사업법」이나 「식품위생법」 등과 같이 행정제재와 관련되기 때문일 것이다. 그러나 일정한 연령에 해당하면 복지혜택을 주거나 지원정책의 수혜자가 되는 경우에도, 연령기준이 통일되지 아니하면 불평등한 결과를 초래할 수 있기 때문에 반드시 형벌이나 행정제재와 관련된 경우의 연령기준만이 문제가 되는 것은 아니다. 침익적 내용을 담고 있는 법률이거나 수익적 내용을 담고 있는 법률이거나, 법적 안정성의 유지를 위해서는 연령기준의 정비가 필요하다. 연령기준이 통일적이지 않다거나 합리적이지 않다고 하여 헌법재판소가 적극적인 판단을 하기는 어렵다. 따라서, 국회가 '입법형성의 자유'를 행사하여 합리적이고 일관되게 연령기준을 정비하는 입법작업이 바람직하다. 또한 시행령 이하의 하위 규정을 통하여 연령기준을 규정하는 것은 바람직하지 않을 뿐만 아니라, 기본권을 침해하거나 헌법원칙에 위반될 가능성이 있는 경우도 있다. 연령기준과 관련한 설문조사결과를 보면, 연령 관련 입법 특히 아동·청소년을 보호하고 위반자를 처벌하거나 제재하기 위한 법률에 있어서, 상업 활동 종사자는 물론이고 경찰과 공무원조차 연령기준으로 인한 혼란 때문에, 연령기준에 관한 법률의 정비를 요청하고 있다. 그러나 연령기준에 관한 문제는 보다 광범위하게 살펴볼 필요가 있다. 형사미성년자 연령의 인하 논의, 노인 내지 고령자 용어의 통일과 고령자 연령의 상향조정 논의, 미성년과 청소년의 명칭과 연령의 통일, 아동과 어린이의 명칭과 연령의 통일, 영아와 유아 구분 및 영유아 명칭과의 조정, 불필요한 연령명칭의 폐지 등이 고찰의 대상이 될 것이다. 따라서 연령기준을 포함하고 있는 법률의 수범자와 집행자의 불편과 혼란을 초래하지 않도록, 전반적으로 법령을 정비하는 입법작업이 필요하다.

제1절 머리말

우리나라의 법령에는 청년, 미성년자, 연소자, 청소년, 소년, 아동, 영유아, 영아, 유아 등 연령에 관한 용어가 다양하고 연령기준이 통일되어 있지 않다. 2007년에 필자가 '아동·청소년 등의 연령기준'을 발표한 이후에 일부 법률의 연령기준이 변경되기도 하고 통일되기도 하는 등 재차 법률에 있어서의 연령기준을 고찰해 볼 필요가 생겼다. 연령기준이 상이함으로 인하여 법집행의 비효율과 법적 안정성의 저하가 야기되고 있다는 비판이 아직도 유효하다. 특히, '청소년'을 법률의 제목으로 하는 「청소년보호법」, 「청소년기본법」, 「청소년활동진흥법」, 「청소년복지지원법」, 「아동·청소년의 성보호에 관한 법률」, 「한국 청소년연맹 육성에 관한 법률」에서의 연령기준은 일치하지 않는다. 그나마 영화·공연·게임·음악에 관한 「영화 및 비디오물의 진흥에 관한 법률」, 「공연법」, 「게임산업진흥에 관한 법률」, 「음악산업진흥에 관한 법률」에서의 청소년 연령기준은 통일되었지만, 「공연법」은 18세 미만을 청소년이라고 고치지 않고 연소자라는 용어를 아직도 사용하고 있는지 안타깝다. 이러한 경우는 입법자의 무관심이라고 볼 수밖에 없다. 법령을 입법하는 입장에서는, 연령기준의 상이함이 개

별법령의 목적이 상이함으로 인하여 초래되는 것이므로 당연하다는 의견도 있다. 이러한 의견도 일리가 있지만, 법률마다 상이한 연령기준을 알아야 하고 지켜야 하는 수범자의 혼란을 설득할 수 있는 논거로는 충분치 못한 것 같다. 청소년은 물론이고 청년, 미성년자, 연소자, 소년, 아동, 영유아, 영아, 유아 등이 등장하는 법률을 접하게 되면 혼란스러움은 가중된다. 2007년에 '아동·청소년 등의 연령기준'을 발표할 때와 동일한 문제의식을 가지고, 다시 한 번 연령기준에 관한 입법에 대하여 살펴보고자 한다.

제 2 절 법률에 있어서의 연령기준의 현황과 문제점 등

1. 법률에 있어서의 연령기준의 현황과 문제점

우리나라의 법령은 일본, 독일, 미국의 영향을 많이 받았다. 연령기준 혼란의 문제는 일본법제를 근간으로 형성된 과거 우리나라의 법제에 독일법제의 영향이 있음도 부인할 수 없으며, 최근에는 영미법계의 법령 및 국제조약·기준 등을 참고함에 따라 여러 기준연령들에 대한 혼란이 더욱 가중되고 있다.[1] 우리의 법제는 이제 어느 정도 독자성을 확보하였을 뿐만 아니라, 이제는 우리 법제의 발전과 선진화를 도모하여야 하는 과제를 안고 있다. 그러나 아동 및 청소년 등의 연령기준을 포함하여 법률규정에 있어서의 각종 연령기준과 용어는, 그 기준이 일관되지 않고 자의적임은 물론이고 이로 인하여 상당한 문제를 안고 있다.[2]

청소년의 개념 및 연령기준에 관한 혼란은 1차적으로 청소년 보호를 위한 법률에 관한 각각의 소관부처가 각각 다른 기준을 정하여 연령기준을 별도로

1 김광묵, 청소년보호법에 관한 공법적 연구, 한국법제연구원, 2000, 63면.
2 한상희, 청소년 보호연령 기준, 청소년보호위원회, 청소년보호 연령기준에 대한 정책토론회, 2003. 1. 27, 27면.

규정하였기 때문이다.[3] 이러한 용어와 연령기준의 혼란은 사소한 것일지라도, 다양한 문제점을 안고 있다. 우선, 청소년복지지원법 제2조에 따르면, "청소년이란 청소년기본법 제3조 제1호 본문에 해당하는 사람을 말한다"고 규정되어 있는데, 이는 9세 이상 24세 이하의 자이다. 그러나 동법 제4조(청소년증)에 따르면, 청소년증의 발급대상은 "9세 이상 18세 이하"로 규정되어 있다. 청소년의 연령범위와 청소년증의 발급대상이 왜 달라야하는지에 대한 합리적인 이유가 발견되지 않는다. 물론 18세 이상의 국민은 주민등록증이 발급되므로 청소년증이 필요없다고 할 수도 있다. 그러나 이는 대학 학생증의 경우에도 마찬가지라고 본다. 주민등록증이 발급되는 대학생에게 학생증이 필요가 없는 것이 아니듯이, 주민등록증과 청소년증이 동시에 발급되더라도 문제는 없다고 본다. 따라서 9세 이상 24세 이하의 자를 청소년으로 규정하면서 청소년증을 9세 이상 18세 이하의 청소년에게만 발급하도록 규정하는 것은 합목적성을 떠나 혼란을 자초하는 규정이라고 볼 수 있다. 물론 여기서 청소년증을 발급해야 할 이유가 있는지에 대한, 청소년증의 필요성과 유용성의 문제도 함께 검토되어야 한다.

「공연법」에서는 연소자라는 용어를 사용하고 있다. 즉, 「공연법」 제2조 제6호에서 ""연소자"라 함은 18세 미만의 사람(「초·중등교육법」 제2조의 규정에 의한 고등학교에 재학 중인 자를 포함한다)을 말한다."라고 하는 규정을 두고 있다. 그러나 「게임산업진흥에 관한 법률」이나 「음악산업진흥에 관한 법률」과 달리 「공연법」의 경우에만, 고등학생을 포함한 18세 미만을 '청소년'이 아닌 '연소자'라는 용어를 사용하는 것은 문제가 있다고 본다. 영화에 관한 법률에 있어서도, 과거 「영화진흥법」에서는 18세 미만의 사람에 대하여 '연소자'라는 용어를 사용하였으나, 현행 「영화 및 비디오물의 진흥에 관한 법률」에서는 18세 미만의 사람에 대하여 '청소년'이라는 용어를 사용하고 있다. 동일한 연령기준에 대해서는 동일한 용어를 사용하는 것이 바람직하다는 점에서, 추후에 「공연법」을 개정할 때에는 '연소자'를 '청소년'으로 수정하여 용어를 통일시킬 필요가 있다.

「도로교통법」 제11조에서 6세 미만인 사람을 '유아'라고 하지만, 「영유아보

3 박용상, 표현의 자유와 음란규제 및 청소년보호, 헌법논총, 제13집, 2002, 186면.

육법」 제2조에는 6세 미만의 사람을 '영유아'라고 한다. 그러나 「유아교육법」에서 '유아'는 3세부터 초등학교 취학 전까지의 어린이를 말한다. 즉, '유아'의 연령기준이 「도로교통법」에서는 6세 미만이고, 「유아교육법」에서는 3세 이상 초등학교 취학 전의 사람으로, 동일하지 않다. 또한 「영유아보육법」 제2조 3호에서 영유아를 보육하는 기관을 '어린이집'으로 정의하고 있기 때문에 영아, 유아, 영유아, 어린이 등 용어의 혼란이 크다.

「교통약자의 이동편의 증진법」의 제2조(정의)에는 교통약자로 "장애인, 고령자, 임산부, 영유아를 동반한 사람, 어린이 등 일상생활에서 이동에 불편을 느끼는 사람을 말한다"고 규정되어 있다. 그러나 '영유아'나 '어린이'의 기준연령에 관해서는 아무런 규정을 두지 않았을 뿐만 아니라, 다른 법률과의 연계도 규정하지 않고 있다. '영유아'의 경우에는 「영유아보육법」이나 「모자보건법」을 참조하여 6세 미만으로 해석할 수 있지만, '어린이'의 연령기준에 대한 해석근거는 불명확하다. 「어린이 식생활 안전관리 특별법」에서처럼, '어린이'를 「아동복지법」의 아동(18세 미만)과 「초중등교육법」에 따른 학교의 학생에 해당한다는 규정을 두면 될 것이지만, 중·고등학생을 교통약자로 보호하는 것은 적당치 않아 보인다. 「도로교통법」 제2조(정의) 23호를 참고하여 13세 미만을 어린이로 해석할 수는 있지만, 이러한 사항을 명확하게 특정하거나 연계하지 않고 불명확하게 방치하는지 이해할 수 없다.

「어린이놀이시설 안전관리법」에서는 '어린이'에 대한 정의는 하지 않고 '어린이놀이기구'에 대한 정의만을 하고 있다. 즉, 제2조 1호에서 "'어린이놀이기구'라 함은 만 10세 이하의 어린이가 놀이를 위하여 사용할 수 있도록 제조된 그네, 미끄럼틀, 공중놀이기구, 회전놀이기구 등으로서 「품질경영 및 공산품안전관리법」 제2조 제8호에 따른 안전인증대상공산품을 말한다."고 하고 있다. 즉 '어린이'에 관한 정의를 통하여 연령기준을 자체적으로 명시하거나 다른 법률과 연계하는 규정도 두고 있지 않다. 다만, '어린이 놀이기구'에 대한 정의를 통하여 '어린이'는 10세 이하로 해석될 수 있다. 전술한 바와 같이, '어린이'의 연령기준에 대한 해석근거는 불명확하고, 「도로교통법」 제2조(정의) 23호를 참고하여

13세 미만을 어린이로 해석할 수는 있다. 이렇듯 어린이의 연령기준이 「도로교통법」을 참고하면 13세 미만으로, 「어린이놀이시설 안전관리법」을 참고하면 10세 이하로 해석될 수 있다. 어린이의 연령기준을 명확하게 특정하거나 연계하지 않고 불명확하게 방치하는지 이 또한 이해할 수 없다.

「청년고용촉진특별법」에 따른 청년이라는 용어와 연령기준의 설정도 흥미롭다. 이 법률은 2004년 3월 5일에 법률 제7185호 「청년실업해소특별법」으로 제정되었다가, 2009년 10월 9일에 법률 제9797호로 개정되면서 법률의 명칭이 「청년고용촉진특별법」으로 개칭[4]되었다. 그런데 청년의 연령기준에 관해서 다른 법률처럼 법률에 규정하지 않고, "'청년'이란 취업을 원하는 사람으로서 대통령령으로 정하는 나이에 해당하는 사람을 말한다"고 하여 청년의 연령기준을 대통령령에 위임하였다. 법률 제정 당시에는 시행령에서 청년의 연령을 "15세 이상 29세 이하인 자"로 규정하였다. 그러나 2013년 10월 30일에 시행령을 개정하면서 "공공기관 및 지방공기업이 청년 미취업자를 의무고용하는 경우 의무고용 대상자의 나이를 15세 이상 29세 이하에서 15세 이상 34세 이하로 상향조정"[5]하였다. 결과적으로 「청년고용촉진특별법 시행령」에 따른 '청년'은 '15세 이상 34세 이하'인 사람이다.[6] 이러한 청년 연령기준의 설정이 과연 행정입법의 대상인지 법률사항인지에 대해서 따지기 전에, 다른 법률에서는 연령기준이 법률에 규정되어 있는 것을 왜 특별히 「청년고용촉진특별법」만 연령기준을 시행령에 위임하였는지 묻고 싶다. 합리적인 이유가 있다면 그럴 수도 있다. 그러나 그러한 합리적인 이유를 명확히 밝힌 입법관련기록이 없을 뿐만 아니라, 이를 추지할 만한 자료조차도 찾아볼 수 없다. 왜 그런가?

---

4 법률명 개칭의 이유로 "비경제활동 상태에 있는 청년을 노동시장으로 유인하기 위한 법의 적극적 기능을 강조하기 위하여 현행 법의 제명을 「청년고용촉진 특별법」으로 변경"한다는 점을 들고 있다. 「청년고용촉진 특별법」의 개정이유.

5 「청년고용촉진 특별법 시행령」의 개정이유.

6 「청년고용촉진 특별법 시행령」 제2조(청년의 나이) 「청년고용촉진 특별법」(이하 "법"이라 한다) 제2조 제1호에서 "대통령령으로 정하는 나이에 해당하는 사람"이란 15세 이상 29세 이하인 사람을 말한다. 다만, 법 제5조 제1항에 따라 「공공기관의 운영에 관한 법률」에 따른 공공기관과 「지방공기업법」에 따른 지방공기업이 청년 미취업자를 고용하는 경우에는 15세 이상 34세 이하인 사람을 말한다.

「한부모가족지원법」은 「모자복지법」(1989년 4월 1일 제정), 「모·부자복지법」(2002년 12월 18일 개정으로 법률명칭변경), 「한부모가족지원법」(2007년 10월 17일 개정으로 법률명칭변경)으로 변경된 것이다. 「모자복지법」과 「모·부자복지법」에서는 "이 법에서 '아동'이라 함은 제1항의 모에 의하여 양육되는 18세미만(다만, 취학시에는 20세미만)의 자를 말한다."고 규정되다가, 「한부모가족지원법」으로 개정되면서 "'아동'이란 18세 미만(취학 중인 경우에는 22세 미만을 말한다)의 자를 말한다."고 규정되었다. 이후 2011년 4월 12일의 「한부모가족지원법」의 개정으로 "'아동'이란 18세 미만(취학 중인 경우에는 22세 미만을 말하되, 「병역법」에 따른 병역의무를 이행하고 취학 중인 경우에는 병역의무를 이행한 기간을 가산한 연령 미만을 말한다)의 자를 말한다."고 하여 아동의 대상범위가 확대되었다. 2012년 8월 2일의 「한부모가족지원법」의 개정으로 "'아동'이란 18세 미만(취학 중인 경우에는 22세 미만을 말한다)의 자를 말한다."고 아동의 대상범위가 다시 축소되었다가, 2014년 1월 21일의 「한부모가족지원법」의 개정으로 "'아동'이란 18세 미만(취학 중인 경우에는 22세 미만을 말하되, 「병역법」에 따른 병역의무를 이행하고 취학 중인 경우에는 병역의무를 이행한 기간을 가산한 연령 미만을 말한다)의 자를 말한다."로 다시 확대되었다.

〈표 2-1〉 2007년 당시 청소년·아동 등의 연령기준에 관한 법률규정

법 률	호 칭	주요내용	연령구분
청소년기본법	청소년	수련시설 등 육성 및 지원	9세-24세
청소년활동진흥법	청소년	청소년활동진흥	9세-24세
청소년복지지원법	청소년	청소년복지증진	9세-24세[7]
청소년보호법	청소년	청소년유해매체물 및 유해약물 유통금지, 청소년유해업소 출입 및 고용금지	연19세 미만
청소년의성보호에 관한법률	청소년	청소년의 성매매금지	연19세 미만
사행행위등규제및 처벌특례법	청소년	사행행위영업소의 출입금지	연19세 미만
식품위생법	청소년	단란주점, 유흥주점의 출입 및 고용금지, 식품접객업소에서의 주류제공 금지	연19세 미만
공중위생관리법	청소년	숙박업소의 청소년 혼숙 금지	연19세 미만
담배사업법	청소년	담배판매금지	연19세 미만[8]
소년법	소 년	형사처분에 관한 특별조치	20세 미만
영유아보육법	영유아	취학전의 아동보육	6세 미만
아동복지법	아 동	아동보호	18세 미만

7 「청소년복지지원법」 제2조에 의하여 청소년은 청소년기본법의 연령기준에 해당하는 9세 이상 24세 이하의 자이다. 다만, 「청소년복지지원법」 제7조에 의하여, 청소년증 발급대상은 "9세 이상 18세 이하"로 규정되어 있다.

8 「담배사업법」 제17조 제2항 7호에서는 소매인이 "청소년에게 담배를 판매한 경우"에는 1년 이내의 영업정지를 할 수 있도록 규정하고 있다. 여기서 청소년의 연령기준에 관하여 「청소년보호법」의 규정에 따른다거나 하는 규정은 두고 있지 않다. 다만 「청소년보호법」의 연령기준이 적용되는 것으로 해석되고 있다. 청소년 연령기준이 통일되지 않은 현행 법제상, 청소년 연령기준의 준거법 등을 명시하는 것이 명확성의 원칙을 준수한다는 측면에서 바람직하다.

모·부자복지법	아 동	모·부자가정의 복지증진	18세 미만 (취학중인 경우에는 20세 미만)
도로교통법	어린이	어린이보호구역의 지정 등	13세 미만
민 법	미성년자	법률행위의 독자성 부인	20세 미만
형 법	형사미성년자	범죄행위의 불처벌	14세 미만
근로기준법	연소자	도덕상 또는 보건상 유해·위험한 사업에의 근로금지	18세 미만
영화및비디오물의진흥에관한법률9	청소년	영화 및 비디오물의 등급분류	18세 미만 (고등학생 포함)
공연법	연소자	공연물의 등급분류	18세 미만 (고등학생 포함)
모자보건법	영유아	건강관리 및 예방접종 등	6세 미만
국민기초생활 보장법		근로능력없는 수급자	18세 미만
공직선거법	선거권자	선거권의 보유연령	19세 이상
병역법	병역의무자	제1국민역 편입대상자	18세 이상

9 2006년 4월 28일에 「영화진흥법」과 「음반·비디오물 및 게임물에 관한 법률」이 폐지되고 「영화 및 비디오물의 진흥에 관한 법률」이 제정되었다.

〈표 2-2〉 2014년 현재 청소년·아동 등의 연령기준에 관한 법률규정

법 률	호 칭	주요내용	연령구분
청소년기본법	청소년	수련시설 등 육성 및 지원	9세 이상-24세 이하
청소년활동진흥법	청소년	청소년활동진흥	9세 이상-24세 이하 (청소년기본법과 연계)
청소년복지지원법	청소년	청소년복지증진	9세 이상-24세 이하[10] (청소년기본법과 연계)
청소년보호법	청소년	청소년 유해매체물 및 유해약물 유통금지, 청소년유해업소 출입규제, 유해환경으로부터 보호 심야 인터넷게임 금지-게임 셧다운 제도(§26)	연19세 미만[11][12] 16세 미만
사행행위 등 규제 및 처벌특례법	청소년	사행행위영업소의 출입금지 인터넷 등 이용 참가금지	연19세 미만 (청소년보호법과 연계)

10 「청소년복지지원법」 제2조 : "청소년"이란 「청소년기본법」 제3조 제1호 본문에 해당하는 사람을 말한다.

11 1961년에 제정된 「미성년자보호법」이 주로 청소년에 대한 규제와 보호를 담당하는 법률이었으며, 1991년에 「청소년기본법」과 1997년에 「청소년보호법」이 새로이 제정되었다. 1999년에는 기존의 「미성년자보호법」이 폐지되고 「청소년보호법」으로 흡수·통합되면서, 청소년의 연령기준을 만18세에서 만19세 미만으로 조정하였다. 이는 청소년의 보호범위를 확대하려는 입법의도가 반영되고 나름대로 관련 입법을 정비하는 입법작업이 수행된 것으로 평가될 수 있다. 2001년에 「청소년보호법」의 개정에 따라서, 청소년의 기준연령을 '만19세 미만의 자'로만 규정하고 있던 규정을, '만19세에 도달하는 해의 1월 1일을 맞이한 자'를 청소년의 범위에서 제외하도록 개정하였다. 즉, "'청소년'이란 만 19세 미만인 사람을 말한다. 다만, 만 19세가 되는 해의 1월 1일을 맞이한 사람은 제외한다."는 규정이다. 이러한 연령기준을 '만나이'와 구별하여 '연나이'라고 부르고 있다.

12 연나이 개념으로는 청소년 보호법제를 넘는 다른 법체계와의 충돌문제도 발생하기 때문에, 만나이로 되돌릴 필요가 있다는 주장도 있다. 황승흠, 청소년보호 연령기준의 문제점과 개선방향, 청소년보호위원회, 청소년보호 연령기준에 대한 정책토론회, 2003. 1. 27, 18면.

한부모가족지원법	아 동 청소년 한부모	한부모가족에 대한 지원	18세 미만 (취학중인 경우에는 22세 미만)13 24세 이하의 모 또는 부
식품위생법	청소년	청소년유해업소에의 출입 및 고용금지, 주류제공 금지, 유흥접객원으로 고용하여 유흥행위 금지(§44)	연19세 미만 (청소년보호법과 연계)
정보통신망 이용촉진 및 정보보호 등에 관한 법률	청소년 아 동	청소년유해매체물의 표시 및 광고금지 등 정보통신망에서의 청소년 보호(§41－42) 개인정보수집 등에 있어서의 법정대리인의 동의(§31)	연19세 미만 (청소년보호법과 연계) '만 14세 미만의 아동'14
담배사업법	청소년	담배판매금지(§16－17)	연19세 미만 (청소년보호법과 연계)
아동·청소년의 성보호에 관한 법률	아동·청소년	아동·청소년과의 성매매금지, 성범죄 가중처벌 등	연19세 미만
소년법	소 년	형사처분에 관한 특별조치(§2) 소년보호사건 대상	19세 미만 14세 미만인 소년

13 현행 「한부모가족지원법」 제4조 5호 : "아동"이란 18세 미만(취학 중인 경우에는 22세 미만을 말하되, 「병역법」에 따른 병역의무를 이행하고 취학 중인 경우에는 병역의무를 이행한 기간을 가산한 연령 미만을 말한다)의 자를 말한다.

14 「정보통신망 이용촉진 및 정보보호 등에 관한 법률」 제31조(법정대리인의 권리) : "① 정보통신서비스 제공자등이 만 14세 미만의 아동으로부터 개인정보 수집·이용·제공 등의 동의를 받으려면 그 법정대리인의 동의를 받아야 한다." (후략) 이 규정은 '아동 중에서' 14세 미만인 자를 법정대리인의 동의의 대상인 것으로 너그럽게 해석할 수 있다. 그러나 이미 아동의 연령기준이 법률마다 각각인 상태에서 아동은 14세 미만이라는 오해를 불러일으킬 수 있다.

민 법	미성년자	법률행위의 독자성 부인	19세 미만
아동복지법	아 동	아동보호	18세 미만
입양특례법	아 동	요보호아동의 입양	18세 미만
영화및비디오물의 진흥에관한법률15	청소년	영화 및 비디오물의 등급분류	18세 미만 (고등학생 포함)
공연법	연소자16	공연물의 등급분류	18세 미만 (고등학생 포함)
게임산업진흥에 관한 법률	청소년	게임물의 등급분류	18세 미만 (고등학생 포함)
음악산업진흥에 관한 법률	청소년	음악영상물의 등급분류	18세 미만 (고등학생 포함)
근로기준법	근로자사용금지 연소자 미성년자	근로자 사용금지(§64) 도덕상 또는 보건상 유해·위험한 근로금지(§66) 근로계약 대리금지(§67)	15세 미만 18세 미만 미성년자(19세 미만)

15 2001년에 개정된 「음반·비디오물 및 게임물에 관한 법률」의 청소년 기준연령은 고등학교에 재학중인 자를 포함한 만18세 미만으로 규정되었다. 즉, 「음반·비디오물 및 게임물에 관한 법률」 제2조 제13호의 개념정의에서 ""청소년"이라 함은 18세 미만의 사람(「초·중등교육법」 제2조의 규정에 의한 고등학교에 재학 중인 자를 포함한다)를 말한다."고 규정하고 있었다. 2006년 4월 28일에는 법률 제7943호로 「영화진흥법」과 「음반비디오물 및 게임물에 관한 법률」이 폐지되고, 폐지된 2개의 법률이 통합되어 「영화 및 비디오물의 진흥에 관한 법률」이 제정되었다. 또한 같은 날에 「게임산업 진흥에 관한 법률」과 「음악산업 진흥에 관한 법률」도 제정되었다. 「음반·비디오물 및 게임물에 관한 법률」이 3개의 법률로 분법(分法)이 된 것이다. 이 3개의 법률은 각각의 법률 제2조의 개념정의에서 동일하게, ""청소년"이라 함은 18세 미만의 자(「초·중등교육법」 제2조의 규정에 따른 고등학교에 재학 중인 학생을 포함한다)를 말한다."고 규정하고 있다.

16 「공연법」에서 고등학생을 포함한 18세 미만을 '청소년'이 아닌 '연소자'라는 용어를 사용

형 법	형사미성년자 아 동 영 아	범죄행위의 불처벌(§9) 아동혹사(§274) 영아살인(§251) 영아유기(§272)	14세 미만 16세 미만 연령기준에 관한 규정없음[17]
도로교통법	어린이(§2) 유 아 운전면허연령 원동기면허 연령	어린이 통학버스(§51), 어린이보호구역의 지정(§12) 혼자보행금지(§11) 자동차 운전면허 취득연령(§82) 원동기장치자전거 운전면허 취득연령(§82)	13세 미만[18] 6세 미만[19] 18세 이상 16세 이상[20]
어린이 식생활 안전관리 특별법	어린이	어린이에게 안전하고 영양있는 식품의 제공	아동복지법 '아동'과 연계 초중등교육법과 연계

하고 있다.

17 영아살인죄의 객체에 대한 연령기준은 없이 해석에 의존하고 있다. 판결에서도 생후 2개월 여의 아이를 살해한 행위는 「형법」 제251조(영아살해)가 적용되는지 「형법」 제250조(살인)가 적용되는지에 대한 논란이 있었는데, "생후 2개월이 경과한 때에는 형법에 규정된 영아라 할 수 없다"고 판단하였다. 대구고등법원 1968. 3. 26 선고 67노317 판결. "개념이 모호한 '영아'란 단어를 '신생아'로 개정하여 '신생아살해죄'로 죄명을 개정해 형법상 명확한 기준을 제시해야 한다" 전보경, 영아살해죄의 규정과 해석에 관한 비판적 고찰, 단국대학교 법학연구소, 법학논총, 2013, 186면.

18 「도로교통법」 제2조(정의) 23. "어린이통학버스"란 다음 각 목의 시설 가운데 어린이(13세 미만인 사람을 말한다. 이하 같다)를 교육 대상으로 하는 시설에서 어린이의 통학 등에 이용되는 자동차로서 제52조에 따라 신고한 자동차를 말한다.
가. 「유아교육법」에 따른 유치원, 「초·중등교육법」에 따른 초등학교 및 특수학교
나. 「영유아보육법」에 따른 어린이집
다. 「학원의 설립·운영 및 과외교습에 관한 법률」에 따라 설립된 학원
라. 「체육시설의 설치·이용에 관한 법률」에 따라 설립된 체육시설

19 「도로교통법」 제11조에서는 6세 미만인 사람을 '유아'라고 규정하고 있다.

20 "법률적으로 어떤 문제가 있는지 모르지만 '달리는 흉기'인 오토바이를 적어도 고등학교를 졸업한 이후에 타도록 면허발급기준을 현행 16세에서 18세로 올렸으면 하는 것이 학교 일선에서 생활지도를 담당하는 교사의 간절한 바람이다" 최종헌, 생활지도 교사 입장에서 본 청소년 연령기준의 문제점과 개선방향, 청소년보호위원회, 청소년보호 연령기준

어린이 놀이시설 안전관리법	어린이	어린이 놀이시설의 안전관리	'만 10세 이하의 어린이'21
영유아보육법	영유아	영유아의 보육 (어린이집)	'6세 미만의 취학 전 아동'22
유아교육법	유아	유아의 교육 (유치원)	'만 3세부터 초등학교 취학 전까지의 어린이'23
모자보건법	영유아 신생아	모유수유시설의 설치 등(§10의3) 임산부의 신고 등(§8)	6세 미만 출생후 28일 이내의 영유아24
공직선거법	선거권자	선거권의 보유연령	19세 이상
국민투표법	투표권자	투표권의 보유연령	19세 이상
병역법	병역의무자	제1국민역 편입대상자(§8)	18세 이상
청년고용촉진 특별법	청년	청년미취업자의 고용촉진(시행령§2)	15세 이상 34세 이하

2. 법령상 연령기준 통일을 위한 법제 정비

법령상의 다양한 연령기준을 정비하기 위한 노력들이 있었다. 대표적인 것

에 대한 정책토론회, 2003. 1. 27, 78면.

21 「어린이놀이시설 안전관리법」 제2조(정의) 1호 : 어린이 놀이기구라 함은 만 10세 이하의 어린이가 놀이를 위하여 사용할 수 있도록 제조된 그네, 미끄럼틀, 공중놀이기구, 회전놀이기구 등으로서 「품질경영 및 공산품안전관리법」 제2조 제8호에 따른 안전인증대상공산품을 말한다.

22 「영유아보육법」 제2조 1호 : "영유아"란 6세 미만의 취학 전 아동을 말한다. 3호 : "어린이집"이란 보호자의 위탁을 받아 영유아를 보육하는 기관을 말한다.

23 「유아교육법」 제2조 1호 : "유아"란 만 3세부터 초등학교 취학 전까지의 어린이를 말한다. 2호 : "유치원"이란 유아의 교육을 위하여 이 법에 따라 설립·운영되는 학교를 말한다.

24 「모자보건법」 제2조 3호 : "영유아"란 출생 후 6년 미만인 사람을 말한다. 4호 : "신생아"란 출생 후 28일 이내의 영유아를 말한다.

이 「민법」상 성년연령과 「공직선거법」상의 선거권 보유연령과 「국민투표법」상의 투표권 보유연령이 19세 이상으로 통일되었다는 점이다. 이러한 개정이 이루어지기 전의 입법상황을 보면, 「공직선거법」상의 선거연령과 「국민투표법」상의 투표연령은 다를 이유가 없었다. 법률개정을 통하여 「공직선거법」상의 선거연령은 2005년 8월에 20세에서 19세로 인하되었고, 「국민투표법」상의 투표연령은 2007년 5월에 20세에서 19세로 인하되었다. 물론 국민투표가 시행되는 경우가 거의 없기 때문에, 약 2년 동안의 선거연령과 투표연령의 차이는 아무런 문제가 되지 않았을 것이다. 그러나 입법자인 국회에게는 「공직선거법」을 개정하면서 「국민투표법」도 함께 개정하려 한 '시각' 혹은 '노력'이 없었다는 점이 아쉽다. 2013년에 국가인권위원회는 232개국 중 92.7%인 215개국이 선거권 연령기준을 18세로 정하고 있으며 우리나라의 경우에도 제1국민역 편입연령이나 공무원임용기준연령 및 혼인적령과 직업소개 제한연령 등이 18세임을 고려하여, 선거권 연령기준을 현재의 19세에서 하향조정할 것을 권고하였다.[25]

청소년의 연령기준에 관해서는 논란도 많았지만, 일부 통일적으로 규율하려는 노력이 성과를 거두기도 하였다. 그럼에도 불구하고 청소년 연령기준에 관해서는 아직도 논란이 많다. 청소년 연령기준은 청소년 관련 법령에서 동일한 기능을 수행하는 것이 아니라, 크게 3가지 기능을 수행하는 것으로 정리할 수 있다. 첫째는 문화매체 관련 청소년 연령인데, 청소년보호·표현의 자유보호·청소년 문화향유권을 보호하는 기능이다. 둘째는 음주 및 흡연으로부터 청소년을 보호하기 위한 청소년연령인데, 이러한 유해물로부터 청소년의 건강을 보호하는 기능이다. 셋째는 성보호 및 폭력 등으로부터 청소년의 성과 신체를 보호하기 위한 기준을 제공하는 기능이다.[26] 위의 표2에서 볼 수 있는 바와 같이, 그간 「청소년의 성보호에 관한 법률」은 「아동·청소년의 성보호에 관한 법률」로 개칭되기도 하였고, 아동과 청소년 뿐만 아니라 다양한 법률에서 이미 규정되어 있던 영유아·소년·연소자·미성년자 등의 용어와 연령기준들이 있었기

25 국가인권위원회 상임위원회 결정, 선거권 연령기준 관련 의견표명, 2013. 2. 15, 6면.
26 류철호, 청소년 연령기준에 관한 입법평가, 한국법제연구원, 2009, 9면.

때문에, 법률의 수범자는 물론이고 법률의 집행자에게도 다양한 용어와 연령기준으로 인한 혼란이 초래되었다.[27] 연령기준의 문제에서 1차적으로 고려되어야 할 것은 통일성있는 법집행이고, 청소년기준 등은 19세로 일원화되어야 한다는 견해[28]가 있다. 최근 민법개정으로 인하여 미성년자의 연령이 20세에서 19세로 인하되어, 미성년자와 청소년의 연령기준이 19세 이하로 통일되었지만, 비슷한 연령임에도 다양하게 사용되는 용어는 혼란을 부추기기도 하였다. 특히 일반국민들의 입장에서 본다면, 거의 30개에 이르는 법률에서 19세 이하 연령을 구분하는 다양한 용어와 연령기준을 두고 있다는 것은, 결코 바람직한 입법상황이 아니다.

아무리 개별 법률의 입법목적이 다르다고 하더라도 법률마다 청소년의 연령기준이 상이한 것은 법의 통일성과 법적 안정성에 있어서 전혀 바람직하지 않다. 이러한 법령상 연령기준의 불일치는 수범자 뿐만이 아니라 집행을 담당하는 공무원들에게조차 혼란을 주고 있다.[29] 또한 18세 미만자에 대한 용어가 「영화 및 비디오물의 진흥에 관한 법률」에서는 '청소년'으로, 「공연법」에서는 '연소자'로 표시되는 것은 용어나 연령기준의 통일적 입법 이전에, 입법의 신중치 못함과 경솔함을 보여주고 있다.

청소년 관련 법률의 개정과정을 보면, 청소년 보호라는 입법목적의 달성이라고 하는 측면에서는 개선이라고 볼 수 있다. 또한 연나이 개념을 도입하여 법준수와 법집행의 편이를 도모하려고 하는 노력도 긍정적으로 평가할 수 있다. 그러나 이러한 것들이 연령기준의 혼란을 정당화할 수는 없는 일이다. 「아동·

---

27 단속업무를 주로 하는 경찰의 72%와 공무원의 59.6%가 혼란을 겪어봤다고 응답하였고, 노래방·비디오방·PC방 업주는 43.5%가 혼란을 겪어봤다고 응답하였다. 청소년연령기준에 관한 여론조사 결과, 청소년보호위원회, 청소년보호 연령기준에 대한 정책토론회, 2003. 1. 27, 94면.

28 권장희, 청소년보호 연령기준 19세 일원화를 위한 제안, 한국문화정책개발원/한국청소년개발원, 청소년연령기준에 관한 토론회, 1999. 10. 15, 34면.

29 "법에 따라서 청소년에 포함되기도 하고 제외되기도 하면 청소년 본인도 혼란스러울 수 있고, 청소년 보호와 청소년 유해매체물 단속을 담당하는 공무원도 단속에 애로를 겪고 있는 현실", 영화 및 비디오물의 진흥에 관한 법률안 (정부제출) 검토보고서, 2005. 11, 국회문화관광위원회.

청소년 인권법안」[30]에서는 "국제사회는 통합적인 아동·청소년 인권법을 제정하는 추세이나 우리나라는 아직 아동·청소년의 인권에 대한 통합적인 법 체계를 갖추지 못하고 있"다고 하면서, "아동·청소년 인권법을 제정하여 아동·청소년의 인권을 명문화하고 종합적인 관리체계를 정립함으로써, 아동·청소년도 인간으로서의 존엄과 가치를 가지는 존재라는 점을 확인하고 안정적인 환경 속에서 성장하도록 하려는 것임"을 밝히고 있다. 법안 제3조(정의)에서는 "아동·청소년이란 19세에 이르지 아니한 사람을 말한다"고 하여, "아동·청소년"을 민법상 미성년의 나이에 맞추어 19세에 이르지 아니한 사람으로 정의하려 하고 있다.

언제부터 선거권과 투표권을 지니고 언제까지 청소년이나 아동으로서 보호를 받거나 지원을 받아야 하는지 등은 입법자인 국회가 연령기준을 법률에 규정함으로써 해당 법률의 적용대상 여부에 관한 결정이 내려지는 것이다. 단란주점이나 노래연습장, 사행행위영업소 등에의 출입 가능연령, 주류 및 담배구입 가능연령, 영아나 유아에서부터 아동·청소년·청년을 거쳐 고령자에 이르기까지 생애 단계별로 국가적 지원대상이 되는 연령을 규정하는 것도 입법자인 국회의 임무이다. 이러한 연령기준에 관한 입법을 함에 있어서는 입법자의 '입법형성의 자유'가 가장 우선시 된다. 국회의 입법적 판단이 헌법원칙을 침해하거나 기본권에 대한 과도한 제한을 하지 않는 한, 규범통제기관인 헌법재판소가 적극적인 판단을 한 경우는 없다.[31] 즉, 청소년 보호연령기준에 대한 헌법재판소의 입장은 법적 기준으로 연령을 정하는 문제는 기본적으로 입법재량 내지는 입법정책의 문제라고 보는 것이다. 청소년의 기준연령이 25세라고 하는 정도로 과도한 경우가 아니라면, 18세로 정하건 19세로 정하건 위헌의 문제는 발생하지 않는다는 것이다.[32] 그러나 1960년대에 설정된 성년연령과 선거권연령 등이 사회변화에 맞추어 하향 조정 되는 것이 바람직했고[33] 그간 이러한 입법

30 2013년 4월 5일 김상희 의원 대표발의.

31 이에 대해서는 홍완식, 아동·청소년 등의 연령기준, 입법정책, 제1권 제1호, 2007, 23면 이하의 '헌법재판소의 연령기준에 대한 결정례' 참조.

32 황승흠, 청소년보호 연령기준의 문제점과 개선방향, 청소년보호위원회, 청소년보호 연령기준에 대한 정책토론회, 2003. 1. 27, 5면.

33 최윤진, 청소년 권리 제한 논리의 부당성에 대한 고찰, 한국청소년연구, 제10권 제1호,

작업이 수행되었듯이, 법률 전반에 걸친 연령기준이 검토될 필요가 있다. 특히, 청소년을 포함한 국민들의 생활과 밀접한 장소에의 출입이나 기호물품의 판매와 관련하여 연령기준이 달라지는 것은 법적용의 어려움과 혼란을 초래할 수 있기 때문에, 입법자는 입법목적이 동일하거나 유사한 법령 등에 있어서 법집행의 혼란을 방지하고 법적 안정성을 유지하기 위하여 연령기준을 통일적으로 정비할 필요가 있다는 점은 전술한 바와 같다.

제3절 연령기준에 관한 입법방향

법령에서는 유사한 연령대에 대하여 청년, 미성년자, 연소자, 아동, 청소년, 소년, 아동, 영유아, 영아, 유아 등의 용어가 다양하게 사용되고 있으며, 동일한 용어의 경우에도 상이한 연령기준이 규정되어 있는 경우도 있다. 이러한 유사한 연령에 대한 다양한 용어의 사용은 법령의 단계에서만 그러한 것이 아니고, 헌법 규정에서도 그러하다. 즉, 헌법에서도 근로에 관한 규정에서는 '연소자'[34]라는 표현이 사용되고 있고, 사회보장에 관한 규정에서는 '청소년'[35]이라는 표현이 사용되고 있다.

2007년 필자의 논문발표 이후에, 「민법」의 성년기준[36]은 20세 미만에서 19세 미만으로, 「소년법」의 소년기준은 20세 미만에서 19세 미만으로 인하되는 등 기준연령을 규정하고 있는 법률이 다소 개정되었지만, 연령기준 혼란의 문제는 여전하며 특히 청소년 관련 연령기준의 문제가 가장 많이 논의된다. 전

1999, 5면 이하.

34 「헌법」 제32조 제5항 "연소자의 근로는 특별한 보호를 받는다"

35 「헌법」 제34조 제4항 "국가는 노인과 청소년의 복지향상을 위한 정책을 실시할 의무를 진다"

36 입법정책 제1권 제1호(2007년 6월)에 실린 필자의 '아동·청소년 등의 연령기준'에서, 특히 민법의 성년기준(20세)과 공직선거법상의 선거권보유연령 및 국민투표법상의 투표권보유연령(19세)이 통일될 필요성을 강조하였다.

술한 바와 같이 여러 법률에서의 청소년 연령기준이 정비되어질 필요가 있다. 다만, 청소년에 대한 법적 보호의 측면에서와 권리의 측면에서의 연령기준을 다르게 설정하는 것이 필요하다는 의견이 있다.[37] 개별 법률마다 고유한 입법목적이 존재하기 때문에 연령기준을 획일화하는 것은 바람직하지 않지만, 청소년 보호분야에 관한 연령기준과 청소년 지원분야에 관한 연령기준만이라도 구분하여 통일시킬 필요가 있다. 이와 관련해서도, 청소년 연령기준을 9세에서 24세까지 일률적으로 한정하자는 견해[38]가 있지만, 청소년 보호연령기준은 20세가 적절하다는 의견[39]도 있고, 이미 만들어진 기준과 용어를 일률적으로 통일하는 것에 어려움이 따를 것이라는 견해[40]도 있다. '청소년'의 연령기준 만으로 한정하여 보면, 대개 3개의 의견으로 집약된다. ① 18세 미만으로 통일 ② 19세 미만으로 통일 ③ 청소년보호연령은 19세 미만, 문화매체 관련연령은 18세 미만으로 하자는 것이다. ①은 세계적인 추세와 상응하고 법집행이 용이하지만, 고등학교 3학년 중 18세 이상의 학생들에게 음주 및 흡연 등을 법적으로 허용하는 결과가 되고, 이를 교칙으로 통제하기는 어렵다. ②의 경우도 법집행이 용이하고 많은 고등학생을 음주 및 흡연 등으로부터 보호할 수 있는 장점이 있지만, 청소년연령을 상향조정하는 것은 시대흐름에 맞지 않고 비현실적이다. ③은 청소년보호 기준연령과 문화매체 이용연령을 분리함으로써 합리적일 수 있지만, 기준연령이 상이하여 법집행에 혼란이 있을 수 있다.

이외에 「청소년기본법」을 「아동·청소년기본법」으로 개칭하고 정의조항에서 영아(0세-3세 미만), 유아(3세 이상-6세 미만), 어린이(6세 이상-13세 미만), 청소년(13세 이상-18세 미만)으로 구분하자는 의견도 있다.[41] 「청소년보호법」 등 청소

---

37 유경희, 청소년의 성적 인권 보호, 성범죄 예방을 고려한 청소년 보호연령의 기준, 청소년보호위원회, 청소년보호 연령기준에 대한 정책토론회, 2003. 1. 27, 70면.

38 표갑수, 아동청소년복지론, 나남, 2002, 26면; 박진규, 아동·청소년 통합정책 개발방향 - 법률과 정책측면에서의 필요성과 가능성 탐색, 청소년학연구, 제15권 제4호, 207면.

39 최종헌, 생활지도 교사 입장에서 본 청소년 연령기준의 문제점과 개선방향, 청소년보호위원회, 청소년보호 연령기준에 대한 정책토론회, 2003. 1. 27, 79면.

40 김수진, 우리나라의 법체계에서 본 아동정책, 한국아동학회, 2008년 제2호, 33면.

41 김수진, 우리나라의 법체계에서 본 아동정책, 한국아동학회, 2008년 제2호, 34면.

년보호 관련법과 「영화 및 비디오물의 진흥에 관한 법률」 등 구 '음비게법'에서 분법(分法)된 법률을 동시에 개정하여 만19세 미만으로 통일하되 대학생과 취업자 등은 청소년의 범위에서 제외하자는 방안[42]도 제시되었다. 또한 「청소년보호법」 등 청소년보호 관련법을 「영화 및 비디오물의 진흥에 관한 법률」 등 문화 관련법에 준하여 18세 미만으로 하자는 의견[43]도 있지만, 반대로 문화 관련법을 「청소년보호법」 처럼 19세 미만으로 하자는 의견[44]도 있다. 개별법상의 연령기준은 많은 정책적 및 사회적 고려사항을 포함하고 있기 때문에, 연령기준을 획일화하는 것에는 신중할 필요가 있다. 그러나 가능한 한 유사한 취지를 지닌 법령에서는 연령기준의 통일이 바람직하다. 연령기준의 정비방법으로는 「사행행위 등 규제 및 처벌에 관한 법률」, 「아동·청소년 성보호에 관한 법률」, 「식품위생법」, 「식품위생법」 등의 입법례와 유사하게, 청소년의 연령기준을 "청소년보호법 제2조 제1호의 규정에 의한 청소년"이라고 함으로써 청소년의 연령기준을 「청소년보호법」과 연동시키는 것이 바람직할 것이라고 생각한다. 연령의 기준을 포함하여 연령의 계산 등도 규정내용으로 하는 가칭 「연령계산에 관한 법률」을 제정[45]하는 방법도 있지만, 개별 법률의 개정을 통하여 연령기준을 통일시키기나 혹은 변경시키는 것이 가장 현실적이라는 점은 2007년의 논문에서도 언급한 바 있다. 이는 아동·청소년 관련 법률만이 아니라 어린이·영유아·소년·청년·미성년자 등의 용어를 사용하고 있는 경우에도, 주거법률에 연계하여 규정하는 방식이 바람직할 것이다.

노인 혹은 고령자 관련 법률의 경우도 마찬가지이다. 노인연령기준을 상향

42 박병식, 청소년보호와 보호연령 논의를 위한 담론, 청소년보호위원회, 청소년보호 연령기준에 대한 정책토론회, 2003. 1. 27, 46면.

43 류철호, 청소년 연령기준에 관한 입법평가, 한국법제연구원, 2009, 81면; 황형준, 청소년보호 연령기준의 문제점과 나아갈 방향, 청소년보호위원회, 청소년보호 연령기준에 대한 정책토론회, 2003. 1. 27, 52면; 이원재, 청소년 연령기준의 문제점과 개선방향, 청소년보호위원회, 청소년보호 연령기준에 대한 정책토론회, 2003. 1. 27, 65면.

44 권장희, 청소년보호연령은 청소년을 보호하는 최후의 보루이다, 청소년보호위원회, 청소년보호 연령기준에 대한 정책토론회, 2003. 1. 27, 58면; 김문조, 청소년 연령기준의 획일적 설정에 대한 견해, 한국문화정책개발원/한국청소년개발원, 청소년연령기준에 관한 토론회, 1999. 10. 15, 20면.

45 이준우, 연령에 따른 법령적용 유형에 관한 연구, 법제연구, 제18호, 2000, 168면.

조정하자는 주장과 이에 반대하는 의견 등 노인연령기준을 둘러싼 논란이 있다. 즉, 오래전에 정해진 노인의 연령기준을 현재의 65세에서 70세 또는 75세로 상향조정하자는 의견[46]이 있고, 노인연령기준을 상향조정하는 것에 대한 사회적 공감대가 형성되지 않았다는 반론[47]이 있다. 노인관련법제는 우선 용어가 혼용되고 있다는 문제가 지적될 수 있다. '노인'이라는 용어를 법률제목에 사용하고 있는 법률은 1981년에 제정된 「노인복지법」이 있고, 1998년 4월 11일에 제정된 「장애인·노인·임신부 등의 편의증진보장에 관한 법률」이 있다. 또한 2008년 7월 1일에 제정된 「노인장기요양보험법」이 있고, 2011년 3월 30일에 제정된 「대한노인회 지원에 관한 법률」이 있다. 그런가 하면 1992년 7월 1일에 「고령자고용촉진법」으로 제정되었다가, 2008년 3월 21일에 법률제목이 바뀐 「고령자 연령차별금지 및 고령자고용촉진에 관한 법률」이 있다. 법률의 제정 시기를 주목하여 보면, 법률의 제목으로 '노인'을 사용하다가 '고령자'를 사용하다가 다시 '노인'을 사용하다가 하였다. 「고령자 연령차별금지 및 고령자고용촉진에 관한 법률」에 따르면 고령자의 기준연령을 대통령령으로 정하도록 하고 있으며, 동법 시행령[48]에서 고령자는 55세 이상인 사람이고 준고령자는 50세 이상 55세 미만인 사람이라고 규정하고 있다. 그나마 「노인복지법」에는 '노인'에 대한 정의가 없다. 대개의 법률에 존재하는 정의 규정이 1981년에 「노인복지법」이 제정된 이후에는 없다가, 2004년 1월 29일의 개정을 통해 신설되었지만, 노인에 대한 정의를 통해 연령기준을 설정하는 규정은 두고 있지 않다.[49] 다만, 「노인복지

46 김일순, 수명·건강수준 달라져 현실에 맞게 조정해야, 국회보, 2012. 11, 120면.

47 김용하, 획일적 기준이 아닌 탄력적 적용 필요, 국회보, 2012. 11, 122면.

48 「고령자 연령차별금지 및 고령자고용촉진에 관한 법률 시행령」 제2조(고령자 및 준고령자의 정의)

① 「고용상 연령차별금지 및 고령자고용촉진에 관한 법률」(이하 "법"이라 한다) 제2조 제1호에 따른 고령자는 55세 이상인 사람으로 한다.

② 법 제2조 제2호에 따른 준고령자는 50세 이상 55세 미만인 사람으로 한다.

49 「노인복지법」 제1조의2(정의) 이 법에서 사용하는 용어의 정의는 다음과 같다. <본조신설 2004. 1. 29, 개정 2007. 1. 3, 2011. 8. 4>

1. "부양의무자"라 함은 배우자(사실상의 혼인관계에 있는 자를 포함한다)와 직계비속 및 그 배우자(사실상의 혼인관계에 있는 자를 포함한다)를 말한다.
2. "보호자"라 함은 부양의무자 또는 업무·고용 등의 관계로 사실상 노인을 보호하는 자

법」 제25조(생업지원)에서 "국가 또는 지방자치단체 기타 공공단체가 설치·운영하는 공공시설안에 식료품·사무용품·신문 등 일상생활용품의 판매를 위한 매점이나 자동판매기의 설치를 허가 또는 위탁할 때에는 65세 이상의 자의 신청이 있는 경우 이를 우선적으로 반영하여야 한다."는 규정을 두어, '65세 이상의 자'가 '노인'이라는 점을 간접적으로 나타내고 있다. 오히려 「노인장기요양보험법」 제2조(정의) 1호에서 ""노인등"이란 65세 이상의 노인 또는 65세 미만의 자로서 치매·뇌혈관성질환 등 대통령령으로 정하는 노인성 질병을 가진 자를 말한다."는 규정을 두고 있어, 65세 이상을 연령기준으로 하여 노인에 대한 정의를 하고 있다. 「대한노인회 지원에 관한 법률」에서는 노인에 관한 연령기준을 규정하지 않고 있다. 「장애인·노인·임신부 등의 편의증진보장에 관한 법률」 제2조(정의) 1호에서 "'장애인등'이라 함은 장애인·노인·임산부등 생활을 영위함에 있어 이동과 시설이용 및 정보에의 접근 등에 불편을 느끼는 자를 말한다."는 규정을 두고 있다. 노인에 관한 정의는 별도로 두지 않고 있기 때문에, 노인은 "장애인등"의 "등"에 속하도록 규정되어 있는 것이다. 노인과 고령자를 의도적으로 달리 사용하는 취지가 아니라면, 그리고 "노인이란 호칭 대신 일본에서 해결한 바와 같이 가치중립적인 용어인 고령자로 분류"[50]하는 것이 적당하다면, 법령정비작업을 통하여 용어를 통일할 필요가 있다. 그리고 노인 혹은 고령자의 연령기준을 일률적으로 할 필요가 있건 탄력적으로 할 필요가 있건 간에, 명시적으로 규정하여 법적 안정성을 제고할 필요가 있다.

를 말한다.

3. "치매"란 「치매관리법」 제2조 제1호에 따른 치매를 말한다.
4. "노인학대"라 함은 노인에 대하여 신체적·정신적·정서적·성적 폭력 및 경제적 착취 또는 가혹행위를 하거나 유기 또는 방임을 하는 것을 말한다.

50 김일순, 수명·건강수준 달라져 현실에 맞게 조정해야, 국회보, 2012. 11, 121면.

제 4 절 맺음말

우리나라의 법률에는 영유아·영아·유아·아동·소년·청소년·연소자·미성년자 등의 다양한 연령 관련 용어가 사용되고 있거니와, 그 연령기준도 다양하여 많은 혼란이 초래되고 있다. 이 중에서도 아동·청소년의 연령기준과 관련되는 법률이 특히 문제가 되는 이유는 「형법」이나 「아동·청소년의 성보호에 관한 법률」 등과 같이 형벌과 관련되거나, 「담배사업법」이나 「식품위생법」 등과 같이 행정제재와 관련되기 때문일 것이다. 그러나 일정한 연령에 해당하면 복지혜택을 주거나 지원정책의 수혜자가 되는 경우에도, 연령기준이 통일되지 아니하면 불평등한 결과를 초래할 수 있기 때문에 반드시 형벌이나 행정제재와 관련된 경우의 연령기준만이 문제가 되는 것은 아니다. 침익적 내용을 담고 있는 법률이거나 수익적 내용을 담고 있는 법률이거나, 법적 안정성의 유지를 위해서는 연령기준의 정비가 필요하다. 연령기준이 통일적이지 않다거나 합리적이지 않다고 하여 헌법재판소가 적극적인 판단을 하기는 어렵다. 따라서, 국회가 '입법형성의 자유'를 행사하여 합리적이고 일관되게 연령기준을 정비하는 입법작업이 바람직하다. 또한 시행령 이하의 하위 규정을 통하여 연령기준을 규정하는 것은 바람직하지 않을 뿐만 아니라, 기본권을 침해하거나 헌법원칙에 위반될 가능성이 있는 경우도 있다. 연령기준과 관련한 설문조사결과를 보면, 연령 관련 입법 특히 아동·청소년을 보호하고 위반자를 처벌하거나 제재하기 위한 법률에 있어서, 상업 활동 종사자는 물론이고 경찰과 공무원조차 연령기준으로 인한 혼란 때문에, 연령기준에 관한 법률의 정비를 요청하고 있다. 그러나 연령기준에 관한 문제는 보다 광범위하게 살펴볼 필요가 있다. 형사미성년자 연령의 인하 논의, 노인 내지 고령자 용어의 통일과 고령자 연령의 상향조정 논의, 미성년과 청소년의 명칭과 연령의 통일, 아동과 어린이의 명칭과 연령의 통일, 영아와 유아 구분 및 영유아 명칭과의 조정, 불필요한 연령명칭의 폐지 등이 고찰의 대상이 될 것이다. 따라서 연령기준을 포함하고 있는 법률의 수범자와 집행자의 불편과 혼란을 초래하지 않도록, 전반적으로 법령을 정비하는 입법작업이 필요하다.

| CHAPTER 02 _ 참고문헌 |

국회 문광위원회, 청소년관련 법제 정비방안과 청소년 행정조직 통합방안 연구, 2003. 3.

국회사무처 법제실, 헌법재판소의 위헌결정 사유와 입법상 유의사항, 2000.

권장희, 청소년보호연령은 청소년을 보호하는 최후의 보루이다, 청소년보호위원회, 청소년보호 연령기준에 대한 정책토론회, 2003. 1. 27.

______, 청소년보호 연령기준 19세 일원화를 위한 제안, 한국문화정책개발원/한국청소년개발원, 청소년연령기준에 관한 토론회, 1999. 10. 15.

김문조, 청소년 연령기준의 획일적 설정에 대한 견해, 한국문화정책개발원/한국청소년개발원, 청소년연령기준에 관한 토론회, 1999. 10. 15.

김수진, 우리나라의 법체계에서 본 아동정책, 한국아동학회, 2008년 제2호, 2008.

김광묵, 청소년보호법에 관한 공법적 연구, 한국법제연구원, 2000.

류철호, 청소년 연령기준에 관한 입법평가 -청소년보호법과 영상 관련 법률을 중심으로-, 한국법제연구원, 2009.

박병식, 청소년보호와 보호연령 논의를 위한 담론, 청소년보호위원회, 청소년보호 연령기준에 대한 정책토론회, 2003. 1. 27.

박영도, 입법학용어해설집, 한국법제연구원, 2002.

박용상, 표현의 자유와 음란규제 및 청소년보호, 헌법논총, 제13집, 2002.

유경희, 청소년의 성적 인권 보호, 성범죄 예방을 고려한 청소년 보호연령이 기준, 청소년보호위원회, 청소년보호 연령기준에 대한 정책토론회, 2003. 1. 27.

윤철경 외, 청소년보호정책 실태와 발전방안, 한국청소년개발원, 2005.

이원재, 청소년 연령기준의 문제점과 개선방향, 청소년보호위원회, 청소년보호 연령기준에 대한 정책토론회, 2003. 1. 27.

이준우, 연령에 따른 법령적용 유형에 관한 연구, 법제연구, 제18호, 2000.

장영민, 소년법상의 제 연령기준에 관한 일고찰, 이화여자대학교 법학논집, 제9권 제2호, 2005.

장영수, 헌법상 평등원칙과 평등권의 실현구조, 고려법학 제36집, 2001.

최윤진, 청소년 권리 제한 논리의 부당성에 대한 고찰, 한국청소년연구, 제10권 제1호,

1999.
최종헌, 생활지도 교사 입장에서 본 청소년 연령기준의 문제점과 개선방향, 청소년보호위원회, 청소년보호 연령기준에 대한 정책토론회, 2003. 1. 27.
한상희, 청소년 보호연령 기준, 청소년보호위원회, 청소년보호 연령기준에 대한 정책토론회, 2003. 1. 27.
홍완식, 아동·청소년 등의 연령기준, 입법정책, 제1권 제1호, 2007.
______, 헌법재판소의 결정을 통해 본 입법의 원칙, 헌법학연구, 제15권 제4호, 2009.
______, 입법의 원칙에 관한 연구, 법제, 법제처, 2006. 2.
______, 체계정당성의 원리에 관한 연구, 토지공법연구, 제29집, 2005.
황승흠, 청소년보호 연령기준의 문제점과 개선방향, 청소년보호위원회, 청소년보호 연령기준에 대한 정책토론회, 2003. 1. 27.
황형준, 청소년보호 연령기준의 문제점과 나아갈 방향, 청소년보호위원회, 청소년보호 연령기준에 대한 정책토론회, 2003. 1. 27.

CHAPTER

03 성희롱 관련법에 대한 입법평론

출처: 법제 제661호, 2013년

제1절 머리말

성적인 언동으로 다른 사람에게 성적 굴욕감이나 혐오감을 느끼게 하는 것을 성희롱이라 한다. 1970년대 미국에서 성희롱(sexual harassment)에 대한 법적 제재 논의가 한국에서는 1990년대에 들어와서부터 논의되었다. 이러한 논의의 결과, 우리나라에서 성희롱에 대처하기 위한 법령들은 1990년대 중반부터 입법되기 시작하였다. 그러나, 한국 사회에 큰 반향을 가져온 성희롱 사건들이 터지면서 사회적 요구와 필요에 따라 법령이 입법되었기 때문에, 성희롱 관련 법령들의 체계성이 현저히 부족하게 된다. 성희롱 여부를 판정하는 기관들도 법원, 노동부, 여성부, 국가인권위원회 등으로 나뉘고 변화하면서, 성희롱의 판단기준도 일관성이 부족하게 되었다. 이러한 결과로, 판례나 진정사건 등에서 확인되는 성희롱의 언동은 매우 다양하며, 어떤 경우에는 '농담과 범죄'의 경계가 불분명하고, 성희롱 관련 법령이 있음에도 불구하고 성희롱의 명확한 기준을 알기 어렵다는 비판도 있다.[1] 그간 성희롱 관련 법령이 성희롱의 개념과 유형 및 기준 등을 형성해가는 역할을 수행해 오기도 하였지만, 여전히 개선해야 할 문제

1 홍완식, 사회적 쟁점과 법적 접근, 3개정판, 건국대학교 출판부, 2011, 141면.

점도 지니고 있다. 따라서 성희롱 관련법의 발전과정과 현황 및 문제점을 검토하여 개선방안을 제시하고자 한다.

제2절 성희롱 관련법의 연혁과 현황

1. 일반론

우리나라에서 '성희롱'이라는 용어가 법령에 처음 규정된 것은 「여성발전기본법」이 제정된 1995년이다. 당시는 이른바 '우조교 사건' 혹은 '신교수 사건'으로 인하여, 성희롱 피해자인 우씨가 1993년 10월에 성희롱 가해교수 신씨와 서울대 총장, 대한민국을 상대로 5,000만원의 손해배상 청구소송을 제기하여, 우리나라 최초의 성희롱 민사소송 사건이 사회적인 관심을 끌던 상황이었다. 이렇게 대학교에서 발생한 성희롱 사건이 크게 사회문제로 부각되고 소송으로 진행되자, 성희롱을 규율하기 위한 입법이 본격적으로 논의되기 시작하였고, 1995년 12월 30일에 「여성발전기본법」이 제정되었다. 1995년에 제정된 「여성발전기본법」에는 제17조(고용평등) 제3항에 "국가·지방자치단체 또는 사업주는 성희롱의 예방 등 직장 내의 평등한 근무환경 조성을 위하여 필요한 조치를 취하여야 한다"고 규정하였다. 이처럼 1995년에 '성희롱'이라는 용어가 법령에는 처음으로 「여성발전기본법」에 규정되었으며, 「여성발전기본법」은 1년의 준비기간을 거쳐 1996년 7월 1일부터 시행되었다. 「여성발전기본법」의 제정 및 시행에 이어, 대법원이 '우조교 사건'에 대하여 원고 일부승소의 취지로 판결을 한 다음 해인 1999년 2월 8일에 「남녀차별금지 및 구제에 관한 법률」이 제정되고 1999년 7월 1일부터 시행되었다. 이 법률 제2조에서는 성희롱의 개념을 정의[2]하고

2 제2조(정의) 2. "성희롱"이라 함은 업무, 고용 기타 관계에서 공공기관의 종사자, 사용자 또는 근로자가 그 지위를 이용하거나 업무등과 관련하여 성적 언동 등으로 성적 굴욕감 또

제7조에는 성희롱 금지규정[3]을 신설하는 등 성희롱에 관한 상세한 규정을 두었다. 「남녀차별금지 및 구제에 관한 법률」은 성희롱을 남녀차별로 보고, 성희롱 금지와 성희롱 방지교육을 명문화하였다. 그러나 성희롱 금지와 성희롱 방지교육의 위반에 대한 벌금이나 과태료를 규정하고 있지 않아서 실효성 확보를 위한 법적 장치는 미비하였다. 또한 1999년 2월 8일에 「남녀고용평등법」이 개정[4]되면서 성희롱에 관한 규정이 신설되었다. 사업주에게 성희롱과 관련하여 피해근로자에게 고용상의 불이익한 조치를 하지 못하도록 하고, 이에 위반할 경우 500만원 이하의 벌금을 부과하는 것이 개정의 주요골자였다. 1999년 2월 8일의 시점에서는 「여성발전기본법」, 「남녀차별금지 및 구제에 관한 법률」, 「남녀고용평등법」이 모두 '성희롱'에 관한 규정을 두고 있어서 체계적으로 혼란스러웠다. 「남녀차별금지 및 구제에 관한 법률」은 제1조 목적에서 밝힌 바와 같이, "고용, 교육, 재화·시설·용역 등의 제공 및 이용, 법과 정책의 집행에 있어서 남녀차별을 금지"하고자 하는 것이고, 「남녀고용평등법」은 제1조 목적에서 밝힌 바와 같이, "고용에 있어서 남녀의 평등한 기회 및 대우를 보장"하고 "근로여성의 지위향상과 복지증진에 기여함을 목적으로" 하는 것이었다. 즉, 이 두 법률은 '모든 생활분야'와 '고용분야'라는, 적용범위에 있어서의 광협의 포함관계라는데 차이가 있었다. 1999년의 「여성발전기본법」의 성희롱 규정은 1995년 제정시의 규정과 동일하여서, 실효성이기 보다 선언적인 성희롱 규정만을 두고 있었다. 현행 「여성발전기본법」처럼 성희롱의 개념을 정의하고 성희롱예방사업

는 혐오감을 느끼게 하거나 성적 언동 기타 요구 등에 대한 불응을 이유로 고용상의 불이익을 주는 것을 말한다.

3 제7조 (성희롱의 금지 등) ① 공공기관의 종사자, 사용자 및 근로자는 성희롱을 하여서는 아니된다.
② 공공기관의 장 및 사용자는 대통령령이 정하는 바에 의하여 성희롱의 방지를 위하여 교육을 실시하는 등 필요한 조치를 강구하여야 한다.
③ 성희롱은 남녀차별로 본다.

4 1999년 2월 8일 「남녀고용평등법」의 개정이유는 "여성과 남성의 실질적인 고용평등을 확보하기 위하여 사업주가 어느 한 성이 충족하기 어려운 인사에 관한 기준을 적용하는 것을 남여차별로 규정하고, 직장내 성희롱의 예방과 피해근로자를 보호하기 위하여 사업주에게 직장내 성희롱의 예방을 위한 교육의 실시, 가해자에 대한 징계 및 피해자에 대한 불이익조치금지등 의무를 부과하려는 것"이다.

의 근거를 마련한 것은, 2005년 12월 29일의 개정을 통해서이다. 이후 2005년 7월에는 「국가인권위원회법」에 성희롱 관련 조항이 신설되면서, 「남녀차별금지 및 구제에 관한 법률」은 폐지[5]되었다. 「국가인권위원회법」은 성희롱을 차별행위의 하나에 해당하는 행위로 보고 있다. 이후 「여성발전기본법」이 2005년 12월 29일에 개정[6]되면서, 폐지된 「남녀차별금지 및 구제에 관한 법률」의 성희롱 관련 조항을 「여성발전기본법」에 규정하게 되었다. 「남녀고용평등법」은 2007년 12월 21일에 「남녀고용평등과 일·가정 양립지원에 관한 법률」로 법률명이 바뀌면서 내용도 확대되었다.

현재 성희롱 관련법은 「여성발전기본법」, 「남녀고용평등과 일·가정 양립지원에 관한 법률」 및 「국가인권위원회법」이다. 3개의 법률 모두에는 각각 성희롱의 개념에 관한 정의(定義)를 하고 있다. 기타 「아동복지법」,[7] 「노인복지법」,[8] 「장애인차별금지 및 권리구제에 관한 법률」[9]에는 성희롱을 금지하고 처벌하는 규정을 두고 있으며, 「공무원 징계령 시행규칙」, 「교육공무원 징계양정 등에 관한 규칙」 등은 성희롱에 대한 징계양정의 기준을 규정하고 있다.

2. 여성발전기본법

「여성발전기본법」 제3조(정의) 제4호에는 성희롱의 개념을 ""성희롱"이란 업무, 고용, 그 밖의 관계에서 국가기관·지방자치단체 또는 대통령령으로 정하는 공공단체(이하 "국가기관 등"이라 한다)의 종사자, 사용자 또는 근로자가 다음

---

5 2005년 7월의 「국가인권위원회법」개정을 통하여 국가인권위원회의 조사대상에 성희롱행위가 포함되면서, 당시 여성가족부 소관의 성희롱 관련 업무가 국가인권위원회에 이관되었다.

6 "남녀차별금지및구제에관한법률이 폐지(법률 제7422호, 2005. 3. 24. 공포)됨에 따라 동 폐지 법률의 부칙에서 효력을 유지하고 있는 직장내 성희롱 방지 교육 등에 관한 내용을 이 법에서 규정", 여성발전기본법 개정이유, 2005. 12. 29.

7 제17조(금지행위) 4. 아동에게 성적 수치심을 주는 성희롱·성폭력 등의 학대행위

8 제39조의9(금지행위) 2. 노인에게 성적 수치심을 주는 성폭행·성희롱 등의 행위

9 제32조(괴롭힘 등의 금지) ⑤ 누구든지 장애인의 성적 자기결정권을 침해하거나 수치심을 자극하는 언어표현, 희롱, 장애 상태를 이용한 추행 및 강간 등을 행하여서는 아니 된다.

각 목의 어느 하나에 해당하는 행위를 하는 경우를 말한다. 가. 지위를 이용하거나 업무 등과 관련하여 성적(性的) 언동(言動) 등으로 상대방에게 성적 굴욕감이나 혐오감을 느끼게 하는 행위 나. 상대방이 성적 언동이나 그 밖의 요구 등에 따르지 아니하였다는 이유로 고용상의 불이익을 주는 행위"라고 정의하고 있다. 이러한 개념정의 외에는 제17조의2(성희롱의 방지 등)규정만을 두어, ① 국가기관 등의 장과 사업주의 성희롱 방지교육의 의무 ② 국가기관 등의 성희롱 방지조치에 대한 여성가족부장관의 매년 점검의무 ③ 점검결과 성희롱 방지조치가 부실하다고 인정되는 국가기관 관리자의 특별교육 ④ 성희롱 방지조치 점검결과의 언론 공표(公表) 등을 규정하고 있다. 그리고 시행령 제27조2에서 성희롱예방교육의 횟수, 계획수립, 지침, 내용, 상담 및 고충처리에 관한 사항을 규정하고 있다.

3. 남녀고용평등과 일·가정 양립지원에 관한 법률

「남녀고용평등과 일·가정 양립지원에 관한 법률」 제2조(정의)에서는 성희롱을 ""직장 내 성희롱"이란 사업주·상급자 또는 근로자가 직장 내의 지위를 이용하거나 업무와 관련하여 다른 근로자에게 성적 언동 등으로 성적 굴욕감 또는 혐오감을 느끼게 하거나 성적 언동 또는 그 밖의 요구 등에 따르지 아니하였다는 이유로 고용에서 불이익을 주는 것을 말한다."고 개념 정의하고 있다. 그리고, '고용에 있어서 남녀의 평등한 기회보장 및 대우 등'을 규정한 제2장의 제2절(직장 내 성희롱의 금지 및 예방)에 5개의 조문을 두어 ① 직장내 성희롱의 금지(제12조) ② 직장내 성희롱 예방교육(제13조) ③ 성희롱 예방교육의 위탁(제13조의2) ④ 직장내 성희롱 발생시 조치(제14조) ⑤ 고객 등에 의한 성희롱방지(제14조의2)에 관하여 규정하고 있다. 이러한 5개 조문의 실효적인 집행을 위해 제37조 이하에 사업주에게 부과되는 과태료[10]와 형벌[11]을 규정하고 있다. 그리

10 [시행령 별표 발췌] 위반행위의 종류별 과태료 부과기준(제22조 제1항 관련) (2012. 7. 10 개정)

고 시행령 제3조에서 성희롱 예방교육의 횟수, 내용, 방법, 범위 등에 관한 사항을 규정하고 있다.

4. 국가인권위원회법

국가인권위원회법 제2조(정의) 3호는 동 법률에서 사용되는 용어를 정의하고 있는데, 차별행위의 하나로서 성희롱을 개념 정의하고 있다. 즉, "“평등권 침해의 차별행위”란 합리적인 이유 없이 성별, 종교, 장애, 나이, 사회적 신분, 출신 지역(출생지, 등록기준지, 성년이 되기 전의 주된 거주지 등을 말한다), 출신 국가, 출신 민족, 용모 등 신체 조건, 기혼·미혼·별거·이혼·사별·재혼·사실혼 등 혼

위반행위	해당 법조문	금액
1. 사업주가 법 제12조를 위반하여 직장 내 성희롱을 한 경우	법 제39조 제1항	
가. 직장 내 성희롱과 관련하여 최근 3년 이내에 과태료 처분을 받은 사실이 있는 사람이 다시 직장 내 성희롱을 한 경우		1천만원
나. 한 사람에게 수차례 직장 내 성희롱을 하거나 2명 이상에게 직장 내 성희롱을 한 경우		500만원
다. 그 밖의 직장 내 성희롱을 한 경우		300만원
2. 사업주가 법 제14조 제1항을 위반하여 직장 내 성희롱 발생이 확인되었는데도 지체 없이 행위자에게 징계나 그 밖에 이에 준하는 조치를 하지 아니한 경우	법 제39조 제2항 제1호	400만원
3. 사업주가 법 제14조의2 제2항을 위반하여 근로자가 고객 등에 의한 성희롱 피해를 입었음을 주장하거나 고객 등으로부터의 성적 요구 등에 불응한 것을 이유로 해고나 그 밖의 불이익한 조치를 한 경우	법 제39조 제2항 제2호	500만원
9. 사업주가 법 제13조 제1항을 위반하여 직장 내 성희롱 예방교육을 하지 아니한 경우	법 제39조 제3항 제1호	200만원

비고: 고용노동부장관은 위반행위의 동기와 그 결과 등을 고려하여 과태료 부과금액을 2분의 1의 범위에서 늘리거나 줄일 수 있다. 이 경우 과태료의 총액은 법 제39조 제1항부터 제3항까지의 규정 중 해당 조항의 과태료 상한액을 초과할 수 없다.

11 사업주가 ‘직장 내 성희롱과 관련하여 피해를 입은 근로자 또는 성희롱 발생을 주장하는 근로자에게 해고나 그 밖의 불리한 조치를 하는 경우’(제14조 제2항 위반)에는 3년 이하의 징역 또는 2천만원 이하의 벌금에 처한다.

인 여부, 임신 또는 출산, 가족 형태 또는 가족 상황, 인종, 피부색, 사상 또는 정치적 의견, 형의 효력이 실효된 전과(前科), 성적(性的) 지향, 학력, 병력(病歷) 등을 이유로 한 다음 각 목의 어느 하나에 해당하는 행위를 말한다."라고 하면서 성희롱 행위를 "업무, 고용, 그 밖의 관계에서 공공기관(국가기관, 지방자치단체, 「초·중등교육법」 제2조, 「고등교육법」 제2조와 그 밖의 다른 법률에 따라 설치된 각급 학교, 「공직자윤리법」 제3조의2 제1항에 따른 공직유관단체를 말한다)의 종사자, 사용자 또는 근로자가 그 직위를 이용하여 또는 업무 등과 관련하여 성적 언동 등으로 성적 굴욕감 또는 혐오감을 느끼게 하거나 성적 언동 또는 그 밖의 요구 등에 따르지 아니한다는 이유로 고용상의 불이익을 주는 것을 말한다"고 규정하고 있다. 그러나, 성희롱에 대한 이러한 개념 정의 외에, 「국가인권위원회법」이나 동 시행령에는 성희롱에 대한 더 이상의 개별 규정은 없다.

5. 공공기관 등의 성희롱예방 지침

「여성발전기본법」 제17조의2와 동 시행령 제27조의2에 따르면, 국가와 지방자치단체 및 공공기관 등은 성희롱방지를 위한 조치를 하여야 하는 데, 동 시행령 제27조의2 제1항 제5호에는 "자체 성희롱 예방지침의 마련"을 명시하고 있다. 동조 제5항에는 이러한 성희롱 방지조치가 부실하다고 인정되는 국가기관 등에 대하여 점검 후 6개월 이내에 관리자 특별교육을 실시하도록 규정하고 있다. 따라서, 성희롱 예방지침을 마련하지 않은 경우에는 성희롱 방지조치가 부실한 것으로 인정될 수 있고, 특별교육을 받지 않으려면 각급 국가기관 마다 성희롱예방지침을 마련하여야 한다. 이러한 규정에 따라, 27개 국가기관에 제정된 성희롱예방지침과 전국 118개의 지방자치단체에 제정되어 있는 성희롱예방지침을 법제처의 국가법령정보센터를 통하여 확인할 수 있다. 이들 성희롱 예방지침에는 대개 고충전담창구의 설치, 성희롱 예방교육, 성희롱관련 고충상담, 피해자보호 및 비밀유지, 재발방지조치 및 징계 등에 관한 사항을 규정하고 있다.

제3절 성희롱 관련 판례를 통해 본 입법적 시사점

1. 우조교사건 혹은 신교수 사건

1992~1993년에 서울대학 화학과의 실험실 조교로 일하던 우씨가 자신에 대한 재임용권을 가진 지도교수 신씨가 뒤에서 껴안는 듯한 자세를 취하고 머리를 만지는 등 원치 않는 신체 접촉과 '입방식을 하자'는 등의 발언으로 정신적 고통을 입었다며 5천만원의 손해배상 청구소송을 제기하였다. 1994년 4월에 제1심인 서울지법은 "직장 내 근로자의 지휘·인사권을 갖고 있는 상사가 성과 관련된 언동으로 불쾌한 성적 굴욕감을 느끼게 한다면 법률상 책임을 져야 한다."며 3천만원을 지급하라고 판결했다. 그러나 1995년 7월 항소심 재판부인 서울고법에서는 성희롱은 "피해자의 의사에 반하여 집요하게 반복적으로 이루어지는 성적 언동"으로서 "중대하고 철저한 것이라야 한다"고 하여 성희롱의 범위를 엄격히 보면서 가해자의 행동에 대해 법적 책임을 묻기 어렵다는 판결을 내렸다.[12] 1998년 2월 대법원은 상고심에서, 성희롱을 통해 "상대방의 인격권과 존엄성을 훼손하고 정신적 고통을 주는 정도라면 위법"이라며 사건을 서울고법으로 되돌려 보냈다. 결국 1999년 6월 서울고법은 우씨의 주장 중 일부를 인정, "재임용 추천권을 이용하여 계속적으로 성적 의도를 드러낸 언동을 했으며, 이는 사회통념상 허용되는 단순한 농담이나 호의적 언동의 수준을 넘어섰다"고 성희롱 책임을 인정하여 신교수는 우조교에게 500만원을 지급하라는 판결을 내렸다. 이 사건에서 대법원은 "성적 표현행위의 위법성 여부는 쌍방 당사자의 연령이나 관계, 행위가 행해진 장소 및 상황, 성적 동기나 의도의 유무, 행위에 대한 상대방의 명시적 또는 추정적인 반응의 내용, 행위의 내용 및 정도, 행위가 일회적 또는 단기간의 것인지 아니면 계속적인 것인지 여부 등의 구체적 사정을 종합하여, 그것이 사회공동체의 건전한 상식과 관행에 비추어 볼 때 용인될

---

12 서울고법 1995. 7. 25 선고 94나15358.

수 있는 정도의 것인지 여부 즉 선량한 풍속 또는 사회질서에 위반되는 것인지 여부에 따라 결정되어야 한다"[13]는 견해를 밝혔다. 성희롱에 관한 무규율에서 규율로의 전환을 가져온 사건이고, 성희롱 관련 법률의 입법은 판결에 의한 '개별적 해결' 방식에서 입법에 의한 '일반적 해결' 방식으로의 전환이라는 의미를 지닌다. 우리나라에서 성희롱에 대하여 본격적으로 주의를 기울이기 시작한 것은 이 사건으로부터이다. 종래 성희롱은 민법상의 불법행위로도 주목을 받지 못했지만, 이 사건을 계기로 성희롱은 민법상의 손해배상책임이 인정되어야 할 불법행위로 인식되기 시작하였다. 이 사건은 우리나라 여성의 사회적 지위 및 남녀차별 문제에 관한 본격적 논의의 계기를 제공하였다[14]고 평가된다. 이 사건을 계기로 하여, 성희롱의 문제가 민사적 해결방법으로는 해결되기 어려운 한계를 지닌다는 점을, 우리 사회가 인식하였다고 할 수 있다. 따라서 전술한 바와 같이, 법률에 성희롱을 명시하고 성희롱 행위를 과태료나 형벌로 제재하는 계기를 가져온 사건이다.

2. 초등교사 회식에서의 술권유 사건

2007년 6월에는 소위 '초등학교 여교사 술권유 사건'에 대한 대법원의 판결이 있었다. 이 사건은 초등학교 교사들의 회식 자리에서 교감이 여자교사들에 대하여 교장에게 술을 따라 줄 것을 두 차례 권한 언행이 그 경위나 정황, 발언자의 의도 등에 비추어 객관적으로나 일반적으로 여자교사들로 하여금 성적 굴욕감이나 혐오감을 느끼게 하는 성적 언동에 해당하지 않는다고 한 사례이다. 이 사건에서는 구 「남녀차별금지 및 구제에 관한 법률」 제2조 제2호에서 성희롱의 전제요건으로 규정한 '성적 언동 등'의 의미 및 판단 기준이 논란이 되었다. 대법원은 "성희롱의 전제요건인 '성적 언동 등'이란 남녀 간의 육체적 관계나 남성 또는 여성의 신체적 특징과 관련된 육체적·언어적·시각적 행위로서

13 대법원 1998. 2. 10. 선고 95다39533.
14 김용세, 성희롱의 개념과 규제-성희롱과 강제추행의 한계, 새울법학, 제3호, 대전대학교 법문화연구소, 1999, 133면.

사회공동체의 건전한 상식과 관행에 비추어 볼 때 객관적으로 상대방과 같은 처지에 있는 일반적이고도 평균적인 사람으로 하여금 성적 굴욕감이나 혐오감을 느끼게 할 수 있는 행위를 의미"한다고 하면서, "객관적으로 상대방과 같은 처지에 있는 일반적이고도 평균적인 사람으로 하여금 성적 굴욕감이나 혐오감을 느끼게 하는 행위가 아닌 이상 상대방이 성적 굴욕감이나 혐오감을 느꼈다는 이유만으로 성희롱이 성립할 수는 없다"[15]고 하였다. 대법원은 성희롱 여부를 판단함에 있어서 구 「남녀차별금지 및 구제에 관한 법률」에 규정된 성희롱의 개념정의에 비추어 당해 성적 언동이 이러한 요건을 충족하는지를 판단하였고, 이는 성희롱에 해당하지 않는다고 하였다. 그러나, 이 사건에 대하여 「남녀차별금지 및 구제에 관한 법률」 이 아닌 「남녀고용평등법」을 적용하고, 동 시행규칙 별표 성희롱 판단기준의 예시의 언어적 행위 (5)에서 "회식자리 등에서 무리하게 옆에 앉혀 술을 따르도록 강요하는 행위"라는 항목에 따라서 판단하였으면 하는 아쉬움이 있다. 이러한 기준에 따르더라도 동일한 결론에 이를 수는 있겠지만, 법원에서도 '법률을 보다 구체화한' 시행규칙이 성희롱 판단의 기준으로 작용하는 것이 바람직해 보인다.

3. 회사 인터넷게시판을 통한 성적 소문 유포 사건

동일한 '성적 언동'에 대하여 국가인권위원회는 성희롱으로 인정을 하였으나, 법원은 성희롱에 해당하지 않는다는 판결을 내린 바 있다. 즉, 국가인권위원회는 "진정인과 피진정인은 직장동료로, 피진정인의 진정인에 대한 성희롱적 언동으로 인해 진정인과 함께 근무할 수 없다는 탄원서가 회사에 제출되는 등 진정인에게 적대적이고 모욕적인 근무환경이 조성되었"[16]다고 판단한데 대하여, 대법원은 "이 사건 언행이 국가인권위원회법 제2조 제4호 (라)목이 정한 성희롱 행위에 해당한다고 보기는 어려우므로, 위 언행이 성희롱 행위임을 전제

15 대법원 2007. 6. 14. 선고 2005두6461 판결.

16 국가인권위원회, 2006. 8. 29. 06진차266.

로 한 피고의 이 사건 인사조치권고처분이 위법하다고 본 원심의 판단은 결론에 있어서 정당"[17]하다고 하였다. 국가인권위원회와 법원은 공히, '성적 언동 등'에 대해서 남녀간의 육체적 관계나 남성 또는 여성의 신체적 특징과 관련된 육체적, 언어적, 시각적 행위를 의미하는 것으로 보고 있다. 그러나 국가인권위원회는 피해자의 손바닥을 손가락으로 긁는 행위 등도 성적 언동으로 보고, 간접적으로 전해들은 성적 언동이 그 여성에게 정신적 스트레스를 주고 근로환경에 악영향을 줄 가능성이 높은 경우에는 규제해야 할 성희롱의 범주에 포함시킴으로써 간접 성희롱도 인정하고 있는 반면, 법원은 이를 성희롱 행위라고 보기는 어렵다고 하여, 성적 언동의 범위를 국가인권위원회보다는 협소하게 판단하는 경향을 보이고 있다.[18] 이러한 상반된 국가인권위원회의 결정과 법원의 판결에 대하여 비판이 많았다. 성적 추문의 유포행위는 성적 언동에 해당한다고 판단한 국가인권위원회의 입장을 적절한 것으로 평가하면서, 성희롱의 경우에는 민사상 손해배상이나 가해자에 대한 처벌과는 달리 피해자보호와 건전한 고용환경의 조성에 중점을 두고 있다는 점에서 법원의 인식전환이 필요하다고 한다.[19] 국가인권위원회는 '성적 언동' 여부를 판단함에 있어서, 「남녀고용평등법 시행규칙」 별표 성희롱 판단기준의 예시의 언어적 행위에서 '성적인 정보를 의도적으로 퍼뜨리는 행위'에 해당하는지에 대해서 판단하였다. 그러나 대법원 판결문에는 문제된 언행을 판단함에 있어서 기준을 제시하지 않고, 다만, "원심이 인정한 사실과 기록에 나타난 여러 사정에 비추어보면 원고의 이 사건 언행이 국가인권위원회법 제2조 제4호 (라)목이 정한 성희롱 행위에 해당한다고 보기는 어려우므로"라고 하여 동 시행규칙상의 성희롱 판단기준을 참조하였는지에 관해서 아무런 언급이 없다. 원심판결은 대법원의 종합법률정보에서 찾아 볼 수 없다. 상고비용도 피고인 국가인권위원회에 부담시키고 상고를 기각하면서도, 상고기각의 이유는 짧고 성희롱 판단기준에 관한 언급도 없다. 다만, '여러 사정

17 대법원 2008. 10. 9. 선고 2008두7854; 서울고법 2008. 4. 18. 선고 2007누27259.

18 국가인권위원회, 성희롱 진정사건 백서, 2012, 58면.

19 강동욱, 직장내 성희롱에 대한 국가인권위원회 결정과 법원의 판단의 비교고찰, 한양법학, 제22권 제3집, 2011, 552면.

에 비추어' 성희롱 행위에 해당하지 않는다고 하였다.

4. 롯데호텔 성희롱 사건

롯데호텔 여성노조원들이 회사 상급자 등에 의하여 성희롱을 당했다고 주장하며 손해배상을 청구한 소송에서, 서울지법은 2002년 11월 "회사인 롯데호텔과 남자직원 4명은 여직원 19명에게 모두 2,900만원을 지급하라"며 원고 일부승소 판결을 내렸다. 성희롱 피해여성 마다의 성희롱 행위는 매우 다양하였는데, 이 중 손해배상액수가 300만원으로서 가장 많은 사례를 보면 다음과 같다. 1999년 10월 경 원고와 담당계장은 저녁식사 후 23시경에 노래방에서 노래를 부르다가 계장이 원고를 끌어안은 채 억지로 키스를 하였고, 그 과정에 위 피고의 치아와 부딪히면서 위 원고에게 입술 안쪽에 약 2주간의 치료를 요하는 상처를 입혔다. 이에 대하여 법원은 "직원들을 관리하는 계장으로서 위 원고에 대한 지휘감독권, 인사고과권을 행사할 수 있는 지위에 있는 점을 이용하여 자신의 성적 만족을 위하여 위 원고에 대하여 성적 의도를 분명히 드러낸 언동을 하였고, 이는 그 구체적 사정에 비추어 볼 때 사회통념상 일상생활에서 허용되는 단순한 농담 또는 호의적인 언동의 수준을 넘어 위 원고로 하여금 성적 굴욕감이나 혐오감을 느끼게 하는 정도에 이르는 것으로서 위 원고의 인격권을 침해하고 선량한 풍속 또는 사회질서에 반하는 행위로 남녀고용평등법 등이 정한 '직장 내의 지위를 이용한' 성희롱에 해당할 뿐 아니라 나아가 성폭력범죄의처벌및피해자보호등에관한법률(업무상위력에의한추행)위반행위에 해당한다고 할 것이며, 이로 인하여 위 원고가 정신적 고통을 당하였을 것임은 경험칙상 명백하다"고 하였다. 그러나 롯데호텔 성희롱 사건에서도 '성적 언동'을 성희롱으로 인정되지 않은 경우가 있었다. 부장이 퇴근하는 여직원에게 '벌써 퇴근하느냐'며 뒷덜미를 잡은 사실을 인정하면서도, "사회통념상 용인되는 범주를 벗어나 위 원고로 하여금 성적 굴욕감이나 혐오감을 느끼게 하는 정도"에 이르지 않는다고 하였다. 또한 계장이 휴게실에서 여직원에게 "'날씨도 좋은데 멋진 곳으로

드라이브 가자, 너처럼 젊고 예쁜 애들이랑 가면 참 좋겠다, 언제 시간나니'라고 하여 위 원고가 이를 피해 나가려 하자 앞을 가로막으며 계속해서 날을 잡자고 하였던 사실"을 인정하면서도, "다소 불쾌하였을 수도 있고 객관적으로 볼 때도 위 언동이 짓궂고 품위를 잃은 것으로 여겨지기는 하지만 그렇다고 하여 위에서 인정한 사실만으로는 위 언동이 사회통념상 일상생활에서 허용되는 단순한 농담 또는 호의적인 언동의 범주를 벗어나 위 원고로 하여금 성적 굴욕감이나 혐오감을 느끼게 하는 정도에 이르렀다고 하기는 곤란"하다고 판단하였다.[20] 이 판결에 대한 양측의 항소는 서울고법에서 기각되었다. 이 사건은 성희롱 관련 규정을 신설한 「남녀고용평등법」 개정 이후에 벌어진, 성희롱 가해자가 수십명이고 피해자가 수백명이었던 대형 사건이었다. 이 사건에서는 「남녀차별금지 및 구제에 관한 법률」 및 「남녀고용평등법」상의 성희롱 개념정의와 관련 규정에 따라 판단이 되었지만, 「남녀고용평등법 시행규칙」 별표의 성희롱 판단기준이 적극적으로 활용되지 않았다.

5. 카드회사 지점장 성희롱 사건

카드회사 지점장이 여직원들을 성희롱하였다는 이유로 징계해고를 당하였는데, 지방노동위원회와 중앙노동위원회에 재심을 신청하였으나 기각당하자, 법원에 재심판정 취소소송을 제기한 사건이다. 법원에서도 1심에서는 청구가 기각되었으나, 2심에서는 이와 달리 성희롱은 인정되지만 이로 인한 징계해고는 징계권 남용에 해당한다는 이유로 중앙노동위원회의 재심판정을 취소하였다. 이어 상고심을 담당한 대법원은, 이 사안에 있어서의 성희롱 가해자에 대한 해고를 징계권의 남용으로 볼 수 없다고 하여 2심판결을 파기 환송하였다. 대법원은 "여직원들을 껴안거나 볼에 입을 맞추거나 엉덩이를 치는 등 강제추행 또는 업무상 위력에 의한 추행으로 인정될 정도의 성적 언동도 포함된 성희롱 행위로서, 객관적으로 상대방과 같은 처지에 있는 일반적이고도 평균적인 사람의

20 서울지방법원 2002. 11. 26 선고 2000가합57462.

입장에서 보아 고용환경을 악화시킬 정도로 그 정도가 매우 심하다고 볼 수 있을 뿐 아니라, 한 지점을 책임지고 있는 지점장으로서 솔선하여 성희롱을 하지 말아야 함은 물론 같은 지점에서 일하는 근로자 상호간의 성희롱 행위도 방지해야 할 지위에 있음에도, 오히려 자신의 우월한 지위를 이용하여 자신의 지휘·감독을 받는 여직원 중 8명을 상대로 과감하게 14회에 걸쳐 반복적으로 행한 직장 내 성희롱"[21]이라고 보아, 징계해직처분은 객관적으로 명백히 부당하다고 인정되지 않는다고 판단하였다. 이 사건의 쟁점은 성희롱의 해당성 여부와 징계해고의 부당성 여부였다. 성희롱 해당성 여부에 대해서는 「남녀고용평등법」 제2조의 성희롱의 정의를 인용하면서도 "당사자의 관계, 행위가 행해진 장소 및 상황, 행위에 대한 상대방의 명시적 또는 추정적인 반응의 내용, 행위의 내용 및 정도, 행위가 일회적 또는 단기간의 것인지 아니면 계속적인 것인지 여부 등의 구체적 사정을 참작"하였다. 그러나 "성적인 언동 등이란 남녀간의 육체적 관계나 남성 또는 여성의 신체적 특징과 관련된 육체적, 언어적, 시각적 행위"라고 하면서도, 1999년부터 「남녀고용평등법 시행규칙」 별표에 규정되어 있는 '직장내 성희롱 판단을 위한 기준의 예시'에 대한 판단이나 언급은 찾아 볼 수 없다. 징계해직처분의 부당성 여부에 대해서는, 해당 회사의 징계사유를 규정하고 있는 인사규정 20조 "성적인 언어나 행동 등으로 또는 이를 조건으로 고용상의 불이익을 주거나 성적 굴욕감을 유발하게 하여 고용환경을 악화시키는 경우"에 해당하는 것으로 판단하였다.

6. 성적 언동 및 음주강요 사건

2004년경 온라인게임을 개발하는 업체의 마케팅부 부장이 회식자리 및 사무실에서 새로 입사한 여직원의 목, 어깨, 가슴, 엉덩이 등을 접촉하였고, 술을 마시지 않으려 하자 흑기사를 하는 남자직원과 키스를 시키겠다고 하는 등의

21 대법원 2008. 7. 10. 선고 2007두22498 판결(직장 내 성희롱 행위자에 대한 징계해고의 정당성).

언동을 한 사례이다. 당시에 설치되어 있던 여성부 남녀차별위원회는 2004년 9월 20일에 이 사건을 성희롱 사건으로 인정하고, 이 사건 회사는 여직원에게 손해배상금 500만원을 지급하고 성희롱 예방교육 실시 등 재발방지대책을 마련할 것을 권고하는 결정을 내렸다. 이러한 남녀차별위원회의 권고결정이 내려지기 직전에 회사 징계위원회에 회부된 부장은 징계면직되었다. 이후 불법행위로 인한 손해배상이 청구된 사건에서 법원은, 이러한 성적인 언동은 집요하고 계속적으로 행해졌고 이는 사회통념상 일상생활에서 허용되는 단순한 농담 또는 호의적이고 권유적인 언동으로 볼 수 없으며, 오히려 원고로 하여금 성적 굴욕감이나 혐오감을 느끼게 하는 것으로서 원고의 인격권을 침해하였다고 판단하였다. 성희롱에 이르는 수차례의 성적 언동과 음주강요, 늦은 귀가 강요 등 모두를 불법행위로 인정하여, 피고인 부장은 원고인 여직원에게 3,000만원의 위자료를 지급하라고 판결하였다. 남녀관계에서 성적 관심을 표현하는 행위는 자연스러운 것으로 허용되어야 하지만 상대방의 인격권을 침해하여 인간으로서의 존엄성을 훼손하고 정신적 고통을 주는 정도에 이르는 것은 위법하여 허용될 수 없다는 것이다. 또한 법원은 "성적 표현행위의 위법성 여부는, 쌍방 당사자의 연령이나 관계, 행위가 행해진 상소 및 상황, 성적 동기나 의도의 유무, 행위에 대한 상대방의 명시적 또는 추정적인 반응의 내용, 행위의 내용 및 정도, 행위가 일회적 또는 단기간의 것인지 아니면 계속적인 것인지 여부 등의 구체적 사정을 종합하여, 그것이 사회공동체의 건전한 상식과 관행에 비추어 볼 때 용인될 수 있는 정도의 것인지 여부, 즉 선량한 풍속 또는 사회질서에 위반되는 것인지 여부에 따라 결정되어야 할 것"이라는 성적 표현행위의 위법성 판단기준을 설시하였다.[22] 이 사건에서도 「남녀고용평등법 시행규칙」 별표의 성희롱 판단기준은 적극적으로 활용되지 않았다.

22 서울고법 2007. 5. 3. 선고 2006나109669 판결

제4절 성희롱 관련법의 법제적 개선방안

1. 성희롱의 개념

전술한 바와 같이 '성희롱'에 관한 규율을 하고 있는 법률은 「국가인권위원회법」과 「여성발전기본법」 및 「남녀고용평등과 일·가정 양립지원에 관한 법률」 등이 있다. 이들 법률에는 표1에서 볼 수 있는 것처럼 각각 성희롱에 관한 개념 정의를 하고 있는데, 유사하지만 약간씩 상이함을 알 수 있다.

〈표 3-1〉 법률에 따른 '성희롱' 개념정의

법률명	성희롱 개념
국가인권위원회법	업무, 고용, 그 밖의 관계에서 공공기관(국가기관, 지방자치단체, 「초·중등교육법」 제2조, 「고등교육법」 제2조와 그 밖의 다른 법률에 따라 설치된 각급 학교, 「공직자윤리법」 제3조의2제1항에 따른 공직유관단체를 말한다)의 종사자, 사용자 또는 근로자가 그 직위를 이용하여 또는 업무 등과 관련하여 성적 언동 등으로 성적 굴욕감 또는 혐오감을 느끼게 하거나 성적 언동 또는 그 밖의 요구 등에 따르지 아니한다는 이유로 고용상의 불이익을 주는 것을 말한다.
여성발전기본법	"성희롱"이란 업무, 고용, 그 밖의 관계에서 국가기관·지방자치단체 또는 대통령령으로 정하는 공공단체(이하 "국가기관등"이라 한다)의 종사자, 사용자 또는 근로자가 다음 각 목의 어느 하나에 해당하는 행위를 하는 경우를 말한다. 가. 지위를 이용하거나 업무 등과 관련하여 성적(性的) 언동(言動) 등으로 상대방에게 성적 굴욕감이나 혐오감을 느끼게 하는 행위 나. 상대방이 성적 언동이나 그 밖의 요구 등에 따르지 아니하였다는 이유로 고용상의 불이익을 주는 행위

남녀고용평등과 일·가정 양립지원에 관한 법률	"직장 내 성희롱"이란 사업주·상급자 또는 근로자가 직장 내의 지위를 이용하거나 업무와 관련하여 다른 근로자에게 성적 언동 등으로 성적 굴욕감 또는 혐오감을 느끼게 하거나 성적 언동 또는 그 밖의 요구 등에 따르지 아니하였다는 이유로 고용에서 불이익을 주는 것을 말한다.

또한 각급 국가기관, 지방자치단체, 공공기관에는 성희롱예방지침이 제정되어 있다. 모든 성희롱예방지침에는 성희롱을 정의하는 규정을 두고 있는데, 어떠한 기관이나 단체는 「여성발전기본법」상의 성희롱 정의를 인용[23]하고 있고, 어떠한 기관이나 단체는 「남녀고용평등과 일·가정 양립지원에 관한 법률」이 제정되면서 폐지된 「남녀차별금지 및 구제에 관한 법률」상의 성희롱 정의를 인용[24]하고 있다. 또한 「공무원징계령 시행규칙」과 「교육공무원 징계양정 등에 관한 규칙」은 성희롱을 '품위유지의무의 위반'으로 규정하고 있는데, 성희롱에 대해서는 「국가인권위원회법」상의 성희롱 정의를 인용하고 있다. 이렇게 하위 규정들이 각각 다른 상위규정을 근거로 하는 것은 혼란을 야기할 수 있다. 또한 「남녀고용평등과 일·가정 양립지원에 관한 법률」은 성희롱 피해자를 '다른 근로자'로 규정하고 있는 반면에, 「국가인권위원회법」은 성희롱 피해자를 한정하고 있지 않다 「여성발전기본법」에서는 성희롱 피해자를 '상대방'이라고 표현하고 있다. 직장내 성희롱의 객체는 근로자 뿐만이 아니라 모집, 채용과정에서의 구직자 등도 모두 포함되어야 하고,[25] 근로자 이외의 자에 대한 성희롱을 예방하기 위해서는, 성희롱의 개념규정에서 성희롱의 피해자를 '다른 근로자'로 한

23 법제처 성희롱예방지침 제3조(성희롱의 정의) 이 훈령에서 사용하는 "성희롱"이란 「여성발전기본법」 제3조 제4호에 의한 성희롱을 말한다; 충청북도 성희롱예방 및 처리에 관한 지침 제3조(정의) 이 지침에서 "성희롱" 이라 함은 「여성발전기본법」제3조 제4호에 의한 성희롱을 말한다.

24 공정거래위원회 성희롱예방지침 제3조(성희롱의 정의) 이 지침에서 사용하는 "성희롱"이란 남녀차별금지및구제에관한법률 제2조 제2호 규정에 의한 성희롱을 말한다; 강원도 성희롱예방지침 제3조(성희롱의 정의) 이 지침에서 사용하는 "성희롱"이란 남녀차별금지및구제에관한법률 제2조 제2호 규정에 의한 성희롱을 말한다.

25 정지원, 직장 내 성희롱에 관한 연구, 노동법 실무연구, 재판자료 제118집, 법원도서관, 2009, 297면.

정한 것을 개정하여야 할 것이다. 합리적인 이유가 없다면, 법률마다 상이한 성희롱 피해자에 관한 용어를 통일시켜야 한다.

2. 성희롱의 판단기준

어떠한 언동이 성희롱에 해당하는지의 여부를 판단하기 위한 법적 기준이나 요건을 마련하는 것은 상당히 어려운 일이다. '합리적 사람'의 기준을 적용하더라도 성희롱이 발생한 사회적 맥락과 제반 상황이 고려되어야 한다.[26] 실제로, 성희롱을 예방하고 처벌하기 위한 법률을 만들자고 할 때 제기되었던 핵심적인 문제는, 무엇이 성희롱이냐는 것이었다. 법률은 수범자들에게 예측가능성을 주어야 하는 데, '성희롱'인지의 여부를 객관적으로 판단할 수 있는 기준이 만들어질 필요가 있었다. 「남녀고용평등과 일·가정 양립지원에 관한 법률 시행규칙」 제2조는 직장내 성희롱을 판단하기 위한 기준을 예시한다고 하고, 시행규칙 별표에서 성희롱에 대한 구체적 예시를 하고 있다.

[별표 1] 직장 내 성희롱을 판단하기 위한 기준의 예시(제2조 관련)

1. 성적인 언동의 예시
   가. 육체적 행위
      (1) 입맞춤, 포옹 또는 뒤에서 껴안는 등의 신체적 접촉행위
      (2) 가슴·엉덩이 등 특정 신체부위를 만지는 행위
      (3) 안마나 애무를 강요하는 행위
   나. 언어적 행위
      (1) 음란한 농담을 하거나 음탕하고 상스러운 이야기를 하는 행위(전화통화를 포함한다)
      (2) 외모에 대한 성적인 비유나 평가를 하는 행위
      (3) 성적인 사실 관계를 묻거나 성적인 내용의 정보를 의도적으로 퍼뜨리는 행위

26 최희경, 미연방대법원의 성희롱판결에 대한 연구, 법학논집, 제16권 제1호, 2011, 219면.

(4) 성적인 관계를 강요하거나 회유하는 행위

(5) 회식자리 등에서 무리하게 옆에 앉혀 술을 따르도록 강요하는 행위

다. 시각적 행위

(1) 음란한 사진·그림·낙서·출판물 등을 게시하거나 보여주는 행위(컴퓨터 통신이나 팩시밀리 등을 이용하는 경우를 포함한다)

(2) 성과 관련된 자신의 특정 신체부위를 고의적으로 노출하거나 만지는 행위

라. 그 밖에 사회통념상 성적 굴욕감 또는 혐오감을 느끼게 하는 것으로 인정되는 언어나 행동

2. 고용에서 불이익을 주는 것의 예시

채용탈락, 감봉, 승진탈락, 전직(轉職), 정직(停職), 휴직, 해고 등과 같이 채용 또는 근로조건을 일방적으로 불리하게 하는 것

비 고: 성희롱 여부를 판단하는 때에는 피해자의 주관적 사정을 고려하되, 사회통념상 합리적인 사람이 피해자의 입장이라면 문제가 되는 행동에 대하여 어떻게 판단하고 대응하였을 것인가를 함께 고려하여야 하며, 결과적으로 위협적·적대적인 고용환경을 형성하여 업무능률을 떨어뜨리게 되는지를 검토하여야 한다.

이러한 '직장 내 성희롱을 판단하기 위한 기준의 예시'는 국가인권위원회와 법원이 성희롱 여부를 판단함에 있어서, 전술한 바와 같이 어떠한 역할을 하는가가 의문시된다. 법원에서 성희롱 여부를 판단함에 있어서는 「남녀고용평등법」의 규정에도 불구하고 종래에는 객관적 시각에서 '선량한 풍속 또는 사회질서'에 위반되느냐 여부를 기준으로 하였으나, 근래에는 피해자의 입장에서 일반적이고 평균적인 사람을 기준으로 판단하고 있다. 종래에는 성희롱을 규제하는 취지나 관련 법률의 입법목적이 제대로 반영되지 않았으며, 앞으로는 「남녀고용평등법」에서와 같이 성희롱 판단기준과 관련한 가이드라인이나 지침을 명확히 제시하는 등 입법적인 보완이 요구된다는 의견도 있다.[27] 또한, 시행규칙 별표의 '비고'에, 성희롱 여부를 판단할 때에는 "업무능률을 떨어뜨리게 되는지를

27 강동욱, 구체적 사례를 통한 직장내 성희롱의 사실인정과 판단기준에 대한 고찰, 형사정책연구, 제22권 제3호, 2011, 94면.

검토"하도록 하고 있다. 그러나, 성희롱 여부를 판단할 때에는, 성희롱에 해당되는지의 여부만을 판단함으로 족하지 않은가 한다. 이러한 부가적인 조건으로 인하여, 성희롱임에도 불구하고 업무능률을 떨어뜨리지 않으면 성희롱으로 판단할 수 없게 되는 결과를 낳을 수 있게 된다. 성희롱임을 증명하는 것도 쉽지 않은데, 성희롱으로 인하여 업무능률을 떨어뜨렸는지의 여부를 증명하라는 것은, 성희롱 입법의 취지와 상응하지 않으며 수범자들에게 예측가능성을 주지 못한다. 또 하나의 문제는 국가인권위원회가 결정하거나 법원이 판결을 함에 있어서 위 시행규칙 [별표 1]의 '직장 내 성희롱을 판단하기 위한 기준'이 반영되는가 하는 것이다. 국가인권위원회나 법원의 판결에 명시적으로 이 기준을 인용한 경우는 거의 없는 것으로 보인다. 따라서 "국가인권위원회도 성희롱의 사실인정과 성희롱 해당여부에 대한 판단기준과 그 근거를 명확히 함으로써 공정성과 적정성이 유지되도록 하여야 한다"[28]는 평가가 나온다. 법원의 판결에 있어서도 예를 들어 초등학교 회식에서의 술권유를 성희롱에 해당하지 않는 것으로 본 사건에서, 시행규칙 별표의 '회식자리 등에서 무리하게 옆에 앉혀 술을 따르도록 강요하는 행위'에 해당하는지의 여부에 대한 직접적인 판단은 보이지 않는다. 국가인권위원회의 결정이나 법원의 판결에서조차 기준으로 삼지 않는 성희롱 판단기준이라면, 이를 왜 규정해놓았는지 의문이고, 이러한 기준에 의거하지 않고 내려지는 결정과 판례들이 과연 국민들에게 성희롱 해당 여부에 대한 예견가능성을 제공하고 있는지 의문이다.

3. 명확성의 문제

성희롱의 판단기준과도 관련되지만, 법규의 명확성 원칙에 비추어 성희롱 관련법규를 판단하지 않을 수 없다. 법령에서 명시적으로 규정하고 있는 성희롱의 개념정의가 유사하지만 동일하지는 않고, 성희롱의 혐의를 받게 되는 언동이 다양하기 때문에, 어떠한 행위를 성희롱으로 볼 것이냐에 대해서 불명확

28 강동욱, 앞의 글, 99면.

한 경우가 발생한다. 헌재는 "법률이 불확정 개념을 사용하는 경우라도 법률해석을 통하여 행정청과 법원의 자의적인 적용을 배제하는 객관적인 기준을 얻는 것이 가능하다면 법률의 명확성원칙에 부합하는 것"29이라 했지만, 행정청과 법원도 성희롱에 대한 객관적인 기준을 가지기 어려운 것이 성희롱 행위의 특성이고 성희롱 판단의 난점이다. 1999년에 당시 노동부는 성희롱 여부에 대한 판단자료로 활용할 수 있도록 '직장내 성희롱 예방지침'의 초안을 마련했는데, 음란한 농담을 하거나 음탕하고 상스러운 이야기를 하는 행위, 외모에 대한 성적인 비유나 평가를 하는 행위, 회식자리 등에서 옆에 무리하게 옆에 앉혀 술을 따르도록 강요하는 행위 등을 성희롱으로 포함하였다. 특히, "특정 신체부위를 음란한 눈빛으로 반복적으로 쳐다보는 행위"가 성희롱에 속하느냐가 논란이 되었다. 특히 '음란한 눈빛'은 주관적인 특성이 다분하고 명확성 원칙에 위반될 가능성이 매우 크다는 지적이 나왔으며, 결국 '음란한 눈빛'이라는 기준은 성희롱의 항목에서 제외된 바 있다. 이러한 논란에도 불구하고 성희롱의 판단기준이 애매하고 불명확하다는 지적은 계속되고 있고, 성희롱을 판단하기 위한 기준의 예시는 전술한 바와 같이 시행규칙에 명시되어 있다. 그러나, 성희롱행위의 불명확성이라고 하는 특징은 변화되기 어렵다. 즉, 전술한 「남녀고용평등과 일·가정 양립지원에 관한 법률 시행규칙」 제2조에 명시되어 있는 '직장내 성희롱을 판단하기 위한 기준의 예시'를 보더라도, "음란한 농담", "음탕하고 상스러운 이야기", "외모에 대한 성적인 비유나 평가", "성적인 사실 관계", "성적인 내용의 정보", "그 밖에 사회통념상 성적 굴욕감 또는 혐오감을 느끼게 하는 것으로 인정되는 언어나 행동" 등도 생각하기에 따라서는 명확성에 의문이 제기되거나 적용에 어려움을 겪는 경우가 있을 것으로 생각된다. 헌법재판소의 견해처럼 "예시의 방법, 정의규정을 별도로 두는 방법, 주관적 요소를 가중하는 방법 등으로 보다 더 구체적 입법이 가능함에도 불구하고 이러한 입법적 개선을 하지 아니하고 있는지 여부가 헌법위반의 판단기준"30이 된다면, 성희롱에 관한 판단

---

29 헌재 2004. 7. 15. 2003헌바35.
30 헌재 2005. 3. 31. 2003헌바12.

기준을 시행규칙을 통해 예시하였다는 점은 긍정적으로 평가될 수 있다. 기본적으로 '성희롱'이나 '성적 언동'의 특성상, 법령에 수많은 성희롱 행위유형을 일일이 열거하거나 구체적으로 묘사할 수는 없는 난점은 고려되어야 한다. 그렇다고 하더라도, 이러한 성희롱 개념의 특징만을 강조하여 사전적이고 명확한 기준없이 사후적인 처벌을 하는 것은 문제가 크다. 현실에서 발생한 성희롱의 언행을 시행규칙상의 기준에 반영하는 등 현실과 규범의 피드백을 통해서 성희롱의 세부적인 기준을 수렴해나갈 필요가 있다.

4. 성희롱 관련법의 실효성

「남녀고용평등과 일·가정 양립지원에 관한 법률」은 성희롱이 발생한 경우, 행위자에 대한 직접적인 제재가 아닌 사업자에 대한 과태료 부과라는 간접제재를 제도화하였다. 따라서 이러한 제재방식이 실효성이 적다는 지적이 있으며, 행위자에 대한 직접 제재를 제도화하고 지침 등을 통해 징계의 범위를 명확하게 규정하여야 한다는 개선방안이 제시되고 있다. 이러한 방안 이외에도 성희롱 피해구제 및 피해자 보호의 실효성 제고, 사용자의 성희롱 방지의무 확대, 직장내 성희롱 예방교육의 실질화, 국가기관 등의 성희롱 방지조치의 실효성 확보 등의 개선방안이 제시되고 있다.[31] 성희롱에 대한 징벌적 손해배상제도의 도입을 통해서 성희롱 방지제도의 실효성을 강화하자는 강력한 주장도 있다. 성희롱에 대한 징벌적 손해배상의 도입은 손해의 보상을 목적으로 하기보다는 가해자에 대한 금전적 징벌을 가함으로써 성희롱을 강력하게 억제하는 기능을 하게 될 것이다. 즉, "미국에서 사용자의 의무이행을 강제해 온 주요 방법은 경제적 비용의 부담과 '성희롱이 빈발하는 기업'이라는 사회적인 낙인"[32]이라는 점을 강조하면서, 우리나라에도 성희롱에 대하여 징벌적 손해배상제도를 도입하자는 견해가 있다. 징벌적 손해배상제도의 도입은 여러 입법사안에서 검토되

31 박선영/윤덕경/박복순/김정혜/장민선, 성희롱 관련법제에 대한 입법평가, 한국법제연구원, 2011, 317면 이하.

32 국미애, 성희롱과 법의 정치, 푸른 사상, 2004, 48면.

기는 하지만 우리의 법제도와는 너무 이질적인 것이라는 비판이 있다. 또한, 성희롱에 대하여 징벌적 손해배상제도를 도입하면, 기타 사회적 비난가능성이 높은 불법행위에 대한 민사적 제재와의 체계정당성의 문제가 발생할 수 있다는 점도 고려할 필요가 있다.

현행법에서는 성희롱발생 이후 법적 구제신청이 이루어지기까지의 기간 동안 사용자가 사내에서 구체적으로 어떠한 피해자 보호조치를 취해야 하는가에 관한 충분한 규정을 두고 있지 않다고 하면서, 사업주의 적절한 가해자 징계조치와 피해자 보호조치가 취해지기 전까지의 단계에서 법적으로 근로의무면제를 보장하는 방안을 마련하자는 주장[33]이 있다. 그러나 이러한 임시적인 근로의무면제를 보장한다고 하더라도, 계약직 등 고용이 불안정한 근로자인 성희롱 피해자의 계약이 해지되는 등의 문제가 더 크다고 아니할 수 없다. 롯데호텔 사건의 판결문에서도 "피고회사에는 그 동안 고객 또는 직원들에 의한 성희롱이 종종 문제되었으나 다음에 보는 바와 같이 결국은 피해자인 여자 직원들이 사직하는 것으로 마무리되어 왔다"[34]고 하면서 성희롱 피해 여직원이 사직한 3건의 사례를 예시하고 있다. 성희롱 관련법의 실효성을 높이기 위해서는 현실과 규범의 지속적인 피드백이 필요하다. 고객에 의한 성희롱이 문제되자, 2007년에 「남녀고용평등과 일·가정 양립지원에 관한 법률」의 제14조의2(고객 등에 의한 성희롱방지)를 신설한 것처럼, 입법현실을 반영하고 비교법적 검토를 통하여 지속적으로 실효성 제고를 꾀하여야 할 것이다.

5. 체계성의 문제

체계성의 문제에서 가장 먼저 지적되어야 할 것은 성희롱에 관한 규율이 여러 법률에 분산되어 있다는 점이다. 「국가인권위원회법」, 「여성발전기본법」,

33 박귀천, 성희롱 피해자의 보호에 관한 입법론적 고찰 : 독일의 작업거부권에 대한 검토를 중심으로, 이화젠더법학, 제3권 제1호, 2011, 26면.
34 서울지방법원 2002. 11. 26. 선고 2000가합57462 판결.

「남녀고용평등과 일·가정 양립지원에 관한 법률」 등 각 법률이 입법취지와 목적이 다르다고는 하나, 성희롱에 관한 규율은 가능한 한 단일 법률로 통합될 필요가 있다. 성희롱 관련 규정이 합리적인 이유없이 산재되어 있는 것은 피해자 구제에 있어서 혼란을 야기할 수 있고, 법집행과 피해자 구제의 통일성을 해칠 우려가 있으며, 법의 실효성 확보를 저해할 가능성도 있다는 평가[35]가 있기 때문에, 장기적으로는 단일 법률로의 입법정비가 요청된다. 단적인 예로 성희롱 법제의 주요 내용인 성희롱 예방교육에 관한 사례를 통해 체계성의 문제를 지적해 볼 수 있다. <표 3-2>에서 알 수 있는 바와 같이, 「여성발전기본법」은 제17조의2(성희롱의 방지)에서 '성희롱 예방교육의 내용·방법 등'에 관하여 필요한 사항은 대통령령으로 정하도록 하고, 「남녀고용평등과 일·가정 양립지원에 관한 법률」은 제13조(직장내 성희롱 예방교육)에서 '성희롱 예방교육의 내용·방법 및 횟수 등'에 관하여 필요한 사항은 대통령령으로 정하도록 하였다. 양자를 비교하면, 성희롱 예방교육의 의무자, 예방교육의 내용, 사이버교육의 근거 여부, 연례점검의 근거 여부 등에서 차이가 있음을 알 수 있다. 성희롱 예방교육의 의무자가 「여성발전기본법」은 국가기관 등의 장과 사업주 양자를 포함[36]하고 있지만 「남녀고용평등법」은 사업주로 규정되어 있는데, 이에 따르면 사업주는 양 시행령을 모두 준수하여야 한다. 「남녀고용평등법 시행령」에는 사이버교육이 가능하도록 하고 규정하고 있지만 「여성발전기본법 시행령」에는 이러한 규정이 없다.[37] 또한 「여성발전기본법 시행령」은 상담·고충관련 규정, 결과제출 의무, 점검과 특별교육 등을 규정하고 있지만, 「남녀고용평등법 시행령」은 이러한 근거규정이 없다. 이러한 성희롱 예방교육 규정에 관한 혼란은 성희롱 관련 법령의 전개과정에 있어서의 무계획성과 비체계성에 기인하는 것으로 보인다.

---

35 박선영/윤덕경/박복순/김정혜/장민선, 전게서, 323면.

36 「여성발전기본법」은 대개의 조항은 '국가와 지방자치단체'를 수범자로 하고 있지만, 성희롱의 방지에 관한 제17조의2는 '국가기관 등의 장과 사업주'를 수범자로 규정하고 있다.

37 다만, 여성가족부 고시인 「공공기관의 성희롱예방 지침」 제5조(교육방법 등)에서 "공공기관의 성희롱 예방교육은 전문가강의, 시청각교육, 사이버교육 등 다양한 교육방법을 활용하되, 연1회는 가능한 한 집합교육 등 대면교육을 실시하며, 시청각 자료를 활용할 때에는 해설이 가능한 자가 진행하여야 한다"고 규정하고 있다.

또한 두 법률의 소관기관이 각각 고용노동부와 여성가족부로서, 법률의 소관기관이 다르다는 점에 기인할 수도 있다. 여하간 이러한 입법적 혼란은 시정되어야 한다.

〈표 3-2〉 각 시행령에 따른 '성희롱 예방교육'의 차이

「여성발전기본법 시행령」 제27조의2(성희롱 방지조치 및 점검 등)	「남녀고용평등과 일·가정 양립지원에 관한 법률 시행령」 제3조(직장내 성희롱 예방교육)
① 법 제17조의2 제1항에 따라 국가기관·지방자치단체 및 제2조 제4항에 따른 기관 또는 단체(이하 "국가기관등"이라 한다)의 장은 성희롱 방지를 위하여 다음 각 호의 조치를 하여야 하고, 「남녀고용평등과 일·가정 양립 지원에 관한 법률」 제3조 제1항에 따른 사업·사업장 중 국가기관 등이 아닌 사업·사업장의 사업주는 「남녀고용평등과 일·가정 양립 지원에 관한 법률」에 따라 성희롱 방지조치를 하여야 한다. 1. 연 1회 이상 성희롱 예방교육 실시 2. 성희롱 방지조치 연간 추진계획 수립 3. 성희롱 관련 상담 및 고충 처리를 위한 공식 창구의 마련 4. 성희롱 고충담당자 지정 5. 자체 성희롱 예방지침의 마련 6. 그 밖에 자체 성희롱 방지를 위한 조치 ② 제1항 제1호에 따른 성희롱 예방교육에는 다음 각 호의 내용이 포함되어야 한다. 1. 성희롱 예방에 관한 법령 2. 성희롱 발생 시 처리절차 및 조치기준 3. 성희롱 피해자에 대한 고충상담 및 구제절차 4. 성희롱을 한 자에 대한 징계 등 제재 조치	① 사업주는 법 제13조에 따라 직장 내 성희롱 예방을 위한 교육을 연 1회 이상 하여야 한다. ② 제1항에 따른 예방 교육에는 다음 각 호의 내용이 포함되어야 한다. 1. 직장 내 성희롱에 관한 법령 2. 해당 사업장의 직장 내 성희롱 발생 시의 처리 절차와 조치 기준 3. 해당 사업장의 직장 내 성희롱 피해 근로자의 고충상담 및 구제 절차 4. 그 밖에 직장 내 성희롱 예방에 필요한 사항 ③ 제1항에 따른 예방 교육은 사업의 규모나 특성 등을 고려하여 직원연수·조회·회의, 인터넷 등 정보통신망을 이용한 사이버 교육 등을 통하여 실시할 수 있다. 다만, 단순히 교육자료 등을 배포·게시하거나 전자우편을 보내거나 게시판에 공지하는 데 그치는 등 근로자에게 교육 내용이 제대로 전달되었는지 확인하기 곤란한 경우에는 예방 교육을 한 것으로 보지 아니한다. ④ 제2항 및 제3항에도 불구하고 다음 각 호의 어느 하나에 해당하는 사업의 사업주는 제2항 제1호부터 제4호까지의 내용을 근로자가 알 수 있도록 홍보물을

5. 그 밖에 성희롱 예방에 필요한 사항 ③ 국가기관 등의 장은 제1항에 따른 성희롱 방지조치의 결과를 매년 2월 말까지 여성가족부장관에게 제출하여야 한다. ④ 법 제17조의2제2항에 따라 여성가족부장관은 제3항에 따라 제출된 성희롱 방지조치결과를 전산입력방식 등의 서면으로 점검하되, 필요하면 현장점검을 할 수 있다. ⑤ 법 제17조의2제3항에 따라 여성가족부장관은 성희롱 방지조치가 부실하다고 인정되는 국가기관등에 대하여 점검 후 6개월 이내에 관리자 특별교육을 실시하여야 한다. ⑥ 제1항부터 제5항까지에서 규정한 사항 외에 성희롱 방지를 위하여 필요한 사항은 여성가족부장관이 정하여 고시한다.	게시하거나 배포하는 방법으로 직장 내 성희롱 예방 교육을 할 수 있다. 1. 상시 10명 미만의 근로자를 고용하는 사업 2. 사업주 및 근로자 모두가 남성 또는 여성 중 어느 한 성(性)으로 구성된 사업 ⑤ 사업주가 소속 근로자에게 「근로자직업능력 개발법」 제24조에 따라 인정받은 훈련과정 중 제2항 각 호의 내용이 포함되어 있는 훈련과정을 수료하게 한 경우에는 그 훈련과정을 마친 근로자에게는 제1항에 따른 예방 교육을 한 것으로 본다.

장기적으로 성희롱에 관한 단일 법률을 제정하더라도, 단기적으로는 현행 법령의 입법적 불비를 보완할 필요가 있다. 예를 들어, 여성발전기본법의 입법적 불비를 지적할 수 있다. 여성발전기본법에는 제3조(정의)와 제17조의 2(성희롱의 방지 등)에서만 성희롱 관련 규정을 두고 있다. 제25조(성폭력과 가정폭력 예방)에 성폭력과 가정폭력 예방에 관한 사항을 규정하고 있는데, '성희롱' 예방에 관한 사항은 누락되어 있다. 여성발전기본법이 처음에 성폭력과 가정폭력을 중심으로 규율되어 오다가, '제17조의2'를 삽입하여 성희롱 방지에 관한 조항을 넣으면서 나머지 규정들을 새로 삽입된 규정에 맞추어 정비하지 않은 것으로 보인다. 동 시행령 제2조에서도 9호에 "성폭력, 가정폭력 등 여성에 대한 폭력의 방지에 관한 정책"이나 9의2호에 "성매매 방지 및 성매매 피해자 보호 등에 관한 정책"을 규정하고 있으나, '성희롱'에 관한 사항은 역시 누락되어 있다. 성폭력의 범주에 성희롱이 포함된다고 볼 수도 있으나, 성희롱 정책이 중요시된

다면 여성발전기본법에 이에 관한 명시적인 규정을 두는 것이 바람직할 것이다. '성폭력'의 개념이 다의적이고 그 포함범위에 논란이 있기 때문에, 가능한 한 명확한 규정을 두는 것이 바람직하다. 여성발전기본법 제30조(기금의 용도)와 동 시행령 제32조에는 여성발전기금의 용도를 열거하고 있는데, 여기도 성희롱 예방사업에 관한 근거규정은 찾아볼 수 없다. 또한 동 법률 제32조(여성단체 등의 지원)와 동 시행령 제34조에는 여성단체를 지원할 수 있는 근거규정을 두고 있는데, 여기도 성희롱 예방사업에 관한 근거규정은 찾아볼 수 없다. 이는 여성발전기금이나 여성단체지원이 성희롱예방사업을 위하여 사용될 수 없다는 것을 의미한다고는 볼 수 없고, 입법적 불비로 밖에 볼 수 없다. 기본적으로 입법의 신중함과 체계성이 필요하고, 지금과 같은 법령 상황 하에서는 입법적 불비를 교정하는 시급한 입법작업이 필요하다.

제5절 맺음말

우리나라에서 1990년대 중반부터 입법되기 시작한 성희롱 관련 법령은 사회적 요구와 필요에 따라 발전되어 왔다. 성희롱에 관한 판단도 법원, 노동부, 여성부, 국가인권위원회 등 판단주체에 따라 기준과 결론이 다른 경우도 있었다. 현재 성희롱 관련법은 '법률'의 차원에서만 보아도 「여성발전기본법」, 「남녀고용평등과 일·가정 양립지원에 관한 법률」 및 「국가인권위원회법」이다. 이 성희롱 관련 3개 법률의 경우만을 보더라도 성희롱의 개념과 판단기준의 차이로 인하여, 집행이나 해석상의 혼란이 초래되고 있다. 더 나아가 성희롱 관련 시행령과 지침 및 조례의 차원에서도 본다면, 이들 3개 법률의 법제적 혼란이 확대되어 있다. 이에 더하여 성희롱 관련 법령은 명확성, 실효성, 체계성의 문제가 지적되고 있다. 따라서 성희롱 관련 법령에 대한 입법평가와 아울러 법제적 개선이 필요하다.

| CHAPTER 03 _ **참고문헌** |

강동욱, 구체적 사례를 통한 직장내 성희롱의 사실인정과 판단기준에 대한 고찰, 형사정책연구, 제22권 제3호, 2011.

______, 직장내 성희롱에 대한 국가인권위원회 결정과 법원의 판단의 비교고찰, 한양법학, 제22권 제3집, 2011.

국미애, 성희롱과 법의 정치, 푸른 사상, 2004.

김용세, 성희롱의 개념과 구제－성희롱과 강제추행의 한계, 새울법학, 제3호, 대전대학교 법문화연구소, 1999.

박귀천, 성희롱 피해자의 보호에 관한 입법론적 고찰 : 독일의 작업거부권에 대한 검토를 중심으로, 이화젠더법학, 제3권 제1호, 2011.

박선영/윤덕경/박복순/김정혜/장민선, 성희롱 관련법제에 대한 입법평가, 한국법제연구원, 2011.

정지원, 직장 내 성희롱에 관한 연구, 노동법 실무연구, 재판자료 제118집, 법원도서관, 2009.

홍완식, 사회적 쟁점과 법적 접근, 3개정판, 건국대학교 출판부, 2011.

CHAPTER

04 영리병원 법안에 대한 입법평론

출처: 입법학연구 제9집 제2호, 2012년

제1절 머리말

현재 우리나라에는 외국투자기업의 경영활동 여건과 투자유인을 최대한 보장하여 외국인투자를 적극적으로 유치하기 위하여 다수의 지역이 경제자유구역으로 지정되어 있다. 경제자유구역에 외국인 투자를 활성화하기 위해서는 경영환경과 생활환경을 개선할 필요가 있기 때문에 규제를 완화하고 편의를 제공하기 위한 몇 가지의 조치를 취하고 있다. 특히, 국내거주 외국인의 불편을 최소화하기 위한 정주여건 마련을 위하여, 교육·의료서비스 등에서 기존의 국내제도와 다른 제도를 도입하자는 주장이 있다. 교육의 측면에서는 외국인들을 위한 학교가 설치될 수 있도록 법과 제도를 변경하자는 것이고, 의료의 측면에서는 외국인들을 위한 병원 특히 영리병원이 설치될 수 있도록 법과 제도를 변경하자는 것이다.[1] 영리병원이 도입되면 자본시장을 통하여 형성된 자본의 투입을 통하여 의료서비스의 품질과 선택권의 제고, 의료산업의 발전, 고용창출

1 경제자유구역이나 제주특별자치도에만 한정하지 않고 전국적인 차원에서 영리병원을 도입하자는 논의도 있었다. 이 글에서는 의료법의 개정을 통한 전국적 차원에서의 영리병원 도입논의는 제외하고, 경제자유구역에서의 영리병원 도입 문제에 관한 입법론적 평가에만 한정하여 논의를 전개하고자 한다.

등을 주장하며 기대감을 나타내는 측[2]과 의료비 폭등과 의료 양극화, 건강보험 당연지정제 등 건강보험제도 붕괴 등에 대한 우려를 나타내며 반대를 주장하는 측이 대립하고 있다.[3] 영리병원 도입을 찬성하는 입장에서는 의료기술의 발전과 의료산업의 선진화를 위해서는 의료시장의 문턱을 낮춰야 한다며 영리병원의 도입 필요성을 강조하고, 영리병원 도입을 반대하는 입장에서는 영리병원의 도입이 고물가 시대에 의료비 부담까지 높이는 부정적인 결과를 초래할 것이라는 점을 강조하고 있다. 또한 영리의료법인이 도입되면, 의료관광이나 의료쇼핑 등이 활성화되고 외국환자가 국내에서 진료를 받음으로 인하여 의료산업이 활기를 가질 것이라는 긍정적인 기대를 한다.[4] 반대로 영리병원은 수익을 얻기 위해 더 많은 환자를 유치하려 노력하거나 병원을 고급화하는 등의 경쟁을 할 것이어서, 의료비 상승과 같은 부작용이 발생하고 수익이 낮은 필수진료가 소홀해지거나 저소득계층의 진료가 기피되는 등의 문제가 발생할 가능성도 있다고 한다. 영리병원이 도입되면 경쟁을 통하여 의료품질이 높아지고 의료인프라가 선진화되며 의료산업의 발전을 기대할 수 있는 반면에, '영리병원－민간의료보험－상층국민'의 축과 '건강보험요양병원(비영리병원)－국민건강보험－중산층과 서민'의 축이 독립적으로 발전될 것이라는 예측이 있는 것이다. 소위 '뱀파이어 효과'로 인하여 의료비의 증가는 영리병원과 비영리병원 모두에 나타나게 되고, 국민건강보험의 재정은 버틸수가 없게 될 뿐만 아니라 국민건강보험의 급여는 구닥다리 의료기술을 제공하는 질낮은 의료보장제도로 고착될 가능성이 커진다는 예측도 있다.[5] 보건복지부와 기획재정부가 공동발주하고 보건산업진흥원

2 안영창, 병원의 소유구조에 관한 연구, 법과 정책연구, 한국법정책학회, 제3집 제2호, 2003, 276면.

3 김철신, 영리병원도입 정책의 추진경과, 대한치과의사협회지, 제49집 제9호, 2011, 511면 이하.

4 이러한 기대와는 달리, 영리병원을 통하여 서비스를 고급화하면 의료관광에 성공할 것이라는 단순한 논리는 무지의 소치이거나 영리병원이라는 의료관광의 일면만을 과장하여 국내에 영리병원 도입 필요성을 확산시키는데 악용된다는 비판도 있다. 박형근, 제주 내국인 영리법인병원 허용, 무엇이 문제인가?, 복지동향, 2008. 7, 41면. 영리병원도입을 통한 고용창출, 의료의 질 향상, 해외환자 유치 및 부가가치 창출, 바이오산업과의 시너지 효과 등 다양한 측면에서 실효성이 없는 정책이라는 비판도 있다. 임준, 송도경제자유구역 영리병원 추진 문제, 황해문화, 2011, 겨울, 275면.

5 이상이, 제주특별자치도 내국인 영리법인 병원문제에 관한 검토, 한국 의료법학회 학술대

(KHIDI)과 한국개발연구원(KDI)이 공동수행한 '투자개방형 의료법인 도입필요성 연구'의 용역보고서에서도 영리병원을 도입할 경우에는 의료소비자의 선택권 제고, 부가가치 및 고용의 창출 등 의료산업 측면에서의 기대효과도 발생하지만, 국민들이 부담하는 의료비의 상승, 의료접근성 저하 등의 부작용이 나타나는 것으로 분석되었다. 한국개발연구원(KDI)은 영리병원의 허용이 필수의료부문의 진료비 감소나 첨단의료기술분야에의 자본조달 원활 등을 강조하며 영리병원의 도입범위를 한정하거나 제한할 필요성을 찾기 어렵다고 보았다. 그러나 보건산업진흥원(KHIDI)은 영리병원의 도입이 산업적 측면에서는 기대효과가 있지만 보건의료체계적 측면에서는 부정적 영향이 상당할 것이라는 분석을 하고 있다.[6] 이 글에서는 경제자유구역에 영리병원을 도입하려는 법률안을 대상으로 하여 입법론적 분석을 하고자 한다. 분석의 중점은 주로 내용적인 측면에 주어지겠지만, 특히 규범의 형식면에서의 문제점이 나타나기 때문에 규범형식적인 측면에서의 입법론적 분석도 함께하고자 한다.

제2절 현행 의료법상 병원의 유형

병원은 기준에 따라 여러 유형의 병원이 있겠지만, 영리성[7] 여부를 기준으로 병원을 구분한다면 영리병원과 비영리병원으로 구분할 수 있다. 영리병원이란 투자자로부터 자본을 투자 받아 병원을 운영하고 이를 통해 발생한 수익을

회, 2012, 51면.

6 보건복지가족부/기획재정부, 투자개방형 의료법인 도입필요성 연구 용역결과 발표, 2009, 3-7면; 한국보건산업진흥원, 투자개방형 의료법인 도입 필요성 연구, 2009.

7 영리병원에서 '영리'의 개념이 모호할 수 있다. 현재의 비영리병원도 진료비를 받는다는 점에서 영리행위를 하고 있다고 할 수 있다. 영리병원에서의 영리성의 문제는 주식과 채권의 발행 등 자본시장을 통한 병원외부로 부터의 자본조달을 허용하느냐의 문제에 중점이 있다. 또한 비영리병원의 특성은 투자자 혹은 구성원에게 그 이익이 배분되어서는 안된다는 의미이다. 비영리성의 의의에 대해서는 백경희, 현행법상 의료법인의 비영리성과 문제점, 의료법학, 제8권 제2호, 대한의료법학회, 2007. 12, 297면 이하 참조.

투자자에게 다시 돌려주는 주식회사 형태의 병원을 일컬으며 '투자개방형 병원'[8]이라고도 한다. 이는 비영리병원에 대응되는 개념인데, 우리나라는 영리병원 혹은 투자개방형 병원을 허용하지 않고 있다. 즉, 현행 의료법은 의료기관을 설립할 수 있는 자로, 의사와 비영리법인만을 인정하고 있다. 의료법 제33조[9]는

---

8 '영리병원'과 '투자개방형 병원'은 혼용되고 있지만 일반적으로 영리병원이라는 표현이 통상적으로 사용된다. 영리병원 도입을 반대하는 측에서는 영리병원이라는 표현을 선호하는 듯이 보이고, 영리병원 도입을 찬성하는 측에서는 투자개방형 병원이라는 표현을 선호하는 듯이 보인다. 제주특별자치도에서 영리병원도입에 관한 논란이 있었을 때, 제주도 지사가 영리병원이라는 말은 어감이 좋지 않으므로 이를 투자개방형 병원으로 개칭하여 제주도민에게 적극 홍보하고 다시 도입을 추진하겠다는 발언을 수차례 반복하였다. 이상이, 제주특별자치도 내국인 영리법인 병원문제에 관한 검토, 한국 의료법학회 학술대회, 2012, 51면. 제주특별자치도에 외국계 영리병원은 이미 설립가능하고, 국내 영리병원의 설립 허용 여부에 관해서 논란이 있다.

9 의료법 제33조(개설 등) ① 의료인은 이 법에 따른 의료기관을 개설하지 아니하고는 의료업을 할 수 없으며, 다음 각 호의 어느 하나에 해당하는 경우 외에는 그 의료기관 내에서 의료업을 하여야 한다.

1. 「응급의료에 관한 법률」 제2조 제1호에 따른 응급환자를 진료하는 경우
2. 환자나 환자 보호자의 요청에 따라 진료하는 경우
3. 국가나 지방자치단체의 장이 공익상 필요하다고 인정하여 요청하는 경우
4. 보건복지부령으로 정하는 바에 따라 가정간호를 하는 경우
5. 그 밖에 이 법 또는 다른 법령으로 특별히 정한 경우나 환자가 있는 현장에서 진료를 하여야 하는 부득이한 사유가 있는 경우

② 다음 각 호의 어느 하나에 해당하는 자가 아니면 의료기관을 개설할 수 없다. 이 경우 의사는 종합병원·병원·요양병원 또는 의원을, 치과의사는 치과병원 또는 치과의원을, 한의사는 한방병원·요양병원 또는 한의원을, 조산사는 조산원만을 개설할 수 있다.

1. 의사, 치과의사, 한의사 또는 조산사
2. 국가나 지방자치단체
3. 의료업을 목적으로 설립된 법인(이하 "의료법인"이라 한다)
4. 「민법」이나 특별법에 따라 설립된 비영리법인
5. 「공공기관의 운영에 관한 법률」에 따른 준정부기관, 「지방의료원의 설립 및 운영에 관한 법률」에 따른 지방의료원, 「한국보훈복지의료공단법」에 따른 한국보훈복지의료공단

③ 제2항에 따라 의원·치과의원·한의원 또는 조산원을 개설하려는 자는 보건복지부령으로 정하는 바에 따라 시장·군수·구청장에게 신고하여야 한다.

④ 제2항에 따라 종합병원·병원·치과병원·한방병원 또는 요양병원을 개설하려면 보건복지부령으로 정하는 바에 따라 시·도지사의 허가를 받아야 한다. 이 경우 시·도지사는 개설하려는 의료기관이 제36조에 따른 시설기준에 맞지 아니하는 경우에는 개설허가를 할 수 없다.

⑤ 제3항과 제4항에 따라 개설된 의료기관이 개설 장소를 이전하거나 개설에 관한 신고 또는 허가사항 중 보건복지부령으로 정하는 중요사항을 변경하려는 때에도 제3항 또는 제4항과 같다.

⑥ 조산원을 개설하는 자는 반드시 지도의사(指導醫師)를 정하여야 한다.

의료기관의 개설에 관하여 규정을 두고 있는데, 제1항에서는 의료인은 의료기관을 개설하지 않고는 의료업을 할 수 없도록 제한하고 있으며, 제2항에서는 의료기관을 개설할 수 있는 주체를 한정하고 있다. 즉, 의료기관을 개설할 수 있는 자를 ① 의사, 치과의사, 한의사 또는 조산사 ② 국가나 지방자치단체 ③ 의료업을 목적으로 설립된 법인(의료법인) ④ 「민법」이나 특별법에 따라 설립된 비영리법인 ⑤ 「공공기관의 운영에 관한 법률」에 따른 준정부기관, 「지방의료원의 설립 및 운영에 관한 법률」에 따른 지방의료원, 「한국보훈복지의료공단법」에 따른 한국보훈복지의료공단으로 한정하고 있다.

의료법은 의료인이 아니면 의료기관을 개설할 수 없음을 원칙으로 하면서 국가 또는 지방자치단체, 의료업을 목적으로 설립된 의료법인, 민법 또는 특별법에 의하여 설립된 비영리법인 등도 의료기관을 개설할 수 있도록 하고 있다. 따라서 현행 의료법상 법인 형태를 지니는 의료기관은 학교법인, 특수법인, 사단법인, 재단법인, 사회복지법인, 의료법인 등이 설립한 것이다. 의료법인은 법인의 설립, 정관변경 및 기본재산 처분에 관하여, 그리고 법인의 해산시 잔여재산의 처분에 관하여 당국의 허가를 받아야 하며, 문제점이 있을 때 당국이 법인의 설립을 취소할 수 있는 등 당국의 관리를 받고 있고, 민법상의 재단법인에 관한 규정을 준용하므로 그 성격상 비영리 재단법인에 해당한다. 의료법 시행령에는 의료법인 및 비영리법인은 영리를 추구하여서는 안 된다는 규정을 명시하고 있다.[10] 우리나라에서는 1973년에 영리법인을 금지시킨 의료법 개정[11]에

---

⑦ 다음 각 호의 어느 하나에 해당하는 경우에는 의료기관을 개설할 수 없다.
  1. 약국 시설 안이나 구내인 경우
  2. 약국의 시설이나 부지 일부를 분할·변경 또는 개수하여 의료기관을 개설하는 경우
  3. 약국과 전용 복도·계단·승강기 또는 구름다리 등의 통로가 설치되어 있거나 이런 것들을 설치하여 의료기관을 개설하는 경우

⑧ 제2항 제1호의 의료인은 어떠한 명목으로도 둘 이상의 의료기관을 개설·운영할 수 없다. 다만, 2 이상의 의료인 면허를 소지한 자가 의원급 의료기관을 개설하려는 경우에는 하나의 장소에 한하여 면허 종별에 따른 의료기관을 함께 개설할 수 있다. <신설 2009.1.30, 2012.2.1>

10 의료법 시행령 제20조(의료법인 등의 사명) 의료법인과 법 제33조 제2항 제4호에 따라 의료기관을 개설한 비영리법인은 의료업(법 제49조에 따라 의료법인이 하는 부대사업을 포함한다)을 할 때 공중위생에 이바지하여야 하며, 영리를 추구하여서는 아니 된다.

11 권용진, 영리법인 의료기관 개설권 문제에 관한 소고, 법학연구, 제20권 제3호, 연세대 법

의하여 현행과 같은 입법태도가 유지되고 있다.

제3절 영리병원 법안의 배경과 내용

1. 경 과

경제자유구역을 지정·운영함으로써 외국인 투자를 촉진하고 국가경쟁력을 강화하기 위하여 2002년 12월 30일에 「경제자유구역의 지정 및 운영에 관한 법률」[12]이 제정되어 2003년 7월 1일부터 시행되었고, 이 법률에 근거하여 2003년에 인천, 부산·진해, 광양만권 3개 경제자유구역이 지정되고 2008년에는 황해, 대구·경북, 새만금·군산 3개 경제자유구역이 지정됨에 따라 총 6개 지역이 경제자유구역으로 지정되었다. 또한 2013년에 경제자유구역 후보지인 충북, 동해안권 2개 경제자유구역이 추가로 지정되면 경제자유구역은 8개 지역으로 늘어난다. 「경제자유구역의 지정 및 운영에 관한 법률」은 외국인의 생활여건을 개선하고 외국인 투자를 촉진하기 위하여 경제자유구역에 외국의료기관 또는 외국인전용 약국을 설립할 수 있도록 규정하고 있다(제23조[13]). 이렇게 「경제자

학연구원, 2010, 160면.

12 이 법률은 이후 수차례 개정되었는데, 2009년 1월 30일에 법률 제목이 「경제자유구역의 지정 및 운영에 관한 특별법」으로 변경되는 개정을 하였다. 법 제명 변경의 이유는 "외국인투자 촉진을 위하여 경제자유구역을 지정하고 운영하는 이 법에서 다른 법률의 특례를 많이 정하고 있으므로 법률의 성격에 맞게 제명을 「경제자유구역의 지정 및 운영에 관한 특별법」으로 개정함"이라고 밝히고 있다.

13 경제자유구역의 지정 및 운영에 관한 법률 제23조(외국의료기관 또는 외국인전용 약국의 개설) ① 외국인 또는 외국인이 의료업을 목적으로 설립한 「상법」상 법인으로서 다음 각 호의 요건을 모두 갖춘 법인은 「의료법」 제33조 제2항에도 불구하고 보건복지가족부장관의 허가를 받아 경제자유구역에 외국의료기관을 개설할 수 있다. 이 경우 외국의료기관의 종류는 「의료법」 제3조에 따른 종합병원·병원·치과병원 및 요양병원으로 한다.

1. 경제자유구역에 소재할 것
2. 「외국인투자 촉진법」 제5조 제1항에 따른 외국인투자비율이 100분의 50 이상일 것
3. 그 밖에 자본금의 규모 등 대통령령으로 정하는 사항을 충족할 것

유구역의 지정 및 운영에 관한 법률」은 이미 경제자유구역에 의료기관 또는 외국인전용 약국을 개설할 수 있는 근거를 마련하고, 허가요건 및 절차, 개설자격, 종사자격 등에 관한 사항들을 규정하고 있다. 또한 「경제자유구역의 외국의료기관 등 설립·운영에 관한 특별법안」은 「경제자유구역의 지정 및 운영에 관한 법률」에서 이미 규정하고 있는 사항에 대하여 절차·요건 등을 구체화하는 동시에, 추가적인 규제완화를 위하여 「의료법」 등 다른 법률에 대한 특례를 규정함으로써 외국의료기관의 원활한 유치에 기여하려는 취지에서 발의되었다.[14] 정부는 제17대 국회인 2007년 10월 29일에 「경제자유구역의 외국의료기관 등

---

② 외국인은 보건복지가족부장관에게 등록하는 경우 경제자유구역에 외국인전용 약국을 개설할 수 있다.

③ 보건복지가족부장관은 제1항에 따라 외국의료기관의 개설을 허가하는 경우에는 경제자유구역위원회의 심의·의결을 거쳐야 한다.

④ 이 법에 따라 개설된 외국의료기관 또는 외국인전용 약국은 「의료법」 또는 「약사법」에 따라 개설된 의료기관 또는 약국으로 본다.

⑤ 제1항 및 제2항에 따라 개설된 외국의료기관 또는 외국인전용 약국은 「국민건강보험법」 제40조 제1항에도 불구하고 같은 법에 따른 요양기관으로 보지 아니한다.

⑥ 외국의 의사·치과의사 또는 약사 면허 소지자는 보건복지가족부장관이 정하는 기준에 적합한 경우 경제자유구역에 개설된 외국의료기관 또는 외국인전용 약국에 종사할 수 있다. 이 경우 외국의 의사·치과의사 면허 소지자는 「의료법」 제2조에 허용된 의료인 종별 업무범위를 벗어날 수 없다.

⑦ 외국인전용 약국에 종사하는 약사는 내국인을 대상으로 의약품을 조제하거나 판매할 수 없다.

⑧ 외국인전용 약국 개설자는 시설의 내부와 외부에 외국인전용 약국임을 내국인이 알 수 있도록 명확하게 표시하여야 한다.

⑨ 이 법에서 정한 것 외에 외국의료기관 또는 외국인전용 약국의 개설·운영에 관하여는 「의료법」, 「약사법」 또는 따로 정하는 법률에 따른다.

14 경제자유구역 내에서의 외국교육기관 설립 등에 관해서는 「경제자유구역 및 제주국제자유도시의 외국 교육기관설립·운영에 관한 특별법」이 2005년 5월 31일에 제정·공포되어 2005년 12월 1일부터 시행되고 있다. 「경제자유구역 및 제주국제자유도시의 외국 교육기관설립·운영에 관한 특별법」은 제1조에서 "이 법은 「경제자유구역의 지정 및 운영에 관한 법률」 제22조의 규정에 의하여 경제자유구역에 설립하는 외국교육기관과 「제주국제자유도시 특별법」 제22조의 규정에 의하여 제주도에 설립하는 외국대학의 설립·운영 등에 관하여 필요한 사항을 규정함으로써 경제자유구역 및 제주도에 거주하는 외국인의 교육여건을 향상시키는 것을 목적으로 한다."고 밝히고 있다. 「경제자유구역 및 제주국제자유도시의 외국 교육기관설립·운영에 관한 특별법」은 「경제자유구역의 지정 및 운영에 관한 법률」에서 이미 규정하고 있는 외국교육기관의 설립·운영에 관한 사항에 대하여 절차·요건 등을 구체화하는 동시에, 추가적인 규제완화를 위하여 「유아교육법」, 「초·중등교육법」, 「고등교육법」 및 「사립학교법」의 적용을 받지 아니하도록 규정하고 있다.

설립·운영에 관한 특별법안」을 제출한 바 있으나, 제17대 국회의 임기만료로 폐기되었다. 이후 제18대 국회인 2008년 11월 5일에 황우여 의원이 '경제자유구역의 외국의료기관 설립운영에 관한 특별법 제정안'을 발의하였으나, 이 법안도 제18대 국회의 임기만료로 역시 폐기되었다. 이 외에, 특별법의 제정이 아니라 「경제자유구역의 지정 및 운영에 관한 법률」의 개정을 통하여 외국의료기관의 설립·운영에 관한 규율을 마련하려는 입법시도도 있었다. 이명규 의원은 2010년 9월 7일에, 손숙미 의원은 2011년 8월 16일에 각각 '경제자유구역의 지정 및 운영에 관한 특별법 일부개정법률안'을 발의하였으나, 국회 상임위원회(지식경제위원회) 단계에서 심의되다가 제18대 국회의 임기만료로 폐기되었다.[15] 이렇듯 제18대 국회에서도 국회 상임위원회에서 조차 법안통과가 순조롭지 않았다. 보건복지부는 2012년 4월 30일에 입법예고한 「경제자유구역내 외국의료기관의 개설허가절차 등에 관한 규칙」을 2012년 10월 29일에 보건복지부령 164호로 공포·시행하였다.

2. 법률안의 내용

1) 정부 제출법안

법안의 제안이유로서, 「경제자유구역의 지정 및 운영에 관한 법률」에 따라 경제자유구역에 설립하는 외국의료기관 및 외국인전용 약국의 설립과 운영에 관한 사항을 정함으로써 경제자유구역에 거주하는 외국인에게 적정한 의료서비스를 제공하고 의료서비스산업의 발전을 도모하려는 것임을 밝히고 있다. 주요내용은 외국의료기관의 개설허가 요건과 절차, 외국인전용 약국의 개설등록, 외국 의사면허와 외국 약사면허 등 소지자의 종사허가, 의약품 등의 수입에 관한 특례 등을 규정하고 있다. 특히 법안 제8조부터 제19조까지는 의료관계 법령의 특례를 규정하고 있는데, 외국의료기관의 운영을 활성화하기 위하여 의료 관계

15 이러한 법안에 대하여 비판적인 입장에서는 이들 법안을 '청부입법'이라고 비판하고 있다. 의료민영화저지 및 건강보험성 강화를 위한 범국민운동본부, 더 이상 무모한 영리병원 입법을 시도하지 말아야, 복지동향, 2011. 9, 50면.

법령의 규제를 완화하는 조치로 외국의료기관에 대하여 전문의 수련기관 지정 기준을 완화하고, 외국의료기관에서 사용하는 특수의료장비의 설치·운영 기준을 완화 또는 면제할 수 있도록 하며, 외국의료기관은 일정 범위에서 영리를 목적으로 환자를 유치하기 위한 행위를 할 수 있도록 하고, 진단서 및 진료기록부 등을 외국어로 기재할 수 있도록 하는 등 의료 관계 법령의 특례를 규정하고 있다. 2007년 10월 29일에 제출된 정부안은 2007년 11월 20일에 보건복지위원회에 상정되어 심사되었으나 본회의에는 상정되지 못하고 제17대 국회의 임기만료로 자동폐기되었다. 재정경제위원회에도 2007년 10월 30일에 관련위원회로서 심사에 회부되었으나 재정경제위원회에서는 아무런 의견을 제시하지 않았다.

동 법안에 대하여 국회 보건복지위원회는 "이미 「경제자유구역의 지정 및 운영에 관한 법률」에 따라서 규정된 외국의료기관 등의 설립 근거 및 기본적인 요건·절차 등을 구체화하고 국내 의료기관 등과 달리 취급할 필요가 있는 부분에 대하여 추가적으로 규제를 완화하기 위하여 특별법을 제정할 필요성은 인정되나, 외국의료기관과 경쟁하게 되는 국내 의료기관 등에게 불합리한 차별으로 작용하지 아니하도록 규제 완화의 적정한 수준에 대하여 세밀한 검토가 필요한 것"으로 보인다는 검토의견을 내었다.

2) 황우여 의원 발의법안

법안의 제안이유로서 「경제자유구역의 지정 및 운영에 관한 법률」에 따라 경제자유구역에 설립하는 외국의료기관 및 외국인전용 약국의 설립과 운영에 관한 사항을 정함으로써 경제자유구역에 거주하는 외국인에게 적정한 의료서비스를 제공하고 의료서비스산업의 발전을 도모하려는 것임을 밝히고 있다. 법안의 제안이유는 제17대 국회에서 정부에 의하여 제출된 법안의 제안이유와 문구 전체가 동일하다. 주요내용은 외국의료기관의 개설허가 요건과 절차, 외국인전용 약국의 개설등록, 외국 의사면허와 외국 약사면허 등 소지자의 종사허가, 의약품 등의 수입에 관한 특례 등을 규정하고 있다. 특히 법안 제8조부터 제18조까지는 의료관계 법령의 특례를 규정하고 있는데, 외국의료기관에서 사용하는 특수의료장비의 설치·운영 기준을 완화 또는 면제할 수 있도록 하며, 외국의료기관은 일정 범위에서 영리를 목적으로 환자를 유치하기 위한 행위를 할 수 있도록 하고, 진단서 및 진료기록부 등을 외국어로 기재할 수 있도록 하는 등 의료 관계 법령의 특례를 규정하고 있다. 동 법안의 주요내용도 제17대 국회의 정부법안과 대동소이하다. 2008년 11월 5일에 제출된 법안은 2009년 2월 20일에 보건복지위원회에 상정되어 심사되었으나 본회의에 상정되지 못하고 제18대 국회의 임기만료로 자동폐기되었다. 관련위원회 심사에는 회부되지 않았다.

동 법안에 대하여 국회 보건복지위원회는 "외국의료기관과 경쟁하게 되는 국내 의료기관 등에게 불합리한 차별로 작용하지 아니하도록 규제 완화의 적정한 수준에 대하여 세밀한 검토가 필요한 것으로 보임. 참고로, 제17대 국회에서 같은 취지로 제출된 법률안에 대하여 우리 위원회가 심사하는 과정에서 대체토론에서는, 비록 경제자유구역에 한정한다고 하지만 경제자유구역 자체가 계속 확대되고 있는 추세임을 고려할 때 우리나라 건강보험제도 훼손이 전국적으로 확산될 수 있고, 우리나라는 전국이 1일 생활권이므로 전국에 있는 중소병원들의 경영난이 가중될 것"으로 보인다는 검토의견을 내었다.

3) 두 법안의 비교

두 법안은 경제자유구역 내에서 외국병원을 설립하기 위한 절차와 조건 등을 담은 내용으로서, 엄격한 규제를 담고 있는 의료관계 법령의 특례와 예외를 규정하고 있는 점은 동일하다. 두 법안 모두 외국의료기관에 대하여 의료 관계 법령의 규제를 완화함으로써 외국의료기관의 운영을 활성화하고 해외 환자의 유치를 촉진할 것으로 기대하고 있는 점도 공통점이라고 할 수 있다. 그러나 제18대 국회에서 발의된 황우여 의원안은 제17대 국회에서 제출된 정부안과 비교해 볼 때 다음과 같은 차이가 있다. 첫째, 제17대 국회의 정부안은 외국인전용약국이 개설되지 아니한 경우 개설될 때까지 의약분업 예외를 인정할 수 있도록 규정하였으나, 제18대 국회의 황우여의원안은 그 예외규정을 두고 있지 않다. 둘째, 제17대 국회의 정부안은 외국의료기관이 수입하는 마약 및 향정신성의약품의 수입품목허가기준 및 절차를 완화하거나 면제할 수 있다고 규정하였으나, 제18대 국회의 황우여 의원안은 이러한 내용을 포함하고 있지 않다. 셋째,

제17대 국회의 정부안은 외국의료기관에 대하여 수련기관의 지정기준을 완화하는 내용을 규정하였으나, 제18대 국회의 황우여 의원안에는 이러한 내용이 포함되어 있지 않다. 넷째, 제17대 국회의 정부안은 외국의료기관을 개설·운영하는 자가 「경제자유구역의 지정 및 운영에 관한 법률」 제23조 제1항 각 호의 요건을 갖추지 아니하게 된 경우 업무를 정지시키거나 개설허가를 취소하도록 규정하였으나, 제18대 국회의 황우여 의원안은 업무정지나 개설허가 취소가 아닌 시정명령을 하도록 규정하고 있다.[16] 전체적으로 두 법안은 그 내용이 유사하지만, 제18대 국회에서 발의된 법안은 제17대 국회에서 제출된 법안을 수정·보완한 내용을 담고 있다.

3. 「경제자유구역내 외국의료기관의 개설허가절차 등에 관한 규칙」 제정경위와 내용

보건복지부는 2012년 4월 30일에 자유구역 내의 외국의료기관 설립허가 기준을 담은 규칙을 입법예고[17]하고 6월 8일까지 의견수렴을 거쳤다. 이후 2012년

---

16 국회 보건복지가족위원회, 경제자유구역의 외국 의료기관 등 설립·운영에 관한 특별법안 검토보고, 2009. 2, 5면.

17 「경제자유구역내 외국의료기관의 개설허가절차 및 외국의 법률에 의해 설립·운영되는 의료기관과의 협력체계 등에 관한 규칙」 제정안 입법예고

1. 제정이유

「경제자유구역의 지정 및 운영에 관한 특별법」 시행령이 개성(시행령 제23741호, 2012. 4. 20. 공포, 2012. 6. 1. 시행)됨에 따라 경제자유구역내에 설치되는 외국의료기관의 허가절차, 인력구성 등 시행령에서 위임된 사항과 그 시행을 위하여 필요한 사항을 정하려는 것임.

2. 주요내용

가. 사전심사 등 외국의료기관 허가신청 절차(안 제2조, 제3조)

1) 외국의료기관 허가신청 절차 및 신청에 필요한 사업계획서 등 구비서류 등을 구체화하였으며 대규모 투자가 수반되는 의료기관 설립의 특성을 고려하여 「민원사무처리에 관한 법률」 제19조에 규정된 사전심사를 규정

나. 외국의 법률에 의해 설립·운영되는 의료기관과의 협력체계의 내용(안 제4조)

1) 명실상부한 외국의료기관으로서의 특성을 갖추도록 하기 위해 외국의료기관의 장과 의료서비스 제공 등 병원운영에 관련된 의사결정기구 구성원의 50% 이상을 운영협약을 맺은 외국의 법률에 의해 설립·운영되는 의료기관 소속 의사·치과의사로 함

10월 29일에 보건복지부령 164호로 제정 공포되고 당일부터 즉시 시행되었다. 동 규칙에는 인천 송도 등 경제자유구역 내 거주 외국인들의 의료서비스 이용 환경 조성을 위한 것으로 외국인 의료기관의 허가절차, 인력구성 등 「경제자유구역의 지정 및 운영에 관한 특별법 시행령」에서 위임된 사안 등을 담고 있다. 내용을 살펴보면 사전심사 등 외국의료기관 허가신청 절차를 거쳐야 하고, 외국의 법률에 의해 설립 운영되는 의료기관과의 협력체계를 체결, 의료기관의 장과 병원 운영과 관련된 의사결정 기구의 50% 이상 운영협약을 맺은 해외병원 소속의 의사로 구성하도록 규정했다. 또한, 종사하는 외국의 의사·치과의사 면허소지자의 비율을 10%이상으로 규정하고 개설되는 진료과목당 외국의 의사 면허소지자를 1명 이상을 두도록 했다.[18]

다. 외국의료기관에서 종사하는 외국의 의사·치과의사 면허소지자의 비율 등(안 제5조)
1) 「경제자유구역 지정 및 운영에 관한 특별법」 시행령에서 위임한 외국면허소지자의 비율을 10%이상으로 규정하고 개설되는 진료과목당 외국의 의사·치과의사 면허소지자 1명 이상을 두도록 함

18 경제자유구역 내 외국의료기관의 개설허가절차 등에 관한 규칙 [시행 2012.10.29] [보건복지부령 제164호, 2012.10.29, 제정]

제1조(목적) 이 규칙은 「경제자유구역의 지정 및 운영에 관한 특별법 시행령」 제20조의2에서 위임한 외국의료기관의 개설허가절차와 외국의 법률에 따라 설립·운영되는 의료기관과의 협력체계 및 외국의료기관에서 종사하는 외국의 의사·치과의사 면허 소지자의 비율 등을 규정함을 목적으로 한다.

제2조(외국의료기관의 개설허가 신청 등) ① 「경제자유구역의 지정 및 운영에 관한 특별법」(이하 "법"이라 한다) 제23조 제1항에 따라 경제자유구역에 외국의료기관을 개설하려는 자는 별지 제1호서식의 외국의료기관 개설허가 신청서(전자문서로 된 신청서를 포함한다)에 다음 각 호의 서류(전자문서를 포함한다)를 첨부하여 보건복지부장관에게 제출하여야 한다. 이 경우 법인인 신청인에 대해서는 보건복지부장관은 「전자정부법」 제36조 제1항에 따른 행정정보의 공동이용을 통하여 법인 등기사항증명서를 확인하여야 한다.

1. 개설하려는 자가 외국인이 의료업을 목적으로 설립한 「상법」상 법인인 경우: 법인 설립허가증 사본, 정관 및 사업계획서
2. 개설하려는 자가 외국인인 경우: 면허증 사본(법 제23조 제6항에 따른 의료인만 해당한다) 및 사업계획서
3. 건물평면도 및 그 구조설명서
4. 진료과목 및 진료과목별 시설·정원 등의 설명서
5. 법 제23조 제1항 제1호부터 제3호까지의 요건을 갖추었음을 증명하는 서류

② 보건복지부장관은 제1항에 따라 외국의료기관의 개설허가 신청을 받으면, 「의료법」 제33조·제36조 및 법 제23조에 따른 허가기준을 충족하는지를 종합적으로 검토하여 허가 여부를 결정하여야 한다.

동 보건복지부 규칙의 적용대상이 경제자유구역 안의 병원을 설립하고 운영하는 외국인으로 한정했으나 결국 영리병원 도입의 시작점이 될 수 있다는 우려는 변함이 없다. 영리병원 도입을 두고 그동안 찬반의견이 끊임없이 대립

---

③ 보건복지부장관은 제1항에 따라 외국의료기관의 개설허가를 하였을 때에는 지체 없이 별지 제2호서식의 외국의료기관 개설허가증을 발급하여야 한다.

제3조(외국의료기관 개설허가의 사전심사) ① 법 제23조 제1항에 따라 경제자유구역에 외국의료기관의 개설허가를 신청하려는 자는 제2조 제1항에 따른 허가 신청 전에 「민원사무처리에 관한 법률」 제19조 제1항에 따라 사전심사를 청구할 수 있다.

② 제1항의 사전심사를 청구하려는 자는 별지 제3호 서식의 외국의료기관 개설허가 사전심사 청구서에 다음 각 호의 사항이 포함된 사업계획서를 첨부하여 보건복지부장관에게 제출하여야 한다.

1. 개설할 외국의료기관의 명칭, 대표자, 규모, 위치 및 개설 시기
2. 개설할 외국의료기관의 인력, 시설, 의료장비 등을 포함한 의료기관 세부 운영계획
3. 투자 규모, 재원 조달 방안 및 투자의 실행 가능성
4. 제4조 제1호에 따라 운영협약을 체결한 의료기관의 국제적 명성도를 증명할 수 있는 내용
5. 부대사업을 할 계획이 있을 경우 그 사업계획
6. 그 밖에 보건복지부장관이 요청하는 사항

③ 보건복지부장관은 제2항에 따른 사전심사 청구를 받았을 때에는 60일 이내에 심사를 하고 결과를 통보하여야 한다. 다만, 사실관계 확인 등을 위하여 필요할 때에는 30일 이내에서 그 기간을 연장할 수 있다.

제4조(외국의 법률에 따라 설립·운영되는 의료기관과의 협력체계) 「경제자유구역의 지정 및 운영에 관한 특별법 시행령」(이하 "영"이라 한다) 제20조의2 제1항 제2호에 따른 협력체계는 다음 각 호의 요건을 갖추어야 한다.

1. 외국인이 의료업을 목적으로 설립한 「상법」상의 법인은 외국의 법률에 따라 설립·운영되는 의료기관과 운영협약을 체결할 것
2. 제1호에 따른 법인의 정관에는 법 제23조에 따라 개설하는 외국의료기관의 진료에 관련된 의사결정기구의 구성 및 운영에 관한 다음 각 목의 사항을 포함할 것
   가. 의사결정기구의 장은 외국의료기관의 장으로 할 것
   나. 의사결정기구는 의사결정기구의 장을 포함하여 7명 이상으로 구성할 것
   다. 의사결정기구의 장과 의사결정기구 구성원의 50퍼센트 이상을 운영협약을 맺은 외국의 법률에 따라 설립·운영되는 의료기관에 소속된 외국의 의사 또는 치과의사로 할 것

제5조(외국의료기관에서 종사하는 외국의 의사·치과의사 면허 소지자의 비율 등) ① 영 제20조의2 제1항 제3호에서 "보건복지부령으로 정하는 비율"이란 10퍼센트를 말한다. 다만, 외국의료기관에 종사하는 의사·치과의사가 총 10명 미만인 경우에는 1명 이상의 외국면허 소지자를 두어야 한다.

② 제1항에 따른 외국면허 소지자 비율과 관련하여 외국의료기관이 개설하는 진료과목 중 내과, 신경과, 외과, 정형외과, 신경외과, 흉부외과, 성형외과, 산부인과, 소아청소년과, 안과, 이비인후과, 피부과, 비뇨기과, 재활의학과, 결핵과, 가정의학과에는 외국의 의사 면허 소지자를 각각 1명 이상 두어야 한다.

될 수밖에 없었던 이유도 바로 그것이다. 국내 대형병원들은 모두 비영리법인으로 사실상 영리를 추구하는 병원 운영을 하더라도 병원 수익금을 외부로 갖고 나갈 수 없고, 주식회사처럼 외부 투자를 받을 수도 없다. 그러나 경제자유구역 안의 병원은 이 같은 제약을 받지 않게 된다. 또한, 건강보험 적용을 받지 않고 의료행위에 대한 비용 책정을 병원이 결정하기 때문에 첨단 의료서비스를 제공받는 대신 고가의 비용을 지불해야 한다. 반대론자들은 이러한 우려는 제한된 구역의 문제가 아니라 결국은 전체 의료계에 영향을 주게 될 것이라며, 의료비 폭등과 의료 양극화로 인한 건강보험의 붕괴 등의 우려가 현실화가 될 때는 국내 의료환경은 엄청난 변화를 겪어야만 한다고 경고하고 있다. 반면 영리병원 도입의 찬성론자들은, 병원 간의 경쟁으로 인하여 고품질의 의료서비스 제공이 가능해지고 이에 따라 환자의 선택권이 확대될 것이라고 주장한다. 또한, 싱가포르나 인도, 태국처럼 해외환자 유치가 더욱 활발해 질 것이며 이에 따른 수익으로 연구투자나 시설투자 등이 가능해져 의료의 질과 의료산업이 더욱 발전할 것으로 전망하고 있다.

제 4 절 헌법재판소의 영리병원 관련 결정과 영리병원 법안

경제자유구역내에 영리병원을 설립할 수 있는지에 관한 헌법재판소의 결정은 아직 존재하지 않지만, 의료법 위반 사건과 관련한 위헌심사형 헌법소원심판을 통하여 영리법원과 관련한 헌법재판소의 결정[19]을 살펴볼 수 있다. 미국 카이로프랙틱 의사자격증을 취득하였으나 국내 의사면허증은 없는 자가 2000년에 서울에서 요통, 척추디스크, 두통 등의 질병을 가진 환자들을 치료하는 병원을 개설하여 진료행위를 하였다. 이러한 행위는 「보건범죄단속에 관한 특별조

19 헌재 2005. 3. 31. 2001헌바87.

치법」 제5조, 「의료법」 제25조 제1항, 제30조 제2항, 제66조 제3호에 위반한다는 이유로 기소되었고, 서울지방법원에서 재판을 받던 중에 「의료법」 제25조 제1항, 제30조 제2항, 제66조 제3호에 대하여 위헌 여부심판의 제청신청을 하였으나, 법원에 의하여 신청이 기각되자 헌법소원심판을 청구하였다. 이 사건에서는 의료인 아닌 자가 의료행위를 한 것에 대한 것이 주요 쟁점이었으나, 「의료법」 제30조 제2항의 규정에 의하여 영리목적의 의료기관 개설이 금지되는 것도 판단의 대상이 되었다.

헌법재판소의 결정에 따르면, "국가는 국민의 건강을 보호하고 국민에게 적정한 의료급여를 보장해야 하는 사회국가적 의무를 지고 있다. 즉 보건의료는 단순한 상거래의 대상이 아니라 사람의 생명과 건강을 다루는 중대한 것으로, 의료기관을 개설하는 주체에 대한 규율이 가지는 사회적 기능이나 사회적 연관성은 매우 크다. 의료인이 아닌 일반 개인과 영리법인의 의료기관 개설을 허용할 경우, 의료기관의 명칭 아래 의료인 아닌 자에 의한 무면허의료행위가 성행할 우려가 있으며, 의료기관의 경영주체와 의료행위를 하는 의료인이 분리됨에 따라서 보건의료의 질이 저하되거나 지나친 영리위주의 과잉 의료행위 등 진료왜곡, 의료자원 수급 계획의 왜곡, 소규모 개인 소유 의료기관의 폐업, 투자자의 자본 회수 등에 따른 의료기관 운영의 왜곡 등이 발생할 우려가 있다."고 하면서, "우리나라의 취약한 공공의료의 실태, 국민건강보험 재정 등 국민보건 전반에 미치는 영향, 보건의료서비스의 특성, 국민의 건강을 보호하고 적정한 의료급여를 보장할 사회국가적 의무 등에 비추어 보면, 의료의 질을 관리하고 건전한 의료질서를 확립하여 국민의 건강을 보호 증진하고, 영리 목적으로 의료기관을 개설하는 경우에 발생할지도 모르는 국민 건강상의 위험을 미리 방지하기 위하여 이 사건 법률조항들에 의하여 의료인이 아닌 자나 영리법인이 의료기관을 설립하는 자유를 제한하고 있는 입법자의 판단이 입법재량을 명백히 일탈하였다고 할 수 없다"는 결론을 내리고 있다. 이러한 다수의 의견에 대하여 권성과 송인준 재판관 2인은 "건강하게 생활하고 높은 수준의 의료행위를 받을 권리는 국민의 인간다운 생활을 할 권리의 기본 전제이다. 의료인이 아닌 자가

의료인을 고용하는 방식으로 의료기관을 개설하는 행위를 막는 것이 의료의 질과 의료질서를 확립하기 위한 적절한 수단인지 의문이다. 의료기관의 개설자가 누구이든 의료행위를 하는 사람이 의료인이기만 하면 국민 보건에 문제될 것이 없다. 의료기관을 개설할 수 있는 주체를 의료인 등으로 한정한 결과 보건의료서비스 공급자의 경쟁을 약화시키고, 원하는 품질의 보건의료서비스를 제공하는 의료기관을 선택하는 의료소비자의 자기결정권을 현저히 제한받는 불이익을 초래한다. 이 사건 법률조항들은 과잉금지의 원칙에 위배하여, 의료기관 개설을 통하여 생활의 기본적 수요를 충족하고 계속적인 소득활동을 하고자 하는 의료인 아닌 자 또는 영리법인의 직업선택의 자유를 실질적·전면적으로 제한하고 의료소비자의 의료기관 선택권을 침해한다"는 소수의견을 제시하고 있다.

이러한 헌법재판소의 결정은 영리병원 도입 여부에 관한 논란이, 규범적 범주 내에서 수행된 것이라고 할 수 있다. 정책적 타당성 여부의 문제가 헌법적 합성의 기준에 관한 문제로 전환되기는 하였지만, 영리병원을 도입할 것인가의 문제는 입법자의 권한에 속하는 것으로써, 의료법을 통하여 영리법인의 의료기관 설립의 자유를 제한하고 있는 입법자의 판단이 존중되어야 함을 밝히고 있다. 카이로프랙틱 분야나 침구 분야 등 주요 외국의 경우에는 제도권 안으로 포섭되어 있는 대체의학분야를 인정하지 않는 우리나라 현행 의료법의 문제점이 지적되기도 하지만, 헌법재판소는 이러한 현행 의료법 규정을 유지하고 있는 입법자의 판단을 입법자의 형성의 자유 또는 입법재량으로 보고 적극적인 판단을 하지 않고 있다. 이러한 헌법재판소의 결정에도 불구하고, 입법자는 영리병원 문제에 관해서 자유로운 입법적 판단을 할 수 있다. 그러나 입법자에게 형성의 자유 또는 입법재량이 있음에도 불구하고 영리병원의 도입의 당부에 관한 여러 고려사항을 검토하여야 한다. 찬반양론으로 나뉘어 있는 국민 여론도 고려의 대상이 됨은 물론이다.

제5절 영리병원 법안에 대한 검토

1. 영리병원 법안의 주요내용

경제자유구역에 관한 사항을 규율하는 법률은 「경제자유구역 지정 및 운영에 관한 특별법」이고, 넓은 범주에서 경제자유구역이라고 할 수 있는 제주특별자치도에 관한 사항을 규율하는 법률은 「제주특별자치도 설치 및 국제자유도시 조성을 위한 특별법」이다. 영리병원에 관한 구체적인 사항을 경제자유구역의 경우에 있어서는 「경제자유구역 지정 및 운영에 관한 특별법」 이외의 별도의 특별법을 제정하려 하고 있으나, 제주특별자치도의 경우에 있어서는 별도의 특별법을 제정하지 않고 「제주특별자치도 설치 및 국제자유도시 조성을 위한 특별법」 제192조[20]를 보다 구체화하는 법률개정을 하려 한다. 따라서 영리병원 문

20 제주특별자치도 설치 및 국제자유도시 조성을 위한 특별법 제192조(의료기관 개설 등에 관한 특례) ① 「의료법」 제33조 제2항의 규정에 불구하고 외국인(「외국인투자촉진법」 제2조제1항제1호의 규정에 의한 외국인을 말한다. 이하 같다)이 설립한 법인은 도지사의 허가를 받아 제주자치도에 의료기관(이하 "외국의료기관"이라 한다)을 개설할 수 있다. 이 경우 의료기관의 종별은 「의료법」 제3조 제2항 제3호에 따른 종합병원·병원·치과병원·요양병원으로 한다.

② 제1항의 규정에 의한 법인의 종류와 그 요건, 외국의료기관 개설요건에 관하여 필요한 사항은 도조례로 정한다.

③ 제1항의 규정에 의하여 의료기관의 개설을 허가하고자 하거나 제2항의 규정에 의하여 도조례를 정하고자 하는 때에는 미리 보건의료정책심의위원회의 심의를 거쳐야 한다. 이 경우 도지사는 그 심의를 거치기 전에 보건복지부장관의 승인을 얻어야 한다.

④ 외국의료기관은 「국민건강보험법」 제42조 제1항에 따른 요양기관 및 「의료급여법」 제9조 제1항에 따른 의료급여기관으로 보지 아니한다.

⑤ 도지사는 제1항부터 제3항까지의 규정에 따라 개설된 외국의료기관이 외국의료기관 개설에 관한 요건을 충족하지 못하는 경우 보건의료정책심의위원회의 심의를 거쳐 도조례로 정하는 바에 따라 외국의료기관 개설허가를 취소할 수 있다.

⑥ 외국의료기관이 보건복지부장관이 정하여 고시하는 외국의 의료기관 평가를 받은 경우 「의료법」 제58조에 따른 의료기관 평가를 받은 것으로 본다. 이 경우 외국의료기관은 그 결과를 보건복지부장관에게 제출하여야 하며, 보건복지부장관은 그 결과를 공표할 수 있다.

⑦ 외국의료기관에 종사하는 의사와 치과의사는 「의료법」 제17조 및 제18조에 따른 진단서, 검안서(檢案書), 증명서 및 처방전을 도조례로 정하는 바에 따라 외국어로 기재할

제에 관한 입법적 분석을 위해서는 「경제자유구역의 외국의료기관 등 설립 · 운영에 관한 특별법안」과 제주특별자치도에 영리병원을 허용하려는 「제주특별자치도 설치 및 국제자유도시 조성을 위한 특별법 개정안」 및 「경제자유구역내 외국의료기관의 개설허가절차 등에 관한 규칙」 이 검토되어야 한다. 이중 검토되어야 할 가장 중요한 법안은 「경제자유구역의 외국의료기관 등 설립·운영에 관한 특별법안」이다.

2. 영리병원 법안에 대한 검토

1) 법안의 내용에 관한 검토

이 특별법이 제정될 경우에는 국내 법률에 의한 규제를 완화함으로써 경제자유구역 내에 경쟁력을 갖춘 외국의료기관이 설립되고 우수한 의료진을 유치하며, 각종 규제를 완화함에 따라 해외환자의 유치를 확대하고 국내환자의 해외 의료 수요를 흡수할 수 있으며, 우수한 외국의료기관을 유치하여 외국의 의료기술과 시스템이 도입됨에 따라서 우리나라 의료서비스의 경쟁력을 강화하는 계기로 활용할 수 있다는 긍정적인 측면이 있다. 반면에, 제정안이 외국의료기관에 각종 특례를 인정함에 따라 국내의료기관과의 형평성에 대한 문제를 지적하는 의견이 있고, 외국의료기관의 경우 의약품 등의 수입기준이 완화·면제되어서 수입된 의약품 등이 임상효과 등에 대한 국내 인증 없이 사용됨으로써 심각한 부작용 및 약품남용 등 의료안보를 위협할 소지가 있다는 의견도 제시되고 있다.[21] 영리법원의 도입에 관한 찬반논쟁은 물론이고 경제자유구역에서의 영리법원 도입을 허용하는 법안에 대한 찬반논쟁이 심화되었으며, 전술한 바와

수 있다. 이 경우 도조례는 보건복지부장관과 미리 협의하여야 한다.

⑧ 외국의료기관에 종사하는 의사, 치과의사 또는 간호사는 「의료법」 제22조에 따른 진료기록부, 조산기록부, 간호기록부, 그 밖의 진료에 관한 기록 및 같은 법 제23조에 따른 전자의무기록을 도조례로 정하는 바에 따라 외국어로 기재할 수 있다. 이 경우 도조례는 보건복지부장관과 미리 협의하여야 한다.

21 국회 보건복지가족위원회, 경제자유구역의 외국 의료기관 등 설립 · 운영에 관한 특별법안 검토보고, 2009. 2, 5면.

같이 정부에서 발주한 연구용역에서도 연구기관 간에 의견이 일치되지 않았다. 정부가 주장하는 영리법원 도입으로 인한 긍정적인 효과도 기대하기 어렵다는 평가도 있다.[22] 영리병원이 도입되면 공공의료서비스의 기능약화와 의료산업의 급격한 구조조정 및 소득계층간 의료서비스의 격차 심화 등 부작용이 예견되고 있으며,[23] 법인 의료기관의 개설 및 운용과 관련해서 비영리법인 의료기관의 경우에는 본래 추구하던 공공성을 강화하기 위한 감시와 규제가 필요하다는 점이 강조되고 있다.[24] 대한병원협회와 대한치과의사협회, 대한약사회 등도 이 법안에 대하여 많은 문제점을 지적하고 있다. 즉, 외국의료기관에 대하여 의약품 등 수입에 관한 특례를 인정하는 것은 형평과 의료안보를 위협할 소지가 크고, 특수의료장비 설치나 운용인력에 관한 특례문제도 국민건강에 위험을 초래할 수 있는 사안이라는 점, 약사의 연수교육규정이 외국약사에게도 적용되어야 한다는 점 등의 문제가 지적되었다.[25] 이러한 논의를 종합해 보면, 국민들의 여론이나 전문가들의 의견은 경제자유구역내의 영리병원 도입에 관하여 기대와 우려가 교차하고 있음을 알 수 있다. 법안을 강력히 추진하는 정부·여당의 의지도 분명하지만, 법안을 반대하는 의견도 강력하다. 이를 사전입법평가 혹은 사전입법영향분석의 측면에서 본다면, 과학적인 비용편익분석이 뚜렷하게 제시된 바 없고 수범자의 공감대 형성도 부족할 뿐만 아니라 위헌성 여부에 관한 설득력 또한 부족하다고 할 수 있다. 전술한 바와 같이 이미 지정된 경제자유구역은 6개 지역이고 2013년에 2개 지역이 추가로 지정될 예정이다. 전국의 8개 주요 거점지역이 '경제자유구역'이 되는 나머지, 나머지 지역은 '경제규제지역'으로 인식되는 것은 아닌가 한다. 경제자유구역 지정 초기에는 일종의 '경제특구'로서, 엄격한 규제를 완화하여 외국의료기관에 특례를 부여하려는 의미가 있었다. 그러나, 이제는 경제자유구역이 아닌 지역이 오히려 엄격한 규제를 지니는 지역

22 임금자 외, 영리의료법인에 대한 검토와 대안모색, 의료정책연구소, 2010. 12, 170면.

23 현대경제연구원, 투자개방형 의료법인의 경제적 효과, 2011. 9, 5면.

24 권용진, 영리법인 의료기관 개설권 문제에 관한 소고, 법학연구, 제20권 제3호, 연세대 법학연구원, 2010, 164면.

25 국회 보건복지가족위원회, 경제자유구역의 외국 의료기관 등 설립·운영에 관한 특별법안 검토보고, 2009. 2, 47, 53, 78면 등.

으로서의 문제점이 나타나는 것으로 받아들여 질 수 있다. 경제자유구역 특히 송도경제자유구역에 외국인 의료기관을 개설하는 문제는 상주 외국인의 의료편의를 확보할 목적으로 제시되어 외국인 영리병원의 개설 문제로 확대되었고, 이는 내국인을 대상으로 하는 영리병원의 개설문제로도 확대되었다. 제주특별자치도의 경우에도 법률 원안은 외국영리병원만이 아니라 국내 영리병원도 허용하는 것으로 계획되었으나 반대여론에 밀려서 외국영리병원만 인정하게 되었다.[26] 이렇듯, 영리병원 허용의 장단점에 대한 다양한 국민적 시각이 존재하며 찬반론이 첨예하게 대립하고 있기 때문에, 영리병원의 허용은 국민들의 합의를 찾기 어려운 문제이다.[27] 또한 동 법안에 대하여 포괄위임입법금지원칙이나 죄형법정주의원칙 등의 측면에서도 검토가 필요하다는 의견이 있다.[28] 따라서 법안의 내용에 대한 재검토가 필요하리라 본다. 법안을 발의하고 국회통과를 추진하는 주체가 정부이건 국회의원이건, 경제자유구역 내에서의 영리병원 도입을 내용으로 하는 법안에 대한 과학적인 분석과 위헌성 제거 및 정책적 타당성의 제고가 선행되어야 한다.

2) 법안의 형식에 관한 검토

일반법이라고 할 수 있는 「경제자유구역의 지정 및 운영에 관한 법률」에서 이미 경제자유구역에 병원급 외국의료기관 및 외국인전용 약국을 개설할 수 있는 근거가 마련되어 있다. 그러나 「경제자유구역의 지정 및 운영에 관한 법률」의 규정에도 불구하고, 경제자유구역에 외국의료기관 유치를 활성화하기 위해서는 그 개설절차 및 허가요건을 명확히 하고 각종 규제를 완화할 필요가 있다. 따라서, 이 제정안은 경제자유구역의 외국의료기관 및 외국인전용 약국에 대한 개설절차 및 각종 특례 등을 규정하는 별도의 특별법을 제정하려는 것이다. 특히, 보건복지가족부는 특별법 제정이 필요하다는 입장이다. 외국의료기관이 경

26 임준, 송도경제자유구역 영리병원 추진 문제, 황해문화, 2011, 겨울, 262면.
27 이경남/이훈희/이동숙, 영리법인병원에 대한 변호사들의 인식유형분석, 사회보장연구, 제26권 제3호, 2010. 8, 311면.
28 국회 보건복지가족위원회, 경제자유구역의 외국 의료기관 등 설립·운영에 관한 특별법안 검토보고, 2009. 2, 59면.

쟁력을 확보하여 외국환자 유치 등을 원활히 수행하도록 하기 위하여 국내 의료관계 법률의 규제를 완화할 필요가 있는데, 이를 위해서는 개별 법률들을 개정하기 보다는 특별법을 제정하여 포괄적으로 규제를 완화하는 것이 법체계상 효과적이라는 입장이다. 다만, 「의료법」 및 「약사법」 등 개별 법률을 개정하지 아니하더라도 이미 제정된 「경제자유구역의 지정 및 운영에 관한 법률」에 경제자유구역의 외국의료기관에 대한 특례 등을 추가로 규정하는 방안도 있다는 점을 고려할 때 별도의 특별법 제정만이 입법목적 달성의 유일한 방법은 아닌 것으로 보인다는 의견이 있다. 또한, 외국의료기관에 대한 특별법을 별도로 제정하는 경우 경제자유구역뿐만 아니라 제주국제자유도시까지 포함하여 특별법으로 제정하는 방안도 고려하여 볼 필요가 있다는 의견이 제시되었다. 참고로, 외국교육기관의 경우는 2005년 5월 31일에 공포된 「경제자유구역 및 제주국제자유도시의 외국교육기관 설립·운영에 관한 특별법」이 경제자유구역과 제주국제자유도시의 외국교육기관에 대하여 함께 규정하고 있다.[29] 법안의 내용에 대한 사회적 공감대가 형성되어 이를 법률의 형식으로 입법한다면, 이와 같이 몇 가지의 입법대안의 가능성이 있다.

전술한 바와 같이 경제자유구역 내의 영리병원 도입은 보건복지부의 규칙으로 제정되었다. 이 시행규칙은 제1조에 규정하고 있듯이 「경제자유구역의 지정 및 운영에 관한 특별법 시행령」 제20조의2에서 위임한 외국의료기관의 개설 허가절차와 외국의 법률에 따라 설립·운영되는 의료기관과의 협력체계 및 외국의료기관에서 종사하는 외국의 의사·치과의사 면허 소지자의 비율 등을 규정함을 목적으로 한다. 법률과 시행령에서 위임한 사항을 시행규칙에서 규정하고 있기 때문에, 형식상으로는 법률유보원칙에 위반되지 않는 것으로 볼 수도 있다. 그러나 오늘날 법률유보원칙은 단순히 행정작용이 법률에 근거를 두기만

29 「경제자유구역 및 제주국제자유도시의 외국교육기관 설립·운영에 관한 특별법」은 제2조(정의) 제1호에서 "외국학교법인"이라 함은 외국에서 외국법령에 의하여 유아·초등·중등·고등교육기관을 설립·운영하고 있는 국가·지방자치단체 또는 영리를 목적으로 하지 아니하는 법인을 말한다고 규정하고 있다. 경제자유구역 내의 외국학교는 비영리법인이어야 함을 의미한다.

하면 충분한 것이 아니라, 국가공동체와 그 구성원에게 기본적이고도 중요한 의미를 갖는 영역, 특히 국민의 기본권실현과 관련된 영역에 있어서는 국민의 대표자인 입법자가 그 본질적 사항에 대해서 스스로 결정하여야 한다는 요구까지 내포하고 있다(의회유보원칙). 우리나라의 보건의료체계에 중대한 영향을 미칠 가능성이 있고, 입법의도와 효과에 우려가 제기되는 입법사안의 근거를 시행규칙에 둔다는 것은 문제가 있다. 동 입법사안이 정부법안으로 제출되고 '청부입법'으로 의심받는 의원법안이 발의되었으나 법제화에 실패하자, 결국은 보건복지부의 시행규칙을 통해 법제화하였다는 점은 지극히 바람직하지 못하다. 국회에서의 여야간의 합의가 쉽지 않다고 하더라도, 대의정치와 합의정치를 포기하여서는 안된다. 입법사항은 국민을 대표하는 대의기관이자 입법기관인 국회를 통하여 법률로 입법하여야 한다. 제17대 국회와 제18대 국회에서의 '입법실패' 이후, 제19대 국회에 들어와서 김용익 의원은 2012년 10월 30일에 「경제자유구역의 지정 및 운영에 관한 특별법」의 개정안 형식으로 외국의료기관 개설 등에 관한 사항을 규정[30]하고자 하였다. 또한 박원석 의원은 2012년 11월 2일에 역시 「경제자유구역의 지정 및 운영에 관한 특별법」의 개정안[31]을 발의하

30 동 개정안은 제안이유서에서 "현행 「경제자유구역의 지정 및 운영에 관한 특별법」은 경제자유구역 내에 영리법인 의료기관 개설을 허용하고 있고, 영리법인 의료기관의 내국인 진료에 대하여도 사실상 허용하고 있음. 반면, 현행 「의료법」은 의료기관 법인격의 범위를 비영리법인으로 엄격히 제한하고 있는데, 이는 의료기관의 공공성이 국민의 건강과 생명 보호에 매우 중요한 요소이기 때문임. 따라서 비록 경제자유구역에 한정한다고 하더라도 국내에 영리법인 의료기관이 도입되고 영리법인 의료기관의 내국인 진료를 허용하게 되면 비영리법인 중심의 국내 보건의료체계에 혼란을 초래하고 기존 비영리법인 의료기관의 영리성이 가중될 우려가 매우 큰 실정임. 이에 영리법인 의료기관 도입이 긍정적 측면보다는 국민의 건강과 생명에 위협 요소로 작용할 소지가 매우 크다는 점에서 경제자유구역에 설립될 외국인 진료용 의료기관의 법인격을 현행 「의료법」과 같이 비영리법인으로 한정하고 외국인 진료용 병원의 내국인 진료를 금지하여 "외국인전용 의료기관"으로 하려는 것임. 또한 위와 같은 목적의 민간병원이 설립되지 못할 경우에 대비하여 외국인의 정주여건 개선 등을 위하여 국가 또는 지방자치단체가 경제자유구역에 "공공보건의료기관"을 개설할 수 있도록 특례 규정을 둠으로써 궁극적으로 국민 건강 증진과 경제자유구역의 활성화를 균형 있게 도모하려는 것임."을 밝히고 있다. 지금까지의 논란에서 도출된 문제점을 피해갈 수 있는 일종의 '여당적 대안'으로서의 성격을 지니고 있다.

31 동 개정안은 제안이유서에서 "현행법은 외국인의 생활여건 및 정주환경을 개선하기 위하여 경제자유구역 내에 외국인의료기관을 설립할 수 있도록 규정하고 있으며 이에 따라 설립된 외국인병원은 영리병원으로서 내국인이 진료 시 건강보험 혜택을 보지 못하도록

였고, 김제남 의원이 소개한 김경자의 입법청원도 2012년 11월 2일에 국회에 접수되었다. 보건복지부의 시행규칙 제정 이후에도 국회에서의 입법시도가 계속되고 있다는 점은 이 사안이 국회에서 만든 '형식적 의미의 법률'로 입법되어야 한다는 점을 반증한다.

제6절 맺음말

영리병원을 도입하자는 주장에는 여러 가지의 동기와 이유가 있을 수 있다. 영리병원의 도입을 통하여 일정한 이익이 기대되는 산업이 있을 수 있고 손실이 예견되는 산업도 있을 수 있다. 또한 영리병원의 도입을 통하여 달성되는 공적 이익이 있을 수 있고 위협받는 공적 이익이 있을 수도 있다. 이러한 이익과 손실의 균형, 공적 이익과 사적 이익의 균형, 여러 공적 이익간의 형량 등이 영리병원 도입을 둘러싼 논의와 입법과정에서 고려되어야 한다.

우선 영리병원의 도입 자체는 궁극적 목적이 아니고 수단이라는 점을 염두에 둘 필요가 있다. 따라서 영리병원의 도입을 통하여 달성하려는 목적이 정당하고 합헌적이고 타당한지에 관한 검토가 필요하다. 영리병원 도입의 목적과 타당성에 관한 문제는 정책의 영역에 속한다고 할 수 있고, 영리병원의 도입이 합헌적인지의 문제는 법학의 영역에 속한다고 할 수 있다. 영리병원 도입의 합헌성의 문제는 내용과 형식의 양 측면에서 살펴볼 수 있는데, 내용의 문제에 대

규정하고 있음. 이에 따라 경제자유구역 내 외국인병원의 의료수가(醫療酬價)는 건강보험당연지정제에 의한 규제를 받지 아니하고 기존의 의료수가의 범주를 벗어나 병원진료비가 크게 높아져 환자의 진료비부담이 커지고 병원의 양극화를 초래하여 건강보험체계에 혼란을 야기 시킬 수 있음. 이에 경제자유구역 내 외국인병원에 대해서 국내 의료제도에 영향을 미치지 않도록 영리병원의 기능을 하지 못하도록 하고, 국내 의료기관을 외국인진료소 또는 외국인전용의료센터로 지정하여 경제자유구역내 외국인에 대한 진료를 담당하도록 하려는 것임."을 밝히고 있다. 이 개정안 역시 지금까지의 논란에서 도출된 문제점을 피해갈 수 있는 일종의 '야당적 대안'으로서의 성격을 지니고 있다.

해서는 논란이 지속되고 있고, 형식의 문제에 대해서는 비교적 논란의 여지가 적다. 영리병원을 도입하려는 경우 그 규범형식은 행정부의 '시행규칙'이 아니라 국회의 '법률'이어야 한다는 점이다. 특히 영리병원 도입과 같이 논란이 크고 영향력이 큰 사안의 경우에는 국민의 대표기관인 국회가 입법하는 법률의 형식으로 규율되어야 한다. 이렇게 국민들간에 논란이 많고, 의료산업과 국민들의 의료서비스에 영향력이 큰 사안을 보건복지부의 시행규칙을 통해 규율한 점은 문제가 있다. 영리병원 도입 문제에 관해서 국민들의 공감대가 형성되고 이를 바탕으로 국회에서 진지하게 논의된다면, 우리나라에서도 영리병원의 도입이 불가능하다고 단언할 수는 없는 일이다. 따라서, 이러한 노력과 대화와 설득과 합의가 어렵다고 하여 입법부의 법률로 정할 사안을 행정부의 규칙으로 해결하려는 시도는 바람직하지 못하다. '법률로 규정되어야 할 사안의 규칙으로의 도피'는 바람직하지 않으며 허용될 수도 없다. 이 문제는 법률을 통하여 규율되어야 하되, 영리병원의 도입으로 인한 긍정적 효과만이 아니라 부정적 효과에 대해서도 사전입법평가가 선행되어야 한다. 또한 영리병원의 도입만을 유일한 방안으로 보기보다는 외국인의 진료가 가능한 비영리 국제병원 등의 정책적·입법적 대안이 다각적으로 검토되어야 한다. 영리병원 도입만이 유일한 방안이라는 발상보다는 보다 유연하고 민주적이고 합리적인 대안도출을 고려하는 것이 바람직하다.

| CHAPTER 04 _ 참고문헌 |

권용진, 영리법인 의료기관 개설권 문제에 관한 소고, 법학연구, 제20권 제3호, 연세대 법학연구원, 2010.

김철신, 영리병원도입 정책의 추진경과, 대한치과의사협회지, 제49집 제9호, 2011.

박형근, 제주 내국인 영리법인병원 허용, 무엇이 문제인가?, 복지동향, 2008. 7.

백경희, 현행법상 의료법인의 비영리성과 문제점, 의료법학, 제8권 제2호, 대한의료법학회, 2007. 12.

안영창, 병원의 소유구조에 관한 연구, 법과 정책연구, 한국법정책학회, 제3집 제2호,

2003.
이경남/이훈희/이동숙, 영리법인병원에 대한 변호사들의 인식유형분석, 사회보장연구, 제26권 제3호, 2010. 8.
이상이, 제주특별자치도 내국인 영리법인 병원문제에 관한 검토, 한국 의료법학회 학술대회, 2012.
이재원, 투자개방형 의료법인 도입에 관한 정책변동연구, 한국외국어대학교 박사학위청구논문, 2011. 8.
임금자 외, 영리의료법인에 대한 검토와 대안모색, 의료정책연구소, 2010. 12.
임 준, 송도경제자유구역 영리병원 추진 문제, 황해문화, 2011, 겨울.
국회 보건복지가족위원회, 경제자유구역의 외국 의료기관 등 설립·운영에 관한 특별법안 검토보고, 2009. 2.
보건복지가족부/기획재정부, 투자개방형 의료법인 도입필요성 연구 용역결과 발표, 2009.
한국보건산업진흥원, 투자개방형 의료법인 도입 필요성 연구, 2009.
현대경제연구원, 투자개방형 의료법인의 경제적 효과, 2011. 9.

CHAPTER

05 미국의 아동대상 성범죄 관련 법률에 대한 입법론적 검토

출처: 세계헌법연구 제16권 제3호,

미국에서 아동대상 성범죄가 본격적으로 사회문제화 되기 시작한 1990년대 이후 국가에 부여된 정책적 우선순위는 아동성범죄로부터 아동을 보호하는 것이었을 정도로, 아동대상 성범죄대책은 연방과 주의 입법정책 중에서 높은 우선순위를 차지하고 있다. 워싱턴주는 주차원에서는 최초로 1990년에 성범죄자에 대한 관리, 감독 및 치료를 규정한 종합적인 법률인 「공동체보호법」을 만들었고, 1994년에 연방의회는 「웨터링 아동 및 성범죄자 등록법」을 입법하였다. 뉴저지주는 1994년에 「메건법」을 제정하였고, 1996년에 연방의회는 「연방 메건법」을 입법하였다. 2005년에 플로리다주에서는 「제시카 런스포드법」이 주법으로 입법되었으며, 다른 주들도 이와 유사한 내용의 입법을 하였다. 이후 2006년에 연방의회는 「아담 월시 아동보호 및 안전법」을 입법하였는데, 이는 성범죄자의 감시와 관리에 관한 가장 종합적인 법률의 하나로서 평가된다. 미국의 성범죄 예방 및 재발방지를 위한 법률이 내용으로 하는 주요 정책수단으로는 성범죄자 등록 및 공개, 민사적 감금치료, 접근제한, 전자감시, 형량강화, 주거제한, 성폭력범에 대한 강제적 화학적 거세, 강제적인 후천성면역결핍증 검사 등이 있다. 이러한 성범죄대책을 위한 정책수단 중에는 성범죄자의 등록과 공개를 주 내용으로 하는 인텐시브한 지역사회의 감시가 가장 폭넓은 지지를 받고 있다.

제1절 머리말

2000년 이후 아동 대상 성범죄 사건 중 언론에 크게 보도된 사건은 2001년 성폭행목적으로 납치한 4세 여아를 토막살해한 최인구 사건, 2006년 11세 혜진이와 9세 예슬이를 납치 살해한 정성현 사건, 2006년 용산에서 발생한 11세 허모양 납치·살인 사건, 2007년 제주도 양모양 살인사건, 2008년 12월에 8세 여아를 성폭행한 조두순 사건, 2010년 2월 부산에서 집에 있는 여학생을 납치 · 성폭행 후 살해한 김길태 사건, 2010년 6월 초등학교 교내에서 초등학교 2학년생 여아를 납치 · 성폭행한 김수철 사건, 2010년 장안동에서의 초등학교 1년생 여아의 성폭행 사건 등 거리에서는 물론이고 가정과 학교에서 조차도 안심할 수 없을 정도로 아동을 대상으로 하는 성범죄가 횡행하였다. 모든 유형과 대상의 성범죄는 잔인하고 고통스러운 것이지만, 특히 아동을 대상으로 하는 성범죄는 사회적 충격과 함께 공분을 일으켰으며,[1] 이러한 범죄에 효과적으로 대처하기 위한 법률의 미비 등 입법정책의 문제점과 개선방안이 논의되었다. 미국에서 아동대상 성범죄가 본격적으로 사회문제화 되기 시작한 1990년대와 아동대상 성범죄 관련 입법에도 불구하고 미국 전역을 떠들썩하게 한 성범죄가 종종 발생한 2000년대에 정치가에게 부여된 정책적 우선순위는 아동성범죄로부터 아동을 보호하는 것[2]이었을 정도로, 아동대상 성범죄대책은 미국에서 논란이 많이 되는[3] 정책사안이요, 연방과 주의 입법정책 중에서 높은 우선순위를 차지하고 있

1 미국의 경우에도 성인의 성범행로부터 자신을 방어할 수 없고 타인의 의도를 판단할 능력이 부족한 아동 및 청소년에 대한 성범죄는 특별한 사회적 관심을 불러일으켰다. 이러한 사회적 관심은 아동성범죄자에 대한 형량을 강화하거나, 성범죄자 등록 및 고지제도를 통하여 주민들에게 경고를 하는 제도 및 석방후 재범방지를 위한 여러 가지 제도를 내용으로 하는 입법을 하는 등의 결과를 낳았다. Franklin E. Zimring, An american travesty, University of Chicago Press, 2004, p.26.

2 Jill Levenson, Sex offender risidence restrictions, in : Richard G. Wright(edit.), Sex Offender Laws –failed policies, new directions, Springer publishing company, 2009, p.268.

3 이 문제는 사회적, 윤리적, 법적인 딜레마를 안고 있기도 하다. 앞으로 서술되는 성범죄 근절을 위한 각각의 정책수단은 정책의 당부에 관한 찬반논쟁도 심하지만, 해당 법률의 위헌

었다. 우리나라에서도, 아동을 대상으로 하는 충격적인 성범죄 사건이 종종 발생한 미국의 경우를 참조하여 성범죄대책 관련 법률이 입법되기도 하였지만, 아동을 대상으로 하는 잔인한 성범죄는 계속되고 있다. 이제는 입법론적으로 이러한 법률들이 아동과 청소년을 대상으로 하는 성범죄의 발생을 억제하고 성범죄를 치료 및 교화하는 데 적절한 것인가라는 의문을 제기해 보고, 우리가 참조하는 미국의 법률들은 어떠한 성범죄 억제효과나 부작용 등의 문제점을 지니고 있는지에 대한 검토가 필요하다고 본다.

제2절 미국의 성범죄 관련 입법의 발전사

인간의 성행동에 관한 입법경향이라고 하는 큰 맥락에서 본다면, 1980년대 이후 20년동안 미국에서는 음란물(pornography)과 동성애(sodomy)를 비범죄화하고 아동대상 성범죄를 포함한 성폭력행위에 대한 처벌 및 치료 등을 강화하는 입법에 중점을 두는 입법경향을 보였다.[4] 그러나 이미 1930년대 후반에서 1950년대에 이르기까지 많은 주에서 「성적 싸이코패스법」(sex psychopath laws)이 입법[5]되기도 했을 정도로, 미국에서도 성범죄자에 대한 처벌을 중심으로 하는 입법사는 오래된다. 본격적으로 아동 성범죄자에 대한 입법이 시작된 시기는 1990년대인데, 워싱턴주는 주차원에서는 최초로 1990년에 성범죄자에 대한 관리, 감독 및 치료를 규정한 종합적인 법률인 「공동체보호법」(Community Protection Act 0f 1990)을 만들었다.[6] 이러한 법률을 만들게 된 계기가 된 사건은 3명의 소년을 성

여부에 관한 다툼도 끊이지를 않는 사안이다. David L. Hudson, Sentencing sex offenders, Chelsea House Publishers, 2009, p.10.

4 Franklin E. Zimring, An american travesty, University of Chicago Press, 2004, p.32.

5 Donal E. J. MacNamara / Edward Sagarin, Sex, Crime and the Law, Free Press, 1977, p.218.

6 이 법률은 성범죄자들이 출소 후에 민사적 감금치료(civil commitment)를 받도록 규정하는 최초의 법률이기도 하다. Andrew J. Harris, Civil commitment of sexual predators, LFB Scholarly Publishing, 2005, p.135.

폭행하고 살해한 두드(Wesley Allan Dudd)와 7세 소년을 성폭행하고 살해한 슈라이너(Earl Shriner) 사건이었다. 이 법률은 성폭행범이 석방되는 경우 시민들에게 성폭행범의 신상을 공개하도록 허용하는 내용을 지닌 법률로서, 성폭행범의 등록과 공개에 관한 첫 법률로 기록되고 있다.[7] 워싱턴주의 이 법률은 다른 주와 연방에 영향을 미쳐, 다른 주와 연방이 성범죄자 등록 및 공개법 등을 입법하는 계기가 되었다.[8] 1994년에 연방의회는 「아동 및 성범죄자 등록법」(Jacob Wetterling Crimes Against Children and Sexuality Violent Offender Registlation Act: 약칭 Wetterling Act)을 입법하였는데, 이는 1989년에 미네소타에서 납치 · 실종된 웨터링(Jacob Wetterling)사건을 계기로 하여 만들어진 법률이다. 이 법률에 의해서 각 주는 아동에 대한 성범죄 등으로 유죄가 선고된 성범죄자를 등록하는 법률을 만들도록 의무화하고 있다. 이 법률은 「연방폭력범죄통제 및 집행법」(Violent Crime Control and Law Enforcement Act of 1994)의 일부로 「연방법전」(US Code Title 42 Chapter 151)에 편제되었는데, 「웨터링법」은 우리에게도 유명한 메건사건을 계기로 하여 개정되었다. 즉, 1994년 7월 29일에 뉴저지주에 사는 7세의 메건(Megan Kanka)이 길건너에 사는 상습적 아동성폭행범인 티멘데콰스(Jesse Timmendequas)에 의히여 범인의 집으로 유인되어 강간 · 살해된 사건이다.[9] 메건의 부모 등은 아동성범죄의 전력이 두 번이나 되는 상습적인 아동 성범죄자가 주민들이 모르는 채로 한동네에 살고 있었다는데 분노했고, 이로 인히여 임의적인 성범죄자등록을 내용으로 하는 「웨터링법」은 성범죄자로부터 시민들을 지키는데 충분치 않

7 Karen J. Terry/Alissa R. Ackerman, A Brief History of Major Sex Offender Laws, in : Richard G. Wright(edit.), Sex Offender Laws −failed policies, new directions, Springer publishing company, 2009, p.76.

8 워싱턴주의 동 법률은 충분한 고려와 준비없이 시행되었기 때문에, 성범죄자 치료인력의 비전문성, 치료에 대한 평가시스템의 부재, 치료대상자와 치료자간의 신뢰결여, 치료비용과 치료효과간의 연계결여, 법률의 집행을 위한 예산부족 등이 문제로 지적되었다. Terrence W. Campbell, Assessing Sex Offenders, Charles C Thomas Publisher, 2007, p.29.

9 메건 사건이 일어나기 한해 전인 1993년에도 12세인 폴리 클라스(Polly Klaas)가 캘리포니아의 자기 집 침실에서 납치되어 성폭행 당한 후 살해되었다. 메건사건과 폴리사건 모두 상습적인 성폭행범이 저지른 범죄였으며, 피해자의 부모들의 입법로비 등 노력에 의하여 일명 '메건법'이 입법되었다. 두 사건 모두 피해자가 가정에서 납치되었다는 공통점이 있다. 메건법의 입법에는 이 두 사건이 큰 영향을 주었다.

다는 것을 알게 되었으며, 의무적인 성범죄자 등록을 내용으로 하는 「메건법」(Megan's Law)을 입법하게 된다. 이로 인하여 메건의 사망 후 89일만에 뉴저지주는 「메건법」을 시행하게 되었고, 이후 2년도 되지 않은 1996년 5월 17일에는 「메건법」을 각 주마다 입법하도록 의무화하는 「메건법」의 연방법 버전인 「연방 메건법」이 입법되었다. 「연방 메건법」은 아동대상 성범죄자의 등록과 공개(Registration and Community Notification Laws; 약칭 RCNL)에 관한 사항을 규정하고 있다. 「연방 메건법」은 각 주마다 1997년말까지 아동성범죄자의 등록과 공개에 관한 사항을 입법하도록 하였는데, 이러한 입법이 이행되지 않으면 주에 주어지는 연방재정자금을 삭감토록 하였다. 메건사건 이전에는 5개 주에만 성범죄자 등록 및 공개에 관한 법률이 있었지만, 이후에는 1996년 8월 5일 메사추세츠주가 50번째로 「성범죄자등록 및 공개법」을 입법함으로써 미국의 모든 주가 성범죄자 등록 및 공개에 관한 법률을 제정·시행하게 되었다.[10] 성범죄자의 등록 및 공개에 관한 각 주의 법률은 주마다 약간 차이가 있는데, 등록기간(10년에서 종신, 15년에서 종신, 20년에서 종신, 25년에서 종신, 오직 종신), 성폭행범의 DNA정보채취 여부, 소년범의 등록 여부, 노숙자에 대한 특별규정 여부, 주거제한 및 아동밀집지역 접근금지 거리 등에서 차이를 보이고 있다. 이러한 주법률의 차이를 통일화시키고 성범죄자의 추적 및 확인을 가능하게 하기 위한 법률이 1996년에 만들어진 「성범죄자 추적 및 확인법」(Pam Lychner Sexual Offender Tracking and Identification Act of 1996, 약칭 Pam Lychner Act)이다.[11] 2000년에 연방의회는 「연방폭력범죄통제 및 집행법」을 다시 개정하여 등록된 성범죄자는 고등교육기관과 고용주에게 자

10 메건의 부모는 성범죄자로부터 아동을 보호하기 위한 법률의 제정 운동과 함께 아동보호를 위한 사이트도 운영하고 있다. 사이트의 첫머리에는 "모든 부모는 성범죄자가 이웃으로 이사오는 것을 알 권리가 있다"라는 '권리선언'으로 시작하고 있다. www.megannicolekankafoundation.org 이는 성범죄자 등록 및 고지 관련 법률의 기본적인 입법취지이다.

11 이 법률은 전술한 Jacob Wetterling Act를 개정하는 법률로서, 텍사스 휴스턴의 부동산중개사였던 성범죄 피해자이고, 성범죄 피해 이후 성범죄자에 대한 강력한 처벌을 내용으로 하는 법률의 입법을 로비했던 Pam Lychner의 이름을 따서 만들었다. 이 법률의 입법을 통하여 FBI에 전국적인 아동을 대상으로 하는 범죄 및 성범죄자의 DB가 만들어졌다. 이를 통해 성범죄자들이 자주 다른 주로 이주하여 추적을 피하였기 때문에 발생하였던 문제점이 많이 해소되었다.

신의 성범죄전력을 알리도록 규정하였다.[12] 플로리다에 사는 9세의 제시카 런스포드가 상습적 성폭행범에 의하여 유괴·강간·살해된 이후에 그 이름을 딴「제시카 런스포드법」(Jessica Lunsford Act)이 주법으로 2005년에 입법되었으며, 다른 주도 대부분 유사한 내용의 입법을 하도록 영향을 주었다.[13] 이 법률은 성폭행범에 대한 신고를 의무화하고 위반시 벌금형을 부과하고, 18세 이상의 자가 12세 미만의 아동에게 성폭행을 범하면 최소 무기징역형을 선고하도록 하고, 모든 2회 이상의 성범죄자에게는 종신토록 전자추적장치를 부착하도록 하여 학교나 어린이집 등 아동들이 많이 모이거나 다니는 곳에의 접근을 금지하고, 성폭행범의 지문을 채취하여 관리토록 하는 내용을 담고 있다. 「아담 월시 아동보호 및 안전법」(Adam Walsh Child Protection and Safety Act)은 2006년에 입법되었는데, 성폭력범의 감시와 관리에 관한 가장 종합적인 법률의 하나로서 평가된다. 1994년 「웨터링법」이 입법된지 12년만에 성범죄대책을 위한 종합적인 법률이 만들어진 것으로 평가되고 있다. 이 법률은 성범죄자의 등록과 공개, 민사적 감금치료, 아동포르노예방, 인터넷안전 등의 내용을 담고 있으며, 특히 연방차원의 전국적인 성범죄자 DB관리와 DNA정보 보유 등을 통해 성범죄의 추적과 예방을 도모하고 있다. 이러한 미국의 성범죄 예방 및 재발방지를 위한 법률이 내용으로 하는 5대 주요 정책수단으로는 성범죄자 등록(Sex Offender Registration), 지역사회 고지(Community Notification), 민사적 감금치료[14](Civil Commitment), 접근제한(Proximity Restrictions), 전자감시(GPS Monitoring)를 들고 있다. 2009년을 기준으로 미국연방에 속하는 15개 주는 이 5개의 정책수단을 모두 입법하고 있으며, 나머지 주들도 이러한 법률을 정비할 것으로 보인다. 주거제한과 전자감시가 최근 성범죄자 관련 법률과 정책의 최근 경향이며 대표적인 제도이다. 연구결과에 따르면 미국에서의 성범죄대책을 위한 정책수단 중에는 성범죄자의 등록과

12 The Campus Sex Crimes Prevention Act of 2000

13 메건법의 경우는 연방법이 입법되면서 각주에 입법을 요구하였는데, 제시카법의 경우에는 연방법이 이러한 내용의 법률을 입법하기 전에, 각 주 스스로 제시카법과 같은 강도 높은 내용의 유사한 법률을 입법하였다.

14 민사적 감금제재(표창원, 아동성범죄 방지를 위한 형사정책적 대안모색, 형사정책, 한국형사정책학회)라고도 번역된다.

공개를 주 내용으로 하는 인텐시브한 지역사회의 감시(community supervision)가 가장 폭넓은 지지를 받고 있다.[15] 이외에 형량강화, 주거제한(residence restriction), 성폭력범에 대한 강제적 화학적 거세(mandatory chemical castration of sex offender), 강제적인 후천성면역결핍증 검사(mandatory HIV testing) 등의 정책수단도 동원되고 있다.

제3절 성범죄자의 등록 및 공개에 관한 법률

미국에서는 성범죄를 포함한 일반범죄자의 등록에 관한 법률을 플로리다는 1937년, 캘리포니아는 1947년에 주법으로 입법을 하였고, 성범죄자를 대상으로 하는 등록에 관한 법률을 애리조나는 1951년에, 플로리다와 알라바마, 오하이오, 네바다 주는 1957년-1967년 사이에 주법으로 입법하였다.[16] 미국에서 성범죄자 등록 및 공개에 관한 입법은 오래된 전통을 지니고 있으며, 1980년대 이후 미국 전역을 떠들썩하게 한 성범죄가 자주 발생하자 이러한 성범죄자 등록에 관한 입법이 부활하게 된다. 1986년에 일리노이주는 「상습적 아동성범죄자 등록법」(The Habitual Child Sex Offender Registration Act)을 입법하였다. 이 법은 성범죄자로부터 아동을 보호하기 위한 입법목적을 지니고 있는데, 2회 이상 성범죄로 인하여 유죄판결을 받거나 18세 미만의 아동을 성추행한 자는 10년의 기간 동안 주소지 관할 법집행기관에 등록하도록 규정하고 있다. 1990년에는 법을 개정하여 아동과 성인을 모두 포함하는 성범죄로 등록대상 범죄를 확대하는

15 Michell L. Meloy/Shareda Coleman, GPS Monitoring of Sex Offenders, Sex Offender Laws -failed policies, new directions, Springer publishing company, 2009, p.252-259.

16 그러나 이러한 법률이 어떻게 적용되었고, 범죄자들의 행동에 어떠한 영향을 주었는지에 관해서는 거의 알려지지 않고 있다. Lisa L. Sample/Mary K. Evans, Sex Offender Registration and Community Notification, Sex Offender Laws -failed policies, new directions, Springer publishing company, 2009, p.212.

한편, 폭행을 동반하지 않은 성범죄 및 인터넷을 통해 아동을 유혹하는 범죄에도 확대하였다. 전술한 바와 같이 이후에는, 1989년에 미네소타에서 납치·실종된 웨터링(Jacob Wetterling)사건을 계기로 하여 연방의회가 1994년에 「아동 및 성범죄자 등록법」(Jacob Wetterling Crimes Against Children and Sexuality Violent Offender Registlation Act: 약칭 Wetterling Act)을 입법하였다. 이 법률에 의해서 각 주는 아동에 대한 성범죄 등으로 유죄선고된 성범죄자를 등록하게 하는 법률을 만들도록 의무화하였다. 1996년에 연방의회가 「연방 메건법」을 입법하여 1994년의 「웨터링법」(Wetterling Act)의 내용을 개정하였는데, 이 법률개정으로 인하여 성범죄자가 등록한 내용을 대중들에게 공개할 수 있도록 하였다. 여기서 각 주의 입법권을 존중한 연방법의 입법태도이기는 하지만, 결과적으로는 입법상의 미비라고 할 수 있는 문제가 발생하였다. 「연방 메건법」은 각 주에 성범죄자의 등록 및 공개를 규정한 법률을 만들도록 하였지만, 어떠한 방법과 절차를 통해서 성범죄자를 공개하여야 하는지에 대해서는 규정하지 않았던 것이다. 이로 인하여 각주는 성범죄자의 공개방법을 신문, 통신문, 전화, 호별방문, 주민회의, 웹사이트 등으로 다양화하였고, 이러한 공개방법의 차이는 공교롭게도 이후에 연방헌법상 적법절차 위반 여부에 해당하는지에 관한 위헌 논란으로 이어지게 된다. 또한 각 주법마다 등록 내용과 공개 내용에 차이를 발생하게 하였는데, 주에 따라서는 사진, 주소, 범행내용, 전화번호, 사회보장번호, 직장정보 등에 관한 사항 등을 공개하도록 하고 있다. 대개의 주는 이러한 등록사항이 변경되면 이를 등록관청에 알리도록 하여 등록정보의 정확성을 유지하고 있다. 각 주마다 성범죄자 등록 및 공개에 관한 법률은 계속 수정되고 있고, 수정되어지는 법률의 내용은 계속적으로 위헌성 여부에 관한 헌법적 논란으로도 발전하고 있다. 「웨터링법」(Wetterling Act)은 또한 1996년에 「팜 리크너법」(Pam Lychner Act)에 의하여 개정되었으며, 이를 계기로 FBI에 전국 성범죄자 등록DB(National Sex Offender Registry; 약칭 NSOR)가 만들어졌다.[17] 전술한 바와 같이 '성범죄종합대책법'이라고 할 수 있는, 2006년에 연방법으로 입법된 「왈시법」(Walsch Act)의 1장

17 상세한 사항은 US Code Title 42 Chapter 136 §14072에 규정되어 있음.

은 「성범죄자의 등록 및 공개에 관한 법」(The Sex Offender Registration and Notification Act, 약칭 SORNA, US Code Title 42 Chapter 151 §16911)으로 구성되어 있다. 이 규정에 따르면 성범죄자는 교도소 출소 직전에 또는 징역형이 아닌 경우에는 선고 후 3일 이내에 성범죄자 등록부에 등록을 해야 한다. 성범죄자가 제공하여야 하는 등록 사항은 이름(가명이 있는 경우 이를 포함함), 사회보장번호, 주소(여러 개의 주소가 있는 경우는 주소 모두), 고용주와 주소, 학생인 경우에는 학교명, 자동차번호판 번호와 소유하고 있거나 운전하는 자동차에 관한 정보이다. 이에 더하여 관할 관청은 성범죄자 등록부에 성범죄자의 신체적 정보, 선고받은 범죄행위, 체포되고 선고된 날과 수감되고 출소한 날을 포함한 범죄전력, 최근 사진, 지문, 손바닥 지문, DNA샘플, 운전면허증이나 신분증 사본 및 검찰총장에 의하여 요구된 기타 사항에 관한 정보를 입력하여야 한다. 성범죄자가 이러한 정보제공을 하지 않은 경우에는 중범죄로 간주되어 벌금형이나 1년 이상의 징역형에 처해질 수 있다. 「왈시법」(Walsch Act)에 따르면 성범죄자는 3개의 등급으로 구분되어 관리되는데, 범죄의 경중에 따른 등급에 따라 성범죄자등록부에의 등록기간이 15년, 25년, 종신으로 구분된다.[18] 성범죄자의 공개는 연방법무성에서 통합관리하는 'Dru Sjodin[19] National Sex Offender Public Website' (http://www.nsopw.gov/Core/Conditions.aspx)를 통해 이루어진다. 각 주별로 등록 및 관리되고 있는 각 주의 성범죄자 공개 사이트(Public Registry Sites)와 연결[20]되어 있는데, 우리의 경우처럼 '성인인증' 등의 불필요하고 복잡한 절차없이 성범죄자를 검색할 수 있으며, 검색결과로는 성범죄자의 이름과 성별, 인종과 주소

18 Margaret C. Jasper, The law of violence against woman, Oxford University Press, 2007, p.45. 또한 등록된 성범죄자는 일정기간마다 보호관찰소에 출석하여야 한다. 즉, 등급에 따라 매 3개월, 6개월, 1년마다 출석하여야 하는 데, 보호관찰관은 필요에 따라 정해진 기간보다 자주 출석토록 요구할 수 있다. p.41.

19 2003년 당시 22세의 대학생이던 Dru Sjodin은, 노스 다코다(North Dakoda)에서 성범죄로 23년간 수감된 후 2003년 5월에 출감하여 성범죄대상자를 찾던 Alfonso Rodriguez에 의하여 성폭행당한 후 살해되었으며, 미국연방의 성범죄자 산원공개 사이트는 이 성범죄 피해자의 이름을 따서 명명되었다.

20 신상정보를 입력하는 주체는 연방이 아닌 각 주이기 때문에, 나타나는 신상정보에 대한 검색결과는 주별로 약간 차이가 있다. 연방법무성은 주별 신상정보 사이트를 연결 및 통합관리하고 있다.

등의 신상정보가 나타난다. 주별로 약간 다르기는 하지만, 성범죄자의 이름, 특정 주소로부터 1마일·2마일·3마일 이내에 거주하는 성범죄자, 군(county)의 성범죄자 또는 동일 우편번호 범위에서의 성범죄자를 검색조건으로 넣고 각각 검색할 수 있도록 되어 있다. 또한 관내의 학교를 검색하면 학교에 재학하고 있는 성범죄자의 신상정보가 나타난다. 성범죄자가 이사를 하거나 정보를 업데이트하면 법집행기관은 사회복지기관, 보이스카우트 등의 자원봉사단체, 학교 등 성범죄자 정보를 필요로 하는 곳에 통보하도록 규정하고 있다. 성범죄자 등록 및 공개제도의 성과에 대해서는 긍정론과 부정론이 엇갈리고 있다. 동 제도의 결과로 성범죄자의 재범율이 현저히 저하되었다는 조사결과가 있는 반면에, 동 제도의 시행으로 인하여 시민들이 보다 안전해졌다고는 평가할 수는 없고 동 제도는 범죄자와 그 가족들에게 고통과 굴욕감만 안겨주고 있다는 연구결과도 있다.[21]

제4절 성범죄자의 위치감시에 관한 법률

성범죄자는 물론이고 일반 범죄자에 대한 감시제도는 그것이 기존의 아나로그방식이던 최근의 디지털방식이던 간에 보호관찰(probation)과 관련되어 있다. 미국 보호관찰제도의 아버지라고 불리는 보스톤의 제화공 존 어거스터스(John Augustus)가 20여년 동안 수백명의 범죄자들에게 숙소과 일자리 등을 마련해주는 등 정상생활의 기틀을 마련해 준 성공적인 성과로 인하여, 메사추세츠주는 1859년에 보호관찰제도를 정식으로 도입하게 되었으며, 이는 전 연방으로 확대되었다. 가석방제도와 함께 보호관찰제도는 범죄인을 교도소에 수감하지 않고 사회내 처우를 통하여 교화의 목적을 달성하려는 것이고, 기존에는 거주

21 Sean Maddan, The Labeling of sex offenders, −The unintended consequences of the best intentioned public policies, University Press of America, 2008, p.82.

지 제한을 병과함으로써, 최근에는 GPS를 통한 전자감시를 병과함으로써 이루어진다. GPS를 통한 전자감시는 미국에서의 성범죄 관련 입법에 빠지지 않는 제도이다. 2007년 연방간 성인범죄자감시위원회(Interstate Commission for Adult Offender Supervision)의 최근 보고서에 따르면, 거의 모든 주가 GPS를 통한 전자감시제도를 운영하고 있다. 다만, 주거제한을 병과하는지 및 보호관찰소에 정기적인 출석의무를 병과하는지, 전자감시의 기간 등은 각 주별로 약간 다른 규정들을 두고 있다. 이에 더하여 2005년에 「제시카 런스포드법」은 성범죄자에게 종신토록 전자추적장치를 달고 다니는 것이 가능하도록 입법을 하기도 하였다. 재범의 가능성이 높은 경우에는 평생토록 GPS를 통한 지역사회의 감시 하에 있어야 한다는 의미이다. 전자감시제도는 전자발찌의 부착을 통하여 행해지고 있으며, 전자감시의 방식에는 3가지가 있는데, 능동식(active)과 수동식(passive), 혼합식(hybrid)이 있다. 능동식(active) 전자발찌는 24시간 실시간으로 착용자의 위치가 전자감시통제센터에 수신되며 접근금지지역에 다가가면 경보를 울리게 되고, 보호관찰관이나 경찰이 출동할 수 있도록 하는 시스템이다. 수동식(passive) 전자발찌는 착용자의 위치가 24시간 기록은 되지만, 귀가후 집에 장치된 기기에 연결하면 행적이 센터에 사후 전송되는 시스템이다. 혼합식(hybrid) 전자발찌는 평시에는 수동식으로 작동되지만, 접근금지지역에 진입하면 센터에 경보가 울리고 그때부터 능동식으로 작동되는 시스템이다. 전자감시제도에 들어가는 비용은 주나 지역마다 다르지만, 한 조사결과에 따르면 한 사람의 전자감시를 위하여 발생되는 하루의 비용은 능동식은 약 15$, 수동식은 약 13$이고, 다른 조사에 의하면 능동식은 약 8$, 수동식은 4$로 조사되고 있다. 테네시주에서는 전자감시를 받는 사람에게 매월 50$를 부담시키고 있으며, 전자감시를 위한 주의 재정부담은 주마다 다르기는 하지만 적지 않은 것으로 보고되고 있다. 비판자들은 전자감시제도가 비용만 많이 들면서 단지 성범죄자들의 위치만 알 수 있을 뿐이고 범죄예방과는 전혀 관계가 없다고 주장하고 있다. 그러나 옹호론자들은 전자감시제도에 드는 비용은 이들을 수감할 경우에 발생하는 비용(80$)보다는 훨씬 저렴하다는 반론을 펴고 있다.[22] 미국에서도 전자감시제도의 목적과 한계(Goals and limitations of GPS monitoring)가 종종 논의되고 있다. 전자감시제도의 주된 목적은 범죄자로부터 공공의 안전을 확보하는 일이며, 전자감시장치(전자발찌 등)는 성범죄자 스스로가 감시를 받고 있다는 생각 때문에 범죄를 단념하게 하는 효과가 있다고 인식되고 있다. '피해자와 접촉금지', '아동과 접촉금지'가 성범죄자에 대한 보호관찰처분이나 가석방의 조건이고, 전자감시장치는 이러한 조건을 잘 이행하고 있는지를 알 수 있는 장치이다. 전자감시장치를 운용하는 소프트웨어에 따라 피해자에게 접근하거나 초등학교 등 접근금지지역에 들어가는 경우에는 경보가 울리도록 할 수도 있다. 그러나 경보가 울리는 것을 실시간으로 확인하거나(active식) 접근금지지역에 들어간 것을 사후에 확인(passive식)하는 일은 보호관찰인의 임무인데, 여러 성범죄자를 하루 종일 관찰[23]하는 것에 대한 보호관찰인의 업무과다와 스트레스가 보고되고 있다. 또한 전자발찌는 성범죄자가 어디에 있는지는 확인할 수 있는 장치이지만 그가 무엇을 하는지는 확인할 수 없다는, 전자감시장치의 한계가 지적되기도 있다. 전자발찌의 오작동, 전자발찌의 의도적인 조작이나 변경, 위치신호의 실종 등이 종종 발생하는 문제이다. 따라서 전자발찌를 통한 전자감시제도는 전문성있고 이를 전담하는 인력의 양성이 필요하다는 점이 지적되기도 한다. 전자감시장치가 성범죄를 근절하는 역할을 제대로 하지 못한다고 하는 비판자들이 있다. 그들은 성범죄를 근절하기 위한 가장 효과적인 방법은 성범죄자를 종신토록 수감하거나 사형에 처하는 것이라고 주장하기도 하지만, 이러한 방법은 재정적, 법적, 윤리적 문제가 있기 때문[24]에 제도적 대안으로 선택될 가능성은 크지 않다. 미국에서조차 기본적으로 전자발찌를 통한 전자감시제도는 성범죄를 근절하는 마법도구가 아니라, 성범죄자를 감시하는 유용한 도구 정도로 인식하는 것이 필요하다는 평가[25]가 있다. 전자감시제도는 기존의 전통적이고 아나로그적인 (성)범죄

---

22 Michell L. Meloy/Shareda Coleman, Op. cit., p.249.

23 한밤중이나 새벽에 경보가 울리거나 보호관찰관이 가족과 외식을 하는 중에 경보가 울리는 사례가 적지 않게 보고되고, 보호관찰관이 휴가를 가거나 친지 등을 방문하는 일도 꺼리게 되며, 주말도 즐길 수 없을 정도의 업무로 인한 긴장이 있다고 한다.

24 Michell L. Meloy/Shareda Coleman, Op. cit., p.247.

25 Ibid., p.250.

자감시를 첨단기술을 이용하여 한다는 점에서 유용하지만, 다른 성범죄자 근절대책을 위한 정책수단과 병행하여 사용하여야 효과적이고 경제적인 정책수단이 될 수 있다는 것이다.

제5절 성범죄자의 화학적 거세에 관한 법률

역사적으로 따지자면, 성범죄자에 대한 거세는 최근의 경향만은 아니다. 고대 로마의 '눈에는 눈'이라고 하는 동해보복(同害報復)식 제재를 대표하는 탈리오법(lex talionis)에 따르면, 강간죄에 대한 형벌로서 강간자를 거세하였다. 영국 식민지시대의 미국에서는 흑인노예가 백인여성을 강간하거나 백인여성과 성관계를 갖기만 해도 거세되었다고 전해진다. 1800년도 후반에는 인디애나주에서 성욕을 억제하기 위한 방법으로 죄수들을 거세하는 수술이 행해지기도 하였으며, 인디애나주는 이를 허용하는 법률을 만들기도 하였다. 1929년에 덴마크에서는 성범죄자에 대하여 물리적인 거세를 허용하는 최초의 법률이 통과되었으며, 이는 1972년까지 시행되었다. 거세를 당한 성범죄자의 재범율이 현저히 낮아지게 되자, 많은 유럽국가에서는 이러한 제도를 도입하였다. 그러나 2차대전 이후에는 인간존엄에 대한 반성 및 인도적인 이유에서 거세제도는 폐지되었다. 거세(castration)의 유형에는 외과적 거세(surgical castration)[26]와 화학적 거세(chemical castrztion)의 두 가지 유형이 입법되어 있으나, 대개 논의되는 방법은 성욕을 억제하는 약물을 정기적으로 투약하는 화학적 거세이다. 화학적 거세를 내용으로 하는 입법은 미래에 발생할지 모르는 성범죄를 억제하는 것에 입법목

---

26 외과적 거세(surgical castration)는 화학적 거세와 마찬가지로 테스토스테론(testosterone)의 감소이다. 외과적 거세는 테스토스테론을 생성하는 고환을 제거하는 고환적출술(orchiectomy)을 포함할 수도 있는데, 화학적 거세는 정기적인 약물투입이 중단되면 테스토스테론 생성이 정상화되는 가역적(reversible)인 것에 비하여, 외과적 거세는 비가역적(irreversible)이라는 차이가 있다.

표를 두고 있다. 1996년 9월 17일에 캘리포니아 주는 석방되는 성범죄자에게 화학적 거세방법의 사용을 허용하는 법률을 만든 최초의 주가 되었다. 입법 당시 위헌논란이 뜨거웠지만, 이후 적어도 8개 주에서 화학적 거세를 내용으로 하는 후속입법을 이행하였다. 최근인 2008년에 루지애나주는 화학적 거세를 내용으로 하는 법률을 공포·시행하였다. 성범죄자의 거세를 허용하는 법률을 입법한 9개 주의 법률은 구체적인 내용에서 동일하지 않다. 첫째로, 화학적 거세만을 허용하는지 외과적 거세도 허용하는지에 관해서 다르다. 거세를 허용하는 법률을 입법한 9개 주 중에서 조지아, 몬태나, 오리건, 위스컨신의 4개 주는 화학적 거세만을 허용하고 있으나, 캘리포니아, 플로리다, 아이오와, 루지애나의 4개 주는 화학적 거세와 함께 본인이 원하는 경우 외과적 거세도 규정하고 있으며, 텍사스 주는 본인이 원하는 경우 외과적 거세를 할 수 있도록[27] 하는 규정만을 두고 있다. 둘째로, 거세의 대상자를 아동 성범죄자만을 대상으로 하는지 아니면 모든 성범죄자를 대상으로 하는지에 대해서 다르다. 즉, 5개 주에서는 피해자의 나이가 일정 연령 이하일 경우에 대해서만 거세를 허용하고 있다. 그러나 루이지애나와 몬태나주에서는 피해자의 나이와는 상관없이 상습적인 성범죄자에게 거세를 허용하고 있다. 플로리다와 오리건 주에서는 피해자의 나이와 상관없이 그리고 초범일지라도 성범죄자에게는 거세를 허용하고 있다. 셋째로, 거세가 재량적인지 강제적인지, 자발적인지의 여부에 대해서도 각 주의 입법내용은 다르다. 루이지애나와 오리건주는 성범죄 초범에게도 화학적 거세를 할 수 있도록 규정하고 있고, 5개 주에서는 지정된 상습적 성범죄자에게 화학적 거세를 하도록 규정되어 있다. 3개 주에서는 화학적 거세가 필요한지를 법원의 재량으로 결정하도록 하고 있다. 텍사스 주는 외과적 거세에 대하여 오직 성범죄자의 자발적 동의를 요구하고 있다. 넷째로, 거세 및 거세결과를 모니터하는 비용을 누가 부담하는지에 대하여 차이가 있다. 네 개의 주는 주가 비용을 부담하고 네 개의 주는 성범죄가가 일부 또는 전부를 부담하도록 하고, 위스컨신 주는 비용부담

27 다른 주와 달리, 텍사스 주는 외과적 거세만을 규정하고 있으며, 화학적 거세는 규정하고 있지 않다.

에 관한 규정을 두고 있지 않다. 다섯째, 화학적 거세 명령에 대한 위반의 경우에 관한 규정이 어떠한지의 여부이다. 적어도 4개의 주는 화학적 거세치료 거부 등 명령위반을 하는 경우에는 보호관찰의 취소(루지애나주)에서부터 최고 100년의 징역형(몬테나주)까지 규정하고 있다. 오리건 주는 유일하게, 화학적 거세의 효과를 무력화하는 약물을 사용하는 자에게 가석방 조건을 위반하는 것이라는 내용의 규정을 두고 있다. 화학적 거세는 성범죄자에게 일시적이고 가역적인 성교불능 상태를 유지하게 해주는 것이다. 화학적 거세의 효과로서는 성욕, 성행위능력, 발기회수, 정자수, 자위빈도가 감소한 것으로 나타났다.[28] 화학적 거세를 위한 약물로는 MPA(Medroxyprogesterone acetate)가 가장 많이 사용되며, CPA(Cyproterone acetate)는 1970년대에 유럽과 캐나다에서 사용되었으나 미국에서는 사용되지 않고 있다. 미국에서는 입법을 통하여 화학적 거세를 위한 법적 근거는 마련하였지만, 아직도 화학적 거세에 필요한 효과, 부작용, 인권침해, 비용 등에 관한 논란이 계속되고 있다. 입법만 되었을 뿐, 실제로 시행되지 않는 주도 있다. 화학적 거세에 비판적인 논자들은 이는 정치적인 해법일 뿐이지, 성범죄 근절의 효과가 나타날 수 있는 과학적인 해법은 아니라고 주장한다.[29]

제6절 성범죄의 근절에 관한 기타 제도와 법률

1. 성범죄자의 주거제한(Residence Restriction)에 관한 법률은 1995년 플로리다가 미국에서는 처음으로 입법하였다. 1995년 이후로 적어도 2004년까지 15개

---

28 Charles Scott / Elena del Busto, Chemical and surgical Castration, in : Richard G. Wright(edit.), Sex Offender Laws –failed policies, new directions, Springer publishing company, 2009, p.299; Craissati, J., Managing high risk sex offenders in the community; A psychological approach, Routledge, 2004; Donovan B. T., Hormons and human behavior, Cambridge University Press, 1984.

29 Charles Scott / Elena del Busto, Op. cit., p.292.

의 주에서 유사한 입법을 하였고, 이후로 총 30여개의 주가 주거제한에 관한 법률을 입법하였다. 그리고 많은 지방자치단체(cities, towns, counties)가 조례를 통하여 주거제한에 관한 규정을 두고 있기 때문에, 주거제한에 관한 연방법, 주법, 조례 등을 일견하기는 쉽지 않다.[30] 지방자치단체들에게는 주거제한입법을 하지 않을 경우, 성범죄자들이 몰려드는 지역이 되지 않을까 하는 우려가 있었고, 이러한 우려가 미전역의 지방자치단체에 관련 조례를 입법케 하는 이유가 되기도 하였다(성범죄입법 도미노 효과). 성범죄자의 주거제한은 대개 학교, 공원, 놀이터, 탁아소, 버스정류장 및 기타 아동이 다니는 장소[31]로부터 500피트에서 2,500피트 이내의 장소에는 성범죄가가 거주하지 못하도록 하는 정책이다. 아이오와나 조지아, 캘리포니아 주 등에서는 주거제한과 관련한 입법이 소급입법금지원칙이나 재산권 등의 권리를 침해하는 위헌적인 법률인지에 대하여 논란이 있었다.[32] 실무적으로는 예를 들어 조지아 주에서는 2006년의 입법으로 15,000명의 성범죄자가 이사를 하여야 했고, 캘리포니아에서도 2006년의 입법으로 100,000명의 성범죄자가 이사를 하여야[33] 하는 것으로 추산되었기 때문에 법률의 시간적 적용범위를 한정하였다. 성범죄자의 주거제한법은 위헌론, 실효성[34] 문제를 비롯하여 부작용도 보고되었다. 캘리포니아 주 등에서 소급적용을 하지 않게 되니, 법률 시행 이전의 성범죄자는 주거제한 지역 내에 그대로 거주하는

30 2008년까지 플로리다 주에서만 133개 지방자치단체 조례가 통과되었다.

31 일부 주에서는 상점가, 놀이시설, 영화관, 청소년체육시설, 동학버스정류장, 노서관 등의 근처도 주거제한 시설로 규정하고 있다.

32 Jill Levenson, Op. cit., p.269. 아이오와 주에서 2002년에 입법한 주거제한 법률은 지방법원에서 위헌으로 판결(Doe v. Miller and White, 2004)되었으나, 순회항소법원(Doe v. Miller, 2005)과 주 대법원(State v. Seering, 2005)에서는 합헌인 법률로 판결된바 있다.

33 이러한 문제의 발생으로 캘리포니아 주에서는 이 법률을 소급하여 적용하지 않고, 장차 발생하는 성범죄자에게만 적용하기로 하였다.

34 주거제한을 적용받는 한 성범죄자는, 한 주일에 한 번 모이는 주일학교가 열리는 교회와 880피트의 거리에 있기 때문에 거주지를 옮기라는 통보를 받고 갈 곳이 없어서 모텔에 들어갔는데, 바로 옆방에는 아이들이 3명인 가족이 머물고 있었다며, 이러한 상황이 주거제한제도의 현실이며 문제점이라고 한다. 다른 한 성범죄자는 주거제한법률은 입법목적은 달성하지 못하고 사람들에게 안전하다는 환상만 주는 것이라고 평가하였다. Larra J. Zilney/Lisa Anne Zilney, Reconsidering sex crimes and offenders – Prosecution or persecution, Abc Clio, 2009, p.129.

결과가 되어 법률의 실효성 문제가 제기되었고, 새로운 주거를 얻지 못한 성범죄자들은 노숙자가 되었기 때문에 이들에 대한 위치추적 등이 이전보다 더욱 어려워지는 문제가 발생하였다.

2. 민사적 감금치료(civil commitment)는 정신이상, 성격장애 및 기타 공격성이 강하다고 평가되는 성폭행범(sexually violent predators)을 정신치료시설에 감금하여 치료하도록 하는 것이다. 이는 징역형 등 형벌을 대체하는 것이 아니라, 형벌로도 해소되지 않는 성폭행의 재범가능성을 예방하기 위한 보안처분의 일종으로서 미국의 일부 주에서 입법되어 시행중인 제도이다. 2006년의 통계에 따르면 4,534명의 성폭행범이 감금치료시설에 수용 중이다. 이 법률은 재범의 가능성 여부의 정확성, 고비용,[35] 제도의 효과[36] 등의 면에서 논란이 많다.

3. 전술한 바와 같이 미국 연방의회는 1994년에 「아동 및 성범죄자 등록법」(Jacob Wetterling Crimes Against Children and Sexuality Violent Offender Registlation Act: 약칭 Wetterling Act)을 입법하였다. 이 법률의 주요 내용은 아동에 대한 성범죄 등으로 유죄선고된 성범죄자의 등록제도지만, 이 외에도 모든 주는 아동을 대상으로 하는 성범죄는 물론이고 성인을 대상으로 하는 성범죄자의 DNA를 성범죄자 등록제도에 적용할 수 있도록 하였다.

4. 성범죄자에 대한 처벌의 강화를 들 수 있다. 전술한 플로리다주의 제시

35 죄수 한 사람을 수감하는 데 드는 비용이 연평균 26,000달러이고, 감금치료를 시행하는 데 드는 비용은 연평균94,000달러라고 한다. Karen J. Terry/Alissa R. Ackerman, Op. cit., p.87.

36 민사적 감금치료에 관한 법률은 사회를 안전하게 할 뿐만 아니라 성범죄자에게도 성공적인 치료를 위한 중요한 진전이라는 긍정적인 평가가 있다. Ted Shaw/Jamie R. Funderburk, Civil commitment:of sex offenders as therapeutic jurisprudence : A Rational approach to community protection, in : Anita Schlank/Fred Cohen(edit.), The sexual predator, Civic Research Institute, 1999, p.5－7. 반면에, 민사적 감금치료가 성범죄자의 재범율을 감소시키는지에 관해서는 견해가 일치되지 않으며, 보다 성공적이며 비용 대비 효과적인 방법은 없는가 라는 의문도 제기되고 있다. Nathan James/Kenneth R. Thomas/Cassandra Foley, Civil commitment of sexually dangerous persons, nova publischers, 2008, p.38.

카법은 기존 법정형의 두 배에 이르는 징역형을 선고할 수 있도록 법규정을 개정한 바 있다. 2006년 사우스 다코다주에서는 11세 미만의 아동을 강간한 범죄로 두 번의 유죄판결을 받은 자에게는 사형을 선고할 수 있도록 하는 법률을 입법하였고, 같은 해 사우스 캐롤라이나 주에서도 14세 미만의 아동에 대한 성범죄로 재차 기소가 된 자에게는 사형을 선고할 수 있도록 하는 법률을 입법하였다.[37]

제 7 절 미국의 성범죄 관련 입법 경험이 우리에게 주는 입법적 시사점

1. 한국의 아동 성범죄 관련 입법

전술한 바와 같이 우리나라에서는 최근 범행대상을 불문하고 많은 성범죄가 발생하고 있으며, 특히 아동을 대상으로 하는 성범죄가 빈번하게 발생하고 있다. 그간 성범죄 특히 아동대상 성범죄의 근절을 위한 입법이 이루어졌으며, 이는 몇 개의 법률에 산재하여 있다. 아동성범죄 대책관련 입법으로 설명되는 법률은 일명 '성범죄자 신인공개법'(「아동·청소년의 성보호에 관한 법률」) '전자발찌법'(「특정 범죄자에 대한 위치추적 전자장치 부착 등에 관한 법률」), '화학적 거세법'(「성폭력범죄자의 성충동 약물치료에 관한 법률」)의 3개 법률이다. 이들 3개 법률이 아동대상 성범죄와 관련된 주된 입법이기는 하지만, 이외에도 아동대상 범죄가 발생하는 경우를 대비하여 폐쇄회로 텔레비전(CCTV) 설치의 근거를 마련한 법률(「아동복지법」)[38]과 범죄자의 유전정보(DNA)를 수집하기 위한 법적 근거

37 Marci A. Hamilton, Justice denied – What america must do to protect its children, Cambridge University Press, 2008, p.24.

38 2008년 6월 13일에는 아동복지법에 제9조의2를 신설하여 학교 등 아동보호구역에 폐쇄회로 텔레비전을 설치할 수 있는 법적 근거를 마련하여, 2009년 6월 14일부터 시행하고 있다. 즉, "국가와 지방자치단체는 유괴 등 범죄의 위험으로부터 아동을 보호하기 위하여 필요하다고 인정하는 때에는 다음 각 호의 어느 하나에 해당되는 시설의 주변구역을 아

를 마련한 법률(「디엔에이 신원확인정보의 이용 및 보호에 관한 법률」)[39]도 있다. 이들 2개 법률은 성범죄자의 수사를 용이하게 하고 증거를 확보하기 위한 목적이 있기도 하지만, 이를 통하여 성범죄를 예방하기 위한 수단으로도 작용할 수 있다. 또한 「치료감호법」을 개정하여 소아기호증 등을 지닌 성범죄자의 강화된 치료감호를 위한 법적 근거를 마련하였다. 이외에도 기존의 「성폭력범죄의 처벌 및 피해자보호 등에 관한 법률」에서 성폭력범죄의 처벌에 관한 사항을 분리하여 「성폭력범죄의 처벌 등에 관한 특례법」을 제정하였다.

2. 신상공개 관련 입법

현행 성범죄자의 등록 및 신상공개제도는 「아동·청소년의 성보호에 관한 법률」에 법적 근거를 두고 있다. 이 제도는 입법시부터 위헌성 여부에 대해 논란이 있었으며, 헌법재판소에 위헌법률심판이 제기되기도 하였으나, 헌법재판소는 신상정보제도를 규정하고 있는 법률규정에 대하여 합헌으로 결정하였다. 그러나 헌법재판관 5인의 반대의견은 신상공개제도가 "범죄억지의 효과가 너무도 미미하거나 불확실"할 뿐만 아니라, "청소년 성매매의 폐습을 치유함에 있어서는, 형벌이나 신상공개와 같은 처벌 일변도가 아니라, 성범죄자의 치료나 효율적 감시, 청소년에 대한 선도, 기타 청소년 유해환경을 개선하기 위한 정책

동보호구역으로 지정하여 폐쇄회로 텔레비전을 설치하거나 그 밖의 필요한 조치를 할 수 있다." 설치대상시설로는 유치원, 초등학교 또는 특수학교, 보육시설, 도시공원 등을 규정하고 있다.

39 '디엔에이 신원확인정보의 이용 및 보호에 관한 법률'은 2010년 1월 25일에 제정·공포되어, 2010년 7월 26일부터 시행되고 있다. 중요 사항으로는 (1) 디엔에이신원확인정보에 관한 사무의 관장 : 검찰총장은 형을 선고받고 확정된 사람 등의 디엔에이정보에 관한 사무를, 경찰청장은 구속된 피의자와 범죄현장에서 발견된 디엔에이정보에 관한 사무를 총괄한다. (2) 적용대상 범죄는 12개 유형의 범죄인데, 성범죄와 관련해서는 강간·추행의 죄, '성폭력범죄의 처벌 및 피해자보호에 관한 법률' 상 성폭력범죄, '아동·청소년 성범죄에 관한 법률' 상 성폭력범죄 등이다. (3) 적용대상자 : 적용대상 범죄를 범하여 형의 선고, 보호관찰명령, 치료감호선고, 소년법상 보호처분결정을 받고 확정된 사람, 적용대상 범죄를 범하여 구속된 피의자 또는 보호구속된 치료감호대상자 등이 디엔에이 감식시료 채취 대상자이다.

추진과 같은 다양한 수단들을 종합적으로 활용하는 것이 얼마든지 가능하고, 오히려 전체 청소년 성매수 사건 중 적발되는 사건의 비율이 극히 미미한 현실에 비추어 볼 때 이와 같은 근본적인 예방책에 치중하는 것이 더 바람직"하다는 의견을 보였다.[40] 아동·청소년 대상 성범죄자에 대한 신상공개제도는 2000년 7월 1일부터 「청소년의 성보호에 관한 법률」의 시행을 통하여 도입되었다. 도입된 제도는 청소년보호위원회(이후 2006년 3월에 국가청소년 위원회로 명칭변경)가 청소년대상 성범죄자 중에서 신상공개대상자를 결정하여 관보와 인터넷에 이를 공개하는 방식이었다. 이후 법률의 개정을 통하여, 신상정보 공개의 범위와 방식 등에 관한 여러 차례의 변화가 있었다. 특히, 2007년 8월의 법률개정(2008. 2. 4 시행)으로 청소년대상 성범죄자는 신상정보를 등록(등록기간 10년, 열람기간 5년)해야 할 의무가 있고, 이를 열람할 수 있는지의 여부는 법원의 선고를 통하여 결정하게 되었다. 즉, 아동대상성범죄자의 신상공개를 국가청소년위원회에서 하던 것을 법원이 하도록 변경하였다.[41] 아동대상 성범죄자의 신상정보를 인터넷에서 누구나 볼 수 있던 방식을 변경하여, 신상정보를 열람할 수 있는 자를 범죄 피해자, 피해자의 법정대리인·후견인·수임변호사와 청소년관련 교육기관 등의 장으로만 한정하였다. 이는 성범죄자 신상공개제도의 취지에 비추어 보면, 아동청소년 자녀를 양육하는 부모들의 열람을 배제하는, 신상공개제도의 폐지나 다름없는 개정이었다고 할 수 있다. 등록된 성범죄자의 신상정보를 확인하기 위해서는 직접 경찰서에 가야하기 때문에, 신상정보공개제도의 실효성이 문제되었다. 이후, 2009년 6월 9일의 법률개정(2010. 1. 1 시행)으로 법률명이 「아동·청소년의 성보호에 관한 법률」로 개칭되었고, 신상정보의 공개는 인터넷을 통하여 하는 방식으로 다시 변경되었으며, 등록 및 열람기간을 10년으로 동일하게 변경하였다. 이후 다시 2010년 4월 15일의 법률개정을 통하여 등록 및 열람기간을 공히 20년으로 늘리고, 공개대상자 중 아동청소년대상 성폭력범죄자의 신상정보는 지역주민에게 우편으로 알리는 '고지제도'를 새로이 도입하였다. 또

40 헌재 2003. 6. 26. 2002헌가14.

41 2008년 2월 29일의 정부조직법 개정으로 국가청소년위원회는 보건복지가족부 산하 청소년보호위원회로 개편되었다.

한 일반 성폭력범죄에도 신상정보의 등록·열람·고지제도를 적용할 수 있도록 「성폭력범죄의 처벌 등에 관한 특례법」을 개정하였다. 아동대상 성범죄에만 대책을 마련하지 말고 성범죄 일반에 대한 대책을 마련하라는 지적에 대한 입법적 응답이라고 할 수 있다. 현재의 신상공개제도는 수차례의 보완에도 불구하고 여전히 몇 가지 문제점이 지적되고 있다. 입법적으로는 성범죄자 신상공개대상을 확대하고 열람대상을 확대하는 등 관련 법률을 개정하면서, 종전의 공개대상에 대해서는 공개시한 만료시까지 같은 방법으로 계속 공개한다는 경과규정을 마련하지 않아 결과적으로 법 개정 이전의 신상공개대상자들은 신상공개 대상에서 제외되었다는 점이 지적되었다.[42] 여성가족부에서 운용하고 있는 성범죄자 열람시스템은 인증절차를 두 단계로 두고 있는데, 1단계 인증에서는 이름과 주민등록번호, 2단계 인증에서는 주민등록증발급일, 공인인증서, 휴대폰인증 중 하나를 선택하여 인증을 받도록 하고 있다. 이러한 절차를 거쳐서 열람을 하면, 이름·나이·키·몸무게와 동까지 표시된 주민등록상 주소와 실제 거주지 및 성범죄 요지를 볼 수 있다. 전술한 미국의 열람제도처럼 절차의 간소화가 필요하다. 또한 2009년 6월에 개정되어 2010년 1월부터 시행된 인터넷공개(여성가족부의 '성범죄자 알림e' 사이트)는 2010년 7월에야 운영되었고, 2010년 8월 현재 신상이 공개된 대상자는 전국을 통틀어 10명이다. 미국 연방법무성에서 통합관리하는 'Dru Sjodin National Sex Offender Public Website'에 등록된 자료와 규모면에서도 비교된다.

3. 전자발찌 관련 입법

「특정 성폭력범죄자에 대한 위치추적 전자장치 부착에 관한 법률」이 2007년 4월 27일에 제정되어, 1년 6개월 후인 2008년 10월 28일부터 시행되도록 예정되어 있었다. 그러나 동 법률은 법률이 시행되기도 전인 2008년 6월 13일에

42 표창원, 아동성폭력 재범방지정책들에 대한 검토, 아동성폭력 재범방지대책과 인권토론회, 국가인권위원회, 2010. 7, 8면.

개정되었는데, 위치추적 전자장치 부착기간을 최대 10년(제정 법률에서는 5년이었음)까지 연장하며, 특정지역·장소 출입금지, 피해자 등 특정인에 접근금지, 야간 등 특정시간대의 외출제한, 성폭력치료 프로그램의 이수 등 특별준수사항을 도입하고, 특별준수사항 위반 시에는 3년 이하의 징역 또는 1천만원 이하의 벌금에 처하도록 하는 등 "성범죄자 위치추적제도의 실효성을 높이기 위한 제반 규정을 정비"[43]하였고, 시행일을 2008년 10월 28일에서 2008년 9월 1일로 앞당겼다. 당시 안양 초등생 살인사건, 일산 초등생 납치미수사건 등이 법률의 조기 시행과 대책강화에 영향을 미쳤다. 2009년 5월 8일의 법률개정에서는 법률명을 「특정 성폭력범죄자에 대한 위치추적 전자장치 부착에 관한 법률」에서 「특정 범죄자에 대한 위치추적 전자장치 부착 등에 관한 법률」로 변경하였다. 이는 전자발찌부착자의 대상을 미성년자 대상 유괴범죄도 포함하는 것으로 하고('성폭력범죄'를 '특정범죄'로 표현하였는데, 특정범죄에는 기존의 성폭력범죄 외에 미성년자 대상 유괴범죄를 포함하였다), 이러한 개정내용에 상응하게 법률명을 개칭한 것이다. 2009년 8월 9일에 시행된 개정법률은 8개월이 지난 2010년 4월 15일에 다시 개정되었다. 동 개정에서는, 전자발찌 부착대상에 살인범죄를 추가하고, 전자발찌의 부착명령 청구요건을 대상범죄 2회 이상에서 1회로 변경하였다. 부착기간의 상한을 10년에서 30년까지로 상향하였고, 부착기간에는 의무적으로 보호관찰을 받도록 하였다. 또한 성폭력범죄를 저질렀으나 2008년 9월 1일 이전에 제1심판결을 선고받은 등 당시의 법률이 적용되지 않는 경우에도, 형 집행 중이거나 형 집행이 종료 된 후 3년이 지나지 아니한 성폭력범죄자에게는 위치추적 전자장치를 부착할 수 있도록 하였다. 전자발찌 관련입법은 제정·개정된 법률이 시행되기도 전에 법률개정이 이루어지기도 하고, 개정된 법률이 시행된 지 몇 개월 되지 않아 다시 개정된 경우도 있었다. 이 법률의 개정사를 추적하기도 복잡하다. 개정의 필요가 있는 경우에 법률이 개정되어야 함은 당연하지만, 2007년 4월 제정된 법률이 2008년, 2009년, 2010년 등 매년 개정되는 것은 바람

43 대한민국 국회, '특정 성폭력범죄자에 대한 위치추적 전자장치 부착에 관한 법률' 개정이유, 2008. 6. 13.

직하지 못하다. 전자발찌를 집행하는 기관이나 보호관찰을 시행하는 기관 등에도 혼란과 부담이 될 것으로 생각되고, 여론의 압력에 밀려 만들어진 정책의 변화에 대하여 얼마나 효과를 검증하고 예측하였는지에 대하여 의문이 든다. 전자발찌부착의 대상범죄를 늘려 재범의 위험이 있는 자로부터 아동과 청소년 등을 안전하게 지키려 하는 입법의도는 좋지만, 그렇게 많은 대상자가 접근금지명령을 위반하는지 외출금지명령을 위반했는지 등을 적시에 체크하여 위급상황을 방지하고 재범발생을 억제할 수 있는지[44]에 대한 법률의 효과에 대하여도 국민들에게 확신을 주어야 하리라 생각한다. 전자발찌를 통한 전자위치추적 감시제도는 접근금지 명령이 병과되지 않는 경우가 많고 보호관찰관의 수 부족 등의 문제로 실질적인 감시와 통제가 이루어 지지 않아서 제도의 실효성에 이미 의문이 제기된 바 있다.[45]

4. 성범죄자에 대한 화학적 거세 관련 입법

우리나라의 경우에도 2008년 9월에 화학적 거세를 내용으로 하는 「상습적 아동 성폭력범의 예방 및 치료에 관한 법률안」이 발의되었고, 국회 심의 과정에서 법률의 명칭이 「성폭력범죄자의 성충동 약물치료에 관한 법률」로 변경되어 2010년 6월 29일에 국회 본회의에서 가결, 2010년 7월 23일에 공포되었다. 동 법률은 1년간의 준비기간을 거쳐 2011년 7월 24일부터 시행된다. 성충동약물치료제도는 16세 미만 대상 성폭력범 중 19세 이상의 성도착증 환자를 대상으로 도착적 성기능을 약화시키는 약물치료를 하는 것이고 이와 함께 심리치료를 병행한다는 내용의 제도이다. 치료명령은 출소 2개월 전부터 보호관찰관이 집행하도록 규정하고 있다. 치료명령 대상자는 월 1회 이상 검사를 받아야 하고, 도

44 법무부 산하의 범죄예방정책국에서 '전자감독'을 담당하고 있는데, 이 전자장치는 위성으로부터 수신한 위치정보를 이동통신망을 통해 법무부 위치추적 중앙관제센터로 송신하고, 위치추적 중앙관제센터에서는 특정범죄자의 이동경로를 24시간 추적하고, 각종 준수사항 위반에 대해 1차 대응을 실시한다. 이러한 범죄자의 위치정보는 보호관찰관에게 송신되고 보호관찰관이 지도감독에 활용한다. http://www.probation.go.kr

45 표창원, 전게논문, 21면.

주하거나 상쇄약물을 투약하는 경우에는 7년 이하의 징역이나 2,000만원 이하의 벌금에 처하도록 하고, 치료명령 집행 후 6개월 마다 심사하여 약물치료 중단 여부를 결정하도록 하고 있다. 화학적 거세 치료의 임상시험이나 치료의 효과 및 부작용 등의 진단기준을 마련하고 진단을 하기 위해서는 전문성있는 의료진이 양성되고 구성되어야 한다는 점이 지적되고 있다. 또한 성폭력범죄자에게 유죄판결이나 치료감호와 함께 치료명령을 선고하는 경우에는 대상자의 동의를 요하지 않으나, 법 시행 전에 형이 확정되었거나 법 시행 후 치료명령이 선고되지 않은 수형자가 가석방될 때는 당사자의 동의를 필요로 한다. 이러한 성충동 약물치료제도는 '화학적 거세'라는 명칭을 사용하느냐의 여부와 관계없이, 약물이 신체의 성기능에 영향을 주는 것이기 때문에 위헌논란이 제기될 수 있다. 또한 법률에도 "비정상적인 성적 충동이나 욕구를 억제하기 위한 조치로서 성도착증 환자에게 약물 투여 및 심리치료 등의 방법으로 도착적인 성기능을 일정기간 동안 약화 또는 정상화하는 치료"라고 하였듯이, 이 치료는 '성기능을 일정기간 동안'만 약화시키는 것이고 약물치료 중단시 성기능이 회복되기 때문에 제도의 실효성에 의문이 제기될 수 있다. 또한 상습적 성폭행범에 대한 거세가 성폭행범 문제에 대한 가장 효과적인 방법인가에 대해서는 미국에서도 찬반논쟁이 있다. 이에 비판적인 논자는 상습적 성폭행범에 대한 화학적 거세는 정치적인 해법은 될 수 있을지언정 과학적인 해법은 아니라는 주장이 있다. 앞으로도 신중한 검토와 준비가 필요하다.

5. 기 타

2008년 6월 13일의 「아동복지법」 개정(2008년 12월 14일 시행)을 통하여 아동 관련 시설에 CCTV설치를 위한 법률적 근거가 마련되기는 했지만, 최근에 발생한 성범죄 발생의 사례를 보면 초등학교 운동장에서 초등학생을 납치하였던 경우가 있다. 학교에 CCTV가 설치되어 있더라도 모니터를 하는 사람이 없다면 범죄를 막지 못한다. 즉, "사후 범인 검거에 도움이 될 수는 있지만 사전 예방

기능은 부실한 실정"46으로 지적되고 있는 것이다. 우선, 아동보호구역의 지정과 CCTV의 설치를 임의규정으로 하지 말고, 의무규정으로 전환할 필요가 있다. 다음으로는, 비용절감 차원에서 경비원없는 학교가 많다는 지적이 있는 만큼, CCTV를 상시 모니터 할 수 있도록 해야 한다. 일정지역을 묶어 통합모니터를 통해 경비를 절감하던, 자원봉사시스템을 운영하던, 재원을 마련하여 경비원을 채용하던, CCTV의 상시 모니터가 필요하다. 학교에 설치된 CCTV를 상시 모니터하고 있었다면, 재량휴업일에 학교에 온 피해자는 범인에게 끌려가 성폭행을 당하지 않았을 것이다. 미국의 경우에는 학교에의 출입이 엄격히 통제되고 학생들이 혼자 귀가하지 않고 부모 등이 등하교를 시키지만, 우리의 경우 학부모에 의한 등하교를 제도화하기는 현실적으로 쉽지 않기에, 학교와 학교근처의 CCTV설치와 상시 모니터가 부족하기는 하나 현실적인 대안으로 될 수 있을 것이다. 다만, CCTV의 설치로 인하여 교원 등의 사생활 침해가 발생하지 않도록 운영과 공개 등의 측면에서 신중을 기하면서도, 아동 성범죄의 예방과 수사에 활용될 수 있도록 운용해야 할 것이다.

전술한 바와 같이 2010년 1월 25일의 「디엔에이 신원확인정보의 이용 및 보호에 관한 법률」 제정(2010년 7월 26일 시행)을 통하여 중범죄자 유전정보DB의 법적 근거가 마련되었다. 2007년 발생한 범죄를 기준으로 하여 디엔에이신원확인정보 입력대상자 수를 추정한 수치를 보면, 살인죄 657명, 강간·추행죄 2,520명, 폭력행위 6,766명, 마약에 관한 죄 4,640명 등 총 2만 7,726명이며, 이중에서 성범죄자의 수는 2,520명47이다. 최근에는 '면목동 발바리'의 구강세포채취와 디엔에이정보의 확인을 통하여 그간 발생한 성범죄의 범인임을 확인할 수 있었다. 디엔에이 정보의 등록은 (성)범죄자의 재범을 억제하는 기능을 하고, 발생한 (성)범죄의 수사에 효과적으로 활용될 수 있다. 디엔에이 분석기술이 발전한 국가들에서는 특정범죄를 행한 자의 디엔에이 정보를 수집하고 이를 범죄수사에 활용하는 경우가 많고, 관련 입법도 발달해 있다. 우리도 이를 활용하되, 디엔에

46 중앙일보, 2010. 6. 10.

47 국회 법제사법위원회, 디엔에이 신원확인정보의 이용 및 보호에 관한 법률 심사보고서, 2009. 12. 11면.

이 정보가 범죄수사 외의 다른 목적에는 오용될 수 없도록, DNA정보와 채취한 샘플 처리 등이 법률규정에 따라 철저하게 이행되어야 할 것이다.[48] 2008년 6월 13일(2008. 12. 14 시행)에는 치료감호법의 개정으로 소아기호증, 성적가학증 등 정신정적(精神性的) 장애자로서 금고 이상의 형에 해당하는 성범죄를 저지른 자에 대하여 치료감호를 부과할 수 있도록 되었다. 앞으로는 치료감호의 전문성과 효과성이 나타날 수 있도록 운영되어야 할 것이다.

전술한 바와 같이 「성폭력범죄의 처벌 및 피해자보호 등에 관한 법률」에서 성폭력범죄의 처벌에 관한 사항을 분리하여, 성범죄자의 처벌 강화와 재범방지 등을 위한 조치를 주요 내용으로 하는 별도의 법률인 「성폭력범죄의 처벌 등에 관한 특례법」을 2010년 4월 15일에 제정·시행하고 있다. 즉, 친족관계에 의한 성범죄의 대상범위를 확대하고 처벌을 강화하며, 13세 미만의 미성년자에 대한 성폭력범죄의 처벌을 강화하고, 음주 또는 약물로 인한 심신장애 상태에서의 성폭력범죄에 대해서는 형법상 형의 감경 규정을 적용하지 않을 수 있도록 하며, 미성년자에 대한 성폭력범죄의 공소시효는 해당 성폭력범죄로 피해를 당한 미성년자가 성년에 달한 날부터 진행하도록 하고, 디엔에이(DNA)증거 등 입증 증거가 확실한 성폭력범죄의 경우 공소시효를 10년 연장하고, 성폭력범죄 피의자의 얼굴 등 신상정보를 공개할 수 있도록 하고, 성인 대상 성범죄자의 신상정보도 인터넷에 등록·공개하도록 하는 등의 내용을 담고 있다. 이는 그간의 여론을 입법에 반영한 것으로서 '성범죄 대책을 위한 종합적인 법률'이라고 할 수 있다. 법률의 성공적인 시행을 위하여 계속적인 모니터와 평가가 뒤따라야 할 필요가 있다. 어느 대책이 의도한 효과를 발휘하고 있는지, 현실적으로 집행곤란한 부분이나 개선책이 있는지, 의도하지 않는 인권침해나 부작용이 발생하지

48 작은 문제이기는 하지만, 법률에서의 용어 사용에 대해서 아쉬운 감이 있다. '실종아동 등의 보호 및 지원에 관한 법률'도 실종아동의 '디엔에이 신원확인 정보'를 수집하고 이용하는 규정이 있는데, 개인 식별을 목적으로 혈액·모발·타액 등의 검사대상물로부터 유전자를 분석하는 행위를 '유전자검사', 유전자검사의 결과로 얻어진 정보를 '유전정보', 이름·나이·사진 등 특정인임을 식별하기 위한 정보를 '신상정보'라는 용어를 사용하고 있는데, 이 법률에서 사용하는 용어아이 연계나 통일성이 전혀 없다 '생명윤리 및 안전에 관한 법률'에도 '유전자검사', '유전정보' 등의 용어를 사용하고 있다.

는 않는지 등에 관하여 지속적으로 관찰하여야 할 것이다.

미국에서도 성범죄에 대한 정치인들의 인식과 성범죄 관련 업무에 종사하는 실무자간에 성범죄의 유형과 문제를 보는 인식의 차이가 우리의 경우와 크게 다르지 않다. 정치인들은 성범죄가 연쇄성범죄자에 의하여 저질러지는 범죄라고 생각하고 있으나, 실무가들은 성범죄가 대개 면식범(친지, 가족, 친한 사이)에 의하여 발생한다는 점으로 인식하고 있다. 실무자들의 인식은 경험적인 자료를 바탕으로 하는 것이고, 정치인들은 그들을 선출한 유권자들이 (성)범죄로부터 공동체를 보호하고 안전하기를 바라는 정서와 입법압력 하에 있기 때문이라고 설명되고 있다.[49] 일반 대중들의 인식은 성범죄 사안에 대한 정확한 분석을 바탕으로 하기 보다는 언론에 보도되는 성범죄사건에 대한 감정적인 분노를 바탕으로 한다[50]는 것은 어렵지 않게 추측할 수 있고, 이러한 정서와 압력이 제3자에 의한 성범죄를 근절하기 위한 더욱 강화된 입법으로 결실을 맺는 것이다. 우리의 경우와 크게 다르지 않다.

제8절 맺음말

우리가 국가를 형성하여 법률 입법의 권한과 법률 집행의 권한을 국가에 위임한다는 사회계약론의 기본 취지에 따르면, 국가는 우리의 생명과 신체, 재산을 수호할 의무를 부담한다. 국민들의 생명과 신체 및 재산을 보호해야 하는 일은, 국가의 가장 우선적인 사명이자 의무이다. 국가는 이를 위해 존재한다. 다른 관점에서는, 우리는 국가에 우리가 안전하도록 요구할 수 있다. 우리는 안전

49 Michell L. Meloy/Shareda Coleman, Op. cit., p.256.

50 A Maine representative admitted, “Lawmakers ... are strongly pressured by the public, which is very under−informed and emotional on the subject of sex offenders.” Another criminal−justice practitioner, a GPS−tracking specialist from Pennsylvania, claimed, “It is mainly public pressure put on politicians”.

할 권리−안전권−를 지닌다. 이러한 사회계약론을 거론하지 않더라도 국민을 위해 일을 하는 국가 기관들의 첫 번째 임무는 국민들이 안전할 수 있도록 치안을 확보하는 일이며, 특히 범죄의 발생과 발생한 범죄의 재발을 막는 일이다. 국회는 아동을 대상으로 한 성범죄가 발생하지 않도록 예방하고 이러한 성범죄자의 재범을 막을 수 있는 제도를 내용으로 하는 법률을 입법하여야 하며, 행정부 특히 경찰과 검찰은 이러한 법률의 집행을 충실히 수행하여야하고, 법원은 성범죄자가 재범을 하지 않도록 적정히 양형을 한 형벌을 포함하여 치료 등 합헌적이고 적정한 보안처분을 부과하는 데 신중을 기하여야 한다. 미국에서는 우선, 성범죄대책입법이 성범죄에 대한 정확한 분석에 근거를 하고 있느냐는 비판이 있다. 연방 법무부에 소속되어 있는 범죄통계국의 2000년 분석에 의하면, 아동성범죄의 34%는 가족구성원에 의하여, 59%는 가족이외의 가까운 사람에 의하여 발생한다고 한다. 또한 같은 기관의 1997년 분석에 의하면, 아동성범죄의 40%는 피해자의 집에서 발생하고 20%는 친구나 친지의 집에서 발생한다고 한다. 아동성범죄의 대부분이 병적인 성욕을 억제하지 못하는 성범죄자가 학교나 놀이터 등에서 낯선 범행대상을 노리다가 범행을 저지른다는 전제에 입각한 성범죄대책법은 아동성범죄에 대한 분석과 대책이 정확한 통계와 사실에 근거하지 않은 입법이라는 비판이 있는 것이다.[51] 아동성범죄에 대한 대책이 강화되면서 성인을 대상으로 하는 성범죄에 대한 대책의 부족도 거론된다. 아동성범죄는 아동을 대상으로 한다는 특징이 있기는 하지만, 본질은 성범죄이다. 성범죄자는 손쉬운 범행대상인 아동을 노리기는 하지만, 그간의 범죄자들의 행태를 보면 성인을 대상으로 하는 성범죄를 저지르는 경우도 있듯이, 아동과 장애인 등이 특별히 보호되어야 하지만, 성범죄 전반에 대한 대책의 수립이 올바른 방향이라고 생각된다. 성인대상 성범죄자에 대한 신상공개제도가 새로 도입된 것에서 이러한 방향성을 확인할 수 있다.[52] 미국의 성범죄 관련 입법도 이러

51 Jill Levenson, Op. cit., p.275.

52 2010년 4월 15일에 제정된 '성폭력범죄의 처벌 등에 관한 특례법'은 성인대상 성범죄자의 신상정보도 등록 및 정보통신망(인터넷)을 통하여 공개하도록 규정하고 있다. 이 규정은 1년의 준비기간을 거쳐 2011년 4월 16일부터 시행된다.

한 기조위에 있다는 점을 확인할 수 있다. 지금까지 모든 국민이 분개하였던 아동성범죄를 근절하기 위한 대책과 법률이 마련되었지만, 신상공개제도, 전자발찌, 화학적 거세 등은 한 개의 법률에 들어 있는 대책들이 아닐 뿐더러 제도를 운영하고 관리하는 기관이 다르다. 이들 대책과 관련 법률규정들에 대해서는 위헌성 여부 등 많은 논란이 있었지만, '성범죄를 근절하기 위한 국가적 과제와 국민적 의지 앞에 입법적 결단이 내려진 경우'라고 생각할 수 있다. 그렇다면 앞으로의 과제는 이들 산재한 대책과 법률을 유기적으로 운영하는 일이며, 가능하다면 이들 아동성범죄 대책을 통합한 종합적 법률을 만드는 것도 바람직하다고 생각한다. 미국의 최근 입법인 월시법이 이러한 종합적인 대책을 담고 있는 법률이라는 점을 참고할 수 있다. 본론에서는 미국의 아동대상 성범죄 입법의 추이를 살펴보았지만, 미국의 성범죄 관련 대책이 한국실정에 반드시 적합하다고는 말할 수 없다. 정서와 문화가 다르고 법체계가 다르기 때문에, 미국의 성범죄대책법률을 벤치마킹하기 위해서는 신중함이 필요하다. 예를 들어, 미국에서는 'Memorial law'라고 하여 피해자의 이름을 따서 법률명칭을 표시하기도 하는 데, 우리는 이와 같이 피해자의 이름을 따서 법률명칭을 정하는 정서와 문화가 아니며, 전례도 없다. 다만, 법률의 공식명칭과는 관계없이 법률의 통칭이나 별칭으로 이렇게 불리어지기도 한다. 성범죄자의 법정형을 강화하는 일명 '예진－혜슬법' 입법 당시에는 피해자의 가족이 이러한 이름을 사용하지 말아달라는 뜻을 발표한 적도 있다. 일반 국민들 사이에서도 이와 관련한 논쟁이 있었으며, 법률의 명칭으로 피해자가 아닌 가해자의 이름을 넣어 오래 기억하자는 의견도 있었다. 우리의 경우에는 아동성범죄 관련 법률은 시행되기도 전에 개정된 경우도 있고, 강력 성범죄사건의 발생을 계기로 초고속으로 국회를 통과한 법률도 있다. "이렇게 성급한 처방이 나오는 것은 단지 우리 스스로 아이들을 위해 뭔가를 하고 있다는 위안을 얻기 위한 것일 뿐"[53]이라는 말이 성범죄 관련입법에도 그대로 적용된다. 또한 우리가 명심하여야 할 것은 성범죄 관련 법률의 입법이나 성범죄 대책의 강화로 쉽게 성범죄가 근절되지 않는다는 것이

53 한겨레21, 2010. 7. 30.

다.[54] 단계적으로 법률과 대책을 강화해온 우리의 경험이 그렇고, 미국의 경험도 이와 크게 다르지 않다. 원칙적으로 모든 초중고등학생들의 등하교를 부모가 책임져야 하는 미국에서도 아동납치사건과 성범죄사건이 발생하고 있으며, 이러한 사건이 일어날 때 마다 법률을 강화해 온 것은 미국도 마찬가지다. 등하교가 '아동 자신들의 책임 하에' 행해지는 우리의 현실과 각종 놀이공간과 유흥시설이 도처에 산재해 있는 우리의 상황 하에서는 앞서 언급한 여러 대책들은 유기적으로 연계되어야 한다. 또한 사건이 발생할 때 마다 신중한 검토 없이 만들어진 법률에 대해서는 그 실증적인 효과를 검증해 나가야 할 것이다.

| CHAPTER 05 _ 참고문헌 |

Terrence W. Campbell, Assessing Sex Offenders, Charles C Thomas Publisher, 2007.

Dennis M. Doren, Evaluating sex offenders, Sage Publications, 2002.

Marci A. Hamilton, Justice denied – What america must do to protect its children, Cambridge University Press, 2008.

Andrew J. Harris, Civil commitment of sexual predators, LFB Scholarly Publishing, 2005.

David L. Hudson, Sentencing sex offenders, Chelsea House Publishers, 2009.

Nathan James/Kenneth R. Thomas/Cassandra Foley, Civil commitment of sexually dangerous persons, nova publischers, 2008.

Margaret C. Jasper, The law of violence against woman, Oxford University Press, 2007.

Sean Maddan, The Labeling of sex offenders, – The unintended consequences of the best intentioned public policies, University Press of America, 2008.

Donal E. J. MacNamara/Edward Sagarin, Sex, Crime and the Law, Free Press, 1977.

Monica K. Miller(edit.), Contemporary perspectives on legal regulation of sexual behavior, Nova Publishers, 2009.

---

54 2009년의 성폭력가해자 재범률은 47.9%(9001명)이고, 이 중 동종재범자는 1,528명이다. 성폭력의 재발방지를 위해서는 무엇보다도 전문적이고 장기적인 교정교육 또는 치료가 필수적임에도 불구하고, 아동성폭력 범죄자의 재범방지를 위한 교육 및 치료기반은 미흡하다는 점이 지적되고 있다. 국회 여성가족위원장, 성폭력범죄로 부터의 아동 청소년 보호 및 안전대책 확립촉구 결의안, 2010. 6. 25, 4면.

Anita Schlank / Fred Cohen(edit.), The sexual predator, Civic Research Institute, 1999.

Bruce J. Winick/John Q. La Fond, Protecting society from sexually dangerous offenders, -law, justice and therapy, American Psychological Association, 2003.

Richard G. Wright(edit.), Sex Offender Laws -failed policies, new directions, Springer publishing company, 2009.

Larra J. Zilney/Lisa Anne Zilney, Reconsidering sex crimes and offenders -Prosecution or persecution, Abc Clio, 2009.

Franklin E. Zimring, An american travesty, University of Chicago Press, 2004.

CHAPTER

06 존엄사 법안의 분석과 평가 – 입법학적 관점에서 –

출처: 입법학연구 제6집, 2009년

제1절 머리말

존엄사에 대한 개념정의와 이를 의미하는 용어의 사용은 대단히 다양하다. 그러나 대개 존엄사란 환자의 생명이 인공호흡기 등의 연명치료장치에 의하여 유지되고 있는 경우에, 이러한 연명치료를 중단하여 사망에 이르게 되는 것을 의미한다. 안락사, 존엄사, 연명치료중단, 생명연장조치중단, 의사조력자살 등 용어는 달리하더라도, 이를 허용할 것인가 여부와 어느 범위까지 어떠한 절차에 의하여 허용할 것인가에 관한 논의는 우리나라 뿐만이 아니라 전 세계적으로도 계속되고 있다. 우리나라에서 '보라매병원사건'에 이어 '세브란스병원사건'이 일어난 것처럼, 존엄사라고 불리울 수 있는 유사한 사건은 계속 발생할 것이다. 이러한 사건들은 쉽게 사회적 합의에 도달하기 어렵기 때문에, 법적으로도 이에 대한 명쾌한 해결방안을 찾기가 힘든 사안이라고 할 수 있다. 의료기술이 발달되기 전에는 사망을 과정이 아닌, 하나의 시점으로만 파악하였기 때문에 연명치료중단 등의 복잡한 문제가 야기될 소지가 없었고, 이러한 의미에서 안락사나 존엄사, 연명치료중단 등의 문제는 인식조차도 되지 않았다. 법학적인 관점에서의 사망의 시점을 정하는 것은 의학적인 사망의 개념을 도외시할 수가

없으며, 의학적인 사망의 시점이 당겨지거나 늦추어질 경우에 이러한 기준에 무조건 종속되어서는 안 되지만, 생명보호의 범위와 한계 그리고 타 법익과의 조화를 꾀하는 작업은 필요하다. 따라서 의학수준 및 의료기술의 발전에 따른 판결의 변화와 입법의 변화 등 법적 대응의 문제가 대두된다.[1] 우선 '치료의 가능성없이 인공호흡기 등으로 생명을 연장하고 있는 환자에게 무의미한 치료를 하지 않은 것'을 무엇이라고 부를 것인가에 관한 논란이 있다. 전술한 바와 같이 이를 안락사, 존엄사, 연명치료중단, 생명연장조치중단, 의사조력자살 등으로 다양하게 부르고 있다. 이들 용어의 개념과 유형은 다양하고 모호하나,[2] 대체로 안락사의 여러 유형 중 '소극적 안락사(passive euthanasia)'를 '존엄사(death with dignity)'라고 부르고 있다.[3] 천주교 서울대교구 생명윤리위원회는 최근 '존엄사' 및 '존엄사법 제정' 논란에 대한 가톨릭교회의 입장'이란 강론자료에서 "'존엄사'라는 용어는 환자가 고통없이 존엄과 품위를 지니고 맞이하는 죽음이라는 미화된 이미지를 풍기지만 실제로는 '안락사'와 같은 의미로 사용되는 경우가 많으므로 교회는 이 용어의 사용을 반대한다. '존엄사'라는 용어가 남용되어 넓게 사용될 경우 환자의 의료 비용을 줄이기 위해 치료를 중단하여 죽음에 이르게 하는 것조차도 '존엄사'라는 그럴 듯한 이름으로 포장될 수 있기 때문이다."고 한다.[4] 또한 "인공호흡기를 비롯한 생명유지장치의 도움으로 호흡과 심장박동을 유지하면서 회복을 위한 치료를 받고 있는 환자가 그러한 의료적인 처치를 거부하고 사망하면 '존엄'하고, 그렇지 않고 소생과 회복을 기대하며 계속 치료를 받다가 병의 악화로 인하여 사망하면 '존엄하지 않다'고 말할 수 있을

---

1 홍완식, 사회적 쟁점과 법적 접근, 개정판, 건국대학교출판부, 2008, 159면.

2 '안락사'는 적극적 안락사/소극적 안락사, 자발적 안락사/비자발적 안락사/무자발적 안락사, 직접적 안락사/간접적 안락사, 존엄적 안락사/도태적 안락사 등 여러 기준에 따라서 많은 유형과 개념규정이 도출될 수 있다.

3 물론 존엄사와 소극적 안락사를 달리 보는 견해도 있다. 이동익, 무의미한 연명치료 행위의 중단에 관한 윤리적 고찰, 안락사와 존엄사 토론회, 2008. 12. 22, 6면 등. 또한 때로는 존엄하게 죽는 방법으로 적극적 안락사에 해당하는 방법을 택할 가능성이 있다면, '존엄사=소극적 안락사'라는 등식은 항상 성립하지 않을 수도 있다.

4 천주교 서울대교수 생명윤리위원회, '존엄사' 및 '존엄사법 제정' 논란에 대한 가톨릭교회의 입장 <강론자료>, 2면.

것인가"[5]라며 '존엄사'의 명칭에 대하여 문제를 제기하기도 한다. '세브란스병원사건'의 항소심 재판부도 재판 이후에, 판결에서의 용어사용에 대하여 "안락사라는 용어는 역사적으로 잘못 사용된 사례가 있어 오해 가능성이 있고, 존엄사는 죽음에 대한 미화가능성이 있어 이번 판결에는 사용하지 않았다."고 하였다. 존엄사라는 용어의 사용이 문제를 더 어렵게 만들고 있다는 의견도 있다. '세브란스병원사건' 판결 어디에서도 존엄사라는 용어를 사용하지 않음에도 불구하고 동 판결 이후 연명치료중단을 요구하는 경우가 많아지고 있다는 점을 지적하면서, '존엄사'라는 용어사용은 사회적 합의를 더욱 어렵게 만든다는 것이다.[6] 존엄사, 안락사, 연명치료중단, 생명연장조치중단, 의사조력자살이라는 용어가 표상하고 있는 행위들에는 다양한 행위유형들이 있다. 사회적으로 동정받을 행위와 동정받기 어려운 행위가 공존하고 있으며, 윤리적으로 비난가능한 행위와 비난되지 않을 행위, 법적으로 허용할 수 있는 행위와 허용할 수 없는 행위가 공존하고 있다. 따라서 이러한 행위를 표상하는 용어는 가능한 가치중립적인, '사실과 행위 자체만을 표상하는 용어'를 사용하여야 할 것이다. 이러한 점을 고려한다면, 현재 사용되고 있는 존엄사, 안락사, 연명치료중단, 생명연장조치중단, 의사조력자살이라는 용어 중에서는 연명치료중단이라는 용어가 '사실과 행위 자체만을 표상하는 용어'에 가장 근접하지 않는가 생각한다. 다만 이 글에서는 공동학술대회의 주제 및 대회명칭을 존중하는 의미에서, '존엄사'라는 용어를 사용한다.

5 권오용, '존엄사' 논쟁에 대하여, 대한변협신문, 2009. 5. 25.
6 노동일, 손엄사도 안락사도 아니다, 국민일보 2009. 7. 1.

제2절 존엄사 판결 등을 통해 본 입법적 시사점

1. 일명 '보라매병원사건'[7]

1) 사건개요

피해자는 1997년 12월 4일 14시 30경 술에 취한 채 화장실을 가다가 중심을 잃어 기둥에 머리를 부딪치고 시멘트 바닥에 넘어지면서 다시 머리를 바닥에 찧어 경막 외 출혈상을 입고 병원으로 응급후송되었다. 피해자는 의료진에 의하여 수술을 받고 중환자실로 옮겨져 의식이 회복되고 있었으나 뇌수술에 따른 뇌 부종으로 자가호흡을 할 수 없는 상태에 있었으므로 호흡 보조장치를 부착한 채 계속 치료를 받고 있었다. 피해자의 처는 치료비를 감당할 수 없다는 점과 회생가능성이 보이지 않는다는 등의 이유로 여러 차례 의료진에게 집으로 퇴원시키겠다는 의사를 밝혔으나, 담당의사는 피해자의 상태에 비추어 인공호흡장치가 없는 집으로 퇴원하게 되면 호흡을 제대로 하지 못하여 사망하게 될 것이라는 설명을 수차례 하였다. 그럼에도 불구하고 피해자의 처는 피해자의 퇴원을 지속적으로 요구하였고, 의료진은 퇴원 시 사망가능성에 대한 설명을 재차 설명한 후에 퇴원 후 피해자의 사망에 대한 법적인 이의를 제기하지 않겠다는 귀가서약서에 서명을 받고 피해자를 퇴원시킴으로서 피해자는 퇴원 후 인공호흡기를 제거한 후 5분만에 사망하였다. 검찰은 피해자의 처를 포함하여, 의사와 3년차 수련의를 살인 등의 혐의로 기소했다.

2) 법원의 판결요지

1심 재판부는 담당의사 등에 대하여 살인죄를 인정했다. 2심 재판부는 공소장 변경 없이 재판부 직권으로 살인죄 대신 살인방조죄를 인정했으며, 대법원은 2심 판결을 확정했다. 즉, 대법원 재판부는 담당의사 등이 환자 김씨가 퇴원할 경우 사망할 수도 있다고 생각했으면서도 환자의 부인 이씨가 환자를 집

7 대법원 2004. 6. 24. 2002도995.

으로 이송하고, 호흡 보조장치를 제거하는 것을 도운 점이 인정되므로 원심의 판단은 정당하다고 밝혔다. 재판부는 피고인들이 환자의 사망에 이르는 핵심적 경과를 계획적으로 조종했다고 보기 어려우므로 살인죄가 성립되지는 않는다고 밝혔다. 대법원은 담당 전문의와 주치의에게 환자의 사망이라는 결과 발생에 대한 정범의 고의는 인정되나 환자의 사망이라는 결과나 그에 이르는 사태의 핵심적 경과를 계획적으로 조종하거나 저지·촉진하는 등으로 지배하고 있었다고 보기는 어렵다고 하여 살인죄의 공동정범으로 처벌하지는 않았지만, 작위에 의한 살인방조죄가 성립하는 것으로 보아, 징역 1년 6월에 집행유예 2년을 선고한 원심을 확정하였다. 아내 이씨는 항소심에서 징역 3년에 집행유예 4년을 선고받고 상고를 포기했다.

3) 판결의 입법적 의미

대한의사협회는 이러한 대법원의 판결에 대하여 의식불명 환자 보호자의 입장을 존중한 것임에도 불구하고 살인방조죄를 적용한 것은 의료 현실을 전혀 모르는 처사라며 비난 성명을 냈다. 대한의사협회는 “이는 의식불명 환자 보호자의 입장을 존중한 것임에도 불구하고 살인방조죄로 보는 것은 우리나라 의료 현실을 전혀 모르는 처사”라며, “보호자 및 법적대리인 등의 의견을 존중할 수 있는 제도적 보완과 의학적 충고에 반하는 퇴원에 대한 법적, 제도적 장치의 마련이 가속화돼야 할 것"이라고 논평했다.[8] 이처럼 ‘보라매병원’ 사건과 같은 경우, 존엄사의 문제로 볼 수 없는 사건이있지만, 법원의 판단은 결과적으로 의사들에게 보수적인 입장을 강화시키는 계기가 되었다. 치료거부권에 대한 법률적 장치가 마련되어 있지 않은 한, 의사들은 사전지시서가 있더라도 환자의 입장에서 보다는 의사의 입장에서 최선의 치료를 다하고 있었는지에 대한 기준으로 문제를 해결하고자 할 가능성이 높다. 따라서 사전지시제도의 도입을 위해서는 치료거부권에 대한 법률적 인정이 명시적으로 마련되어야 한다는 의견이 제시되었다.[9] 이 판결을 계기로 잠잠했던 소극적 안락사 문제가 다시 쟁점화되었으

8 대한의사협회, 보라매사건 살인방조죄 적용은 의료현실 모르는 처사, 2004. 6. 29 보도자료.
9 최경석, 생전유언 및 사전의료지시 제도의 윤리적·사회적 함의, 말기환자의 자기결정권 존

며, 보라매병원 사건은 존엄사 또는 연명치료중단이 사회적·법적으로 공론화되었던 사건으로서의 의미가 크다. "치료중단행위를 살인(방조)죄로 처벌하는 범죄화정책의 비합리성"[10]이라는 평가와 함께 이는 담당의사 개인의 문제가 아니라는 시각이 지배적이었다. 이 판결이 내려진 이후에 연명치료중단을 입법화하기 위한 시도가 있기는 하였지만, 동 입법의 긴절한 필요성에 관한 사회적 공감대는 형성되지 않은 것으로 평가할 수 있고, 결국은 연명치료중단을 내용으로 하는 법안이 제17대 국회 중인 2006년 2월에 의료법 일부개정법률안의 형식으로 발의[11]되기는 하였으나 제17대 국회의 임기만료로 동 법안은 자동 폐기되었다.

2. 일명 '세브란스병원사건'[12]

1) 사건개요

1932년생인 김씨(여)는 2008년 2월 18일 폐암발병 여부를 확인하기 위하여 기관지 내시경을 이용한 폐종양조직검사를 받던 중 과다출혈 등으로 인하여 심정지가 발생하였다. 그러나 환자는 저산소증에 의한 뇌손상을 입고 세브란스병원의 중환자실에서 인공호흡기를 부착하고 치료를 받고 있었다. 이때부터 환자는 인공호흡기에 의지해 식물인간 상태로 있었는데, 자녀들이 병원을 상대로 "어머니의 평소 뜻에 따라 자연스러운 사망을 위해 인공호흡기를 제거해 달라"며 인공호흡기 등 연명치료장치를 제거하여 달라는 소송을 청구하였다.

2) 법원의 판결요지

1심 법원인 서울서부지방법원 제12민사부는 병원은 환자의 인공호흡기를 제거하라는 판결을 내렸다.[13] 2심 법원인 서울고등법원은 원고 승소 판결한 1심과 마찬가지로 "병원은 김씨에게 부착한 인공호흡기를 제거하라"고 판결했다.

중을 위한 입법제안 심포지움, 경실련·홍익대학교 법학연구소·한림대학교 법학연구소, 2008. 10. 2, 22면.

10 이상돈, 치료중단과 형사책임, 법문사, 2003, 12면.

11 안명옥 의원이 2006년 2월 24일에 대표발의 하였다.

12 대법원 2009. 5. 21. 2009다17417.

13 서울서부지법 2008. 11. 28. 2008가합6977.

특히 서울고법은 인간의 존엄과 가치에 근거한 자기결정권에 의하여 연명치료의 중단이 가능한 경우는 있을 수 있는데, 이 경우 연명치료중단의 요건으로 첫째, 환자가 회생가능성이 없는 비가역적인 사망과정에 진입하여 있어야 한다. 둘째, 환자의 진지하고 합리적인 치료중단의 의사가 있어야 한다. 셋째, 중단을 구하는 치료행위의 내용은 환자의 연명 즉 사망과정의 연장으로서 현상태의 유지에 관한 것에 한정되고, 환자의 고통을 완화하기 위한 치료나 일상적인 진료는 중단할 수 없다. 넷째, 치료중단은 반드시 의사에 의하여 시행되어야 한다는 점을 설시하였다.[14] 서울고법은 연명치료중단에 관한 입법론도 개진을 하였으며, 이는 후술한다. 상고심인 대법원은 이 사건의 경우 연명치료 중단의 요건으로서 환자가 회복불가능한 사망의 단계에 진입하였고, 연명치료 중단을 구하는 환자의 의사를 추정할 수 있다고 하여, 병원의 상고를 기각하였다.

3) 판결의 입법적 시사점

'세브란스병원사건' 판결은 한편으로는 그간의 존엄사에 관한 논의의 결실로 여겨질 수 있는 긍정적인 평가를 받을 수도 있는 반면에, 다른 한편으로는 생명의 절대적 의미와 가치를 훼손시킬 수 있는 위험성을 함께 지니고 있다고 평가되기도 하였다.[15] 그러나 우선 이전의 관련 판결과 단순하게 상대적으로 비교하자면, '세브란스병원사건'은 '보라매병원사건'과는 다르게 살인이나 살인방조라는 관점에서가 아니라 연명치료중단이라는 관점에서 연명치료중단의 요건과 기준 등을 구체화하였고, 이러한 측면에서는 이전 판결보다는 진일보한 것이라고 평가될 수 있다.

이 사건에 대한 서울고등법원 제9민사부의 항소심 판결[16]에서는 특히 '입법의 필요성'이라는 항목을 두어서, 입법에 관한 다음과 같은 견해를 제시하고 있다. "생명유지기술이 고도로 발달해 있고 그러한 기술이 나날이 발전하고 있는 현대의 의료현실에서 인간의 생명이 이처럼 기계장치에 의해 연명되는 사례

14 서울고등법원 2009. 2. 10. 2008나116869.

15 김학태, 무의미한 생명연장치료 중단에 관한 법 윤리적 고찰, 외법논집, 제33권 제1호, 2009. 2, 3면.

16 서울고등법원 2009. 2. 10. 2008나116869

는 이후로도 많이 발생할 것으로 보인다. 그런데 구체적으로 어떤 경우에 환자의 자기결정권에 의한 연명치료의 중단이 가능한지는 분명하지 않고, 사안에 따라서는 법률 등에서 구체적인 근거가 마련되어 있지 않은 이상 법적인 청구가 가능한지 여부가 명확하지 않은 경우도 있을 수 있다. 그리고 무의미한 연명치료를 중단한다는 명목으로 실제로는 회생가능성이 있는 환자에 대하여 고의 또는 섣부른 판단으로 치료를 중단하여 사망을 초래하는 일이 발생할 가능성 역시 우려된다. 국가는 헌법에 의하여 인정되는 국민의 기본권을 보장하여야 할 의무가 있고, 이를 위하여 구체적인 입법을 통하여 기본권을 구체화할 필요가 있는바, 위와 같은 상황에서 연명치료중단 등의 문제를 아무런 기준의 제시 없이 당해 의사나 환자 본인, 가족들의 판단에만 맡겨두는 상황이 지속되는 것은 바람직하지 않다 할 것이다. 또한 이들 개개의 사례들을 모두 소송사건화하여 일일이 법원의 판단을 받게 하는 것도 비현실적이다. 그러므로 사회 일반인이나 의사 등 이해관계인의 견해를 폭넓게 반영하여 연명치료 중단 등에 관한 일정한 기준과 치료중단에 이르기까지의 절차, 방식, 남용에 대한 처벌과 대책 등을 규정한 입법이 이루어질 필요가 있다 할 것이다." '세브란스병원사건'에서의 대법원의 판결은 사망단계 환자의 의사를 추정, 무의미한 연명치료를 중단하여 인공호흡기를 제거하라는 취지를 지니고 있다. 이 판결은 사망 가능성이 있는 환자에 대한 치료를 중단한 의사에게 살인방조죄를 선고한 2004년의 '보라매병원사건' 판결과는 현격한 차이를 보이고 있다. '세브란스병원사건' 이후의 여론은 '존엄사' 관련 입법에 적극적인 태도를 보이고 있는 것으로 평가될 수 있다. 한 언론은 "대법원의 판결이 존엄사에 대한 법적 논거를 제시한 만큼 의료계와 법조계, 종교계와 시민단체는 이제부터라도 사회적 공감대와 합의를 이룰 수 있는 성숙한 가이드라인을 만들어야 한다. 정부와 국회는 이를 바탕으로 존엄사 관련법 제정을 서둘러야 한다. 존엄사의 개념과 절차, 요건, 처벌 규정 등 엄격하면서도 실용적인 내용이 담겨야 한다. 2심 재판부가 제시한 4원칙과 세브란스 병원이 마련한 3단계 가이드라인 등을 참고할 만하다."[17]고 하면서, 더

17 서울신문 2009. 5. 22.

이상의 소모적인 논쟁은 종식돼야 마땅하다는 견해를 제시하고 있다.

3. 주변의 유사사건들

위 '보라매병원사건'이나 '세브란스병원사건'과 같은 사례는 우리의 주변에서 거의 일상화되다시피 할 만큼 많이 발생하고 있다고 할 수 있다. 이러한 많은 유사사건 중에서 극히 일부가 경찰과 검찰에 입건되며, 또한 그 중의 일부만이 공소가 제기된다고 할 수 있다.

2007년 8월에도 뇌사 상태에 빠진 27세 아들의 인공호흡기를 떼어 내 숨지게 한 아버지가 경찰에 불구속 입건됐는데, 병원 중환자실에서 입원 치료 중인 아들의 인공호흡기를 떼어 낸 뒤 전남 담양군 집으로 데려와서 사망에 이르게 하였다는 것이다. 아들은 열 살 때부터 근육이 경직되는 유전성 불치병(진행성 근이영양증)을 앓아 온 1급 지체장애인이고 사고로 넘어지며 머리를 크게 다친 뒤 의식불명 상태로 병원에서 치료를 받아 왔다. 아들이 소생 불가능하다는 판정을 받은 뒤 의료진에게 몇 차례 '인공호흡기를 떼겠다'고 말했으나, 반대하는 의료진의 만류를 뿌리치고 인공호흡기를 떼어 내고 수동식 호흡기를 부착한 뒤 집으로 데려왔으나 아들은 곧바로 사망하였기에 아버지는 불구속 입건되었다.[18] 서울중앙지검은 말기암 환자의 산소호흡기를 떼어내어 사망케 한 혐의로 고소된 의사를 무혐의 처분한 적이 있다. 간경변 말기인 72세 여성환자의 딸이 어머니의 산소호흡기를 떼는 것에 동의하였으나, 환자의 아들이 산소호흡기를 떼는 것이 동의한 누나 등을 고소한 사건이다. 검찰은 대한의사협회의 감정 결과 환자는 간경변으로 인한 합병증을 앓다가 장폐색까지 발생해 소생이 어려웠던 상태 등을 참작하여 동 건을 무혐의 처분하였다.[19] 또한 서울서부지법은 2004년 '치료비가 없다'는 이유로 6년간 식물인간 상태인 딸의 인공호흡기를 떼어내 숨지게 한 아버지에 대해 살인죄를 적용, 징역 2년 6월에 집행유예 3년을

18 동아일보 2007. 8. 10.
19 한겨레 2007. 7. 11.

선고한 바 있다.[20] 이와 같이 입건이나 공소제기가 되지 않는 경우도 많으며, 주변에 알려지지 않거나 보도되지 않는 경우도 많을 것이다.

제 3 절 의사윤리강령과 의사윤리지침을 통해 본 입법적 시사점

1. 대한의사협회의 의사윤리강령과 의사윤리지침

국가의 법령체계와는 별도로, 의료계에서는 의학적으로 의미 없는 의료행위의 중단 등에 관하여 의사윤리강령과 의사윤리지침 등을 통하여 자체적인 기준을 정해놓고 있다. 대한의사협회에서 정하고 있는 의사윤리강령[21]은 의사윤리선언에서 규정하고 있는 내용을 보다 구체적으로 제시하는 내용으로서 1997년 4월 12일에 제정되고 2006년 4월 22일에 개정되었다. 또한 의사윤리지침은 2001년 4월 19일에 제정되고 2001년 11월 15일에 공포되었으며, 2006년 4월 22일에 전면 개정되었다. 대한의사협회는 홈페이지에서 의사윤리지침의 제정추진배경에 대하여 "'의사윤리선언' 및 '의사윤리강령'에서 지향하고 있는 의사의 윤리내용을 의료의 현장에서 적용함으로써, 1차적인 판단기준의 역할을 수행"[22]한다고 설명하고 있다. 대한의사협회가 자율규범으로서 정한 이 의사윤리지침이 법률과 상충되는 경우에는 법률이 우선적으로 적용된다. 2001년에 제정된 구 의사윤리지침 제2조(선언과 법령 등 존중)에서는 "이 지침은 국제적으로 공인된 의사 윤리에 관한 선언, 강령, 지침과 대한민국의 관련 제 법령, 대한민국 정부

20 문화일보 2007. 6. 11.

21 대한의사협회는 의사윤리강령의 제정추진배경에 대하여 "'의사윤리선언'에서 규정하고 있는 내용을 보다 구체적으로 제시하고 이를 회원에게 명확히 인식시켜 윤리의식을 제고하는 한편, 국민에게 의사가 지켜야 할 윤리내용을 공개함으로써 의료윤리에 대한 국민적 인식의 변화를 추구하며 비윤리적 행위에 대한 판단기준을 마련하기 위함."이라고 설명하고 있다. 대한의사협회 홈페이지, http://www.kma.org 2009. 7. 8 방문.

22 대한의사협회 홈페이지, http://www.kma.org 2009. 7. 8 방문.

가 조인하거나 승인한 관련 외교조약과 국제협약 등을 존중한다."고 규정하고 있었으나 2006년의 개정으로 동 조항은 삭제되었다. 2006년의 의사윤리지침 개정으로 인하여 2001년에 제정된 의사윤리지침의 내용이 대폭 삭제·수정되었다.[23]

2. 의사윤리강령과 의사윤리지침 등에서의 의료행위 중단과 관련한 내용

총 8개의 조문으로 구성되어 있는 의사윤리강령에서 제4조는 환자의 자기결정권을 존중한다는 내용을 담고 있으며, 제7조는 의사는 환자의 고통을 줄이고, 인간답고 자연스런 죽음을 맞이하도록 최선을 다할 것을 내용으로 하고 있다. 즉, 의사윤리강령 제4조는 "의사는 진단 및 치료과정에 환자의 의사와 선택을 반영함으로써 환자의 인격과 자기결정권을 존중한다."고 하고 있으며, 제7조에는 "의사는 죽음을 앞둔 환자의 고통을 줄이고, 환자가 인간답게 자연스런 죽음을 맞을 수 있도록 최선을 다한다."고 규정하고 있다.

총 30개의 조문으로 구성되어 있는 의사윤리지침은 의사윤리강령을 구체화한 성격을 지닌다. 의사윤리지침의 내용 중에서 제16조에서 제18조는 말기환자, 생명이 위험한 환자, 회생가능성이 없는 환자 등에 대한 의료행위의 중단 등을 내용으로 하고 있다. 제16조(말기환자에 대한 의료의 개입과 중단) 제2항은 "의사는 죽음을 앞둔 환자가 자신의 죽음을 긍정적으로 받아들여 품위 있는 죽음을 맞이할 수 있도록 노력하여야 한다."고 규정하고 있다. 제17조(생명이 위험한 환자의 의료중단 및 퇴원요구 시 조치 등) 제1항은 "의료행위가 중단되면 생명에 위험이 초래되거나 또는 생명이 위급한 환자에 대하여 의사가 필요하고도 충분한 설명을 하고 계속적인 의료를 받을 것을 설득하였음에도 그 환자가 심신이 안정적인 상태에서 자유로운 의사에 따라 생명유지 치료 등 의료행위의 중단 또는 퇴원을 서면으로 요구하고, 그 이후 반복적으로 퇴원을 요구하면서 진료를 거부하거나 방해하는 등의 행위를 하는 경우, 의사는 인격권, 행복추구권과

23 대한의사협회 홈페이지, http://www.kma.org 2009. 7. 8 방문.

의료선택권 등을 갖는 환자의 그 요구를 의학적으로 회피할 수 없다고 판단되면 의료를 중단할 수 있다."고 한다. 제2항은 "의식불명인 환자 또는 스스로 의사표시를 할 수 없는 생명이 위급한 환자의 가족 등 보호자에 대하여 의사가 필요하고도 충분한 설명을 하고 계속적인 의료를 받을 것을 설득하였음에도 그 보호자가 환자의 생명유지 치료를 비롯한 의료행위의 중단 또는 퇴원을 서면으로 요구하고, 그 이후 반복적으로 퇴원을 요구하면서 진료를 거부하거나 방해하는 등의 행위를 하는 경우, 의사는 환자가 의식이 있다면 그 환자가 가질 수 있는 의사와 이익을 신중히 고려하여 보호자의 의사 및 요구와 환자의 추정적 의사 등이 의학적·사회통념적으로 수용될 수 있다고 판단되면 보호자의 의사를 존중하여 의료를 중단할 수 있다."고 규정하고 있다. 제18조(의학적으로 의미없는 의료행위의 중단 등)에서는 "의사는 의료행위가 의학적으로 무익·무용하다고 판단된 회생가능성이 없는 환자에 대하여 환자 또는 그 보호자가 적극적이고 확실한 의사표시에 의하여 환자의 생명 유지치료 등 의료행위의 중단 또는 퇴원을 요구하는 경우에 의사는 의학적·사회통념적으로 수용될 수 있다고 판단되면 그들에게 충분한 설명을 하고 법령이 정하는 절차와 방법에 따라 그 의료행위를 보류, 철회, 중단할 수 있다."[24]고 규정하고 있다.

3. 입법적 시사점

2001년 대한의사협회가 제정 및 공포한 의사윤리지침 제30조 2항은 가족 등 대리인이 진료의 중단이나 퇴원을 요구시 의사가 이 요구를 받아들이는 것

24 구 의사윤리지침 제30조(회복 불능 환자의 진료 중단) ① 의사는 의학적으로 회생의 가능성이 없는 환자의 경우라도 생명 유지 치료를 비롯한 진료의 중단이나 퇴원을 결정하는데 신중하여야 한다. ② 의학적으로 회생의 가능성이 없는 환자의 자율적 결정이나 그것에 준하는 가족 등 환자 대리인의 판단에 의하여 환자나 그 대리인이 생명 유지 치료를 비롯한 진료의 중단이나 퇴원을 문서로 요구하는 경우, 의사가 그러한 요구를 받아들이는 것은 허용된다. ③ 의사의 충분한 설명과 설득 이후에도 환자, 또는 가족 등 환자 대리인이 회생의 가능성이 없는 환자에 대하여 의학적으로 무익하거나 무용한 진료를 요구하는 경우, 의사는 그것을 받아들이지 않을 수 있다.

은 허용된다고 규정하고 있었다. 이 조항은 '회생의 가능성이 없는 환자'에 대한 진료 중단을 인정함으로써 동 규정이 이른바 '소극적 안락사'를 인정한 것이냐의 여부를 놓고 동 지침의 제정 당시 사회적 논란을 불러왔던 대한의사협회의 자율 규정이다.

특히 "문제는 현재 환자의 회복 불가능성에 대한 판단이나 환자 본인의 소극적 안락사에 대한 의사표시의 진정성 여부에 관한 판단에 대하여 아무런 기준도 없어 경우에 따라서는 의사나 환자 가족의 독단적이고 독선적인 판단에 의하여 소극적 안락사라는 미명하에 실제로는 환자를 살인하는 경우도 발생하고 있다는 점이다. 이러한 입장에서 살펴보았을 때, 최근에 나온 의사협회의 윤리지침이 소극적 안락사라는 주제를 공론의 장으로 이끌어 낸 것은 상당한 의미가 있으나, 환자의 회복가능성이나 환자 본인의 진정한 의사확인에 대한 자세한 기준이나 그러한 기준에 반하여 소극적 안락사를 시행한 경우에 처벌 등에 대한 아무런 언급없이 '회생가능성이 없는 환자의 자율적 결정이나 그것에 준하는 가족 등 환자대리인의 판단에 의해 환자나 대리인이 생명유지 치료를 비롯한 진료의 중단이나 퇴원을 문서로 요구할 경우 의사가 수용할 수 있다.'고만 규정한 것은 한마디로 엄청니게 위험한 발상으로 보인다."[25]는 신랄한 비판도 있었다.

2006년에 개정된 의사윤리지침 제18조는 구 제30조 2항을 정비하여 회생가능성이 없는 환자에 대하여 환자 또는 그 보호자가 적극적으로 확실한 의사표시에 의하여 환자의 생명유지치료 등 의료행위의 중단 또는 퇴원을 요구하는 경우에는 의료행위의 중단 등을 인정한다고 규정하고 있다. 새로이 '충분한 설명'과 '법령이 정하는 절차와 방법'에 따르도록 하는 문언을 포함하였다는 점이 특징으로 지적될 수 있다. 이는 동 조항 자체의 논란에 대하여 별론으로 한다면, 설명의무와 법령준수의무를 명시적으로 규정하고, 치료중단행위에 있어서 실체적인 면 뿐만 아니라 절차적인 면에도 주목하고 있다는 점에서 이전의 규정보다는 개선되었다는 평가를 할 수 있다.

25 박영호, 소극적 안락사의 허용 여부에 대한 소고, 저스티스, 통권 제65호, 234면.

이와 같은 대한의사협회의 의사윤리강령과 의사윤리지침 외에도 개별병원과 의사협회나 병원협회의 관련 가이드라인이 마련되어 있거나 마련중에 있다. 서울대병원은 2009년 5월부터 말기 암환자를 대상으로 더 이상 치료가 불가능할 때 연명 치료를 중단해도 좋다는 사전의료지시서를 받아왔으며, 말기암환자를 비롯해 뇌사 상태 환자, 만성 질환의 말기 상태 환자에 대해 사전의료지시서에 근거해 연명 치료를 중단할 수 있도록 하는 자체 기준을 내용으로 하는 '무의미한 연명 치료의 중단에 대한 진료 권고안'이 2009년 7월에 마련되기도 하였다. 세브란스병원도 연명치료중단에 관한 자체 기준안을 지니고 있는 것으로 알려지고 있다. 이와 같은 대한의사협회의 의사윤리강령과 의사윤리지침은 물론이고, 대한의사협회나 대한병원협회 및 개별병원의 존엄사에 관한 진료가이드라인도 향후 존엄사 관련 입법의 내용에 영향을 미칠 수 있을 것이다.

제4절 '존엄사' 법안의 발의현황과 내용

1. 안명옥 의원안

1) 입법경과

제17대 국회인 2006년 2월 24일에 안명옥의원은 회생불가능한 환자에 대한 연명치료 중단을 내용으로 하는 「의료법」 개정안을 발의하였으나, 제17대 국회의 임기만료로 자동폐기 된 바 있다.

2) 제안이유

제안이유 중에서 "의학적으로 회생 불가능한 환자를 특수 기계장치 등을 통해 억지로 연명시키는 것은 환자 본인에게나 그 가족에게 큰 고통이며 사회적인 부담도 큰 것이 현실"이라는 점과 "회생 불가능한 환자의 의료비 지원이나 생계비 보조 등 경제적 지원 장치도 없고, 환자나 보호자의 의사에 반해 치료를 강행할 수 있는 제도적 장치가 없는 상태에서 여러 가지 이유로 연명치료 중단을 요구하는 보호자나 이를 승인한 의사에게 일방적으로 책임을 묻는 것은 불합리"하다는 점에 개정안이 착안하고 있음을 밝히고 있다. 따라서 "의학적으로 회복 불가능한 환자에 관하여 무의미한 치료의 지속으로 발생하는 사회적 문제를 의료인과 환자 등의 당사자가 아닌 사회 전체의 입장에서 해결하기 위하여 의료인은 법 제54조의2에 의한 중앙의료심사조정위원회 및 지방의료심사조정위원회의 심사결정에 따라 치료중단을 할 수 있도록" 「의료법」 개정법률안을 제출하였다.

3) 주요내용

환자 등의 치료중단 요구 또는 의학적 기준에 따른 치료 중단 등이 필요하다고 판단되는 경우 이를 해결할 수 있는 제도적 장치를 마련하고자, 의료법의 한 조항으로 환자 등의 치료중단요구 또는 의학적 기준에 따른 치료중단의 절차에 관한 규정을 삽입하였다.

4) 의 미

안명옥의원이 발의한 「의료법」 개정안은 존엄사에 관한 내용만을 담는 제정법률안이 아니라, 기존의 「의료법」의 일부 내용으로 존엄사에 관한 내용을 삽입하는 방식을 취하고 있다. 따라서 규율하고자 하는 내용이 간단하게 구성되어 있다. 동 법안은 제17대 국회의 임기만료로 자동폐기되기는 하였지만, 회생불가능 환자의 치료중단을 내용으로 하여 제출된 최초의 법안이라는 점에서 의미를 지니고 있다.

2. 김충환 의원안

1) 입법경과

「호스피스·완화의료에 관한 법률안」은 2008년 12월 9일에 대표발의자인 김충환 의원을 포함한 국회의원 40인의 찬성으로 발의되었다. 2008년 12월 10일에 소관위원회로서 국회 보건복지가족위원회에 회부되고 관련위원회로 기획

재정위원회와 행정안전위원회에 회부는 되었지만, 2009년 7월 6일 현재까지 상정조차 되지 않는 등, 국회 상임위원회에서의 심의과정은 전혀 진행되지 않고 있다.

2) 제안이유

우선 우리나라의 매년 암질환으로 인한 사망자수가 사망원인 1위이고, 호스피스·완화의료 서비스에 대한 별도의 수가체계 미비 및 시설부족으로 인해 암환자의 일부만이 호스피스·완화치료를 받는다는 점을 적시하고 있다. 이로 인하여 "환자와 그 가족들이 신체적, 정신적, 영적인 고통을 받고 있으며, 막대한 의료비용이 소요되는 등 국민의 삶의 질을 저해하는 사회문제"임을 밝히면서, "말기암 환자와 가족을 위한 호스피스·완화의료에 관한 법률을 제정하여 말기암 환자에 대한 전인적이고 종합적인 지원을 위한 근거법령을 마련하려는 것"임을 법안의 제안이유로 제시하고 있다.

3) 주요내용

호스피스·완화의료의 날을 지정하여 이에 관한 인식 확산을 꾀하고 있으며, 호스피스·완화의료 대상자 선정기준, 호스피스·완화의료에 대한 설명의무제도, 생명연장치료에 대한 '사전의사결정서' 작성제도, 호스피스·완화의료 본인 신청제도와 대리인에 의한 신청제도를 규정하고 있다. 호스피스·완화의료 기관의 지정과 지정취소에 관한 규정 및 지정된 호스피스·완화의료 기관의 의무에 관한 규정을 두고 있다. 호스피스·완화의료기관에 대한 평가 및 재정지원에 관한 사항도 규정되어 있다.

4) 의 미

이 법안은 기존 법률의 개정법률안이 아닌 제정법률안으로서 발의되었다. '존엄사' 또는 '치료중단'이라는 용어 대신, '호스피스·완화의료'라는 용어를 사용하고 있으며, 말기암 환자만을 법률의 적용대상으로 하여, 본인 또는 대리인에 의하여 호스피스·완화의료를 신청하도록 규정하고 있다. 특히 사전의사결정서의 작성을 통하여 말기암 환자에게 자기결정권 사전행사의 가능성을 부여하는 규정을 명문화하고 있다. 이후에 발의되는 법안의 명칭에서 처럼, '존엄사' 또는 '자연스러운 죽음' 등 사망이나 죽음이라는 직접적인 표현을 자제하려는 제안자의 의도가 드러난다. 그 대신 호스피스와 완화의료의 관점에서 그 방법과 절차에 관한 상세한 규정을 두고 있다는 특징이 있다.

3. 경실련의 입법청원안

1) 입법경과

경제정의실천시민연합은 '세브란스병원' 사건에 대한 법원의 판결을 계기로 하여, 말기환자의 자기결정권 보호를 위한 법제화를 촉구한다는 입장을 2008년 11월 28일에 발표한 바 있으며, 2009년 1월 12일에는 「존엄사법」 제정에 관한 입법청원안을 발표하였다.

2) 청원취지

경실련은 청원취지로서 "존엄사법은 안락사와는 명확히 구분되는 것으로 현대 의학으로 회복가능성이 거의 없고 치료할 수 없는 환자에 한정하여, 단지 인위적으로 생명만 연장하는 데 불과한 생명유지 장치를 환자 스스로가 보류하거나 중단할 수 있도록 자기결정권을 행사할 수 있게 하고, 이러한 의사결정을 존중할 수 있도록 제도적인 장치를 마련하는 데 그 목적을 두고 있음"을 밝히면서, "우리 실정과 인식을 반영하여 말기환자의 인권적 차원에서 생전 유언 및 사전의료지시서 등의 제도적 장치 및 존엄한 죽음과 관련된 말기환자의 자기결정권을 존중하는 법제화 방안을 마련"하고 존엄사법의 제정을 위해 국회에 입법청원을 하였다.

3) 존엄사법안의 입법취지

「존엄사법」의 입법취지로는 "말기치료 단계에서의 환자들은 통증이나 육체적 고통보다는 오히려 존엄성과 자아상실과 같은 인격성을 위협하는 증상들을 두려워하며, 일부 환자들의 경우 마지막으로 인간으로서의 존엄성을 지키기 위한 대안으로서 존엄하게 죽을 권리, 원하지 않는 치료를 거부할 권리를 주장"

하지만, "이러한 요청들은 의료현장에서 의사와 환자의 가족들에 의해 무시되기도 하며, 법에 의해 허용되지 않는 현실"임을 우선 인정하고 있다. "이미 존엄사 내지 연명치료중단은 사회적으로 뜨거운 논란의 대상이었지만, 20-30년 동안 구체화하는 작업이 없이 안락사 허용여부 및 개념 정의에 대한 논쟁에만 머물고 있음. 이제 우리 사회에서는 말기환자의 인권적 차원에서 단계적으로 자기결정권 존중에 대한 정책방안들을 공론화하고, 제도적 장치들을 구체적으로 마련해야 할 필요"가 있다는 입법의 취지를 밝히고 있다. 법률안의 기본이념으로서 "① 존엄한 죽음에 대한 선택권 인정 ② 개인의 자기결정권 존중 ③ 사회여론 및 환경의 변화에 대한 수용적 접근" 등을 들고 있다.

4) 존엄사법안의 주요내용

우선 법률안의 적용범위는 회복이 불가능하고 치료가 불가능한 말기환자 내지 장기간의 식물인간상태의 환자이다. 법안에서의 인위적인 연명치료의 보류 내지 중단, 응급의료처치의 보류 내지 중단은 말기상태의 말기환자에게 적용하고, 사전에 의료지시서 작성의 형태로 이에 대한 동의의 의사표시를 행한 경우에만 적용함을 원칙으로 한다. 다만, 의사능력이 없는 말기환자가 연명치료 중인 경우 그러한 의사표시를 진술 또는 서면 등으로 표시한 바가 있음이 기관생명윤리심의위원회에서 확인된 경우에는 이를 존중하여 연명치료를 중단 보류할 수 있도록 하고 있다. 말기환자의 자기결정권 보호와 의료지원에 관한 사항을 심의하기 위하여 보건복지가족부장관 소속하에 국가의료윤리심의위원회를 두고, 연명치료를 실시하는 의료기관에 기관의료윤리심의위원회를 두도록 한다. 의료지시서 즉, 말기상태에서 자신의 의사를 표현할 수 없는 상황에 대비하여 자신의 죽음과 신체기관의 이식, 치료방법의 결정에 대해서 남기는 의사표시(생명에 대한 유언(living will))인 사전의 의료지시서를 작성하는 절차 등을 규정하고, 연명치료 및 응급의료처치의 보류, 중단의 절차 및 효과 등에 관한 규정을 두고 있다.

5) 의 미

이 법안은 「헌법」과 「국회법」에 의하여 법안발의의 권한이 부여된 정부와 국회의원이 아닌, 시민단체에 의하여 국회에 청원된 법안이다. 「국회법」 제123조 이하의 규정에 따라 청원을 하려는 사람은 의원의 소개를 얻어 청원서를 제출하도록 하고 있는데, 이러한 절차에 따른 입법청원이다. 경실련의 이 입법청원은 일종의 '시민입법'으로서, 시민입법의 의제설정기능과 입법촉구기능을 발휘하여 존엄사 문제를 입법논쟁의 공식적 공간으로 유도하는 역할을 수행하는 의미를 지닌다. 실제로 경실련의 입법청원 이후에 국회의원들에 의하여 몇 건의 존엄사 관련 법안이 발의되었다. 제도권 외에서의 입법발의를 통하여, 제도권 내에서의 입법 움직임을 활성화시키는 효과를 나타내었다고 평가할 수 있다.

4. 신상진 의원안

1) 입법경과

동 법안은 2009년 2월 5일에 대표발의자인 신상진 의원을 포함한 국회의원 22인의 찬성으로 발의되었다. 2009년 2월 6일에 국회 보건복지가족위원회에 회부는 되었지만, 2009년 7월 6일 현재까지 상정조차 되지 않는 등, 국회 상임위원회에서의 심의과정 조차 전혀 진행되지 않고 있다.

2) 제안이유

존엄사는 안락사와는 명확히 구분되는 것임을 밝히면서, 제안하는 법안은 "현대 의학으로 회복가능성이 거의 없고 치료할 수 없는 환자에 한정하여, 단지 인위적으로 생명만 연장하는 데 불과한 생명유지 장치를 환자 스스로가 보류하거나 중단할 수 있도록 자기결정권을 행사할 수 있게 하고, 이러한 의사결정을 존중하고 보호할 수 있도록" 하는 데 그 목적을 두고 있다.

3) 주요내용

의학적 기준에 따라 2인 이상의 의사에 의하여 말기상태임을 진단받은 환자를 "말기환자"로, 상해나 질병으로 인하여 의학적 판단으로 회복가능성이 없고 치료가 불가능하여, 연명치료가 없는 경우 단기간 내에 사망에 이르게 되는 상태로서, 이 상태에서의 연명치료의 적용이 단지 죽음의 과정을 연장하는 데 기여하고 있는 상태를 "말기상태"로 정의하고 있다. 보건복지가족부 장관 소속으로 국가의료윤리심의위원회를 설치토록 하고, 말기환자의 연명치료 거부 및 중단 요구에 관한 의사결정권과 연명치료 보류·중단의 이행에 관한 사항이 규정되어 있다. 또한 연명치료 등에 참여한 의사 또는 의료기관 종사자의 민·형사적 책임의 면제, 적극적 안락사 등의 처벌이 규정되어 있다. 더 나아가 말기환자의 자기결정에 반하는 연명치료를 하는 담당의사와 의료기관의 장을 처벌하는 규정도 두고 있다.

4) 의 미

이 법안도 기존 법률의 개정법률안이 아닌 제정법률안으로서 발의되었다. 적용범위를 '말기환자'로 하여 말기암환자를 포함하는 '회복가능성이 없고 치료가 불가능'한 환자들을 대상으로 하였다. 법안에서는 말기환자, 말기상태, 연명치료 등의 개념정의를 명확히 하고, 법률안의 명칭은 「존엄사법안」이라고 하였지만 법률규정에서는 '연명치료'라는 표현을 주로 사용하였다. 국가의료심의위원회와 기관의료윤리심의위원회 등에 관한 상세한 규정과 의료지시서의 작성절차와 내용, 의사표시의 추정, 연명치료의 보류·중단과 그 효과 등에 관한 상세한 규정을 담고 있으며, 이전에 발의된 법률안보다 비교적 완성도 있는 법률안으로 평가될 수 있다.

5. 김세연 의원안

1) 입법경과

「삶의 마지막 단계에서 자연스러운 죽음을 맞이할 권리에 관한 법안」[26]은 2009년 6월 22일에 대표발의자인 김세연 의원을 포함한 국회의원 28인의 찬성으로 발의되었다. 이 법안도 2009년 6월 23일에 국회 보건복지가족위원회에 회

26 신상진 의원의 '존엄사법'안의 명칭은 미국 오레곤주 등의 'Death with Dignity'와 비교될 수 있고, 김세연 의원의 '삶의 마지막 단계에서 자연스러운 죽음을 맞이할 권리에 관한 법'안의 명칭은 "Natural Death Act"와 비교될 수 있다.

부는 되었지만, 2009년 7월 6일 현재까지 상정조차 되지 않는 등, 국회 상임위원회에서의 심의과정은 전혀 진행되지 않고 있다.

2) 제안이유

생명연장조치 및 시술들의 발전이 "회복가능성이나 치료가능성이 없는 환자에게도 본인의 의지와는 무관하게 무의미한 생명 연장만을 가능하게 하여 오히려 자연스럽게 죽음을 맞이할 수 있는 기본적인 권리마저 침해하고 있음"을 밝히면서, "환자가 삶의 마지막 단계에서 자신의 의지대로 자연스럽게 죽음을 맞이할 수 있는 권리를 보장하기 위해 환자 본인에게 행하는 의학적 치료방법 및 생명연장조치 등을 대리인의 본인의사 추정가능성을 배제한 상태에서 스스로 수용, 선택 또는 거부하는 데 필요한 사항을 정함으로써 환자가 가지는 인간으로서의 존엄성을 보호"한다는 입법취지를 밝히고 있다.

3) 주요내용

'안락사(euthanasia)'라는 용어와 안락사를 미화한 용어인 '존엄사(death with dignity)'의 사용도 배제하고자 하는 의도로 법의 명칭과 내용을 사용하였으며, '적극적 안락사'를 처벌하는 조항을 두고 있다. 말기환자와 생명연장조치에 관해서 개념정의를 하고, 국가생명윤리심의위원회와 의료기관윤리위원회를 설치하도록 하고 있다. 무의미한 생명연장조치의 중단 등에 관한 요건 및 상담, 생명연장조치거부 사전결정서의 작성에 필요한 사항을 정하고, 사전결정서를 본인·담당의사·증인 2인이 작성하고 공증인 면전에서 공증받은 문서에 의하도록 하여 환자의 자기생명결정권에 대한 대리인에 의한 의사추정을 금지하고 있다. 이 법에 따라 생명연장조치를 보류하거나 중단한 의사 및 의료기관에게 민·형사상 책임을 면제하는 등의 규정을 두고 있다.

4) 의 미

의료계에서 많이 사용되는 '연명치료중단'이라는 용어 대신, '생명연장조치 중단' 등의 용어를 사용하고 있으며, '의료지시서'라는 용어 대신 '생명연장조치 거부 사전결정서'라는 용어를 사용하고 있기도 하다. 환자 스스로 생명연장조치의 중단 등을 통한 자기결정권의 행사만을 인정하고 있으며, 환자의 가족 등 대리인에 의한 의사추정을 금지하는 규정을 두고 있는 특징이 있다. 본인이 스스로 명시적인 자기결정권에 의한 연명치료중단의 의사표시가 아닌 한, 의식없는 환자에게서 연명치료중단의 의사표시를 추정하는 것은 문제가 있다는 인식이 법안에 표현된 것이 아닌가 한다.

제5절 '존엄사' 법안의 분석과 평가

1. 입법의 원칙[27]

입법의 원칙이란 입법을 함에 있어서 유의하고 존중하여야 하는 기준 내지는 원칙을 의미한다. 이러한 원칙 내지 기준은 헌법에 명시되어 있는 원칙일 수도 있지만, 헌법이 당연한 것으로 전제하고 있는 원칙일 수도 있다. 헌법재판소는 "헌법 제37조 제2항은 국민의 모든 자유와 권리는 국가안전보장질서유지 또는 공공복리를 위하여 필요한 경우에 한하여 법률로써 제한할 수 있으며, 제한하는 경우에도 자유와 권리의 본질적인 내용을 침해할 수 없다고 규정하여 국가가 국민의 기본권을 제한하는 내용의 입법을 함에 있어서 준수하여야 할 기본원칙을 천명하고 있다."[28]고 하여 입법을 함에 있어서 존중되어야 하는 원칙이 존재한다고 하고 있다. 또한 헌법재판소는 이러한 입법원칙들을 법률이 헌법에 합치하는지를 결정하는 기준으로 삼고 있다.

이러한 입법의 원칙에는 적극적 기능과 소극적 기능이 있다. 입법원칙의 적극적 기능은 입법자가 입법의 원칙에 합당하게 입법을 하도록 하는 것이며,

27 이 부분은 '홍완식, 입법의 원칙에 관한 연구, 법제, 법제처, 2006. 2'의 글을 수정·인용한 것임.

28 헌재 2003.12.18. 2001헌바91.

입법원칙의 소극적 기능은 입법원칙에 어긋나는 입법은 위헌 무효로 판단하는 기준이 되는 것이다. 일반적이고 추상적인 법규범을 정립하는 국가작용인 입법작용에 대하여 입법자에게는 스스로의 판단에 의하여 입법의 일반적인 목적이라고 할 수 있는 정의에 합치하고 개별 입법목적에 가장 적합한 입법을 형성할 수 있는 자유라고 하는 입법자의 형성의 자유가 인정된다. 그러나 입법자에게 원칙적으로 형성의 자유가 인정된다고 하더라도 입법자는 입법을 함에 있어서 헌법의 명문규정에 위배될 수 없으며 헌법의 기본원리나 기본제도 등에 위반되지 말아야 하는 입법의 한계가 있다.[29] 더욱이 입법자의 형성의 자유라는 것은 그 개념이 다의적이고 불명확하고 그 한계를 설정하기가 매우 어렵기 때문에 입법자의 형성의 자유의 기준과 한계를 측정할 수 있는 척도로서 입법을 함에 있어서 지켜야 할 기본적인 원칙 또는 기준이 필요하게 된다.[30] 입법의 원칙은 지금까지 헌법재판소의 규범통제를 위한 분석도구로서 발전한 사항들이 많다고 할 수 있으나, 이제는 헌법재판의 법령의 위헌심사에 대한 법령의 위헌여부에 대한 사후기준으로서 만이 아니라 입법과정에서 사전적으로 위헌·위법성 및 정책적인 타당성과 적합성을 검토하는 기준으로도 언급되고 있다.[31] 입법의 원칙이 무엇이냐에 관해서는 시대에 따라 논자에 따라 다양한 견해가 있을 수 있다. 또한 입법의 원칙은 모든 법률에 공통하는 원칙이 있을 수 있고 법률의 특정 영역이나 개개의 법률에 특유한 원칙이 있을 수가 있다. 즉, 입법의 원칙은 시대적, 사회적 특성과 상황에 따라 그 내용을 달리할 수 있을 것이다.[32] 그러나 이러한 특정 법률영역이나 개별법률의 특수성을 배제하여 입법의 기본적이고 공통적인 원칙에 관하여 살펴보면 다음과 같다.

---

29 임종수, 입법원칙과 규범통제, 법률행정논총, 전남대학교 법률행정연구소, 2001. 6, 238면.

30 홍완식, 입법자의 형성의 자유와 입법의 원칙, 헌법과 사회, 최대권교수 정년기념논문집, 2003, 959면.

31 신상환, 독일의 입법과정상 입법평가적용의 구체적 사례분석 및 조망을 통하여 본 한국입법평가의 발전과제, 법제, 2002. 12, 54면.

32 김승환, 입법학에 관한 연구 －입법의 주체·원칙·기술을 중심으로－, 고려대학교 박사학위청구논문, 1987, 83면.

〈표 6-1〉 입법을 함에 있어서 유의하여야 할 checklist

checklist	
① 사안적합성의 원칙	입법이 사회현실에 적합하고, 필요한 법률인가?
② 보충성의 원칙	개인생활이나 사회의 자율적 영역에 국가가 법률을 통하여 과도하게 개입하지 않는가?
③ 체계적합성의 원칙	헌법이나 국제규범에 부합하는가? 다른 법률과 체계적으로 적합한가?
④ 포괄적 위임입법 금지의 원칙	법률로 정해야 할 중요한 사항을 대통령령 등 하위법규에 위임하고 있지 않은가?
⑤ 기본권존중의 원칙	기본권을 침해하지는 않는가? 기본권을 최대한 존중하고 있는가?
⑥ 헌법의 기본원리와 기본제도의 존중	헌법이 기본으로 하는 원리와 제도에 위반되지는 않는가?
⑦ 평등의 원칙	합리적인 이유없는 차별을 법제화하고 있지는 않은가?
⑧ 과잉금지의 원칙	기본권제한이 필요한 경우라 할지라도, 기본권을 과도하게 제한하지는 않는가?
⑨ 과소금지의 원칙	국가의 기본권보호의무를 충족하고 있는가?
⑩ 신뢰보호의 원칙	기존에 보호받고 있던 권리를 침해하지는 않는가? 소급입법을 통해 부당하게 권리를 침해하지는 않는가?
⑪ 명확성의 원칙	가능한 한 명확한 용어와 문장을 사용하고 있는가?
⑫ 적법절차의 원칙	불이익이 되는 제재가 포함된 법률의 경우에, 절차 뿐만 아니라 실체적인 내용이 합리성과 정당성을 갖추고 있는가?

이러한 입법을 함에 있어서 준수해야 할 원칙 중에서 존엄사법안과 관련해서는 특히 사안적합상의 원칙, 기본권 존중의 원칙, 적법절차의 원칙, 과소금지의 원칙, 포괄적 위임입법 금지의 원칙 등의 관점에서 유의하여야 하리라고 생각한다.

2. 존엄사를 규율하는 법률이 지금의 시점에서 필요한가?

생명윤리 일반에 관한 문제이기는 하지만, 일반적인 생명윤리에 관한 입법 논쟁이 있다. 생명윤리와 관련된 사회적 갈등을 해결하는 과정에서 법의 역할에 대한 상반된 입장들이 있다. 생명윤리에 관한 갈등과 논란에 대해 시급한 대책과 함께 확실한 해답 내지 기준이 필요하다고 생각하는 사람들은 사회적 및 윤리적 관심사를 법규화할 것을 주장한다. 반면에 생명윤리와 관련된 갈등과 논란을 법으로 해결하는 데는 많은 문제점이 따른다고 보는 사람들은 섣부른 법의 개입을 경계한다.[33]

이러한 일반적인 논의를 존엄사 문제에 적용해 보면, 우리에게 존엄사를 규율하는 법률이 필요한가에 대해서부터 논란의 여지가 있다는 것이다. 존엄사를 규율하는 법률이 만들어지면, 필요불가결한 회생불가능한 말기환자 등에 대한 연명치료중단만에 적용되는 것이 아니라, 악용의 가능성이 크기 때문에, 이와 같은 법률은 제정될 필요가 없다는 견해가 있다. 가톨릭 교회의 입장은 말기환자의 죽음이 임박한 경우 '치료를 해야 한다'와 '치료를 하지 않아도 좋다'라는 결정은 일반적인 법률 규정으로 정해 놓는 것은 거의 불가능하다는 것이고, 따라서 법률로 규정하는 것보다 담당 의료진과 환자의 보호자, 원목팀, 법률팀, 사회복지팀 등이 위원으로 구성된 일종의 윤리위원회가 그 몫을 담당하는 것이 바람직하다는 의견이다.[34] 연명치료의 당부나 범위 등은 의료현장에서 담당하여야 하는 전문영역에 속하는 것이므로, 전술한 의사윤리강령이나 의사윤리지침 등에 기초한 의료행위와 판단이 우선해야 한다는 의견도 가능하다.[35] 이러한

33 박은정, 생명공학시대의 법과 윤리, 이화여자대학교 출판부, 2000, 36면.

34 천주교 서울대교수 생명윤리위원회, '존엄사' 및 '존엄사법 제정' 논란에 대한 가톨릭교회의 입장 <강론자료>, 2면.

35 이와 관련하여 보충성의 원리의 적용문제를 검토할 필요가 있다. 보충성의 원리란 사회에서 해결될 수 있었던 과제들이 이제는 국가에 의해서만 해결될 수 있게 되었다 하더라도, 사회에서 자율적으로 해결할 수 있는 문제를 국가가 타율적으로 해결하는 방식을 자제하여야 한다는 의미로도 생각할 수 있다. 달리 표현하여 보충성의 원리는 사회적 기능단위에 있어서의 개관적인 활동영역을 보장함과 동시에 사회의 구성원을 보호하고, 상위단위의 시각에서 하위단위와 전체단위와의 관계를 정립한다고 볼 수 있으며, 보충성의 원리는

관점에서 존엄사의 문제는 현대의학으로도 치유가 불가능한 병으로 고통받고 있는 환자와 그 가족, 그리고 그를 치료하는 의사와 병원 등 여러 사회주체의 다양한 이익이 고려되어야 하기 때문에 섣불리 안락사를 허용하는 법률을 제정해서는 안된다는 의견이 있다.[36] 또는 존엄사에 관한 사항을 법률로 정하기보다는 지금처럼 구체적인 사건이 소송화되면, 법원이 개별적으로 구체적인 사안에 따라서 연명치료중단의 허용 여부를 판단하면 될 것이라는 의견도 있을 수 있다. 그러나 "이들 개개의 사례들을 모두 소송사건화하여 일일이 법원의 판단을 받게 하는 것도 비현실적"[37]이라는 법원의 견해도 주목할 필요가 있다. 이와 함께 앞으로도 발생할 무수한 유사 '사건'에 대한 판단을 법원에만 맡겨두는 것은 혼란과 차별의 문제가 발생할 수 있으며, 일반적이고 추상적인 규범의 정립을 통하여 국민들에게 예측가능성을 줄 필요가 있다. 또한 이들 민감한 사회적 문제에 대한 법원의 부담도 줄여줄 현실적인 필요도 있다.

대한의사협회의 의사윤리지침이나 의사윤리강령이 있으며, 서울대학병원이나 세브란스병원 등 개별병원의 가이드라인이 있기 때문에, 존엄사나 연명치료중단의 문제를 굳이 법률로 규율할 필요가 없다는 의견도 있을 수 있다. 환자의 상태와 치료 등에 관해서는 의사의 판단이 가장 우선적으로 존중되어야 한다. 그러나 우리 사회에서 벌어진 그간의 '사건'들을 통해 볼 때에, 개별병원에 존엄사와 같은 문제를 자율적으로 해결하도록 두는 단계는 이미 지났다고 할 수 있으며, 이를 자율적으로 맡겨둘 경우에는 병원간의 기준의 상이함으로 인한 혼란과 차별의 문제가 역시 발생할 수 있다. 원칙적으로 한정된 범위 내에서 존엄사를 규율할 필요는 있다고 본다. 그러나 입법의 대상, 요건, 절차, 악용방지를 위한 제도적인 장치 등에 관해서는 아직도 사회적 공감대가 부족하며, 더욱 많은 성찰과 논의가 필요한 단계가 아닐까한다. s

---

상부단위가 하부단위를 보충적으로만 간섭하는 것을 허용하는 것이다. 보충성의 원리에 관한 상세한 내용은 홍완식, 헌법과 사회보장법에 있어서의 보충성의 원리, 공법연구, 한국공법학회, 2000, 참조. 그러나 존엄사의 문제를 사회 스스로 자율적으로 해결할 수 있는 단계는 넘어선 것으로 볼 수 있다.

36 김재윤, 안락사허용론에 대한 고찰, 형사법연구, 제26집, 2006, 612면.

37 서울고등법원 2009. 2. 10. 2008나116869.

3. 존엄사를 허용하는 법률은 합헌적인가?

법률을 입법하는 경우에는 입법되어지는 법률규정이 헌법상 보장되는 기본권을 침해하지 않도록 하여야 한다. 이와 관련하여, 법원이 판결을 통하여 연명치료를 중단할 수 있도록 하는 것이 생명권을 침해한다는 견해도 있고, 반대로 자기결정권의 행사를 법원이 확인해주는 것이라는 견해도 있다. 이러한 논쟁은 입법을 통하여 연명치료의 요건과 절차를 법률에 규정하는 경우에도 동일하게 발생한다.

자기결정권[38]이라 함은 대단히 넓은 범위와 내용을 지닌 권리를 의미하는데, 자기결정권이란 자기의 사적인 사항, 즉 ① 결혼·이혼·출산·피임·낙태 등 인생의 전반에 걸친 설계에 관한 사항, ② 생명연장치료의 거부·존엄사·자살·장기이식 등 삶과 죽음에 관한 사항, ③ 머리 모양·복장·등산·수영·흡연·음주 등 개인의 생활방식(life style)이나 취미에 관한 사항, ④ 혼전성교·혼외성교·동성애 등 성인간의 합의에 의한 성적 행동에 관한 사항 등에 관하여 스스로 자유롭게 결정하고 그 결정에 따라 행동할 수 있는 권리[39] 등을 총칭하는 개념이다.

'세브란스병원사건'에 관한 대법원 판결에서 다수의견은 "이미 의식의 회복가능성을 상실하여 더 이상 인격체로서의 활동을 기대할 수 없고 자연적으로는 이미 죽음의 과정이 시작되었다고 볼 수 있는 회복불가능한 사망의 단계에 이른 후에는, 의학적으로 무의미한 신체 침해 행위에 해당하는 연명치료를 환자에게 강요하는 것이 오히려 인간의 존엄과 가치를 해하게 되므로, 이와 같은 예외적인 상황에서 죽음을 맞이하려는 환자의 의사결정을 존중하여 환자의 인간으로서의 존엄과 가치 및 행복추구권을 보호하는 것이 사회상규에 부합되고 헌법정신에도 어긋나지 아니한다. 그러므로 회복불가능한 사망의 단계에 이른 후에 환자가 인간으로서의 존엄과 가치 및 행복추구권에 기초하여 자기결정권을

---

38 자기결정권은 「헌법」 제10조 행복추구권의 한 내용으로서 헌법상 보장되는 기본권이라는 것이 학설과 판례의 입장이다.

39 김주현, 자기결정권과 그 제한, 헌법논총, 제7집, 1996, 30면.

행사하는 것으로 인정되는 경우에는 특별한 사정이 없는 한 연명치료의 중단이 허용될 수 있다."고 하였다. 그러나 같은 판결에서 반대의견은 "생명에 직결되는 진료에서 환자의 자기결정권은 소극적으로 그 진료 내지 치료를 거부하는 방법으로는 행사될 수 있어도 이미 환자의 신체에 삽입, 장착되어 있는 인공호흡기 등의 생명유지장치를 제거하는 방법으로 치료를 중단하는 것과 같이 적극적인 방법으로 행사되는 것은 허용되지 아니한다."고 하였다.[40] 연명치료중단에 관한 가처분신청에 대한 결정에서도 "치료를 중단하게 되면 환자가 사망하거나 환자의 생명이 단축될 가능성이 상당히 높아지는 경우까지도 헌법상 생명권에 기초한 자기결정권으로부터 치료의 중단을 선택할 수 있는 권리가 직접 도출된다고 할 수는 없다."고 한 바 있다.[41] 이렇듯 동일한 사안에서도 진료의 계속에 관한 여부가 환자의 자기결정권을 범위 내에 속하는지에 관하여 논란이 있는 것이다.

자기결정권의 행사의 경우에도 환자 스스로 결정권을 행사하는 경우가 있고, 환자 스스로 행사할 수 없는 상황에서 환자의 치료중단 또는 치료계속 의사를 추정하여야 하는 경우가 있다. 특히 문제가 되는 경우는 연명치료계속이나 중단에 관한 환자의 의사를 인식할 수 없는 경우이다. '세브란스병원사건' 판결에서는 "환자의 평소 가치관이나 신념 등에 비추어 연명치료를 중단하는 것이 객관적으로 환자의 최선의 이익에 부합한다고 인정되어 환자에게 자기결정권을 행사할 수 있는 기회가 주어지더라도 연명치료의 중단을 선택하였을 것이라고 볼 수 있는 경우에는, 그 연명치료 중단에 관한 환자의 의사를 추정할 수 있다고 인정하는 것이 합리적이고 사회상규에 부합"하며, "환자 측이 직접 법원에 소를 제기한 경우가 아니라면, 환자가 회복불가능한 사망의 단계에 이르렀는지 여부에 관하여는 전문의사 등으로 구성된 위원회 등의 판단을 거치는 것이 바람직하다."고 한다. 구체적으로 사건에 적용하는 과정에서 다수의견은 "담당 주치의, 진료기록 감정의, 신체 감정의 등의 견해에 따르면 환자는 현재 지속적

40 대법원 2009.5.21. 선고 2009다17417.
41 서울서부지법 2008.7.10. 자 2008카합822 결정: 항고【무의미한연명치료행위중지등가처분】

식물인간상태로서 자발호흡이 없어 인공호흡기에 의하여 생명이 유지되는 상태로서 회복불가능한 사망의 단계에 진입하였고, 환자의 일상생활에서의 대화 및 현 상태 등에 비추어 볼 때 환자가 현재의 상황에 관한 정보를 충분히 제공받았을 경우 현재 시행되고 있는 연명치료를 중단하고자 하는 의사를 추정할 수 있다."고 하였다. 그러나 대법관 안대희, 양창수의 반대의견은 "환자가 회복불가능한 사망의 단계에 이르렀는지를 판단할 때 환자를 계속적으로 진료하여 옴으로써 환자의 상태를 직접적으로 얻은 자료에 의하여 가장 잘 알고 있을 담당 주치의의 의견은 단지 의료기록만을 통하여 환자의 상태에 접근한 다른 전문가의 견해에 비교하여 그에 일정한 무게를 두지 않을 수 없는 바, 담당 주치의의 의견에 의하면 환자가 회복불가능한 사망의 단계에 진입했다고 단정할 수 없고, 연명치료의 중단을 환자의 자기결정권에 의하여 정당화하는 한, 그 '추정적 의사'란 환자가 현실적으로 가지는 의사가 객관적인 정황으로부터 추단될 수 있는 경우에만 긍정될 수 있으며 다수의견이 말하는 바와 같은 '가정적 의사' 그 자체만으로 이를 인정할 수 없는바, 연명치료 중단에 관한 환자의 추정적 의사를 인정할 근거가 부족하다."고 판단하고 있다.[42]

동 사건에 대한 연명치료행위중지 등 가처분에 관한 결정에서는 "무릇 의료행위는 환자의 자기결정권에 따른 승낙에 의하여 시작되고 종료되므로 의료행위에 있어서 환자의 자기결정권은 최대한 존중되어야 하고, 환자가 자기결정권에 기초하여 의료행위의 계속을 원하지 아니하는 경우에는 원칙적으로 더 이상 그 의료행위를 계속할 필요가 없다. 그러나 한편, 생명권은 인간존엄성의 기초를 의미하는 절대적 기본권이고, 인간존엄성을 존중하고 생명권을 보장하는 헌법 정신에 비추어 볼 때 결코 포기할 수 없는 법익이므로, 의료행위에 있어서 환자의 자기결정권, 즉 환자 스스로 의료행위의 시작과 종료를 결정하고 치료방법을 선택할 수 있는 권리가 인정된다고 하더라도, 그것이 이미 진행되고 있는 치료를 중단하는 것으로서, 치료를 계속하지 아니하는 경우 단지 환자의 건강이 회복되는 속도가 늦어진다거나 생명에 위험이 없는 정도로 상태가 악화될

42 대법원 2009.5.21. 선고 2009다1741.

것이 예측되는 것에 그치는 것이 아니라, 환자가 사망하거나 환자의 생명이 단축될 가능성이 상당히 높아지는 결과에 이르게 되는 것이라면, 그와 같은 자기결정권을 인정하는 것은 결국 생명에 대한 포기권 또는 처분권을 인정하는 것과 같아질 수 있는 것인바, 헌법이 보장하고 있는 절대적 생명 보호의 원칙을 고려하여 볼 때 그와 같은 경우까지도 의료행위에 대한 환자의 자기결정권이 무제한적으로 인정된다고 볼 수는 없다."고 하기도 하였다.[43]

어려운 문제는 환자의 자기결정권과 환자가족 등의 자기결정권 추정이 일치하지 않는 경우에 발생할 수 있다. 환자가족은 일반적으로 환자의 의사(意思)와 복지를 최선으로 고려하는 '환자 권리와 이익의 대변자이자 보호자'라고 할 수 있지만, 예외적인 경우에는 경제적 동기와 감정적 동기 등에 의하여, 환자의 의사와 복지를 무시하는 '환자 권리와 이익의 침해자'라고 할 수 있는 경우도 있을 수 있다.[44] 이러한 경우에는 결과적으로 환자 스스로의 자기결정권은 침해된다고 볼 수 있다. 오히려 말기환자의 살고 싶은 권리를 환자가족이 침해할 수 있다는 상황을 가정할 수 있다면, 말기환자에 대한 국가의 기본권보호의무가 법률을 통하여 이행되고 있는지에 대한 문제가 제기될 수도 있다.[45]

그렇다면 발의된 법안들은 이러한 이견과 논쟁을 충분히 감안하고 있는지에 대하여 질문을 해 볼 수 있다. 특히 스스로 자기결정권을 행사할 수 없는 상태에 있는 환자에게서 연명치료를 중단한다는 의사를 추정하는 경우에는 그 내용적 요건과 절차적 요건을 충분히 규범화하고 있는지에 관하여 살펴볼 필요가 있다.

---

43 서울서부지법 2008.7.10. 자 2008카합822 결정: 항고【무의미한연명치료행위중지등가처분】

44 "(전략) 금은방을 운영하다 실패한 후 17년 동안 무위도식하면서 술만 마시고 가족들에 대한 구타를 일삼아 온 위 피해자가 가족들에게 계속 짐이 되기보다는 차라리 사망하는 것이 낫겠다고 생각한 나머지 (후략)" 서울지방법원 남부지원, 1998. 5. 15. 선고 98고합9. '보라매병원사건' 1심판결문 범죄사실 중.

45 과소금지의 원칙이란 기본권을 보호하기 위한 입법을 함에 있어서 기본권보호를 위한 최소한의 요구는 충족시켜야 한다는 것을 의미한다. 기본권보호를 위한 최소한의 기준에도 부합하지 못하는 입법은 입법자의 형성의 자유의 한계를 일탈한 것으로 인정할 수도 있다. 상세는 홍완식, 입법의 원칙에 관한 연구, 법제, 2006 참조.

4. 존엄사를 허용하려는 법률의 악용 가능성에 대한 대안은 존재하는가?

우선 '미끄러운 경사길(the slippery slope)론'에 따르면, 존엄사를 법률에 의하여 제도화하는 경우에, 처음에는 존엄사의 요건과 절차를 엄격하게 하고 이를 엄격하게 통제하더라도, 나중에 존엄사가 무분별하게 시행되게 될 것이고, 결국에는 생명을 경시하게 하는 제도적 물꼬를 터주게 될 것이라는 것이다. 좋은 입법목적 하에 엄격한 요건과 절차를 두어 입법하더라도, 결국에는 법률이 악용될 것이라는 견해이다.

존엄사의 남용의 우려나 생명경시풍조 조장의 우려에 대한 지적[46]은 일반적이다. 환자가 과다한 의료비용을 감당하지 못하거나 가족들이 비용부담을 반대하는 경우, 또는 가족의 부담을 덜어주고 싶어서 환자 스스로 의료거부나 치료중단을 요구하는 경우가 있을 수 있다. 경제적인 이유의 치료중단은 환자의 동의가 진지한 것이 아니라, 비자발적인 것이다. 가족들의 대리동의나 동의 추정 역시 이와 같은 이유로 근거를 잃을 수 있다는 것이다. 환자가 자신의 치료비에 대한 부담감 때문에 선택을 강요받을 가능성과 경제적 부담을 느낀 환자 가족들이 치료중단을 요구할 가능성이 있는 한 우리 현실에서 존엄사 논의는 위험하다고 지적하고 있다.[47] "저소득층의 치료중단 등 부작용은 철저히 막아야 한다. 존엄사 인정에 기댄 생명경시 풍조는 배격해야 할 일"이라는 지적도 있다.[48] 경실련도 말기환자의 자기결정권 보호를 위한 법제화를 촉구하면서도, "의사나 가족들이 회생가능성이 있는 환자를 포기하는 시도로 몰아가는 경향에 대해서는 결단코 반대"한다고 하였다.[49] 세브란스병원사건의 항소심 재판부도 "무의미한 연명치료를 중단한다는 명목으로 실제로는 회생가능성이 있는 환자에 대하여 고의 또는 섣부른 판단으로 치료를 중단하여 사망을 초래하는 일이

46 윤종행, 안락사외 법정책, 생명인권보호를 위한 법정책, 삼우사, 2004, 381면 이하.

47 신동일, 무의미한 연명치료중단에 관한 법적 고찰, 안락사와 존엄사 토론회, 2008. 12. 22, 40면.

48 서울신문 2009. 5. 22.

49 경제정의실천시민연합, 법원의 '존엄하게 죽을 권리' 인정을 계기로 말기환자의 자기결정권 보호를 위한 법제화를 촉구한다, 2면.

발생할 가능성"을 우려하고 있다.[50] 이처럼 존엄사를 허용하는 법률이 제정되어 '존엄사'가 법적으로 허용되면, 유산상속, 치료비부담 등 경제적인 이유 등으로 악용될 수 있다는 점이 우려되고 있다. 특히 저소득층 노인환자나 자녀와 재산분쟁을 겪는 노인환자의 경우에는 본인의 삶의 의지와는 무관하게 연명치료를 거부하거나 거부당할 가능성도 있다.

따라서 존엄사를 허용하는 법률은 경제적인 이유 등으로 존엄사법이 악용될 수 없도록 하는 장치를 제도화 하여야 한다. "'연명치료의 중단'이 경제적인 이유로 회생 가능한 환자에게까지 남용될 수 있는 가능성을 차단하기 위해 제도적인 밑받침이 이루어져야 한다."[51]는 가톨릭교회의 의견도 이러한 점을 배경으로 하고 있다고 생각한다. 이는 존엄사법 하나만으로 평가를 하기 보다는 관련법령과 제도를 총체적으로 평가하여야 할 사안으로 보인다. 그렇다면 우리의 법령과 제도가 경제적 약자에게도 충분한 의료구호제도를 제공하고 있는지, 충분한 정보를 가지고 있는 상태에서 죽음을 준비할 수 있는 호스피스제도[52][53][54]를 두고 있는지, 경제적 이유로 연명치료중단을 선택하지 않도록 국민건강보험과 노인장기요양보험 등 사회보험제도가 작동하고 있는지 등의 과제가 선결되어야 하리라 생각된다.

그렇다면 우리의 현행 법령과 제도는 이러한 선결과제를 이행하고 있는지 혹은 최소한 준비라도 하고 있는지에 관한 질문을 해볼 수 있다. 또한 발의된

---

50 서울고등법원 2009. 2. 10. 2008나116869.

51 천주교 서울대교수 생명윤리위원회, '존엄사' 및 '존엄사법 제정' 논란에 대한 가톨릭교회의 입장 <강론자료>, 2면.

52 "연명치료 중단의 허용여부와 관련하여 호스피스제도의 도입이 필요하므로 이에 관한 논의가 병행되어야 할 것임." 보건복지위원회 수석전문위원, 의료법 일부개정법률안(안명옥 의원) 검토보고서, 2006. 4, 17면.

53 "정부로서도 국민의 삶의 질을 높이는데 밀접한 관련이 있는 호스피스의 제도화를 더 이상 뒤로 미룰 수 없는 시급한 문제가 되었다." 문국진, 생명윤리와 안락사, 여문각, 1999, 271면.

54 "안락사/의사조력자살 등의 과격한 수단에 비하면 완화의학과 호스피스는 의료본연의 목적에 충실하면서 임종환자들을 자연스럽고 인간적으로 돌볼 수 있다는 장점이 있으므로 이 분야에 대한 관심과 지원이 더 커져야 할 것이다." 권복규/김현철, 생명윤리와 법, 이화여자대학교출판부, 2005, 111면.

법안은 이러한 점에 대한 고려를 하고 있는지에 관하여 질문을 해볼 수 있다.

5. 기타 문제들

1) 법률의 명칭에 관하여는 앞서 소개를 한 바 있다. '치료의 가능성없이 인공호흡기 등으로 생명을 연장하고 있는 환자에게 무의미한 치료를 하지 않은 것'을 안락사, 존엄사, 연명치료중단, 생명연장조치중단, 의사조력자살 등으로 다양하게 부르고 있다. 천주교 서울대교구 생명윤리위원회는 '존엄사'라는 용어의 사용을 반대하며, 존엄사법의 제정도 반대한다는 점을 밝힌바 있다. 2009년 7월 8일 한국천주교 주교회의 생명윤리위원회도 "자력으로 호흡할 수 없게 된 환자가 인공호흡기 부착을 거부하는 것은 반대하지 않는다"면서도 "무의미한 연명치료중단에 '존엄사'라는 표현을 사용하는 것은 지양되어야 한다."는 점을 밝혔다.[55] '세브란스병원사건'과 관련하여 '존엄사'라는 용어가 죽음에 대한 미화 가능성이 있어 판결에 사용하지 않았다는 판사의 설명도 있었다. 미국의 경우 「존엄사법」(Death with Dignity Act)[56]이라는 명칭을 지니고 있으나, 이러한 이유만으로 우리의 경우에 「존엄사법이라고 하는 법률명이 적절한지 의문이다. 「삶의 마지막 단계에서 자연스러운 죽음을 맞이할 권리에 관한 법」이라고 하는 법률의 명칭은 법률의 내용을 보다 부드럽고 상세히 법률의 명칭에 반영한다는 장점이 있기는 하다. 그러나 불가피한 연명치료중단을 불필요하게 미화한다는 비판을 받을 가능성이 역시 존재하며, 긴 법률명칭은 부르거나 인용하기 어렵다는 단점도 지니고 있다. 참고로 법제처에서 '법률의 제명 쉽고 간소화하는 방안'을 추진[57]하고 있는데, 이러한 관점에서 본다면 이러한 긴 법률명칭은 가능

55 조선일보 2009. 7. 9.

56 외국의 입법을 비교입법적으로 참조한다면, '존엄사법'보다는 워싱턴주나 괌의 '자연사법(Natural Death Act)'이라는 법률명이 오히려 입법의 취지를 보다 적절히 반영하는 것으로 평가할 수 있다.

57 법제처(처장 이석연)는 2009년 6월 11일에 법률의 제명이 지나치게 길고 복잡한 법률명을 일반 국민들이 이해하기 쉽도록 간소화하는 방안을 추진하기로 발표하였다. 학계에서는 법률을 원용하거나 부를 때 너무 길어서 어렵다는 지적이 있어왔고, 법률을 직접 입안하

한 한 간소화할 필요가 있다.

2) 「존엄사법안」에 의하면 국가의료윤리심의위원회, 기관의료윤리심의위원회를 설치·운영하도록 되어 있는데, 이는 의료현장에서 발생하는 말기환자의 권익보호와 말기치료과정에서의 연명치료의 중단과 보류에 관한 일정한 합의점을 찾아나가고 이에 대한 기준을 정하는 합의체 기구이다. 보건복지가족부장관 소속하에 국가의료윤리심의위원회를 두고, 연명치료를 실시하는 의료기관은 기관의료윤리심의위원회를 두도록 하고 있다. 현행 「생명윤리 및 안전에 관한 법률」에 의하면, 생명과학기술에 있어서의 생명윤리 및 안전에 관한 사항을 심의하기 위하여 대통령소속하에 국가생명윤리심의위원회를 두고, 보건복지가족부장관으로부터 지정·허가를 받은 배아생성의료기관이나 유전자은행이나 등록된 배아연구기관, 유전자검사기관 등에는 기관생명윤리심의위원회를 두도록 하고 있다. 만일 「존엄사법」이 입법된다면 국가차원에서는 국가생명윤리심의위원회에 더하여 국가의료윤리심의위원회가 설치되어야 하고, 해당하는 기관에도 심의위원회가 달리 설치되어야 한다. 이렇게 병존할 수도 있지만 두 개의 심의기관이 생명윤리에 관한 문제를 심의한다는 측면에서 두 심의기관을 하나로 통합하거나 연계하는 방안도 고려할 필요가 있지 않을까 한다. 「삶의 마지막 단계에서 자연스러운 죽음을 맞이할 권리에 관한 법안」에서는 「생명윤리 및 안전에 관한 법률」에 의하여 설치된 국가생명윤리심의위원회가 생명연장조치거부와 관련된 사항을 심의하도록 연동시키고 있으며, 생명연장조치를 시행하는 의료기관에는 의료기관윤리위원회를 두도록 하고 있다. 또한 「의료법」 제70조에는 의료행위로 인하여 생기는 분쟁을 조정하기 위하여 보건복지가족부장관 소속으로 중앙의료심사조정위원회를, 시·도지사 소속으로 지방의료심사조정위원회를 두도록 하고 있다. 존엄사 관련 분쟁도 '의료행위로 인하여 생기는 분쟁'으로 볼 수 있는데, 이 위원회와 제정법안에서의 위원회와의 중복문제가 생기지는 않을

는 부처에서도 너무 긴 법률의 경우 인용할 때 어렵다는 이야기가 있었다. 긴 법률 제명의 사례로는 「대한민국과아메리카합중국간의상호방위조약제4조에의한시설과구역및대한민국에있어서의합중국군대의지위에관한협정의시행에따른국가및지방자치단체의재산의관리와처분에관한법률」(84자) 등이 있다. 법제처 http://www.moleg.go.kr 2009. 7. 6 방문.

지 검토해볼 필요가 있다. 또한「장기 등 이식에 관한 법률」에 따르면, 보건복지가족부장관 소속으로 장기등이식윤리위원회를 두고, 뇌사판정업무를 하고자 하는 의료기관에는 뇌사판정위원회를 두도록 하고 있다.

3)「의료법」을 개정하는 것이 좋은지 새로이 법률을 제정하는 것이 좋은지에 관한 법률의 체계성에 관한 문제이다.[58] 앞에서 본 바와 같이 제17대 국회에서는 회생불가능한 환자에 대한 연명치료 중단을 내용으로 하는「의료법」개정안이 발의된 바 있다. 제18대 국회에서는「호스피스·완화의료에 관한 법률안」,「존엄사법안」과「삶의 마지막 단계에서 자연스러운 죽음을 맞이할 권리에 관한 법안」이 발의되었다. 전자의 법안은 기존법률을 개정하는 방식으로, 후자의 법안들은 새로운 법률을 제정하는 방식의 법제화 시도이다. 새로이 입법하려는 사안이 기존의 법률의 내용으로 포함될 수 있으면 개정안으로, 기존의 법률의 틀에는 포함될 수 없는 내용과 특징을 지니고 있으면 제정안으로 입법될 수 있다. 이는 규율내용에 따른 선택의 문제라고 볼 수 있다. 그러나 규율내용을 살펴보면, 전자의 법안은 연명치료중단의 범위와 관련 규율내용을 상당히 한정하고 있고, 후자의 2법안은 그보다는 넓은 범위와 요건·절차 등을 내용으로 하고 있다. 이러한 규율형식의 선택의 문제가 잘못되었다고 할 수 없다. 적절하다.

4) 생전유언제도와 사전지시서제도를 적절히 규정화하였는지에 관한 문제이다.「의료법」개정안은 생전유언제도와 사전지시서제도에 관한 내용을 포함하고 있지 않지만, 나머지 법률안들은 '사전의사결정서', '의료지시서'나 '사전결정서'에 관한 내용을 포함하고 있다. 가족이나 대리인이 아닌 본인 스스로의 자

58 체계정당성(Systemgerechtichkeit) 또는 체계적합성(Systemgemäßheit)이란 입법기능에서 존중되어야 하는 원칙으로서 법규범 상호간에는 규범구조나 규범내용면에서 서로 상치내지 모순되어서는 아니 된다는 원칙이다. 우리 헌법재판소는 체계정당성에 대하여 "일정한 법률의 규범 상호간에는 그 내용과 체계에 있어서 조화를 이루고 상호 모순이 없어, 결국 모든 규정의 내용과 체계가 상호 모순과 갈등 없이 그 본래의 입법목적의 실현에 합치되고 이바지하는 것을 말한다"고 그 개념을 규정하고 있으며, "동일 규범 내에서 또는 상이한 규범 간에 그 규범의 구조나 내용 또는 규범의 근거가 되는 원칙 면에서 상호 배치되거나 모순되어서는 안된다는 하나의 헌법적 요청"이라고 설명하고 있다. 체계정당성의 원칙에 따르면 개별 법률규정이나 개별법은 다른 법률규정 및 법률과의 관계에서 모순이 발생하지 않도록 입법되어야 한다. 상세는 홍완식, 체계정당성의 원리에 관한 연구, 토지공법연구, 제29집, 2005 참조.

기결정권을 존중한다는 측면과 비교법적으로도 바람직한 입법태도이다. 다만, 이러한 사전의료지시서제도의 규율에 있어서, 그 절차와 내용 및 효과 등에 관해서 규정의 완성도를 보다 높일 필요가 있다. 내용적 요건만이 아니라 절차적 요건에 관해서도 규정하고 있는지에 관한 문제이다. 「의료법」 개정안은 중앙의료심사조정위원회와 지방의료심사조정위원회의 심의·결정에 따라 의료인은 환자의 치료를 중단할 수 있다고 규정되어 있고 그 이외의 절차에 관한 규정은 담고 있지 않다. 나머지 법안들은 사전의사결정서/의료지시서/사전결정서에 관한 상담절차, 말기환자의 의사표시확인절차, 숙려기간(2주, 15일) 등에 관한 규정을 두고 있다. 그러나 말기환자의 상담절차나 의사표시확인절차가 절차적으로 대단히 중요함에도 불구하고, 이러한 중요성에 비추어 충실성이 부족하다. 또한 이 과정에서 기관의료윤리심의위원회/의료기관윤리위원회의 심의가 어떠한 영향력이나 구속력을 지니는지가 분명치 않다. 위원회의 심의가 담당의사 등 의료진의 결정에 대한 통제 및 확인과정의 역할을 담당하여야 한다는 점에 비추어 그 권한과 기능이 보다 명백해 질 필요가 있다.

5) 스스로 의사표시가 불가능한 환자의 의사표시의 추정에 관한 규율은 대단히 중요한 문제이다. 「삶의 마지막 단계에서 자연스러운 죽음을 맞이할 권리에 관한 법안」에는 이러한 의사표시의 추정에 관한 규정이 없다. 이는 법안제출의 주요내용 (마)에서 밝힌 바와 같이, 동 법안은 말기환자 스스로가 사전결정서를 작성한 경우만 대상으로 하고 있기 때문이다. "환자의 자기생명결정권에 대한 대리인에 의한 의사추정을 금지"함을 명백히 하고 있다. 「존엄사법안」에서는 제18조에서 의사표시의 추정에 관한 사항을 규정하고 있다.[59] 유언이나 의료지시서를 작성하지 않은 말기환자가 연명치료 중단여부에 대한 의사표시를 할 수 없는 때에는 말기환자의 직계친족이 증거를 갖추어 신청하고 담당의사가 심의를 요청하면, 기관윤리위원회가 의사표시를 추정한다는 의결을 하도록 규정되어 있다. 연명치료중단에 관한 의사표시를 할 수 없는 말기환자는 이러한

59 제18조와 관련되는 제19조는 말기상태의 미성년자나 신생아의 의사표시의 대리를 규정하고 있다.

절차에 의하여 연명치료가 중단된다. 이러한 절차적 규정은 생명권의 (무자발적인) 포기라는 사안의 중대성에 비추어본다면 간단하고, 객관성과 독립성을 지닌다고 할 수 있을 제3자적 판단의 가능성이 없다는 점에서 비판의 가능성이 존재한다. "해당 의료기관의 기관윤리위원회는 말기환자의 의사표시의 성립 여부에 대한 조사를 행할 수 있고, 필요하다고 인정하면 말기환자의 직계친족 등의 의견을 들을 수 있다."는 2항의 스스로 의사표시를 할 수 없는 말기환자의 진정성을 확인하기에는 부족한 감이 있다.

6) 포괄적 위임입법 금지의 원칙에 관한 문제이다. 「의료법 일부개정법률안」, 「호스피스·완화의료에 관한 법률안」, 「존엄사법안」, 「삶의 마지막 단계에서 자연스러운 죽음을 맞이할 권리에 관한 법안」 모두 정도의 차이는 있지만, 법률에서 규정하여야 할 중요한 사항을 대통령령으로 위임하는 경우가 있다. 특히 전술한 연명치료중단/생명연장조치중단은 생명권과 관련되는 중요한 사안이고, 그 요건과 절차가 말기환자의 생명과 권리에 중요하기 때문에 중요 내용은 행정입법인 대통령령이 아닌 법률에 규정되어야 한다. 「헌법」 제75조는 "대통령은 법률에서 구체적으로 범위를 정하여 위임받은 사항과 법률을 집행하기 위하여 필요한 사항에 관하여 대통령령을 발할 수 있다."고 정하고 있는데, 이 조항의 의미는 "법률 그 자체에 이미 대통령령으로 규정될 내용 및 범위의 기본적 사항이 구체적으로 규정되어 있어서 누구라도 당해 법률 그 자체에서 대통령령에 규정될 내용의 대강을 예측할 수 있어야 함을 의미하고, 그렇게 하지 아니한 경우에는 위임입법의 한계를 일탈한 것"60이다. 「존엄사법안」 제6조 2호와 3호에서는 연명치료와 응급치료처치의 중단 내지 보류의 대상, 기준, 절차 등에 관한 사항을 행정입법도 아닌 국가의료윤리심의위원회의 심의사항으로 규정하고 있는 점을 법률유보원칙의 관점에서 우려할 만 하다. 연명치료중단을 제도화하기 위하여 법률을 개정하는 경우든 법률을 제정하는 경우든, 이러한 점에 유념하여야 한다.

---

60 헌재 1995. 9. 28. 93헌바50.

7) 법안에서 사용되고 있는 개념과 용어 등이 명확성의 원칙을 충족시키고 있는지의 평가이다. 명확성의 원칙은 수범자에게는 법이 규율하는 내용을 미리 알 수 있도록 하여 일상적인 생활에서 행동기준을 제공하고, 법집행자에게는 객관적인 판단기준을 주어 차별적이거나 자의적인 법의 해석과 집행을 방지하는 기능을 한다.[61] 전술한 법안들에서 사용되고 있는 '존엄사', '말기환자', '적극적 안락사', '적극적 생명정지', '연명치료', '생명연장조치' 등의 용어는 생소하고 모호하기도 하지만, 법안에서 스스로 개념정의(입법해석)를 하고 있다. 법안에서 불명확성을 해소하기 위한 노력이 있다.

제6절 맺음말 –존엄사 관련 입법에 대한 기대와 전망

존엄사에 관해서는 개념에서부터 해결책까지 다양한 견해가 존재한다. 그러나 존엄사의 문제가 민감하고 어려운 문제임에 틀림없다는 사실에 대해서, 어렵지만 해결해야할 문제라는 점에 대해서는 이론이 존재하지 않을 것이다. 이러한 점에서 "의학·윤리학·법학은 공동으로 인류가 돌이킬 수 없는 재양 속으로 빠져들기 전에 생명우호적인 관점에서 생명의학기술의 친인간적인 발전 및 그의 공평하고 정의로운 이용을 도모하기 위한 적절한 법제도적 틀을 수립해야 한다는 것은 당연한 요청"[62]이라는 점에 대해서는 사회적 공감대가 확산되고 있는 것 같다. 그러나 아직도 '존엄사'에 대해서는 용어 사용에 있어서부터 논란이 제기되고 있으며, 존엄사를 허용하는 법률의 입법에 대해서는 우려와 기대가 교차한다고 할 수 있다. 필자는 우리 사회에 현실적으로 존재하고 있는 연명치료중단이라는 관행에 대하여 합리적이고 공식적인 해결책을 찾지 못하고, 오직 의사를 형사처벌하는 방법을 통하여 '존엄사'를 형사법적으로 규제하

61 홍완식, 입법원칙으로서의 명확성원칙에 관한 연구, 입법정책, 2007.
62 정상기/명재진, 생명과학기술의 응용과 기본권보호적 한계, 집문당, 2003, 20면.

려는 방식이 바람직하지 못하다고 지적해 왔다.[63] 다만, 존엄사를 법률에 규정하여 입법적으로 해결하려는 방식은 몇 가지의 선결문제를 안고 있으며, 엄격한 내용적 요건과 절차적 요건을 두어 존엄사의 악용을 방지할 제도적인 장치가 마련되어야 한다. '보라매병원사건'이나 '세브란스병원사건' 등을 통해 볼 때, 우리 사회에서 법규화 준비작업이 아직 이르다고는 할 수 없다. 그러나 우리의 법령과 제도가 '존엄사 당하기 쉬운 경제적 약자'에게도 충분한 의료보호제도를 제공하고 있는지, 충분한 정보를 가지고 있는 상태에서 죽음을 준비할 수 있는 호스피스제도 등을 두고 있는지, 경제적 이유로 연명치료중단을 선택하지 않도록 국민건강보험과 노인장기요양보험 등 사회보험제도가 작동하고 있는지 등의 과제가 선결되어야 하리라 생각된다. 아직도 이러한 문제들에 대한 검토가 필요하고, 이러한 검토와 고민을 반영한 신중하고 정밀한 입법작업이 다시금 요청된다.

| CHAPTER 06 _ 참고문헌 |

권복규/김현철, 생명윤리와 법, 이화여자대학교출판부, 2005

김승환, 입법학에 관한 연구 －입법의 주체·원칙·기술을 중심으로－, 고려대학교 박사학위청구논문, 1987.

김재윤, 안락사허용론에 대한 고찰, 형사법연구, 제26집, 2006.

김수현, 자기결정권과 그 제한, 헌법논총, 제7집, 1996.

김학태, 무의미한 생명연장치료 중단에 관한 법 윤리적 고찰, 외법논집, 제33권 제1호, 2009. 2.

문국진, 생명윤리와 안락사, 여문각, 1999.

박영호, 소극적 안락사의 허용 여부에 대한 소고, 저스티스, 통권 제65호.

박은정, 생명공학시대의 법과 윤리, 이화여자대학교 출판부, 2000.

신동일, 무의미한 연명치료중단에 관한 법적 고찰, 안락사와 존엄사 토론회, 2008. 12. 22.

신상환, 독일의 입법과정상 입법평가적용의 구체적 사례분석 및 조망을 통하여 본 한

63 홍완식, 전게서, 160면.

국입법평가의 발전과제, 법제, 2002. 12.
윤종행, 안락사외 법정책, 생명인권보호를 위한 법정책, 삼우사, 2004.
이동익, 무의미한 연명치료 행위의 중단에 관한 윤리적 고찰, 안락사와 존엄사 토론회, 2008. 12. 22.
이상돈, 치료중단과 형사책임, 법문사, 2003.
임종수, 입법원칙과 규범통제, 법률행정논총, 전남대학교 법률행정연구소, 2001. 6.
정상기/명재진, 생명과학기술의 응용과 기본권보호적 한계, 집문당, 2003.
최경석, 생전유언 및 사전의료지시 제도의 윤리적·사회적 함의, 말기환자의 자기결정권 존중을 위한 입법제안 심포지움, 경실련·홍익대학교 법학연구소·한림대학교 법학연구소, 2008. 10. 2.
홍완식, 입법자의 형성의 자유와 입법의 원칙, 헌법과 사회, 최대권교수 정년기념논문집, 2003.
______, 입법의 원칙에 관한 연구, 법제, 법제처, 2006. 2.
______, 체계정당성의 원리에 관한 연구, 토지공법연구, 제29집, 2005.
______, 입법원칙으로서의 명확성원칙에 관한 연구, 입법정책, 2007.
______, 사회적 쟁점과 법적 접근, 개정판, 건국대학교출판부, 2008.

제 2 편

입법 원칙론

立法原則論

CHAPTER

07 체계정당성의 원리에 관한 연구

출처: 토지공법연구 제29집, 2005년

제1절 머리말

국내법의 규범체계는 헌법을 정점으로 하여 법률, 시행령, 시행규칙, 조례, 규칙 등 수많은 법령과 자치법규 등이 합하여 법규범의 체계를 이루고 있다. 고대사회에서는 10계명이나 12동판법 등 간단한 규범만으로도 사회통제와 유지가 가능했던 인간사회와 비교하여, 현대사회에 있어서 대부분의 국가들은 다양하고 복잡한 생활관계를 법령으로 규율하고 있다. 즉, 현대국가에서는 규범의 홍수(Normenflut) 또는 일상생활의 법규화(Verrechtlichung der Lebenswelt)라고 표현될 정도로 수많은 법령이 입법되고 있으며, 법률의 인플레(Gesetzesinflation)현상이 보일 정도로 우리는 수많은 법령에 둘러싸여 생활하고 있다.[1] 우리나라의 경우에 현재 시행되고 있는 법령의 수는 법률만 1,134개이고 주로 법률의 시행령과 시행규칙에 해당하는 대통령령과 총리령 및 부령은 각각 1,494개, 70개 및 1,284개로 법률의 수를 상회하고 있다.

1 홍완식, 법령의 현황과 입법의 원칙, 국회도서관보, 2004. 6, 70면.

〈표 7-1〉 현행 법령 현황 (2005년 10월 31일 기준)

구 분		현행 법령의 수
헌 법		1
법 률		1,134
행정입법	대통령령	1,494
	총 리 령	70
	부 령	1,284

※ 출처: 법제처(http://www.moleg.go.kr)

대한민국정부 수립 이후 헌법은 한번 제정되고 9차례 개정되어 총 10차례의 헌법이 공포되었고, 2005년 10월 31일 현재 총 7,684개의 법률이 공포되었다. 1978년도 이후의 통계를 통하여 법령의 증가추세를 보면 법률, 대통령령, 총리령, 부령 등은 해마다 꾸준히 늘어나고 있다. 특히 법률은 1978년에는 689개였으나 25년 후 현재인 2005년에는 1,134개로 26년 동안에 무려 445개의 법률이 증가하였음을 알 수 있다. 이렇듯 현대국가에서 법령은 수적으로도 많을 뿐만 아니라, 법률조항은 복잡하고 이해하기 어려운 양상을 보이고 있으며, 어떤 경우에는 법규범 사이에 불일치와 모순이 존재하는 경우도 있다. 즉, 많은 법률 자체가 문제되기도 하지만 통일적인 체계성을 결여함으로 인하여 법률 상호 간에 모순 혹은 충돌하여 법률의 해석과 집행에 있어서 혼란이 발생하고 비체계적인 법률로 인하여 법적 안정성의 저하가 초래될 수 있다는 것이 문제이다.

법체계의 모순과 불일치가 발생하는 이유는 여러 가지가 있겠지만 우선 입법의 영역이 넓어지고 법령의 절대적인 수가 많아지고 기본법, 특별법, 특례법 등의 양산으로 법질서의 체계가 복잡해졌기 때문에 많은 법령이 일관되고 통일된 체계를 유지하기가 어려워졌다는데 주된 이유가 있다. 특히 어떠한 입법의 필요성이 대두되는 경우 행정편의적인 측면이 지나치게 고려되도록 입법을 추진한 결과 특정집단에게 이익을 부여하는 결과를 가져오는 경우도 있으며, 입법자는 사회적인 문제가 발생하는 경우에 조속한 문제해결을 촉구하는 여론에

떠밀려 '졸속입법'을 하기 쉽기 때문에 기존의 법체계와 일치하지 않는 무리한 입법을 강행하는 경우가 있는 것이다. 또한 국회나 대통령의 임기 내에 어떠한 문제를 해결하거나 집행하기 위하여 '실적입법'을 하는 경우도 있는데, 이러한 경우에도 기존의 법체계와는 상충된 입법을 할 가능성이 있는 것이다. 이 글에서는 현대국가에서의 법령의 과잉화현상과 비체계, 특별입법, 졸속입법, 실적입법 등으로 인하여 발생할 수 있는 법령질서의 불일치나 모순 등을 시정할 수 있는 원칙으로서의 체계정당성의 원칙에 관하여 살펴보기로 한다.

제2절 체계정당성의 개념

체계정당성(Systemgerechtichkeit) 또는 체계적합성(Systemgemäßheit)이란 입법기능에서 존중되어야 하는 원칙으로서 법규범 상호간에는 규범구조나 규범내용면에서 서로 상치 내지 모순되어서는 아니 된다는 원칙이다.[2] 헌법재판소는 체계정당성의 원리에 대하여 "'체계정당성'(Systemgerechtigkeit)의 원리라는 것은 동일 규범 내에서 또는 상이한 규범간에 (수평적 관계이건 수직적 관계이건) 그 규범의 구조나 내용 또는 규범의 근거가 되는 원칙면에서 상호 배치되거나 모순되어서는 안된다는 하나의 헌법적 요청(Verfassungspostulat)"[3]이라거나 "체계정당성이라 함은 일정한 법률의 규범 상호간에는 그 내용과 체계에 있어서 조화를 이루고 상호 모순이 없어, 결국 모든 규정의 내용과 체계가 상호 모순과 갈등 없이 그 본래의 입법목적의 실현에 합치되고 이바지하는 것을 말한다."[4]고 설명하고 있다. 체계정당성이란 입법자가 입법을 함에 있어서 법체계와 일치하거나 법체계에 적절한 결정을 하여야 한다는 것을 의미한다.[5]

2 허영, 한국헌법론, 2005, 890면.
3 헌재 2004. 11. 25. 2002헌바66.
4 헌재 1995. 7. 21. 94헌마136.
5 Peine, Franz-Joseph, Systemgerechtigkeit, 1985, S.25.

개별 법률규정이나 개별법은 다른 법률규정 및 법률과의 관계에서 모순이 발생하지 않도록 입법되어야 한다. 즉, 개별법률규정이나 개별법은 독립적으로 존재하는 것이 아니라 다른 법령과 상호 유기적으로 결부하여 전체적인 법제도와 법령의 체계를 구성하는 것이며 이들 규정 사이에는 조화의 관계 내지는 균형의 관계가 존재하여야 하는 것이다.[6] 체계정당성의 원리는 국가공권력에 대한 통제와 이를 통한 국민의 자유와 권리의 보장을 이념으로 하는 법치주의원리로부터 도출된다. 체계정당성의 원리에 대한 위반이 바로 위헌으로 되는 것이 아니고, 과잉금지원칙이나 평등의 원칙 등 일정한 헌법의 규정이나 원칙을 위반하여야만 비로소 위헌으로 된다. 입법자가 체계정당성의 위반을 정당화할 합리적인 사유가 있으면, 이에 관한 입법재량이 인정된다.[7]

우리 헌법재판소는 체계정당성에 대하여 "일정한 법률의 규범 상호간에는 그 내용과 체계에 있어서 조화를 이루고 상호 모순이 없어, 결국 모든 규정의 내용과 체계가 상호 모순과 갈등 없이 그 본래의 입법목적의 실현에 합치되고 이바지하는 것을 말한다."[8]고 그 개념을 규정하고 있다. 유동적이고 가변적인 현대사회의 다양한 현상에 탄력적으로 대응하고자 특별한 사안에 대해 예외적이고도 특별한 법률의 형태로 제정하거나 또는 특별한 예외조항을 둘 경우 일반적인 사항을 규정한 법체계와의 충돌로 법적 안정성을 해칠 우려가 있다. 또한 일반법안의 입안에 있어서도 전체법률을 체계적으로 조감하고 모순없이 입안하기 또한 쉽지 않다. 그러나 그러한 한계가 있음에도 불구하고 입안시 전체법령간의 유기적인 고찰을 통해 법체계상 모순이나 충돌이 없도록 하여야 한다는 점을 인식하고 이를 위해 노력하도록 하는 데 기여하는 것이 체계정당성의 원칙이라 할 수 있다.[9]

---

6 박영도, 입법학용어해설집, 한국법제연구원, 2002, 300면.
7 헌재 2004. 11. 25 2002헌바66.
8 헌재 1995. 7. 21. 94헌마136.
9 국회사무처 법제실, 헌법재판소의 위헌결정 사유와 입법상 유의사항, 2000, 46면.

제3절 체계정당성의 헌법적 근거와 기능

체계정당성의 원리는 규범 상호간의 구조와 내용 등이 서로 모순됨이 없이 체계와 균형을 유지하도록 입법자를 기속하는 헌법적 원리라고 볼 수 있다. 이처럼 규범 상호간의 체계정당성을 요구하는 이유는 입법자의 자의를 금지하여 규범의 명확성, 예측가능성 및 규범에 대한 신뢰와 법적 안정성을 확보하기 위한 것이고 이는 국가공권력에 대한 통제와 이를 통한 국민의 자유와 권리의 보장을 이념으로 하는 법치주의원리로부터 도출되는 것이라고 할 수 있다.[10] 즉, 체계정당성의 원칙은 국가공권력에 대한 통제와 이를 통한 국민의 자유와 권리의 보장을 이념으로 하는 법치국가원리로부터 도출된다.[11] 헌법상의 제도에 관한 체계정당성의 요청이 존중되지 아니하면 이는 제도상의 결함이라고 할 수 있다.[12]

법은 헌법, 법률, 위임입법 등으로 구성되는 수직적인 단계구조를 지니고 있으며, 동일한 법규범의 효력단계에서는 일반법－특별법과 구법－신법 등의 수평적인 법령구조를 지니고 있다. 이러한 법령의 수직적 및 수평적인 구조와 체계 하에서 입법권이 권력분립원칙에 의하여 수평적으로 분배되고 보충성원칙에 의하여 수직적으로 분배될 경우, 각 규율권한을 가진 단체나 개인들이 행하는 규율기능들이 지속적으로 상호 모순된다면 각 단체나 개인들은 하나의 국가, 하나의 법공동체로 통합될 수가 없다. 따라서 입법권은 수직 및 수평적으로 분배될지라도, 분배된 입법권에 의하여 규율된 입법은 통일성을 유지하도록 할 필요가 있는 것이다.[13] 체계정당성의 요청은 동일법률 내는 물론 수평적·수직적 법규범상호간에도 규범의 구조나 내용면에 있어서 모순·충돌이 없어야 한

10 헌재 2004. 11. 25. 2002헌바66.
11 권영성, 헌법학원론, 2005, 789면.
12 허영, 헌법이론과 헌법, 2005, 717면
13 이상돈, 법학입문, 1997, 18면.

다는 것을 말한다.

우리나라에서 실정법규로는 헌법·법률과 행정법규인 대통령령·총리령·부령, 자치법규인 조례와 규칙 등이 있다. 이들 법령들은 각각 독립적인 체계를 지니고 있는 별개의 법령이지만, 법질서 전체가 내용적으로나 논리적으로 모순된 체계를 지니고 있으면 안 될 것이다. 법률을 시행하기 위한 하위의 위임입법은 법형식은 다르지만 그 상위법령과 내용상 일치되어 상위법령과 하위법령이 전체적으로는 하나의 통일된 법령체계를 이루어야 한다. 즉, 한 국가의 법령이 통일된 국민적 의사를 표현하고 보편적으로 타당하기 위해서는 모든 법령이 상호간에 불일치하거나 모순되지 않은 통일된 법체계를 구성하고 있어야 하는 것이다. 따라서 전체의 법령은 헌법을 정점으로 하여 법령의 규정들이 상호간에 모순되지 않는 체계를 형성하여야 한다. 이러한 모순없는 법령체계를 형성하기 위해서는 새로이 입법되는 법령은 그보다 상위의 효력을 지니는 법령의 취지와 내용에 모순·저촉되는 것이 아니어야 함은 물론, 동등한 효력을 지니는 다른 법령과도 모순·저촉되어서는 아니될 것이다.[14] 체계정당성의 원리는 많은 법령들이 모순되지 아니하여 법질서의 통일성을 유지할 수 있도록 하는 기능을 수행하고 있다.

제4절 체계정당성의 내용

어떠한 법령이 법체계 내에서 모순되는 규정을 두고 있거나 비체계적인 방식으로 규정된 경우에는 중대한 결함을 내포하고 있는 것이며, 입법자는 입법의 기능과 효율성을 도모하고 법체계의 통일성과 체계성을 유지하기 위하여 각 법령 상호간의 모순과 저촉을 배제하여야 하며 법령체계 가운데 조화와 균형의

14 법제처, 법령입안심사기준, 1996, 31면.

관계가 유지되도록 하여야 한다. 특히 새로이 제정되거나 개정되는 법령이 기존법령과 더불어 논리적으로 모순이 없는 법체계를 형성하여야 하는 것이다.[15] 체계정당성이라는 이 특별한 기준은 자의성을 배제한 결과정합성, 적합성, 신뢰보호 등의 원칙과 연관을 지니는 복합적인 원칙이라고 할 수 있다. 체계정당성은 이미 규율되고 있는 어떠한 생활영역에서 입법자에 의하여 스스로 선택되는 기준과 가치를 결과정합적으로 구체화시키기를 요청하게 된다. 법체계 전체의 관점에서 이거나 아니면 한 법률의 체계 내에서 일관성이 없거나 모순되는 것은 우선은 법해석과 법해석의 원칙 –예를 들어 구법에 대한 신법 우선적용의 원칙[16]이나 일반법에 대한 특별법 우선적용의 원칙– 등을 통하여 해결되어야 한다.[17]

형사특별법 등에 규정되어 있는 형벌이 체계정당성의 원리에 합치하는지에 관한 헌법재판소의 결정들이 체계정당성 원리의 내용을 잘 표현하고 있다. 형법의 법정형으로는 처벌의 실효성이 없게 된 특정한 범죄군에 대하여 가중처벌을 하도록 하는 입법정책이 종종 시행되어진다.[18] 그러나 어떤 유형의 범죄에 대하여 특별히 형을 가중할 필요가 있는 경우라 하더라도 그 가중의 정도가 통상의 형사처벌과 비교하여 현저히 형벌체계상의 정당성과 균형을 잃은 것이 명백한 경우에는, 인간의 존엄성과 가치를 보장하는 헌법의 기본원리에 위배될 뿐만 아니라 법의 내용에 있어서도 평등의 원칙에 반하는 위헌적 법률이라는 문제가 제기된다. 구체적으로는 특정범죄가중처벌 등에 관한 법률이나 폭력행위 등 처벌에 관한 법률을 통하여 형법에서 정하고 있는 법정형을 가중하는 입법사안에 있어서 형법체계의 비체계성이 발생하여 전체적으로 형법체계의 체계정당성에 의문이 제기되고 평등원칙위반을 초래하는 경우가 있는 것이다.[19]

정부형태에서 대통령제와 의원내각제를 변형시키거나 혼합시키는 경우에

15 박영도, 전게서, 301면.
16 lex posterior derogat legi priori (後法은 前法을 廢한다.)
17 Badura, Peter, Die Verfassung im Ganzen der Rechtsordnung und die Verfassungskonkretisierung durch Gesetz, in : Handbuch des Staatsrechts, Bd. VII., 1992, Rn. 31.
18 한국법제연구원, 특례법의 현황과 정비방향, 1992, 106면
19 헌재 2004. 12. 16 2003헌가12; 헌재 1992. 4. 28. 90헌바24.

변형 및 혼합의 한계와 헌법상의 체계정당성을 엄격히 지킬 것이 요구되고 있다. 의원내각제와 대통령제가 아닌 제3의 정부형태로서의 이른바 절충형 정부형태가 많은 나라에서 실패하게 되는 가장 큰 원인 중의 하나가 체계정당성의 원리를 무시한 무리한 변형과 혼합 때문이라는 평가가 있다.[20] 근래 현행 헌법하에서 대통령의 권한을 분산시키는 방법으로 책임총리제를 도입하자는 의견이 있는데, 이에 대하여 대통령중심제의 현행헌법과 부합되지 않는다고 하는 의견도 있다. 통치구조분야에서의 헌법개정의 과제는 헌법에서 체계정당성에 부합하지 않는 이질적인 요소를 제거하는 것이 중요하다는 의견도 아울러 제시하고 있다.[21] 우리나라가 지금까지 채택했던 정부형태에 대하여 제2공화국의 의원내각제를 제외하고는 거의 모두가 대통령제와 의원내각제를 절충한 정부형태였는데, 대통령제와 의원내각제의 요소를 혼합시키거나 변형시키는데 있어서 헌법이론상의 체계정당성의 원리보다는 일정한 정치목적달성을 더욱 중요시했기 때문에 정부형태의 기능면에서 적지 않은 문제점이 노출되고 말았다는 것이다.[22]

남녀평등을 기초로 하는 혼인·가족제도가 보장되는 현행 헌법질서 내에서 아무리 종교의 자유가 보장된다 해도 일부다처제를 선전하는 종교를 허용하는 것은 헌법의 통일성을 지키기 위한 체계정당성의 원리에 반하기 때문에 그에 대한 규제가 불가피하다고 할 것이라고 하고 있다.[23] 종교의 자유와 평등권이 모두 헌법에 의하여 보장된다고 할지라도 일부다처제의 종교를 허용하는 것은 남녀평등에 위배되는 것이기 때문에 불일치와 모순을 낳는 것이고 이는 헌법의 통일성과 체계성을 침해하게 된다. 즉, 체계정당성에 위배되는 것이다.

체계정당성의 원리는 또한 세법 분야 특히 직접세와 소득세의 측면에서 중요한 의미가 있는데, 세법 분야에서 체계정당성의 원리는 개인의 담세능력을 최대한 고려할 수 있는 직접세와 소득세를 중심으로 하는 세법질서를 입법해줄

20 허영, 전게서, 717면.
21 조재현, 책임총리제 실현을 위한 개헌 및 선거법 개정, 연세법학연구, 제9권 제2호, 2003, 44면.
22 허영, 전게서, 932면.
23 허영, 전게서, 534면.

것을 입법자에게 요구할 수 있다는 것이다. 그러므로 조세법상 담세능력의 원칙은 일단 소득세법과 관련 직접세법규에 규정된 이상 일관되고 체계적으로 실현되어 결과적으로 세법의 다른 원칙을 향도(嚮導)하고 다른 개별법규에서 일관하여 구체화될 것이 요망된다고 한다. 이와 같이 담세능력의 원칙에 따르는 과세의 원칙은 세법체계의 최고의 지향점인 공평과세 원칙을 실현하는 것이므로, 조세입법권자가 이 원칙과 달리 어떤 예외적인 사안을 규율하려 하는 경우에는 이러한 법규정을 정당화할 만한 합리적이고 상당한 근거를 제시해야 한다는 것이다.[24] 이와 같이 개별 세법은 전체 세법체계에서 체계적으로 형성되어야 한다.[25] 담세평등이라는 것은 한 가지 종류의 세금에서만 담세평등의 준수여부만이 평가되는 것이 아니라, 동일한 납세자에게 부과되는 총납세액을 통하여 담세평등의 원칙이 준수되었는지가 평가되는 것이다.[26] 이러한 원칙을 충족시키기 위해서는 개별세법에서의 체계정당성과 전체 세법체계에서의 체계정당성의 원칙이 동시에 존중되어야 한다.

지방자체제도의 본질에 상응하는 제도를 만들기 위해서는 지방자치제도가 지니는 기본권실현기능과 민주주의적 기능 및 권력통제적 기능을 바르게 인식하고 보충성의 원리와 체계정당성의 원리에 부합되는 지방자치제도를 마련하여야 한다고 주장되고 있다.[27] 특히 지방자치단체의 지방자치법규의 입법권과 관련하여 체계정당성의 원리가 적용되는데, 지방자치단체가 해당 자치단체의 입법권을 수행하는 과정 즉 지방의회가 조례를 입법하는 경우나 지방자치단체의 장이 규칙을 입법하는 경우에 있어서 체계정당성의 원칙은 준수되어야 한다.[28] 지방자치단체의 입법권은 지방자치의 본질적 요소의 하나인 자치입법권이 존중

24 김성수, 개별행정법, 2001, 59면; 김성수, 국민건강보험재정 안정화를 위한 법적 과제 -국민건강증진기금의 개편 논의를 중심으로-, 한국법제연구원, 2005, 21면.

25 이는 '전체 법질서 내에서의 체계정당성'(Systemgerechtichkeit in der Gesamtrechtsordnung)에 대비되는 개별 법질서 내에서의 체계정당성으로서, '전체 세법체계 내에서의 체계정당성'(Systemgerechtichkeit innerhalb des Steuerrechts)이라고 표현된다.

26 Kirchhof, Paul, Staatliche Einnahmen, in : Handbuch des Staatsrechts Bd. IV, 1999, Rdnr. 112.

27 허영, 전게서, 1031면.

28 Ossenbühl, Fritz, Satzung, in : Handbuch des Staatsrechts Bd. III, 1996, Rdnr.24.

되어야 한다는 관점에서, 원칙적으로는 체계성보다는 자율성이 지방자치입법의 중요한 특성으로 지적되어야 할 것이다. 그러나 조례와 규칙을 정형으로 하는 자치입법은 헌법과 상위법령에 위반되어서는 아니 되는 법규범의 위계질서를 고려하면 체계정당성의 원리는 자치입법에서도 당연히 적용되어지는 원리임에 틀림없다. 다만, 각각의 자치단체는 각 자치단체 특유의 자치정책을 반영할 필요가 있기 때문에 자치단체상호간의 수평적 체계는 요구되어지지 않는다는 점에서 체계정당성 원리의 적용에 있어서의 특수성이 있다고 할 것이다.

제 5 절 입법자의 형성의 자유와 체계정당성의 원리와의 관계

입법자의 형성의 자유(Gesetzgeberische Gestaltungsfreiheit)[29]란 헌법에 의하여 입법자에게 부여된 입법권을 행사함에 있어서 입법자는 판단의 자유를 지닌다는 것을 의미한다. 즉, 입법자는 어떠한 내용의 법률을 제정할 것인가에 대하여 판단의 자유를 가지며, 입법자는 가장 합목적적이라고 판단되는 방법과 시기를 선택하여 입법을 할 수 있다. 입법자에게 형성의 자유가 주어지는 이론적 근거는 삼권분립의 원칙이라고 할 수 있다. 헌법적 근거는 우선은 입법권은 국회에 속한다고 하는 「헌법」 제40조이며, 이외에도 「헌법」 제23조 제3항의 공공필요, 제32조 제2항의 민주주의원칙, 제37조 제2항의 국가안전보장·질서유지·공공복리, 제119조 제2항의 적정한 소득의 분배·경제력남용의 금지·경제의 민주화 조항 등도 입법자의 형성의 자유에 대한 근거로 볼 수 있다.[30] 입법자가 입법을 함에 있어서 이러한 형성의 자유가 주어지는 이유는 우선적으로 입법의 권한과 전문성을 지니고 있는 의회에 일정한 자유와 재량을 주어야 한다는 것이고, 특

29 '입법자의 형성의 자유'는 '입법재량(Gesetzgeberisches Ermessen)'이라고도 하며, 이러한 권한은 '입법재량권' 또는 '입법형성권'이라고 표현되기도 한다.

30 권영성, 전게서, 795면.

히 최근 들어서는 경제활동의 규제, 사회보장, 조세, 선거분야 등 특정영역에 대해서는 입법자의 전문적 판단 내지 정책적 판단을 존중할 것이 요청되고 그 영역의 성질상 다양한 입법이 필요하다는 사정이 인정되기 때문이다.[31]

독일의 헌법재판소는 그 활동초기부터 입법자의 형성의 자유를 인정하여 왔으며,[32] 우리나라의 헌법재판소도 입법자의 형성의 자유를 인정하고 있다.[33] 우리 헌법재판소는 "입법목적을 달성하기 위하여 가능한 여러 수단 가운데 어느 것을 선택할 것인가의 문제는 그 결정이 현저하게 불합리하고 불공정한 것이 아닌 한 입법재량에 속하는 것"[34]이라고 하여 입법자의 형성의 자유를 폭넓게 인정하고 있다. 이러한 입법자의 형성의 자유에는 입법의 내용은 물론이고 입법을 할 것인가의 여부 및 입법시기에 관한 자유도 포함되는 것으로 이해되고 있다.[35]

그러나 입법자는 이러한 선택에 있어서 완전히 자유롭지는 못하며, 일정한 한계를 지니게 된다. 입법자는 어떠한 사안에 대하여 입법을 함에 있어서 항상 입법사항에 관한 자신들의 결정이 국민의 의사를 정확하게 대변한다는 점과 헌법에 위반되지 않아야 한다는 점에 주의하여야 한다. 입법자는 현실적으로 가능한 여러 가지의 입법대안들 가운데서 정당한 결정을 선택하고 또한 이 결정이 성낭하다는 근거를 세시하어야 하는 부담을 지는 것이다.[36] 이는 입법자의 형성의 자유는 국민의 기본권보호 및 확인이라는 틀 속에서만 인정될 수 있을 뿐이기 때문에, 이는 입법자에게 주어신 입법에 관한 단순한 자유가 아니라 헌법적으로 구속된 자유일 뿐이라고 이해[37]되고 있는 것이다. 따라서 입법자의 입법재량권은 자유재량이 아닌 기속재량이며, 입법자의 형성의 자유는 방임된 자유가 아니라 책임있는 자유라고 할 수 있는 것이다. 입법자의 형성의 자유에 대

---

31 국회사무처 법제실, 전게서, 11면.

32 Recknagel, Henning, Gesetzgeberisches Ermessen －Eine Untersuchung zur Stellung des Bundesgese－ tzgebers, 1975, S.18.

33 헌재 1996. 2. 29 94헌마213; 헌재 2000. 3. 30 99헌마594; 헌재 2001. 1. 18 2000헌바7.

34 헌재 1996. 2. 29. 94헌마213.

35 박영도, 입법심사의 체계와 방법론, 한국법제연구원, 1996, 158면.

36 Zippelius, Reinhold, Das Wesen des Rechts, 4.Aufl., 1978, S.73.

37 최윤철, 의원입법의 평가와 평가제도의 발전에 관한 이론적 검토, 공법연구, 제33집 제3호, 2005, 16면.

한 한계로서는 적법절차의 원칙, 비례와 공평의 원칙, 과잉금지의 원칙, 자의금지의 원칙, 신뢰보호의 원칙, 명확성의 원칙 등이 열거되고 있다.[38] 즉, 입법자는 입법을 함에 있어서 형성의 자유 또는 입법재량권을 지니되, 위의 여러 원칙에 위배되는 입법을 하여서는 아니 된다. 이러한 입법자의 형성의 자유 또는 입법재량권의 한계는 입법자가 입법을 함에 있어서 준수하여야 하는 입법의 원칙과 연결된다. 어떠한 제도를 구체화하는 데 있어서 입법자에게 주어진 넓은 형성권은 헌법적 원리에 의하여 제한을 받게 되는데 이는 모든 법적인 제도가 준수하여야 할 체계정당성 때문이라고 할 수 있다.[39] 이와 같이 체계정당성의 원리는 입법자가 가지는 형성의 자유에 대한 한계인데, 이에 따르면 입법자는 일관된 기준과 원칙에 따라서 입법권을 행사하여야 하고 아무런 합리적 근거가 없이 체계정당성의 원리에 위배되는 입법을 하는 경우에는 '입법자의 자기구속의 법리'(Selbstbindung des Gesetzgebers)를 위반하는 것으로 위헌일 가능성이 있다고 하는 것이다. 입법자의 자기구속의 법리는 입법을 함에 있어서 헌법상 보장되는 평등권, 신뢰보호의 원칙 및 투명성과 예측가능성을 요구하는 법치주의 원리 등에 토대를 둔 것으로 이해되고 있다.[40]

체계정당성의 원칙에 따르면 입법자는 그가 선택한 가치기준을 법질서를 형성함에 있어서 일관되게 존중하여야 한다. 보다 구체적으로 입법자는 특정한 상황을 규율하기 위해서 선택한 가치기준을 하나의 법률 내부에서 뿐 아니라, 동일한 규율대상을 갖는 다른 법률에서도 일관되게 준수하여야 한다.[41]

입법자는 입법의 기능과 효율성을 도모하기 위하여 전체 법질서에 만족스러운 체계를 제시할 수 있도록 노력하여야 한다. 즉, 입법자가 입법의 체계화를 위하여 노력하여야 하는 구체적인 사항은 ① 특정의 문제를 새로이 규율하는 법률은 적어도 가능한 한 현존하는 법질서의 기초를 유지하면서 체계성 있게

38 권영성, 전게서, 795면.
39 허영, 전게서, 1012면.
40 Maurer, Hartmut, Kontinuitätsgewähr und Vertrauensschutz, in : Handbuch des Staatsrechts, Bd. III, 1996, Rdnr.62.
41 전광석, 한국헌법론, 2005, 206면.

제정할 것 ② 새로운 법률을 제정하는 경우에는 가능한 한 기존법질서의 체계 속에 편입하는 방향으로 모색하여야 할 것이며 개정하는 경우에도 현존하는 법질서를 파괴하지 않도록 유의할 것 ③ 법률전체와 상호 조화를 도모한다는 취지에서 주기적으로 법전 전체를 정비하여 실효성 없는 법률을 개폐할 것 등을 들 수 있다.[42]

이렇듯 체계정당성의 원리는 특히 입법기능에서 존중되어야 하는 원칙이다.[43] 법령들은 우리가 법원(法源)이라고 부르는 존재형식이 다양하고 입법시기가 다르며 그 입법취지 및 입법목적 등이 상이하기 때문에 법령 상호간의 불일치와 모순이 초래될 수가 있다. 따라서 이들을 일정한 기준에 따라 분류하고 정돈하여 일관성 있는 체계를 정립함으로써 법률생활의 원활과 확실성을 도모할 필요가 있는 것이다. 법령을 체계화할 경우에는 사실관계에 적용될 법규를 찾는데 필요한 시간과 노력을 절약할 수 있고, 하나의 사실관계에 여러 법규가 관련될 경우 모순·상충이 일어날 수 있는 가능성을 예방하는 효과도 거둘 수 있을 것이다. 이를 위해서는 입법을 하는 과정에서 새로운 법령이 기존의 법체계와 모순·상충됨이 없이 통일성과 체계성을 갖출 수 있도록 유의하여야 할 것이기 때문에, 이와 같이 법령 상호간의 체계를 갖추는 것은 법령의 해석과 집행에 있어서는 물론이고 입법을 함에 있어서도 매우 중요한 문제이다.[44]

체계정당성은 두 가지 관점에서 모두 구현되어야 하는 데, 이는 내적 체계와 외적 체계가 갖추어져야 함을 의미하는 것이다. 즉, 법령은 한편으로는 법질서의 체계에 올바르게 편입될 수 있어야 하며, 그 자체 또는 규율 상호간에 모순되지 말아야 한다는 내적 체계성(Inere Systematik)의 요청이 충족되어야 하고, 다른 한편으로는 그 내용파악이 가능하고 정당하게 이해될 수 있도록, 또한 그 상호관계가 해명될 수 있도록 편제되어야 한다는 외적 체계성(Äussere Systematik)의 요청이 충족되어야 한다.[45] 법령의 내적 체계란 법령의 내용면에서의 일관성

42 한국법제연구원, 전게서, 78면.
43 허영, 전게서, 717면.
44 조정찬, 법령상호간의 체계에 관한 연구, 법제, 268호, 1989. 6, 24면.
45 Noll, Peter, Gesetzgebungslehre, 1973, S.206.

과 통일성을 의미한다. 이러한 내적 체계에서의 모순의 유형으로는 ① 입법기술적 모순(통일적이지 못한 언어가 사용되거나, 조화될 수 없는 개념들이 사용되는 경우), ② 규범의 모순(동일한 구성요건에 적용되는 두 개의 규범이 상이한 법률효과를 규정하고 있는 경우), ③ 평가의 모순(새로운 규범이 현행법의 기초를 이루고 있는 평가를 무시하는 경우), ④ 목적론적 모순(어떤 규범에 의해 추구되고 있는 목적의 달성이 다른 규정으로 인해 좌절되는 경우), ⑤ 원칙의 모순(일정한 규율의 토대를 이루고 있는 기본원칙들 간의 충돌이 있는 경우) 등을 들 수 있다. 법령의 외적 체계란 법령의 편제나 구조를 의미하는 것으로 법령의 조문을 편, 장, 절, 조, 항, 호, 문 등으로 구분하여 편제하는 것을 의미한다.[46] 외적 체계의 모순은 형식상의 문제이기 때문에 쉽게 발견하고 교정할 수 있는 것이지만 내적 체계의 모순은 많고 복잡한 법령체계에서 쉽게 발견하기가 곤란하다. 이러한 모순된 법령의 적용은 입법의 체계성을 해치고 해석의 문제를 발생케 하여, 권리의 침해나 입법의 신뢰에 중대한 부정적 영향을 미칠 수 있다.

독일 연방헌법재판소는 이러한 체계정당성의 원칙 내에서 결과정합성(Folgerichtigkeit)을 인정하고 있는데,[47] 결과정합성이란 법위반의 효과 등이 동일하지 않아 서로 모순된 법적 결과를 초래해서는 안된다는 것을 의미한다. 예를 들어 보조금을 받을 수 있는 법적 요건에 해당하지 않음에도 불구하고 보조금을 수령한 경우 형법에서는 최고 3년형의 자유형에 처할 수 있도록 하는 반면 육아보조금법에서는 벌금에만 처할 수 있도록 규정하고 있다면, 같은 행위에 대하여 적용되는 법률에 따라서 법적 결과에 커다란 차이가 발생하기 때문에 이러한 경우에는 결과정합성에 위반된다고 본다. 이러한 결과정합성에 대한 위반은 크게 보면 법질서의 모순과 비체계를 의미하는 것이기 때문에 체계정당성이나 체계적합성의 원리에 위배되며 이는 평등원칙위반의 결과를 낳게 된다.[48]

---

46 박영도, 법령입안기준개발에 관한 연구(II) – 스위스의 법령입안심사기준, 한국법제연구원, 2004, 69–71면.

47 Kirchhof, Paul, Der Allgemeine Gleichheitssatz, in : Handbuch des Staatsrechts Bd. V, 2000, Rdnr. 231.

48 Schneider, Hans, Gesetzgebung, 3. Aufl., 2002, S.39.

특별법을 많이 두고 있는 우리나라의 법체계에서는 법령 간에 모순·저촉이 발생할 가능성이 많으며 이러한 법령간의 모순·저촉을 방치하는 경우에는 법체계와 법질서의 혼란을 초래할 가능성이 크다. 따라서 새로운 입법을 하는 경우에는 기존의 법체계에 부합하도록 하여야 하고, 가능한 한 기존법질서의 체계에 편입하는 방향을 모색하여야 하며, 법률전체와 상호 조화를 도모한다는 취지에서 주기적으로 법전전체를 정비하는 작업이 필요한 것이다.[49] 법체계의 각 영역에 있어서의 정비사업이나 법전화(Kodifikation)작업은 일관성과 통일성을 확보하여 입법의 체계정당성을 확보하기 위한 바람직한 방법이라고 할 수 있다. 많은 개별법들로 산재하는 법령을 정비하여 행정법, 환경법, 노동법, 사회보장법 등의 영역에서 체계적인 법령을 입법하는 것은 현대사회의 방대하고 복잡한 법령을 체계화하는 방법일 것이다.[50] 그러나 법령을 체계화한다는 거창한 계획이 아니더라도 특별한 필요와 이유가 없는 한 많은 수의 특례법과 특별법을 줄여서 일반법으로 편제하는 작업이 우선 현실적으로 가능한 법령정비방안이 될 것이다.

입법의 원칙 내지는 입법형성권의 한계로 논의되는 체계정당성의 원리는 입법자가 일관된 기준과 원칙에 따라서 입법활동을 하여야 하며 합리적 근거 없이 이러한 일관된 원칙에서 벗어나는 경우에는 이른바 '입법자의 자기구속'(Selbstbindung des Gesetzgebers)에 위반하는 것으로서 위헌의 문제가 발생할 수 있으며, 우리나라의 경우 특히 세법의 영역에서 체계정당성의 원리는 직접세와 소득세의 중요성을 강조하는 측면에서 중요한 의미가 있다고 한다.[51]

---

49 한국법제연구원, 전게서, 78면.

50 Kirchhof. a.a.O., Rdnr.233.

51 김성수, 전게서, 58면; 김성수, 전게논문, 21면.

제6절 입법기준으로서의 체계정당성의 원리

의회와 정부의 입법업무 담당조직 및 입법지원조직, 입법연구조직 등에서 입법실무를 수행함에 있어서 유의하여야 할 입법의 기준을 제시하고 있는데, 이러한 입법실무상의 입법기준을 살펴보면 '체계정당성'이나 '체계정당성의 원리'를 명시적인 준칙으로 제시하고 있지는 않지만 체계정당성의 내용이 준수될 것이 요구되고 있다. 체계정당성은 사물의 본성(Natur der Sache)과 같이 국가의 입법작용에 있어서 본질에 속하는 것을 의미한다고 본다.

국회사무처 법제실의 법령안 입안시의 유의사항으로서 체계(정당)성의 원칙이 제시되고 있다. 즉, 법령을 입안할 경우에는 입안되어질 법령이 법질서 내의 체계를 준수하는 것인지에 관하여 체계정당성의 관점에서 검토하여야 한다는 것이다. 여기서 체계(정당)성의 원칙이란 "어떤 법률의 개별규정이라도 고립하여 존재하는 것이 아니며 개별 법규정들은 상호 유기적으로 결부되어 하나의 법체계를 구성하고 있기 때문에, 입법 시에는 그 법률 또는 법률조항이 전체 법체계 내에서 차지할 위치를 고려하여 조화와 균형을 이루도록 하여야 한다는 것이다. 입법자는 체계정당성을 가진 입법을 하기 위하여 다음 사항을 유의하여야 한다. 첫째, 특정한 문제에 관하여 새로이 입법을 하는 경우 가능한 한 현존 법질서의 기초를 유지하면서 체계적 관점에 따라 입법하여야 한다. 즉 입법자는 가능한 한 새로운 법률이 기존의 법질서를 파괴하지 않도록 하여야 한다. 둘째, 입법자는 지속적으로 전체 법률을 정비하여야 하며 법규범 사이의 조화를 도모하여야 한다. 실정법은 논리적으로 하나의 법체계를 구성하는 것이므로 새로이 생산된 법규범은 기존 법규범과 함께 논리적으로 모순 없는 통일적인 법체계를 형성하여야 한다. 그럼에도 불구하고 실제로 법규범 상호간에 모순·저촉이 발생한 경우에는 법규범의 체계 및 질서유지를 위하여 '신법우선의 원칙', '특별법우선의 원칙' 등을 적용하여 해결하여야 한다."[52] 이러한 점에 비추

52 국회사무처 법제실, 국회법률안입안기준, 2000, 26-27면.

어 체계정당성의 원칙은 입법심사시의 유의사항으로도 제시되고 있다. 즉, “입법심사시 체계정당성의 원칙은 먼저 관련법령에 대한 폭넓은 조사와 검토가 선행될 때 확보될 수 있다. 따라서 기본법과 관련법에 대한 검토는 물론 헌법질서 전반에서 입안내용이 갖는 의미를 충분히 살펴본 후에 법안의 구체적 내용에 대해 검토하여야 할 것이다.”라고 하고 있다. 또한 법령의 입안자가 체계정당성의 원칙과 관련하여 입법시 유의할 사항을 예시하고 있는데, 이는 첫째, 입법내용이 당해 법령의 소관사항에 적합한 것인지 여부[53] 검토 둘째, 심사대상인 법률조항이 일반조항인 경우 유사한 사례를 규정하고 있는 다른 법률과 균형과 통일성을 갖추고 있는지 그리고 그 입법례에 비추어 법체계상 모순이나 갈등은 없는지 여부 검토 셋째, 특례조항의 경우 통일된 헌법질서 내에서 일반조항과의 체계와 조화를 현저하게 일탈하는 내용인지 그 허용성에 있어 헌법에 합치되는지 여부 검토 넷째, 적용대상이 다른 법률과 비교해서 지나치게 차별적으로 규정되고 있지 않은지 여부 검토 등이 그 것이다.[54]

국회사무처가 1996년에 발간한 법제편람[55]에서도 ‘법률안의 일반적 입안·심사기준’의 하나로서 ‘통일성’을 제시하고 있다. 즉, “우리나라는 헌법을 정점으로 하여 법률·시행령·시행규칙·자방자치단체의 조례 및 규칙 등 많은 법규가 전체로서 하나의 법체계를 형성하고 있다. 새로운 법규를 만들거나 기존의 법규를 개폐한다는 것은 현실로 존재하고 있는 하나의 법체계, 법질서에 영향을 미치는 일이기 때문에 이러한 영향이 현행 법체계에 흡수되도록 법규의 입안에 있어서는 기존의 타 법규와의 조정·조화를 충분히 배려하지 않으면 아니된다.”

53 법질서의 ‘통일성의 원칙’이나 ‘체계정당성의 원칙’이라는 개념 및 표현이 등장하기 전에는 ‘소관사항의 원칙’이라는 개념 및 표현이 사용되었다. 즉, 법률의 소관사항의 원칙이라 함은 법률을 제정함에 있어서는 법률로서 규정할 수 있는 사항은 지켜 종적으로는 법체계상의 법률의 위서(位序)에 맞는 법의 내용을 갖추도록 하고 횡적으로는 다른 법률과의 관계에 있어서 각각 자기 법률의 소관사항을 지켜 다른 법률의 소관사항을 침범하지 않도록 하는 것이라고 설명되었다. 국회사무처 입법조사국, 법률안의 기초 및 심사기준, 1992, 58면. 이후 법률의 소관사항의 원칙은 통일성의 원칙이나 체계정당성의 원칙의 한 내용으로서 설명되고 있다.

54 국회사무처 법제실, 헌법재판소의 위헌결정 사유와 입법상 유의사항, 2000, 48－49면.

55 국회사무처 법제예산실, 법제편람, 1996, 14－15면.

고 하고 있다. 더 나아가서 법체계의 통일성이란 "법규상호간의 형식적인 모순·저촉의 배제·조정이라는 것에 그치지 아니하고 더 나아가 개개의 법규들이 분야별 법적 제도의 측면에서도 관계법규간의 균형과 조화가 이루어져야 함을 요구한다."는 것이다. 이러한 법률안의 입안과 심사기준으로서의 통일성의 원칙의 내용을 살펴보면 여기서의 통일성이란 바로 체계정당성의 내용과 일치한다는 것을 알 수 있다.

법제처의 법령안 입안시의 유의사항으로서도 체계정당성의 원칙이라고 할 수 있는 원칙을 준수할 것을 강조하고 있다. 즉, 법제처 법제업무 운영규정 제2조에서는 법령 입안시의 유의사항으로서 "법령안의 입법을 추진하고자 하는 중앙행정기관의 장은 법령의 입안시 법령안이 다음 각호의 요건에 적합하도록 유의하여야 한다."고 하여 1. 입법의 필요성 2. 입법내용의 정당성 및 법적합성 3. 입법내용의 통일성 및 조화성 4. 표현의 명료성 및 평이성을 제시하고 있다. 이중 '입법내용의 정당성 및 법적합성'으로서 "헌법과 상위법에 모순·저촉되지 아니하도록 하고, 하위법령과 관련하여 위임근거를 명확히 할 것"을 명시하고 있으며 '입법내용의 통일성 및 조화성'으로서 "다른 법령과의 조화와 균형이 유지되도록 하고 법령상호 간에 중복·상충되는 내용이 없을 것"과 "입법내용이 당해법령의 소관사항에 적합한 것일 것"을 요구하고 있다. 또한 "헌법 위반 또는 법령 상호간의 체계에 관한 문제가 발생하는 경우"[56]에는 "법령안 주관기관의 장 및 법제처장은 정부가 국회에 제출한 법률안이 국회의 심의과정에서 수정·변경되는 경우로서 총리령이 정하는 경우에는 관계기관의 장과 협의하여 필요한 대책을 강구하여야 한다."[57]고 하도록 규정하고 있다. 법제처에서 1996년 12월에 발간한 법령안심사기준에는 전술한 법제업무 운영규정 제2조에 관한 사항이 보다 자세히 언급되어 있다. 즉, 법령의 입안 및 심사기준으로서 제시되는 '조화성'은 다른 법령과의 조화와 균형이 유지되도록 하고 법령 상호 간에 중복·상충되는 내용이 없을 것과 입법내용이 당해 법령의 소관사항에 적합한 것일 것

56 법제업무 운영규정 시행규칙 제8조의2.
57 법제업무 운영규정 제12조 (법률안 국회심의과정의 협조 등) 제3항. 2004년 1월 9일 신설.

을 의미한다는 것이다. 보다 자세하게는 법령의 내용이 헌법과 상위법령, 다른 관련법령의 내용 및 나아가서는 법원이나 헌법재판소의 판결이나 결정과 상충되거나 모순되지 아니하고 조화와 균형을 이루어야 하며, 개개의 법령 상호 간에는 내용적으로나 형식적으로 모순·접촉이 있어서는 아니 되고 법령 개개의 규정 상호간에도 각각 형성하고 있는 법적 제도의 면에서 조화와 균형이 유지되어야 한다는 것이다.[58]

제7절 체계정당성의 원리에의 위반

체계정당성 또는 법질서의 통일성에 위반되는 내용이 있다고 하여 그것이 반드시 위헌성이 있다고는 할 수 없다. 법질서의 상하위계가 있으며 입법시점을 달리하는 동급 법규 상호간에 모순이 있을 수도 있고 일반적인 법규범에 대한 특별한 규정이나 특례규정이 입법되는 경우에는 우선 해석을 통하여 해결되는 경우가 있다. 즉 법률의 해석이나 입법시에 법규사이에 모순·저촉이 있는 경우에 이를 해결하기 위한 원칙이 있는 것이다. 이는 첫째 법규에 각각의 담당분야가 있다는 소관사항의 원칙 둘째 상위의 법규는 하위의 법규에 우선한다는 법규의 형식적 효력의 원칙 셋째 동등한 법형식 사이에 일반법과 특별법의 관계에 있지 아니한 경우에는 후법이 전법에 우선한다는 후법우선의 원칙 넷째 동등한 법형식 사이에서는 일반법보다 특별법이 우선 적용된다는 특별법 우선의 원칙이다.[59]

우리 헌법재판소도도 입법자를 기속하는 체계정당성의 원리를 강조하면서 이는 법치주의원리로부터 도출되는 헌법적 원리라고 설명한다. 그리고 체계정

58 법제처, 전게서, 31-33면. 현재 법제처는 날로 중시되는 체계정당성의 원리를 포함하여 새로이 법령입안심사기준의 개정판을 준비하고 있으며, 2006년 상반기에 발간할 예정으로 있다.

59 국회사무처 법제예산실, 법제편람, 1996, 16면.

당성의 위반은 비례의 원칙이나 평등원칙위반 내지 자의금지위반 등의 위헌성을 시사하게 된다고 한다.[60] 체계정당성의 위반은 비례의 원칙이나 평등의 원칙 등 일정한 헌법의 규정이나 원칙을 위반하여야만 비로소 위헌이 되며 체계정당성의 위반을 정당화할 합리적인 사유의 존재에 대하여는 입법재량이 인정된다.[61] 따라서 체계정당성에 반한다는 사실이 헌법적 판단에 있어서 중요한 것이 아니고, 체계를 벗어나는 합리적인 근거가 있는가 하는 문제가 검토되어야 한다. 체계를 벗어나는 합리적인 근거가 있는 경우에는 평등의 원칙에 반한다고 할 수 없으며 합리적인 근거를 결하고 있는 경우에는 평등의 원칙에 위반된다는 것이다.[62] 평등의 원칙은 새로이 만들어지는 모든 법령은 기존의 법령과 모순됨이 없이 입법되기를 요청하고 있으며, 이는 단순히 기존의 입법정책의 지속이나 연장을 의미하는 것이 아니라 기존법령과 신규법령의 조화로운 입법을 의미하는 것이다.[63]

독일의 연방헌법재판소는 평등원칙에 대한 침해의 여부를 판단하는 데 있어서 원칙적으로 법체계에 국한하여 심사한다. 즉, 자의적 차별이나 평등취급의 금지가 문제되고 있는 법체계 내에서 존중되고 있는가의 여부만 심사한다. 여기서 체계정당성의 원리가 중요성을 지니게 되는데, 어느 법규정이 그가 속하는 법체계에 전체적 구상과 내적으로 모순되고 있는지의 여부가 심사된다. 모순되는 경우에는 평등원칙의 침해의 징후가 존재한다.[64] 즉, 독일의 연방헌법재판소는 체계정당성의 논거를 법률이 평등의 원칙에 합치되는가의 여부를 판단하는 데 있어서 하나의 징표(Indiz)로서 인정하고 있을 뿐 체계정당성에 엄격한 규범력을 인정하고 있지 않다. 오히려 체계정당성의 논거는 반대해석을 통해서 결정의 대상이 된 법률의 합헌성을 논증하는 이론으로 사용되는 것이 일반적인데, 체계정당성을 유지하지 않는 합리적인 이유가 있다면 체계정당성의 위반으

60 허영, 전게서, 717면.
61 권영성, 전게서, 789면.
62 김영삼/전광석/김광수, 사회보험법의 헌법적 문제에 관한 연구, 헌법재판소, 2000, 106면.
63 Kirchhof, a.a.O., Rdnr.223.
64 계희열, 독일헌법원론, 2001, Rdnr.439.

로 인한 평등권위반은 아니라는 것이다.[65]

우리 헌법재판소도 "일반적으로 일정한 공권력작용이 체계정당성에 위반한다고 해서 곧 위헌이 되는 것은 아니다. 즉 체계정당성 위반(Systemwidrigkeit) 자체가 바로 위헌이 되는 것은 아니고 이는 비례의 원칙이나 평등원칙위반 내지 입법의 자의금지위반 등의 위헌성을 시사하는 하나의 징후일 뿐이다. 그러므로 체계정당성위반은 비례의 원칙이나 평등원칙위반 내지 입법자의 자의금지위반 등 일정한 위헌성을 시사하기는 하지만 아직 위헌은 아니고, 그것이 위헌이 되기 위해서는 결과적으로 비례의 원칙이나 평등의 원칙 등 일정한 헌법의 규정이나 원칙을 위반하여야 한다. 또한 입법의 체계정당성위반과 관련하여 그러한 위반을 허용할 공익적인 사유가 존재한다면 그 위반은 정당화될 수 있고 따라서 입법상의 자의금지원칙을 위반한 것이라고 볼 수 없다. 나아가 체계정당성의 위반을 정당화할 합리적인 사유의 존재에 대하여는 입법의 재량이 인정되어야 한다. 다양한 입법의 수단 가운데서 어느 것을 선택할 것인가 하는 것은 원래 입법의 재량에 속하기 때문이다. 그러므로 이러한 점에 관한 입법의 재량이 현저히 한계를 일탈한 것이 아닌 한 위헌의 문제는 생기지 않는다고 할 것이다."라고 하고 있다.[66]

소관사항의 원리란 "법률을 제정함에 있어서 법률로서 제정할 수 있는 사항을 준수하여 법체계상의 법률의 위계질서에 부합하는 법의 내용을 갖추도록 하고, 다른 법률과의 관계에 있어서는 각각 자기 법률의 소관사항을 준수하여 다른 법률의 소관사항을 침해하지 않도록 하여야 한다는 원리"를 의미하는 것이다. 이러한 소관사항의 원리는 법규범 상호간에 충돌이 발생하지 않도록 하여 법체계의 통일성을 기할 수 있도록 하는 것으로 평가되고 있다. 특히 특례법을 제정함에 있어서는 법체계의 통일성을 유지하기 위하여 일반법과의 관계에서 다른 법률의 소관사항을 침해하지 않아야 하는 데도 불구하고 그에 위배하여 법체계의 혼란을 초래하는 경우가 있다는 것이다.[67]

---

65 김영삼/전광석/김광수, 전게서, 106면.
66 헌재 2004. 11. 25. 2002헌바66.
67 한국법제연구원, 전게서, 78면.

제8절 체계정당성의 원리를 적용한 헌법재판소의 결정례

우리 헌법재판소는 독일 연방헌법재판소에서처럼 가중처벌을 규율하고 있는 특별법 등에서 형벌체계의 불균형성과 결과정합성과 체계정당성의 원리에의 위반의 문제를 적극적으로 판단하는 등 평등원칙 위반여부를 심사하면서 체계정당성의 원리를 적용하고 있다. 우리 헌법재판소는 체계정당성의 원리를 적용하면서 체계정당성의 위반은 평등원칙위반에 대한 하나의 징표로서만 인식하고 있으며, 체계정당성을 준수하지 않을 수밖에 없는 합리적인 이유가 제시되느냐의 여부를 결정적인 평등원칙 위반에 대한 기준으로 보고 있다.

우리 헌법재판소는 회사의 주식 20만주를 대표이사의 명의로 배정받은 경우 이를 명의신탁으로 보아 구 「상속세 및 증여세법」 제43조에 의하여 증여세를 부과한 경우, 명의신탁을 증여로 의제하도록 규정한 입법이 헌법적 요청[68]인 체계정당성의 원리에 위배되는지의 여부가 문제된 사건에서 체계정당성의 원리 위반에 대한 판단을 하고 있다. 동 사건에서 헌재는 대외적으로는 재산의 소유권을 타인 명의로 이전하되 내부적으로는 실제의 권리자가 여전히 소유권을 보유하기로 약정하는 법률관계인 명의신탁은 증여세 회피의 목적으로 이용되는 경우와 증여세 이외의 조세 회피를 목적으로 이용되는 경우로 구분될 수 있다고 하였다. 전자의 경우에는 구 「상속세 및 증여세법」 제43조 제1항 본문 및 그 단서 제1호, 제2항 후단이 규정하는 소위 증여추정이 재산권에 대한 과도한 제한이 되어 위헌이 아닌가 하는 점이 주된 쟁점이 된다. 후자의 경우에는 구 「상속세 및 증여세법」 제43조 제5항이 규정하는 조세범위의 확장이 체계부정합의

---

68 우리 헌법재판소는 체계정당성의 원리에 대하여 “규범의 구조나 내용 또는 규범의 근거가 되는 원칙면에서 상호 배치되거나 모순되어서는 안된다는 하나의 헌법적 요청(Verfassungspostulat)”이라고 하고 있음과 달리, Peine는 체계정당성의 원리가 내용과 범위 등을 확정하기 어려우며 자의적으로 적용될 수 있기 때문에 “체계정당성은 헌법적 요청이 아니다.(Sistemgerechtigkeit ist kein Verfassungspostulat)”라고 한다. Peine, a.a.O., S.313.

문제를 야기하여 결과적으로 재산권에 대한 과도한 제한을 초래하는 것이 아닌지 또는 평등원칙에 위배되는 것은 아닌지 여부가 쟁점이 되었다. 이 사건에서 보면 증여세 이외의 조세를 회피할 목적이 인정되는 경우에 명의신탁을 증여로 추정하여 증여세를 부과하는 입법수단을 입법자가 선택한 것은 이미 앞에서 본 바와 같이 조세회피를 방지하고 이를 제재하기 위한 것으로서 그 입법목적이 정당하고 그 수단이 조세회피행위의 방지라는 입법목적을 달성하는 데 적합하고 나아가 증여세 이외의 조세를 회피하고자 하는 명의신탁에 대한 제재방법으로 증여세를 부과하는 것이 형벌이나 과징금을 과하는 등의 다른 대체수단에 비하여 납세의무자에게 더 많은 피해를 준다고 볼 수도 없고 명의수탁자가 입게 되는 재산상의 불이익보다 이로써 달성되는 공익이 현저히 크다고 판단된다. 그렇다면 조세범위확장조항을 통하여, 증여세가 아닌 다른 조세를 회피하려는 목적이 명의신탁에 인정되는 경우에도 명의신탁을 증여로 추정하여 증여세를 부과하도록 한 입법의 선택에는 합리적인 이유가 존재하고 여기에 입법재량의 한계를 현저히 일탈한 잘못이 있다고 볼 수 없고 따라서 체계부정합으로 인한 위헌의 문제는 발생하지 않는다고 하였다.[69]

특히 체계정당성의 원리는 「특정범죄가중처벌 등에 관한 법률」과 관련하여 문제가 제기되었다. 전술한 바와 같이 독일에서도 체계정당성의 원리는 결과정합성의 원리와 밀접한 연관을 지니며, 결과정합성의 원리는 범죄와 형벌간의 관계에 있어서 형벌체계상의 균형이 상실되는 경우에는 체계정당성의 원리에 대한 위반으로 보았던 경우를 보더라도 알 수 있다. 우리 헌법재판소는 「특정범죄가중처벌 등에 관한 법률」 제5조의3 제2항 제1호에 대한 헌법소원에서 동 법률조항의 법정형이 살인죄와 비교하여 형벌체계상의 정당성과 균형을 상실한 것인지 여부를 판단한 사건에서 "과실로 사람을 치상하게 한 자가 구호행위를 하지 아니하고 도주하거나 고의로 유기함으로써 치사의 결과에 이르게 한 경우에 살인죄와 비교하여 그 법정형을 더 무겁게 한 것은 형벌체계상의 정당성과 균형을 상실한 것으로서 「헌법」 제10조의 인간으로서의 존엄과 가치를 보

69 헌재 2004. 11. 25. 2002헌바66.

장한 국가의 의무와 「헌법」 제11조의 평등의 원칙 및 「헌법」 제37조 제2항의 과잉입법금지의 원칙에 반한다."[70]고 판단하고 있다. 「폭력행위 등 처벌에 관한 법률」과 관련하여서도 동일한 문제가 제기되었다. 즉, 헌법재판소는 「폭력행위 등 처벌에 관한 법률」 제3조 제2항의 법률조항이 다른 범죄와의 관계에서 형벌의 체계정당성에 어긋나고 평등원칙에 위반되는지 여부를 판단하면서, "형법 제259조 제1항의 상해치사의 경우 사람의 사망이라는 엄청난 결과를 초래한 범죄임에도 3년 이상의 유기징역형으로 그 법정형이 규정되어 있다. 그런데, 상해치사의 범죄를 야간에 흉기 기타 물건을 휴대하여 범한 경우에도 그 법정형은 여전히 3년 이상의 유기징역형임을 고려하면, 야간에 흉기 기타 위험한 물건을 휴대하여 형법 제283조 제1항의 협박죄를 범한 자를 5년 이상의 유기징역에 처하도록 규정하고 있는 이 사건 법률조항의 법정형은 형벌의 체계정당성에 어긋난다"고 하고 있다. 또한, "야간에 위험한 물건을 휴대하여 상해를 가한 자 또는 체포·감금, 갈취한 자를 5년 이상의 유기징역에 처하는 것이 폭력행위의 근절이라는 입법목적을 달성하기 위하여 불가피한 입법자의 선택이었다 하더라도, 이 사건 법률조항은 이러한 폭력행위자를 행위내용 및 결과불법이 전혀 다른, "협박"을 가한 자를 야간에 위험한 물건의 휴대라는 범죄의 시간과 수단을 매개로, 상해를 가한 자 또는 체포·감금, 갈취한 자와 동일하다고 평가하고 있다. 이것은 달리 취급하여야 할 것을 명백히 자의적으로 동일하게 취급한 결과로서, 형벌체계상의 균형성을 현저히 상실하여 평등원칙에도 위배된다. 이 사건 법률조항은 지나치게 과중한 형벌을 규정함으로써 죄질과 그에 따른 행위자의 책임 사이에 비례관계가 준수되지 않아 인간의 존엄과 가치를 존중하고 보호하려는 실질적 법치국가 이념에 어긋나고, 형벌 본래의 기능과 목적을 달성하는 데 필요한 정도를 현저히 일탈하여 과잉금지원칙에 위배되며, 형벌체계상의 균형성을 상실하여 다른 범죄와의 관계에서 평등의 원칙에도 위반된다.[71]"고 하고 있다.

---

70 헌재 1992. 4. 28. 90헌바24.

71 헌재 2004. 12. 16. 2003헌가12.

또한 우리 헌법재판소는 구「국가공무원법」제69조에 의한 공무원의 당연퇴직사유에 따르면 벌금형은 결격사유로 규정하지 않으면서 벌금형보다 더 가벼운 선고유예는 공무원의 당연퇴직사유로 규정하고 있었기 때문에, 이러한 법령의 체계가「헌법」제10조에 의한 인간의 존엄성과 행복추구권, 제11조 제1항이 보장하는 평등권 내지는 체계정당성의 원칙을 침해하는 것이라는 주장에 대하여 판단한 적이 있다. 헌법재판소는 이에 대하여 "국가공무원법 제69조의 법률조항은 공무원의 당연퇴직사유를 공무원의 임용결격사유와 동일한 것으로 규정하고 있는 바, 이는 규정체계상 공익과 사익간에 적절한 균형이 이루어진 입법이라고 할 수 없다. 같은 입법목적을 위한 것이라고 하여도 공무원으로 채용되려고 하는 자에게 채용될 자격을 인정하지 아니하는 사유와 기존에 공무원으로서 근무하는 자를 퇴직시키는 사유를 동일하게 취급하는 것은 타당하다고 할 수 없다. 왜냐하면, 공무원을 새로 채용하는 경우에는 채용될 자격이 인정되지 않는다고 하여도 해당자가 잃는 이익은 크다고 할 수 없지만, 일단 채용된 공무원을 퇴직시키는 것은 공무원이 장기간 쌓은 지위를 박탈해 버리는 것이므로 당해 공무원이 잃는 이익은 대단히 크기 때문이다. 이와 같이 다루고 있는 이익의 크기가 현저하게 상이함에도 불구하고 이를 공무원의 직무를 수행하기 위한 자격의 문제로 파악하여 그 사유를 규정함에 있어 공직취임 이전의 임용결격사유와 이후의 당연퇴직사유를 동일하게 규율하는 것은 공직취임 이후의 퇴직자의 사익에 비하여 지나치게 공익을 우선한 입법이라고 하지 않을 수 없을 것이다."라고 하여 동 규정을 과잉금지원칙, 구체적으로는 법익균형성의 원칙에 대한 위반으로 보아 심판대상조문의 위헌을 선고하였다.[72] 여기서 "규정체계상 공익과 사익간에 적절한 균형이 이루어진 입법"이라고 할 수 없다고 하는 체계정당성의 원리에의 위반이 과잉금지원칙 위반에 대한 중대한 논거가 된 것이라고 평가될 수 있다.

헌법재판소는「화재로 인한 재해보상과 보험가입에 관한 법률」제5조 제1항의 위헌여부에 관한 헌법소원' 사건에서 4층 이상의 건물이나 백화점·시장

72 헌재 2003. 10. 31. 2002헌마684.

등 다수인이 출입 또는 근무하거나 거주하는 특수건물의 소유자에게 손해배상책임의 이행을 위하여 화재보험에 강제가입하도록 하는 규정의 위헌성 여부를 판단하면서 법률의 체계성을 설명하고 있다. 즉, 동 법률에 의한 보험가입에의 의무는 특수건물 소유자에게 화재로 인한 인명피해의 경우에 지우는 무과실 손해배상책임과 건물실화로 인한 인명피해의 경우에 실화책임에 관한 법률의 적용을 배제하고 경과실의 경우에도 손해배상책임을 지도록 하여 특수건물 소유자에게 무거운 대인배상책임을 지우면서 이를 확보하기 위한 강제적인 책임보험인데도, 대인배상책임과는 무관한 화재로 인하여 건물소유자 자신이 입은 손실보상을 위한 화재보험의 가입을 강제하고 있는 반면 화재로 인한 제3자의 물적 손해에 대하여는 책임보험을 강제하고 있지 않다. 이러한 입법태도는 배상책임보험이라는 그 공공적인 주된 목적은 뒤쪽으로 물러나고 화재보험이 오히려 주된 자리를 차지하게 함으로써, 배상책임보험은 뒷전으로 돌려 부수적인 것이 되게 함으로써 동 법률의 주된 입법목적을 일탈하고 화재보험만을 완벽하게 한 본말전도의 체계부조화의 입법이라 아니 할 수 없다고 하였다.[73]

헌법재판소는 「택지소유상한에 관한 법률」에 따른 소유제한범위 내의 택지인지 여부에 관계없이 토지초과이득세 과세 여부를 결정하도록 되어 있는 「토지초과이득세법」이 위헌인지의 여부를 판단하면서, 「토지초과이득세법」은 당해 토지가 택지소유상한에 관한 법률에 따른 소유제한범위 내의 택지인지 여부에 관계없이 토지초과이득세의 과세 여부를 결정하도록 되어 있는데 이는 「택지소유상한에 관한 법률」과 입법체계적으로도 조화를 이루지 못하고 있다고 하고 있다.[74]

헌법재판소는 「독점규제 및 공정거래에 관한 법률」의 규정에 대하여 체계정당성의 관점에서 판단을 한 사안도 있다. 헌재는 우선 체계정당성은 "일정한 법률의 규범 상호간에는 그 내용과 체계에 있어서 조화를 이루고 상호 모순이 없어, 결국 모든 규정의 내용과 체계가 상호 모순과 갈등 없이 그 본래의 입법

---

73 헌재 1991. 6. 3. 89헌마204.
74 헌재 1994. 7. 29. 92헌바49등.

목적의 실현에 합치되고 이바지하는 것"을 의미한다고 하여 체계정당성의 개념을 규정하고 있다. 그리고 이러한 원리에 비추어 문제가 된 법률규정에 대한 판단을 하고 있다. 즉, 동 법률은 불공정거래행위를 규제함으로써 소비자를 보호하고 건전한 유통 및 거래 질서를 확립함을 목적으로 하고 있고 이를 실효성 있게 뒷받침하기 위하여 이를 위반한 사업자 등에 대한 다양한 벌칙을 규정하고 있는데, 문제가 된 법률규정은 사업자 등에 대한 처벌을 공정거래위원회의 고발이 있어야만 가능하도록 규정함으로써 사용자 등에 대한 벌칙의 실효성을 저해하고 있다는 것이다. 이는 결과적으로 동 법률의 입법목적과 취지에 정면으로 위반하는 것이며, 규범 상호간의 내용과 체계상의 조화를 요구하는 헌법상의 체계정당성의 요청에 반하는 것이라고 한다. 결과적으로 이 법률규정은 동법의 벌칙규정의 실효성을 저해하고, 나아가 동법의 입법취지와 목적 실현에 위배되는 것으로서 규범 상호간의 모순과 갈등을 야기시키고 있으므로 결국 헌법상의 체계정당성의 요청에도 위배되는 위헌적 규정이라는 것이다.[75]

제9절 맺음말

체계정당성이란 어떠한 법령이 전체 법질서나 다른 법령간의 관계에 있어서 불일치하거나 모순되지 않아야 한다는 원칙이다. 이는 모든 법령의 내용과 체계가 상호 모순됨이 없이 통일되고 체계적인 법질서를 형성하도록 하는 기능을 하고 있다. 법령 간에 모순과 불일치가 발생하는 이유 중의 하나는 현대국가의 방대하고 복잡한 법령체계이다. 특히 기본법, 특별법, 특례법 등의 이름으로 법의 체계가 복잡해졌기 때문에, 입법에 있어서의 체계정당성의 문제가 중시되고 있다. 체계정당성의 원리는 헌법의 기본원리인 법치주의 원리로부터 도출되

75 헌재 1995. 7. 21. 94헌마136.

며, 법령의 수직적 및 수평적 체계를 유지하도록 하여 법규범의 구조와 내용이 모순·충돌되지 않도록 하는 기능을 지니고 있다. 체계정당성의 원리는 원칙적으로 법질서 전체에서 준수되어야 하는 원리이지만, 특히 형벌 규정과 세법 규정 및 사회보장법 규정에서 체계정당성의 준수여부가 문제될 가능성이 상존하고 있다.

입법자의 형성의 자유라 함은 우선 입법자가 어떠한 내용의 법률을 입법할 것인가에 대하여 판단의 자유를 지니며, 다음으로는 입법자가 가장 합목적적이라고 판단되는 방법과 시기를 선택하여 입법을 할 수 있다는 내용을 지니고 있다. 이러한 입법자의 형성의 자유 또는 입법재량권은 독일과 우리나라의 헌법재판소에 의하여 일관되게 확인되고 있다. 이러한 입법자의 형성의 자유에는 일정한 한계가 있는데 이러한 한계 중의 하나가 체계정당성이라고 할 수 있다. 즉, 입법자는 일관된 기준과 원칙에 따라서 입법권을 행사하여야 하고 아무런 합리적 근거가 없이 체계정당성의 원리에 위배되는 입법을 하는 경우에는 입법자의 자기구속의 법리를 위반하는 것으로서 입법자의 형성의 자유를 일탈하는 것이다.

체계정당성의 원리는 법령안 등을 입안하고 심사하는 국회나 법제처의 법령안 입안 및 심사의 기준으로서 적용되고 있으나 그 중요성이 크게 인식되지 못하고 있으며, 헌법재판소의 평등권위반 여부에 대한 심사기준으로서도 적용되고 있으나 그 적용례는 제한적이라고 평가될 수 있다. 이는 체계정당성의 원리가 독자적인 헌법원칙이라거나 위헌여부의 독립적인 심사기준이 아니기 때문이라고도 할 수 있겠지만, 복잡하고 많은 법령 및 규범현실에서 법령의 체계를 추구한다는 것이 어렵다는 점에 기인하고 있기도 하다. 이러한 점에서 체계정당성의 원리는 헌법재판소에 의한 통제규범으로서 적당하기 보다는 입법자의 입법작용에 있어서의 행위규범, 관점을 조금 달리한다면 입법자에게 있어서의 자기구속(Selbstbindung des Gesetzgebers)의 원리로서 유용하고 적절한 원리라고 할 수 있다.

| CHAPTER 07 _ 참고문헌 |

계희열, 독일헌법원론, 2001.

권영성, 헌법학원론, 2005.

김성수, 개별행정법, 2001.

______, 국민건강보험재정 안정화를 위한 법적 과제 －국민건강증진기금의 개편 논의를 중심으로－, 한국법제연구원, 2005.

김영삼·전광석·김광수, 사회보험법의 헌법적 문제에 관한 연구, 헌법재판소, 2000.

박영도, 입법학용어해설집, 한국법제연구원, 2002.

박영도, 법령입안기준개발에 관한 연구(II) － 스위스의 법령입안심사기준, 한국법제연구원, 2004.

______, 입법심사의 체계와 방법론, 한국법제연구원, 1996.

이상돈, 법학입문, 1997.

전광석, 한국헌법론, 2005.

조정찬, 법령상호간의 체계에 관한 연구, 법제, 268호, 1989. 6.

최윤철, 의원입법의 평가와 평가제도의 발전에 관한 이론적 검토, 공법연구, 제33집 제3호, 2005.

허 영, 한국헌법론, 2005.

홍완식, 법령의 현황과 입법의 원칙, 국회도서관보, 2004. 6.

국회사무처 법제실, 헌법재판소의 위헌결정 사유와 입법상 유의사항, 2000.

________________, 국회법률안입안기준, 2000.

국회사무처 법제예산실, 법제편람, 1996.

법제처, 법령입안심사기준, 1996.

한국법제연구원, 특례법의 현황과 정비방향, 1992.

Badura, Peter, Die Verfassung im Ganzen der Rechtsordnung und die Verfassung－skonkretisierung durch Gesetz, in : Handbuch des Staatsrechts, Bd. VII., 1992.

Franz－Josef, Peine, Systemgerechtichkeit. Die Selbstbedingung des Gesetzgebers als Massstabe der Normkontrolle, Baden－Badeb, 1985.

Christoph, Degenhart, Systemgerechtichkeit und Selbstbindung des Gesetzgebers als Verfassungspostulat, 1976.

Kirchhof, Paul, Der Allgemeine Gleichheitssatz, in : Handbuch des Staatsrechts Bd. V, 2000.

Kirchhof, Paul, Staatliche Einnahmen, in : Handbuch des Staatsrechts, Bd. IV, 1999.

Kloepfer, Michael, Gesetzgebung im Rechtsstaat, VVDStRL 40.

Maurer, Hartmut, Kontinuitätsgewähr und Vertrauensschutz, in : Handbuch des Staatsrechts, Bd. III, 1996.

Noll, Peter, Gesetzgebungslehre, 1973.

Ossenbühl, Fritz, Satzung, in : Handbuch des Staatsrechts Bd. III, 1996.

Recknagel, Henning, Gesetzgeberisches Ermessen – Eine Untersuchung zur Stellung des Bundesgesetzgebers, 1975.

Schneider, Hans, Gesetzgebung, 3. Aufl., 2002.

Zippelius, Reinhold, Das Wesen des Rechts, 4.Aufl., 1978.

CHAPTER

08 처분적 법률에 관한 연구

출처: 토지공법연구 제56집, 2012년

현대국가에서는 전통적인 법률 개념을 토대로 한 일반적·추상적인 법률들이 입법의 주류를 이루고 있지만, 특별한 인적 범위를 대상으로 하거나 특별한 사안을 해결하기 위한 목적의 법률이 등장하고 있다. 처분적 법률이 현대 사회국가의 목적과 활동상 불가피하다는 필요성이 강조되고 있다. 즉, 처분적 법률이 허용될 수 없다고 하던 기존의 헌법 및 입법 이론이, 현대사회에서는 처분적 법률이 필요하다는 현실적 도전에 직면하고 있는 것이다. 처분적 법률이 등장함에 따라 이를 둘러싼 논의는 활발해 졌지만 처분적 법률의 개념 및 인정 여부에 대해서는 아직도 명확한 합의가 없다. 처분적 법률은 권력분립 위반의 관점과 평등권 침해의 관점에시 심사될 수 있다. 그리니 이미 치분적 법률에 대해서는 관내하세 받아들이고 있으며, 누구를 처벌한다는 사법직 결징을 내용으로 하거나 평등권을 침해하는 등의 과도한 내용이 아니라면 위헌으로 볼 수 없지 않느냐는 경향성을 보이고 있다. 그러나, 처분적 법률이 위헌이 아니라는 것은, 처분적 법률이 무제한 허용된다는 것을 의미하지는 않는다. 특히 처분적 법률이 바람직한 입법이냐는 문제는 위헌 여부에 대한 판단과는 달리 볼 수 있다. '위헌이지는 않지만, 바람직하지 않은' 처분적 법률은 불가피한 경우에 한해 예외적인 입법형식이 되어야 하고, 아무런 고민없이 방만하게 입법되는 처분적 법률은 입법자 스스로의 노력으로 줄여나가고 없애나가야 한다.

제1절 머리말

「부실저축은행 피해자지원을 위한 특별조치법안」이 2012년 2월 9일 국회 정무위원회를 통과하면서 형평과 도덕적 해이 등에 관한 논란이 커지고 있다. 이 법률안은 2011년 8월 9일에 발의된 '부산저축은행 등 부실저축은행 피해자 구제를 위한 특별조치법안」을 토대로 하여 정무위원회에서 위원회 대안으로 수정된 법률안이다. 애당초 법률안에 특정저축은행들이 법률안의 제목에 나타나듯이 특정 저축은행들의 파산으로 5,000만원 이상의 예금을 돌려받을 수 없는 예금자 등을 지원하기 위한 법률안이다. 이 법률안이 국회 법제사법위원회와 국회 본회의를 통과할 수 있을지는 선거를 앞둔 시점에서 더욱 예측하기 어렵지만, 동 법률안과 관련된 논의를 통해 처분적 법률을 고찰해보는 의미가 있다. 금융기관의 파산으로 인한 예금자보호를 위한 일반적 법률은 예금자보호법이다. 동 법률 제32조와 시행령 제18조에서는 금융기관의 파산시 예금자는 예금보험기금에서 5,000만원까지 받을 수 있다. 그러나 「부실저축은행 피해자지원을 위한 특별조치법안」은 「예금자보호법」에 의한 예금자 보호를 받지 못하는 5,000만원 초과 예금과 후순위채권 투자자의 피해액 일부를 예금보험기금 등에서 받을 수 있도록 하자는 것이 주요내용이다. 이러한 관계에서 법률의 일반성과 개별성이 대비된다. 「예금자보호법」은 법률이 정하는 요건에 해당하는 자 누구에게나 적용되는 것이지만, 「부실저축은행 피해자지원을 위한 특별조치법안」은 이번 경우에만 적용되는 법률을 입법하자는 것이다. 과거 유사한 경우에는 이러한 혜택이 없었고 향후에도 이러한 혜택이 있으면 안 될 것인데, 왜 이번 경우에만 혜택을 주느냐는 반론이 제기되고 있다. 금융기관 파산이 있을 때마다 이러한 법률이 입법된다면, 예금자보호법이 존재할 필요가 없다. 필요할 때마다 소급적용되는 법률을 입법하여 피해자를 지원하면 될 터이니까. 이 사건을 계기로 해서도, 일반적 법률과 처분적 법률과 관련한 논의를 해 볼 필요가 있다. 현대국가에서는 전통적인 법률 개념을 토대로 한 일반적·추상적인 법률들이 입법의 주류를 이루고 있지만, 특별한 인적 범위를 대상으로 하거나 특별한 사안을 해결하기 위한 목적의 법률도 등장하고 있다. 또한 법률의 내용이 일반적·추상적이라고 하더라도, 일시적인 문제를 해결하거나 일시적인 상황을 규율하기 위한 용도의 법률도 등장하고 있다. 이러한 법률들의 유형을 '처분적 법률'이라는 범주로 묶고 있고, 이러한 처분적 법률의 등장이 현대 사회국가의 목적과 활동상 불가피하다는 필요성이 강조되고 있다. 처분적 법률의 등장은 사회국가의 등장과 밀접한 관련이 있지만, 처분적 법률은 사회국가적 영역에만 한정되지는 않는다. 즉, 구체적 타당성과 형평성을 고려하여 입법정책적으로 처분적 법률을 제정하여야 할 필요가 있는 경우[1]에는, 처분적 법률의 입법필요성이 있는 것으로 본다. 법률의 본질적 특징을 일반성·추상성·지속성으로 보아 처분적 법률은 허용될 수 없다고 하던 기존의 헌법 및 입법이론이, 현대사회에서는 처분적 법률이 필요하다는 현실적 도전에 직면하고 있다. 이와 관련하여 처분적 법률의 개념과 내용을 어떻게 볼 것인지, 이는 헌법적으로 허용되는 것인지, 헌법적으로 허용된다면 어느 정도의 범위까지 처분적 법률이 입법될 수 있을 것인지 등에 관한 의문이 있다. 헌법적으로 허용될 수 있는지의 문제와 입법적으로 바람직한지의 문제는, 처분적 법률의 합헌성 문제와 입법자의 입법형성권의 문제라는 관점에서 달리 볼 수 있기 때문에 별도로 검토할 필요가 있다.

제2절 처분적 법률의 개념과 유형

1. 처분적 법률의 용어

처분적 법률은 조치법, 조치입법, 개별적 입법, 개별사항입법 등 여러 가지로 불리워지고 있다고 한다.[2] 이러한 처분적 법률에 관한 용어의 혼란은 우리

1 정재항, 신헌법입문, 박영사, 2010, 249면.
2 김철수, 헌법학신론, 박영사, 2010, 1264면.

학계와 실무계에서 처분적 법률의 개념과 내용에 대한 이해가 불명확하다는 것을 의미한다. 처분적 법률(Maßnahmegesetz)이라는 용어는 독일로부터 유래[3]되었는데, 대부분의 경우는 'Maßnahmegesetz'를 처분적 법률(處分的 法律)이라고 번역하여 사용하고 있지만, 이를 조치적 법률(措置的 法律)이라고 번역하는 경우가 있다. 독일법률용어사전(ドイツ法律用語辭典)을 편찬한 山田 晟은 이를 조치법(措置法)이라고 번역하고 있다. 조치법의 의미로 "일반적 사항을 규정한 법률이 아닌, 1 또는 2, 3의 사항을 규정하는 법률"이라고 풀이하고 있다.[4] 또한 국내에서도 "통칭하여 부르기에 처분이란 개념은 조치에 비해 곧바로 행정행위성을 연상케 한다. 日人學者(山田晟)의 ドイツ法律用語辭典(1984)에서도 'Maßnahmegesetz'를 措置法으로 바르게 옮겨놓고 있다"고 하면서 'Maßnahmesatzungen'을 措置的 條例로 번역하고 있는 것을 보면, 'Maßnahmegesetz'의 번역용어로 '처분적 법률'보다는 '조치적 법률'을 선호[5]하는 입장도 있다. 그리고 처분적 법률을 주로 사용하고, 조치법을 괄호에 넣어 병기하는 경우도 있다.[6] 그러나 대부분의 학자는 'Maßnahmegesetz'를 '처분적 법률'로 번역하고 있다.[7] 'Maßnahme'를 처분으로 번역하는 것에 대해서는 이견이 없기 때문에, 'Maßnahmegesetz'를 조치적 법률로 번역하는 것은 바람직하지 않아 보인다. 즉, 'Maßnahme'를 '처분'으로 번역하고 'Maßnahmegesetz'를 '조치적 법률'로 번역하는 것은 번역용례에 있어서 일관

---

3 이글에서는 독일에서의 논의는 생략하고 한국에서의 논의에 집중하기로 한다. 독일에서의 논의에 대한 소개는 정연주, 처분적 법률의 헌법적 문제, 미국헌법연구, 제18권 제2호, 2007. 9; 박영도, 처분적 법률의 입법론적 검토, 법제연구, 제9호, 1995; 정하중, 법률의 개념 -처분적 법률, 개별적 법률 그리고 집행적 법률에 대하여-, 공법연구 제24집 제2호, 1996 참조. 그리고, 처분적 법률에 관한 근래 독일에서의 입법적 논의에 관해서는 Hans Schneider, Gesetzgebung, C. F. Müller Verlag, 2002, Rdnr.195ff; 헌법적 논의에 관해서는 Fritz Ossenbühl, §61 Gesetz und Recht - Die Rechtsquellen im demokratischen Rechtsstaat, Handbuch des Staatsrechts Ⅲ, 1996, Rdnr.11ff. 참조.

4 山田 晟, ドイツ法律用語辭典, 大學書林, 1982, 251面.

5 김중권, 도시계획조례 규율범위 문제점에 관한 소고, 월간법제, 2005. 12,

6 계희열, 헌법학(중), 박영사, 2007, 143면; 김철수, 전게서, 1264면.

7 정연주, 전게논문, 169면; 박영도, 전게논문, 268면; 정하중, 전게논문, 179면; 홍정선, 행정법특강, 2011, 4면 "처분법률"; 한수웅, 헌법학, 법문사, 2011, 1076면; 권영성, 헌법학원론, 법문사, 2010, 799면; 양건, 헌법강의, 법문사, 2011, 877면; 이준일, 헌법학강의, 홍문사, 2008, 1002면.

성을 상실할 위험이 있으며, 이미 일반화된 처분적 법률이라고 하는 용어를 사용하는 것이 바람직해 보인다. 처분적 법률의 특성을 지닌 법규명령과 조례에 대해서는 '처분적 법규명령'[8] 이라거나 '처분적 조례'[9]라는 용어를 사용하고 있다.

2. 처분적 법률의 개념

1) 개념 정의

일반적으로 규범의 특성이 그렇듯이, 법률은 일반성과 추상성의 특성을 지니는 것으로 인식되어 왔다. 이러한 법률의 일반성과 추상성의 요구는 법규범 내지 입법작용이 가지는 본질적·기능적 특성, 즉 법정립작용으로서의 입법작용의 특성상 당연히 도출되는 원칙이며, 이 점에서 법선언작용인 사법작용이나 법집행작용인 행정작용과 구별된다.[10] 처분적 법률은 이러한 법률의 일반성과 추상성과는 다른 특징을 지니고 있다. 입법은 일반적으로 실질적 의미와 형식적 의미에서 파악되는데, 실질적 의미의 입법이란 국가기관에 의하여 일반적·추상적인 성문의 법규범을 정립하는 것을 의미하고, 형식적 의미의 입법이란 의회가 입법절차에 따라 법률의 형식으로 발하는 규범을 정립하는 것을 의미한다.[11] 형식적 의미의 법률 개념에 따르면, 의회가 정해진 절차에 따라 입법을 하는 한, 처분적 법률이라고 해서 특별히 문제될 것이 없다. 그러나 실질적 의미의 입법 개념에 따르면 처분적 법률에 몇 가지의 의문이 제기된다. 고전적으로는 개별성과 구체성에 대비되는 일반성과 추상성이 실질적 의미에서의 법률의 징표[12]이다. 법률의 일반성은 법률이 불특정 다수인에게 곧 모든 사람에게 적용되어야 한다는 것을 의미한다. 일반성과 개별성은 수범자의 범위가 객관적으로 특정될 수 있는지의 여부 또는 수범자의 범위가 폐쇄적인지 개방적인지의 여부

8 홍정선, 전게서, 131면.
9 성낙인, 헌법학, 박영사, 2011, 1312면.
10 정연주, 전게논문, 170면.
11 박영도, 입법학입문, 한국법제연구원, 2008, 57면.
12 법률의 징표일 뿐만 아니라, 넓게 파악하자면 행정입법, 자치입법을 포함하는 모든 법규범의 징표이다.

에 따라 결정된다. 또한 법률의 추상성이란 법문에 해당되는 모든 사건에 법률이 적용되어야 한다는 것을 의미한다. 구체성과 추상성은 규범대상의 빈도에 의하여 결정된다고 할 수 있다. 규범의 구체성이란 규범대상이 1회적 또는 제한적임을 의미하고, 추상성이란 무제한적임을 의미한다. 이렇게 일반성과 추상성이 실질적 의미의 법률의 징표이며, 이 징표에 의하여 입법은 행정이나 사법작용과 구분된다. 이렇듯, 법률은 원칙적으로 불특정 다수인을 대상으로 하는 일반성과 모든 사건에 적용되어야 하는 추상성이라고 하는 특징을 지니지만, 예외적으로 개별적·구체적 사항을 규정하는 처분적 법률이 제정되고 있다.[13] 처분적 법률이란 형식은 입법이지만, 내용은 처분의 성격을 지닌다는 설명도 있다.[14]

처분적 법률이란 일반적·추상적 사항을 규율하는 일반적 법률과는 달리 사법·행정을 매개로 하지 않고 직접 구체적인 사건을 규율하거나 특정인에게만 적용되어 직접 국민에게 권리나 의무를 발생하게 하는 법률을 의미한다[15]는 개념정의가 있다. 일부 헌법재판소의 결정에서도 처분적 법률이 자동집행력을 지니는 법률이라는 전제하에 판단한 경우가 있다.[16] 이렇듯 처분적 법률에 자동집행적 개념 요소 혹은 특성이 있는지에 대해서는 이견이 제기되고 있다. 다시

---

13 박수철, 입법총론, 한울아카데미, 2011, 189면.

14 홍정선, 전게서, 4면. '처분법률'의 예로서 '5·18민주화운동 등에 관한 특별법', '세무대학설치법 폐지법률'을 들고 있다. 119면에서는 '처분적 법규명령'을 설명하면서 "실질적으로는 행정행위의 개념징표인 관련자의 개별성과 규율사건의 구체성을 가짐으로써 행정행위의 성질을 갖는 법규명령"이라고 하면서, 두밀분교설치폐지조례를 예로 들고 있다.

15 성낙인, 전게서, 970면.

16 헌재 2009. 2. 26, 2007헌바41 "청구인들은, 이 법률조항은 '연기·공주'라는 특정지역에 거주하는 주민이면서 특정범위의 국민인 청구인들에 대하여만 특별한 희생을 강요하는 처분적 법률이며, '연기·공주지역'의 주민들을 다른 지역의 주민들에 비하여 합리적인 근거 없이 차별적 대우를 하는 것으로서 평등권을 침해한다고 주장한다. 우선, 이 법률조항은 이 사건 처분을 매개로 하여 집행된다는 점에서 처분적 법률이라고 할 수 없으므로, 이 부분 주장은 더 나아가 살필 것 없이 이유 없다." ; 헌재 1989. 12. 18. 89헌마32 "국가보위입법회의법 부칙 제4항 후단이 규정하고 있는 "… 그 소속 공무원은 이 법에 의한 후임자가 임명될 때까지 그 직을 가진다."라는 내용은 행정집행이나 사법재판을 매개로 하지 아니하고 직접 국민에게 권리나 의무를 발생하게 하는 법률, 즉 법률이 직접 자동집행력을 갖는 처분적 법률의 예에 해당하는 것"이라고 하여 자동집행력을 지니는 법률을 처분적 법률로 보고 있다.

말해서, 처분적 법률이란 일반적·추상적 사항을 규율하는 일반적 법률과는 다르다는 점에 대해서는 이견이 없지만, 자동집행력이 처분적 법률의 본질적인 특성인가의 문제에 대해서는 이견이 있다. 즉, 자동집행력을 가지는 것이 처분적 법률의 특징이나 본질은 아니라는 견해가 있다. 처분적 법률은 특정의 구체적 목적을 실현하기 위해서 특정의 사람이나 특정의 대상을 대상으로 구체적으로 제정되기 때문에 그 결과 자동집행력을 가지는 것으로 나타날 수도 있는 것이지 반드시 자동집행력을 가지는 것은 아니라는 견해이다. 그리고 특정의 목적이 소멸하거나 성취되면 그 법률도 불필요한 것이 될 수밖에 없기 때문에 그 시간적 효력도 한시적일 수밖에 없다. 그러한 한에서 본질과 본질의 결과를 혼동하고 있고 집행적 법률과 처분적 법률을 개념적으로 구분하지 않고 있는 처분적 법률에 대한 국내의 일반적 이해는 시정되어야 한다는 견해가 제시되고 있다.[17] 또한 처분적 법률을 "집행을 매개로 하지 않고 직접 '구체적이고 개별적인' 처분적 효과를 가지는 구체적인 조치를 위하는 법률"이라고 하면서도, "현실의 구체적 상황을 단기적으로 처리하고 극복하기 위한 목적으로 제정하는 법률"[18]이 처분적 법률이라는 의견도 있다. 처분적 법률의 개념에 대하여 학계의 일부 견해는 처분적 법률을 개별사건법률과 동일시하는 오류를 범하고 있다고 지적하면서, 처분적 법률이 구체적 상황을 단기적으로 규율하는 것을 목적으로 하지만, 구체적 상황이나 사안을 규율한다는 것이 곧 개별사건법률을 의미하지 않는다고 한다.[19] 처분적 법률은 그 구성요건을 어떻게 형성하는지에 따라 개별사건법률 또는 일반적 법률일 수도 있기 때문에 처분적 법률이 곧 개별사건법률을 의미하는 것은 아니다. '일반적 법률'의 반대개념은 '개별사건법률'이지 '처분적 법률'이 아니라는 것이다.[20] 이렇듯 처분적 법률의 개념과 관련한 여러 논의가 있기 때문에, 좁은 의미의 처분적 법률과 개별적 법률이 있고 이 둘을 포

17 홍성방, 헌법학(하), 박영사, 2010, 125－126면.
18 한수웅, 전게서, 1077면.
19 "법률이 일반성을 가져야 한다는 것은 특정한 사람이나 특정한 사항에 대해서만 차별적으로 적용되어서는 안된다는 뜻이다. 일반성이 없는 법률을 '처분적 법률' 또는 '개별법률'이라고 한다." 양건, 전게서, 247면.
20 한수웅, 전게서, 1077면.

함하는 넓은 의미의 처분적 법률이 있다는 견해[21]도 있다. 그러나 처분적 법률을 광협으로 나누어 개념을 정의하는 것 보다는 기왕에 집행적 법률이라고 하는 용어를 사용하고 있으니, 여기서의 좁은 의미의 처분적 법률은 그 내용과 상응하게 집행적 법률이라는 용어를 사용하고, 일반적 법률에 대응하는 개념으로서는 처분적 법률이라는 용어를 사용하는 것이 용어 사용의 혼란을 줄일 수 있지 않을까 생각한다.

2) 인접개념

이러한 논의를 살펴보면, 처분적 법률과 구분되는 입법형식이나 입법내용의 법률이 있다고 할 수 있다. 즉, 하나는 집행적 법률이고 다른 하나는 재판적 법률 또는 사법적(司法的) 법률이다.

전술한 바와 같이 처분적 법률과 집행적 법률은 구분되어야 한다는 주장이 있다. 집행적 법률은 법률의 매개없이 스스로 집행행위의 형식을 갖는 법률로서 지방자치단체의 구역이나 경계를 변경하는 법률 등을 예로 들고 있다.[22] 사법 또는 행정을 매개로 하지 않고 직접 구체적인 사건을 규율하여 이로써 직접 특정한 국민에게 권리·의무를 발생시킬 수 있는 처분적 법률의 이론이 등장[23]하고 있다는 분석이 있다. 그러나 이에 대하여는 전술한 바와 같이, 국내에서 일반적으로 말하듯 행정적 집행이나 사법적 재판을 매개로 하지 아니하고 직접 국민에게 권리나 의무를 발생하게 하는 것, 곧 자동집행력을 가지는 것이 그 특징이나 본질은 아니라는 분석이 있다. 처분적 법률은 자동집행력을 가지는 것으로 나타날 수도 있는 것이지 반드시 자동집행력을 가지는 것은 아니라는 것이다.[24] 이러한 점에서 처분적 법률과 집행적 법률은 구분된다. 처분적 법률은

21 좁은 의미의 처분적 법률은 "법률의 집행을 매개로 하지 않고 적용될 수 있도록 구체적으로 규정된 법규범"이라고 하고, 개별적 법률은 "특정한 개인이나 사건 또는 시간에 한정하여 적용되는" 법률이라고 한다. 그리고, 넓은 의미의 처분적 법률이란 이 둘을 포함하는 것으로서, "집행을 매개로 하지 않고 적용될 수 있거나 특정한 범위의 개인(개별인 법률)이나 사건(개별사건 법률) 또는 시간(한시법)에만 적용될 수 있도록 구체적이고 개별적으로 규정된 법규범을 의미한다."고 한다. 이준일, 전게서, 1002면.

22 정하중, 법률의 개념, 법정고시, 1996. 4, 110면.

23 김철수, 헌법학(하), 박영사, 2008, 1591면.

24 홍성방, 헌법학(하), 박영사, 2010, 125면.

일반성·추상성을 지니느냐의 여부가 결정적인 기준이고, 집행적 법률은 집행행위를 매개로 하느냐의 여부가 결정적인 기준이다. 따라서, 집행적 법률의 특성을 처분적 법률의 징표에 포함시키는 것은 개념구분의 혼란을 가중시키는 것이다. 처분적 법률이 아닌 일반 법률도 집행적 법률일 수 있다. 이는 법률의 내용과 특성을 고려한 입법자의 선택의 문제이며, 입법자의 형성의 자유의 영역에 속하는 것이다.

재판적 또는 사법적(司法的) 법률이란 재판작용을 매개로 하지 아니하고 직접 특정인의 구체적 권리를 박탈하는 것을 내용으로 하는 법률(예를 들어, 특정인의 재산을 박탈한다는 내용의 사권박탈법)이나 특정인에게 구체적 처벌을 가하는 것을 내용으로 하는 법률(예를 들어, 특정인을 사형에 처한다는 내용의 특정행위자처벌법)을 말한다. 헌법재판소는 「반국가행위자의 처벌에 관한 특별조치법」에 대한 위헌심판 사건에서 "우리 헌법은 권력 상호간의 견제와 균형을 위하여 명시적으로 규정한 예외를 제외하고는 입법부에게 사법작용을 수행할 권한을 부여하지 않고 있다. 그런데도 입법자가 법원으로 하여금 증거조사도 하지 말고 형을 선고하도록 하는 법률을 제정한 것은 헌법이 정한 입법권의 한계를 유월하여 사법작용의 영역을 침범한 것"이라는 판단을 하였다. 위 특별조치법이 「형법」이나 「국가보안법」에 규정된 특정한 범죄를 범하고 "외국에서 귀국하지 아니하는 자로서 죄벌이 현저히 중한 자"에 대하여 궐석재판이 가능하도록 규정하거나 특히 제7조 등에서 궐석한 피고인은 변호인 또는 보조인도 공판절차에 출석시킬 수 없고, 법원은 최초의 공판기일에 공소사실의 요지와 검사의 의견만을 듣고 증거조사도 없이 결심하여 피고인에 대한 형을 선고하도록 규정한 법률에 대하여 위헌이라고 결정한 바 있다.[25] 또한 헌법재판소는 「국가보훈법」 시행 전에 해산된 「원호대상자직업재활법」에 의한 원호대상자정착직업재활조합 서울목공분조합의 자산 및 부채를 원호기금에 귀속하도록 한 「국가보훈법」 부칙 제5조는 목공분조합 또는 분조합원의 사유재산을 박탈하여 보훈기금에 귀속시키기 위한 개별적 처분법률이라고 하였다.[26] 해당 규정이 "개별적 처분법률"이라

25 헌재 1996. 1. 25. 95헌가5.

는 표현을 하였지만, 이는 재산몰수의 효과를 초래한 사권박탈법으로서의 성격을 지니고 있다. 처분적 법률에 의하여 때로는 재판에 관한 규정도 하고 있는 것이 현실[27]이라는 의견도 있지만, 사법적 법률은 권력분립의 원리에 명백히 위배되는 것이기 때문에 입헌민주국가에서는 어떠한 이유로도 허용되지 아니한다.[28] 사법적 법률에 대해서는 관대한 견해를 찾아볼 수 없다.

3. 처분적 법률의 유형

일반성과 추상성을 특징으로 하는 일반적 법률과 다른 유형으로 처분적 법률과 개별사건적 법률이 있다고 보는 견해가 있지만,[29] 처분적 법률의 유형으로 개별인적 법률, 개별사건적 법률, 한시적 법률을 드는 견해가 전통적이고 일반적이다.[30] 법률이란 일반적이고 추상적인 내용을 가진 일반적 법률(Allgemeines Gesetz)로서 일정 생활 영역에 대한 지속적인 규율을 목적으로 한다[31]는 전통적인 법률 개념에 따르면, 일반적이지 않거나 추상적이지 않거나 지속적인 규율이 아닌 법률 내용이 문제시 될 수 있다. 이러한 법률들을 처분적 법률의 범주로 묶는다면, 처분적 법률의 유형은 특정한 인적 범위나 특정한 사안, 한시적인 법률을 들 수 있는 것이다. 법률의 내용에 따라 여러 유형의 특성을 동시에 지니는 경우도 있다. 즉, 개별인적 법률이면서 한시법이거나 개별사건법률이면서 한시법인 경우 등이 있는 것이다.

1) 개별인적 법률

일정한 범위의 개별인을 규율하는 법률을 개별인적 법률이라고 하는 데,

---

26 헌재 1994. 4. 28. 92헌가3.

27 김철수, 전게서, 1591면.

28 권영성, 전게서, 801면.

29 계희열, 헌법학(중), 박영사, 2007, 143면; 한수웅, 전게서, 1076면 이하.

30 김철수, 헌법학(중), 박영사, 2009, 252면; 권영성, 전게서, 800면; 성낙인, 전게서, 970면; 정하중, 법률의 개념 -처분적 법률, 개별적 법률 그리고 집행적 법률에 대하여-, 공법연구 제24집 제2호, 1996, 180면; 이숫우, 헌법학, 두남, 2009, 940면; 김백유, 헌법학(Ⅰ), 조은, 2011, 759면; 이준일, 전게서, 1002면.

31 한수웅, 전게서, 1076면.

개별인적 법률의 예로는 「재일교포 북송저지 특수임무수행자 보상에 관한 법률」, 「특수임무수행자 보상에 관한 법률」, 「부정선거관련자처벌법」, 「정치활동정화법」, 「부정축재처리법」 등을 들 수 있다. 헌법재판소는 상법상의 주식회사에 불과한 연합뉴스사를 주무관청인 문화관광부장관의 지정절차도 거치지 아니하고 바로 법률로써 국가기간뉴스통신사로 지정하고, 법이 정하는 계약조건으로 정부와 뉴스정보 구독계약을 체결하게 하며, 정부가 위탁하는 공익업무와 관련하여 정부의 예산으로 재정지원을 할 수 있는 법적 근거를 법률로써 창설하고 있기 때문에, 이는 특정인에 대해서만 적용되는 '개인대상법률'로서 처분적 법률에 해당한다고 하였다.[32] 그러나 문화재의 은닉을 처벌하도록 규정하고 있던 구 「문화재보호법」 조항들이 「형사소송법」에 규정한 공소시효의 적용을 실질적으로 배제하고, 공소시효가 적용되는 일반 사범과 다르게 취급하며, 특정인들에 대한 처분적 법률로서 헌법소원 청구인들의 평등권을 침해한다고 주장한 데 대하여 헌법재판소는 이 사건 법률조항들은 특정인이나 특정사건을 규율하는 내용을 담고 있지 아니하며, 전 국민을 수범자로 하는 일반적 법률이라 할 것이므로 처분적 법률이 아니라고 하였다.[33]

2) 개별사건 법률 또는 개별사안 법률

개별적이고 구체적인 사안을 규율하는 법률을 개별사건법률이라고 한다. 개별사안을 규율하기 위한 법률은 특별검사의 수사에 관한 법률, 특정 범주의 사람들에 대한 생계배려 또는 사회구조에 관한 법률, 특정 범주의 사람들에 대한 보상을 정하는 법률 등이 있다.[34] 개별사건적 법률의 구체적인 예로는 「긴급금융조치법」, 「긴급통화조치법」, 「5·18민주화운동 등에 관한 특별법」, 「제주 4·3사건 진상규명 및 희생자 명예회복에 관한 특별법」 등을 들 수 있다. 헌법재판소는 개별사건법률은 원칙적으로 평등원칙에 위배되는 자의적 규정이라는 강한 의심을 불러일으키는 것이지만, 개별법률금지의 원칙이 법률제정에 있어서 입

32 헌재 2005. 6. 30. 2003헌마481.
33 헌재 2007. 7. 26. 2003헌마377.
34 정종섭, 한국헌법론, 박영사, 2011, 177면.

법자가 평등원칙을 준수할 것을 요구하는 것이기 때문에 특정규범이 개별사건법률에 해당한다 하여 곧바로 위헌을 뜻하는 것은 아니며, 이러한 차별적 규율이 합리적인 이유로 정당화될 수 있는 경우에는 합헌적일 수 있다고 하였다. 이른바 12·12 및 5·18 사건의 경우 그 이전에 있었던 다른 헌정질서파괴범과 비교해 보면, 공소시효의 완성 여부에 관한 논의가 아직 진행 중이고, 집권과정에서의 불법적 요소나 올바른 헌정사의 정립을 위한 과거청산의 요청에 미루어 볼 때 비록 특별법이 개별사건법률이라고 하더라도 입법을 정당화할 수 있는 공익이 인정될 수 있으므로 위 법률조항은 헌법에 위반되지 않는다고 하였다.[35]

3) 한시적 법률

한시적 법률은 일정한 기간을 특정하여 법률이 스스로 규정하고 있는 기간에만 시행되는 법률을 의미하는 데, 한시적 법률의 예는 「재외국민취적·호적정정 및 호적정리에 관한 임시특례법」, 「G20 정상회의 경호안전을 위한 특별법」 등이다. 한시적 법률은 현대국가에서 그 필요성이 강하게 요청되고 있는 분야이다. 특히, 규제법 분야에서 일몰법(sunset clause), 일몰규제(sunset regulation)은 여러 국가에서 권장되는 입법형태이기도 하고 우리나라의 입법에도 많은 영향을 미치고 있다. 법률의 시간적 효력범위가 제한된 한시법은 그 시행기간 동안에는 모든 경우에 적용되는 것이기 때문에, 일반적이고 추상적인 법률의 특성을 그대로 지니고 있다. 즉, 한시법이라고 하는 것만으로는 법률의 일반성과 추상성이라고 하는 특성에 반하지 않는다. 처분적 법률의 유형에 한시적 법률을 포함시키지 않는 경우도 있다.[36] 처분적 법률의 위헌성 여부에 대한 검토를 할 때에도 한시성이 문제되는 경우는 없고, 한시적인 성격에 개별인적 또는 개별사건적 특성이 혼합될 때 문제가 발생한다. 그렇다면, 처분적 법률의 유형에 굳이 한시적 법률을 포함시키지 않는 것이 처분적 법률과 관련한 논의에 있어서 혼란을 줄일 수 있을 뿐 아니라, 논의 전개에 있어서 실용적이라 본다.

35 헌재 1996. 2. 16. 96헌가2 등.
36 정재황, 전게서, 248면.

제3절 처분적 법률에 대한 헌법적 검토

처분적 법률은 권력분립 원리, 평등 원칙의 관점에서 문제가 제기되었다. 처분적 법률이라고 통칭되는 법률의 유형 중 집행적 법률은 권력분립 원리의 측면에서 특히 문제가 되었고, 처분적 법률의 유형 중 개별인적 법률이나 개별사건적 법률은 특히 평등원칙의 측면에서 문제가 되었다.

1. 권력분립 원칙의 관점에서

권력분립원칙에 따르면 입법은 입법기관에 그 권한이 부여되어 있고 법의 집행은 사법기관에 그 권한이 부여되어 있으며, 법의 해석과 적용은 사법기관에 그 권한이 부여되어 있다. 이러한 고전적 의미의 권력분립론은 현대적 의미의 권력분립론으로 많은 변화가 있다. 처분적 법률과 관련해서도, 과거에는 입법행위와 집행행위를 엄격하게 구별하여 권력분립의 원리상 법률에서 직접적으로 조치를 취하는 국가작용은 행정작용에 속하므로 입법부는 법률의 형식으로 이러한 작용을 할 수 없다고 보았다. 즉, 현대국가에서는 다양한 규율대상이 등장하면서 입법단계에서부터 특정대상을 상대로 구체적으로 규율할 정당한 이유가 인정되는 경우에는 개별입법이 허용된다.[37] 이러한 관점에서 "처분적 법률의 경우 그것이 비록 형식적으로는 행정권을 침해할 수 있어 권력분립의 원칙 위반의 문제를 야기하지만 그러한 형식의 법률제정을 불가피하게 하는 긴절한 공익적 이유가 존재한다면 헌법상 정당화될 수 있다"[38]는 의견이 주류를 이루고 있다. 즉, 입법자가 법률로써 구체적인 조치를 취하는 경우, '법률의 형태로 된 행정행위'를 통해서 입법자가 집행부의 영역을 침범하는 측면이 있으나, 효율적인 국가기능의 수행이란 관점에서 정당화되는 이상 권력분립의 원칙에 위배되

37 정종섭, 전게서, 176면.
38 정연주, 전게논문, 188면.

지 않는다는 평가이다.[39] 처분적 법률이 삼권분립의 원칙에 대한 위반이라는 부정설도 있지만, 오늘날 이러한 법률이 증가하고 있는 실정에 비추어 복지국가적 요청에서 부득이 인정해야 한다는 견해가 다수설이라고 평가[40]되고 있다. 「하천법」 제3조에서 제외지(堤外地) 등을 포함한 하천은 국유로 한다는 규정에 의하여 청구인들의 토지가 국유로 된 사건에 있어서 헌법재판소는 "입법적 수용은 법률에 근거하여 일련의 절차를 거쳐 별도의 행정처분에 의하여 이루어지는 소위 "행정적" 수용과 달리 법률에 의하여 직접 수용이 이루어지는 것"이라고 하였지만, 이 사건에 있어서는 '처분적 법률'이라는 용어를 전혀 사용하지 않았다. 이러한 법률은 전술한 바와 같이 성질상 '집행적 법률'에 해당하는 것이고, 이 경우 우리 헌법재판소는 이를 '처분적 법률'이라고 하는 용어를 사용한다. 청구인들이 "입법에 의하여 직접 국민의 재산권을 수용·취득하는 경우"에 해당하여 헌법에 위반된다는 주장은 배척되었다.[41] 권력분립원칙 위배 여부에 대한 명시적인 판단은 없었지만, 행정처분을 매개로 하지 않고 법률에 의하여 직접 처분의 효과를 나타내는 집행적 법률을 위헌으로 판단하지 않은 것이다. 헌법재판소는 보안관찰처분대상자에게 출소 후 신고의무를 부과하고 그 의무위반행위를 형사처벌하는 「보안관찰법」 규정이 처분적 법률로서 권력분립원칙에 위반되는지의 여부를 판단한 적이 있다. 청구인은 특정인에게 특정한 의무를 발생시키고 그의 자유를 제한하기 위해서는 사법적 행위 내지 행정적 행위 등 구체적 처분행위가 존재하여야 하는 데, 「보안관찰법」 규정은 개별·구체적인 사법·행정적 집행행위 없이 보안관찰처분대상자에게 신고의무를 발생시키는 형식을 취하고 있어서 처분적 법률 내지는 개인적 법률에 해당하므로 권력분립의 원칙에 위배된다고 주장하였다. 이에 대하여 헌법재판소는 「보안관찰법」 제6조 제1항 전문 후단이 보안관찰처분대상자에게 출소 후 신고의무를 법 집행기관의 구체적 처분(예컨대 신고의무부과처분)이 아닌 법률로 직접 부과하고 있기는 하나, 해당 조항은 보안관찰처분대상자 중에서 일부 특정 대상자에게만 적용되

39 한수웅, 전게서, 1077면.
40 김철수, 전게서, 253면.
41 헌재 1998. 3. 26. 93헌바12.

는 것이 아니라 위 대상자 모두에게 적용되는 일반적이고 추상적인 법률규정이다. 일반적으로 특정법률이 일반 국민에게 특정한 행위를 하지 못하도록 금지하거나 특정한 의무를 부과할 필요가 있는 경우에는 법률 자체에서 직접 규율하고 있는데 이러한 입법형식은 여러 법 영역에서 광범위하게 찾아볼 수 있고, 또한 널리 인정되고 있다고 하였다. 따라서 보안관찰처분대상자 모두에게 적용되는 일반적·추상적인 법률규정으로서 법률이 직접 출소 후 신고의무를 부과하고 있다고 하더라도 처분적 법률 내지 개인적 법률에 해당된다고 볼 수 없으므로 권력분립원칙에 위반되지 아니한다고 할 것이라고 하였다.[42] 헌법재판소는 이 사례에서 해당 법률 조항을 처분적 법률로 인정하지 아니하였기 때문에, 권력분립원칙에의 위반 여부를 판단할 필요가 없는 경우라고 보았다.

그리고 전술한 바와 같이 헌법재판소는 「반국가행위자의 처벌에 관한 특별조치법」에 대한 위헌심판 사건에서 입법자가 법원으로 하여금 증거조사도 하지 말고 형을 선고하도록 하는 법률을 제정한 것은 헌법이 정한 입법권의 한계를 유월하여 사법작용의 영역을 침범한 것[43]이라고 하였다. 입법자가 사법권을 침해하는 법률을 입법한 것은 권력분립원칙에 위반된다고 판단한 것이다. 권력분립원칙의 관점에서, 집행적 법률에 대해서는 관대하지만, 사법적 법률에 대해서는 관대하지 않다.

2. 평등원칙의 관점에서

헌법재판소에 따르면, 우리 헌법은 처분적 법률로서 개인대상법률 또는 개별사건법률의 정의를 따로 두고 있지 않음은 물론, 이러한 처분적 법률의 제정을 금하는 명문의 규정도 두고 있지 않은 바, 특정규범이 개인대상 또는 개별사건법률에 해당한다고 하여 그것만으로 바로 헌법에 위반되는 것은 아니라는 입장을 견지하고 있다.[44] 헌법재판소는 "처분적 법률이란 일반적·추상적 사항을

42 헌재 2003. 6. 26. 2001헌가17
43 헌재 1996. 1. 25. 95헌가5.
44 헌재 2005. 6. 30. 2003헌마841.

규율하는 일반적 법률과는 달리, 직접 구체적 사건을 규율하거나 특정인에게만 적용되는 법률을 말한다. 우리 헌법은 처분적 법률에 대한 정의를 하고 있지 않음은 물론 처분적 법률의 입법을 금하는 명문의 규정이 없으나, 처분적 법률 금지의 원칙은 '법률은 일반적으로 적용되어야지 어떤 개별사건 내지 개별인에게만 적용되어서는 아니 된다는 법원칙'으로서 헌법상의 평등원칙에 근거하고 있는 것으로 풀이되고, 그 기본정신은 입법자에 대하여 기본권을 침해하는 법률은 일반적 성격을 가져야 한다는 형식을 요구함으로써 평등원칙 위반의 위험성을 입법과정에서 미리 제거하려는 데 있다. 오늘날 국민의 실질적 자유와 권리를 보장하려는 실질적 법치주의 및 사회적 법치국가의 요청에 부응하여 국가의 기능과 역할이 증대됨에 따라 일반 법률을 통하여 제대로 구현할 수 없는 국민의 생존과 복지 및 임기응변적 위기관리를 위한 필요에 의해 처분적 법률이 늘어가는 추세이나, 이는 국가적 배려를 필요로 하는 일부 국민에게 우선적 배려를 하는 것이 오히려 평등원칙의 실질적 구현이기 때문이다. 이처럼 국가가 국민의 사회적 기본권을 보장하기 위하여 처분적 법률을 제정하는 것은 합리적 범위 안에서 비교적 폭넓게 인정할 수 있을 것이다."라고 하고 있다.

처분적 법률이 평등의 원칙에 위배되지 않느냐의 문제가 있으나 평등이 형식적 평등이 아닌 상대적 평등을 의미한다면, 처분적 법률에 의하여 가장 먼저 국가적 배려를 필요로 하는 일부의 국민에게 우선적으로 혜택을 받게 하는 것은 오리혀 평등의 원칙에 충실한 적용을 의미한다고 할 수 있다[45]고 한다. 특히, 처분적 법률이 동시에 개별사건법률에 해당하는 경우에는 평등원칙에 위반되는지의 문제가 제기되나, 예외적으로 개별사건법률을 정당화하는 합리적인 관점을 인정할 수 있다면 평등원칙에 위반되지 않는다.[46] 이와 같은 관점에서, 뉴스통신시장에서 국가기간뉴스통신사의 지정이 필요한 경우 통상적으로 상정할 수 있는 입법형식은 국가기간뉴스통신사의 기능과 역할, 그리고 그 대상이 될 수 있는 자격과 지정절차 등을 법률에서 규정하고 그 구체적인 지정행위는 소관

45 김철수, 전게서, 252면.
46 한수웅, 전게서, 1077면.

행정청의 집행행위에 의하는 형식이 될 것인데, 법은 구체적인 법집행행위로서 '지정행위'를 거치지 아니하고 법률에서 직접 연합뉴스사를 국가기간뉴스통신사로 지정하고 있으므로 그 자체로 법적용상의 차별취급이 야기되는 것이다. 그러나 심판대상조항이 일반 국민을 그 규율의 대상으로 하지 아니하고 특정 개인만을 그 대상으로 한다고 하더라도 이러한 차별적 규율이 합리적인 이유로 정당화되는 경우에는 허용된다고 할 것이다.[47] 「이명박 대통령 후보에 대한 특별검사법」에 대한 위헌확인 사건에서 청구인들은 이 법률에 의하여 특별검사에 의한 수사대상을 특정인에 대한 특정 사건으로 한정한 것은 이른바 처분적 법률로서 입법권의 한계를 벗어난 것이라는 주장을 하였다. 이에 대하여 다수의견은 "우리 재판소는, 특정한 법률이 이른바 처분적 법률에 해당한다고 하더라도 그러한 이유만으로 곧바로 헌법에 위반되는 것은 아니라는 점을 수차 밝혀왔다. 즉 우리 헌법은 처분적 법률로서의 개인대상법률 또는 개별사건법률의 정의를 따로 두고 있지 않음은 물론, 이러한 처분적 법률의 제정을 금하는 명문의 규정도 두고 있지 않으므로 특정한 규범이 개인대상 또는 개별사건법률에 해당한다고 하여 그것만으로 바로 헌법에 위반되는 것은 아니다. 다만 이러한 법률이 일반국민을 그 규율대상으로 하지 아니하고 특정 개인이나 사건만을 대상으로 함으로써 차별이 발생하는바, 그 차별적 규율이 합리적인 이유로 정당화되는 경우에는 허용된다고 할 것이다".[48] 즉, "특별검사제도의 장단점 및 우리나라 특별검사제도의 연혁에 비추어 볼 때, 검찰의 기소독점주의 및 기소편의주의에 대한 예외로서 특별검사제도를 인정할지 여부는 물론, 특정 사건에 대하여 특별검사에 의한 수사를 실시할 것인지 여부, 특별검사에 의한 수사대상을 어느 범위로 할 것인지는, 국민을 대표하는 국회가 검찰 기소독점주의의 적절성, 검찰권 행사의 통제 필요성, 특별검사제도의 장단점, 당해 사건에 대한 국민적 관심과 요구 등 제반 사정을 고려하여 결정할 문제로서, 그 판단에는 본질적으로 국회의 폭넓은 재량이 인정된다고 보아야 할 것이다. 따라서 특별검사

47 헌재 2005. 6. 30. 2003헌마841.

48 헌재 2008. 1. 10. 2007헌마1468; 헌재 1996. 2. 16. 96헌가2등; 헌재 2001. 2. 22. 99헌마613; 헌재 2005. 6. 30. 2003헌마841 등 참조.

제도에 관한 국회의 결정이 명백히 자의적이거나 현저히 부당한 것으로 인정되지 않는 한 존중되어야 할 것인바, 앞에서 본 입법경위에 비추어 볼 때 국회가 여러 사정을 고려하여 이 사건 법률 제2조가 규정하고 있는 사안들에 대하여 특별검사에 의한 수사를 실시하도록 한 것이 명백히 자의적이거나 현저히 부당한 것이라고 단정하기 어렵다."고 하여 동 특별검사법은 평등원칙에 위배되는 것은 아니라는 결론을 내리고 있다. 소수의견은 "그러나 국민의 자유와 권리를 제약하는 내용의 처분적 법률은 평등원칙에 위반되므로 원칙적으로 허용될 수 없다. 그러한 처분적 법률이 예외적 필요성에 따라 허용되는 경우에도 차별적 규율이 합리적 이유로 정당화될 수 있는 범위 내로 한정되어야 한다. 그리고 처분적 법률 중 개별인에 대한 법률은 개별사건에 대한 법률의 경우보다 더욱 엄격한 심사척도에 의하여 차별적 규율의 합리적 정당성 여부를 판단하여야 할 것이다."[49] 고 하여 처분적 법률의 허용한계에 관한 기준을 설정하려는 노력을 하고 있다.

3. 소 결

처분적 법률은 과거에는 기본권을 침해할 위험성이 있을 뿐만 아니라 권력분립의 원칙과 평등의 원칙에 위배된다는 점 때문에 부정적인 평가를 받아왔다. 그러나 사회국가·행정국가의 등장과 더불어 국민의 인간다운 생활과 사회복지의 실현, 비상적 위기상황에 대처하기 위한 수단으로 처분적 법률의 필요성이 재인식되게 되었다. 처분적 법률은 헌법적으로 아무런 문제를 제기하지 않으며, 우리 헌법재판소도 입법수용을 허용함으로써 묵시적으로 이와 같은 태도를 취하고 있다는 평가가 있다.[50] 그러나 우리 헌법에는 독일연방기본법 제19조 제1항 제1문[51]과 유사한 규정이 없기는 하지만, 개별적 법률로서 기본권을 제한할

49 헌재 2008. 1. 10. 2007헌마1468.

50 계희열, 전게서, 143면.

51 이 기본법에 따라서 기본권이 법률에 의하여 또는 법률에 근거하여 제한되는 경우에, 그 법률은 일반적으로 적용되어야 하고 개별적인 경우에 적용되어서는 아니된다. (Soweit nach diesem Grundgesetz ein Grundrecht durch Gesetz oder auf Grund eines Gesetzes eingeschränkt werden kann. muß das allgemein und nicht nur für den Einzelfall gelten.)

수 없다는 데에는 이견이 없다. 그 이외의 경우에도 처분적 법률은 예외적인 것이기 때문에 합리적인 이유가 있는 범위 내에서 극히 예외적인 경우에만 제정할 수 있는 것으로 이해되어야 한다[52]거나, 금지된다고 볼 것은 아니며 구체적으로 평등의 원칙 또는 권력분립의 위반 여부를 판단해야 할 것[53]이라고 한다. 이러한 관점에서, 처분적 법률이 권력분립의 기능을 현저하게 저해하지 않으며 평등권 등 기본권에 위반되지 않는 경우에는 헌법적으로 허용된다는 견해[54]가 제기되었고, 헌법재판소도 처분적 법률의 위헌성을 부인하는 결정을 내리고 있다. 그러나, 처분적 법률에 대한 헌법재판소의 태도는 모호한 것으로 비판받기도 한다. 헌법재판소는 「5·18민주화운동 등에 관한 특별법」에 대한 위헌심판사건(헌재 1996. 2. 16. 96헌가2)과 달리, 「보안관찰법」에 관한 위헌법률심판 및 위헌소원 사건(헌재 2003. 6. 26. 2001헌가17)에서는 처분적 법률을 위헌으로 보는 시각을 내비치고 있다[55]고 하는 것이다. 그러나 이러한 비판과는 달리 위 「보안관찰법」 사건에서 보안관찰처분대상자 모두에게 출소 후 신고의무를 부과하고 있는 규정은 "일반적이고 추상적인 법률규정"이므로 처분적 법률 내지 개인적 법률에의 해당성을 부인[56]하였다.

제4절 처분적 법률에 대한 입법론적 검토

1. 처분적 법률에 대한 입법태도의 변화

우리 「헌법」 제40조는 입법권은 국회에 속한다고 규정하고 있고, 「헌법」 여러 곳에서 법률이나 법률안에 대한 규정을 두고 있지만, 법률의 개념이나 특

52 홍성방, 헌법학(하), 박영사, 2010, 127면.
53 양건, 헌법강의, 법문사, 2011, 247면.
54 한수웅, 전게서, 1077면.
55 장영수, 헌법학, 홍문사, 2011, 1013면.
56 헌재 2003. 6. 26. 2001헌가17.

성을 정의하고 있지는 않다. 다만, 전술한 바와 같이 법률이 지니는 특성으로서 일반성과 추상성이 요구되며 이러한 특성으로 인하여 입법작용와 사법작용·행정작용이 구분된다. 법률은 일반성과 명확성을 가져야 한다는 요건은 법률 전반에 해당하는 것이지만 특히 기본권을 제한하는 법률에 대해서 강조된다. "과거에는 이른바 처분적 법률금지의 원칙 또는 개별법률금지의 원칙이 주장되었다. 그러나 오늘날에는 특히 경제규제입법에서 처분적 법률의 필요성이 인정되면서 이를 어디까지 허용하거나 금지할 것인지가 논의되고 있다."[57] 원칙적으로 권력분립 원칙에 따라서 입법은 일반적·추상적 법규범의 정립을 그 본질로 한다는 점에서 개별적 처분을 본질로 하는 집행과는 구별된다. 따라서 현대사회에서 처분적 법률이 허용된다고 하더라도 입법이 어느 정도의 처분적 작용을 그 내용으로 할 수 있느냐 하는 입법의 한계에 관한 문제가 제기된다. 이 점에 대하여 소수설은 처분적 법률을 권력분립의 원리에 위배되는 것으로 보고 있지만, 다수설은 처분적 법률도 사회국가적 요청에서 부득이 한 것이라고 한다. 다만, 다수설의 경우에도 극단적인 개별적·구체적 처분을 내용으로 하는 입법은 허용될 수 없다고 한다.[58] 특히, 기본권을 제한하는 법률은 일반적인 규율의 형식으로 제정되어야지 일종의 처분적 법률의 형식을 가져서는 아니된다고 한다.[59] 처분적 법률에 대한 과거의 부정적인 시각에서 오늘날 처분적 법률에 대한 시각이 많이 호전되었지만, 처분적 법률은 여전히 국회가 갖는 법률제정권의 한계를 뜻한다고 이해하는 것이 옳다는 견해가 있다.[60] 이에 대하여 처분적 법률은 더 이상 부정적인 시각에서 변칙적인 것으로만 이해되어서는 안되는 현대 입법의 한 형식이라고 평가하면서, 헌법적 관점에서 원칙적으로 허용되는 것[61]이라는 전제 하에, 다만 처분적 법률의 남용은 자칫 국민의 기본권을 침해하는 결과를 초래할 우려가 있기 때문에 그 제정에 신중을 기하여야 한다는 입법적 신중론이 있다. 즉, 국민의 자유와 권리를 제약하는 처분적 법률은 원칙적

57 양건, 전게서, 247면.
58 권영성, 전게서, 801면.
59 허영, 헌법이론과 헌법, 2011, 476면.
60 허영, 한국헌법론, 박영사, 2010, 923면.
61 한수웅, 전게서, 1077면.

으로 허용될 수 없으며, 필요한 경우에도 엄격히 한정되어야 한다는 것이다. 그러나 국민의 실질적 자유와 권리를 보장하려는 실질적 법치주의 및 사회적 법치국가의 요청에 따라 처분적 법률은 합리적 범위 안에서 비교적 폭넓게 인정할 수 있다.[62] 나아가 처분적 법률의 입법에 대한 보다 적극적인 견해도 있다. 법률이 행정청의 처분과 유사하게 특정 상황을 스스로 구체적으로 형성하거나 변경하고자 시도하는 것은 현대국가의 경제조종적·사회형성적 입법에서 더 이상 희귀한 현상이 아니며, 처분적 법률은 사회국가적 과제에 의하여 야기된 현상으로서 더 이상 부정적인 시각에서 변칙적인 것으로 이해해서는 안 되는 '현대입법의 한 형식'이라는 것이다.[63] 특히 입법론적으로 현대사회에서 처분적 법률은 가능하다고 한다. 즉, 급격한 사회변화에 대응해야 하는 오늘날의 국가적 기능에 있어서 엄격한 의미에서 일반적·추상적 규범의 정립과 개별적·구체적 처분 사이에 이 양자의 성격을 자진 여러 가지의 중간단계가 있다는 것이다. 따라서 극단적인 개별적·구체적 처분의 경우를 제외하고는 이러한 중간적 단계의 기능은 헌법이 이에 대한 금지규정이 없는 한 처분적 법률은 입법의 대상이 될 수 있다고 한다.[64] 비교법적[65][66]으로 보거나 현대사회에서의 입법적 필요로 보거나, 아니면 헌법재판소의 판결례의 경향이나 학설을 통해 보더라도, 처분적 법률의 등장은 어느 정도 수인해야 된다는 공감대가 형성되어 있다고 볼 수 있다. 다만, 처분적 법률의 정도와 한계의 문제가 남는다.

---

62 성낙인, 전게서, 973면.

63 한수웅, 전게서, 1077면.

64 박영도, 전게논문, 288면.

65 미국의 경우에 있어서, 일반 국민 모두에게 적용되어질 법률안을 공법안(public bill)이라 하고, 특정 개인이나 일부 집단에게 적용되어질 법률안을 사법안(private bill)이라고 한다. private bill이 연방의회를 통과하면 private law가 되는데, private law는 대개 이민과 귀화 등의 사항을 다룬다. 처분적 법률을 미국법적인 관점에서 보면 private law가 바로 그것이다. 상세는 홍완식, 미국 연방의회의 입법과정, 미국헌법연구, 제20권 1호, 2009. 2, 191면 이하 참조.

66 김철수, 헌법학(중), 2009, 254면. "개별적 법률로써 개인의 권리·의무를 규정할 수 있다고 보는 것이 영국·미국의회의 private bill의 이론이다."

2. 처분적 법률 입법의 한계

처분적 법률의 입법 필요성이 강조되고 이미 다수의 처분적 법률이 입법되어 있으며, 처분적 법률이라는 사실 자체만을 근거로 하여 위헌으로 보기 어렵다고 하더라도, 입법과 행정의 한계선상에 있는 입법의 양적 증가는 바람직하지 않다. 처분적 법률을 넓게 인정하여서는 아니 되고, 한계를 준수하여야 한다.[67] 법률은 일반성·추상성을 속성으로 한다는 법률 자체가 가지는 특성의 엄격성이 완화되기는 하였어도, 개별성·구체성이 그 자리를 대체할 수는 없다. 다만, 처분적 법률이 부인되는 시기를 지나서, 법률은 원칙적으로 일반적·추상적인 본질을 지녀야 하고, 입법적 필요에 의하여 예외적으로 개별적·구체적인 성격의 법률도 허용될 수 있다는 일종의 공식이 자리를 잡아 가는 것 같다.

헌법상 기본원칙으로 분류되는 권력분립이 현대적 변용을 거치는 것과 마찬가지로, 현대국가에서의 입법권의 대상과 범위 및 형식에도 변화는 있을 수 있다. 그러나 권력분립의 모습은 변화하여도 그 본질은 유지되어야 하는 것처럼, 행정작용이나 사법작용과는 다른 법률의 입법이라고 하는 국가작용의 본질과 특성은 유지되어야 한다. 처분적 법률의 불가피한 허용에도 불구하고, 특정한 인적 범위를 대상으로 하거나 특정한 사안을 대상으로 하는 법률은 법률 전체의 체계를 해할 위험이 있기 때문에 체계적합성의 원칙 위반에의 혐의가 있을 수 있다. 또한 처분적 법률의 입법에 있어서 평등원칙에 위반되지 않아야 한다는 입법권의 한계는 인정되어야 한다. 즉, 본질적으로 동일한 집단간에 차별적인 처우를 하는 법률은 평등원칙 위반에 대한 심사가 필요하듯이, 특정한 집단을 대상으로 하는 법률은 그 이외의 집단과 본질적으로 동일함에도 불구하고 차별적인 처우를 하는 내용을 지닌 것이라면 평등원칙 위반의 가능성이 큰 것이다. 따라서 처분적 법률의 범주에 속하는 법률을 입안하거나 심사를 하는 경우에는, 그러한 처분적 법률이 반드시 필요한 것인지에 대한 심사와 아울러, 필요한 경우에도 평등원칙에 반하거나 평등권을 침해하는 내용을 담고 있는지에

67 정재황, 전게서, 249면.

대한 심사가 행해져야 한다.

3. 입법사례 검토

우선 「동서남해안권 발전특별법」의 제정경위를 살펴볼 필요가 있다. 제17대 국회에 들어와서 신중식 의원은 2006년 8월 30일에 '남해안균형발전법안'을 대표발의하였다. 이후 김재경 의원은 2006년 9월 7일에 '남해안발전특별법안'을 발의하고, 주승용 의원은 2006년 9월 29일에 '남해안발전 지원법안'을 발의하여, 남해안의 발전을 내용으로 하는 3건의 법안이 국회에 제출되었다. 이들 3건의 법률안은 소관 위원회의 대안이 만들어지면서, 2007년 6월 12일에 대안폐기된다. 남해안의 발전관련 3개 법안이 제출되자, 윤두환 의원 등 11인은 '동해안광역권개발지원 특별법안'을 2006년 12월 14일에 발의하게 된다. 이 법률안도 남해안 관련 법안과 함께 2007년 6월 12일에 대안폐기된다. 전술한 남해안과 동해안의 발전을 내용으로 하는 법안들은 폐기되고 국회 건설교통위원회의 대안으로서 '동·서·남해안권 발전 특별법안'이 건설교통위원장의 이름으로 2007년 11월 21일에 국회 본회의에 제출된다. 이 법률의 제안이유로 "동·서·남해안권은 우수한 입지여건과 풍부한 관광자원을 가진 지역으로서 무한한 성장 잠재력을 보유하고 있는 지역임에도 불구하고, 체계적인 발전전략 부재와 수산자원보호구역 등 각종 토지이용규제 및 기반시설 부족 등으로 지역발전에 많은 제약과 한계를 노출하고 있음에 따라 적극적으로 개발할 필요가 있는 지역에 대하여는 개발구역, 첨단과학기술단지 또는 투자진흥지구 등으로 지정하여 체계적이고 종합적으로 개발하고, 각종 규제를 완화하며, 입주기업을 적극적으로 지원하도록 하되, 개발사업에 대하여는 사전환경성검토를 거치도록 하고, 주변지역의 난개발을 방지하도록 함으로써 친환경적이고 지속가능한 발전을 도모하고, 지역간 균형발전 및 국가경쟁력 강화 등에 이바지하려는 것임."을 밝히고 있다. 건설교통위원회 안으로 발의된 동서남해안권발전특별법안은 위원회안으로 제출된 다음날인 2007년 11월 22일에 원안대로 본회의에서 가결되었다. 이렇게 「동서남해안권 발전특별법」이 제정된 이후에, 2008년 8월 29일에 홍재형의원에 의하여 내륙권발전지원 특별법안이 발의된다. 법률안의 제안이유로서 "우리나라의 내륙권은 수도권이나 해안권에 비하여 발전에서 소외되고 경제적으로 낙후되어 있는데, 정부는 「헌법」 제123조 제2항 "국가는 지역 간의 균형 있는 발전을 위하여 지역경제를 육성할 의무를 진다"라는 규정에 따라 국가균형발전정책을 장기적으로 일관성 있게 추진해야 할 헌법상 책무가 있음에도 불구하고 아직까지도 내륙권을 발전시킬 특별한 정책목표를 제시하고 있지 않음. 이에, "2007년 12월에 여야합의로 통과시킨 「동·서·남해안권발전 특별법」과 동일한 수준의 내용을 담은 특별법을 제정하여, 내륙권에 대한 합리적인 개발과 지원을 토대로 내륙권을 우리나라의 대표적인 첨단산업지역 및 관광지역으로 만들어 다른 지역과 보조를 맞추고 균형을 이루는 지역발전을 기하게 함으로써 내륙권 지역주민들의 삶의 질을 향상시킴과 동시에 국토 균형발전과 국가 경쟁력 강화에도 이바지할 수 있게 하는 법적·제도적 근거를 마련하고자 함."을 밝히고 있다. 동 법안이 발의된 이후에 2010년 4월 15일에 동서남해안 발전 특별법이 동서남해안 및 내륙권 발전특별법으로 개정되었다. 동 법률의 개정이유는 "「국가균형발전 특별법」의 개정에 따라 국토의 초광역권 계획이 수립되어 기존 동·서·남해안권 발전축과 더불어 내륙 발전축을 균형 있게 개발하려는 계획이 추진되고 있음에도 내륙권의 경우에는 「국가균형발전 특별법」에 따라 국토해양부장관이 지역발전위원회의 심의를 거쳐 내륙권역을 지정·고시할 수 있으나 이를 실행할 수 있는 법제화가 미비하므로 내륙권 발전종합계획의 수립, 개발사업의 집행절차 및 지원체계 등에 대한 법적 근거를 마련하여 내륙 초광역개발권에 대한 실행력을 확보하는 한편, 개발사업 추진에 지연을 초래하는 복잡한 위원회 심의절차를 개선하고, 개발계획 및 실시계획 승인 시 의제사항을 확대하는 등 행정절차를 대폭 간소화하여 개발 사업을 효율적으로 추진할 수 있도록 제도를 개선하고자 하려는 것임."이라고 밝히고 있다. 동 개정 법률은 2010년 10월 16일부터 시행되었다.

「세무대학설치법폐지법률」은 세무대학설치의 법적 근거로 제정된 세무대학설치법을 폐지함으로써 세무대학을 폐교하는 법적 효과를 발생하는 것이므로, 세무대학의 폐지만을 규율목적으로 삼는 처분법률의 형식을 띤다. 이 경우에 있어서는 세무대학설치법 자체가 이미 처분법률에 해당하는 것이므로, 이를 폐지하는 법률도 처분법률의 형식을 지녔다.[68] 이외에도 일반적·추상적이지 않은 개별적 법률에 해당하는 입법례는 많이 찾아볼 수 있다. 행정구역의 설치나 변경에 관하여 「경상남도 창원시 설치 및 지원특례에 관한 법률」, 「강릉시 설치에 관한 법률」, 「거제군 설치에 관한 법률」, 「구리시 등 11개시 설치와 군관할구역의 조정 및 금성시 명칭변경에 관한 법률」, 「부산직할시 강서구 설치 및 시·도의 관할구역변경에 관한 법률」 등도 있다. 이와 같이 우리나라 입법의 특징으로 지적되는 것은 특별법과 특례법, 특별조치법, 임시조치법 등 특별법의 과다한 입법이다. 이러한 광의의 특별법에는 처분적 법률의 성격을 지니는 것이 많은데 「용산공원조성특별법」, 「고려인동포 합법적 체류자격 취득 및 정착지원을 위한 특별법」, 「민주화운동 관련자 명예회복 및 보상에 관한 법률」, 「특수임무수행자 보상에 관한 법률」, 「5.18민주화운동 등에 관한 특별법」, 「제주4.3사건 진상규명 및 희생자 명예회복에 관한 특별법」, 「서해5도 지원특별법」, 「새만금사업촉진을 위한 특별법」, 「소나무 재선충병 방제특별법」, 「시국사건관련교원임용 제외자 채용에 관한 특별법」, 「아시아문화 중심도시 조성에 관한 특별법」, 「허베이 스피리트호 유류오염사고 피해주민의 지원 및 해양환경의 복원 등에 관한 특별법」, 「2011 대구 세계육상선수권대회, 2014 인천 아시아경기대회 및 2015 광주 하계유니버시아드대회 지원법」, 「2012 여수 세계박람회 지원특별법」, 「포뮬러원 국제자동차경주대회 지원법」 등 입법사례는 수없이 많다. 정부의 정책목표를 달성하기 위해서는 특례법이 간편하고 실효성이 크기 때문에 특례법 입법의 요구가 강하다고 할 수 있지만, 특례법은 많은 부작용을 야기하며 법체계를 혼란시키는 문제가 있다는 평가[69]를 받는다. 통일된 법체계 내에서 다

---

68 헌재 2001. 2. 22, 99헌마613.

69 박균성, 정부입법 60년의 평가와 과제, 입법학연구, 제5집, 2008, 170면.

른 법률과의 논리적 조화가 유지되어야 하므로 특별법의 양산은 바람직하지 못하고, 특별법의 입법이 필요한 경우에는 특별법의 취지를 명백히 할 필요가 있으며, 법체계의 정비를 통하여 일반법에 포함시키는 것이 좋다.[70] 처분적 법률의 입법은 날로 점증하는 경향에 있고 처분적 법률은 합리적 범위에서 인정될 수 있지만, 처분적 법률의 입법에는 신중을 기하여야 한다. 특히 국민의 자유와 권리를 제약하는 처분적 법률은 원칙적으로 허용될 수 없으며 필요한 경우에도 엄격히 한정되어야 한다.[71] 우리나라의 법제는 법영역별 법전화 작업이나 법체계화 작업이 필요하며,[72] 위헌에까지 이르지 않은 것이라 할지라도 처분적 법률의 무절제한 입법은 체계성의 측면에서 입법론적으로 바람직하지 않다.

제 5 절 맺음말

처분적 법률은 법률 내용이 처분적 성격을 지니고 있어서 의회의 법률과 행정청의 처분의 중간영역에 위치한다고 하면서, 처분적 법률이 등장함에 따라 이를 둘러싼 논의는 활발해 졌지만 처분적 법률의 개념 및 인정여부에 대해서는 아직도 명확한 합의가 없는 상태라고 인식되고 있다.[73] 전술한 바와 같이 처분적 법률과 집행적 법률·사법적 법률과는 구분해서 논의하는 것이 바람직하다. 일반적으로 처분적 법률은 관대하게 받아들여지고 있으며, 누구를 처벌한다는 사법적 결정을 내용으로 하거나 평등권을 침해하는 등의 과도한 내용이 아니라면 위헌으로 볼 수 없지 않느냐는 경향성을 보이고 있다. 우리 헌법재판소

70 박영도, 최근의 입법경향과 입법의 선진화를 위한 과제, 동아법학, 제50호, 2011. 2, 469면 이하.
71 성낙인, 전게서, 973면.
72 홍완식, 한국 법제에 대한 고찰, 건국대학교 법학연구소, 일감법학, 제20호, 2011. 8, 272면 이하.
73 장영수, 전게서, 1013면.

도 사법적 법률에 해당하는 경우에는 위헌으로 판단한 경우가 있지만, 개별사건법률에 해당한다는 이유를 들어 위헌이라고 판단한 경우는 없다. 그러나, 처분적 법률이 무제한 허용되는 것으로 볼 수는 없다. 특히 처분적 법률이 바람직한 입법이냐는 문제는 위헌 여부에 대한 판단과는 달리 볼 수 있다. 대통령이나 집권당의 정책적 의지가 강하게 반영되는 입법을 하는 경우가 발생하는 데, 이러한 처분적 법률의 형식을 통하여 법률의 입법이 정책에 종속된다고 평가할 수 있다. 국민 일반의 '주권적 의사'가 반영되어야 할 법률의 입법이 정권의 정책을 반영하는 수단으로 전락하는 것은 바람직하지 않다. 이는 흔히 '보수 정권'으로 표현되는 정부에서든 '진보 정권'으로 평가되는 정부에서든 마찬가지이다. 국회의 입법권을 통제하는 제도적 장치로는 규범통제제도를 제도화한 헌법재판소의 위헌법률심판제도를 들 수 있다. 그러나 이러한 규범통제 제도도 권력분립 원칙에 기반을 둔 사법적 자제론과 입법자의 형성의 자유론에 힘이 실리게 되어, '바람직한 법률'이 아닌 법률을 적극적으로 제어할 수는 없게 된다. 결국은 '입법자의 자기구속이나 자기억제' 또는 '국민들의 주권적 통제'에 기대할 수밖에 없다. 이러한 관점에서 '위헌이지는 않지만, 바람직하지 않은' 처분적 법률은 불가피한 경우에 한해 예외적인 입법형식이 되어야 하고, 아무런 고민없이 방만하게 입법되는 처분적 법률은 입법자 스스로의 노력으로 줄여나가고 없애나가야 한다.

| CHAPTER 08 _ 참고문헌 |

계희열, 헌법학(중), 박영사, 2007.
권영성, 헌법학원론, 법문사, 2010.
김백유, 헌법학(Ⅰ), 조은, 2011.
김철수, 헌법학신론, 박영사, 2010.
______, 헌법학(중), 박영사, 2009.
______, 헌법학(하), 박영사, 2008.
김학성, 헌법학원론, 박영사, 2011.

박균성, 정부입법 60년의 평가와 과제, 입법학연구, 제5집, 2008.
박수철, 입법총론, 한울아카데미, 2011.
박영도, 입법학입문, 한국법제연구원, 2008.
______, 처분적 법률의 입법론적 검토, 법제연구, 제9호, 1995.
______, 최근의 입법경향과 입법의 선진화를 위한 과제, 동아법학, 제50호, 2011. 2.
성낙인, 헌법학, 법문사, 2011.
심경수, 헌법, 충남대학교 출판부, 2011.
양 건, 헌법강의, 법문사, 2011.
이승우, 헌법학, 두남, 2009.
이준일, 헌법학강의, 홍문사, 2008.
장영수, 헌법학, 홍문사, 2011.
정연주, 처분적 법률의 헌법적 문제, 미국헌법연구, 제18권 제2호, 2007. 9.
정재황, 신헌법입문, 박영사, 2010.
정종섭, 헌법학원론, 박영사, 2011.
______, 헌법과 정치제도, 박영사, 2010.
정하중, 법률의 개념 -처분적 법률, 개별적 법률 그리고 집행적 법률에 대하여-. 공법연구, 제24집 제2호, 1996. 6.
한수웅, 헌법학, 법문사, 2011.
허 영, 한국헌법론, 2011.
______, 헌법이론과 헌법, 박영사, 2011.
홍성방, 헌법학(상)(중)(하), 박영사, 2010.
홍완식, 한국 법제에 대한 고찰, 건국대학교 법학연구소, 일감법학, 제20호, 2011. 8.
______, 미국 연방의회의 입법과정, 미국헌법연구, 제20권 1호, 2009. 2.
홍정선, 행정법특강, 박영사, 2011.

CHAPTER

09 한국 법제에 대한 고찰

출처: 일감법학 제20호, 2011년

제1절 머리말

법령은 모든 국가작용의 준거이기 때문에 법령을 만드는 행위인 입법의 중요성에 대하여는 이론(異論)이 존재하지 않는다. 주지하는 바와 같이 대부분의 현대 민주주의 국가에서 국민주권주의는 대의제도나 법치주의를 통하여 실현되는데, 구체적으로는 의회유보론이나 법률유보론에 의하여 중요하거나 본질적인 사항은 의회가 법률로 정하여야 하고 행정은 의회가 입법한 법률에 근거를 두어 행해져야 한다. 또한 권력분립 원칙에 따르더라도, 행정부는 법률을 집행하는 기관이고 사법부는 법률을 해석하고 적용하는 기관이기 때문에, 모든 국가작용의 준거가 되는 법령의 입법은 행정작용과 사법작용에 있어서도 대단히 중요하다. 국가의 조직과 작용은 법령에 의해서 결정되어지기 때문에, 법령의 입법은 크게 보면 국가질서의 형성이라는 성격을 가진다.[1] 전통적인 법학은 법해석학으로서, 이는 '이미 존재하는 법'을 전제로 하여 사후적으로 법령을 해석함을 통하여 법의 흠결을 보충하게 된다. 그러나 법령의 입법단계에서 법령이 보다 완벽하게 입법되고 법령의 흠결이 제거될 수 있다면 법령을 해석하고 적용

1 장영수, 헌법학, 홍문사, 2007, 1027면.

하는 재판작용이나 법령을 해석하여 집행하는 행정작용에서 법해석의 어려움이나 혼란은 줄어들 수 있다.[2] 이렇듯 국가작용으로서의 입법작용은 중요하기 때문에 입법행위는 신중하고 합리적이며 효율적이어야 한다. 그러나 대한민국 정부수립 이후 우리 법제에 대한 평가는 그리 긍정적인 것만은 아니다. 입법절차에서의 파행을 수차례 경험하였기에 절차적 정당성의 강화와 절차적 합리화의 증대를 위한 여러 제도가 도입되었지만, 소위 '국회선진화법' 등 아직도 입법절차를 개선하고자 하는 방안과 노력들이 시도되고 있다. 식민지와 한국전쟁을 극복하고 정치와 경제가 많은 변화와 발전을 거치는 동안 법령이 토대를 두고 있는 현실이 급격히 변화하였고, 이러한 변화에 상응하거나 선도하거나 억제하는 법령을 마련할 필요가 절실하였으며, 이러한 이유로 법률의 양과 내용이 다양·복잡해지고, 이러한 법령의 양적 팽창 등으로 인하여 체계성이 약화되었다. 법체계의 형성이나 법이론의 발전에 있어서 일본, 독일, 미국의 영향을 많이 받았기 때문에, 일부 법령의 내용이나 용어 등에서 그 흔적이 발견되기도 한다. 그간의 선행연구들은 각 전공분야 별로 우리 법제의 문제점들을 지적하기도 하였지만, 이제는 보다 거시적인 관점에서 우리 법제의 전반에 걸친 문제점들을 분석하고 평가하여 개선방향을 제시하는 작업도 수행되어야 하리라 생각한다. 이 글에서는 이러한 문제의식을 기초로 하여 대한민국 정부수립 이후 만들어진 법률을 체계, 절차, 내용, 용어, 특징 등의 관점에서 고찰해 보고자 한다.

제2절 법률의 입법절차

1. 법률의 입법절차에 관한 규율의 부족

국회의 입법절차는 국민의 대표로 구성된 다원적 인적 구성의 합의체에서

2 정호영, 국회법론, 법문사, 2004, 68면.

공개적 토론을 통하여 국민의 다양한 견해와 이익을 인식하고 교량하여 공동체의 중요한 의사결정을 하는 과정이며, 일반 국민과 야당의 비판을 허용하고 그들의 참여 가능성을 개방하고 있다는 점에서 전문관료들만에 의하여 이루어지는 행정입법절차와는 달리 공익의 발견과 상충하는 이익간의 정당한 조정에 보다 적합한 민주적 과정[3]이며, 이러한 민주사회에서의 다양하고 상충하는 의견과 이해가 조정되는 입법절차에 관한 정교한 규율이 필요하다. 그러나 법제실무에서는 법제를 함에 있어서의 어려움으로 '법제를 규정한 법규가 없다'는 점을 지적하고 있다.[4] 우선, 우리 헌법에는 법률의 입법절차에 대해서 많은 규정을 두지 않고 있다. 즉, "입법권은 국회에 속한다"는 「헌법」 제40조의 규정을 필두로 하여, 「헌법」 제52조와 제53조에 법률안을 제출할 권한이 국회의원과 정부에 있다는 것과 국회에서 의결된 법률안에 대하여 대통령이 재의를 요구할 수 있다는 법률안 재의요구권이 규정되어 있다.[5] 「헌법」 제53조에 대통령의 재의요구권이 규정되어질 정도라면, 국회에서의 입법절차에 관한 기본적이고 중요한 사항은 「헌법」에 규정되어야 했다. 그러나 국회에서의 입법절차에 관한 규정은 「헌법」에서 규정하고 있지 않고 「국회법」 및 「국회규칙」 등에서 규정[6]하고 있는데, 입법절차에 관한 주요 사항은 「국회법」에 정하고 있고 기타 부수적인 사항 등은 「국회규칙」에서 정하고 있다. 또한 「헌법」 제64조에는 "국회는

3 헌재 2009. 10. 29. 2007헌바63.

4 입법이론과 법제실무, 국회사무처 법제실, 2008, 41면. "입법업무가 중요한 것임에도 이를 어떻게 하여야 하는가에 관하여 규정한 법규가 전혀 없다고 하여도 과언이 아니다. 이에 따라 입법방식에 관한 지식은 이른바 성문법에서 얻을 수 있는 것이 아니라 불문법인 관습이나 선례 등을 통해 이루어지고 있는 것이 현실정이라고 하겠다. 다만, 국회 차원에서는 입법방식에 관하여 일부사항에 대해 예규의 형태로 작성하여 시행하고 있는데, 국회사무처 예규(개정) 제18호(2004. 12. 22) 「법률용어의 표준화기준」, 국회사무처 예규 제17호(2004. 9. 3) 「법률안의 표준화 기준」 등이 있다."

5 그 이외에는 법률안을 포함하여 국회에서 처리되는 모든 의안에 대한 일반적인 규정의 형태로 의사정족수와 의결정족수에 관한 규정이 제49조에 규정되어 있으며, 국회 회의의 원칙적인 공개와 비공개 요건 등에 관하여 제50조에 규정되어 있다. 또한 제51조에서는 회기계속의 원칙과 국회의원의 임기만료로 인한 예외 등이 규정되어 있다.

6 국회 입법절차 이전 정부에서 법률안을 입안하여 제출하는 절차는 행정절차법, 행정규제기본법 등에, 국회 입법절차 이후 공포·시행 등에 관한 절차는 법령 등 공포에 관한 법률 등에 규정되어 있다.

법률에 저촉되지 아니하는 범위 안에서 의사와 내부규율에 관한 규칙을 제정할 수 있다."는 규정을 두어, 국회의원들이 법률안을 발의하는 절차 등에 관한 국회 내부의 자율규정을 정할 수 있는 근거가 마련되어 있다. 그러나, 현재 일반적인 '의사와 내부규율'에 관한 사항만이 「국회규칙」으로 규정되어 있을 뿐, 법률안 발의에 관련한 의사절차 규정은 아직 마련되어 있지 않다. 현재 소위 '국회선진화법'이라는 통칭으로 국회 입법절차의 파행을 방지할 법률안들이 발의되어 있는데,[7] '국회선진화법'은 국회에서의 폭력사태를 방지하기 위한 내용과 이러한 사태의 재발방지를 위한 입법자의 의지를 담고 있다. 입법절차에 관해서는 기본적으로 제도의 변화와 행태의 변화가 동시적으로 달성되어야 한다고 본다. 제도적으로는 법률의 입법예고, 공청회, 위원회 심사, 본회의 심사 등 국회에서의 입법절차에 관한 내용을 담고 있는 「국회법」의 문제점도 개선될 필요가 있지만, 「국회규칙」의 대대적인 보완·정비를 통하여 입법절차의 상세하고 기술적인 사항들을 규정할 필요가 있다.

2. 입법절차에 대한 통제

대한민국 정부수립 이후 우리 헌법은 의원내각제를 채택하고 있었던 제2공화국(제3차 개헌헌법)을 제외하고는 대통령제를 정부형태로 채택하였다. 우리나라의 대통령제는 '제왕적 대통령제'라는 표현이 사용될 정도로 대통령에게 제도적 및 실질적으로 강력한 권한을 부여하였다. 이러한 강력한 대통령제 정치구조 하에서 국회는 '거수기'나 '통법부'라 불리어질 만큼 무력하였고, 때때로 국회에서의 입법절차는 비정상적으로 진행되어 '날치기 법안처리'가 행해지기도 하였다. 2002년 3월에 「국회법」 개정으로 '의장석 표결 선포제도'가 도입되었는데,

7 소위 '국회선진화법'은 '국회법 개정 법률안'의 형식으로 20건 이상의 법률안이 발의되어 있고, 「국회법」의 '특별법'에 해당하는 형식으로 발의된 것은 '국회의 입법질서유지를 위한 특별법안', '국회의 질서유지 등에 관한 법률안', '국회내 민주적 기본질서 유지에 관한 특별법안', '국회에서의 폭력행위 등 방지를 위한 특별법안', '국회 회의 방해 범죄의 가중처벌 등에 관한 법률안' 등이 있다.

이는 국회의 심의·표결과정에서 국회의장의 표결선포 및 표결결과선포가 의장석에서만 이루어지도록 명문으로 규정함으로써 비정상적인 절차에 의한 안건처리의 방지와 국회의 위상을 제고하고자 한 것이다.[8] 제헌 이후 국회운영에 대한 반성책의 하나로 도입된 '의장석 표결 선포제도'의 도입에도 불구하고 '날치기 법안처리'는 근절되지 않고 있으며, 다만 의원들간의 몸싸움이 의장석을 중심으로 일어나는 현상이 발생하고 있다.

정부수립 이후 국회에서의 입법절차에는 종종 파행이 있었으나, 날치기 법안처리의 부당성과 위헌성을 시정할 수 있는 제도적 장치는 결여되어 있었다.[9] 1987년의 헌법 개정과 1988년의 헌법재판소법 제정을 통하여, 헌법재판소가 다시 설립되었고, 헌법재판소의 권한으로 권한쟁의 심판절차가 도입[10]되었으며, 국회에서의 비정상적인 입법절차를 사후적으로 통제하고 시정할 수 있는 방법으로 활용된 것이 헌법재판소의 권한쟁의심판이었다. 이후 최초로 접수된 권한쟁의사건(헌재 1995. 2. 23. 90헌라1)에서는 심판청구가 각하되었지만, 1996년 12월 26일에 야당의원들이 국회의장의 변칙적인 법률안처리로 인한 권한침해를 다투었던 사건(헌재 1997. 7. 16. 96헌라2)에서는 국회의원과 국회의장간의 권한쟁의를 인정하였고, 이후 국회의장이나 국회상임위위원장 등과 국회의원간의 권한쟁의심판은 헌법재판소에 의하여 일관되게 인정되었다.[11] 이러한 헌법재판소 결정에 힘입어, 이후에도 국회에서의 비정상적인 입법절차는 국회 본회의에서 뿐만이 아니라 국회 상임위원회(헌재 2010. 12. 28, 2008헌라7)에서도 반복되었다. 이처럼 날치기 혹은 비정상적인 입법과정에 의하여 법률안 심의·표결권 침해

8 제도도입의 배경으로 "표결의 의장석 선포를 규정한 것은 국회의 정상적 운영을 위한 획기적인 조치라 아니할 수 없다. 주지하는 바와 같이 국회는 제헌 이래 어느 한 국회도 이른바 "날치기"라 일컬어지는 강행저지와 강행처리의 악순환이 반복되지 아니한 때가 없었으며, 소수의 난폭한 저지와 다수의 때와 장소를 가리지 아니하는 강행처리로 인해 폭력과 무질서가 늘 도사리고 있어 온 것이 부인할 수 없는 사실"을 적시하고 있다. 개정 국회법 소개, 국회운영위원회 수석 전문위원실, 2002. 3, 45면.

9 상세는 홍완식, 헌법재판소에 의한 입법절차 통제, 공법학연구, 제12권 2호, 2010. 5, 256면 이하.

10 1962년에 제정되고 1964년에 폐지된 헌법재판소법에도 권한쟁의심판은 규정되어 있었으나, 전혀 기능하지 못하였다

11 헌재 2000. 2. 24. 99헌라1; 2010. 12. 28. 2008헌라7 등.

를 주장하는 국회의원들의 권한쟁의심판청구를 받아들인 것은 한편으로는 헌법재판소에 의한 적극적인 입법과정통제로 평가할 수 있다. 그러나 다른 한편으로 헌법재판소는 그 날치기통과 입법이 「국회법」의 규정을 위반하였다고 하더라도 위헌무효로 볼 수 없다고 판단함으로써 날치기입법 방지의 실효성을 기대할 수 없다는 것이 문제로 지적되었다.[12] 헌법재판소는 무효를 선언하지 않은 이유로서 위법의 하자가 중대하지 않다는 것을 이유로 들고 있으나, 입법절차에 관한 「국회법」의 명시적 규정에 위반한 것은 위법의 하자가 중대하지 않다고 할 수 없다.[13] 입법절차의 중대한 위법을 확인하고서도 무효로 하지 않은 것은, 비정상적인 입법절차를 추인해 준 결과만 되었다. 2009헌라8 사건에 대한 헌법재판소의 결정이 있은 후에 신문법과 방송법의 개정안 등을 가결한 행위에 대하여 재차 권한쟁의심판이 청구되었다. 청구인들은 헌법재판소가 법률안 심의·표결권을 침해한 것이라고 인정한 이상, 피청구인인 국회의장은 해당 법률안에 대한 심의·표결권을 행사할 수 있는 조치를 취하여야 함에도 불구하고 아무런 조치를 취하지 않고 있기 때문에, 국회의장이 이와 같은 부작위는 국회의원들의 법률안 심의·표결권을 침해하는 것이라고 주장한 사건(헌재 2010. 11. 25. 2009헌라12)에서 헌법재판소는 국회의장이 이와 같은 특정한 조치를 취할 작위의무를 부담한다고는 볼 수 없다는 이유로 청구를 기각하였다. 국회 입법절차에 있어서 가장 중요한 점은 「헌법」 및 「국회법」에서 정하고 있는 입법절차는 반드시 준수되어야 하며,[14] 이러한 중요한 절차가 준수되지 않아 권한쟁의심판의 대상이 되었다면 헌법과 법률이 정하는 입법절차에 위반하여 국회의원의 심의·표결권을 침해한 법률안 또는 법률은 그 효력이 부인되어야 옳다. 국회의 의사를 결정하는 입법절차는 헌법이 예정하고 보호하는 대상이며 특히 국회의원의 심의 및 표결권은 헌법적인 중요성을 지니기 때문에,[15] 이를 명백히 위반한 법률안에 대한 가결선포행위는 위헌이라고 보아야 한다.[16] 국회의 자율권 행

12 정만희, 헌법과 통치구조, 2003, 251면.
13 정종섭, 헌법학원론, 박영사, 2011, 1031면.
14 홍완식, 의원입법에 대한 합리적인 통제방안, 저스티스, 제106호, 2008. 9, 124면.
15 전광석, 한국헌법론, 집현재, 2011, 540면.

사가 기대될 수 없는 경우나 상황이라면, 헌법재판소가 판결을 통하여 이를 촉구하는 것이 법률 형성과정에서의 절차적 정당성을 회복하는 바람직한 방법[17]이라 생각한다.

제3절 법률의 체계

1. 입법에 있어서의 체계적합성

체계적합성(Systemgemäßheit) 또는 체계정당성(Systemgerechtichkeit)은 입법기능에서 존중되어야 하는 원칙으로서 법규범 상호간에는 규범구조나 규범내용면에서 서로 상치 내지 모순되어서는 아니 된다는 원칙이다.[18] 헌법재판소는 체계정당성의 원리에 대하여 "'체계정당성'(Systemgerechtigkeit)의 원리라는 것은 동일 규범 내에서 또는 상이한 규범간에 (수평적 관계이건 수직적 관계이건) 그 규범의 구조나 내용 또는 규범의 근거가 되는 원칙면에서 상호 배치되거나 모순되어서는 안된다는 하나의 헌법적 요청(Verfassungspostulat)"[19]이라거나 "체계정당성이라 함은 일정한 법률의 규범 상호간에는 그 내용과 체계에 있어서 조화를 이루고 상호 모순이 없어, 결국 모든 규정의 내용과 체계가 상호 모순과 갈등 없이 그 본래의 입법목적의 실현에 합치되고 이바지하는 것을 말한다."[20]고 설명하고 있다. 체계정당성이란 입법자가 입법을 함에 있어서 법체계와 일치하거나 법체계에 적절한 결정을 하여야 한다는 것을 의미한다.[21] 개별 법률규정이나 개별법

16 박경철, 입법절차의 위법과 법률안가결선포행위의 효력, 공법연구, 제38집 제2호, 2009, 310면.
17 상세는 홍완식, 헌법재판소에 의한 입법절차 통제, 공법학연구, 제12권 2호, 2010. 5, 256면 이하.
18 허영, 한국헌법론, 박영사, 2010, 926면.
19 헌재 2004. 11. 25. 2002헌바66.
20 헌재 1995. 7. 21. 94헌마136.

은 다른 법률규정 및 법률과의 관계에서 모순이 발생하지 않도록 입법되어야 한다. 즉, 개별법률규정이나 개별법은 독립적으로 존재하는 것이 아니라 다른 법령과 상호 유기적으로 결부하여 전체적인 법제도와 법령의 체계를 구성하는 것이며 이들 규정 사이에는 조화의 관계 내지는 균형의 관계가 존재하여야 한다.[22] [23] 체계정당성의 요청은 동일 법률에서는 물론이고 상이한 법률 간에서도 존중되어야 하고 법령의 체계나 구조상 수직적이건 수평적이건 반드시 존중되어야 한다. 상하규범간의 규범통제와 동등규범간의 규범통제 신·구 규범간의 규범통제 등이 입법기능에서 반드시 선행 내지 병행되어야 하는 것은 그 때문이다.[24] 후술하는 바와 같이 대한민국 정부수립 이후 법령은 그 절대적인 수가 많아졌으며, 헌법·법률·위임입법·자치입법의 입법자가 다르고 이러한 규범구조에 부응하지 않는 입법의 증가로 인하여 수직적 체계성이 약해지기도 하였고, 법률의 입법에 있어서도 특별법·특례법·한시법 등 입법의 증가로 인하여 수평적 체계성이 약해지기도 하였다.

2. 수직적 체계에 대한 평가

법령은 통일된 법체계로서의 질서가 있어야 하며 상호간에 상충이 생겨서는 안된다. 이러한 통일된 법체계로서의 질서는 우선적으로 헌법－법률－대통령령－총리령의 순으로 입법되는 법령의 위계체계를 의미하는 것이다.[25] 법령의 수직적 체계를 유지하기 위한 대표적인 제도는 법원에 의한 위헌·위법인 명령·규칙에 대한 심사제도와 헌법재판소에 의한 위헌법률심판제도이다. 법원에 의한 위헌·위법인 명령·규칙 심사제도는 「헌법」 제107조 제2항에 근거를 두고 있는데, 모든 법규명령과 국회규칙, 대법원규칙, 선관위규칙, 헌재규칙 등 규칙

21 Peine, Franz－Joseph, Systemgerechtigkeit, 1985, S.25.
22 박영도, 입법학용어해설집, 한국법제연구원, 2002, 300면.
23 상세는 홍완식, 체계정당성의 원리에 관한 연구, 토지공법연구, 제29집, 2005. 12, 462면.
24 허영, 전게서, 927면.
25 대한민국 법제 50년사(상), 법제처, 1999, 24면.

이 헌법과 법률에 위반되는 경우에는, 위헌·위법인 명령·규칙의 적용을 거부할 수 있다. 이 제도는 명령·규칙에 대한 규범통제 자체를 의미하지는 않지만, 대법원은 해당 규정의 무효를 선언[26]함으로써 규범질서의 수직적 체계가 유지되는데 기여하고 있다. 헌법재판소에 의한 위헌법률심판제도는 「헌법」 제111조 제1항에 근거를 두고 있는데, 국민의 대표인 의회에서 입법된 법률이라 할지라도 최고규범인 헌법에 위반되는 경우에는 무효화할 수 있는 제도로서, 헌법의 최고규범성과 국가 규범의 수직적 체계성을 유지하는 강력한 수단이다. 이외에도 지방자치단체의 자치법규에 관한 사항을 규정하고 있는 「헌법」 117조 제1항에서는 "법령의 범위 안에서 자치에 관한 규정을 제정할 수 있다"고 규정하고 있다. 이 규정은 자치입법의 한계를 의미하는 것으로 해석되고, 이러한 규범적 틀과 구조에 따를 때 헌법－법률－행정입법－자치입법의 수직적 규범체계가 유지되는 것이다.

〈표 9-1〉 현행법령 현황 (2011년 8월 16 현재)

구 분		현행 법령의 수
헌 법		1
법 률		1,205
행정입법	대통령령	1,438
	총 리 령	48
	부 령	1,111
	기타 (국회규칙 등)	305

※ 출전: 법제처 (http://www.moleg.go.kr)

2011년 8월 16일 현재 현행 법률은 1,205건, 대통령령은 1,438건, 총리령은 48건, 부령은 1,111건, 기타 국회규칙 등은 305건으로 현행 법령은 총 4,107건이

26 김학성, 헌법학원론, 박영사, 2011, 850면.

고, 여기에 헌법을 합하면 총 4,108건이다. 여기에다 지방자치단체의 활성화로 인하여 늘어난 지방자치단체의 조례와 규칙 및 그 시행규칙 등을 합하면 그 수와 양은 가늠하기 어렵다. 입법자는 법령의 서열을 정하는 데 있어서 목적에 적합하고 사안에 적합한 규율단계를 선택하여 법규범을 설정하여야 한다.[27]

이렇듯 법령은 수적으로도 많고 내용도 복잡하고 다양하기 때문에 법규범은 체계적이고 일관된 체계를 갖출 필요가 있다. 특정한 입법사안에서 법률에서 시행령으로의 포괄적 입법위임이나 시행령에서 시행규칙으로의 복위임, '헌법과 법령의 범위 밖'에서의 조례입법 등의 입법현상이 규범구조의 수직적 체계성을 저해하는 경우도 있다. 포괄적 위임입법 금지원칙의 보다 엄격한 준수, 행정입법 통제제도[28]의 강화, 조례입법에 있어서 기본권 보호와 헌법원칙 등의 준수, 행정입법에 대한 입법평가제도 도입 등의 개선책이 고려될 수 있다.

3. 수평적 체계에 대한 평가

대한민국 정부수립 이후에 법률은 1948년 7월 17일에 법률 제1호로 정부조직법이 공포된 이후에 1998년까지 50년 동안 5,626건의 법률이 공포되었고,

---

27 박영도, 입법학입문, 한국법제연구원, 2008, 212면.

28 「국회법」 제98조의2(대통령령 등의 제출 등) ① 중앙행정기관의 장은 법률에서 위임한 사항이나 법률을 집행하기 위하여 필요한 사항을 규정한 대통령령·총리령·부령·훈령·예규·고시 등이 제정·개정 또는 폐지된 때에는 10일 이내에 이를 국회 소관상임위원회에 제출하여야 한다. 다만, 대통령령의 경우에는 입법예고를 하는 때(입법예고를 생략하는 경우에는 법제처장에게 심사를 요청하는 때를 말한다)에도 그 입법예고안을 10일 이내에 제출하여야 한다.
② 제1항의 기간 이내에 이를 제출하지 못한 경우에는 그 이유를 소관상임위원회에 통지하여야 한다.
③ 상임위원회는 위원회 또는 상설소위원회를 정기적으로 개회하여 그 소관중앙행정기관이 제출한 대통령령·총리령 및 부령(이하 이 조에서 "대통령령등"이라 한다)에 대하여 법률에의 위반여부등을 검토하여 당해대통령령등이 법률의 취지 또는 내용에 합치되지 아니하다고 판단되는 경우에는 소관중앙행정기관의 장에게 그 내용을 통보할 수 있다. 이 경우 중앙행정기관의 장은 통보받은 내용에 대한 처리 계획과 그 결과를 지체 없이 소관상임위원회에 보고하여야 한다.
④ 전문위원은 제3항의 규정에 의한 대통령령등을 검토하여 그 결과를 당해위원회 위원에게 제공한다.

2011년 6월 30일 현재까지 공포된 법률의 수는 무려 10,813건이나 된다. 연도별 법률 공포현황을 보면 2005년에 처음으로 년 500건 이상을 넘어섰고, 2005년부터 2010년까지는 한해 평균 514.5건의 법률 공포건수를 기록하고 있다.

〈표 9-2〉 연도별 법률의 공포현황[29]

연 도	공 포	연 도	공 포	연 도	공 포	연 도	공 포	연 도	공 포	연 도	공포
1948	17	1959	12	1970	125	1981	186	1992	45	2003	206
1949	69	1960	62	1971	60	1982	115	1993	156	2004	268
1950	87	1961	364	1972	104	1983	67	1994	162	2005	517
1951	61	1962	298	1973	236	1984	67	1995	290	2006	308
1952	40	1963	374	1974	72	1985	17	1996	105	2007	674
1953	28	1964	58	1975	145	1986	122	1997	241	2008	492
1954	50	1965	55	1976	112	1987	71	1998	133	2009	580
1955	25	1966	125	1977	94	1988	86	1999	475	2010	516
1956	51	1967	116	1978	64	1989	113	2000	238		
1957	33	1967	92	1979	65	1990	115	2001	251		
1958	54	1969	76	1980	129	1991	182	2002	263		

전형적인 대통령제 국가인 미국의 경우 행정부에는 법률안 제출권한이 없음에 비하여,[30] 우리나라는 「헌법」 제52조의 의거하여 정부와 의회에 법률안 제출권을 부여하고 있어서 정부의 입법정책과 의회의 입법정책이 다를 가능성도 있고, 국회의 다수당 교체에 따른 정부 또는 다수당의 정책변화가 법률의 형식을 통하여 반영되기 때문에, 법률의 체계성이나 일관성이 훼손될 가능성이 있

29 대한민국 법제 50년사(상), 법제처, 1999, 25면과 이후 법제처의 법령통계 자료를 참조하여 만든 표이다.

30 물론 실질적으로는 의원을 통하여 행정부에서 원하는 법률안을 제출하고 있다.

다. 또한 법률의 수가 많아지고 내용이 다양·복잡해졌기 때문에 법체계 전체의 체계성이나 일관성을 유지하는 것이 어려워질 가능성이 점점 더 커가고 있다.

특히 후술하는 처분적 법률이나 한시법, 특별법 등의 입법을 통해서 법규범의 체계성은 약해지고 있다. 예를 들어, 「경상남도 창원시 설치 및 지원특례에 관한 법률」, 「강릉시 설치에 관한 법률」, 「거제군 설치에 관한 법률」, 「구리시 등 11개시 설치와 군관할구역의 조정 및 금성시 명칭변경에 관한 법률」 등도 입법된 적이 있다. 「부산직할시 강서구 설치 및 시·도의 관할구역변경에 관한 법률」은 법률의 형식으로 입법[31]되었으나, 이와 유사한 「부산시 북구설치 및 구관할구역 조정에 관한 규정」,[32] 「부산직할시 사하구 설치 및 구관할구역 조정에 관한 규정」[33]은 대통령령의 형식으로 입법되었다. 동일한 입법사안에 대하여 일부는 법률로 일부는 대통령령으로 입법한 것은 문제가 크다. 심지어는 「경기도 의왕시 한자명칭 변경에 관한 법률」[34]이 입법된 적도 있다. 행정구역의 설치·변경·통합·폐지 등을 규율하는 법률을 입법하는 방안이 바람직하다. 법률이 실효되거나 사문화된 상태가 방치되고 있다가 2005년에 국회법제실의 주도로 사문화된 법률을 '공식적으로' 폐지하는 작업이 이루어진 적이 있었다. 예를 들어, 「국회의원 재적수에 관한 특별조치법」은 1950년에 제정된 법률이었는데 2006년 10월 4일에야 폐지[35]되었고, 「부정축재처리법」은 1961년에 제정된 법률인데 2008년 12월 19일에야 폐지되었으며, 「농어촌고리채정리법」은 1961년에 제정된 법률인데 2005년 7월 21일에야 폐지되었다. 이러한 '법률정리작업'에도 불구하고 1962년 11월 6일 법률 제1167호로 제정된 몰수금품 등 처리에 관한 임시특례법」[36]은 아직도 현행 법률 목록에 있다. 이러한 점들을 종합적으로 고

31 법률 제4051호 1988년 12월 31일 제정·공포.
32 대통령령 제8758호 1977년 11월 29일 제정·공포.
33 대통령령 제11248호 1983년 10월 8일 제정·공포.
34 법률 제8244호 2007년 1월 19일 제정·공포.
35 이 법률은 6·25사변 중 행방불명된 의원을 재적의원 수에서 제외하기 위한 것으로서 국회의원 임기만료로 실효가 되었지만, 폐지되지 않고 있다가 2006년에야 정식으로 폐지되었다. 정리되어야 할 사문화 법률, 국회사무처, 2005. 5, 7면.
36 이 법률은 1963년에 일부 개정되었고, 1980년, 1997년, 1999년에는 타법개정에 의하여 관련 법률의 폐지사항과 정보기관의 명칭변경이 반영되었다.

려해 볼 때, 법률의 개정·폐지 등이 제때에 이루어지지 못하고 있으며 법률의 전반적인 체계성이 부족하다는 평가를 할 수 있다. 법률의 수평적 체계도 대단히 부족하다고 요약할 수 있다. 정부나 의원들의 법안제출은 개별 법률의 제정·개정·폐지인 경우가 대부분인데, '법률정비위원회'를 구성하여 법령의 전반적인 체계를 한번쯤 평가하고 정비할 필요가 있으며 이러한 관점에서 '입법관리'를 상시화하거나 법영역 별로 '법전화작업'을 고려하는 것도 법률의 체계성을 강화할 수 있는 방안이라고 할 수 있다. 이러한 체계성의 강화는 법률의 수범자에게는 물론이요 법률의 집행자에게도 예측가능성과 법적안정성, 준법의식 등을 높이는 효과를 가져올 수 있다.

제4절 법률의 내용

1. 헌법재판소에 의한 입법통제

「헌법」과 「헌법재판소법」에 의하여 헌법재판소는 법률의 위헌 여부에 관한 심판 즉 위헌법률심판권한을 지니고 있다. 헌법재판소의 위헌결정법률 현황을 보면, 1988년 9월 1일부터 2011년 7월 31일까지 헌법재판소가 설립된 이후 현재까지 총 466건의 법률조문에 대하여 위헌·헌법불합치·한정위헌·한정합헌 등을 포함한 위헌의 취지로 결정을 하였다.[37] 미국이나 일본, 독일의 위헌법률심판건수와 비교하더라도 많은 법률규정이 위헌결정을 받는다.

물론 위헌이나 헌법불합치결정이 나지 않은 법률조문이라고 하더라도, 해당 법률조문이 '최적의 법률'이라고 볼 수 없는 경우도 있다. 쉽게 말하자면, 헌법재판소는 입법이 헌법에 위반될 정도로 '최악의 법률'인지의 여부를 판단하는 것이지, 국회가 가능한 한 '최선의 입법'을 하였는지의 여부를 판단하지 않기 때

37 헌법재판소 위헌결정법률 현황 (http://www.ccourt.go.kr/) 2011년 7월 31일 현재.

문에, 헌법재판소에 의하여 위헌이 아닌 것으로 결정된 법률이라고 할지라도 법률을 개선할 여지는 존재한다. 보안처분의 일종인 보호감호처분제도를 주요 내용으로 한 「사회보호법」 규정은 헌법에 위반되지 않는다는 헌법재판소의 결정[38]이 있었지만, 국회는 「사회보호법」을 2005년 8월 4일에 폐지하였다. 또한 헌법재판소는 「국가보안법」 및 「집회 및 시위에 관한 법률」 위반 수형자의 가석방 결정시 준법서약서를 제출하도록 한 「가석방심사 등에 관한 규칙」 제14조가 양심의 자유나 평등권을 침해한 것이 아니라고 보았으나,[39] 동 규칙의 해당 조항은 2003년 7월 31일에 삭제되었다.[40] 파행적인 입법절차로 인하여 문제되었던 개정 「노동관계법」은 1996년 12월 31일에 공포되고 1997년 3월 1일부터 시행하기로 예정된 법률이었다. 그러나 이 법률들은 위헌법률심판 계속중인 1997년 3월 13일에 공포된 「근로기준법 폐지법률」(법률 제5305호), 「노동조합 및 노동관계조정법 폐지법률」(법률 제5306호), 「노동위원회법 폐지법률」(법률 제5307호), 「근로자참여 및 협력증진에 관한 법률 폐지법률」(법률 제5308호)에 의하여 폐지되고, 「근로기준법」(법률 제5309호), 「노동조합 및 노동관계조정법」(법률 제5310호), 「노동위원회법」(법률 제5311호), 「근로자참여 및 협력증진에 관한 법률」(법률 제5312호)이 새로이 입법된 적이 있다.[41] 「도로교통법」 상 '구부러진 길'에서는 앞지르기가 금지된다는 규정이 명확성 원칙에 위반되지 않는다고 헌법재판소가 결정[42]하였지만, 이후에 국회에 의하여 '어떤 정도의 구부러진 길에서 앞지르기가 금지되는지'에 대한 보완입법이 행해졌다.

헌법재판소는 몇 사건에 대한 위헌법률심판을 행함에 있어서, 헌법규정은

38 헌재 1996. 11. 28. 95헌바20.

39 헌재 2002. 4. 25. 98헌마425.

40 법무부 장관은 가석방심사 등에 관한 규칙 중 준법서약서 관련 규정의 삭제 이유로서 "국가보안법과 집회 및 시위에 관한 법률 위반 수형자의 가석방 결정전에 출소후의 준법의지를 확인하기 위하여 제출하도록 하던 준법서약서에 대하여 헌법상 양심의 자유를 침해한다는 비판이 계속 제기되고, 형사정책상 실효성이 없다는 지적에 따라, 준법서약서를 제출하도록 한 규정을 삭제하려는 것임."이라고 개정 이유를 밝히고 있다.

41 1997. 3. 13.자 관보는 노동관계법개정법은 1996. 12. 26. 국회 의결절차에 대하여 유·무효의 논란이 있으므로 이를 폐지하고 새로운 법을 마련하기 위한 것으로 이유 설명을 하고 있다. 헌재 1997. 9. 25. 97헌가4.

42 헌재 2000. 2. 4. 99헌가4.

입법자에게는 행위규범이고 규범통제자에게는 통제규범으로 작용하는 것으로 보았다. 구체적으로 헌법재판소는 「헌법」 제34조의 해석과 관련하여, 모든 국민은 인간다운 생활을 할 권리를 가지며 국가는 생활능력이 없는 국민(노약자)을 보호할 의무가 있다는 헌법규정은 입법부와 행정부에 대하여는 국민소득, 국가의 재정능력과 정책 등을 고려하여 가능한 범위 안에서 최대한으로 모든 국민이 물질적인 최저생활을 넘어서 인간의 존엄성에 맞는 건강하고 문화적인 생활을 누릴 수 있도록 하여야 한다는 행위의 지침 즉 행위규범으로서 작용하지만, 헌법재판에 있어서는 다른 국가기관 즉 입법부나 행정부가 국민으로 하여금 인간다운 생활을 영위하도록 하기 위하여 객관적으로 필요한 최소한의 조치를 취할 의무를 다하였는지의 여부를 기준으로 국가기관의 행위의 합헌성을 심사하여야 한다는 통제규범으로 작용한다고 하였다.[43]

이렇게 헌법규정이 입법자에게는 행위규범으로 작용하고 규범통제자에게는 통제규범으로 작용한다는 인식은 사법적극주의와 사법소극주의간의 대립되는 관점과도 일정한 맥락을 같이 한다고 평가할 수 있다. 입법자에게는 원칙적으로 입법형성의 자유 또는 입법재량이 부여되어 있는데, 입법자의 형성의 자유가 광범위하게 인정되는 경우에는 헌법재판소의 위헌심판기능이 소극적일 수밖에 없고, 반대로 헌법재판소의 위헌심판기능이 적극적이게 되면, 입법자의 형성의 자유는 축소되는 결과가 초래된다. 구체적인 사안에 따라 다르지만, 헌법재판소는 대체로 입법자의 형성의 자유를 광범위하게 보아 규범통제권을 자제하는 입장을 보여온 것으로 평가할 수 있다.[44] 헌법재판소는 개소 이래 헌법에 의하여 부여된 헌법재판 권한을 행사하면서도 권력분립 원리에 따른 국가기관들의 고유한 권한과 기능을 침해하지 않으려는 노력을 해 왔으며, 이에 따라 국회와의 관계에서도 헌법재판소의 결정경향은 대개 입법자의 형성의 자유를 존

43 헌재 2001. 4. 26, 2000헌마390; 1997. 5. 29. 94헌마33 그러므로 국가가 인간다운 생활을 보장하기 위한 헌법적인 의무를 다하였는지 여부가 사법적 심사의 대상이 된 경우에는, 국가가 생계보호에 관한 입법을 전혀 하지 아니하였다든가 그 내용이 현저히 불합리하여 헌법상 용인될 수 있는 재량의 범위를 명백히 일탈한 경우에 한하여 헌법에 위반된다고 보았다.

44 홍완식, 헌법재판소의 결정을 통해 본 입법의 원칙, 헌법학연구, 제15권 제4호, 2009, 516면.

중하려는 노력을 해온 것으로 평가되고 있다.[45] 그러나 많은 수의 국회의원들은 헌법재판소에서 내려지는 구체적 사건에 대한 위헌결정의 내용을 모르고 있으며 설령 안다고 하여도 이를 입법에 반영하기 위하여 개정법률안을 준비하는 등의 노력을 하는 경우는 많지 않다[46]는 평가가 있다. 입법자인 국회에는 헌법에 합치하는 법률을 입법할 일차적인 의무가 있으며, 사후적 및 사전적으로 위헌입법을 방지할 자율적인 노력과 이를 위한 제도를 도입할 필요가 있다.

2. 법률의 위헌성 여부에 관한 사전 통제

위헌입법을 방지하기 위한 대책에는 위헌입법이 발생하지 않도록 사전에 방지하는 사전예방과 위헌입법 자체에 대하여 사후적으로 통제하는 사후통제의 방법이 있을 수 있다.[47] 주지하는 바와 같이 우리 헌법재판소의 위헌법률심사는 사후적인 규범통제제도이다. 미국이나 독일, 일본 등 사후적인 합헌성통제를 담당하는 위헌법률심사제도를 채택하고 있는 대부분의 국가에서와는 달리 프랑스는 사전적인 합헌성통제제도를 지니고 있다. 즉, 조직법률 및 의회규칙의 경우에 한정하여, 법률이 공포되기 전에 헌법재판소의 위헌심판을 거치도록 하고 있다. 이러한 점에서 프랑스의 사전적 위헌심사제도는 헌법재판소가 일부 입법자의 역할을 하는 것으로 평가되고 있다.[48] 그러나 우리의 경우는 헌법과 헌법재판소법 등을 통하여 사후적인 규범통제제도를 채택하고 있고, 권력분립원칙 및 대의기관인 국회에 부여된 강력한 민주적 정당성 등을 고려하면 입법론으로서도 사전적 규범통제제도는 바람직하지 않다. 다만, 입법의 신중함을 제고하기 위하여 입법절차 상에 법률안의 위헌성 여부를 검토하고 의견을 제시하는 정도의 권고적 효력 또는 입법자료로서의 성격을 지닌 위헌여부 검토절차를 둘 필

45 석인선/장영철/전학선, 국회의 입법형성권과 헌법재판소의 사법심사권의 관계, 한국공법학회, 2003, 167면.

46 임종훈, 헌법재판소와 입법부와의 관계, 헌법재판의 회고와 전망, 1998, 286면.

47 방승주, 위헌입법의 현황과 대책, 저스티스, 제106호, 2008. 9, 281면.

48 석인선/장영철/전학선, 전게서, 81면.

요는 있다. 특히, 사상 최초로 국회에 제출된 법안의 수가 최다[49]를 기록하고 있는 제18대 국회의 법안제출상황을 고려할 때, 법률안이 국회에 제출되기 이전에 보다 신중하고 완성도 있는 법률안이 마련될 필요가 있으며, 이러한 방안으로 구속력의 정도가 낮은 '법률안에 대한 합헌성 심사방안'이 마련될 필요가 있다. 즉, 법령의 합헌성 심사를 법령심사항목의 하나로 공식화할 필요가 있으며, 국회 내에서의 위헌성 사전심사제 도입 여부도 신중하게 검토할 필요가 있다는 의견,[50] 의원입법이든 정부입법이든 법안을 마련하는 단계에 법률가들을 참여시켜 위헌성 여부를 검토하게 하자는 의견,[51] 헌법재판소에 의한 위헌법률심판에서 법률의 위헌여부에 대한 사후기준으로서 입법원칙에의 준수 여부가 검토되는 것처럼, 입법을 함에 있어서 사전적으로 위헌·위법성 및 정책적인 타당성과 적합성 검토의 필요성이 있다는 의견[52]이 있다. 그러나 이러한 법령안의 위헌성 여부에 대한 사전심사제에 대해서는 신중할 필요가 있다. 우선 위헌성 여부에 대한 사전심사제의 대상으로서의 '법령'이 무엇을 의미하는지에 대해서 살펴볼 필요가 있다. 일반적으로 법령은 '법률'과 시행령과 시행규칙 등의 행정입법을 의미하는 '명령'을 의미한다. 행정행위의 법률기속원칙에 따라 행정입법인 시행령과 시행규칙은 헌법과 법률에 위반되는 내용이어서는 안되기 때문에 위헌성 여부에 대한 사전심사는 가능하다. 법제업무의 기준이 되는 총리령인 「법제업무운영규정 시행규칙」 제2조[53]에는 법령안 입안시 "헌법과 상위법에 모순·

49 2011년 6월 4일 현재 국회에 제출된 법률안의 수는 11,460건으로서, 의원이 제출한 법률안은 10,011건이고 정부에서 제출한 법률안은 1,449건이다. 제17대 국회인 2004년부터 2008년까지 제출된 법률안이 총 7,489건이었는데, 2008년 6월에 개원한 제18대 국회가 3년을 맞이한 2011년에 이미 만건이 넘는 법률안이 제출된 것이다.

50 김재광/박균성/전학선/정하명/홍완식, 입법과정의 선진화와 효율성 제고에 관한 연구, 법제처, 2008. 10, 195면.

51 정종섭, 위헌입법의 현황과 대책 토론문, 저스티스, 제106호, 2008. 9, 303면.

52 신상환, 독일의 입법과정상 입법평가적용의 구체적 사례분석 및 조망을 통하여 본 한국입법평가의 발전과제, 법제, 2002. 12, 54면.

53 「법제업무운영규정 시행규칙」 제2조 (법령입안시 유의사항) 법령안의 입법을 추진하고자 하는 중앙행정기관의 장(이하 "법령안 주관기관의 장"이라 한다)은 법령의 입안시 법령안이 다음 각호의 요건에 적합하도록 유의하여야 한다.

1. 입법의 필요성

가. 새로운 입법조치를 요하는 것으로서 그 내용이 명확히 구체화될 수 있는 것이어야 하

저촉되지 아니하도록" 유의할 것을 규정하고 있다. 그러나 국회의원이 발의하는 법률안에 대한 위헌성 여부에 관한 사전심사제에 대해서는 논란의 여지가 있을 수 있다. 국회의 입법권에는 법률안을 발의할 권한도 포함된다고 할 수 있는데, 국회의원이 발의하는 법률안에 대한 사전적인 합헌성 심사가 입법권을 제약하는 기능을 할 가능성이 있기 때문이다. 따라서 법률의 위헌성을 포함한 경제성, 효율성, 집행가능성 등을 전면적으로 평가하는 입법평가 또는 입법영향분석제도의 도입이 필요하다는 의견이 강력히 제기되고 있다. 특히, 전술한 바와 같이 국회에 제출되는 법률안이 점차로 폭증하는 상황 속에서, 법률안에 대한 사전심사가 기속적인 결정이 아니라 무기속적인 권고의 성격을 지닌 채로, 입법권자가 입법을 함에 있어서 참고할 수 있는 객관적이고 과학적인 입법자료로 기능할 수 있다면, 법률안에 대한 사전심사는 입법의 발전에 긍정적인 효과를 가져올 수 있을 것이다. 입법평가제도의 도입에 대하여 국회는 부정적이거나 민감하게 생각하고 있다. 법률안의 제출은 헌법에 의하여 부여된 국회의 권한인데, 입법평가기관에 의하여 이러한 입법권의 실질적인 제한이 가능하다는 것이다. 따라서 입법평가제도가 입법권을 제한하지 않고 입법평가제도의 목적

며, 그 시행의 효과와 시행에 따른 문제점에 대한 면밀한 분석·검토를 기초로 할 것
나. 입법내용이 그 적용대상이 되는 일반 국민의 준수를 기대할 수 있는 강제적 규범으로서의 실효성을 가질 것
2. 입법내용의 정당성 및 법적합성
가. 헌법이념을 구체화하고, 정의와 공평을 실현하는 내용으로서 개인의 지위존중과 공공복리의 요청이 조화를 이루고, 권한행사의 절차와 방법이 공정하여 부당하게 국민의 자유와 권리를 제한하는 일이 없어야 하며, 국민생활에 급격한 변화를 주지 아니하도록 하는 등 사회질서의 안정성과 예측가능성을 보장할 것
나. 헌법과 상위법에 모순·저촉되지 아니하도록 하고, 하위법령과 관련하여 위임근거를 명확히 할 것
3. 입법내용의 통일성 및 조화성
가. 다른 법령과의 조화와 균형이 유지되도록 하고 법령 상호간에 중복·상충되는 내용이 없을 것
나. 입법내용이 당해법령의 소관사항에 적합한 것일 것
4. 표현의 명료성 및 평이성
가. 입법내용의 의미가 확실하게 이해될 수 있고 입법의도가 오해되지 아니하도록 정확히 표현할 것
나. 적용대상이 되는 누구에게나 쉽게 이해될 수 있도록 알기 쉬운 용어를 사용하고, 전체 내용을 쉽게 파악할 수 있도록 조문을 배열할 것

을 달성하기 위해서는 입법평가결과에 대하여 권고적 효력만을 갖도록 하고, 제도의 명칭도 '입법영향분석'으로 하여 제도의 명칭과 내용이 명실상부하도록 할 수도 있다.

제5절 법률의 용어

입법실무적으로 법조문 작성상의 결함에서 나타나는 유형으로서 법률용어의 불명확성과 법조문의 문장구조상의 애매모호성 등이 지적되어 왔다. 이해할 수 없거나 다의적인 규정은 재판과정에서 법관의 판단여지를 확대시킴으로써 재판의 시간적 증가를 가져옴과 동시에 재판비용도 증대시킨다.[54] 입법자는 법령의 수범자가 그 내용을 이해할 수 있도록 적절하고 명확한 표현과 용어를 사용하여야 한다. 특히 법안의 작성은 명확하고 평이하게 표현하여야 하고, 법전문가가 아닌 일반국민들도 이해할 수 있도록 간결하고 이해가능한 용어를 사용하여야 한다.[55] 법률용어 이외에도 지적될 수 있는 것은 띄어쓰기에 관련된 것이다. 오랫동안 법률의 명칭은 띄어쓰기를 하지 않았다. 음절이 길어도 법률의 이름은 하나의 명사로 표기하기로 하였는데, 이는 일상생활에 있어서의 일반적인 표기방식과 일치하지 않아서 부자연스러웠다. 예를 들어, 1997년 1월 13일에 제정된 「국가보위에관한특별조치법제5조제4항에의한동원대상지역내의토지의수용·사용에관한특별조치령에의하여수용·사용된토지의정리에관한특별조치법」이라는 법률의 제목은 길기도 하거니와 띄어쓰기도 하지 않았다. 이러한 예는 2004년 3월 5일 제정된 「대한민국정부와칠레공화국정부간의자유무역협정의이행을위한관세법의특례에관한법률」, 2004년 1월 29일에 제정된 「삼청교육피해자의명예회복및보상에관한법률」, 2003년 5월 27일 제정된 「선박및해상구조물에대

54 입법이론과 법제실무, 국회사무처 법제실, 2008, 28면.
55 박영도, 입법학입문, 한국법제연구원, 2008, 480면.

한위해행위의처벌등에관한법률」 등등 무수히 많다. 일부는 띄어쓰기가 된 법률명칭으로 바뀌기도 했지만, '공식적'으로는 아직 그대로 사용되는 경우도 많다. 법제처는 권고안을 통하여 띄어쓰기를 한 법률명칭을 사용하도록 하고 있다.[56] 또한 법령에 사용된 용어가 어려운 한자어, 일본어투 표현, 어문규정에 어긋난 표현, 길고 복잡한 문장구조 등을 포함하고 있다는 점을 지적받아 왔다. 2005년 10월 법사위 국정감사에서 노회찬의원은 법제처장에게 현행 법률에 규정되어 있는 몽리(蒙利), 저치(貯置), 결궤(決潰), 위기(委棄), 호창(呼唱), 분마(奔馬), 장리(掌理), 삭도(索道), 정려(精勵) 등 어려운 법률용어[57]를 질문하여 화제가 된 적이 있는데, 이는 아직도 우리 법령에 존재하는 한자어와 일본어투 표현의 지적과 시정을 위한 일환으로 받아들여졌다. 이러한 비판에 대한 반성으로 법제처에서는 이미 2000년부터 새로이 제정 및 개정되는 법률안에 한글을 사용할 것을 추진해 왔고, 기존의 법률 대부분을 한글로 바꾸는 사업을 진행해 왔으며, 「법률한글화를 위한 특별조치법」을 마련한 적도 있다. 미국이나 독일, 일본 등에서 사용하는 법률용어도 어렵고, 따라서 국민들이 쉽게 이해할 수 없다는 불평이 있다. 이러한 문제의 해소를 위하여 법률서비스의 접근성을 확대하고, 난해한 법률용어를 일반적인 용어로 전환하는 노력이 있어 왔다. 영국과 영연방국가, 미국 및 유럽연합 등에서는 오래 전부터 법령을 통한 국민들과의 의사소통의 향상에 상당한 관심을 기울여 왔다. 이러한 노력은 'Plain English Movement', 보다 일반적으로는 'Plain Language Movement'라고 일컬어졌다.[58] 우리 법제처에서도 법령용어정비작업을 한글화에 중점을 두고 추진해왔으며 2006년부터는 법률용어·문장·체계 등에 대한 법령정비를 목표로 하는 '알기쉬운 법령만들기 사업'이 진행되고 있다. 한자어나 일본식 표현을 쉬운 우리말 표현으로 수정하는 작업이 계속되고 있다. 예를 들어, '휴대하다'를 '지니다'로, '비치하다'를 '갖

---

56 법제처, 알기쉬운 법령정비기준, 제3판, 2009, 211면 이하.

57 몽리(蒙利)는 민법 제233조에, 저치(貯置)는 민법 제244조에, 결궤(決潰)는 형법 제184조에, 위기(委棄)는 민법 제299조에, 호창(呼唱)은 형사소송법 제211조에, 분마(奔馬)는 경찰관직무집행법 제5조에 현재에도 규정되어 있다.

58 윤장근, 미국연방정부의 규칙제정에 있어서 Plain Language 사용에 관한 연구, 입법학연구, 제3집, 2006, 53면.

취 두다'로, '사위(詐僞)'를 '거짓'이나 '속임수'로, '암거(暗渠)'를 '지하도랑'으로, '지득하다'를 '알게 되다'로, '신립(申立)'을 '신청', '미불(未拂)'을 '미지급', '추월'을 '앞지르기'라는 표현으로 바꾸고 있다.[59] 법령에 사용되는 용어는 수범자가 이해할 수 있어야 하며 행정기관과 법원에 의하여 자의적으로 해석되거나 집행되어지지 않을 정도의 명확성을 지녀야 한다. 그간 헌법재판소는 "법률은 명확한 용어로 규정함으로써 적용대상자에게 그 규제내용을 미리 알 수 있도록 공정한 고지를 하여 장래의 행동지침을 주어야 차별적이거나 자의적인 법해석을 예방할 수 있다. 따라서 법규범의 의미내용으로부터 무엇이 금지되는 행위이고 무엇이 허용되는 행위인지를 국민이 알 수 없다면 법적 안정성과 예측가능성은 확보될 수 없게 될 것이고, 법집행 당국에 의한 자의적 집행이 가능하게 될 것이다."[60] 고 하여 명확성의 원칙의 필요성에 대하여 강조하였고 이를 적용한 많은 결정을 한 바 있다. 그동안 우리 법령이 간결하고 쉽고, 명확하게 이해가능한 용어를 사용하고 있는지에 대한 비판이 계속되어 왔으며, 그간의 개선노력에도 불구하고 아직도 개선할 여지는 많다. 입법실무에 있어서 법령용례에 대한 예시집의 발간과 지속적인 교육, 처벌법규에서의 '공익', '미풍양속' 등 모호하고 불명확한 용어사용의 자제 등 법제실무 차원에서의 노력이 더욱 강화되어야 할 것이다.

제6절 법제의 특징

1. 비상입법기구에 의한 입법

대한민국 정부수립 이후 공포된 10,813건의 법률(2011년 6월 30일 현재) 중

59 법제처, 알기쉬운 법령정비기준, 제3판, 2009, 45면 이하.

60 헌재 2001. 6. 28. 99헌바34; 2003. 12. 18. 2001헌바91; 1998. 4. 30. 95헌가16; 2000. 2. 24. 98헌바37; 2002. 7. 18. 2000헌바57.

국민이 선출한 대의기관인 국회가 아닌 비정상적인 입법기구(국가재건최고회의, 비상국무회의, 국가보위입법회의)에 의하여 만들어진 법률은 1,467건이다.[61] 1961년에서 1963년간에 국가재건최고회의에서 입법된 법률은 제출된 1,162건의 법률안 중 1,015건이 통과되어 87%의 높은 가결율을 보였다. 이중 정부가 제출한 608건의 법률안 중 501건이 통과되었고 의원이 제출한 554건의 법률안 중 514건의 법률안이 통과되어 각각 82%, 93%의 가결율을 보였다. 1972년과 1973년간에 비상국무회의에서 입법된 법률은 정부가 제출한 271건의 법률안이 모두 통과되어 100%의 가결율을 기록하고 있다. 1980년과 1981년간에 국가보위입법회의에서 입법된 189건의 법률안은 모두 통과되어 100%의 가결율을 보였다. 즉, 정부가 제출한 156건의 법률안과 의원이 제출한 33건의 법률안 모두가 통과되었다. 전 국회의장 박관용은 한국입법 60년의 회고와 전망에서 민주적 정당성이 없는 비정상적 입법기구의 경험을 우리법제의 특징 중 하나로 지적하고 있다.[62] 국민의 대표인 국회가 아니라 이러한 비정상적인 입법기구에 의하여 입법된 법률의 위헌성을 확인하려는 시도가 행해진 바는 있지만, 89헌마32 사건[63]·89헌마240 사건[64] 등에서 헌법재판소는 이들 법률의 위헌성을 확인한 바 없다.

---

61 대한민국 법제 50년사(상), 법제처, 1999, 24면.

62 박관용, 국회입법 60년의 회고와 전망, 입법학연구, 제5집, 2008, 95면.

63 "청구인들은 (중략) 국가보위입법회의법 전부가 정상적인 입법권을 갖고 있는 국회에서 제정된 것이 아니므로 그 성립에 하자가 있어 위헌이라고 주장하고 있다. 여기서는 국가보위입법회의법의 위헌여부를 따지기에 앞서 위 법률 전부의 위헌여부가 「면직처분무효확인청구의 소」 재판의 전제가 되고 있는가의 여부를 먼저 검토해 보기로 한다. 어떤 법률관계에 적용되는 법률조항의 위헌을 주장하면서 그 법률조항이 속하는 법률중 당해 법률관계와는 직접관련이 없는 법률조항 또는 그 법률 전체의 위헌성을 주장하는 것은 원칙적으로 허용되지 않는다. (중략) 따라서 부칙 제4항 후단을 제외한 위 법률 전부에 대한 이 사건 헌법소원심판청구는 부적법하다고 할 것이다." 즉, 재판의 전제성이 없음으로 인하여 본안판단에는 나아가지 않고 헌법소원은 각하되었다. 1989. 12. 18 헌재 89헌마32(병합)

64 "국가보위입법회의에서 제정된 법률(이 사건에서는 구 국가보안법)은 '그 내용'이 현행헌법에 저촉된다고 하여 이를 다투는 것은 별론으로 하고 '그 제정절차'에 하자가 있음을 이유로 하여 이를 다툴 수는 없다고 보아야 한다." 헌재 1997. 1. 16. 89헌마240.

2. 법내용상의 특징

전술한 바와 같이 법치주의를 헌법의 기본원리로 채택하고 있는 현대 입헌국가에서 정부의 정책을 실현하기 위해서는 정부의 정책들이 법령으로 입법되어져야 한다. 원론적으로 이야기하자면, 행정부는 입법부가 만든 법률을 집행하는 기관이기 때문이다. 그러나 법규범을 단순한 수단 내지 도구로 보는 경향이 강해지면서 무엇이든지 법률로 규정하려는 상황이 빈번해지고 있고 지금까지 법률로 규정되지 않았던 사항까지 규정되기도 하고 규범성이 희박한 법률이나 필요성이 높지 않은 법률도 입법되고 있다.[65] 주권자인 국민의 '일반의지의 표현'인 법률이 지나치게 도구화되어가고 있다는 비판인 것이다.

또한 사적 영역에서의 입법적 개입이 늘어나고 있다. 근대국가의 이상형이 도둑만을 잡는 야경국가로서의 역할수행이라고 한다면, 현대국가의 이상형은 국민들의 필요와 위험을 해결하는 슈퍼맨으로서의 역할수행이라고 할 수 있다.[66] 현대사회에서의 가정폭력방지, 사회복지정책 등을 이유로 하여 국가역할의 증대가 정당화되고 있으며, 이는 「가정폭력방지 및 피해자보호에 관한 법률」, 「한부모가족지원법」, 「다문화가족지원법」 등의 법률이 입법되어 있다. 자율성이 강조되는 종교, 문화, 사회복지, 가정생활 등의 영역에 국가의 입법적 개입이 어느 정도는 불가피하다고 하더라도, 국가가 국민들의 사적 영역에 개입할 수 있는 경우는 국가의 이익 내지 중요한 공공의 이익과 관련된 경우에 한정되어야 할 것이다.[67] 사적 영역에의 입법적 자제를 통하여 사회의 자율통제기능을 회복시키는 것이 바람직하지만, 국가의 입법적 개입과 사회의 자율적 통제 간에는 사안별로 적절한 경계를 정해나가는 작업이 필요하다고 본다.

1978년에만 하더라도 시행되는 법률의 수는 689건이었음에 비하여 2011년 8월 16일 현재 현행법률의 수는 1,205건으로서 입법사항이 그만큼 확장되었다고 평가할 수 있다. 이렇게 많은 입법을 하기 위해서 입법자는 사회현실의 현황

65 박영도, 최근의 입법경향과 입법의 선진화를 위한 과제, 동아법학, 제50호, 2011. 2, 68면.
66 홍완식, 사회적 쟁점과 법적 접근, 제3판, 2011, 37면.
67 박영도, 전게논문, 86면.

과 변화를 항상 관찰하고 법률을 개선하여야 한다. 입법의 필요성을 검토하고 입법하려는 법률이 사회현실과 사회변화에 적합한 것인지를 판단하여야 하는 것은 입법자의 의무이기 때문이다.[68]

우리나라 법률개정의 특징 중의 하나는 기본법에 해당하는 「민법」과 「형법」의 개정이 드물다는 것이다. 「민법」은 15차례 개정되었는데, 이 중에서 세 번의 가족법 개정(1977, 1990, 2005)과 한 번의 재산법 개정(1984)이 특기할 만 하다. 재산법 분야의 개정안이 5년동안 준비되어 2004년 10월에 정부안으로 국회에 제출되었으나 제17대 국회의 임기만료로 자동폐기되었다.[69] 「형법」의 개정도 이와 크게 다르지 않다. 1953년 「형법」의 제정 이후 1995년에 비교적 많은 조문이 개정되었고 이후에는 2001년, 2004년 2005년에 간헐적인 개정이 이루어졌다. 형법분야에서는 과잉범죄화, 형사특별법의 양산, 기본법으로서의 형법의 규범력 약화가 지적되고 있다.[70] 「형사소송법」은 1954년에 제정된 이후에 비교적 많은 개정이 이루어졌으며, 2007년의 제17차 「형사소송법」 개정은 196개 조문이 개정되는 전면개정이었다. 1962년에 제정된 상법은 지금까지 10여 차례 개정되었지만, 우리나라의 경제환경은 물론 국제화의 진전으로 인한 변화를 담아낼 수 있는 진보된 상사법제의 입법이 필요하다는 점이 강조되고 있다.[71] 기본법에 해당하는 법분야는 법제 관행상 법무부에서 입법작업을 담당하고 있는데,[72] 실무계와 학계를 중심으로 하여 부단히 개정논의와 개정준비가 이루어지고 있기는 하지만, 전술한 바와 같이 전반적인 개정은 잘 이루어지지 않는 특징이 있다. 단일법전보다는 특별법률이 많다는 점이 우리 법제의 특징의 하나인데, 기본법을 개정하기가 사실적으로 어렵기 때문에 법률개정의 필요를 특별법의 제정 및 개정으로 충족시키는 법제 관행이 그 이유 중의 하나일 것이다. 역시 단일법전

68 홍완식, 헌법재판소의 결정을 통해 본 입법의 원칙, 헌법학연구, 제15권 4호, 2009, 492면.
69 김상용, 민사법제의 쟁점과 전망, 법제연구, 제34호, 2008, 48면.
70 이진국, 형사법제의 쟁점과 전망, 법제연구, 제34호, 2008, 86면 이하.
71 최준선, 상사법제의 쟁점과 전망, 법제연구, 제35호, 2008, 48면.
72 법규범상으로는 정부조직법 제20조(법제처) "① 국무회의에 상정될 법령안·조약안과 총리령안 및 부령안의 심사와 그 밖에 법제에 관한 사무를 전문적으로 관장하기 위하여 국무총리소속으로 법제처를 둔다."는 규정에 의하여 법제처가 법제업무의 주무 기관이다.

이 존재하지 않는 노동법제는 개별법률들이 산재해 있는 법분야이며 1953년에 노동3법이 제정된 이래 많은 변화를 거친 분야인데, 현재도 비정규직문제, 외국인근로자 보호문제, 고령자 고용문제 등 많은 해결과제를 안고 있는 분야이다.[73] 사회보장법 분야는 상대적으로 뒤늦게 발전된 법분야로서 국민들의 고령화현상으로 인한 사회보장의 필요와 사회보장수요의 증대, 사회보험분야의 확대 등의 입법수요가 있다. 헌법상 인간다운 생활을 할 권리의 실현이라는 측면에서 구체적 사회보장의 내용과 한계와 관련한 입법논의가 필요하다. 기타 개별법 분야 마다 많은 입법과제가 있으며, 다양한 논의사항을 검토하고 입법수요를 충족해야 하는 상황에 있다. '형식'이 '내용'을 결정할 수도 있는 것처럼, 미국에서의 연방법전(US Code)체계와 독일 연방법률의 법전화작업 등은 다양하고 복잡한 법률사항을 체계화함으로써 그 내용의 체계성과 합리성을 도모하는 사례로서 눈여겨 볼 만하다.

3. 법체계상의 특징

대한민국 정부 수립 이후 우리나라는 사회의 급속한 발전에 맞추어 입법수요가 폭주하였고 이러한 변화와 발전에 맞추어 입법하는 것만도 벅찬 일이었다. 수십년간 이러한 입법이 행해진 결과 법률의 체계성이 부족하기도 하고, 법규정간에 모순과 불균형이 발생하기도 하고, 입법의 공백이 방치되기도 하며 사후약방문이 되는 경우도 발생하였다. 이렇게 우리의 입법은 계획을 가지고 체계적으로 행해지기보다는 대체로 그때 그때의 문제에 대응하기 위하여 단편적으로 행해져 왔다고 평가되고 있다.[74]

법체계 면에서의 특징으로 지적될 수 있는 것은 기본법과 특별법의 등장이다. 우선 많은 기본법이 입법되었다. 현재 「전기통신기본법」, 「문화산업진흥기본법」, 「농어업·농어촌 및 식품산업기본법」, 「식품안전기본법」, 「소방기본법」,

73 이희성, 노동법제의 쟁점과 전망, 법제연구, 제35호, 2008, 170면.
74 박균성, 정부입법 60년의 평가와 과제, 입법학연구, 제5집, 2008, 169면.

「소비자기본법」, 「재난 및 안전관리기본법」, 「자격기본법」, 「자원봉사활동기본법」 등 53개의 기본법이 존재한다. 기본법은 해당 분야에 관한 기본이나 이념·원칙·방침 등에 대하여 규정하고, 관련 제도 및 정책의 종합화·체계화를 도모할 것이 요구된다. 그러나 기본법 입법형식의 남용으로 인하여 기본법의 해석과 이해가 곤란한 경우도 발생하고 있으며, 이는 기본법의 타당성에 관한 의문을 제기하는 결과를 가져온다.[75] 다음으로는 특별법과 특례법, 특별조치법, 임시조치법 등의 과다한 입법이다. 특별법에는 「지방분권촉진에 관한 특별법」, 「세계무역기구협정의 이행에 관한 특별법」, 「고도보존에 관한 특별법」, 「신발전지역 육성을 위한 투자촉진특별법」, 「보금자리주택건설 등에 관한 특별법」, 「동·서·남해안 및 내륙권발전 특별법」, 「농어업인 삶의 질 향상 및 농어촌지역 개발촉진에 관한 특별법」, 「청년고용촉진특별법」, 「용산공원조성특별법」, 「첨단의료복합단지 지정 및 지원에 관한 특별법」, 「고려인동포 합법적 체류자격 취득 및 정착 지원을 위한 특별법」 등 100개 이상의 특별법이 존재한다. 특법법의 입법 필요성이 있겠지만, 법률의 체계성을 교란하는 특별법의 양산을 지양되어야 한다. 또한 특례법으로는 「공무원범죄에 관한 몰수 특례법」, 「교육관련기관의 정보공개에 관한 특례법」, 「마약류 불법거래 방지에 관한 특례법」, 「벌금미납자의 사회봉사집행에 관한 특례법」, 「법인의 등기사항에 관한 특례법」, 「학교용지확보 등에 관한 특례법」, 「지역특화발전특구에 대한 규제특례법」, 「경상남도 창원시 설치 및 지원특례에 관한 법률」 등 30개 이상의 특례법이 존재한다. 처벌만을 가중하는 특례법인 가중처벌법도 「특정경제범죄 가중처벌 등에 관한 법률」, 특정범죄 가중처벌 등에 관한 법률」, 「환경범죄 등의 단속 및 가중처벌에 관한 법률」 등의 형태로 존재한다. 이와 같은 특례법은 법체계를 혼란시키므로 필요한 최소한도로 한정하여야 한다. 정책목표를 달성하기 위해서는 특례법이 간편하고 실효성이 크기 때문에 특례법 제정의 요구가 강한데, 특례법은 많은 부작용을 야기하며 법체계를 혼란시키는 문제가 있다는 평가[76]를 받는다. 이러한 넓

75 박영도, 전게논문, 72면.
76 박균성, 전게논문, 170면.

은 의미에 있어서의 특별법이 필요한 경우를 부인할 수 없겠으나, 통일된 법체계 내에서 다른 법률과의 논리적 조화가 유지되어야 하므로 특별법의 양산은 바람직하지 못하고, 특별법의 입법이 필요한 경우에는 특별법의 내용을 명백히 한정할 필요가 있으며, 법체계의 정비를 통하여 일반법에 포함시키는 입법작업이 필요하다.[77]

과거에는 처분적 법률[78]이 구체적인 집행작용을 입법하는 것으로서 헌법에 위반되는 것으로 인식되었으나, 오늘날에는 헌법적으로도 용인되는 추세에 있다. 「민주화운동 관련자 명예회복 및 보상에 관한 법률」, 「특수임무수행자 보상에 관한 법률」, 「5.18민주화운동 등에 관한 특별법」, 「제주4.3사건 진상규명 및 희생자 명예회복에 관한 특별법」, 「서해5도 지원 특별법」, 「새만금사업촉진을 위한 특별법」, 「소나무재선충병방제특별법」, 「시국사건관련교원임용제외자 채용에 관한 특별법」, 「아시아문화 중심도시 조성에 관한 특별법」, 「허베이 스피리트호 유류오염사고 피해주민의 지원 및 해양환경의 복원 등에 관한 특별법」 등 처분적 법률의 입법은 날로 점증하는 경향에 있다. 그러나 처분적 법률은 합리적 범위에서 인정될 수 있지만, 처분적 법률의 입법에는 신중을 기하여야 한다. 특히 국민의 자유와 권리를 제약하는 처분적 법률은 원칙적으로 허용될 수 없으며 필요한 경우에도 엄격히 한정되어야 한다.[79] 「2011 대구세계육상선수권대회, 2014 인천아시아경기대회 및 2015 광주하계유니버시아드대회 지원법」, 「2012 여수세계박람회 지원특별법」, 「포뮬러원 국제자동차경주대회 지원법」 등이 입법되었는데, 이러한 입법경향은 앞으로 각종 국제대회를 지원하기 위한 정책과 조치들이 법률의 형태로 규정될 것을 예고한다. 이러한 지원입법은 이미 선례[80]로 작용하고 있으며 이러한 입법을 하지 않는 경우 입법차별로 인식될

77 박영도, 전게논문, 469면 이하.

78 처분적 법률이란 “행정집행이나 사법재판을 매개로 하지 아니하고 직접 국민에게 권리나 의무를 발생하게 하는 법률, 즉 법률이 직접 자동집행력을 갖는 법률”을 의미한다. 헌재 1989. 12. 18. 89헌마32 등.

79 성낙인, 헌법학, 법문사, 2009, 915면.

80 과거에도 올림픽대회 등에 대비한 관광·숙박업 등의 지원에 관한 법률, 2002년 월드컵 축구대회 지원법, 제8회 부산 아시아·태평양 장애인 경기대회 지원법, 제14회 아시아 경

수 있을 것이다. 이러한 법률들은 각종 국제대회의 지원을 위한 일종의 한시법인데, 그 외에도 한시법의 입법은 드물지 않다. 대표적으로 「G20 정상회의 경호안전을 위한 특별법」은 2010년 10월 1일부터 2010년 11월 15일까지 한시적으로 적용되는 법률이었다. 「폐광지역 개발지원에 관한 특례법」도 한시성을 지닌 법률이지만, 낙후지역지원, 지역균형발전이라고 하는 정책적 필요에 의하여 한시성이 연장되고 있다.

법률의 분야가 더욱 다양해지고 법령의 수도 많아졌음은 전술한 바와 같다. 더욱이 "WTO법, FTA법 등 국제법의 국내법에 대한 영향력이 커짐에 따라 국내법과 국제법과의 정합성을 확보하고 국제법과 국내법의 연계를 강화하며 국제규범이 국익에 합치하게 되도록 노력"[81]할 필요가 강조되고 있다. 한미 FTA협상과정에서도 볼 수 있었던 바와 같이 국제법의 국내법에의 영향력은 향후 점증할 것으로 예측할 수 있다. 이외에도 4대강 사업이라는 정부의 정책은 「금강수계 물관리 및 주민지원 등에 관한 법률」, 「낙동강수계 물관리 및 주민지원 등에 관한 법률」, 「영산강·섬진강수계 물관리 및 주민지원 등에 관한 법률」, 「한강수계 상수원수질개선 및 주민지원 등에 관한 법률」이라는 형태로 국회에 의하여 입법되어 있다.

이렇게 우리 법제는 기존의 헌법이론이나 입법이론으로는 수용하기 어렵던 새로운 유형의 다양한 입법내용과 입법형식을 허용하고 있다. 그러나 이러한 입법경향은 입법의 원칙이나 법령의 체계성을 약화시킬 가능성이 있기 때문에 그 허용범위와 한계에 대한 논의가 진행될 필요가 있다.

4. 법률의 개정 빈도

법률이 자주 개정된다고 하는 것은 한편으로는 법률의 실효성과 타당성을 제고하고 입법환경의 변화에 탄력적으로 대응하는 입법활동으로 이해할 수 있

기대회 지원법, 제18회 동계유니버시아드대회 및 제4회 동계 아시아 경기대회 지원법 등이 입법된 바 있다.

81 박균성, 전게논문, 182면.

지만, 다른 한편으로는 입법에 신중성이 결여되었다거나 법률의 안정성과 예측 가능성을 떨어뜨리고 있다고 볼 수 있다.[82] 앞에서 살펴본 바와 같이 2011년 8월 16일 현재 현행 법률의 수는 1,205건이고, 제17대 국회(2004-2008)에서 입법된 법률의 수는 1,915건이었고, 제18대 국회가 개원하여 약 3년이 지난 현재까지 입법된 법률의 수는 1,912건[83]이다. 지극히 단순하게 계산해 본다면, 국회 4년 의회기 동안 시행되고 있는 현행 법률은 거의 한번 이상씩 개정된다고 생각해 볼 수 있다.[84] 시행령이나 시행규칙을 포함한 하위의 위임입법을 제외하고도 이렇게 많은 법률이 존재하고 더 나아가 이렇게 많은 법률이 그토록 자주 개정되는데, 수범자인 국민들은 이렇게 많은 법률의 규율을 받으며 생활하고 있다. 물론 국민들의 일상생활과는 관계없는 법률이 많기는 하지만, 많고 복잡한 법령과 높은 개정빈도는 법적 안정성과 준법정신을 저하케 하고 법률의 집행력을 약화시키는 요인이라는 점을 부인할 수는 없다. 사회현실의 빠른 변화가 법률의 개정 빈도를 증가케 하는 이유이고, 법률의 신속하고 탄력적인 입법이 필요할 때도 있지만, 신중하고 장기적인 안목의 입법이 우선적으로 달성되어야 한다. 때로는 입법의 지연도 문제가 될 수 있지만 입법의 졸속도 문제가 될 수 있는 것이기에 입법에 대한 합리적인 평가제도를 통하여 입법의 경중이 평가되고 입법의 완급이 조절되어야 할 것이다.

제 7 절 법제의 바람직한 방향

대한민국 정부 수립 이후의 입법에 대하여 실체적인 면과 절차적인 면에서

82 박수철, 입법총론, 한울, 2011, 337면.

83 의원발의 1,282건, 정부제출 630건. 국회정보시스템 의안통계(http://www.assembly.go.kr) 2011년 8월 16일 방문.

84 물론 법률 개정이 없기나 힘든 경우도 있고, 반대로 한 법률이 자주 개정되는 경우도 있다. 법률개정빈도의 많음을 강조하기 위하여 단순 비교하였다.

살펴보고, 체계수립 및 용어선택의 관점에서도 고찰하였다. 가장 먼저 지적되어질 수 있는 사항은 법률의 비체계성이다. 우리의 법률체계는 일반법 위주의 체계로 발전된 것이 아니라 특별법과 특례법 위주로 변화되어 왔다. 또한 정책적 필요에 의하여 때때로 법률을 개정하는 경우가 있어왔기 때문에 이러한 입법행태가 법률의 비체계성을 심화시키는 원인이 되기도 하였다. 법률의 실체적 내용면에서 합리성이나 효율성이 부족하였거나 위헌성이 다분한 법률이 입법되기도 하였다. 입법 또는 법률의 위헌여부에 대한 관심은 1987년 「헌법」의 개정과 「헌법재판소법」의 제정 및 헌법재판소의 재창설을 통하여 고조되었다. 헌법재판소의 위헌법률심판권과 국회의 입법권과의 관계에 대한 고찰과 반성도 있었고, 이제는 국회의 입법권과 헌법재판소의 입법권에 대한 사법심사와의 관계가 안정화되었다는 평가도 가능할 것이다. 그럼에도 헌법재판소와 국회와의 긴장관계는 여전하다. 중요한 법률 특히 대통령의 정책의지가 반영된 법률이거나 정당간의 입장차이가 큰 법률, 산업적·이념적·정치적·외교적 이해관계가 첨예하게 대립되는 법률의 경우에는 헌법재판소의 결정에 따라서 큰 국가적·사회적 영향력이 있기 때문에 헌법재판소와 국회간의 긴장은 당연한 것인지도 모른다. 과거 선거구 인구수에 따른 투표가치의 불평등으로 인하여 헌법재판소가 「공직선거 및 선거부정방지법」에 대하여 헌법불합치 결정을 내렸음에도 동법은 제 때에 개정되지 않은 것이 문제되었던 적이 있고, 야간집회금지규정의 위헌성으로 인하여 헌법재판소가 「집회 및 시위에 관한 법률」에 대하여 헌법불합치 결정을 내렸음에도 불구하고 동법은 아직도 개정되지 않고 있다. 헌법재판소의 규범통제 기능의 활성화로 인하여 우리의 법령체계를 반성하고 개선할 수 있는 계기가 마련되었다. 향후 과제는 입법과정을 합리화하고 입법을 효율화하는 동시에 입법자는 법률개선의무[85]의 이행을 통하여 법제개선을 이행하는 것이다. 이러한 관점에서 입법평가제도 혹은 입법영향분석제도의 도입 의견이 힘을 얻고 있다. 법률안의 경제성과 효율성을 담보하기 위하여 법안비용추계제도가 도입되는 등 노력이 있어 왔으나, 법률안의 전반적인 영향을 평가하기 위한 입법

85 홍완식, 입법자의 법률개선의무에 관한 연구, 공법연구, 제31집 제2호, 2002, 282면.

평가제도의 도입이 필요하다. 이러한 입법평가제도를 도입함에 있어서 법률안의 위헌성을 사전에 심사하여 입법자에게 입법참고자료를 제공하는 방안도 법률안 제출의 증가현상에 비추어 의미가 적지 않을 것이다. 법의 체계나 용어에 관한 문제도 이러한 입법평가의 과정에서 검토되고 개선될 수 있을 것이다. 또한 입법절차의 민주성과 투명성의 증대, 적법절차의 보장에 관한 문제는 그간의 논의나 헌법재판소의 권한쟁의심판을 통하여 그 필요성이 절실히 인식되어 왔다. 입법절차를 규율하는 법규범의 보완, 중요하고 명백한 절차위반에 대한 사법심사의 적극화 등을 통하여 입법의 절차적 정당성을 강화하는 방안도 필요하다.

| CHAPTER 09 _ 참고문헌 |

김상용, 민사법제의 쟁점과 전망, 법제연구, 제34호, 2008.

김재광/박균성/전학선/정하명/홍완식, 입법과정의 선진화와 효율성 제고에 관한 연구, 법제처, 2008. 10.

김학성, 헌법학원론, 박영사, 2011.

박경철, 입법절차의 위법과 법률안가결선포행위의 효력, 공법연구, 제38집 제2호, 2009.

박관용, 국회입법 60년의 회고와 전망, 입법학연구, 제5집, 2008.

박균성, 정부입법 60년의 평가와 과제, 입법학연구, 제5집, 2008.

박수철, 입법총론, 한울, 2011.

박영도, 입법학용어해설집, 한국법제연구원, 2002.

______, 입법학 입문, 한국법제연구원, 2008.

______, 최근의 입법경향과 입법의 선진화를 위한 과제, 동아법학, 제50호, 2011.

방승주, 위헌입법의 현황과 대책, 저스티스, 제106호, 2008. 9.

석인선/장영철/전학선, 국회의 입법형성권과 헌법재판소의 사법심사권의 관계, 한국공법학회, 2003.

성낙인, 헌법학, 법문사, 2009.

신상환, 독일의 입법과정상 입법평가적용의 구체적 사례분석 및 조망을 통하여 본 한국입법평가의 발전과제, 법제, 2002. 12.

윤장근, 미국연방정부의 규칙제정에 있어서 Plain Language 사용에 관한 연구, 입법학연구, 제3집, 2006.

이진국, 형사법제의 쟁점과 전망, 법제연구, 제34호, 2008.

이희성, 노동법제의 쟁점과 전망, 법제연구, 제35호, 2008.

임종훈, 헌법재판소와 입법부와의 관계, 헌법재판의 회고와 전망, 1998.

장영수, 헌법학, 홍문사, 2007.

전광석, 한국헌법론, 집현재, 2011.

정만희, 헌법과 통치구조, 2003.

정종섭, 헌법학원론, 박영사, 2011.

______, 위헌입법의 현황과 대책 토론문, 저스티스, 제106호, 2008. 9.

정호영, 국회법론, 법문사, 2004.

최준선, 상사법제의 쟁점과 전망, 법제연구, 제35호, 2008.

허 영, 한국헌법론, 박영사, 2010.

홍완식, 사회적 쟁점과 법적 접근, 제3판, 2011.

______, 입법자의 법률개선의무에 관한 연구, 공법연구, 제31집 제2호, 2002.

______, 체계정당성의 원리에 관한 연구, 토지공법연구, 제29집, 2005.

______, 헌법재판소의 결정을 통해 본 입법의 원칙, 헌법학연구, 제15권 4호, 2009.

______, 헌법재판소에 의한 입법절차 통제, 공법학연구, 제12권 2호, 2011.

대한민국 법제 50년사(상)(하), 법제처, 1999.

알기쉬운 법령정비기준, 법제처, 제3판, 2009.

정리되어야 할 사문화 법률, 국회사무처, 2005. 5.

입법이론과 법제실무, 국회사무처 법제실, 2008.

법령입안 심사기준, 법제처, 2006.

CHAPTER

10 헌법재판소의 결정을 통해 본 입법의 원칙

출처: 헌법학연구 제15권 제4호, 2009년

입법자의 입법형성의 자유 또는 입법재량에는 일정한 한계가 있다. 즉, 입법자의 입법형성권의 한계는 입법자의 자기구속의 사유가 되는데, 이러한 입법형성권의 한계는 입법을 함에 있어서 입법자가 준수하여야 하는 입법의 원칙이기도 하다. 입법형성권의 한계로 논의되는 입법의 원칙은 입법자가 일관된 기준과 원칙에 따라서 입법활동을 하여야 하며 합리적 근거 없이 이러한 일관된 원칙에서 벗어나는 경우에는 이른바 '입법자의 자기구속의 법리'(Selbstbindung des Gesetzgebers)에 위반하는 것으로서 위헌의 문제가 발생할 수 있다. 이러한 입법의 원칙은 법령의 위헌여부에 대한 헌법재판소의 규범통제를 위한 사후기준이기도 하지만, 입법의 원칙은 의회의 입법과정에서 법령의 합헌성과 타당성 심사의 기준으로서도 적용할 수 있다. 구체적인 사안에 따라 다르지만, 헌법재판소는 대체로 입법자의 형성의 자유를 광범위하게 보아 규범통제권을 자제하는 입장을 보여왔지만, 헌법재판소가 결정을 통하여 제시한 입법의 원칙은 법률의 결함을 치유하고 바람직한 법률 또는 좋은 법률로 나아가기 위한 기준이 될 수 있다. 다만, 입법자는 헌법재판소가 형성해 온 위헌법률심사의 기준에 머물 것이 아니라, 보다 적극적으로 더 나은 입법의 가능성과 기준을 모색해야 한다. 헌법재판소의 결정을 통해 볼 수 있는 입법의 원칙으로는 사안적합성원칙, 보충성원칙, 체계정당성원칙, 포괄적 위임입법 금지의 원칙, 기본권존중의 원칙, 헌법의 기본원리·기본제도의 존중, 평등원칙, 과잉금지원칙, 과소금지원칙,

신뢰보호원칙, 명확성원칙, 적법절차원칙 등을 들 수 있다. 이러한 입법원칙들은 입법자 스스로 규범의 현실적합성과 헌법합치성을 점검하는 데 있어서 유용한 기준이 되리라 본다.

제1절 머리말

국회는 입법권을 지니고 있으며, 입법을 함에 있어서 입법자는 입법재량 또는 입법형성의 자유를 지닌다. 입법자의 형성의 자유를 보는 관점에 따라 광협의 차이가 있기는 하지만, 입법권은 의회 또는 국가의 고유권력이 아니라 주권에서 유래라는 것이고 최고규범인 헌법에서 유래하는 것이기 때문에, 입법자의 형성의 자유에는 일정한 한계가 있다. 즉, 무제한 자유로운 입법자의 형성권은 인정될 수 없으며, 입법은 헌법에 구속되어 오직 헌법이 인정한 범위에서만 재량 또는 형성의 자유가 인정될 수 있다.[1] 이러한 입법형성의 한계는 입법자의 자기구속의 사유가 되는데, 이러한 입법형성의 한계는 입법을 함에 있어서 입법자가 준수하여야 하는 입법의 원칙이기도 하다. 입법형성권의 한계로 논의되는 입법의 원칙은 입법자가 일관된 기준과 원칙에 따라서 입법활동을 하여야 하며 합리적 근거 없이 이러한 일관된 원칙에서 벗어나는 경우에는 이른바 '입법자의 자기구속의 법리'(Selbstbindung des Gesetzgebers)에 위반하는 것으로서 위헌의 문제가 발생할 수 있다. 헌법재판소는 "국가가 국민의 기본권을 제한하는 내용의 입법을 함에 있어서 준수하여야 할 기본원칙을 천명하고 있다."[2]고 하여 입법에 있어서의 원칙이 존재함과, 입법원칙에의 위반은 입법재량의 범위를 벗어난 것으로 위헌의 가능성이 있다는 점을 여러 결정에서 지적하고 있다. 입법의 원칙은 법령의 위헌여부에 대한 규범통제를 위한 사후기준이기도 하지만,

1 권형준, 입법재량론에 관한 연구, 헌법학연구, 제12권 제3호, 2006. 9, 507면.
2 헌재 2003.12.18. 2001헌바91.

입법의 원칙은 입법과정에서 법령의 합헌성[3]과 타당성 심사의 기준으로서도 적용할 수 있다.

입법의 원칙이 무엇이냐에 관해서는 다양한 견해가 있으며, 일반적인 입법원칙과 특정 법률영역에 적용되는 입법원칙이 있을 수 있다. 또한 입법원칙은 시대적, 사회적 특성과 상황에 따라 내용을 달리할 수도 있다.[4] 그러나 이러한 특정 법률영역이나 개개법률의 특수성을 배제하여 입법의 기본적이고 공통적인 원칙에 관하여 다음과 같이 정리해 볼 수 있으며, 이러한 원칙은 입법을 함에 있어서 유의하여야 할 심사기준표로 제시될 수 있을 것이다.

〈표 10-1〉 입법을 함에 있어서 유의하여야 할 심사기준표(checklist)

심사기준표 (checklist)	
① 입법의 필요성 및 사안적합성	사회현실에 적합하고, 필요한 법률인가?
② 보충성의 원칙	개인생활이나 사회의 자율적 영역에 국가가 법률을 통하여 과도하게 개입하지 않는가?
③ 체계정당성의 원칙	헌법이나 국제규범에 부합하는가? 다른 법률과 체계적으로 적합한가?
④ 포괄적 위임입법금지의 원칙	법률로 정해야 할 중요한 사항을 대통령령 등 하위법규에 위임하고 있지 않은가?
⑤ 기본권 존중의 원칙	법률은 기본권을 실현하고 구체화하는 내용인가?
⑥ 헌법의 기본원리·기본제도의 존중	헌법이 기본으로 하는 원리와 제도에 위반되지는 않는가?
⑦ 평등의 원칙	합리적인 이유없는 차별을 법제화하고 있지는 않은가?

3 "위헌적인 것으로 의심되는 법률은 내용적으로 국회의 심의과정에서 가급적 빠짐없이 논의되어 위헌요소가 제거되도록 수정되어야 한다." 김병기, 위헌결정법률의 효력과 그에 대한 국회의 대응, 행정법연구, 2005, 하반기, 111면.

4 김승환, 입법학에 관한 연구 –입법의 주체·원칙·기술을 중심으로–, 고려대학교 박사학위청구논문, 1987, 83면.

⑧ 과잉금지의 원칙	기본권을 과도하게 제한하지는 않는가?
⑨ 과소금지의 원칙	국가는 기본권보호의무를 이행하기 위한 적절하고도 효율적인 최소한의 보호조치를 취하고 있는가?
⑩ 신뢰보호의 원칙	기존에 보호받고 있던 권리를 침해하지는 않는가? 소급입법을 통해 부당하게 권리를 침해하지는 않는가?
⑪ 명확성의 원칙	가능한 한 명확한 용어와 문장을 사용하고 있는가?
⑫ 적법절차의 원칙	입법절차상의 적법성을 갖추었는가? 법률의 내용도 합리성과 정당성을 갖추었는가?

제 2 절 입법의 필요성 및 사안적합성

법률안을 입안하거나 심사할 때에는 가장 먼저, 입법이 필요한지의 여부 즉 법률을 제정하거나 개정하거나 폐지하는 것이 필요한지에 관해서 검토할 필요가 있다. “법령을 입안·심사할 때에 법령을 입안하거나 심사하는 사람은 그 법령의 입법조치가 필요한지와 입법내용의 실효성 즉 입법의 필요성을 먼저 검토해보아야 한다.”[5]는 것이다. 입법의 필요성이 입증된 경우에는, 사회현실과 입법사안을 정확히 반영하기 위해서 입법과 관련한 각종 통계 및 실태를 지속적으로 수집하고 분석하는 등의 작업이 수행되어야 한다. 입법을 함에 있어서는 규율대상인 사회적 현실에 토대를 두어야 한다. 법령이 사회현실을 정확히 반영하여 법령의 입법목적에 상응하는 규율효과를 거두기 위해서는, 법규범이 사회현실에 적합하도록 만들어져야 한다.

5 헌법과 법제실무, 법제처, 2009, 16면.

입법의 원칙으로서의 사안적합성(Sachgemäßheit) 원칙이란 법규범은 규율하고자 하는 사회현상, 사실관계 등을 정확하게 반영하여야 한다는 원칙이다. 법률은 변화하는 사회의 법적 표상이기 때문에 현행 법률 중에도 타당성이 결핍되어 현실에 적합하지 아니하다는 비난이 야기되거나 개정·폐지의 필요성 여부에 대한 논란이 제기될 여지는 상존한다.[6] 입법은 사회현실을 정확하게 반영하여야 할 뿐만 아니라, 사회의 변화도 적절히 반영하여야 한다. 사회변화가 일어나면 새로운 실정에 맞게 적용되어야 할 새로운 입법이 요구되는 경우도 있고, 새로운 실정에 맞게 법을 개정해야 할 필요성이 생기는 경우도 있으며, 폐지해야 할 필요성이 생기는 경우도 있다. 미국의「금주법」실패를 통해서 볼 수 있는 바와 같이 인간의 욕망을 과도하게 억제하기 위한 입법이나 오래된 습속에 반하는 입법은 성공하기 힘들다는 것도 사회현실을 과도하게 규범적 당위에 의하여 변경하려 한다는 관점에서 사안에 적합하지 않은 입법이라고 할 수 있다.[7] 헌법재판소에 의하여 위헌결정[8]이 내려진「가정의례에 관한 법률」의 경우에서 볼 수 있듯이, 인류의 오래된 보편적인 사회생활의 한 모습인 결혼식 등의 당사자가 자신을 축하하러 온 하객들에게 주류와 음식물을 접대하는 행위를 처벌하는 법률의 입법은 사안에 적합하지 않은 입법이라고 할 수 있다. 혼인이나 상례 또는 회갑연 등에서 하객이나 조문객을 기꺼이 받아들여 음식과 술을 대접하는 것은 우리의 오랜 전통미풍으로서, 이러한 국민의 일상적 삶의 한 형태를 허례허식행위라고 단정하여 법률로써 이를 금지하고 처벌하는 것은 사회현실을 국가가 과도하게 통제하기 위한 입법인 것이다.

6 입법이론과 법제실무, 국회 법제실, 2008, 81면.
7 최대권, 사회변화와 입법, 오름출판, 2008, 14면-17면.
8 헌재 1998.10.15, 98헌마168.

제3절 보충성의 원칙

보충성 원칙[9]이란 과거에는 소규모의 공동체가 해결할 수 있었던 과제들이 이제는 더 커다란 공동체에 의해서만 해결될 수 있게 되었다 하더라도, 개인이 스스로의 주도하에 그리고 스스로의 힘으로 할 수 있는 일을 개인에게서 박탈하여 공동체의 활동으로 삼아서는 안된다는 것을 의미한다.[10] 따라서, 국가기능의 보충적인 한계를 일탈하여 과도하고 불필요하게 사회가 담당하여야 할 분야에 간섭하여 규제하는 것은 보충성 원칙에 대한 위반이라고 할 수 있다. 이러한 보충성 원칙을 입법의 측면에 적용한다면, 사회에서 자율적으로 해결될 수 있는 사안을 국가가 법령으로 규율함을 통하여 분쟁해결의 사회적 자율성을 봉쇄하는 것은 바람직하지 않다. 특히, 국가의 정책수단으로서 형벌법규의 남용은 보충성 원칙이나 형벌의 최후수단성 원칙에 반할 가능성이 크다. 형벌은 개인의 자유와 안전에 대한 중대한 침해를 가져오는 탓에 국가적 제재의 최후수단(ultima ratio)으로 평가된다.[11] 이러한 점을 종합하면, 국가가 함부로 개입하지 않아야 하는 영역인 성(性), 가정, 경제, 교육, 문화 및 사회복지 분야에서 특히 보충성 원칙에 입각한 사고와 입법이 필요하다. 우리 헌법재판소는 「국토이용관리법」상 토지거래허가제 근거규정의 위헌심판 사건에서, "자유민주주의국가에서는 각 개인의 인격을 존중하고 그 자유와 창의를 최대한으로 존중해 주는 것을 그 이상으로 하고 있는 만큼 기본권주체의 활동은 일차적으로 그들의 자결권과 자율성에 입각하여 보장되어야 하고 국가는 예외적으로 꼭 필요한 경우에 한하여 이를 보충하는 정도로만 개입할 수 있고, 이러한 헌법상의 보충의 원리

9 보충성의 원칙에 관해 상세한 내용은 홍완식, 헌법과 사회보장법에 있어서의 보충성의 원리, 공법연구, 제28집 제4호 제2권, 2000, 173－189면 참조..

10 홍성방, 헌법학, 현암사, 2009, 177면.

11 헌재 2003. 6. 26. 2002헌가14; 교통사고특례법 제4조 제1항에 대한 위헌확인 청구사건에서 "형벌은 국가가 취할 수 있는 유효적절한 수단 중의 하나일 뿐이지, 결코 형벌까지 동원해야만 보호법익을 유효적절하게 보호할 수 있다는 의미의 최종적인 수단이 될 수는 없으므로" 라고 하여 형벌은 우선적인 수단이 아니라 최후수단(ultima ratio)임을 밝히고 있다. 2009. 2. 26. 2005헌마764.

가 국민의 경제생활영역에도 적용됨은 물론이므로 사적자치의 존중이 자유민주주의국가에서 극히 존중되어야 할 대원칙임은 부인할 수 없다."[12]고 하여 보충성 원칙이 경제 분야에 적용되어야 한다는 점을 강조하고 있다.[13] 화재보험 강제가입에 관한 법률규정,[14] 과외교습을 금지하고 있는 「학원의 설립·운영에 관한 법률」의 심사,[15] 국제그룹해체에 관한 헌법소원심판[16]에 있어서도 보충성 원칙을 명시하고 있지는 않지만 보충성 원칙을 이론적 기반으로 한 결정이라고 해석할 수 있다. 「형법」 제304조의 혼인빙자간음죄에 대하여 위헌결정을 내리면서, "남성이 해악적 문제를 수반하지 않는 방법으로 여성을 유혹하는 성적 행위에 대해서 국가가 개입하는 것은 억제되어야"[17]한다는 것도 개인적인 영역에의 국가개입의 한계가 있다는 것으로서 보충성 원칙에 토대를 둔 결정이라고 할 수 있다. 과거의 헌재 결정에서는 "혼인을 빙자하는 이와 같은 교활한 무기에 의한 여성의 성에 대한 공략은 이미 사생활 영역의 자유로운 성적결정의 문제라거나 동기의 비도덕성에 그치는 차원을 벗어난 것이다. 이러한 행위는 마땅히 형법적 평가의 대상이 되어야 하고, 조심스럽기는 하나 국가형벌권이 개입할 지평을 열어야 한다고 생각한다."[18]고 하여 개인적 문제에 관한 국가개입의 범위가 컸었지만, 최근의 결정에서는 "개인의 성행위와 같은 사생활의 내밀영역에 속하는 부분에 대하여는 그 권리와 자유의 성질상 국가는 간섭과 규제를 가능하면 최대한으로 자제"하여야 하고, "개개인의 행위가 비록 도덕률에 반하더라도 본질적으로 개인의 사생활에 속하고 사회유해성이 없거나 법익에 대한 명백한 침해가 없는 경우에는 국가권력이 개입해서는 안된다"[19]는 고려는

12 헌재 1989. 12. 22. 88헌가13.
13 그러나, 토지거래허가제는 헌법이 정하고 있는 경제질서와 아무런 충돌이 없다고 할 것이므로, 이를 사적자치의 원칙이나 헌법상의 보충의 원리에 위배된다고 할 수 없다고 판단하였다. 헌재 1989. 12. 22. 88헌가13.
14 헌재 1991. 6. 3. 89헌마204.
15 헌재 2000. 4. 27. 98헌가16, 98헌마429 등.
16 헌재 1993. 7. 29. 89헌마31.
17 헌재 2009. 11. 26. 2008헌바58.
18 헌재 2002. 10. 31, 99헌바40.
19 헌재 2009. 11. 26. 2008헌바58.

보충성 원칙이나 최후수단성 원칙에 훨씬 근접한 결정이라고 할 수 있다.

제4절 체계정당성의 원칙

체계정당성(Systemgerechtichkeit) 또는 체계적합성(Systemgemäßheit)이란 입법기능에서 존중되어야 하는 원칙[20]으로서, 규범 상호간에는 그 내용과 체계에 있어서 조화를 이루고 상호 모순이 없이, 결국 모든 규정의 내용과 체계가 상호 모순과 갈등 없이 그 본래의 입법목적의 실현에 합치되어야 한다는 것을 의미한다.[21] 즉, 체계정당성은 "동일 규범 내에서 또는 상이한 규범 간에 그 규범의 구조나 내용 또는 규범의 근거가 되는 원칙 면에서 상호 배치되거나 모순되어서는 안된다는 하나의 헌법적 요청"[22]이다. 우리 헌법재판소는 몇 개의 법률을 체계정당성의 관점에서 심사한 바 있다. 「형법」 제259조 제1항의 상해치사의 경우 사람의 사망이라는 엄청난 결과를 초래한 범죄임에도 3년 이상의 유기징역형으로 그 법정형이 규정되어 있는데, 야간에 흉기 기타 위험한 물건을 휴대하여 협박죄를 범한 자를 5년 이상의 유기징역에 처하도록 규정하고 있는 「폭력행위 등 처벌에 관한 법률」의 법정형은 형벌의 체계정당성에 어긋난다.[23] 피해자를 치사하고 도주하거나 도주 후에 피해자가 사망한 때에는 10년 이상의 징역에 처하도록 하는 「특정범죄 가중처벌 등에 관한 법률」 규정은 5년 이상의 징역에 처하도록 하는 살인죄와 비교하여 형벌체계상의 정당성과 균형을 상실한 것으로 판단하였다.[24] 이 결정은 특히 형벌에 관한 입법시에 형벌체계상의

---

20 체계정당성의 원칙에 관해 상세한 내용은 홍완식, 체계정당성의 원리에 관한 연구, 토지공법연구, 제29집, 2006, 467－490면 참조..

21 헌재 1995. 7. 21. 94헌마136.

22 헌재 2004. 11. 25 2002헌바66.

23 헌재 2004. 12. 16. 2003헌가12.

24 헌재 1992. 4. 28. 90헌바24.

정당성이 존중되어야 한다는 점을 강조한 것으로 평가되고 있다.[25] 또한 헌법재판소는 공무원의 당연퇴직사유로서 벌금형은 결격사유로 규정하지 않으면서 벌금형보다 더 가벼운 선고유예는 당연퇴직사유로 규정한 구 「국가공무원법」 제69조은 공익과 사익간에 적절한 균형이 이루어진 규정체계가 아니라고 판단하였다.[26] 그러나 5년 이상의 징역형을 규정하고 있는 존속상해치사죄의 법정형은 현저히 형벌체계상의 균형을 상실한 것이 아니라고 보았다.[27] 체계정당성 원칙에 대한 위반이 바로 위헌인 것은 아니고, 과잉금지원칙이나 평등원칙 등 원칙에의 위반 여부가 심사되어야 한다. 즉, 체계정당성 원칙에의 위반은 과잉금지원칙이나 평등원칙 등의 위헌성을 시사하는 하나의 징후일 뿐이라고 해석되고 있다.[28] 입법자가 체계정당성의 위반을 정당화할 합리적인 사유가 있으면, 이에 관한 입법재량이 인정[29]되어 위헌의 문제는 발생하지 않는다. 이는 체계정당성의 위반을 정당화할 합리적인 사유가 존재하지 않아야만 입법재량을 일탈한 것이 되고, 평등원칙 위반으로 될 가능성이 있다는 것이다. 강남구청 등 지방자치단체가 감사원의 지방자치단체 업무 전반에 대한 포괄적이고 광범위한 감사에 대하여 체계정당성 원칙에 반하는 위헌적인 행정활동이라고 주장하였다. 그러나 이는 지방행정을 포함한 국가작용 전반의 경제성, 효율성, 공정성 향상에 기여하기 위하여 헌법상 필수적 기관으로 감사원을 둔 헌법의 취지에 따른 것으로 보아, 이 경우에는 체계정당성의 원칙 위반의 문제는 발생할 여지가 없다고 하였다.[30] 그러나 체계정당성 원칙에의 위반이 위헌의 정도에 이르지 않는다고 하더라도, 법령의 바람직한 체계성 확보를 위해서는 입법자 스스로 체계정당성

25 허영, 한국헌법론, 박영사, 2009, 891면.

26 헌재 2003. 10. 31. 2002헌마684.

27 헌재 2002. 3. 28. 2000헌바53.

28 헌재 2004. 12. 16. 2003헌가12. 헌재는 이 사건에서 야간에 흉기 기타 위험한 물건을 휴대하여 협박죄를 범한 자를 5년 이상의 유기징역에 처하도록 규정하고 있는 법률조항의 법정형은 형벌의 체계정당성에 어긋나고, 이는 달리 취급하여야 할 것을 명백히 자의적으로 동일하게 취급한 결과로서, 형벌체계상의 균형성을 현저히 상실하여 평등원칙에도 위배된다고 하였다. 이 경우 체계정당성원칙의 위반을 확인하고, 이어 평등원칙 위반을 확인하였기에 위헌으로 결정된 것이다.

29 헌재 2004. 11. 25 2002헌바66.

30 헌재 2008. 5. 29. 2005헌라3.

원칙에 적합하도록 꾸준히 법령을 정비하여야 할 것이다. 헌법재판소의 통제규범으로서의 체계정당성 원칙은 최소한의 심사기준이 될 것이지만, 입법자의 행위규범으로서의 체계정당성 원칙은 중요한 입법지침이 되어야 할 것이다. 입법자는 이러한 체계정당성의 원칙에 따라 개별 법률규정이나 개별법은 다른 법률규정 및 법률과의 관계에서 모순이 발생하지 않도록 입법하여야 한다. 특별법이 많은 우리나라의 법체계에서는 특별법의 정비와 개별법이 산재하는 노동법, 환경법, 행정법, 사회법, 교육법 등의 영역에서의 법전화(Kodifikation)작업은 체계정당성을 확보하기 위한 바람직한 방법이다.

제5절 포괄적 위임입법 금지의 원칙

포괄적 위임입법 금지의 원칙은 헌법은 물론이고 공법 체계의 기본원칙인 법률유보의 원칙을 입법의 측면에서 구체화하는 원칙이라고 할 수 있는데, 포괄적 위임입법 금지의 원칙은 헌법재판소가 위헌으로 결정한 사례 중 과잉금지원칙과 평등원칙 위반을 이유로 위헌결정한 사례 다음으로 가장 많은 사례군을 차지한다. 그 이유는 헌법재판소의 위임입법에 대한 위헌심사기준이 엄격하다기 보다는 국회가 행정부에게 입법을 포괄적으로 위임하는 현상이 많기 때문이었다. 헌법재판의 중요한 성과의 하나로서 국회가 포괄적인 위임입법을 하는 경향을 수정케 하여 '입법권은 국회에 속한다'는 「헌법」 제40조의 취지를 되살리고 있다는 평가도 있다.[31] 포괄적 위임입법 금지의 원칙을 입법의 원칙으로 적용하는 데 있어서의 실질적인 문제는, 어떠한 위임입법이 올바른 범위 내에

31 이명웅, 위헌입법의 위헌심사기준 및 위헌결정사례 분석, 한국법학원, 저스티스, 96호, 2007. 2, 85면. 우리나라에서 포괄적인 위임입법이 많은 현상에 대해서는 정부의 입법안 마련의 전문성이 국회보다 높다는 것과 함께, 국회가 의회주의, 대의민주주의, 법률유보원칙, 권력분립주의라는 헌법의 기본정신에 대한 실천의지와 행정부의 자의를 통제하고 국민의 자유와 권리를 보호하려는 국회의 기본사명에 대한 고려가 부족한 것에서 원인을 찾고 있다.

서의 위임입법이냐 또는 허용되지 않는 포괄적 위임입법이냐 하는 것이다. 「헌법」 제75조는 "대통령은 법률에서 구체적으로 범위를 정하여 위임받은 사항… 에 관하여 대통령령을 발할 수 있다."고 규정하고 있는바, 여기서 "구체적으로 범위를 정하여"라 함은 법률에 대통령령 등 하위법규에 규정될 내용 및 범위의 기본사항이 가능한 한 구체적이고도 명확하게 규정되어 있어서 누구라도 당해 법률 그 자체로부터 대통령령 등에 규정될 내용의 대강을 예측할 수 있어야 함을 의미하고, 그 예측가능성의 유무는 당해 특정조항 하나만을 가지고 판단할 것은 아니고 관련 법조항 전체를 유기적·체계적으로 종합 판단하여야 하며, 각 대상법률의 성질에 따라 구체적·개별적으로 검토하여야 한다.[32] 그럼에도 불구하고, 포괄적 위임입법인지의 여부를 판단하기 쉽지 않다. '대상법률의 성질에 따른 검토'는 과학기술관계법 등 고도의 전문기술적 판단이 필요한 분야, 처벌법규를 비롯하여 국민의 기본권을 직접적으로 제한하거나 침해할 소지가 있는 등의 이유로 헌법이 직접 법률로 정하도록 하고 있는 분야는 포괄적 위임입법인지에 대하여 엄격한 기준이 적용되어야 할 것이다. 후자의 경우는 예를 들어 「헌법」 제2조 1항에 따른 국적법정주의, 제59조에 따른 조세법률주의, 제117조 2항의 지방자치단체 종류 법정주의 등을 들 수 있다.

헌법재판소의 위임입법에 대한 위헌심사기준은 근거성, 명확성, 예측가능성, 엄격성 등으로 정리될 수 있다. 위임입법은 모법에 근거가 있어야 하며(근거성), 위임입법에 의한 규정은 명확하여야 하며(명확성), 위임의 내용이 예측가능하여야 하며(예측가능성), 처벌법규의 경우에는 엄격하게(엄격성) 규정되어야 한다.[33] 또한 헌법재판소의 위헌심사기준은 일반적으로는 위임의 구체성과 명확성이며, 국민에게는 예측가능성을 주어야 하고, 법집행자에게는 자의적 집행을 방지하여야 한다. 입법자에 대한 기준으로는 위임의 구체성, 개별성, 명확성이 위임입법에 대한 헌법재판소의 위헌심사기준으로 분석하고 있다.[34] 대통령령이

32 헌재 2008. 9. 25. 2007헌바74; 1997. 10. 30. 96헌바92등.

33 정극원, 헌법재판에서의 포괄적 위임입법금지 원칙의 적용, 한국헌법학회, 헌법학연구, 제15권 3호, 2009, 467면 이하.

34 이명웅, 전게논문, 68면 이하.

정하는 경우가 아닌 한 전기통신사업자가 제공하는 전기통신역무를 이용하여 타인의 통신을 매개하는 자를 처벌하도록 한 규정을 위임입법의 한계를 일탈하여 위헌으로 보았고,[35] 대통령령이 정하는 건축물용도변경행위를 처벌하도록 한 건축법규정을 위임입법의 한계를 벗어난 것으로서 위헌으로 보았다.[36] 소송촉진 등에 관한 특례법에서 법정이율을 대통령령으로 위임한 것은 대통령령에 규정될 법정이율의 대강을 예측할 수 없다고 하여 포괄위임입법금지 원칙에 위반한다고 보았고,[37] 대통령령이 정하는 교통사고비율을 기준으로 자동차운전학원의 등록을 취소하는 등을 규정한 도로교통법 조항을 포괄위임입법금지 원칙에 위반한 것으로 보았다.[38] 그러나 오수처리시설의 방류수질기준을 환경부령에 위임한 경우,[39] 운전이 금지되는 술에 취한 상태의 기준을 대통령령에 위임한 경우,[40] 해양환경개선부담금의 산정기준을 대통령령에 위임한 경우,[41] 부설주차장의 용도변경의 허용기준을 대통령령에 위임하고 있는 경우[42]에는 합헌으로 보았다. 이와 같이 위임입법은 구체적·개별적으로, 한정된 사항에 대하여 위임되어야 한다는 것인데, 위임입법의 구체성과 개별성의 정도는 규율대상의 종류와 성격에 따라 달라진다고 할 수 있다.

제6절 기본권의 존중

입법작용은 국민의 기본권보장을 중심으로 하는 바람직한 국가질서의 형

35 헌재 2002. 5. 30. 2001헌바5.
36 헌재 1997. 5. 29. 94헌바22.
37 헌재 2003. 4. 24. 2002헌가15.
38 헌재 2005. 7. 21. 2004헌가30.
39 헌재 2004. 11. 25. 2004헌가15.
40 헌재 2005. 9. 29. 2003헌바94.
41 헌재 2007. 12. 27. 2006헌가8.
42 헌재 1998. 2. 27. 95헌바59.

성을 위해서 필요한 것이다.[43] 「헌법」 제10조 제2문은 "국가는 개인이 가지는 불가침의 기본적 인권을 확인하고 이를 보장할 의무를 진다."고 규정하고 있는데, 이에 근거하여 국가는 국민의 기본권을 침해하지 않고 이를 최대한 보호해야 할 의무를 가지며, 만약 국가가 불법적으로 국민의 기본권을 침해하는 경우 그러한 기본권을 보호해주어야 할 행위의무를 진다. 또한 이러한 기본권보호의 행위의무를 이행하기 위하여 국가가 관련 법률을 제정하여야 할 입법의무가 헌법해석상 발생한다.[44] 입법자의 입법권은 헌법을 구체화하는 권한으로서 헌법의 의미내용을 확정하여야 하는 데,[45] 입법시에는 기본권을 존중하는 입법을 하여야 한다. 기본권을 제한하는 입법을 하여야 하는 불가피한 경우에도 기본권의 '최대한 보장의 원칙'이 적용되며,[46] 기본권의 본질적인 내용을 침해할 수 없다.[47] 기본권을 구현하는 입법이건 기본권을 제한하는 입법이건 기본권이 실질적·효과적으로 보장될 수 있도록 기본권을 최대한 존중하여야 함이 입법의 원칙이다. 법제처의 '헌법과 법제실무'에서도 법령을 입안하거나 심사하는 사람은 법령이 공익을 추구하면서도 개인의 기본권을 존중하고 있는지를 항상 유의하여야 한다는 점을 강조하고 있다. 즉, "국가는 공동체의 번영과 이익을 보장할 책무를 지닐 뿐만 아니라 개인이 갖는 불가침의 기본권을 확인 보장할 의무를 진다. 따라서, 해당 법령이 공동체의 복리추구와 개인의 기본권에 대한 존중이 조화되도록 규정하고 있는지 깊이 고민해야 한다."[48]는 점을 법령의 심사에 있어서 유의할 점으로 적시하고 있다.

43 장영수, 헌법학, 홍문사, 2008, 1027면.
44 헌재 2003. 5. 15. 2000헌마192등.
45 김철수, 헌법학, 박영사, 2008, 1587면.
46 헌재 1997. 4. 24 95헌바48.
47 헌재 1992. 4. 28. 90헌바24.
48 법제처, 전게서, 16면.

제7절 헌법의 기본원리와 기본제도의 존중

입법자는 입법을 함에 있어서 헌법의 기본원리나 기본제도 등에 위반되는 내용의 입법을 할 수 없다. 즉, 공화국형태, 민주적 기본질서, 권력분립과 같은 우리나라 헌법상의 기본원리, 기본질서, 기본제도 등에 반하는 입법을 행하여서는 아니 된다. 헌법의 기본원리는 법률을 비롯한 모든 법령의 입법기준이기 때문에, 입법권으로도 헌법의 기본원리를 훼손할 수 없다. 우리헌법상의 기본원리로는 국민주권의 원리, 자유민주주의, 사회국가의 원리, 문화국가의 원리, 법치국가의 원리, 평화국가의 원리 등을 들 수 있다. 또한 헌법에는 입법권의 범위와 한계를 설정할 뿐만 아니라, 국회의 입법권에 의하여서도 폐지되거나 그 본질이 훼손될 수 없는 기본제도가 있다. 즉, 헌법에 의하여 일정한 제도가 보장되면 입법자는 그 제도를 설정하고 유지할 입법의무를 지게 될 뿐만 아니라, 법률로써 이를 폐지할 수 없으며, 이를 제한하는 경우에도 그 본질적인 내용을 침해할 수 없다.[49] 제도보장은 본질적 내용을 침해하지 아니하는 범위 안에서 입법자에게 제도의 구체적 내용과 형태의 형성권을 폭넓게 인정한다는 의미에서 '최소한 보장의 원칙'이 적용[50]된다. 이러한 제도에는 일반적으로 의무교육제도, 직업공무원제, 복수정당제, 지방자치제도, 혼인제도를 포함한 가족제도, 사유재산제도, 선거제도 등이 있다. 예를 들어, 입법자는 헌법의 기본제도 중에서 보통·평등·직접·비밀·자유선거원칙에 입각한 선거제도를 존중하고 유지하여야 한다. 헌법재판소는 정당명부에 대한 별도의 투표를 허용치 않는 구 「공직선거법」상의 비례대표제도가 직접선거의 원칙과 평등선거의 원칙 등에 위배된다고 한 바 있다.[51] 이후 입법자인 국회는 2002년 3월 7일의 「공직선거법」 개정을 통하여 시·도의원선거에 있어서 지역구와 비례대표명부에 각각 1표씩의 투표를 하도

49 헌재 1997. 4. 24 95헌바48.
50 헌재 1997. 4. 24. 95헌바48.
51 헌재 2001. 7. 19. 2000헌마91.

록 하였고, 2004년 3월 12일의 「공직선거법」 개정을 통하여 국회의원선거에 있어서 지역구와 비례대표선거에 각각 1표씩의 투표를 하도록 하는 1인 2표제를 도입하였다. 입법자인 국회가 선거법을 개정하는 경우에 헌법에 명시된 선거제도의 원칙을 존중하고 국민의 선거권이 부당하게 제한되지 않도록 하여야 한다. 그러나 구체적인 선거법 개정에 있어서, 현저하게 불합리하고 불공정한 입법이 아닌 한 입법자의 재량에 속하는 것으로 본다. 구체적으로, 선거권연령을 20세로 규정한 「공직선거 및 선거부정방지법」 제15조가 선거권이나 평등권을 침해하는 것인지 여부를 판단한 사건에서 "선거권과 공무담임권의 연령을 어떻게 규정할 것인가는 입법자가 입법목적 달성을 위한 선택의 문제이고 입법자가 선택한 수단이 현저하게 불합리하고 불공정한 것이 아닌 한 재량에 속하는 것인바, 선거권연령을 공무담임권의 연령인 18세와 달리 20세로 규정한 것은 입법부에 주어진 합리적인 재량의 범위를 벗어난 것으로 볼 수 없다."[52]고 하였다. 이 사건에서 재판관 4인은 "오늘날의 변화한 현실과 세계 각국의 추세에 비추어 우리도 선거연령을 현재의 20세에서 보다 하향조정하는 것이 바람직하지 않은가 생각된다."는 의견을 밝힌 바 있다. 헌법재판소는 선거연령을 20세로 하는 법률규정이 입법자의 입법재량에 속한다고 하였지만, 국회는 2005년 8월 4일의 법률개정을 통하여 선거연령을 19세로 조정하였다.

제8절 평등의 원칙

평등의 원칙은 국가가 입법을 하거나 법을 해석 및 집행함에 있어서 따라야 할 기준임과 동시에 모든 국민의 권리이다. 평등의 원칙은 법적용에 있어서의 평등(법적용평등설)만이 아닌 법 내용에 있어서의 평등(법내용평등설)까지도 요구한다. 그러나 「헌법」 제11조 제1항의 평등원칙은 입법자에게 헌법적으로

52 헌재 1997. 6. 26. 96헌마89.

구체적인 입법의무를 부과하는 것은 아니며 입법자가 평등원칙에 반하는 입법을 하게 되면 이로써 피해를 입은 자는 당해 법률조항을 대상으로 평등원칙의 위반여부를 다툴 수 있다는 것이다.[53] 평등원칙에 위배되거나 평등권을 침해하는 법률인가를 심사하는 기준으로는 자의금지원칙과 과잉금지원칙이 있는데, 헌법 스스로가 평등권을 구체화하는 경우와 차별적 취급으로 인하여 관련 기본권에 중대한 제한을 초래하는 경우에는 과잉금지원칙을 적용하여 심사하고, 그 이외의 경우에는 입법자의 형성의 자유를 존중하여 자의금지원칙을 적용하여 심사한다. 특히 수범자에게 수익적 내지 시혜적인 법률에 의하여 차별이 발생하는 경우에는 자의금지원칙을 적용하여 평등권 침해 여부를 심사한다. 자의금지원칙에 따라서 교육공무원이 되고자 하는 자를 국·공립이냐 사립이냐에 따라서 차별적 결과를 초래하는 「교육공무원법」을 위헌으로,[54] 변호사·공인회계사 등에게는 법인설립을 허용하면서 약사에게만 이를 금지하는 「약사법」을 헌법불합치로,[55] 정부수립을 기준으로 재외동포를 법률적용의 대상으로 구분하는 「재외동포법」을 헌법불합치로,[56] 고엽증후유증 환자가 사망전에 환자등록을 하였는지를 기준으로 유족등록신청자격 여부를 결정하는 「고엽제후유의증 환자지원 등에 관한 법률」을 헌법불합치[57]로 결정하였다. 또한 과잉금지원칙에 따라서 제대군인에 대한 가산점 부여를 위헌으로 보았고,[58] 국가유공자의 가족에 대한 가산점의 부여를 헌법에 불합치하는 것으로 보았다.[59]

법률을 입법함에 있어서 모든 수범자들을 모든 분야에서 평등하게 취급하기는 어렵다. 더욱이 입법자는 복지·사회·문화·정치·경제·여성우대정책 등 정책적 필요에 따라 차별적 취급을 내용으로 하는 입법을 하게 될 필요가 있다. 이러한 입법을 함에 있어서 입법자는 평등원칙에 위배되지는 않을까 하는 고려

---

53 헌재 2003. 5. 15. 2000헌마192 등.
54 헌재 1990. 10. 8. 89헌마89.
55 헌재 2002. 9. 19. 2000헌바84.
56 헌재 2001. 11. 29. 99헌마494.
57 헌재 2001. 6. 28. 99헌마516.
58 헌재 1999. 12. 23. 98헌마363.
59 헌재 2006. 2. 23. 2004헌마675.

를 하게 되는데, 입법자는 헌법재판소의 평등권 심사기준을 입법시 유념하여야 한다. 특히 헌법에서 차별금지를 명문으로 규정하고 있는 사항 즉, 제11조 제1항의 성별·종교 또는 사회적 신분을 이유로 한 차별의 금지, 제2항의 사회적 특수계급제도의 불인정 및 창설금지, 제32조 제4항의 근로영역에서의 성별을 이유로 한 차별금지, 제36조 제1항의 혼인과 가족생활에서의 성별에 의한 차별금지, 제20조 제2항의 종교의 차별금지, 제39조 제2항의 병역의무의 이행으로 인한 차별금지에 반하는 입법내용인지에 대한 고려가 있어야 한다. 또한 입법하고자 하는 법률이 초래하게 되는 차별적 취급으로 인하여 관련 기본권에 대한 중대한 제한을 초래하는 경우인지를 검토하여야 한다. 차별적 취급이 관련 기본권에 제한을 초래하는 경우에는 이러한 제한이 중대한 것인지에 대하여 검토하여야 한다. 즉, 차별대우가 불가피한 입법의 목적이 정당한지와 이러한 입법목적을 달성하기 위하여 차별이 적정한지, 차별이 최소한의 부담만을 초래하는지, 차별로 인하여 수범자들에게 발생하는 부담은 적절한 비례관계에 있는지 등을 검토하여야 한다.

제9절 과잉금지의 원칙

과잉금지(Übermaßverbot)원칙은 입법·행정·사법작용을 비롯한 모든 국가작용에 적용되는 원칙이기 때문에, 입법을 함에 있어서 과잉금지의 원칙은 준수되어야 한다. 특히, 국민의 기본권을 제한하는 입법에서 과잉금지원칙은 엄격히 준수되어야 한다. 과잉금지 원칙이 충족될 때 국가의 입법작용에 비로소 정당성이 인정되고 그에 따라 국민의 수인(受忍)의무가 생겨나는 것으로서, 이러한 요구는 오늘날 법치국가의 원리에서 당연히 추출되는 확고한 원칙으로서 부동의 위치를 점하고 있다.[60] 권리를 제한하거나 의무를 부과하는 입법권의 행사와

60 헌재 1990. 9. 3. 89헌가95.

관련하여 과잉금지원칙은 입법자의 형성의 자유를 제한하는 원칙으로서 중요한 의미를 지닌다. 과잉금지의 원칙은 입법자의 형성의 자유 또는 입법재량을 기속하는 중요한 원칙인 것이다. 과잉금지원칙은 헌법재판소의 위헌사례 중 가장 빈번한 위헌심사기준으로 제시되는 원칙이기 때문에, 입법자는 입법을 함에 있어서 과잉금지원칙에의 위반 여부를 신중히 판단해야 한다. 과잉금지원칙에는 4가지 하부원칙이 있는데, 이에는 목적의 정당성, 방법의 적정성, 피해의 최소성, 법익의 균형성이 있다. 우선 입법자는 입법의 목적이 헌법원칙에 위반되지 않는지 등과 함께 입법의 목적 자체가 기본권을 침해하지 않는지를 고려해야 한다. 입법목적을 달성하기 위한 입법수단이 합헌적이어야 함은 물론이고 입법목적의 실현을 위하여 적정한 수단이어야 한다. 피해의 최소성이란 입법목적 달성을 위한 여러 수단 중에서 수범자에게 가장 피해가 적은 수단을 택하여야 한다는 것이고, 법익의 균형성이란 입법에 의하여 보호하려는 공익과 침해되는 사익을 비교하여 보호되는 공익이 커야 한다는 원칙이다.[61] 입법목적이 위헌이라고 할 수 있는 경우는 매우 드물지만,[62] 수단의 적합성, 피해의 최소성, 법익의 균형성은 그 실례를 일일이 열거할 필요가 없을 정도로, 기본권을 제한하는 입법에 대한 위헌성 심사에서 최우선의 기준이다.

---

61 "입법작용에 있어서의 과잉입법금지의 원칙이라 함은 국가가 국민의 기본권을 제한하는 내용의 입법활동을 함에 있어서 준수하여야 할 기본원칙 내지 입법활동의 한계를 의미하는 것으로서, 국민의 기본권을 제한하려는 입법의 목적이 헌법 및 법률의 체제상 그 정당성이 인정되어야 하고(목적의 정당성), 그 목적의 달성을 위하여 그 방법이 효과적이고 적절하여야 하며(방법의 적정성), 입법권자가 선택한 기본권제한의 조치가 입법목적달성을 위하여 설사 적절하다 할지라도 보다 완화된 형태나 방법을 모색함으로써 기본권의 제한은 필요한 최소한도에 그치도록 하여야 하며(피해의 최소성), 그 입법에 의하여 보호하려는 공익과 침해되는 사익을 비교형량할 때 보호되는 공익이 더 커야한다(법익의 균형성)" 헌재 1992. 12. 24. 92헌가8.

62 동성동본금혼의 입법목적은 혼인의 자유를 제한할 '사회질서'나 '공공복리'에 해당할 수 없다는 점에서 「헌법」 제37조 2항에 위반된다. 헌재 1997. 7. 16. 95헌가6 등.

제10절 과소금지의 원칙

입법자는 입법시에 과소금지(Untermaßverbot)의 원칙을 존중하여야 한다. 과소금지의 원칙이란 기본권을 보호하기 위한 입법을 함에 있어서 기본권보호를 위한 최소한의 요구는 충족시켜야 한다는 것을 의미한다.[63] 즉, 국가가 기본권에 대한 보호의무를 진다고 하더라도, 그것을 입법자가 어떻게 실현하여야 할 것인가는 원칙적으로 권력분립원칙과 민주주의원칙에 따라 국민에 의해 직접 민주적 정당성을 부여받고 정치적 책임을 지는 입법자의 책임범위에 속하는 것이고, 헌법재판소는 이를 제한적으로만 심사할 수 있을 따름이다. 따라서 국가가 기본권의 보호의무를 다하지 않았는지를 헌법재판소가 심사할 때에는 국가가 국민의 기본권적 법익 보호를 위하여 적어도 적절하고 효율적인 최소한의 보호조치를 취했는가 하는 이른바 '과소보호 금지원칙'의 위반 여부를 기준으로 삼아야 한다는 것이다.[64] 헌법재판소는 「교통사고처리특례법」 제4조에 대한 제1차 헌법소원사건에서 국가는 "국민의 법익보호를 위하여 적어도 적절하고 효율적인 최소한의 보호조치를 취했는가"의 여부를 과소금지원칙의 준수여부에 대한 기준으로 하고 있다.[65] 「교통사고처리특례법」 제4조에 대한 제1차 헌법소원사건에서 다수의견은 과소금지원칙의 위반을 인징하지 아니하여 칭구를 기각하였으나, 3인의 반대의견은 중대한 과실로 인한 교통사고로 말미암아 피해사에게 신체에 대한 중대한 침해 즉, 생명에 대한 위험을 발생시킨 경우나 불구 또는 불치나 난치의 질병 즉 중상해에 이르게 한 경우에 교통사고를 일으킨 차량이 종합보험 등에 가입되어 있다는 사정만으로 공소조차 제기하지 못하도록

63 과잉금지원칙과 과소금지원칙의 구별에 관해서, 과잉금지원칙은 국가의 적극적 기본권제한조치에 대한 위헌여부를 판단하는 심사기준이고, 과소금지원칙은 국가의 소극적 부작위나 기본권보호조치에 대한 위헌여부를 판단하는 심사기준이라고 한다. 정문식, 과잉금지원칙과 과소보호금지원칙의 관계, 한국법정책학회 2009 상반기 학술대회, 2009. 5. 16, 8면. 과소금지원칙은 과소보호금지원칙이라 부르기도 한다.

64 헌재 2008. 7. 31. 2006헌마711.

65 헌재 1997. 1. 16. 90헌마110 등.

한 것은 국가의 국민의 생명·신체에 대한 보호로서는 너무도 부족하여 과소보호금지의 원칙에 반한다고 하였다.[66] 「교통사고처리특례법」 제4조에 대한 제2차 헌법소원사건에서도 과소금지원칙의 위반을 인정하지 않았다. 다만, 교통사고 피해자가 업무상 과실 또는 중대한 과실로 인하여 '중상해'를 입은 경우에는 피해자의 재판절차진술권과 평등권을 침해한다고 보는 범위에서 이전의 결정을 변경하였다. 그러나 「교통사고처리특례법」 제4조에 대한 제2차 헌법소원사건에서도 국가가 국민의 생명·신체의 안전에 대한 보호의무를 다하지 않았는지 여부를 헌법재판소가 심사할 때에는 국가가 이를 보호하기 위하여 적어도 적절하고 효율적인 최소한의 보호조치를 취하였는가 하는 이른바 '과소보호금지원칙'의 위반 여부를 기준으로 삼아야 한다는 원칙은 그대로 유지하고 있다.[67] 즉, 국민의 생명·신체의 안전을 보호하기 위한 조치가 필요한 상황인데도 국가가 아무런 보호조치를 취하지 않았든지 아니면 취한 조치가 법익을 보호하기에 전적으로 부적합하거나 매우 불충분한 것임이 명백한 경우에 한하여 국가의 보호의무의 위반을 확인하여야 하는 것이다.[68] 선거에서 확성장치의 사용을 규제하는 공직선거법 규정이 소음에 대한 기준 등을 규정하고 있지 않은 것에 대하여, 헌법재판소는 청구인의 기본권적 법익이 침해되고 있음이 명백히 드러나지 않고, 확성장치로 인한 소음을 예방하는 공직선거법 규정이 불충분하다고 단정할 수도 없으며, 기본권보호의무의 인정 여부를 선거운동의 자유와의 비교형량 하에서 판단할 때, 확성장치 소음규제기준을 정하지 않았다는 것만으로 청구인의 정온한 환경에서 생활할 권리를 보호하기 위한 입법자의 의무를 과소하게 이행하였다고 평가할 수는 없다고 하였다.[69] 헌법재판소는 미국산 쇠고기 및 쇠고기 제품 수입위생조건의 위헌확인을 구하는 사건에서, 이 사건 고시가 이전 고시에 비하여 완화된 수입위생조건을 정한 측면이 있다 하더라도, 과학기술 지식과 OIE 국제기준 등에 근거하여 보호조치를 취한 것이라면, 그 기준과 그 내용

---

66 헌재 1997. 1. 16. 90헌마110 등.
67 헌재 2009. 2. 26. 2005헌마764.
68 헌재 2009. 2. 26. 2005헌마764; 헌재 1997. 1. 16. 90헌마110 등.
69 헌재 2008. 7. 31. 2006헌마711.

에 비추어 쇠고기 소비자인 국민의 생명·신체의 안전을 보호하기에 전적으로 부적합하거나 매우 부족하여 그 보호의무를 명백히 위반한 것이라고 단정하기는 어렵다고 하였다.[70] 태아도 헌법상 생명권의 주체가 되며, 국가는 「헌법」 제10조에 따라 태아의 생명을 보호할 의무가 있다는 것을 전제로 하여, 「민법」 제3조와 제762조 등의 법률조항들이 권리능력의 존재 여부를 출생 시를 기준으로 확정하고 태아에 대해서는 살아서 출생할 것을 조건으로 손해배상청구권을 인정한다 할지라도, 이러한 입법적 태도가 입법형성권의 한계를 명백히 일탈한 것으로 보기는 어려우므로 이 사건 법률조항들이 국가의 생명권 보호의무를 위반한 것이라 볼 수 없다고 하였다.[71] 이외에도 임신중절행위로부터 태아의 생명보호의무, 테러로부터 생명·신체의 보호의무, 원자력으로부터의 보호의무, 항공·교통소음으로부터 평온한 삶을 보호할 의무, 환경침해로부터 보호할 의무 등이 문제될 수 있다.[72] 그러나 원칙적으로 국가의 기본권보호의무의 이행은 입법자의 입법을 통하여 비로소 구체화되는 것이고, 국가가 그 보호의무를 어떻게 어느 정도로 이행할 것인지는 입법자가 제반사정을 고려하여 입법정책적으로 판단하여야 하는 입법재량의 범위에 속하는 것이다. 입법자가 기본권 보호의무를 최대한 실현하는 것이 이상적이지만, 그러한 이상적 기준이 헌법재판소가 위헌 여부를 판단하는 심사기준이 될 수는 없으며, 헌법재판소는 권력분립의 관점에서 소위 "과소보호금지원칙"을, 즉 국가가 국민의 기본권 보호를 위하여 적어도 적절하고 효율적인 최소한의 보호조치를 취했는가를 기준으로 심사하게 된다. 따라서 입법부작위나 불완전한 입법에 의한 기본권의 침해는 입법자의 보호의무에 대한 명백한 위반이 있는 경우에만 인정될 수 있다. 다시 말하면 국가가 국민의 법익을 보호하기 위하여 아무런 보호조치를 취하지 않았든지 아니면 취한 조치가 법익을 보호하기에 명백하게 부적합하거나 불충분한 경우에 한하여 헌법재판소는 국가의 보호의무의 위반을 확인할 수 있을 뿐이다.[73]

70 헌재 2008. 12. 26. 2008헌마419.
71 헌재 2008. 7. 31. 2004헌바81.
72 정종섭, 헌법학원론, 박영사, 2009, 377면.
73 헌재 2008. 7. 31. 2004헌바81.

이에 따라 국가의 기본권보호의무 위반에 대한 사례는 지극히 한정적일 수밖에 없게 된다.

제11절 신뢰보호의 원칙(소급입법 금지의 원칙)

신뢰보호(Vertrauensschutz)의 원칙은 특정한 법률에 의하여 발생한 법률관계는 그 법에 따라 파악되고 판단되어야 하고, 과거의 사실관계가 그 뒤에 생긴 새로운 법률의 기준에 따라 판단되지 않는다는 국민의 신뢰를 보호하기 위한 것이다.[74] 법원칙으로서의 일반적인 신뢰보호의 원칙은, 입법을 함에 있어서는 소급입법금지의 원칙으로 구체화된다. 즉, 입법권의 행사는 원칙적으로 수범자의 신뢰를 침해하여서는 안되지만, 입법정책상 기득권자의 권리나 이익을 제한하는 소급입법을 해야 할 예외적인 상황이 발생한다. 이러한 경우에는 수범자들이 지니는 기존의 법령에 대한 신뢰를 보호하여야 하므로, 공익적 필요성이 법적 신뢰를 상회하는 경우에만 소급입법이 가능하다고 한다.[75] 그러나 구체적인 입법사례에 있어서 '공익적 필요성이 법적 신뢰를 상회하는 경우'를 판단하기는 쉽지 않을 것이다. 이러한 이유로 진정소급입법과 부진정소급입법을 구분하는 소급입법의 유형 구분이 의미가 있다. 소급입법은 신법이 이미 종료된 사실관계나 법률관계에 적용되는지, 아니면 현재 진행 중인 사실관계나 법률관계에 적용되는지에 따라 '진정소급입법(眞正遡及立法)'과 '부진정소급입법(不眞正遡及立法)'으로 구분되는데, 전자는 헌법상 원칙적으로 허용되지 않고 특단의 사정이 있는 경우에만 예외적으로 허용되는 반면, 후자는 원칙적으로 허용되지만 소급효를 요구하는 공익상의 사유와 신뢰보호 요청 사이의 교량과정에서 신뢰보호의 관점이 입법자의 입법형성권에 일정한 제한을 가하게 된다는 데 차이가

74 헌재 1996. 2. 16. 96헌가2 등.

75 법제처, 전게서, 324면.

있다.[76] 사회환경이나 경제여건의 변화에 따른 필요성에 의하여 법률은 신축적으로 변할 수밖에 없고, 변경된 새로운 법질서와 기존의 법질서 사이에서는 이해관계의 상충이 불가피하다. 그러므로 국민이 가지는 모든 기대 내지 신뢰가 헌법상 권리로서 보호되는 것이 아니라, 신뢰의 근거 및 종류, 상실된 이익의 중요성, 침해의 방법 등에 의하여 개정된 법규·제도의 존속에 대한 개인의 신뢰가 합리적이어서 권리로서 보호할 필요성이 인정되어야 한다.[77] 이러한 원칙에 비추어 보면, 기존의 법질서에 대한 당사자의 신뢰가 합리적이고 정당한 반면, 법률의 제정이나 개정으로 야기되는 당사자의 손해가 극심하여 새로운 입법으로 달성코자 하는 공익적 목적이 그러한 당사자의 신뢰가 파괴되는 것을 정당화할 수 없는 경우에는, 그러한 새 입법은 허용될 수 없다.[78]

헌법재판소는 「5·18 민주화운동 등에 관한 특별법」의 소급입법금지원칙 위반 여부를 판단하면서, 헌정사의 흐름을 바로 잡아야 하는 시대적 당위성과 집권과정에서의 헌정질서파괴범죄를 범한 자들을 응징하여 정의를 회복하여야 한다는 중대한 공익에 비하여, 공소시효에 대하여 보호될 수 있는 신뢰보호이익은 상대적으로 미약하다고 보아 헌법에 위반되지 아니한다고 판단하였다.[79] 헌법재판소는 법 시행일 이후에 이행기가 도래하는 퇴직연금에 대하여 소득과 연계하여 그 일부의 지급을 정지할 수 있도록 한 「공무원연금법」 제47조 제2항을 준용하고 있는 구 「사립학교교직원 연금법」 등이 「헌법」 제13조의 소급입법에 의한 재산권의 박탈에 해당하는지 여부를 판단하면서, 이 규정은 법 시행일 이후에 이행기가 도래하는 퇴직연금 수급권의 내용을 변경함에 불과하고, 이미 종료된 과거의 사실관계 또는 법률관계에 새로운 법률이 소급적으로 적용되어 과거를 법적으로 새로이 평가하는 진정소급입법에는 해당하지 아니하므로 소급입법에 의한 재산권 침해는 문제될 여지가 없다고 판단한 바 있다.[80] 이외에도

76 헌재 2009. 5. 28. 2005헌바20; 2001. 4. 26. 99헌바55; 2002. 7. 18. 99헌마574.
77 헌재 2008. 11. 27. 2007헌마389; 1992. 10. 1. 92헌마68등; 1995. 6. 29. 94헌바39.
78 헌재 2009. 5. 28. 2005헌바20; 1995. 6. 29. 94헌바39.
79 헌재 1996. 2. 16 96헌가2 등 병합.
80 헌재 2009. 7. 30. 2007헌바113.

여러 건의 관련 결정이 있으나, 헌법재판소는 신뢰보호의 침해 여부에 대해서는 입법자의 형성의 자유를 대체로 넓게 인정하는 경향을 보이고 있다. 판단의 기준과 관련해서는, 헌법재판소의 결정을 보더라도 소급입법이 허용되는 경우와 허용되지 않는 기준을 뚜렷이 구별해 낼 수는 없다. 다만 헌법재판소는 신뢰보호원칙의 위반 여부는 한편으로는 침해되는 이익의 보호가치, 침해의 정도, 신뢰의 손상 정도, 신뢰침해의 방법 등과 또 다른 한편으로는 새로운 입법을 통하여 실현하고자 하는 공익적 목적 등을 종합적으로 형량[81]할 것을 밝히고 있다. 그리하여 신뢰보호원칙의 위반 여부를 판단함에 있어서는, 첫째, 보호가치 있는 신뢰이익이 존재하는가, 둘째, 과거에 발생한 생활관계를 현재의 법으로 규율함으로써 달성되는 공익이 무엇인가, 셋째, 개인의 신뢰이익과 공익상의 이익을 비교 형량하여 어떠한 법익이 우위를 차지하는가를 살펴보아야[82] 한다는 판단기준을 제시하고 있다.

제12절 명확성의 원칙

법의 명확성은 법의 형식성을 확보하고 유지하는 데 필요불가결하다. 명확성은 실정법이 규율하고자 하는 내용이 명확하여 다의적으로 해석·적용되어서는 안된다는 것[83]을 의미한다. 법률은 그 의미내용으로부터 무엇이 금지되는 행위이고 무엇이 허용되는 행위인지를 국민이 알 수 없다면 법적 안정성과 예측가능성은 확보될 수 없게 될 것이고, 법집행 당국에 의한 자의적 집행이 가능하게 된다.[84] 법률의 명확성원칙이란, 행정부가 법률에 근거하여 국민의 자유와 재산을 침해하는 경우 법률이 수권의 범위를 명확하게 확정해야 하고, 법원이

81 헌재 2009. 5. 28. 2005헌바20; 2001. 2. 22. 98헌바19; 2001. 4. 26. 99헌바55.
82 헌재 2009. 5. 28. 2005헌바20.
83 정종섭, 전게서, 158면.
84 헌재 2003. 12. 18. 2001헌바91; 1998. 4. 30. 95헌가16; 2000. 2. 24. 98헌바37; 2002. 7. 18. 2000헌바57 참조.

공권력행사의 적법성을 심사할 때에는 법률이 그 심사의 기준으로서 충분히 명확해야 한다는 것을 뜻한다.[85] 문제는 다양한 현실에 있어서의 행위를 어느 정도까지 명확하게 규정하여야 하는가에 관한 것인데, 다양한 규범사안과 다양한 문언에 표준적으로 적용되는 명확한 표현을 일반화할 수 없다는데 문제가 있다.

명확성의 원칙은 원칙적으로 모든 입법에 요구되지만, 특히 기본권을 제한하는 입법에 엄격하게 요청된다. 명확성의 원칙이 엄격히 적용되어야 할 대표적인 분야로는 형사법분야와 조세법분야를 꼽을 수 있다. 형사법의 입법에 있어서 어떠한 것이 범죄인가를 법제정 기관인 입법자가 법률로 확정하는 것이 아니라 법운영 당국이 재량으로 정하는 결과가 되도록 입법을 하는 것은 결과적으로 어떠한 행위가 범죄로 되어야 하는 가를 결정하는 입법권을 법관에게 위임하는 것으로 되기 때문에 권력분립의 원칙에도 반할[86] 가능성이 있고, 형사법의 중요 구성원리인 죄형법정주의에 저촉될 가능성도 있다.[87] 특히, 죄형법정주의가 지배하는 형사관련 법률에서는 명확성의 정도가 강화되어 더 엄격한 기준이 적용된다.[88] 헌법재판소는 형법규정에 있어서의 명확성 원칙에의 준수를 일관되게 강조하고 있다. 또한 조세는 국민에게 부담을 지우는 것이기 때문에 조세법 분야의 입법은 특히 명확하여야 하며, 조세행정의 편의를 위하여 이를 배제하거나 약화시킬 수 없다.[89] 우리 「헌법」은 제38조와 제59조에서 조세법률주의의 원칙을 선언하고 있으며, 조세법률주의는 조세평등주의와 함께 조세법의 기본원칙으로서 과세요건을 법률로 규정하여 국민의 재산권을 보장하고 과세요건을 명확하게 규정하여 국민생활의 법적 안정성과 예측가능성을 보장하기 위한 것이므로, 과세요건 법정주의와 과세요건 명확주의를 그 핵심내용으로 하고 있다. 과세요건 명확주의라 함은 과세요건을 법률로 정하였다고 하더라도 그 규정내용이 지나치게 추상적이고 불명확하다면 과세관청의 자의적인 해석과 집행을 초래할 염려가 있으므로 그 규정내용이 명확하고 일의적이어야 한다는

85 헌재 2003. 11. 27. 2001헌바35.
86 헌재 1992. 4. 28. 90헌바27 등.
87 헌재 1990. 4. 2. 89헌가113.
88 헌재 2001. 6. 28. 99헌바34.
89 정종섭, 전게서, 1029면.

원칙을 말한다.[90] 이처럼 조세법규는 해석상 애매함이 없도록 명확히 규정될 것이 요청되지만, 명확성을 다소 결여하였다고 하더라도 당해 조세법규의 체계 및 입법취지 등에 비추어 그 의미가 분명하여질 수 있다면 과세요건 명확주의에 위반된다고 할 수 없다.[91]

명확성의 원칙은 모든 법률에 있어서 동일한 정도로 요구되는 것은 아니고 개개의 법률이나 법조항의 성격에 따라 요구되는 정도에 차이가 있을 수 있으며 각각의 구성요건의 특수성과 그러한 법률이 제정되게 된 배경이나 상황에 따라 달라질 수 있다. 이러한 명확성의 원칙을 산술적으로 엄격히 관철하도록 요구하는 것은 입법기술상 불가능하거나 현저히 곤란하므로 어느 정도의 보편적 내지 일반적 개념의 용어사용은 부득이 하다고 할 수밖에 없으며, 당해 법률이 제정된 목적과 타규범과의 연관성을 고려하여 합리적인 해석이 가능한지의 여부에 따라 명확성의 구비 여부가 가려져야 한다.[92] 구체적으로 보면, 「공직선거법」 조문에서 "선거운동", "기획", "참여", "관여",[93] 「보험업법」에서 "모집에 관하여 현저하게 부적당한 행위를 하였다고 인정되는 때",[94] 「도로교통법」상 앞지르기 금지장소로서 "도로의 구부러진 곳",[95] 「국가공무원법」상 공무원에게 금지되는 "노동운동",[96] "음란", "음란성" 등에 대하여 헌법재판소는 명확성 원칙에 위배되지 않는다고 보았다. 이에 반하여 「출판사 및 인쇄소의 등록에 관한 법률」에서 등록취소 요건으로 "저속",[97] 「미성년자보호법」에서 불량만화의 개념으로 "범죄의 충동을 일으킬 수 있게 하는 만화",[98] 「전기통신사업법」에서 불온통신의 개념으로 "공공의 안녕질서 또는 미풍양속을 해하는",[99] 「직업안정법」

90 헌재 2001. 8. 30. 99헌바90.
91 헌재 2007. 4. 26. 2006헌바71; 1995. 11. 30. 94헌바40 등; 1996. 8. 29. 95헌바41.
92 헌재 2002. 1. 31. 2000헌가8; 1992. 2. 25. 89헌가104.
93 헌재 2008. 5. 29. 2006헌마1096.
94 헌재 2002. 1. 31. 2000헌가8.
95 헌재 2000. 2. 24. 99헌가4.
96 헌재 1992. 4. 28. 90헌바27 등.
97 헌재 1998. 4. 30. 95헌가16.
98 헌재 2002. 2. 28. 99헌가8.
99 헌재 2002. 6. 27. 99헌마480.

에서 "공중도덕상 유해한 업무"[100] 등에 대하여 헌법재판소는 명확성 원칙에 위배된다고 보았다. 이처럼, 법률규정의 명확성은 입법을 함에 있어서 반드시 준수되어야 하는 원칙임에 틀림이 없지만, 법률을 어느 정도로 명확하게 규정하여야 하는 지에 대하여는 법의 영역별로는 물론이고 개별법령의 조항마다 일률적인 기준을 정하기는 어렵다. 명확성의 원칙의 내용을 일의적이거나 명확하게 확정할 수는 없기 때문이다. 입법자에 대한 행위규범으로서의 명확성의 원칙은 가능한 한 광범위하거나 다의적인 불명확한 용어를 사용하지 않아야 하는 것이고, 통제규범으로서의 명확성의 원칙은 규정의 문언만으로 판단할 것이 아니라 관련조항을 유기적·체계적으로 종합하여 판단함을 의미한다. 결국 입법자에게 명확성 원칙의 일괄적인 기준을 제시하는 것은 불가능하고, 법령용어의 상식적인 용례에 입각하여 가능한 한 명확하게 규정하여야 한다는 원칙만이 제시될 수 있다. 이러한 가운데 입법자는 입법과정에서 헌법재판소에 의하여 축적되어진 결정례에 나타난 명확성원칙의 취지와 내용에 적합한 입법을 하도록 유념할 필요가 있다.[101]

제13절 적법절차의 원칙

「헌법」 제12조 제1항 후문과 제3항에 규정된 적법절차의 원칙은 형사절차상의 제한된 범위 뿐만 아니라 국가작용으로서 모든 입법 및 행정작용에도 광범위하게 적용된다.[102] 즉, 적법절차원리는 입법·행정·사법 등 모든 국가작용이 절차상의 적법성을 갖추어야 할 뿐 아니라 공권력행사의 근거가 되는 법률의 실체적 내용도 합리성과 정당성을 갖추어야 한다는, 국가작용 전반에 적용

100 헌재 2005. 3. 31. 2004헌바29.
101 홍완식, 입법원칙으로서의 명확성 원칙에 관한 연구, 입법정책, 제1권 제2호, 2007. 12, 187면
102 헌재 2009. 6. 25. 2007헌마451; 1992. 12. 24. 92헌가8.

되는 헌법의 일반원리로서 해석되고 있다. 입법부는 입법형성에 있어서 고유권한과 입법재량을 지니고 있으나 그 권한의 행사는 임의적인 것이 아니라 적법절차원리를 충족하는 것이어야 한다. 국회의 입법절차도 적법절차원리의 지배를 받는다.[103] 헌법재판소도 적법절차의 원칙은 모든 국가행위에 광범위하게 적용되는데, 기본권제한에 관련되든 아니든 모든 입법작용에 적용된다고 해석되어야 한다고 본다.[104]

헌법재판소는 구속영장의 실효 여부를 법관의 판단에 의하여 결정되는 것이 아니라 검사의 의견에 좌우되도록 하는 것은 헌법상의 적법절차의 원칙에 위배된다[105]고 하고, 형사사건으로 기소되었다는 사실만을 이유로 임면권자가 일방적으로 실질상 징계처분의 일종인 정직과 비슷한 직위해제처분을 하도록 하는 것은, 당해 교원이 자기에게 유리한 사실을 진술하거나 필요한 증거를 제출할 방법도 없는 것이기 때문에 적법절차가 존중되고 있지 않다고 보았다.[106] 또한 「관세법」상 몰수할 것으로 인정되는 물품을 압수한 경우에 있어서 범인이 당해관서에 출두하지 아니하거나 또는 범인이 도주하여 그 물품을 압수한 날로부터 4월을 경과한 때에는 당해 물품은 별도의 재판이나 처분없이 국고에 귀속한다고 규정하고 있는 법률조항은 재판이나 청문의 절차도 밟지 아니하고 압수한 물건에 대한 피의자의 재산권을 박탈하여 국고에 귀속시키는 것으로서 적법절차의 원칙 등에 위배된다[107]고 판시한 바 있다. 그러나 헌법재판소는 지방자치단체를 폐치·분합하는 법률을 제정하는 과정에서 주민투표를 실시하지 않고 주민의견조사만 실시한 것이 적법절차원칙을 위반하였다고 볼 수 없으며,[108] 제주도의 4개 시·군을 폐지하고 새로운 제주특별자치도를 설치하는 법률을 제정하는 과정에서 주민투표를 실시하지 않은 것도 적법절차원칙의 위반으로 보지 않고,[109] 행정중심복합도시 건설을 위한 특별법을 제정하는 과정에서 국민들에

103 성낙인, 헌법학, 법문사, 2009, 457면.
104 헌재 2001. 11. 29. 2001헌바41.
105 헌재 1992. 12. 24. 92헌가8.
106 헌재 1994. 7. 29 93헌가3 등.
107 헌재 1997. 5. 29. 96헌가17.
108 헌재 1994. 12. 29. 94헌마201.

게 사전 청문절차를 거치지 않은 것도 적법절차에서 파생되는 청문권을 침해하지 않았다[110]고 보았다. 이러한 헌법재판소의 결정을 통하여 적법절차 준수 여부의 기준을 도출하는 것은 쉽지 않아 보인다. 헌법재판소도 적법절차원칙에서 도출할 수 있는 가장 중요한 절차적 요청 중의 하나로, 당사자에게 적절한 고지(告知)를 행할 것, 당사자에게 의견 및 자료 제출의 기회를 부여할 것을 들 수 있겠으나,[111] 이 원칙이 구체적으로 어떠한 절차를 어느 정도로 요구하는지는 일률적으로 말하기 어렵고, 규율되는 사항의 성질, 관련 당사자의 사익(私益), 절차의 이행으로 제고될 가치, 국가작용의 효율성, 절차에 소요되는 비용, 불복의 기회 등 다양한 요소들을 형량하여 개별적으로 판단할 수밖에 없을 것이라고 하고 있다.[112] 결국 입법자는 이러한 점에 유의하여 해당 법안이 당사자에게 적절한 고지, 의견 및 자료제출 등의 기회를 부여하도록 입법시 유의하여야 할 것이다.

제14절 맺음말

입법자에게는 원칙적으로 입법형성의 자유 또는 입법재량이 부여되어 있지만, 위헌법률심사는 일정한 한계를 지닐 수밖에 없다. 입법자의 형성의 자유가 광범위하게 인정되는 경우에는 헌법재판소의 위헌심판기능이 소극적일 수밖에 없고, 반대로 헌법재판소의 위헌심판기능이 적극적이게 되면, 입법자의 형성의 자유는 축소되는 결과가 초래된다. 구체적인 사안에 따라 다르지만, 헌법재판소는 대체로 입법자의 형성의 자유를 광범위하게 보아 규범통제권을 자제하

109 헌재 2006. 4. 27. 2005헌마1190.
110 헌재 2005. 11. 24. 2005헌마579 등.
111 헌재 1994. 7. 29. 93헌가3등; 1996. 1. 15. 95헌가5; 2002. 6. 27. 99헌마480.
112 헌재 2003. 7. 24. 2001헌가25.

는 입장을 보여온 것으로 평가할 수 있다. 헌법재판소에 의하여 기각된 위헌법률심판의 경우에도 해당 법률규정의 문제점이 계속적으로 지적되는 경우도 있다. 법률규정이 위헌이냐 아니냐의 여부와 법률규정이 바람직하냐 아니냐는 다른 차원의 논의라고 할 수 있다. 헌법재판소에서 합헌으로 본 법률규정일지라도 이후에 국회에 의하여 개정이나 폐지가 된 경우가 있다. 예를 들어, 보호감호처분을 핵심내용으로 하는 「사회보호법」 규정이 헌법에 위반되지 않는다는 헌법재판소의 결정이 있었음에도 불구하고, 「사회보호법」은 2005년 8월 4일에 폐지되었다.[113] 또한 헌법재판소는 앞지르기 금지장소로서 규정된 「도로교통법」 제20조의2 제2호의 "도로의 구부러진 곳"이라는 표현이 명확성의 원칙에 반하여 위헌인지 여부를 판단하면서 이를 불명확한 개념이라고 볼 수 없다는 판단을 하였으나, 이후에 국회는 스스로 이를 "도로의 구부러진 곳, 비탈길의 고개마루 부근 또는 가파른 비탈길의 내리막 등 지방경찰청장이 도로에서의 위험을 방지하고 교통의 안전과 원활한 소통을 확보하기 위하여 필요하다고 인정하는 곳으로서 안전표지에 의하여 지정한 곳"으로 개정하여 법문의 불명확성을 스스로 치유한 바 있다. 이른바 '사실상 위헌' 또는 '사회학적 위헌'에 관한 언급은 일면 이러한 사례나 논의와 일정부분 맥을 같이한다고 평가될 수 있다. '사실상 위헌' 또는 '사회학적 위헌'은 "문제가 있음에도 불구하고 이른바 입법재량으로 인하여 사법심사를 통한 위헌판단을 받기 어려운 경우" 등을 고려할 수 있다고

113 헌법재판소는 "보호감호처분은 재범의 위험성이 있고 특수한 교육 개선이 필요하다고 인정되는 자에 대하여 사회복귀를 촉진하고 사회를 보호하기 위한 보안처분으로서 헌법 제12조 제1항에 근거를 두고 있으며, 그 본질과 목적 및 기능에 있어서 형벌과는 다른 독자적 의의를 가진 사회보호적인 처분이므로, 형과 보호감호를 병과하여 선고한다고 해서 「헌법」 제13조 제1항 후단의 일사부재리의 원칙에 위배된다고 할 수 없다."(1996. 11. 28. 95헌바20)고 하여 사회보호법상의 보호감호처분이 헌법에 위배되지 않는다고 보았으나, 이후 국회는 사회보호법을 폐지하면서 그 폐지이유로 "현행 사회보호법상의 보호감호처분 등은 피감호자의 입장에서는 이중처벌적인 기능을 하고 있을 뿐만 아니라 그 집행실태도 구금위주의 형벌과 다름없이 시행되고 있어 국민의 기본권을 침해하고 있고, 사회보호법 자체도 지난 권위주의시대에 사회방위라는 목적으로 제정한 것으로 위험한 전과자를 사회로부터 격리하는 것을 위주로 하는 보안처분에 치중하고 있어 위헌적인 소지가 있기 때문에 이를 폐지하여 국민의 기본권을 보장하려는 것임."이라고 하고 있다.

한다.[114] 이러한 유형에 속하는 법률을 입법자가 스스로 개선하든, 아니면 헌법재판소에 의하여 합헌이라고 판단된 법률을 입법자가 법률개선의무에 근거하여 개선하든 입법자는 일정한 기준을 준거삼아 바람직한 법률을 입법하기 위한 노력을 하여야 한다. 이러한 점에서도 헌법재판소가 결정을 통하여 제시한 입법의 원칙은 법률의 결함을 치유하고 바람직한 법률 또는 좋은 법률로 나아가기 위한 기준이 될 것이다. 다만, 입법자는 헌법재판소가 형성해 온 위헌법률심사의 기준에 머물 것이 아니라, 보다 적극적으로 더 나은 입법의 가능성과 기준을 모색해야 한다.[115] 법률에 대한 규범통제는 법률에 대한 위헌성 판단의 우선적인 방법이 아니라 최종적인 방법이라고 할 수 있다. 가장 이상적인 규범통제제도는 입법자인 국회 스스로가 법률의 위헌성이나 불합리성을 확인하고 법률을 개정하거나 폐지하는 것이다. 이렇게 입법자 스스로의 오류를 시정할 기회를 갖게 되거나, 입법 당시에는 합헌적인 법률이었는데 사회현실의 변화에 따라 현실에 적합하지 않게 되거나 위헌적인 법률로 되는 경우도 있기 때문에, 입법자 스스로도 법률관찰의무와 법률개선의무를 항시 수행해야 한다.[116] 이렇듯 입법자 스스로 규범의 현실적합성과 헌법합치성을 점검하는 데 있어서, 본문에서 서술한 입법의 원칙들은 유용하리라 본다.

| CHAPTER 10 _ 참고문헌 |

권형준, 입법재량론에 관한 연구, 헌법학연구, 제12권 제3호, 2006. 9.

김병기, 위헌결정법률의 효력과 그에 대한 국회의 대응, 행정법연구, 2005, 하반기.

김승환, 입법학에 관한 연구 –입법의 주체·원칙·기술을 중심으로–, 고려대학교 박사학위청구논문, 1987.

김철수, 헌법학, 박영사, 2008.

성낙인, 헌법학, 법문사, 2009.

---

114 장석조, 위헌입법의 현황과 대책 토론문, 저스티스, 제106호, 2008, 294면.

115 국회 법제실, 전게서, 106면.

116 상세한 내용은 홍완식, 입법자의 법률개선의무에 관한 연구, 공법연구, 제31집 제2호, 2002. 12, 281–297면 참조.

이명웅, 위헌입법의 위헌심사기준 및 위헌결정사례 분석, 한국법학원, 저스티스, 96호, 2007. 2.

장영수, 헌법학, 홍문사, 2008.

정극원, 헌법재판에서의 포괄적 위임입법금지 원칙의 적용, 한국헌법학회, 헌법학연구, 제15권 3호, 2009.

정문식, 과잉금지원칙과 과소보호금지원칙의 관계, 한국법정책학회 2009 상반기 학술대회, 2009. 5.

정종섭, 헌법학원론, 박영사, 2009.

최대권 외, 사회변화와 입법, 오름출판, 2008.

허 영, 한국헌법론, 박영사, 2009.

홍성방, 헌법학, 현암사, 2009.

홍완식, 입법의 원칙에 관한 연구, 법제처, 법제, 2006. 2.

______, 헌법과 사회보장법에 있어서의 보충성의 원리, 공법연구, 제28집 제4호 제2권, 2000.

______, 체계정당성의 원리에 관한 연구, 토지공법연구, 제29집, 2006.

______, 입법원칙으로서의 명확성 원칙에 관한 연구, 입법정책, 제1권 제2호, 2007.

______, 입법자의 법률개선의무에 관한 연구, 공법연구, 제31집 제2호, 2002.

국회 법제실, 입법이론과 법제실무, 2008.

법제처, 헌법과 법제실무, 2009.

CHAPTER

11 입법자의 법률개선의무에 관한 연구

- 독일 연방헌법재판소와 한국헌법재판소의 결정례를 중심으로 -

출처: 공법연구 제31집 제2호, 2002년

제1절 머리말

일반적으로 어떠한 내용의 법률을 제정할 것인가에 대해 입법부가 가지는 판단의 자유를 의미하는 입법자의 형성의 자유(Gesetzgeberische Gestaltungsfreiheit)에 의하면, 입법자는 가장 합목적적이라고 판단되는 방법을 선택하여 입법을 할 수 있다. 우리 헌법재판소도 "입법목적을 달성하기 위하여 가능한 여러 수단 가운데 어느 것을 선택할 것인가의 문제는 그 결정이 현저하게 불합리하고 불공정한 것이 아닌 한 입법재량에 속하는 것"[1]이라고 하여 입법자의 형성의 자유를 폭넓게 인정하고 있다. 입법자의 형성의 자유에 대하여 헌법재판소는 입법자가 법률을 입법목적에 부합하게 만들었는지에 관하여는 심사할 수 없고, 단지 법률이 헌법적인 원칙들과 국민의 기본권을 존중하고 있는지에 관한 법률의 합헌성여부에 관한 통제를 하고 있다.[2] 이러한 입법자의 형성의 자유에는 입법의 내용은 물론이고 입법을 할 것인가의 여부 및 입법시기에 관한 자유도 포함되는 것으로 이해되고 있다.[3] 그러나 입법자의 형성의 자유라는 것이 입법자에

1 헌재 1996. 2. 29. 94헌마213.

2 Stern, Klaus, Das Staatsrecht der Bundesrepublik Deutschland, Bd. III/1, 1988, S.1306: BVerfGE 71, 364(384): 73, 40(91f.).

3 박영도, 입법심사의 체계와 방법론, 한국법제연구원, 1996, 158면.

대한 규범통제를 회피하는 개념으로 사용되어질 여지가 있다는 점이 지적되고 있으며, 이와 관련하여 입법자의 형성의 자유의 한계에 관한 논의가 진행되어야 하리라고 생각된다. 법률이 헌법에 기속되어야 한다는 점 이외에도 국가의 보호의무를 중심으로 하는 논의가 입법자의 형성의 자유를 제한하는 논거로 사용되기는 하지만, 입법자에게 일정한 의무를 부여함을 통하여 입법의 헌법기속을 강화함으로써 형성의 자유와 입법자의 일정한 입법의무를 조화시키기 위한 방법의 창안은 법규의 과잉화(Normenflut), 일상생활의 법규화(Verrechtlichung der Lebenswelt), 조문의 복잡화(Paragrafendicht), 법률의 인플레(Gesetzesinflation)라는 현상에 직면하여 법의 실효성 저하, 법의 수용도 저하, 법의 지도성 저하[4]를 극복하기 위한 입법론적 모색에도 기여하는 바가 클 것이다. 이러한 점에서 입법자의 법률의 관찰의무를 비롯하여 법률개선의무 및 법률교정의무에 대한 연구의 필요성이 등장한다. 이하에서는 입법자의 법률개선의무를 독일 연방헌법재판소의 결정과 우리 헌법재판소의 결정을 중심으로 하여 살펴보기로 한다.

제2절 법률개선의무 및 인접개념

1. 법률개선의무

독일 연방헌법재판소에 의하면, 법률개선의무(Nachbesserungspflicht des Gesetzes)란 "입법자가 현재의 법률로는 헌법에 의해 정해진 기준에 따른 보호의무를 다할 수 없을 때에 그 법률의 수정이나 보충을 통해서 법률의 결함을 제거하고, 보호의무를 수행하기 위한 최소한의 기준이 보장되도록 하여야 한다"는 것을 의미한다.[5] 입법 당시에는 예견할 수 없었던 문제가 출현하여 입법이 기초로 하

4 박영도, "입법평가제도에 관한 연구", 입법학연구, 제2집, 2002, 56-57면.

5 BVerfGE 88, 203(309).

고 있는 사실관계의 기초에 의문이 제기된 경우에, 기존의 해당 입법이 변경되어진 규범현실 하에서도 제 기능을 발휘할 수 있는지에 관하여 입법자는 심사하여야 할 의무가 있다는 것[6]이다. 입법 당시에는 합헌적인 법률이었으나 사회의 현실적 여건이 변화해서 위헌인 법률로 된다거나, 입법당시에는 고려치 못했던 요인으로 인해 법률적용 시에는 전체적 혹은 부분적으로 잘못된 효력이 발생하는 경우, 이러한 입법자의 의무는 중요한 의미를 지닌다.[7] 즉, 입법당시와는 확연하게 변화된 상황이나 잘못된 현실진단이 있다고 인정될 경우에 입법자는 법률개선의무를 지는 것이다.[8]

2. 법률교정의무

독일연방헌법재판소는 입법자의 법률교정의무(Korrekturpflicht des Gesetzes)라는 표현을 많은 결정에서 사용하고 있는데, '교정(矯正, Korrektur)' 또는 '정정(Berichtigung)'이라는 표현을 법률조항의 '결함(Fehler)'과의 연관 하에 사용하고 있다. 즉, '교정(Korrektur)'이라는 용어가 비록 개념상의 통일성을 지니고 있지 않는 경우라고 하더라도, 동 용어는 빈번히 '결함(Fehler)' 개념과 관련을 지니고 사용되는 것으로 확인된다.[9] 독일연방헌법재판소의 결정에서 예시하는 결함의 양태는 다양한데, "사실확인 또는 부정확한 이해에 기초한 해석에 있어서의 결함", "계산상의 결함", "절차상의 결함", "결과의 결함", "오류", "잘못된 예측" 및 "잘못된 평가" 등의 용어가 입법자의 법률교정의무와 관련하여 사용되고 있다.[10] 이와 같이 법률의 수정이나 보충을 통해서 법률의 결함을 제거한다는 의미에서 법률교정의무는 법률개선의무와 의미상의 차이가 보이지 않는다. 법률

6 BVerfGE 49, 89(130).
7 BVerfGE 88, 203(309f). Vgl. BVerfGE 50, 290(335, 352); 56, 54(78f.); 73, 40(94).
8 Badura, Peter, "Die Verfassung im Ganzen der Rechtsordnung", §163, Handbuch des Staatsrechts, Bd.VII, 1992, Rdnr.30.
9 BVerfGE 76, 143; 83, 216(234).
10 Choi, Yooncheol, Die Pflicht des Gesetzgebers zur Beseitigung von Gesetzesmängln, Hamburger Studien zum Kulturverfassungs- und verwaltungsrecht, Bd.15, 2002, S.75.

개선의무가 법률교정의무를 포함하는 넓은 개념이라고도 보기도 하지만, 이 둘은 구별없이 동일한 의미로 사용되고 있는 경우가 많다.

3. 법률관찰의무

독일 연방헌법재판소에 의하면 입법자의 법률관찰의무(Beobachtungpflicht des Gesetzes)란 "입법자가 입법권의 한계 내에서 법률의 효력을 판단하기 위해서, 여러 가지 필요한 자료들이 계획적으로 조사되고, 수집되고, 평가되도록 하는 것이다".[11] 법률이 시행되는 과정과 결과를 관찰하여 법률의 실제적인 효과를 평가하고, 최대한으로 충실한 자료를 토대로 해서 입법을 할 수 있다는 것이다. 이러한 법률관찰의무에 의하여 입법자는 법률이 현실사회와 적합한가를 법률의 제정·개정 후에도 계속하여 관찰·조사할 의무를 진다.[12] 입법자의 법률관찰의무는 조사의무(Prüfungspflicht)를 포괄하는 개념인 것으로 보인다. 독일연방헌법재판소의 견해에 따르면 입법자의 조사의무란 어떠한 법률이 입법되어졌을 때와는 현저하게 사회현실적 기초가 변화된 경우에, 해당 법률이 입법시의 합헌성을 아직도 유지하고 있는지를 조사하여야 한다는 것을 의미한다.[13] 또한 입법평가제도(Gesetzesfolgenabschätzung)가 최근 국내에 소개[14]되고 있는데, "입법활동의 계획성을 구비하여 법규의 무절제한 증식을 억제하고 입법과정에서 나타나는 경솔함을 제거하는 한편 정기적으로 입법의 현상을 검토하여 입법의 현상을 평가"하는 입법평가제도도 입법자의 법률관찰의무를 수행하기 위한 하나의 방법 중의 하나라고 평가할 수 있을 것이다.

---

11 BVerfGE 88, 203(310).

12 박영도, 입법학용어해설집, 법제연구원, 2002, 234면. 여기서 저자는 법률을 관찰, 수정, 변경, 개선할 의무를 포괄하여 "법률수정의무"라는 표현을 사용하고 있다.

13 Isensee, Jesef, "Das Grundrecht als Abwehrrecht und staatliche Schutzpflicht", §111, Handbuch des Staatsrecht, Bd.V, 2. Aufl., 2000, Rdnr.155.

14 국내문헌으로는 박영도, "입법평가제도에 관한 연구", 입법학연구, 제2집, 2002; 독일문헌으로는 Carl, Böhret/Götz, Konzendorf, Handbuch Gesetzesfolgenabschätzung(GFA), 2001을 참조.

4. 용어사용의 문제

독일 연방헌법재판소는 입법자의 법률개선의무(Nachbesserungspflicht)를 인정하고 있으며, 우리 헌법재판소는 '입법개선의무'라는 표현을 다수의 결정에서 사용하고 있다. 개선할 대상이라는 관점에서의 입법(Gesetzgebung)과 법률(Gesetz)의 차이와 관련하여, 입법자가 법률을 개선할 의무를 지는 것이지 입법을 개선할 의무를 지는 것은 아니기 때문에 '입법개선'이라는 표현보다는 '법률개선'이라는 표현이 바람직하다고 생각한다. 더구나 법률개선의무의 인접개념으로서 교정의무(Korrekturpflicht), 관찰의무(Beobachtungpflicht) 등이 있는데, 이들을 법률교정의무, 법률관찰의무라고 번역하는 것이 자연스럽고 또한 의미전달이 정확하다고 생각된다. 이 용어들을 입법교정의무, 입법관찰의무라고 번역하는 것은 부자연스러울 뿐만 아니라 부정확한 표현이며, "개선입법의무"[15]라는 표현도 간혹 사용되어지고 있는데 "개선입법"이라는 표현도 역시 부자연스럽다고 생각한다.

제3절 법률의 하자, 흠결 및 결함의 의미

입법자에게 법률개선의무, 법률교정의무, 입법의무를 발생시키는 원인에는 법률의 하자(Gesetzesmängel), 법률의 결함(Gesetzesfehler), 법률의 흠결(Gesetzeslücke) 등을 들 수 있다. 법률의 하자, 법률의 결함, 법률의 흠결은 서로 인접한 개념이고 논자에 따라 그 포함범위가 약간씩 다르기는 하지만 대개는 법률의 하자는 법률의 결함과 법률의 흠결을 포괄하는 상위개념으로 사용되고 있다.[16] 때로는

15 남복현, "헌법재판소결정의 효력에 관한 쟁점 및 해결방안", 헌법재판소결정의 효력에 관한 연구, 헌법재판연구 제7권, 1996, 381면; 신봉기, "헌법불합치결정의 이유에 기초한 개선입법의무", 헌법논총, 제7집, 1996, 395면.

16 Engisch, Karl, Einführung in das juristische Denken, 9. Aufl., 1997, S.175.

법률의 결함(Gesetzesfehler)과 법률의 흠결(Gesetzeslücke)은 동의어로서 사용되고 있기도 하다. 즉, 진정입법부작위와 부진정입법부작위를 구별하면서 "진정입법부작위란 입법자가 헌법상 입법의무가 있는 어떤 사항에 관하여 전혀 입법을 하지 아니함으로써 입법행위의 흠결이 있는 경우를 말하고, 부진정입법부작위란 입법자가 헌법상 입법의무가 있는 어떤 사항에 관하여 입법은 하였으나 그 입법의 내용·범위·절차 등이 당해 사항을 불완전·불충분·불공정하게 규율함으로써 입법행위에 흠결이 있는 경우를 말한다"[17]고 하여 법률의 흠결과 법률의 결함을 그 내용상의 차이에도 불구하고 구별함이 없이 동의어로서 사용하고 있는 경우도 있다.

그러나 우리 헌법재판소는 다수의 결정에서 "넓은 의미의 입법부작위에는, 입법자가 헌법상 입법의무가 있는 어떤 사항에 관하여 전혀 입법을 하지 아니함으로써 '입법행위의 흠결이 있는 경우'와 입법자가 어떤 사항에 관하여 입법은 하였으나 그 입법의 내용 범위 절차 등이 당해 사항을 불완전, 불충분 또는 불공정하게 규율함으로써 '입법행위에 결함이 있는 경우'가 있는데, 일반적으로 전자를 진정입법부작위, 후자를 부진정입법부작위라고 부르고 있다"[18]고 하여 법률의 흠결과 법률의 결함을 구별하고 있다. 또한 동 결정상의 입법행위의 '흠결'은 '입법권의 불행사'로서 'Lücke'에 상응하며, 입법행위의 '결함'은 '결함이 있는 입법권의 행사'로서 'Fehler'에 상응하는 것으로 보기도 한다.[19]

이와 같이 법률의 결함과 흠결은 그 의미상 일치하지 않을 뿐만 아니라 구별의 실익이 존재하기 때문에 그 개념상의 구분이 이루어져야 한다.[20] 즉, 입법자가 헌법상 입법의무가 있는 어떤 사항에 관하여 전혀 입법을 하지 아니하는 경우에는 입법행위의 흠결이 있다고 할 것이고, 입법자가 어떤 사항에 관하여 입법은 하였으나 그 입법의 내용·범위·절차 등이 당해 사항을 불완전, 불충분

17 홍성방, 헌법 II, 2000, 573면.
18 헌재 2002. 7. 18. 2000헌마707; 헌재 2001. 6. 28. 2000헌마735; 헌재 1996. 11. 28. 95헌마161; 헌재 1996. 10. 31. 94헌마204; 헌재 1996. 10. 4. 94헌마108.
19 권영성, 헌법학원론, 2002, 1116면.
20 Choi, Yooncheol, a.a.O., S.101.

또는 불공정하게 규율하는 경우에는 입법행위에 결함이 있다고 할 것이다.

이러한 개념규정에 의하면 진정입법부작위는 입법의 흠결과 연결되고, 부진정입법부작위는 입법의 결함과 연결되어질 수 있다. 이러한 입법의 흠결 및 결함에 대한 의미와 입법부작위의 종류와의 관계에 대한 우리 헌법재판소의 용어사용례도 이와 동일한 취지를 지니고 있는 것으로 평가된다.

제4절 법률개선의무의 헌법적 근거

1. 입법자의 입법의무

입법자에게는 헌법에 의하여 부여되는 일정한 국가적 과제(Staatsaufgaben)가 있다. 특히 「헌법」이 명시적으로 규정하고 있는 국가목적조항(Staatszielbestimmung)이나 입법위임(Gesetzgebungsaufträge) 등에서 지시하고 있는 일정한 국가적 과제를 수행하기 위하여는 입법자도 그에 상응하는 입법활동을 하여야 한다. 이처럼 국가적 과제는 헌법에 의하여 명문으로 규정되는 경우도 있지만, 암시적으로 부여되는 국가적 과제 등은 헌법해석의 방법을 통하여 드러나기도 한다. 우선 입법자에게는 헌법에 의하여 입법의무가 명시적으로 부여되는 경우가 있다. 독일의 「연방기본법」은 이러한 입법의무가 발생하는 경우로서 평등원칙에 관한 제3조 제2항, 병역거부에 관한 제4조 제3항, 혼인외의 자의 불이익금지에 관한 제6조 제5항, 연방법관법에 관한 제98조 제1항, 연방재정청에 관한 제108조 제1항 제2문 등을 예로 들고 있다. 이 경우에는 입법자에게 헌법상의 입법의무가 있기도 하지만 또한 헌법상의 법률개선의무(Die verfassungsrechtliche Pflicht zur Nachbesserung von Gesetz)도 있다고 한다.[21] 또한 입법의무가 묵시적으로 인정되어지는 경우가 있는데, 이는 기본권보호를 위한 국가의 보호의무에서 입법자의

21 Schneider, Hans, Gesetzgebung, 3. Aufl., 2002, S.63.

입법의무를 도출하고 있는 것이다. 기본권보호의무란 기본권에 의하여 보호되는 기본권적 법익을 사인인 제3자의 침해로부터 보호하여야 할 국가의 의무를 말한다.[22] 현대사회에서는 국가에 버금가는 사회세력의 성장으로 인해 사적 단체에 의한 개인의 기본권침해가능성이 높아졌으며, 기술의 발달로 이러한 침해가능성이 다양해졌다. 즉, AIDS, 낙태, 원자력사고, 아동학대, 환경침해, 온라인상의 프라이버시 등 사인에 의한 기본권침해로부터 국민을 보호하기 위한 국가의 기본권보호의무가 강조되고 있다. 기본권규정으로부터 국가의 기본권보호의무를 도출해 낼 수 있다는 것은 독일 연방헌법재판소의 초기판결[23]에서부터 이미 볼 수 있으며, 1975년의 제1차 및 1993년의 제2차 낙태판결에서 특히 강조되고 있다. 기본권을 보장하는 것과 기본권을 구체화시키는 것은 국가권력의 과제이자 의무이며,[24] 국가는 개인의 기본권을 침해하지 않아야 하는 것만이 아니라 적극적으로 보호해야 한다는 것이며,[25] 이러한 기본권보호의무는 입법자의 기본권보호입법에의 의무와 연결되고 있다.[26] 즉, 낙태에 관한 구체적인 경우에 있어서 국가가 태아의 기본권을 보호할 의무는 입법·사법·행정의 모든 국가기관에 있으며, 모든 국가기관은 태아를 보호하고 출생을 촉진하도록 법질서를 형성하여야 한다는 것이다.[27] 입법의 면에서 국가는 태아의 보호를 위해 작위·부작위 규범을 만들 것이 요구된다.

2. 입법자의 입법의무와 법률개선의무와의 관계

입법자에게 기본권보호의무가 발생하는 경우에 이러한 의무를 이행하기

22 정태호, "기본권보호의무", 현대공법의 재조명, 고려대학교 법학연구소, 1997, 363면.
23 BVerfGE 1, 97(104) 국가는 국민을 "궁핍으로부터 보호"할 의무가 있으며, 입법자는 이러한 기초생활보장 등을 위한 입법을 하여야 하는 의무도 부담한다는 것이다.
24 Hesse, Konrad, Grndzüge des Verfassungsrechts der Bundesrepublik Deutschland, 20. Aufl., 1995, Rdnr.291.
25 Isensee, Jesef, Das Grundrechte auf Sicherheit, 1983, S.33.
26 Isensee, Jesef, "Das Grundrecht als Abwehrrecht und staatliche Schutzpflicht", §111, Handbuch des Staatsrecht, Bd.V, 2. Aufl., 2000, Rdnr.151.
27 BVerfGE 88, 203(232).

위한 입법의무가 발생하는 것이고, 이러한 기본권을 보호하기 위한 법률에 결함이 발생한다면 입법자는 기본권보호의무의 계속적인 수행을 위하여 '결함있는 법률'에 대한 법률개선의무가 발생한다. 즉, 입법자에게 입법의무가 있는 사안이나 영역에 대하여는 당연히 법률개선의무 등도 부가된다고 할 수 있다. 입법당시에는 헌법적 요청을 충족시켰던 기존의 보호대책들로는 변화된 상황에서 제기되는 보호의무의 요청을 충족시킬 수 없는 경우에는 그것을 대체하거나 개선하여야 한다는 입법자의 법률개선의무는 국가의 기본권보호의무로부터 연역되어지는 것으로 설명되어지고 있다.[28] [29]

국가의 보호의무는 한차례의 입법이나 행정행위에 의하여 전부 달성되는 것이 아니며, 현행 법률이 효과적으로 목적을 수행하고 있는지에 관한 정보를 항시 보유하고 있어야 한다. 예를 들어 입법자의 관찰의무는 태아의 보호를 위한 필요불가결한 요소 중의 하나이며, 입법자는 태아를 보호하기 위한 법률이 '기대한 만큼의 효과'를 달성하고 있는지에 관하여 일정기간을 두고 관찰해야 한다는 것이다. 또한 입법자는 낙태에 관한 통계를 정기적으로 평가하고, 현행 법률이 태아보호를 위해 불충분하다는 것이 판명되면 법률을 개정하거나 새로운 제도를 도입하여야 하는 헌법상의 의무를 지닌다.[30] 이렇게 국가의 보호의무로부터 입법자의 관찰의무 및 개선의무 등이 도출되어지는 것이다.

3. 법률개선의무

독일의 「연방기본법」에서 명시적인 규정을 두고 있지는 않지만, 연방헌법재판소의 결정을 통하여 입법자는 법률의 개선의무(Nachbesserungspflicht)를 지는 것으로 인정하고 있다.[31] 즉, 입법자의 법률개선의무는 헌법에 명기된 것은 아

28 정태호, 전게논문, 398면.

29 독일연방헌법재판소는 제2차 낙태판결에서 낙태와 관련한 입법자의 법률개선의무에 관하여 상세히 판단하고 있다. 졸고, "독일연방헌법재판소의 낙태판결에 관한 고찰", 강원법학 제10권, 1998.

30 Starck, Christian, "Der verfassungsrechtliche Schutz des ungeborenen menschlichen Lebens", Juristische Zeitung, 1993, S.821.

31 Stern, Klaus, a.a.O., S.1315; Stern, Klaus, Das Staatsrecht der Bundesrepublik Deutschland,

니지만 헌법재판소에 의해 오래 전부터 긍정되었으며,[32] 그 헌법적 근거는 「연방기본법」 제20조 3항 및 1조 3항에서 찾을 수 있다.[33] 즉, 입법자의 헌법질서에의 기속에 관한 규범(Art.20 Abs.3 GG)은 입법이 헌법에 정해진 한계를 벗어나지 않는 것에서 끝나는 것이 아니라, 제정된 법률이 헌법과 항상 일치하는지를 책임지는 것까지도 포함한다.[34] 이는 새로운 사회현상이 출현하거나 또는 규범하려는 대상이나 영역이 확장되는 경우에도 해당된다는 것이다.

제5절 법률개선의무의 내용

1. 법률개선의무의 내용

국가가 기본권보호의무를 지니고 있지만 입법자가 사회현상을 잘못 진단하거나 변화된 사회환경으로 인하여 이러한 의무를 적절히 수행하고 있지 못하여 기본권을 침해하는 법률이 존재하는 경우에는 법률교정의무나 법률개선의무가 있다고 보아야 할 것이다.[35] 또한 아직 기본권침해에는 이르지 않았지만 헌법에 의한 입법의무를 이행하지 않음으로 인하여 기본권의 침해가능성이 현존하는 경우에는 우선 법률관찰의무가 있다고 보아야 할 것이다. 이하에서는 법률개선의무·법률교정의무·법률관찰의무를 인정하고 그 내용을 발전시킨 독일연방헌법재판소와 법률개선의무와 관련지을 수 있는 우리나라 헌법재판소의 결정례를 살펴보기로 한다.

Bd. III/2, 1994, S.1158.

32 BVerfGE 49, 89(130) 입법자는 입법당시에 고려치 못했던 새로운 사실에 직면하였을 때, 헌법에 근거하여 당해 법률이 유지될 수 있는가를 심사할 수 있다; BVerfGE 56, 54(79).

33 Stern, Klaus, a.a.O., S.1159.

34 BVerfGE 88, 203(310); 15, 337(350).

35 Badura, Peter, "Arten der Verfassungsrechtssätze", §159, Handbuch des Staatsrechts, Bd.VII, 1992, Rdnr.19.

2. 독일 연방헌법재판소의 결정례

독일 연방헌법재판소는 1968년 12월 18일의 Mühlengesetzentscheidung[36] 이후에 많은 결정들에 있어서 입법자의 법률개선의무, 법률교정의무와 법률관찰의무를 인정하고 있다. 연방헌법재판소는 특히 ① 변화된 상황에 비추어 볼 때 법률의 위헌성이 의심된다거나[37] ② 입법자의 부작위가 의심된다거나[38] ③ 입법자의 의도와는 전혀 다른 부작용이 발생하는 경우[39]에 법률개선의무라는 개념을 사용하여 왔다. 연방헌법재판소는 이들 결정에서 헌법에 의하여 입법자는 항시 법률을 관찰하고 필요한 경우에는 법률을 개선할 의무를 지니고 있다고 하고 있다.[40] 또한 독일연방헌법재판소는 1993년 5월 28일의 제2차 낙태판결에서 "연방정부에 낙태에 관한 통계를 명하는 규정이 제5차 형법개정법률 이후 유효했으나, 「임산부 및 가족보조법」(SFHG)의 제15조 15호를 통하여 폐지되었다. 낙태술의 발달이나 사회현실여건이나 가치관의 변화 등으로 인하여, 입법자는 이러한 낙태를 규율하는 법규정이 실질적인 규범력을 행사하는지를 관찰하여야 하고(법률관찰의무), 법률이 그 보호하려는 법익을 실제적으로 잘 보호하고 있는지, 또는 적절하고도 효과적으로 낙태를 규율할 수 있도록 법을 개정, 보완해야 하는 의무(법률개선의무)를 지니고 있다"고 하여 입법자에게는 법률관찰의무와 법률개선의무가 있음을 인정하고 있다. 특히 입법자의 법률관찰의무와 관련하여서는 "낙태의 횟수, 전인구중에서 차지하는 비율, 낙태여성의 연령, 결혼여부, 자녀수 등의 자료를 수집하도록 연방정부에 명하고 있는 법규정을 폐지하는 것은 헌법과 일치하지 않으므로 무효"라고 하고 있다.

36 BVerfGE 25, 1.
37 BVerfGE 25, 1(12); 56, 54(78); 65, 1(55); 88, 203(309f.); 93, 37(74).
38 BVerfGE 56, 54(81).
39 BVerfGE 90, 145(199ff.); 93, 37(74).
40 BVerfGE 25, 1(12); 56, 54(78); 88, 203(309f.).

3. 한국 헌법재판소의 결정례

우리 헌법재판소는 헌법불합치결정을 하는 경우에 "헌법불합치결정은 위헌적 상태를 제거해야 할 입법자의 입법개선의무를 수반하게 된다"고 하여 입법자의 법률개선의무를 긍정하는 결정을 하고 있다. 우리 헌법재판소의 입법자의 법률개선의무와 관련한 결정례를 보면 다음과 같다.

1) 재외동포의출입국과법적지위에관한법률 제2조 제2호 위헌확인

헌법재판소는 「재외동포의 출입국과 법적 지위에 관한 법률」 제2조 제2호의 위헌확인청구에 대하여 동 조항에 대한 헌법불합치결정[41]을 내리면서 "외교마찰의 우려라는 사정이 있다 하더라도 외국국적동포에 대한 이 사건 심판대상규정이 충분한 정책 검토 끝에 나온 필요하고도 적정한 입법이라고 보기는 어렵다. 정부로서는 외국국적동포의 현실적인 애로를 수용하기 위하여 단일특별법을 제정하기보다 제반 상황을 고려한 개별적인 제한 완화로 실질적으로 대처할 수는 없는지 우선 살펴보았어야 할 것이다"고 하고 있다. 헌법재판소는 이 법률조항이 '충분한 검토'와 '제반 상황을 고려'할 필요가 있었다고 함으로써, 입법상의 결함을 지적하고 있는 것이다. 이 사건의 법률규정에 대해서 헌법불합치결정이 내려지면서 입법자에게 "합헌적인 방향으로 법률을 개선"할 의무를 부과하고 있는 것이므로, 입법자에게는 법률개선의무가 발생하는 사례로서 평가될 수 있을 것이다.

2) 도시계획법 제21조에 대한 위헌소원

헌법재판소는 「도시계획법」 제21조의 위헌소원에 대한 헌법불합치결정[42]에서, 헌법재판소는 "도시계획법 제21조에 규정된 개발제한구역제도 그 자체는 원칙적으로 합헌적인 규정인데, 다만 개발제한구역의 지정으로 말미암아 일부 토지소유자에게 사회적 제약의 범위를 넘는 가혹한 부담이 발생하는 예외적인 경우에 대하여 보상규정을 두지 않은 것에 위헌성이 있는 것"이라고 하여 입법

---

41 헌재 2001. 11. 29. 99헌마494.

42 헌재 1998. 12. 24. 89헌마214, 90헌바16, 97헌바78(병합).

시에는 미리 예측할 수 없었으며 현재 위헌적인 결과를 발생시키고 있는 입법상의 결함을 지적하고 있다. 또한 이에 관한 개선된 입법을 마련하는 것은 원칙적으로 입법형성권을 가진 입법자가 입법정책적으로 정할 사항이기는 하지만 "입법자는 되도록 빠른 시일 내에 보상입법을 하여 위헌적 상태를 제거할 의무"를 지닌다고 하여 입법자에게 법률개선의무를 부과하고 있다. 구체적인 법률개선의무의 방향에 대하여도 "입법자가 도시계획법 제21조를 통하여 국민의 재산권을 비례의 원칙에 부합하게 합헌적으로 제한하기 위해서는, 수인의 한계를 넘어 가혹한 부담이 발생하는 예외적인 경우에는 이를 완화하는 보상규정을 두어야 한다. … 입법자는 지정의 해제 또는 토지매수청구권제도와 같이 금전보상에 갈음하거나 기타 손실을 완화할 수 있는 제도를 보완하는 등 여러 가지 다른 방법을 사용할 수 있다"고 하고 있다. 이 사례도 개발제한구역의 지정으로 인하여 예외적으로 가혹한 부담이 발생하는 경우의 보상규정을 두지 않은 것에 대한 입법상의 결함을 지적하고 있으며 이러한 법률규정의 결함을 치유할 의무를 입법자에게 부담시키고 있는 경우이다. 따라서 동 사례는 입법자의 법률개선의무를 인정하고 있는 것으로 평가할 수 있다.

3) 공무원언금법 세64조 제3항 위헌소원

헌법재판소는 「공무원연금법」 제64조 제3항의 위헌소원에 대한 한정위헌결정[43]에서 연금급여의 제한사유인 범죄행위에 관한 규정인 「공무원연금법」 제64조 제1항 및 제2항과 제3항을 비교하여 볼 때, 제1항 및 제2항은 '재직 중의 사유로'라고 그 연금급여의 제한사유의 발생시기를 명확히 하고 있는 것과는 달리, 제3항에서는 그 사유가 '재직 중의 사유'만인지 '퇴직 후의 사유'도 해당되는지에 관하여 일체의 언급이 없이 연금급여가 제한되는 범죄행위의 종류만을 열거하고 있는 점을 지적하고 있다. 헌법재판소는 동조 제3항의 이러한 법문상의 표현을 "입법의 결함"이라고 보고 있으며 따라서 이는 헌법상의 명확성의 원칙에 어긋나는 조항이라 하고 있다. 헌법재판소는 이 건에 대하여 "공무원연금법 제64조 제3항은 퇴직 후의 사유를 적용하여 공무원연금법상의 급여를 제한하는

43 헌재 2002. 7. 18. 2000헌바57.

범위내에서 헌법에 위반된다"고 하여 한정위헌의 결정을 내리고 있다. 동 결정에서 헌법재판소는 명시적으로 입법자에게 법률개선의무를 부과하고 있지는 않지만 '입법의 결함'을 인정하여 헌법상의 명확성의 원칙에 어긋나는 법률조항이라고 하고 있으므로, 이 경우도 입법자의 법률개선의무가 발생하는 사례로 평가할 수 있을 것이다.

4) 민사소송법 제422조 위헌확인

헌법재판소는 「민사소송법」 제422조의 위헌확인청구에 대한 각하결정[44]에서 재심사유를 규정하고 있는 제422조와 관련하여 "중요 주장에 대한 판단유탈로 재심의 대상이 되는 경우 재심 및 상소 모두 상소기한 내에 가능하고 상소이유는 추후 제출할 수 있다는 내용의 규정이 없는 것과 재심사유가 있는 경우 상급법원에서의 판결확정 여부에 관계없이 재심사유가 있는 원심법원에 재심을 청구할 수 있다는 내용의 규정이 없는 것, 그리고, 민사소송법상 판단 유탈을 사유로 하는 재심의 재판에서 원심재판부의 법관은 전심재판에 관여한 것으로 간주된다는 내용의 규정이 없는 것의 위헌을 다투는 부분은 모두 헌법상 재판청구권의 보장과 관련되어 있다"고 할 수 있으나, 재판청구권의 보장을 위하여 재심과 상소의 양립이나 하급심 판결에 대한 자유로운 재심청구, 전심재판 관여 간주 등에 관하여 헌법에 명시적인 입법위임규정이 없고 헌법의 해석상으로도 이러한 내용의 입법의무가 국가에 대하여 발생하였다고 볼 수도 없으므로 이는 진정입법부작위로 볼 수 없다고 하고 있다. 헌법재판소는 이어서 청구인이 주장하는 것과 같은 기본권의 침해는 "재심청구에 관한 위 제422조의 입법이 불완전·불충분하게 이루어짐으로써 입법의 결함이 생겼기 때문"이라고 하여 이를 부진정입법부작위라고 하고 있다. 따라서 결함이 있는 당해 입법규정 그 자체를 대상으로 하는 부진정입법부작위의 헌법소원을 제기하기 위한 청구기간을 준수하지 못한 부적법한 소원인 고로 심판청구가 각하되었다. 그러나 동 결정은 해당 법률규정의 불완전·불충분성이라고 하는 '입법의 결함'을 인정하고 있는 사례로서의 의의를 지니고 있다.

---

44 헌재 2001. 12. 20. 2001헌마484.

5) 토지초과이득세법 제10조 등 위헌소원, 제8조 등 위헌소원

헌법재판소는 「토지초과이득세법」 제10조 등에 대한 위헌소원에 대하여 헌법불합치결정[45]을 하면서 토초세의 부과근거가 되는 지가산정방법의 위헌성의 지적과 함께 입법부에 지가산정관련법규의 정비를 촉구하고 있다. 이 결정에서 헌법재판소는 "현행법이 채택하고 있는 개별필지의 기준시가를 계측하는 수단은 객관적으로 합당한 것이라고 인정받기에는 미흡한 점이 너무 많고, 특히 토초세의 경우에는 개별필지의 기준시가가 위와 같이 불완전한 수단에 의하여 과세기간이 3년 동안 매년 1회씩 거듭 계측된 후에야 비로소 그 과세대상이득이 확정될 수 있으므로, 계측시마다 오류가 누적되어 결과로 나타난 과세대상 이득이 전혀 허구의 이득으로 변질될 우려가 크다고 하지 않을 수 없다"고 하고 있다. 그리고 이러한 "토지평가상의 불합리성은 법규정 자체에 규범적으로 어떠한 위헌적인 요소가 내재됨으로 인하여 발생하는 것이 아니라, 주로 이들 법규정을 시행함에 따른 행정작용의 미비에 기인하는 것"이라고 하고, 즉 입법시의 예측과는 달리 법률의 결함이 발견되고 "토지초과이득의 계측수단이 국민일반에게 널리 그 정확성이나 공정성에 대한 의구심을 불러일으킬 정도"의 구조적인 미비점을 가지고 있다고 하고 있는데, 이는 법률자체의 미비점이라고 할 수 있는 것이다. 헌법재판소는 이 결정에서 법률개선의무 등의 표현을 사용하고 있지는 않지만 "헌법에 합치되지 않는 위 조항을 조속히 개정하도록 입법부에 촉구"한다거나 "입법부나 행정부가 지가산정 관련법규의 정비"를 촉구하고 있다. 이는 헌법에 합치하지 않는 법률조항의 결함 및 토지초과이득의 부정확·불공정한 계측을 초래하는 미비점을 개선할 입법자의 법률개선의무를 긍정[46]하고 있는 것으로 평가할 수 있다.

45 헌재 1994. 7. 29. 92헌바49·52.
46 신봉기, 전게논문, 395면 이하.

제6절 법률개선의무 불이행의 효과

1. 법률개선의무 불이행의 위헌성

헌법재판소는 “헌법재판소가 불합치결정을 통해서 이 사건 법률조항을 형식적으로 존속케 하는 이유는, 헌법재판소가 위헌결정을 통하여 이 사건 법률조항을 법질서에서 제거함으로써 스스로 합헌적 상태를 실현할 수 없고, 위헌적 상태의 제거는 궁극적으로 입법자의 입법개선에 달려있기 때문이다. 그러므로 불합치결정은 위헌적 상태를 조속한 시일 내에 제거해야 할 입법자의 입법개선의무를 수반하게 된다”[47]고 하고 있다. 즉 헌법불합치결정은 행정청과 법원으로 하여금 당해 규정의 적용을 금지시키는 것 외에, 법률에 대한 헌법의 우위의 사상에 근거하여 입법권자에게 ‘합헌적 법상태를 창조할 의무’ 즉 개선입법의무를 지우게 되는 것[48]이라고 한다. 전술한 바와 같이 입법자는 헌법에 기속되기 때문에 언제나 기본권의 침해가 없는 방향으로 법률을 개선해 나가야 할 법률개선의무를 헌법상 지닌다는 점에 대해서는 오늘날 일반적으로 긍정되고 있다. 입법권자가 입법 당시에 내린 예상이 현저하게 빗나갔거나 입법후의 여러 가지 사정이 입법 당시와는 많이 달라져서 처음에는 생각할 수 없었던 기본권의 침해가 현실적으로 나타나는데도 불구하고 입법권자가 그 법률을 고치지 않고 그대로 방치함으로써 법률에 의한 기본권의 침해를 방관하는 경우에는 법률개선의무의 불이행에 의한 기본권침해로 본다.[49]

법률개선의무는 법률의 흠결·결함으로 인하여 발생한 “법률조항의 위헌적 상태의 제거”를 의미하기 때문에 입법자가 법률개선의무를 이행하지 않는 경우에는 법률조항의 위헌적 상태가 계속되고 있는 것이다. 따라서 입법자의 법률

47 헌재 1998. 12. 24. 89헌마214, 90헌바16, 97헌바78(병합).
48 신봉기, 전게논문, 395면 이하.
49 허영, 한국헌법론, 2002, 292-293면.

개선의무의 위반 또는 불이행은 위헌인 상태의 지속이라고 볼 수 있다.

2. 입법부작위의 유형 분류와 법률개선의무의 유형 해당성

넓은 의미의 입법부작위는 진정입법부작위와 부진정입법부작위로 나누어 볼 수 있고, 진정입법부작위는 입법부작위에 대한 위헌법률심판제청이나 헌법소원심판제청이 일정한 경우에 가능하지만 부진정입법부작위는 불완전한 법률조항 자체를 대상으로 위 심판제청을 하여야 한다는 것이 헌법재판소의 다수의견이다. 즉, 우리 헌법재판소는 입법자가 헌법상 입법의무가 주어진 어떠한 사항에 관하여 전혀 입법을 하지 않음으로써 진정입법부작위의 상태가 발생한 경우에는 헌법소원이 한정된 범위에서만 인정된다고 하고 있다. 헌법재판소는 "헌법소원은 헌법재판소법 제68조 제1항에 규정한 바와 같이 공권력의 불행사에 대하여서도 청구할 수 있지만, 입법부작위에 대한 헌법소원은 원칙적으로 인정될 수 없고, 다만 헌법에서 기본권 보장을 위해 명시적인 입법위임을 하였음에도 입법자가 이를 이행하지 않거나, 헌법해석상 특정인에게 구체적인 기본권이 생겨 이를 보장하기 위한 국가의 행위의무 내지 보호의무가 발생하였음이 명백함에도 입법자가 아무런 입법조치를 취하지 않고 있는 경우에만 예외적으로 인정될 수 있다"[50]고 한다. 그러나 헌법재판소는 입법의 내용·범위·절차 등의 결함을 이유로 헌법소원을 제기하게 되는 부진정입법부작위에 대해서는, 결함이 있는 당해 법률규정 자체를 대상으로 하여 당해 법률규정의 헌법위반을 이유로 적극적인 헌법소원을 제기하여야 한다고 하고 있다.[51]

법률개선의무나 법률교정의무가 발생함에도 불구하고 이를 이행하고 있지 않는 경우는 입법부작위에 해당하지만, 헌법재판소는 법률개선의무 등의 불이행이 입법부작위의 어떠한 유형에 해당하는 지에 관한 견해를 밝히고 있지 않다. 허영교수에 따르면 "우리 헌법재판소는 불완전입법만을 부진정입법부작위

50 헌재 1999. 1. 28. 97헌마9.

51 헌재 1989. 7. 28. 89헌마1; 헌재 1993. 3. 11. 89헌마79; 헌재 1993. 9. 27. 89헌마248, 헌재 1996. 6. 13. 93헌마276; 헌재 1999. 1. 28. 97헌마9 등 참조

라고 표현하고 있지만 부진정입법부작위의 개념에는 입법개선의무를 위배한 경우까지를 포함하는 것으로 보는 것이 옳다"고 하는 견해를 제시한다.[52] 헌법재판소는 "넓은 의미의 입법부작위에는 입법자가 헌법상 입법의무가 있는 어떠한 사항에 관하여 전혀 입법을 하지 아니함으로써 입법행위의 흠결이 있는 이른바 진정입법부작위의 경우와, 입법자가 어떤 사항에 관하여 입법을 하였으나 그 입법의 내용·범위·절차 등이 당해 사항을 불완전·불충분 또는 불공정하게 규율함으로써 입법행위에 결함이 있는 이른바 부진정입법부작위의 경우로 나누어 볼 수 있다"[53]고 하는 데, 법률개선의무를 불이행한 경우도 부진정입법부작위의 범주에 넣자고 하는 것이다. 홍성방교수도 부진정입법부작위가 발생하는 경우의 한 유형으로서 "법률 제정시에는 아무런 문제가 없었으나, 상황의 변화로 인하여 법률을 개정하여야 하는 상황에서 법률개정이 없는 경우"[54] 즉 법률개선의무의 불이행을 부진정입법부작위의 한 유형으로 보고 있다. 그러나 입법부작위를 진정입법부작위와 부진정입법부작위로 양분하는 틀[55]에 맞추어 법률개선의무나 법률교정의무를 이에 따라 분류하는 것보다는, 법률개선의무 등의 불이행을 입법부작위의 제3의 유형으로 보는 것이 입법부작위유형의 다양성을 확보하고 이에 따른 적절하고 합리적인 통제방법을 마련하는 것에 적합하지 않을까 한다.

3. 법률개선의무 불이행에 대한 통제

입법자에게 법률개선의무가 있다고 인정되는 경우에 입법자가 이를 이행하지 않을 때에는 법률규정의 위헌적인 상태를 제거할 어떠한 통제방법이 있는지가 문제된다. 단순한 입법부작위의 경우에는 청원권을 행사하거나 정치적인

52 허영, 전게서, 292면.

53 헌재 2002. 7. 18. 2000헌마707; 헌재 1996. 11. 28. 95헌마161; 헌재 1996. 10. 31. 94헌마108.

54 홍성방, 전게서, 573-574면.

55 헌재 1999.1.28. 97헌마9 입법부작위 위헌확인청구에 대한 각하결정에서 이재화·조승형 재판관은 반대의견을 통하여 이러한 양분론에 대한 문제제기를 하고 있다.

의사표현의 방법을 통하여 간접적으로 입법권자를 움직이는 방법 이외에는 적절한 구제방법을 제도화하고 있지 아니하므로[56] 단순한 입법부작위에 해당하는 법률개선의무나 법률교정의무가 발생한 경우에는 현실적으로 입법권자에게 구체적인 입법을 강요하는 소송절차적인 방법이 결여되어 있다. 즉, 위헌이라고까지는 볼 수 없는 입법부작위인 소위 '단순 입법부작위'인 경우에는 입법자의 형성의 자유가 우선된다고 할 수 있을 것이다.

그러나 입법자에게 위헌적인 상태를 제거할 법률개선의무가 인정되는 경우에는 위헌법률심판이나 헌법소원심판이 청구될 수 있다. 헌법재판소 1999. 1. 28. 97헌마9 입법부작위 위헌확인청구에 대한 각하결정에서 이재화·조승형 재판관은 반대의견을 통해 "입법부작위를 진정·부진정의 두 경우로 나누는 2분법은 그 기준이 애매모호하여 부당하다고 할 것"이라는 견해를 제시하고 있다. 전술한 바와 같이 법률개선의무나 법률교정의무의 불이행을 입법부작위의 제3의 유형으로 하여 입법자에게 법률개선·법률교정·법률관찰의무를 부과하는 방법도 입법자의 형성의 자유를 존중하면서도 법률규정의 위헌상태를 효과적으로 극복할 수 있는 방법이 되지 않을까 한다. 그러나 이러한 분류에 따른다고 하더라도 "헌법상 입법의무의 대상이 되는 입법사항이 여러 가지로 나누어져 있을 때에 각 입법사항을 모두 규율하고 있지만 입법자가 질적·상대적으로 불완전·불충분하게 규율하고 있는 경우를 부진정입법부작위로, 위 입법사항들 중 일부의 입법사항에 대하여는 규율하면서 나머지 일부의 입법사항에 관하여서는 전혀 규율하고 있지 아니한 경우 즉 양적·절대적으로 규율하고 있지 아니한 경우에는 진정입법부작위"[57]로 나누는 것이 보다 합리적인 입법부작위에 대한 통제를 위한 전제가 아닐까 한다. 어떠한 경우에 해당하던 간에 입법부작위의 일종으로 볼 수 있는 입법자의 법률개선의무 등의 불이행에 대하여는 위헌법률심판 또는 헌법소원심판을 통한 통제가 인정되어질 수 있을 것이다. 다만 전술한 것처럼 법률개선의무 등의 다양한 불이행이나 위반사례를 효과적으로 통제하기

56 허영, 헌법이론과 헌법, 2002, 447면.
57 헌재 1999.1.28. 97헌마9 이재화·조승형 재판관의 반대의견.

위하여는 입법부작위의 양분론의 재검토가 필요하다.

또한 입법자에게 주어지는 법률관찰의무를 포함하는 법률개선의무 등을 언제·어떻게 실현하는가의 문제도 입법자가 스스로 판단하여야 하는[58] 입법자의 형성의 자유의 영역에 속하는 내용이다. 법률개선의무 등의 이행에 필요한 시기를 과도하게 도과하여, 개선을 요하는 법률의 위헌성이 아주 명백해서 더 이상 그 효력을 인정할 수 없는 경우에는 그 법률의 무효선언을 구하는 헌법소원을 제기할 수도 있을 것이다.[59] 일정한 범위 내에서 입법자가 법률개선의무 등을 이행치 않음으로 해서 기본권을 침해했다는 사실을 확인하는 헌법소원을 제기할 수 있고, 또는 개선을 요하는 법률의 위헌성이 아주 명백해서 더 이상 그 효력을 인정할 수 없는 경우에는 그 법률의 무효선언을 구하는 위헌심판을 제기할 수 있을 것이다.[60] 또한 법률의 무효선언 대신에 법률의 개선의무를 부과하는 방법을 택할 수도 있다. 이러한 법률개선의무는 헌법불합치결정과 동시에 또는 그러한 선언없이 부과될 수 있다.[61]

제7절 맺음말

점차로 사회의 역할범위가 축소되고 행정국가·급부국가화 형상 등으로 인하여 국가의 활동범위가 확대되면서 법령의 과잉화·인플레현상과 함께 법령체계가 복잡해지고 있는 것은 우리만의 문제가 아니다. 일면으로는 증대되는 국가의 활동을 규율하기 위하여 많은 법령이 필요하고, 일면으로는 복잡한 법령

58 BVerfGE 95, 267(310).

59 허영, 전게서, 447면.

60 Badura, Peter, “Die verfassungsrechtliche Pflicht des gesetzgebenden Parlaments zur "Nachbesserung" von Gesetzen”, in : Festschrift für Eichenberger, 1982, S.492.

61 Schlaich, Klaus, Das Bundesverfassungsgericht, 4. Aufl., 1997, Rdnr.400; 법률개선의무의 불완전이행에 대한 통제에 관해서는 남복현, 전게논문, 389면 이하 참조.

체계를 체계화할 필요가 존재하게 된다. 이러한 현대국가의 입법상황을 합리적으로 개선하기 위하여 입법자는 사회현실을 관찰하고 평가하여 입법에 반영하고 기존의 입법을 개선·교정할 의무를 지게 된다. 특히 사회법분야의 입법에 있어서는 연령별 인구분포가 사회입법을 위한 기초자료로서 반드시 참고되어야 한다. 노령사회가 진행됨으로써 노동인구보다 노동력을 상실한 노령인구가 많을 경우에는 보험료와 보험급여의 불균형, 노인질환을 위한 건강보험급여의 증가로 인한 국민연금, 건강보험, 고용보험 등 사회보험제도의 골격이 달라질 수 밖에 없다. 이러한 현실여건의 변화에 대응한 적실한 사회입법을 하기 위하여 입법자는 중대한 사회변화에 적응이 가능한 법률개선에의 의무를 지닌다고 하는 것이다. 사회입법은 국민의 최저한도의 생활, 인간다운 생활을 보장하기 위한 목적을 지니기 때문에 다른 분야보다 입법자의 법률개선의무에의 준수 여부가 문제될 수 있다. 또한 환경분야의 입법에 있어서도, 산업과 경제의 고성장으로 인하여 침해의 규모가 크고 그 양태가 다양하기 때문에 변해가는 환경여건에 비추어 입법자에게는 그에 상응하는 환경예방 및 보전입법을 해야 할 의무가 주어지는 것이다. 국가의 환경보호의무가 한차례의 입법이나 행정행위에 의하여 전부 달성되는 것이 아니고, 현행 환경법이 효과적으로 환경보전의무를 수행하고 있는지에 관한 평가를 수시로 수행하며 사회현실의 변화에 따라서 입법정책이 수행되어야 하는 것이다. 이를 위해 입법자는 과거에 입법된 환경관련법령이 국가의 환경보전의무의 최소한의 기준을 충족할 수 있는 것인지에 대한 평가와 관찰을 하여야 할 법률관찰의무를 부담한다. 또한 입법자의 법률개선의무는 이와 같이 환경법의 입법당시에는 만족되었지만 과거의 환경보호대책들로서는 변화된 환경침해상황에서의 환경보전의무를 이행할 수 없는 경우에, 과거의 법률을 대체하거나 개선하여야 하는 입법자의 의무인 것이다. 이러한 입법영역 이외에도 생명공학의 발전에 대응하는 법제정비, On-line환경으로의 변화에 대응하는 법제정비, IT산업·BT산업의 발전을 촉진하는 법제정비 등이 요구되는 상황에서 입법자가 그 임무를 효과적으로 수행하기 위해서는 기존의 법률을 관찰하고 교정·개선하여야 하는 의무가 인정되어야 할 것이다. 또한 입법자의 입법활동에 대한 헌법적 평가와 통제를 위한 기준으로서 법률관찰·법률교정·법률개선의무의 이행여부는 입법자의 형성의 자유의 적절한 한계를 제시하는 역할을 담당할 수 있을 것이다. 이와 같이 국가의 역할증대로 인하여 각개의 입법분야에 있어서의 입법자의 역할이 점차로 증대되고 있는 상황에서 입법자의 법률관찰·법률교정·법률개선의무 등을 중심으로 한 이론구성은 입법의 발전과 그에 대한 헌법적 평가를 위한 유용한 방법론적 시도라고 평가할 수 있을 것이다.

| CHAPTER 11 _ 참고문헌 |

권영성, 헌법학원론, 2002.

남복현, "헌법재판소결정의 효력에 관한 쟁점 및 해결방안", 헌법재판소결정의 효력에 관한 연구, 헌법재판연구 제7권, 1996.

박영도, 입법심사의 체계와 방법론, 한국법제연구원, 1996.

______, "입법평가제도에 관한 연구", 입법학연구, 제2집, 2002.

______, 입법학용어해설집, 법제연구원, 2002.

신봉기, "헌법불합치결정의 이유에 기초한 개선입법의무", 헌법논총, 제7집, 1996.

정태호, "기본권보호의무", 현대공법의 재조명, 고려대학교 법학연구소, 1997.

허 영, 한국헌법론, 2002.

______, 헌법이론과 헌법, 2002.

홍성방, 헌법 II, 2000.

홍완식, "독일연방헌법재판소의 낙태판결에 관한 고찰", 강원법학 제10권, 1998.

Badura, Peter, "Arten der Verfassungsrechtssätze", §159, Handbuch des Staatsrechts, Bd.VII, 1992.

Badura, Peter, "Die verfassungsrechtliche Pflicht des gesetzgebenden Parlaments zur "Nachbesserung" von Gesetzen", in : Festschrift für Eichenberger, 1982.

Badura, Peter, "Die Verfassung im Ganzen der Rechtsordnung", §163, Handbuch des Staatsrechts, Bd.VII, 1992.

Carl, Böhret/Götz, Konzendorf, Handbuch Gesetzesfolgenabschätzung(GFA), 2001.

Choi, Yooncheol, Die Pflicht des Gesetzgebers zur Beseitigung von Gesetzesmängln,

Hamburger Studien zum Kulturverfassungs− und verwaltungsrecht, Bd.15, 2002.
Engisch, Karl, Einführung in das juristische Denken, 9. Aufl., 1997.
Schlaich, Klaus, Das Bundesverfassungsgericht, 4. Aufl., 1997.
Schneider, Hans, Gesetzgebung, 3. Aufl., 2002.
Starck, Christian, "Der verfassungsrechtliche Schutz des ungeborenen menschlichen Lebens", Juristische Zeitung, 1993.
Stern, Klaus, Das Staatsrecht der Bundesrepublik Deutschland, Bd. III/1, 1988.
Hesse, Konrad, Grndzüge des Verfassungsrechts der Bundesrepublik Deutschland, 20. Aufl., 1995.
Isensee, Jesef, "Das Grundrecht als Abwehrrecht und staatliche Schutzpflicht", §111, Handbuch des Staatsrecht, Bd.V, 2. Aufl., 2000.
Isensee, Jesef, Das Grundrechte auf Sicherheit, 1983.

CHAPTER

12 의정평가의 구체화 방안에 관한 검토

출처: 입법학연구 제10집 제1호, 2013년

의정평가의 필요성에 대해서는 대개 공감을 하고 있고, 그간 언론기관이나 시민단체들을 중심으로 하여 의정평가가 시행되고 있다. 그간의 의정평가는 의정평가의 중점과 기준 등은 비록 다르지만, 의회정치의 발전이라고 하는 지향점은 동일하다고 본다. 그러나 그간의 의정평가에 대해서는 긍정적인 평가도 있고 다소 부정적인 인식도 있다. 이러한 관점에서 의정평가에 대한 문제점이 지적되기도 하고, 개선방안이 논의되기도 하였다. 특히 의정평가의 중요한 평가요소로서 의원발의 법률안의 건수가 발표되기 시작하면서, 국회의원들은 경쟁적으로 많은 법률안을 발의하게 되었다. 즉, 국회의원들이 법률안을 많이 발의하게 된 이유는 국회기능의 활성화와 국회의원의 성실성과 전문성의 제고가 주된 원인이지만, 시민단체와 언론기관 등의 의정평가도 한 원인으로 지적되고 있다. 이후 이러한 문제점을 시정하기 위하여 의정평가의 기준이 수정되고, 의정평가의 분야가 확대되는 등 개선이 이루어졌지만, 의정평가의 개선방향은 꾸준히 논의되고 있다. 그러나 국회의원의 의정활동에 대한 질적인 평가기준이 개발되지 않았고, 양적인 평가의 객관성을 쉽게 포기할 수는 없었기 때문에, 의정평가의 문제점은 여전히 상존하고 있다. 이러한 문제점에도 불구하고, 시민단체나 언론기관의 의정평가는 의회민주주의의 발전에 일정 부분 기여한 것으로 평가되고 있다. 따라서 의원발의 법률안의 무분별한 폭증에 대한 대응방안으로 시민사회의 의정평가 방식과 기준의 변화가 그 대응방안의 하나일 수 있다. 지금까지 지적된 의정활동 평가의 문제점을 개선하여 시행한다면, 의정활동의 성실성 제고와 투명성 확보를 통하여 의회민주주의의 발전에 기여하리라고 본다. 향후 의정평가의 기본적인 기준과 방법은, 법률안 발의의 '건수' 보다는 '품질'이 반영되는 방향으로 나아가야 할 것이다.

제1절 머리말

의정평가(議政評價)의 필요성에 대해서는 국민의 대다수가 공감을 하고 있고, 그간 언론기관이나 시민단체들을 중심으로 하여 의정평가가 시행되고 있다. 그간의 의정평가는 의정평가의 중점과 기준 등이 비록 다르기는 하지만, 의회정치의 발전이라고 하는 지향점은 동일하다고 본다. 그러나 법률안의 발의건수를 중심으로 하는 그간의 의정평가에 대해서는 긍정적인 평가도 있고 다소 부정적인 인식도 있다. 이러한 관점에서 의정평가에 대한 문제점이 지적되기도 하고, 이에 따른 개선방안이 논의되기도 하였다. 특히 의정평가가 법률안의 발의 건수를 기준으로 하였다는 점이 문제로 지적되었다. 즉, 의정평가의 중요한 평가요소로서 의원발의법률안의 건수가 발표되기 시작하면서, 국회의원들은 경쟁적으로 많은 법률안을 발의하게 된 것이다. 법률안이 많이 발의되는 이유는 국회기능의 활성화가 주된 원인이지만, 시민단체와 언론기관 등의 의정평가도 한 원인으로 지적되고 있다. 이후 이러한 문제점을 시정하기 위하여 의정평가의 기준이 수정되고, 의정평가의 분야가 확대되는 등 개선이 이루어졌지만, 의정평가의 개선방향은 꾸준히 논의되고 있다. 그러나 국회의원의 의정활동에 대한 질적인 평가기준이 개발되지 않았고, 양적인 평가의 객관성을 쉽게 포기할 수는 없었기 때문에, 의정평가의 문제점은 여전히 상존하고 있다. 또한 의정평가가 전문적이지 못하거나 편파적인 경우에는 의정평가의 중립성과 신뢰성이 상처를 입을 수 있기 때문에, 의정평가의 전문성과 중립성을 확보할 필요도 있

다. 따라서 이 글에서는 그간의 의정평가의 문제점과 개선방안에 관한 논의를 염두에 두면서, 새로운 의정평가의 방향과 그 구체화 방안에 대하여 검토하기로 한다.

제2절 의정평가의 필요

1. 국정감사와 의정평가

우선 의정평가의 의의를 국민주권원리의 실현과 권력분립원리의 실천이라는 관점에서 살펴볼 수 있을 것이다. 국민주권원리는 국가의 의사결정이 종국적으로 국민에 의하여 정당화되어야 한다는 원리를 의미한다. 국가의사의 결정방식으로 대의민주주의를 채택하는 경우에 있어서, 의회가 결정한 국가의사라고 할지라도 결국은 그 의회의 결정이 국민에 의하여 정당화되어야 한다. 국민주권의 원리는 궁극적으로 군주나 국가는 물론이고 의회가 주권자가 아니라, 오로지 국민만이 주권자의 지위에 있다는 것을 의미하는 것이다. 국민과 의회는 위임자(委任者)와 수임자(受任者)간의 관계에 있으며, 의회민주주의도 국민주권의 실현을 위해 봉사해야 함에 그 제도적 의의가 있다. 따라서, 국민은 의회 및 의회의 구성원인 의원이 국민을 위해서 얼마나 성실하게 봉사하는지를 평가할 수 있으며, 이러한 평가는 선거를 통해서만 하는 것이 아니라 상시적이거나 정기적인 의정평가를 통해서도 가능하다고 하겠다. 권력분립원리는 권력의 집중으로 인하여 발생하는 국민의 자유와 권리에 대한 억압과 침해를 방지하기 위한 원리를 의미한다. 우리 헌법에도 권력분립원리를 실현하기 위한 여러 제도적 장치를 지니고 있다. 고전적인 기관중심의 권력분리에서 현대적인 기능중심의 권력통제로 그 의미와 형태가 바뀌기는 하였지만, 권력의 남용에 대한 통제와 권력의 체계적 배분의 필요성과 과제는 오늘날에도 권력분립원리의 변함

없는 의의이다. 입법부, 행정부, 사법부는 상호간 견제와 균형을 제도화하고 있으며, 특히 국회가 행정부를 통제하는 제도로 예산심의·확정권, 국무총리·국무위원 등에 대한 출석·답변요구권, 국무총리·국무위원에 대한 해임건의권 등이 있지만 가장 대표적인 제도는 국정감사라고 할 수 있다. 행정부가 국회를 통제하는 제도로 행정입법권, 법률안거부권, 임시국회요구권, 국민투표부의권 등이 있지만, 국정감사에 대응하는 '의정감사'는 존재하지 않는다. 물론 행정부가 국민의 대의기관인 국회를 통제하는 강력한 제도를 두는 것은 바람직하지 않지만, 이러한 국회통제의 공백을 국민들에 의한 자발적인 의정평가를 통해 수행할 수 있으리라 본다. 국회의원에 대한 국민소환제도도 채택하지 않고, 의회해산제도도 없으며, 국회의원은 탄핵의 대상자도 아닌 반면에, 면책특권과 불체포특권을 포함한 여러 가지의 특권을 누리는 국회의원에 대한 실질적인 국민적 통제는 '선거' 이외에는 딱히 찾아볼 수 없기 때문이다. 국민들에 의한 의정평가는, 대의민주제보다는 국민주권제가 보다 상위의 헌법원리라는 점을 상기시킬 수 있는 효과적인 방법일 수 있다.

2. 법안 발의의 신경향

주지하다시피, 우리나라에서는 근래 들어 국회의원들이 발의한 법안의 폭발적인 양적 증가가 관찰되고 있다. 국회의원들이 대단히 많은 법률안을 발의하는 것이다. 국회의원이 발의하는 법안의 양적 증가가 국회 입법기능의 활성화라고 하는 측면에서는 바람직하지만, 국회의원들은 발의법안의 질적 제고를 위하여 노력하여야 한다는 점이 지적되지 않을 수 없다.[1] 대한민국 정부수립 이후 1980년대 중반까지 제출된 법률안의 수는 많지 않았다. 입법부나 사법부에 비하여 행정부의 권력이 강한 시기에 국회의 활성화는 기대하기 어려웠으며, 이 시기의 국회는 '거수기'나 '통법부'라는 놀림을 받았다. 정치적으로는 민주화 시기이고, 헌법적으로는 1987년 헌법 개정 이후이며, 국회의 의회기로는 제13대

1 홍완식, 현행 입법과정의 문제점과 개선방향, 법제연구, 제37호, 2009, 14－33면.

국회 이후에 국회가 점차로 활성화되더니, 제15대 국회 이후에는 제출되는 법률안의 수가 눈에 띄게 증가하였고, 제17대 국회 이후에는 국회에 접수되는 법률안의 수가 폭증하였다.[2] 제15대 국회에서는 1,951건이었던 법률안의 제출 건수가, 제16대에는 2,507건, 제17대에는 7,489건, 제18대에는 13,913건으로 늘어났다. 이러한 법률안의 증가 추세는 제19대 국회에 들어와서도 확연하여, 2013년 4월 22일 현재 4,372건의 법률안이 국회에 접수되었다. 이 중 정부에서 제출한 법률안은 307건뿐이 안되고, 국회의원이 발의한 법률안은 4,065건으로 전체 법률안의 약 93%에 이른다. 이 중 2013년 4월 22일 현재 3,734건의 법률안이 심의를 위해 국회에 계류 중이다.[3]

〈표 12-1〉 제12대-제19대 국회까지의 의원발의 법률안과 정부제출 법률안 비교[4]

시기 구분 (연도)	전체 법률안	의원발의 법률안			정부제출 법률안		
		제출건수	가결건수	가결률	제출건수	가결건수	가결률
제12대(85－88)	379	211	66	31%	168	156	93%
제13대(88－92)	938	570	171	30%	368	321	87%
제14대(92－96)	902	321	119	37%	581	537	92%
제15대(96－00)	1,951	1,144	461	40%	807	659	82%
제16대(00－04)	2,507	1,912	514	27%	595	431	72%
제17대(04－08)	7,489	6,387	1,350	21%	1,102	563	51%
제18대(08－12)	13,913	12,220	1,663	13.6%	1,693	690	40.8%
제19대(12－13. 4. 22)	4,372	4,065	202	5.0%	307	76	24.8%

2 홍완식, 의원입법에 대한 합리적인 통제방안, 저스티스, 106호, 2008. 9, 106면 이하.
3 국회 의안정보시스템(http://likms.assembly.go.kr/bill/jsp/StatFinishBill.jsp) 참조.
4 국회사무처에서 2004년에 발간한 의정자료집을 기초로 하고, 법률안의 처리에 관한 국회사무처 의안정보시스템의 의안통계 http://likms.assembly.go.kr/bill를 반영하여 재구성한 자료임.

이렇게 법률안이 폭증하였음에도 불구하고, 법률안 발의가 많지 않은 시기의 입법절차나 법률안 발의가 많이 늘어난 시기의 입법절차가 크게 다르지 않다. 국회에서의 입법지원기구를 포함하여 국회의 조직 및 예산이 확대되었으나, 국회의원 임기4년 동안에 총 2천건이나 3천건 혹은 7천여건이 발의될 때와 약 1만 4천건이 발의될 때의 국회의 처리용량이 그에 비례하여 확대되었다고는 할 수 없을 것이다. 법안발의 건수가 이렇게 급작스럽게 증가하면, 그에 상응하는 시스템개선이 동반되어야 할 것이다.[5] 입법환경의 변화에 따른 제도적인 대응도 필요하지만, 비제도적 차원에서는 의정평가를 통하여 국회의원들의 책무강화와 법률안 발의의 신중함 등을 유도할 수 있다고 본다.

3. 의회정치의 발전

현대 대의민주주의 국가에서 의회정치의 발전은 한 국가의 민주주의 발전과 정치적 안정에 필요불가결한 요소라고 할 수 있다. 의회는 사회의 다양한 의견이 논의되어, 법률이라는 형식의 국가정책으로 결정되는 곳이다. 행정부는 법률을 집행하는 기관이고 사법부는 헌법과 법률에 따라 재판을 하는 기관이니, 입법부인 국회에서 입법하는 법률이 중요하다는 점은 새삼 강조할 필요조차 없다. 그러나 우리의 의회정치는 다양한 의견이 개진되고 합리적으로 논의되며, 공감이 되는 사항을 입법에 반영하는 역할을 적정히 수행하고 있는지에 대한 의문이 종종 제기되곤 한다.

소위 '국회선진화법'의 입법은 우리나라 의회정치의 현실을 대변하는 하나의 '사건'이라고 할 수 있다. 2012년 5월 2일에 국회에서 의결되고 5월 25일에 공포된 이 「국회법」 개정에 언론은 '국회선진화법' 혹은 '몸싸움방지법'이라는 명칭을 부여하였다. '국회선진화법'은 국회 내의 폭력이나 폭언 등을 사전에 예방하고 사후에 제재하려는 몇 가지 제도를 도입하였다. 다수당이 단순히 다수

5 홍완식, 의원발의법안 폭증에 따른 대응과제, 국회입법의 발전방향과 주요과제, 국회입법조사처/한국입법학회, 2012. 5. 11, 111면.

의 힘에만 의지하여 소수당에 대한 설득이나 합의없이 의안을 처리하지 못하도록 제도적 장치를 마련하고자 하였으며, 소수당은 회의장 점거나 폭력 행사를 통하여 회의진행을 저지하지 않도록 하는 제도를 마련하자는 것이 법률개정의 이유였다. 즉, 의안자동상정제나 의안신속처리제는 입법지연을 막기 위한 방안이며, 안건조정절차나 본회의에서의 의사진행방해(무제한토론) 제도는 소수당의 보호를 위한 방안이라고 설명되었다. 대한민국 정부수립 이후 종종 발생하는 국회폭력은 우리 사회의 이념적·정치적 대립이 정치과정·입법과정 중에 해소되지 못한 결과이다. 제18대 국회에서는 해머와 전기톱, 소화전 등까지 동원되었는데, 이는 국회의 기능을 마비시킬 뿐만 아니라 국회에 대한 신뢰도를 크게 저하시키는 요인이 되었다. 따라서 이러한 국회폭력을 사전에 예방하고 사후에 제재하기 위한 제도적 장치를 「국회법」에 반영할 현실적인 필요가 있었다.[6] 소위 '국회선진화법'은 입법되었고 현재 시행되고 있으나, 위헌론과 개정론 등의 논란이 계속되고 있다. 이러한 국회선진화법의 입법은 우리 국회의 후진성을 드러내는 것이다. 국회의 선진화를 위해서는 제도개선도 필요하지만, 제도개선만을 통해서는 달성할 수 없다. 의정평가의 활성화는 대의민주주의의 구조적 결핍을 해소하고 주권자인 국민이 대표자에 대한 민주적 통제권을 강화함으로써 대의민주주의를 향상시키는 주요한 과제의 하나이다.[7] 즉, 시민사회의 의정평가는 비제도적인 영역에 속하는 것이지만, 의정평가의 궁극적인 목적도 역시 제도개선이 추구하는 지향점과 동일하다고 할 수 있다. 즉, 의정평가를 통해서 궁극적으로는 의회민주주의의 발전에 기여하려는 것이다.

6 홍완식, '국회선진화법'에 대한 고찰, 헌법학연구, 제18권 제4호, 2012, 316면.
7 김종철, 의정평가의 문제점과 개선방안 토론문, 건국대학교 법학연구소 학술대회, 2013. 4. 26, 71면.

제3절 의정평가의 현황

1. 일반론

국회의원의 의정활동에 대한 평가는 국회의원들에게 의정활동을 적극적으로 수행하도록 하는 유인과 압력을 제공하여, 의정활동 활성화를 유도하고 촉진함으로써 국회의 역할과 기능을 제고하는 데 목적이 있다.[8] 우리나라에서도 시민단체나 이익단체, 언론기관 등에서 각 단체의 입장과 기준에 따라서 국회의원이나 지방의회의원에 대한 의정평가를 실시하고 있다. 전술한 바와 같이, 법안발의의 증가원인의 하나로 시민단체나 언론기관 등의 의정평가가 지목되기도 하였다. 시민단체나 언론기관 등이, 국회의원이 법안을 얼마나 많이 발의하였나를 의정평가의 기준으로 하였고, 이를 의식한 국회의원들은 좋은 평가를 받기 위하여 법안을 많이 발의하였다는 것이다. 이러한 초기의 의정평가가 법안발의의 양적 측면만을 평가요소로 한다는 지적이 있자, 가결율을 평가요소로 하여 의정평가를 보완하고자 하였다. 또한 모든 법안을 획일적으로 평가한다는 지적이 있자, 법안을 제정안과 전부개정안 및 일부개정안 등으로 구분하여 배점을 하는 등의 방법을 통하여 의정평가를 보완하기도 하였다. 대부분의 시민단체는 공익성을 지니기 때문에, 국회의원의 출석율이나 표결참여율 등의 지표를 가지고 의정활동의 성실성에 평가의 초점을 맞추고 표결의 내용이나 방향에 대한 평가는 하지 않는 특징이 있다고 지적되기도 하였지만, 의정평가를 하는 단체의 입장과 기준에 따라 의정평가가 실시되었기 때문에, 중립적이지 못하고 편파적으로 의정평가의 결과가 도출되었다는 지적도 있었다.

8 곽채기, 의정활동 평가 왜 해야하는가, 국회보, 2005. 6, 59면.

2. 나라정책연구회

1994년 9월에 나라정책연구회가 '93 의정활동 평가보고서'를 발표하였다. 평가서는 정당별 및 개인별 출결상황, 발언횟수, 발언내용 등을 기준으로 하여 작성되었다. 출석율이 100%인 국회의원과 0%인 국회의원을 실명으로 발표하고, 국회의원들의 개인별 질의횟수가 우수한 의원과 질의를 전혀 하지 않은 의원들을 발표하였다. 특히 법사위 심의법안 140건을 대상으로 하여 단 한차례의 질의나 토론 없이 의결된 법안이 96개인 점을 들어 고질적인 법안의 졸속처리를 지적하였다. 시민단체에 의한 첫 의정활동 평가보고서로 평가[9]받고 있으나, 165회 정기국회의 상임위원회 활동만을 대상으로 하였다는 한계가 지적될 수 있다. 당시에는 상임위원회 소위원회 회의록이 공개되지 않을 때인데, 소위원회 공개를 통한 의정활동의 투명성 확보를 주장하기도 하였다.

3. 국정감사 NGO 모니터단

국정감사NGO모니터단(공동단장 김대인 외 14인)은 270여개 NGO로 구성되어 있으며, 매년 국정감사를 모니터하여 우수 상임위원회와 우수 국회의원을 선정·시상하고 있다. 제15대 국회(1996~2000) 말부터 활동을 시작하여 2013년에 15년째 활동하고 있다. 즉, 전국의 국정감사 현장에 매 피감기관당 2~5명씩 총 532명의 현장모니터위원을 파견하여, 국정감사위원인 국회의원의 출결 및 이석현황과 질의응답 상황과 내역을 낱낱이 모니터링하고, 국회방송과 인터넷 방송을 통한 모든 상임위원회 국정감사와 국회의원 전원의 홈페이지를 국감시작 전부터 국감종료 후까지 분담하여 모니터하면서, 입수가능한 국감자료를 수집·분석하고 있다.[10] 또한 '국감NGO모니터단'의 주관단체인 법률소비자연맹은 제18대 국회 출범이후 3년 동안(2008. 5. 29~2011. 5. 31) 국회의원의 의정활동에 대한

9 1994. 9. 7 한겨레신문, 4면.
10 국정감사NGO모니터단, 보도자료, 2012. 11. 22, 2면.

객관적 지표인 ① 본회의 출석률 ② 대정부질문 재석률 ③ 의안표결참여율 ④ 법안발의현황 ⑤ 의원발의 법안의 표결참여 현황 ⑥ 상임위원회 출석률 ⑦ 국정감사 출석률 ⑧ 우수국감상 수상현황 ⑨ 국회 윤리위 징계회부건수 ⑩ 제정법안 대표발의 통과건수 등을 계량화하고 종합평가하여, 대한민국헌정대상위원회가 주최하는 '제18대 국회 의정활동 종합평가회 및 대한민국 헌정대상·헌정우수상 시상식'을 시행한 바 있다. 구체적인 평가기준 및 평가방법으로는 ① 본회의 출석률 ② 상임위원회 출석률 ③ 대정부질문 재석률(자리지킴률) ④ 의안표결참여율 ⑤ 법안발의건수 등은 계량화하여 정량평가를 하고, 국회의원 징계건수, 가결된 제정법안의 대표발의여부, 국정감사출석률, 국감우수의원 선정횟수 등을 의정활동 평가기준에 의거하여 산출하였다.[11] 2012년 11월에는 총 86명의 국정감사 우수 국회의원을 선정하여 발표하고 3개의 우수 상임위원회와 1개의 워스트(worst) 상임위원회를 발표하였다.

〈표 12-2〉 제18대 국회의원 의정활동(3개년) 평가기준

총10개 항목(총점 116점)		점수배점 기준
1) 본회의(전체) 출석(5)		~90% 5점, ~80% 4점, ~70% 3점, ~60% 2점, ~50% 1점, 50%미만 0점
2) 대정부질문 재석(10)		~90% 10점, ~80% 9점, ~70% 8점, ~60% 7점, ~50% 6점, ~40% 5점, ~30% 4점, ~20% 3점, 20%미만 0점
3) 상임위원회 출석(15)		~90% 15점, ~80% 12점, ~70% 9점, ~60% 6점, ~50% 3점, 50%미만 0점
4) 의안표결 참여(20)		~90% 20점, ~80% 17점, ~70% 14점, ~60% 11점, ~50% 8점, ~40% 5점, ~30% 2점, 30%미만 0점
법안 발의 성적(30)	5) 대표발의(20)	1개법안 당 1점씩, 20개 이상은 20점
	6) 공동발의(10)	1개법안당 0.2점, 50개이상 10점
7) 제정법 통과 성적(6)		본회의에서 가결된 대표발의 제정법이 3개 이상인 경우 6점, 1~2개 3점

11 http://goodlaw.org/inspection/inspection_main.asp 2013년 4월 22일 방문.

8) 국정감사 현장출석(6)	2008년도(2)	매년 국감기간 20일중 90%이상 출석 2점 70%이상~90%미만 출석 1점 70%미만 출석시에는 0점
	2009년도(2)	
	2010년도(2)	
9) 국정감사 우수상 수상(24)	2008년도(8)	제15대 국회 후반부터 법률소비자연맹이 주관해온 국감종합감시단 국정감사NGO모니터단에서 수상시에만 8점
	2009년도(8)	
	2010년도(8)	
10) 감점내역·기준		○국회윤리위 피소시 −5점(단, 징계안 발의자가 5인 이상인 경우에 한함) ○대표발의법안 표결에 불참 법안당 −3점, 기권 −8점, 반대−15점 ○공동발의법안 표결에 불참 법안당 −0.5점, 기권 −5점, 반대−10점

※ 출전: 법률소비자연맹, 보도자료, 2011. 6. 16, 2면.

4. 참여연대

1994년 참여연대 창립 당시 설립된 참여연대 의정감시센터는 국회의 대의제 기능을 바로 세우기 위해 국회를 시민의 눈으로 감시하고, 국회의원의 기본정보 수집, 의정활동 정보 집적 등을 통해 국회의원에 대한 감시와 평가를 하고 있다. 의정감시센터는 정치자금 감시운동을 시작으로, 정당의 정책활동 평가와 선거시기에 맞추어 공천과정에 대한 감시 및 평가 등 정당 모니터링을 진행하고 있다.[12] 참여연대는 의정평가 초기단계에서는 국회의원의 법안발의 실적이나 출석률·표결참여율 등의 정량적 평가를 중심으로 의정평가를 수행하여 왔다. 그러나 17대 국회부터는 양적인 실적을 기준으로 우수의원을 평가하는 것이 한계를 갖는다고 보고, 이에 대한 보완책을 모색하여 왔다.[13] 참여연대는 2004년에 '열려라 국회' 사이트를 개설하여 국회의원의 의정활동에 관한 정보를

12 http://www.peoplepower21.org/Politics 2013년 4월 22일 방문.

13 http://watch.peoplepower21.org 2013년 4월 22일 방문.

제공하고 있는데, '의원모니터'를 통해 법안발의현황과 실적을 모니터하고, '국회모니터'를 통해 본회의 출석률과 본회의 표결 및 상임위활동과 주요표결에 대한 정보를 제공하고 있다.[14] 국회의원 모니터와 국회 모니터를 분리하여 국회의원의 경우에는 법안대표발의 현황을 모니터할 수 있도록 하고, 본회의와 상임위원회에서의 출석과 표결현황을 통하여 국회 회의를 모니터할 수 있도록 하였다. 현황과 정보의 제공과 함께 '유권자 발언대' 등을 통해 피드백과정을 마련하고, 자체적인 발간자료를 제공하는 것도 긍정적인 의정평가방법이라고 본다. 과거의 의정평가가 의정평가의 결과만을 발표하던 방식에서 벗어나서, 국민들에게 국회의원 의정활동에 관한 정보를 제공하여 스스로 판단케 하는 방식도 바람직하다고 본다.

5. 경실련

경실련은 제16대 국회에서 원내활동을 정량분석과 정성분석으로 나누어 평가한 것으로 보고되었다.[15] 총 300점을 차지하는 정량분석은 출석횟수(80점), 법안발의(80점), 일괄질의(60점), 일문일답(40점), 보고횟수(20점), 각종특위 참여수(20점)의 6가지가 있고, 총 400점을 차지하는 정성분석은 정책대안 능력, 국정심의 능력, 이슈제기 능력, 개혁성 등 4가지 지표를 이용한다. 정량분석은 표준화 방법을 사용함과 동시에 각 상임위별 회의수의 차이를 고려하여 정량분석의 각 항목의 수치를 회의 수로 나누었다. 경실련은 제17대 국회임기 4년간 국회의원의 의정활동을 법안발의 및 가결율을 기준으로 평가한 적이 있다. 평가방법은 법안발의 점수와 가결점수를 합해서 종합평가점수를 산출하는 방식이다. 법안발의에 대한 점수는 제정안을 4점, 전부개정안을 3점, 일부개정안을 2점, 폐지안을 1점으로 산출하고, 법안가결에 대한 점수는 원안가결을 4점, 수정가결을 3점, 대안폐기와 부결은 1점으로 산출하였다. 제18대 국회에 들어와 경실련은

14 전진영, 국회의원 의정활동평가의 현황과 쟁점, 이슈와 논점, 제163호, 2010. 12. 7, 3면.
15 윤종빈, 16대 국회 의정감시, 의정활동평가 어떻게 할 것인가? 경실련 정치개혁 토론회, 2000. 6. 9, 2면.

2008년부터 2011년까지 4년동안 국정감사를 모니터링하고 그 평가결과 및 상임위별 우수의원을 발표하였다.[16] 4년간의 평가에서 상임위별 국감 우수의원에 한 번이라도 선정된 의원은 총42명이고 4년연속 우수의원으로 선정된 의원은 4명이었다. 경실련의 동 보도자료에는 국정감사에서 반복된 문제점이나 생산적 국감을 위한 개선방안 등은 제시되어있지만, 어떠한 기준으로 우수의원을 선정하였다는 근거제시는 없었다.

부산경실련은 2004년, 2006년, 2009년, 2010년에 부산시의회 의원들에 대한 의정활동평가를 실시한 바 있다.[17] 부산경실련의 자료에 따르면, 평가대상 3항목은 ① 출석 및 발언: 지난 2년간의 본회의와 상임위원회 출석률과 발언수(정량) 및 발언내용(정성) 평가 ② 조례제정: 지난 2년간의 발의 및 가결 등 조례에 대한 정량 및 정성 평가 ③ 설문조사: 부산시 및 부산시교육청 공무원 580명을 대상으로 설문조사이다. 총점은 총 1,200점이고, 개별 분야의 배점은 다음과 같다.[18]

- 정량평가(600점): 출석(200점), 발언(200점), 조례제정(200점)
- 정성평가(600점): 발언(300점), 조례(150점), 설문조사(150점)
- 가산점(20점): 직책(10점), 자료제출(10점) 이다.

부산 경실련이 적용한 부산시의회에 대한 의정활동 평가지표는 다음과 같다.

16 경실련, 보도자료, 2011. 10. 13.
17 www.we21.or.kr 2013년 4월 22일 방문.
18 부산경실련, 제6대 부산광역시의회 의원 2년 의정활동 평가결과, 2010, 2-3면.

〈표 12-3〉 부산 경실련의 의정활동 평가지표

<table>
<tr><th>대분류</th><th>소분류</th><th>점수</th><th colspan="4">세부기준</th></tr>
<tr><td rowspan="7">정량
평가</td><td>출석</td><td>200</td><td colspan="3">-출석률(%)에 따라 점수 배분
-본회의, 상임위원회, 특별위원회, 소위원회 등 포함</td><td>200</td></tr>
<tr><td rowspan="3">발언</td><td rowspan="3">200</td><td rowspan="3">발언 회수 및 빈도에 따라 상대평가</td><td rowspan="2">본회의(횟수)</td><td>시정질문</td><td>40</td></tr>
<tr><td>5분발언</td><td>20</td></tr>
<tr><td colspan="2">상임위원회(빈도)</td><td>140</td></tr>
<tr><td rowspan="2">조례제정</td><td rowspan="2">200</td><td>대표발의</td><td colspan="2">가결결과에 따른 가중치 적용한 후 상대평가</td><td>160</td></tr>
<tr><td>공동발의</td><td colspan="2">공동발의수에 따라 상대평가</td><td>40</td></tr>
<tr><td></td><td></td><td></td><td colspan="3"></td><td></td></tr>
<tr><td rowspan="5">정성
평가</td><td rowspan="2">발언</td><td rowspan="2">300</td><td colspan="2" rowspan="2">민주성, 책임성, 전문성 기준 5점 척도 채점 후 환산</td><td>본회의</td><td>100</td></tr>
<tr><td>상임위원회</td><td>200</td></tr>
<tr><td rowspan="2">조례제정</td><td rowspan="2">150</td><td colspan="2" rowspan="2">민주성(대응성, 책임성), 개혁성(전문성, 참신성), 효율성(효과성, 형평성) 기준 5점 척도 채점 후 환산</td><td>대표발의</td><td>120</td></tr>
<tr><td>공동발의</td><td>30</td></tr>
<tr><td>설문조사</td><td>150</td><td colspan="3">상임위별로 민주성, 책임성, 전문성이 가장 뛰어나다고 생각하는 의원 기명한 후 득표율에 따른 상대평가</td><td>150</td></tr>
<tr><td rowspan="3">(가산점)</td><td>직책</td><td>10</td><td colspan="3">부의장 10점, 운영위원장, 상임위원장 5점
특위위원장 3점, 소위위원장 2점 가산</td><td>10</td></tr>
<tr><td rowspan="2">자료제출</td><td rowspan="2">10</td><td>자료제출</td><td colspan="2">일괄 5점 가산</td><td>5</td></tr>
<tr><td>활동</td><td colspan="2">활동내역에 따라 차등 가산</td><td>5</td></tr>
<tr><td>합계</td><td></td><td>1,200</td><td colspan="3"></td><td>1,200</td></tr>
</table>

※ 출전: 부산경실련, 제6대 부산광역시의회 의원 2년 의정활동 평가결과, 2010, 3면

6. 시사저널

시사저널은 2008년 2월에 제18대 국회의원 총선거를 앞두고 제17대 국회의원들의 의정활동을 평가했다. 제17대 국회의원들을 대상으로 입법발의건수와 발의한 법률안의 가결율 및 본회의 출석율을 기준으로 평가했다. 이러한 기준을 통해 의정평가를 한 것은 국회의원들의 다양한 활동 가운데 입법활동이 국회의원들의 고유업무이자 기본적인 책무라고 보았다. 법안발의 건수가 제일 많은 상위 10명의 의원과 법안가결 건수가 제일 상위인 10명의 의원을 선정하였다. 당선 회수별 발의건수와 가결건수를 통해 보면 초선의원 191명의 발의건수는 4,158건이고 가결건수는 441건으로 제일 많다. 재선의원 52명은 784건과 76건이고, 3선의원 38명은 474건과 28건이며, 4선이상의원 17명은 55건과 5건이다. 평균치를 보더라도 선수가 높을수록 법안발의 및 가결율이 높아지는 것이 아니라, 초선의원의 열정과 노력이 입법활동에 반영되고 있음을 알 수 있다. 국회의원 전원의 법안발의 건수와 가결건수 및 본회의 출석회수와 출석율을 게재하였다.[19]

7. 주간경향

주간경향은 2008년 2월 17대 국회의원을 대상으로 의정평가를 한 데 이어, 18대 국회의원 299명(지역구 245명, 비례대표 54명)을 대상으로 정책 및 입법활동 등 4년 동안의 의정활동을 조사·평가했다. 의정활동 평가는 법안 제·개정안 발의 횟수 및 통과 횟수 등 입법활동과 국회 본회의·상임위원회에서의 정책활동, 그리고 매년 실시된 국정감사 성적 등 객관적인 수치로 계량화할 수 있는 6개 항목을 선정, 평가했다. 평가결과 총점 90점 이상 얻은 7명을 최우수의원으로, 70점대 후반부터 89점까지 받은 10명을 우수의원으로 각각 선정했다. 주간경향이 평가한 의정활동 기간은 18대 국회의원 임기가 시작된 2008년 5월 30일부터 사실상 의정활동을 마무리지은 2012년 1월 19일까지이다. 의원들에 대한 평가항목은 ① 법안 대표 발의 횟수 ② 대표 발의 법안 원안 통과 횟수 ③ 대표 발

19 시사저널, 2008. 2. 12.

의 법안 수정가결 횟수 ④ 국회 본회의 출석률 ⑤ 국정감사 NGO모니터단 우수의원 수상 경력 ⑥ 기타 수상 분야로 했다.

법안 발의 횟수는 의원들이 4년 동안 국회에 제출한 법안 개정 및 제정안을 합산해 15점(50개 이상), 12점(40~49개), 9점(30~39개), 6점(20~29개), 3점(10~19개)을 부여했으며, 발의 법안 원안 통과 횟수는 15점(10개 이상), 12점(8~9개), 9점(6~7개), 6점(4~5개), 3점(2~3개)을 줬다. 또한 발의 법안 수정가결 횟수는 12점(10개 이상), 9점(8~9개), 6점(6~7개), 3점(4~5개), 1점(2~3개)으로 각각 평가했다. 법안 원안 통과는 의원이 국회에 제출한 법안 원안이 본회의에서 그대로 통과되는 것을 말하며, 법안 수정가결이란 의원이 국회에 제출한 법안을 관련 상임위 또는 법제사법위에서 일부 수정해 본회의에서 통과한 것을 말한다. 의원들의 법안 관련 정보는 국회 홈페이지의 의안정보시스템의 자료를 분석했다. 국회 본회의 출석률은 18대 국회 동안 정기 및 임시국회 본회의 출석률을 환산해 각각 20점(출석률 90% 이상), 17점(출석률 80~89%), 14점(출석률 70~79%), 11점(출석률 60~69%), 8점(출석률 50~59% 미만)을 줬다. 본회의 출석률은 국회 홈페이지 회의록을 분석해 출석의원을 체크했다. 국감 NGO모니터단 우수의원 수상 경력은 1회 수상당 10점씩을 부여했다. 기타 분야는 경실련(국감 우수의원) 등 공신력이 있는 기관에서 상을 받은 의원에게 1회 수상당 5점씩을 부여했다.[20]

8. 뉴시스통신사

뉴시스 통신사는 18대 국회의원 지역구 현역의원 241명(비례대표 제외)을 대상으로 한국매니페스토실천본부의 공약이행률, 참여연대 의정감시센터가 집계한 국회 출석률, 법안 대표발의 건수, 경제정의실천시민연합이 발표한 발의법안 가결률 등을 종합분석하였고, 이를 100점 만점 기준으로 정량화하였다.

18대 국회 현역의원에 대한 시민단체의 의정활동 평가에서 민주통합당 김춘진 의원이 1위, 경기도 일산서구 김영선 의원이 2위를 차지한 것으로 나타났다. 전북 고창부안 출신인 김 의원이 뉴시스 분석평가에서 공약이행률 100%, 출

20 주간경향, 2012. 2. 14.

석률 92.82%, 법안발의 100점, 발의법안 가결률 2.2% 등 최종점수 82.46를 얻어 1위를 기록했다. 이어 2위는 종합점수 82.25점을 얻은 새누리당 김영선(경기 고양일산서) 의원이, 3위는 80.31점을 얻은 새누리당 이주영(경남 마산갑) 의원이 각각 차지했다. 새누리당 박민식(부산 북강서갑) 의원은 80.20점, 민주통합당 김재윤(제주 서귀포) 의원 80.00점, 새누리당 김태원(경기 고양덕양을) 의원이 79.93점으로 뒤를 이었다. 또 새누리당 안홍준(경남 마산을·78.96점)·김학용(경기 안성·78.71점) 의원, 민주통합당 주승용(전남 여수을·77.67점), 이춘석(전북 익산갑·77.50점) 의원이 10위권에 각각 이름을 올렸다. 반면 대선 주자로 거론되는 여야 중진급 의원들의 의정활동 점수는 대체로 낮게 평가됐다. 여권의 유력 대선 주자인 새누리당 박근혜 비상대책위원장은 65.10점으로 104위를 차지했다. 자유선진당 심대평 대표는 40.50점으로 204위를, 무소속인 박희태 국회의장은 43.02점으로 233위를 나타냈다. 이어 새누리당 정몽준 전 대표(51.99점)는 215위, 새누리당 이상득(47.81점) 전 국회부의장 225위, 민주통합당 손학규 전 대표(45.18점)는 228위, 정세균 전 대표(46.81점)는 226위, 정동영 전 최고위원(49.29점) 220위를 기록했다. 한편 김영선 의원은 경기도 유력 일간지의 메니페스토 공약 이행 최고 1위 의원으로 뽑히기도 했다.[21]

9. 자유기업원

전국경제인연합회 산하 자유기업원(현 자유경제원)은 지난 2008년부터 시장, 기업과 관련한 국회의원의 입법 활동이 얼마나 시장친화적인가를 평가, 시장친화지수를 발표하고 상위 의원 3인(중복 수상자 제외)에게 '자유경제입법상'을 시상해오고 있다. 자유기업원에서는 시장친화지수를 평가하면서, 법안을 시장친화적 법안과 반시장적 법안을 구분하고, 시장친화적인 법안은 100을 최고점으로 하고 반시장적 법안은 0점을 최하점으로 평가를 하고 있다. 즉, '자유경제입법상'은 국회의원들과 정당의 의정활동을 대상으로 평가해, 시장친화적인 활동

---

21 뉴시스, 2012. 2. 21.

을 펼친 의원에게 시상하는 제도로, 이한구, 이종구, 차명진 의원(이상 2008년), 김성회, 백성운 의원(이상 2009년) 현경병, 조전혁, 이성헌 의원(이상 2010년), 이윤성, 정병국, 허태열 의원(이상 2011년) 등이 수상한 바 있다. 수상자 모두가 당시 한나라당 소속 의원인 점이 특징이다.

10. 사회정의시민행동

카톨릭 사회교리를 실천할 목적으로 창립된 사회정의시민행동은 의정평가를 통해 공동선 의정활동상을 시상하고 있다. 사업명은 "소외된 자를 위한 의정활동 평가: 공동선 의정활동상 시상"이고, 활동목표 등을 "정치부분의 사업 중 많은 단체에서 의정활동 감시, 고발 등의 일은 이미 하고 있으며, 큰 단위의 정치개혁운동도 사회 여러 부문에서 추진되고 있다. 이러한 일반 시민단체들과는 달리 사회정의시민행동은 사회정의, 공동선과 더불어 '가난한 이를 위한 우선적 선택'이라는 단체의 지향정신을 가지고 있다. 따라서 정치부문에서도 소외된 자를 위한 의정활동을 찾아내어 이를 칭찬해주고 널리 알려 정치활동의 모범으로 삼게 하는 것이 목표이다"라고 하고 있다. 2009년 1회 시상을 시작으로 2011년 3회 시상을 한 바 있다. 다음은 의정활동 결과보고서 양식이다. 발의한 법률안별로 다음 양식에 따라 작성·제출하도록 하고 있다.

〈표 12-4〉 의정활동 결과보고서

① 법률안 명	
② 구분(해당항목 체크)	제정·개정 / 대표발의·공동발의 / 청원 대표소개
③ '소외된 자' 관련 내용	ㄱ) 대상: ㄴ) 주요 내용:
④ 현황(해당항목 체크)	상임위 상정·심의·통과·부결 / 법제사법위 상정·심의·통과·부결 / 본회의 상정·통과·부결
⑤ 계류/부결 이유	
⑥ 공청회 개최일(제정법의 경우에 한함)	개최(예정)일: 년 월 일

11. 인천YMCA

인천YMCA는 '제6대 인천시의회 2012년 의정 활동 모니터링'한 결과를 발표하였다. 인천시의회의 출석율은 2011년에는 91.2%, 2012년에는 94.8%이다. 공무로 인한 결석 없이 100% 회의에 참석한 의원은 전체 시의원 33명 중 10명으로 집계되었다. 의원발의 조례안은 총 63건으로, 3건 이상 조례안을 발의한 의원은 11명이며 이들 가운데 의원 4명이 1인 당 5건씩 발의하였다. SNS 매체 활용도에 대한 평가도 실시하였다. 인천YMCA는 조사는 객관성을 담보하기 위해 양적 평가 위주로 함으로써 활동에 대한 질적인 평가의 한계가 있다는 점을 인정하였지만, 시의회에 대한 시민들의 관심을 높이고 참여기회를 확대함에 의정활동 평가의 의의를 두었다.[22]

제4절 의정평가의 문제점과 개선방안

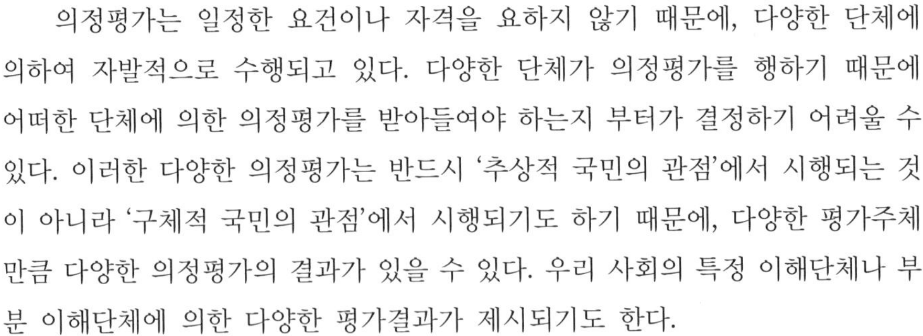

의정평가는 일정한 요건이나 자격을 요하지 않기 때문에, 다양한 단체에 의하여 자발적으로 수행되고 있다. 다양한 단체가 의정평가를 행하기 때문에 어떠한 단체에 의한 의정평가를 받아들여야 하는지 부터가 결정하기 어려울 수 있다. 이러한 다양한 의정평가는 반드시 '추상적 국민의 관점'에서 시행되는 것이 아니라 '구체적 국민의 관점'에서 시행되기도 하기 때문에, 다양한 평가주체만큼 다양한 의정평가의 결과가 있을 수 있다. 우리 사회의 특정 이해단체나 부분 이해단체에 의한 다양한 평가결과가 제시되기도 한다.

의정평가가 국회의원들에게 의정활동방향에 대한 잘못된 신호를 제시하여 의정활동을 오도할 수 있는 여지도 없지 않은데, 의원입법의 과잉으로 인한 낭

22 경기방송, 2013. 4. 9.

비와 비효율성의 문제는 이러한 잘못된 신호의 결과로 지적되고 있다.[23] 의정평가가 의원평가로 인식되고, 이는 의원평가의 서열화 및 등급화의 문제를 발생시키기도 한다.[24] 지금까지 다양한 의정평가가 있었으나, 이러한 의정평가가 좋은 국회의원을 확보하여 이들이 계속 입법부에서 일을 하도록 하고 궁극적으로 좋은 법규범을 만들도록 하려는 의정평가의 기본적인 목적을 달성하는 데 기여했는지에 대하여, 회의적인 의견도 있다.[25]

일반적으로 지적되는 의정활동 평가의 문제점으로서는, 의정활동 평가기준의 명확한 제시가 없다는 점과 양적인 지표를 중심으로 하는 의정활동 평가의 의미가 크지 않다는 점이다.[26] 특히 "의원이 얼마나 많은 법안을 발의하고 입법에 성공시키는지 등 양적인 측면에 치중된 평가를 지양할 필요가 있다".[27] 즉, 법안발의의 양적 지표를 통하여 의정평가를 하였기 때문에, 의원발의법안이 폭증하게 된 원인으로 작용했다는 점을 부인할 수 없다. 이러한 문제를 해결하기 위하여 제정·전부개정·일부개정 등으로 구분하여 배점을 하거나, 법안가결율의 반영을 통하여 법안의 완성도 등을 평가하기도 하였다. 의정평가에 있어서 양적인 것에만 치중하지 않도록 정량평가를 보완하는 정성평가가 보완되기도 하였다. 대개의 법안제출이 원칙적으로 가점을 받지만, 소위 '표절법안'이나 '중복법안', '청부입법'이나 '우회입법', '부실법안', '묻지마법안' 등에 감점제도를 도입하는 등의 방법으로 보완을 한다면, 문제가 있거나 불필요한 법안의 발의를 줄이는 효과를 가져오지 않을까 한다.

의정평가에 대하여 회의적이거나 부정적인 시각도 있지만, 나름대로 의정평가가 긍정적인 역할을 수행했다는 평가가 일반적이다. 우선, 국회의원의 의정활동이 국민들의 평가의 대상이 될 수 있다는 점이 국민들에게 국회의원과 국

23 곽채기, 의정활동 평가 왜 해야하는가, 국회보, 2005. 6, 60면.

24 이용철, 의정평가의 문제점과 개선방안 토론문, 건국대학교 법학연구소 학술대회, 2013. 4. 26, 76면.

25 홍승진, 의정평가의 문제점과 개선방안 토론문, 건국대학교 법학연구소 학술대회, 2013. 4. 26, 77면.

26 전진영, 국회의원 의정활동평가의 현황과 쟁점, 이슈와 논점, 제163호, 2010. 12. 7, 3면.

27 전진영, 국회의 의원입법 현황과 주요국 사례의 비교, 이슈와 논점, 제671호, 2013. 6. 17, 4면.

민간의 관계성을 새삼 상기시키는 계기가 되었다는 것이다. 「헌법」 제1조 1항에 선언된 바와 같이, 국회의원이 아닌 국민이 주권자라는 것과 국회의원은 국민주권의 성실하고 충실한 대표자이어야 한다는 점이다. 주권자는 대표자를 평가할 수 있고 평가하여야 한다는 의식의 발생이 의정평가의 제일의 긍정적인 효과라고 할 수 있다. 그리고, 시민단체 중심의 의정활동 평가는 출결석과 법안발의 건수 등 정량적인 지표를 중심으로 이루어졌고, 이를 의식한 국회의원들이 좋은 평가를 받기 위해 노력한 결과 이들 지표에서는 상당한 개선이 이루어졌다.[28] 국회가 활성화되고 국회의원들의 '생산성'이 높아졌다는 것은 고무적인 일이다. 다만, 국회의원 의정활동 평가의 초기 단계의 문제점을 개선하여, 의정활동 평가의 본격화를 지향하고 신뢰도를 높일 필요가 있다.

향후 의정평가의 방향은 주관성, 망라성, 구체성, 전문성을 지향해야 한다는 견해가 있다. 향후 의정평가는 객관성보다는 주관성을 내세우는 방향으로 가야한다는 주장인데, 주관성에 기초한 의정평가라도 공신력을 지닐 수 있다는 것이다. 또한 다양한 평가주체가 의정평가를 한다면 망라성의 문제가 해결될 것이라고 한다. 세부적인 영역까지 측정하는 구체성과 심도있는 평가를 하기 위한 전문성도 향후 의정평가의 기본방향으로 제시되고 있다.[29] 그러나 의정평가의 객관성을 보완하는 정도의 주관성, 의정평가의 개별성을 기반으로 하는 망라성이 의정평가의 기본방향이 되어야 하지 않을까 한다. 의정평가의 구체성과 전문성은 어느 경우에도 확보되어야 할 것이다. 다만, 의정평가에 일반국민 혹은 유권자의 관점도 반영되는 것이 바람직하다면 전문성을 보완하는 방안도 강구되어야 한다. 지금까지의 의정평가가 보다 개선되고 보완될 필요가 있다는 점에 대해서는 이론이 존재하지 않는다. 의정평가가 편파적이거나 전문적이지 못하거나 신뢰를 주지 못한다면, 다양한 단체에 의한 의정평가도 일종의 공해로 인식될 가능성이 있다. 따라서 보다 개선되고 신뢰를 주는 의정평가의 형태와 방법론이 개발되어 시행될 필요가 있다.

---

28 윤종빈, 국회의원 의정활동의 평가 통합 모형 연구, 의정연구, 제12권 제2호, 2006. 12, 31면-51면.

29 손혁재 외, 시민단체의 의정감시와 의정평가, 한국정치학회, 2005. 10, 74면 이하.

제5절 의정평가의 구체화 방안

1. 기 준

의정평가에서 가장 중요한 요소는 평가의 기준이다. 평가기준을 어떻게 합리적으로 형성하고 적용하느냐에 따라 의정평가의 신뢰성과 공정성이 결정되리라고 본다. 우선 그 동안에 정량평가만의 문제점이 나타났기 때문에, 정량평가와 정성평가를 포함하는 평가기준의 설정이 필요하다. 특정 단체에 의한 의정평가는 분야별 사안을 평가하는 데 적합할지는 모르나, 전체국민의 대표인 국회의원을 평가함에 있어서는 종합적 평가가 필요하다. 즉, 분야별 평가가 필요함에도 불구하고, 전반적이고 종합적인 평가가 필요하다는 것이다. 이러한 의정평가의 기준을 설정함에 있어서는 기존의 평가기준을 검토하고 이를 보완하는 작업이 필요하다. 경실련이나 참여연대는 국회의원의 법안발의실적이나 출석률·표결참여율 등의 지표를 중심으로 하여 의정활동의 성실성의 측면에 평가의 초점을 맞추되, 표결의 방향에 대한 평가는 하지 않았다는 비판을 받고 있다.[30] 그러나 표결의 방향에 대한 평가를 하게 되면, 평가의 전문성과 중립성을 확보하여야 하는 과제가 생긴다. 지방의원의 의정활동을 평가함에 있어서 "분야별 평가지표의 선정은 현실을 진단하는 데 적합하고 평가결과가 변별력을 지니기 위해 지나치게 규범적이거나 이성적인 평가지표는 제외되어야 한다. 반드시 의원의 의정활동 가운데 부문별 핵심기능을 포함시켜야 하며, 또한 측정이 가능한 평가지표가 선정되어야 한다."는 점이 참고될 수 있다.[31] 또한 다음과 같은 의정활동 평가 통합모형 등을 참고하여 전문적이고 중립적인 평가기준을 개발할 필요가 있다.

30 전진영, 국회의원 의정활동평가의 현황과 쟁점, 이슈와 논점, 제163호, 2010. 12. 7, 3면.
31 김용철, 지방의원 의정활동 평가지표의 개발, 국회행정안전위원회, 2009. 12, 30면.

〈표 12-5〉 의정활동평가 통합모형

평가항목	배점	세부배점	세부지표
성실성	100	30	① 출석률
		30	② 입법발의건수
		20	③ 본회의 투표참여율
		20	④ 청원소개 횟수
전문성	100	30	① 근거제시(법령예시/통계수치/과거사례/외국사례제시)
		30	② 발언내용(이슈제기/정책대안제시의 구체성/현실성)
		20	③ 법안가결건수
		10	④ 법안가결률
		10	⑤ 정책토론 및 위원회 참여 횟수
개혁성	50	15	① 사회/경제적 불평등 제기
		15	② 부정부패/비리제기
		20	③ 개혁법안에 상임위/본회의 투표결과
설문 조사	50	15	① 성실성
		15	② 전문성
		20	③ 사명감 (의원역할 의식/봉사 의식)

※ 출전: 윤종빈, 국회의원 의정활동의 평가 통합모형 연구, 의정연구, 제12권 제2호, 2006, 43면.

전술한 바와 같이 지금까지의 의정평가는 정량평가 위주의 평가로 인한 문제점과 평가기준이 명확하지 않다는 문제점이 있었다. 또한 의정활동의 결과물인 법률안과 법률에 대한 평가는 의정평가의 대상에서 제외되어 있었다. 의정평가가 의정활동을 하는 국회의원에 대한 평가라고 볼 수 있는데, 이와 더불어 의정활동의 결과물인 법률에 대한 평가를 병행하는 것은 어떤가 한다. 이에 관한 평가기준이 개발될 필요가 있다. 예를 들어, 체계성을 결여하고 있는 법률이 입법되었다던가, 입법된 법률이 위헌이나 헌법불합치결정을 받은 경우 등을 평가지표로 설정할 수 있다. 입법결과를 평가의 중요기준으로 삼는 것은 적절하다는 의견이다.[32] 법률집행의 문제를 초래한 경우에는 감점을 하고, 국민들로부

32 이에 대하여 “법률에 대한 평가를 병행하는 것으로 체계성을 결여하고 있는 법률의 입법

터 우수한 평가를 받은 법률의 경우에는 가점을 부여하는 등의 방법으로 평가를 할 수 있을 것이다. 다만, 다원적 사회에서는 일부 국민은 긍정적으로 평가하고 일부 국민은 부정적으로 평가하는 법률이 있을 수 있다. 따라서 중립적인 언론이나 독립적인 전문가 등의 평가를 참조하여 국민들 대다수가 우수하게 평가하는 법률에 가점을 부여할 수 있을 것이다. 또한, 찬반이 팽팽한 법률이나 법률안의 경우에는 이러한 대립되는 견해를 균형있게 조정하여 반영하는 절차 및 반영된 결과에 가점을 부여할 수 있을 것이다. 물론, 법률이나 법률안에 대한 실체적 내용에 대한 평가를 함에 있어서는 편향적 평가의 위험이 있을 수 있다. 특히 다원적 정치현실에서 사익과 공익의 구별이 객관적으로 용이하지 아니한 점을 고려해야 할 것이다.[33] 지금까지의 양적 평가로 발생한 문제점을 극복하고 보완하는 질적 평가가 필요하고, 이러한 질적 평가를 수행할 수 있는 방법과 기준의 개발이 필요하다는 점에 대해서는 공감대가 크다.

2. 대 상

의정활동 평가의 분야 혹은 대상이 전반적인 것이 있고 부분적인 것이 있다. 즉, 의정활동 전반에 대한 평가와 특정분야에 대한 평가가 있다. 의정활동 일반을 대상으로 하는 의정평가도 있지만, 국정감사활동만을 대상으로 하는 의정평가가 있고, 입법에 관한 활동만을 대상으로 하는 의정평가가 있다. 이처럼 국회의원의 활동분야는 다양하기 때문에 국회의원들의 의정활동을 평가함에 있어서는 대상을 한정하여야 한다. 구분기준에 따라 다르겠지만 국회의원의 의정활동은 원내활동과 원외활동으로 구분될 수 있고, 원내활동도 입법활동, 국정감사활동, 대정부견제활동 등으로 세분될 수 있다. 1990년대 중반 이후 전개된 의

에 대한 평가, 입법 법률이 위헌이나 헌법불합치결정을 받은 경우에 대한 평가도 평가지표에 고려할 사항이 되어야 할 것"이라고 한다. 남광규, 의정평가의 문제점과 개선방안 토론문, 건국대학교 법학연구소 학술대회, 2013. 4. 26, 75면.

33 김종철, 의정평가의 문제점과 개선방안 토론문, 건국대학교 법학연구소 학술대회, 2013. 4. 26, 73면.

정활동 평가의 대상은 크게 2가지 분야이다. 하나는 국회의원들의 전반적인 입법활동 내용에 대한 평가이고, 다른 하나는 국정감사활동에 대한 평가이다. 예를 들어, 전술한 법률소비자 연맹이 주관하는 '국감 NGO 모니터단'의 평가가 대표적인 국정감사활동에 대한 평가이다. 국정감사모니터는 역량의 한계를 갖고 있는 시민사회단체로서 최대한의 효과를 거두고자 하는 전략적 포석[34]이라는 평가가 있다. 국정감사활동에 대한 평가는 평가대상이 명확하고 제한된 것이기 때문에 평가결과가 명료하고 설득력이 있을 수 있다. 그러나 국정감사는 국회의원 활동의 일부 영역이기 때문에 국회의원의 의정활동을 전반적으로 평가하는 지표라고 할 수 없다. 그러나 평가의 대상을 다양하게 세분하는 것도, 국민들이 의정활동을 다양하게 관찰할 수 있다는 점에서 긍정적이다.

3. 명 칭

의정평가의 명칭에 대한 지금까지의 용례를 보면, '의정평가', '의정대상', '우수의원', '국정감사 우수의원', '입법 최우수의원', '모범의원', '자랑스런 국회의원상', '베스트의원상', '대한민국 헌정대상', '대한민국 헌정우수상', '대한민국 공약대상', '대한민국 헌정우수상', '대한민국 인물대상', '제1회 한국정경문화대상', '대한민국 국회 과학기술 우수의정상', '사회문화복지분야 최우수 국회의원' 등을 사용하였다. 부산경실련에서는 2010년에 "으뜸상"과 "버금상"이라는 명칭의 시상을 한 적이 있다. 의정평가(議政評價)를 통해 의정대상(議政大賞)이라고 하는 명칭이 검토될 수 있다. 국회의원의 의정활동 중에서도 입법활동은 대단히 중요하며, 입법활동의 결과물인 법률의 질적 수준을 평가하게 된다면, 이러한 평가의 대상과 기준이 명칭에 반영되어야 한다. 입법을 평가함에 있어서 헌법과 법률에 의하여 정해진 절차를 준수하였는지, 또한 입법의 결과물인 법률의 내용이 우수한 것인지를 평가하고자 한다면, 입법대상(立法大賞)이라고 하는 명칭을 사용하는 것이 어떤가 한다. 지금까지의 의정평가의 명칭으로 입법대상

34 김민영, 지속돼야 할 것과 업그레이드돼야 할 것, 국회보, 2005. 6, 79면.

은 아직 사용된 바 없으므로 신선한 명칭이 될 수 있을 것이고, 입법분야라고 하는 의정평가의 대상과 기준을 잘 나타낼 수 있다는 점에서 채택되어질 수 있다. 절차적으로는 국민들이나 입법·법제 관련 전문가, 학생들을 대상으로 하여 의견수렴이나 공모를 통해 평가의 명칭을 정하는 방안도 생각해 볼 수 있다.

4. 평가단

지금 준비되고 있는 의정평가는 한국입법학회의 회원들과 한국정치학회의 회원들이 참여하고 있다. 지금까지의 의정평가가 주로 시민단체[35]나 언론사에 의하여 수행되어 오던 것과는 다른 특징으로 볼 수 있다. 학회 차원에서 의정평가를 수행하는 경우에는 전문성을 제고할 수 있는 장점이 있고 정치학자들은 입법과정에 대한 평가를 담당하고 법학자들은 입법결과에 대한 평가를 담당할 수 있다는 점에서 의정평가에 대한 다각적인 평가를 할 수 있다는 장점이 있다. 특히 지금까지의 의정평가는 출석율, 발언횟수, 법안발의건수 등을 주로 하는 의정일반이나 입법과정에서의 성실성을 평가하였다면, 법학자들이 수행하게 될 입법결과물인 법률에 대한 평가는 이제까지는 시도된 적이 없는 평가방법이 될 것이다.

학회가 평가를 담당하는 경우에는 학회 회장과 집행부의 구성이나 의지에 따라 의정평가의 항상성이 문제될 수 있다. 기준의 일관성이나 시기 및 빈도의 연속성도 문제될 수 있다. 따라서 이러한 장점을 제고하고 단점을 극복하기 위해서는 향후 학자들이 전문적이고도 일관성있게 의정평가를 할 수 있도록 의정평가위원회나 의정평가단을 구성하여 운영하는 방법도 생각해 볼 수 있다. 의정평가위원회를 구성함에 있어서는 정치적·이념적 중립성이 확보될 수 있도록 하여야 할 것이고, 연령이나 성별 등이 고루 분포될 수 있도록 하는 것이 바람직하다.

35 부산경실련의 경우 2010년에 29명의 평가단이 구성되어 약 5개월의 평가기간 동안 활동하였다.

5. 시상여부

대개의 의정평가는 의정평가의 결과를 발표하면서 우수의원에 대한 시상을 하기도 한다. 예를 들어, 부산경실련은 2010년 10월에 부산경실련 선정 우수의원 시상식을 통해 "우수" 평가를 받은 의원 5명에게는 "으뜸상", "우량" 평가를 받은 7명의 의원에게는 "버금상"을 수여하였다. 법률소비자연맹은 2011년 6월에 국회의원 67명에 대하여 '대한민국 헌정대상', '대한민국 헌정우수상'을 시상한 바 있다. 우수의원이나 우수입법에 대한 발표만 하고 시상을 하지 않는 방법도 있을 수 있지만, 우수의원이니 우수입법에 대한 격려 차원에서 또한 바람직한 의정활동의 유인을 제공한다는 차원에서, 이들에 대한 시상도 부정적인 시각으로 볼 것만은 아니라고 생각된다. Best와 함께 Worst도 발표할 수 있을 것이지만, Worst발표가 초래할 수 있는 영향력과 문제점을 감안하여, 우선 Best 사례만을 발표하고 시상하는 것이 어떨까 한다. 참고로, 국정감사 NGO모니터단은 2012년에 처음으로 문화체육관광방송통신위원회를 Worst상임위로 선정하여 발표한 바 있다. Worst상임위원회를 선정하거나 Worst국회의원 및 Worst입법사례를 선정하는 것은 여러 가지 현실적인 문제가 있고, 다만 입법에 대한 권고를 통해서 바람직한 입법을 유도하는 방안도 바람직할 것이다.

6. 시기 및 빈도

국회의 입법기는 4년이므로 이러한 입법기를 고려한 의정평가가 바람직하다. 의정평가는 매년 지난해의 의정을 대상으로 평가하는 연례평가와 입법기에 해당하는 4년평가를 하는 것을 제안한다. 2012년에 제19대 국회가 개원하였으므로 2013년 5월까지를 단위로 제19대 국회 1차년도 평가를 하는 것을 시작으로 제19대 국회의 임기가 만료되는 2016년까지 4차례에 걸친 연례평가를 시행할 수 있다. 그리고 제19대 국회의 임기가 만료되는 2016년 하반기에 제19대 국회를 대상으로 하는 4년평가를 시행하면 될 것이다. 이러한 1년평가와 4년평가가 누적되면, 평가의 연속성도 있고 입법기별 비교평가가 가능하게 된다. 평가기간(1년 평가의 경우 전년도 6월초부터 당해연도 5월말까지)과 평가의 발표시기는 다를 수 밖에 없는데, 평가기간 동안의 의정평가에 필요한 시간을 감안하여 의정평가의 발표시기는 9월에서 12월까지 중에서 선택할 수 있을 것이다. 예를 들어 매년 11월에 연례 의정평가의 결과를 발표할 수 있다. 평가기간은 사전에 특정하는 것이 필요하지만, 구체적인 의정평가 발표일을 언제로 할 것인지는 반드시 사전에 특정할 필요는 없다고 본다. 다만, 예측가능성을 높이기 위해서 원칙적으로 매년 11월에 발표하는 것으로 예고할 수는 있다고 본다.

제6절 맺음말

일반적으로 시민단체나 언론기관의 의정평가는 의회민주주의의 발전에 일정 부분 기여하였다고 평가되고 있다. 따라서 의원발의 법안의 무분별한 폭증에 대한 대응방안으로 시민사회의 의정평가방식의 변화가 그 대응방안의 하나일 수 있다. 다만, 지금까지 지적된 의정활동 평가의 문제점을 개선하여 시행한다면, 의정활동의 성실성 제고와 투명성 확보를 통하여 의회민주주의의 발전에 기여하리라고 본다.[36] 그러나 의정평가의 필요성이나 당위성, 나아가서는 의정평가의 중요성에도 불구하고, 의정평가의 현실적 어려움이 있다. 다양한 시민단체나 언론에 의하여 국회나 지방의회의 차원에서 의정평가가 시도되었지만, 평가의 공정성이나 객관성 등의 면에서의 고충토로는 여전하다. 오히려 다양한 주체에 의한 의정평가의 시도가 의정평가의 공정성이나 객관성을 해치는 요인이 되지 않았나 하는 생각도 든다. '이렇게 많고 다양한 의정평가를 어떻게 믿을 수 있는가?' '의정평가의 주체마다 특정한 의도를 지니고 의정평가를 하는 것

36 홍완식, 의원발의법안 폭증에 따른 대응과제, 국회입법의 발전방향과 주요과제, 국회입법조사처/한국입법학회, 2012. 5, 138면.

은 아닌가?' 하는 반성이 있을 수 있다고 본다. 기업활동을 규율하는 내용의 법률의 경우에는 평가주체에 따라서 동일한 법률안·법률에 대하여 상반된 평가가 행해진다. 한쪽에서는 '경제민주화'를 지향하고 한쪽에서는 '경제활성화'를 지향한다. 이러한 법률안·법률에 대한 평가를 할 경우에는 중립성과 공정성을 유지하기가 어렵다. 그러나 이러한 경우에도 상반된 입장을 조정하여 입법을 이루어낸다면, 그러한 입법과정 자체가 우수한 것으로 평가받을 수 있다. 정치나 북한관련 입법이나 복지관련 입법의 경우에도 다양한 입장의 조율과 협의를 통하여 입법을 이루어내는 입법과정과 그 결과물로서의 법률에 대하여 우수하다는 평가를 할 수 있다. 지방의회는 의정활동을 파악하기가 비교적 쉽지만, 국회의 경우에는 300명이나 되는 국회의원의 수, 방대한 법안발의, 수많은 회의 등의 의정활동을 파악하기가 쉽지 않다. 지역구활동이나 기타 원외활동도 원내활동 만큼이나 중요한데도 불구하고, 300명 국회의원의 이러한 활동에 대한 평가는 거의 불가능에 가깝다고 할 수 있다. 그러나 의정평가의 기술적 어려움이나 방법론적 난점에도 불구하고 의정평가의 당위와 필요는 존재한다고 본다. 본문에서 서술한 것처럼, 지금까지 의정평가의 문제를 파악하고 개선하여 보완한다면 의정평가가 의회정치의 발전에 실천적으로 기여할 수 있을 것이다.

| CHAPTER 12 _ 참고문헌 |

곽채기, 의정활동 평가 왜 해야하는가, 국회보, 2005. 6.

김민영, 지속돼야 할 것과 업그레이드돼야 할 것, 국회보, 2005. 6.

김용철, 지방의원 의정활동 평가지표의 개발, 국회행정안전위원회, 2009. 12.

김종철, 의정평가의 문제점과 개선방안 토론문, 건국대학교 법학연구소 학술대회, 2013. 4. 26.

남광규, 의정평가의 문제점과 개선방안 토론문, 건국대학교 법학연구소 학술대회, 2013. 4. 26.

손혁재 외, 시민단체의 의정감시와 의정평가, 한국정치학회, 2005. 10.

윤종빈, 16대 국회 의정감시, 의정활동평가 어떻게 할 것인가? 경실련 정치개혁 토론회, 2000. 6. 9.

윤종빈, 국회의원 의정활동의 평가 통합 모형 연구, 의정연구, 제12권 제2호, 2006. 12.

______, 의정평가의 문제점과 개선방안 토론문, 건국대학교 법학연구소 학술대회, 2013. 4. 26.

전진영, 국회의원 의정활동평가의 현황과 쟁점, 이슈와 논점, 제163호, 2010. 12. 7.

______, 국회의 의원입법 현황과 주요국 사례의 비교, 이슈와 논점, 제671호, 2013. 6. 17.

홍승진, 의정평가의 문제점과 개선방안 토론문, 건국대학교 법학연구소 학술대회, 2013. 4. 26.

홍완식, 현행 입법과정의 문제점과 개선방향, 법제연구, 제37호, 2009.

______, 의원입법에 대한 합리적인 통제방안, 저스티스, 106호, 2008. 9.

______, 의원발의법안 폭증에 따른 대응과제, 국회입법의 발전방향과 주요과제, 국회입법조사처/한국입법학회, 2012, 5. 11.

______, '국회선진화법'에 대한 고찰, 헌법학연구, 제18권 제4호, 2012.

부산경실련, 제6대 부산광역시의회 의원 2년 의정활동 평가결과, 2010.

제 3 편

입법 과정론

立法過程論

CHAPTER

13 현행 입법과정의 문제점과 개선방향

출처: 법제연구 제37호, 2009년

제1절 머리말

법학 분야에서는 주로 법해석학을 중심으로 연구되고 논의가 되고 있었기 때문에, 입법이나 입법과정은 마치 선험적(先驗的)으로 주어진 것이거나 또는 법학의 연구분야가 아닌 것으로 간주되고 있는 듯하다. 그러나 법해석의 대상인 법률을 만드는 입법과정의 중요성에 대한 인식이 증대되고 있다. 정치제도 혹은 통치구조 분야에서 국회의 구성과 권한 및 운영도 국민주권의 실현과 대의민주주의의 구현을 위해서는 대단히 중요한 연구분야이다. 국회에는 여러 권한이 부여되어 있고 여러 기능을 지니고 있지만, 입법권한·입법기능은 가장 핵심적인 권한과 기능이라고 할 수 있다. 특히 권력분립 원칙과 법치주의 원칙에 의하여, 집행작용은 법률을 집행하는 행위이고 사법작용은 법률의 해석과 적용을 하는 행위이기 때문에, 국가작용에 있어서 법률의 중요성은 새삼 강조할 필요가 없다. 이와 같이 모든 국가기관은 법률을 중심으로 조직되고 작용하고 통제를 받기 때문에, 법률을 만드는 과정인 입법과정이 합리적이고 투명하여야 한다. 현행 헌법 체제에서 헌법재판소가 실질적인 기능을 발휘하기 시작한 이후에, 많은 법률들이 위헌결정이나 헌법불합치결정 등을 받은 것을 보면, 위헌

적인 법률이 성립되지 않도록 입법과정이 통제될 필요가 있다. 특히 입법과정에서의 절차적 문제를 권한쟁의심판의 대상으로 보게 된 이후에는 입법과정 자체가 정당화 및 합리화될 필요가 있다는 점이 지적되고 있다. 그간 법안의 입안, 정부내 입안·심의과정, 국회내 입안과정, 법안이 제출된 이후 국회 위원회에서의 심의·의결과정, 국회 본회의에서의 심의·의결과정 등 입법과정 전반에 대한 문제점과 개선방안에 관한 논의는 많았다. 이러한 논의과정에서 대개의 문제점은 지적되었고, 지금까지 수용가능하였던 개선방안은 일부 제도화되기도 하였다. 그러나 아직도 개선이 필요한 문제가 있고, 이에 더하여 보다 더 바람직하고 체계적이고 효율적인 입법을 위한 제안들도 있다. 이러한 점들에 관하여 기존의 입법과정의 문제점과 개선방안에 관한 논의를 정리해 보고, 보다 근본적인 관점에서 앞으로 우리나라의 입법과정이 나아가야 할 방향성에 관하여 논의해 보고자 한다.

제2절 기존 논의의 요약[1]

1. 법안의 입안과정에서의 문제점과 개선방안

1) 정부가 제출하는 법률안의 경우

정부가 법안을 입안하여 국회에 제출하는 과정에서는 정부입법계획, 법안

1 현행 입법과정의 문제점과 개선방안에 대한 글로서는 권영설, 입법과정의 헌법적 조명, 공법연구, 제34집 제3호, 2006; 김승환, 의원입법의 개선·발전방안 모색, 의원입법의 발전방안, 국회법제실/한국공법학회, 2004; 김은철, 국회의 입법과정 개선방안에 관한 연구, 한국법학회, 법학연구, 제20집, 2005; 오호택, 의원입법의 문제점, 헌법학연구, 제10권 제2호, 2004; 임종훈/한수웅/김성태/남궁배홍, 국회의 입법과정개선을 위한 연구, 국회사무처, 2005; 임중호, 입법과정의 개선 및 발전방향, 공법연구, 제34집 제3호, 2006; 홍완식, 입법과정에서의 문제점과 개선방안, 일감법학, 건국대학교 법학연구소, 2007. 2; 홍완식, 의원입법에 대한 합리적인 통제방안, 저스티스, 한국법학원, 2008. 9 등이 있다. 'II. 기존 논의의 요약' 내용은 이 글의 논의전개를 위한 전제에 해당하는 부분으로서, 필자의 두 논문의 내용을 간단히 요약한 것이다.

에 대한 재정소요추계, 국민의 입법의견수렴, 법안에 대한 규제영향분석, 법제처의 법령안 심사 등에서 문제점을 개선할 필요가 있다. 첫째, 법제처가 부처별 입법계획을 종합하여 법제처에서 종합적인 정부입법계획을 수립·시행하고 있는데, 이러한 정부입법계획이 사실상 잘 지켜지지 않기 때문에 정부입법계획의 준수가 필요하다는 것이다. 둘째, 법안에 대한 재정적 영향을 사전에 고려할 수 있도록 법안에 대한 재정소요추계제도를 운영하고 있는데, 그 이행실적과 활용성이 낮기 때문에 재정소요추계제도의 활성화와 비용추계서의 정확성과 신뢰성 제고가 필요하다는 점이다.[2] 셋째, 입법예고제도와 입법공청회제도를 도입·운영하고 있는데, 입법예고의 시행실적이나 반영실적이 미미하고 입법공청회의 개최가 미미하다. 입법예고의 예외사항을 줄이고 제출된 의견의 반영방안을 보완하며, 입법공청회의 개최를 의무화할 필요가 있다. 넷째, 법안에 대한 규제영향분석제도가 도입·운영되고 있는데, 그 질적 수준과 영향분석서의 객관성에 의문이 제기되고 있다. 규제판단기준의 법제화와 규제개혁에의 국회참여, 규제개혁의 기준정비 및 제도화 등의 개선방안이 제시되고 있다. 소관 중앙행정기관에서 법령안 심사가 의뢰되면 법제처는 법률의 자구·형식·체계·내용 등에 대한 심사를 한다. 법제처의 업무과중, 정부부처간의 부처이기주의, 법령정비와 관련한 이해집단의 입장상충 등이 해소되고 조정될 필요가 있다.

2) 의원이 발의하는 법률안의 경우

국회의원이 법안을 입안하여 발의하는 과정에서는 법률안 발의 의원정수, 법안실명제의 실효성확보, 법률안 공동발의제도, 국민의 입법참여 및 입법과정의 투명성, 법안비용추계제도, 입법평가제도, 입법지원체계 등의 측면에서 문제점을 개선할 필요가 있다. 첫째, 현재 법률안 발의를 위해서는 국회의원 10인 이상의 찬성이 필요한데, 법안발의요건을 5인이나 1인으로 완화하자는 의견이 있다. 제17대 국회에서의 국회의원법안발의 건수가 6,387건이고, 제18대 국회에서의 국회의원법안발의 건수 2009년 11월 27일까지 5,528건임을 감안하면, 10인

2 임명현, 입법관리의 실태 및 효율화방안, 한국법제연구원, 법제연구, 제27호, 2002, 6면 이하.

의 발의요건이 법안발의를 억제하는 장애가 되지는 않는 것으로 보인다.[3] 국회의원이 법안을 발의할 때 발의의원과 찬성의원을 표시하고 법률안 제명의 부제로 발의의원의 성명을 기재하도록 함으로써, 법안실명제가 도입된 것으로 보고 있다. 법안실명제는 국회의원의 입법활동을 평가할 수 있고 법안발의에 책임성이 부여되는 효과가 있을 수 있으나, 그 이상의 특별한 의미는 없다고 할 수 있다. 특히 법안발의건수만으로 의원의 입법활동을 평가하는 것에 대한 문제가 제기되고 보완책이 논의되고 있다. 법률안 공동발의제도도 그 제도적 취지를 상실하여 법안발의 실적용 제도로 전락[4]하였다는 평가를 받고 있다. 「국회법」에는 의원입법의 경우에도 입법예고제도와 입법공청회제도가 규정되어 있지만, 국회의원이 발의하는 법안의 경우에는 입법예고제도와 입법공청회제도가 임의적으로 규정되어 있기 때문에 거의 운영되지 않는다. 국민의 입법참여확대를 통해 투명성과 민주성을 더욱 강화할 수 있는 입법예고제도와 입법공청회제도를 의무적으로 규정하고 활성화할 필요가 있다. 입법모니터링제도의 도입도 긍정적으로 검토할 만하다. 법안비용추계제도는 정부의 재정소요추계제도보다 활성화되어 있다. 법안비용추계가 없거나 부실한 경우 법안심사를 진행하지 않는 등의 방안이 필요하다. 기존의 여러 평가제도를 통합한 통합입법평가제도의 점진적 도입을 통하여 입법과정의 합리화와 과학화를 유도할 필요가 있다. 입법지원조직이 이전 보다 확대되어 국회의 입법기능이 강화되고 전문화되었으나, 입법지원조직의 연계성 강화·체계성 보완이 필요하다.

2. 국회 위원회 심의·의결과정에서의 문제점과 개선방안

국회 위원회의 심의·의결과정에서는 국민의 입법참여 확대와 투명성 강화, 위원회 회부제도의 개선, 위원회 심의기간의 부족, 법제사법위원회 심사의 개

---

3 권영설, 입법과정의 헌법적 조명, 공법연구, 제34집 제3호, 2006, 9면. 현행 제도하에서도 법안발의의 남발이 초래되고 있음을 볼 때 발의정수의 제한의 헌법적 적합성은 인정된다.

4 제17대 국회 동안 1,500건 이상의 공동발의를 한 의원이 있고, 하나의 법안에 100명 이상의 공동발의의원이 있기도 하다.

선, 전원위원회제도의 활성화 등이 논의되고 있다. 제18대 국회가 개원한 이후로 2009년 11월 27일까지 의원 및 위원회가 발의한 법안과 정부가 제출한 법안을 합하여 총 6,375건의 법안이 제출되었는데, 이 많은 법안을 언제·어떻게 심의하느냐의 문제제기가 있을 수 있다. 국회가 이들 법안을 제 때에 제대로 심의할 수 있는지에 대한 의문이다. 우리 국회의 운영은 상임위원회 중심주의를 채택하고 있기 때문에, 국회 본회의에서의 심의과정보다는 국회 상임위원회에서의 심의과정이 더욱 중요한데, 국회 위원회 심의·의결과정에서의 몇 가지 문제점과 개선방안이 제기되고 있는 것이다. 첫째, 국민의 입법과정에의 참여와 입법과정의 투명성이 부족하다는 점이 지적된다. 공청회를 생략할 수 있다는 「국회법」상의 단서조항을 삭제하여 입법공청회를 예외없이 의무화하여 입법과정에서의 국민참여를 제고하여야 한다. 또한 개최되는 공청회라고 하더라도 '공청회만 개최'될 뿐이고 공청회에서 나온 의견이 반영되어 법안이 수정되는 비율이 낮아 공청회 개최가 형식화되고 있다는 지적이 나오고 있다. 따라서 입법예고나 입법공청회 등에서 제시된 의견을 첨부하여 본회의에 보고하고 그 기록을 영구히 남겨 법해석 및 사후입법의 참고자료로 활용할 수 있도록 해야 할 것이다. 우리의 현행 입법과정에서는 소관 위원회 소속의 의원들만이 실질적으로 법안심의에 참여할 수 있는 '단일소관위원회 원칙'에 따라 위원회에서의 법안심의가 운영되고 있다. 관련위원회 회부제도가 도입되어 있지만 그 운영실적은 미비하기 때문에, 중요안건의 경우 복수 위원회제도의 도입이나 전원위원회제도의 활성화를 통한 보완이 필요하다는 점이 지적되고 있다.[5] 둘째, 위원회 심의기간의 부족이 지적되어 왔다. 국회 상임위원회에서의 졸속심사나 부실심사를 방지하기 위하여 2003년과 2005년의 「국회법」 개정을 통하여, 일부개정법률안이 위원회에 회부되어 온지 15일 (제정법률안과 전부개정법률안은 20일) 경과 후에야 위원회의 의사일정에 상정할 수 있도록 최소계류기간을 연장하였다. 그러나 이러한 외형적 심의기간의 연장과 함께 충실하고도 실질적인 법안심사에의 의지와 노력이 동반되어야 한다. 또한 이러한 최소계류기간도 위원회의 의결로

5 임종훈, 입법과정의 민주적 정당성 제고를 위한 모색, 헌법학연구, 제11권 제4호, 2005, 317면.

생략할 수 있도록 단서를 달고 있는데, 이러한 단서조항도 삭제하여 법안 졸속심사의 가능성을 차단하여야 한다. 셋째, 법제사법위원회의 체계·자구심사제도에 대해서 심사대상법안의 폭증으로 졸속심사의 우려가 제기되고 있고, 법제사법위원회의 위헌성 사전심사의 필요성도 제기되고 있기 때문에, 법사위 기능·조직의 확대·전문화가 요청되고 있다. 넷째, 1960년에 폐지되었다가 2000년에 재도입된 전원위원회제도는 운영실적이 거의 없는 유명무실한 제도이다. 전원위원회제도의 실질화를 위하여 개최요건의 완화 등의 보완책이 제시되고 있다. 위원회중심주의의 국회운영에서는 상임위원회에서 심의·의결된 안건은 대부분 본회의를 원안대로 통과하게 되므로, 위원회에서의 토론과 심의가 우리나라 입법과정의 가장 핵심적인 단계이다. 따라서 국회 위원회 심의·의결과정에서의 문제점을 보완하는 것은 대단히 중요하다.

3. 국회 본회의 심의·의결과정에서의 문제점과 개선방안

국회 본회의 심의·의결과정에서는 법안의 '날치기 통과'와 '무더기 통과'의 방지, 본회의 심의의 활성화 방안 등이 논의되고 있다. 국회의 법안심사 특히 본회의에서의 심의·의결과정은 토론과 설득을 거친 이후의 표결과정을 통하여 다양한 국민들의 입법에 대한 의견이 조정되고 합의될 필요가 있다. 그러나 다수결의 원리만을 내세운 다수당의 법률안 강행처리나 정상적인 절차를 무시한 국회의 의사진행은 국민들에게 국회에 대한 불신을 조장하고, 그 입법과정의 결과물인 법률에 대한 신뢰의 저하와 준법정신의 약화로 이어질 수 있다. 헌법과 법률에 정해진 국회입법절차가 엄격히 준수되어야 하며 준수되지 않은 절차를 통하여 의결된 법률에 대한 효력은 부인되어야 바람직하다. 또한 위원회중심주의를 취하고 있더라도 본회의에서의 법안에 대한 심의·의결기능이 약화되거나 포기되어서는 아니된다. 법안의 내용에 대한 이해는 기대하기가 곤란하더라도, 법안의 이름 마저도 생소한 법안에 대하여, 대개의 경우 아무런 토론과정도 없이 하루에 수십건의 법안에 대한 표결이 진행되는 본회의에서의 심의·의

결상황은 분명 개선되어야 한다. 총 7,489건의 법률안이 제출된 제17대 국회나, 개원된지 1년 반만에 총 6,375건의 법률안이 제출된 제18대 국회에서의 입법과정이나 의사일정운영은 이전의 국회와 달라져야 한다. 본회의에서의 법안심의의 통제 및 활성화가 논의되고 상시국회의 필요성이 강조되는 이유는 이와 같이 변화된 입법환경과 폭증하는 입법수요와 법안제출이라고 하는 상황을 반영하는 것이다.

4. 소 결

국회의 기능이 주로 정부가 제출한 법률안을 통과시켜주던 '통법부'라고 비판을 받던 시절에는 입법과정의 개선 등은 논의의 필요조차 없었다. 그러나 국회의 국민대표기관으로서의 지위회복과 함께 국회고유의 입법권 회복을 위한 입법과정의 개선방안이 본격적으로 논의되고 있다. 그간 국회에서의 입법과정 개선방안이 「국회법」 개정 등을 통해서 실행에 옮겨지기도 하였다. 그러나 입법과정의 개선은 아직도 필요하고, 이러한 입법과정의 개선은 입법과정의 개선을 통하여 달성하고자 하는 목표가 무엇인가에 대한 고찰과 관련지어 생각할 필요가 있다. 이러한 점에서 법안의합헌성, 절차적 정당성, 민주적 정당성, 체계적 정당성, 효율성 등의 관점에서 입법과정의 문제점과 개선방안을 검토하기로 한다.

제3절 법안의 위헌성 제거를 위한 개선방안

1. 문제의 소재

국회의 입법과정을 거쳐 제정·개정된 법률에 대하여, 입법직후부터 바로 위헌시비가 있는 경우가 있다. 이러한 위헌시비는 입법시도 이전부터 있는 경우도 있고, 입법과정 중에도 위헌시비가 있었지만, 이러한 위헌시비가 국회에서의 토론과 의결과정을 통하여 해소되지 못한 채로 입법이 되기 때문인 경우가 많다. 이렇게 입법된 법률에 대한 위헌시비가 계속되는 것은 입법과정의 신뢰성 뿐만 아니라 입법과정의 결과물인 법률의 신뢰성과 정당성의 약화를 초래하기 때문에 극히 바람직하지 못하다. 물론 자유민주주의 국가의 국회에서 정당·정파간의 대립이 없을 수 없으며 보수적인 견해와 진보적인 견해의 대립이 없을 수 없지만, 이러한 대립은 입법과정 중에 절충점을 발견하여 해소되어야 함에도, 우리 국회는 이러한 해결방식에 능하지 못한 것으로 평가되고 있다. 대개의 법안은 위헌여부가 문제되지 않는 입법정책에 대한 선택의 문제이기 때문에, 국회에서 다수결의 원칙을 통하여 해결되는 것이 당연하다. 그러나 어떠한 입법사안에 대한 찬반의 대립이 정책의 선택에 관한 문제가 아니라, 위헌여부가 문제되는 경우가 발생할 수도 있는데, 이러한 경우에도 국회의결에서 다수결의 원칙을 통해서 입법이 되는 것은 바람직하지 않다. 이러한 경우가 발생하게 되면, 대개는 해당 법률이 공포된 이후에 위헌법률심판이나 헌법소원심판이 제기된다. 이러한 경우는 입법과정이 국회내의 토론과 의결절차로 종료되는 것이 아니라, 헌법재판과정으로 까지 이어지는 결과가 된다고 할 수 있다. 헌법재판소의 규범통제기능이 그 원래의 취지와 기능을 벗어나서, 국회의 입법과정 중에 해소되지 못한 갈등과 분쟁을 처리하는 것으로 변질되고 있다. 이는 한편으로는 국민의 대표기관으로서의 국회의 기능과 위상의 약화를 초래하게 되고, 다른 한편으로는 헌법재판소에 필요 이상의 부담을 주게 된다. 국회에서의 '입법전쟁'에서 승리하지 못한 경우에는, 헌법재판소에서의 '패자부활전'을 기대하게 되는 것이다.

2. 위헌성 여부에 대한 사전심사제도의 도입 문제

주지하는 바와 같이 법률이 헌법재판소의 위헌심사를 통하여 위헌으로 결정되는 경우에는 입법된 법률이 합헌임을 전제로 이루어지고 있던 행정작용과 사법작용에 큰 혼란이 가해진다. 규범통제제도를 두고 있는 이상 불가피한 현상이지만, 위헌적인 법률의 입법을 최소화할 수 있는 제도적 장치가 필요하다.

정부입법의 경우에는 대통령령으로 「법제업무운영규정」과 이를 시행하기 위하여 총리령인 「법제업무운영규정 시행규칙」이 시행되고 있다. 「법제업무운영규정 시행규칙」 제2조에는 법령입안시 유의사항으로 '1. 입법의 필요성 2. 입법내용의 정당성 및 법적합성 3. 입법내용의 통일성 및 조화성 4. 표현의 명료성 및 평이성' 등이 규정되어 있다. 특히 '입법내용의 정당성 및 법적합성'에서는 "가. 헌법이념을 구체화하고, 정의와 공평을 실현하는 내용으로서 개인의 지위존중과 공공복리의 요청이 조화를 이루고, 권한행사의 절차와 방법이 공정하여 부당하게 국민의 자유와 권리를 제한하는 일이 없어야 하며, 국민생활에 급격한 변화를 주지 아니하도록 하는 등 사회질서의 안정성과 예측가능성을 보장할 것. 나. 헌법과 상위법에 모순·저촉되지 아니하도록 하고, 하위법령과 관련하여 위임근거를 명확히 할 것"을 규정하여 법령안을 추진하고자 하는 행정부서에서는 법령안의 입안시에 위헌성 여부를 검토할 수 있도록 하고 있고, 법제처에서는 입안되어진 법령안에 대하여 이러한 입법내용의 정당성 등을 심사하도록 하고 있다.[6] 실질적으로는 정부에서 제출하는 법안의 입안과 심사시에 위헌성 여부를 검토하고 있지만, '입법내용의 정당성'을 '입법내용의 합헌성·정당성'으로 하여, 법안의 위헌성 여부에 대한 자체적인 심사를 명료하게 표현할 수 있을 것이다. 의원이 발의하는 법률안의 경우에는 행정부의 「법제업무운영규정」이나 동 시행규칙에 대응하는 규정이 존재하지 않는다. 다만, 국회 법제실에서 발간하여 입법실무에 이용하고 있는 '입법이론과 법제실무' 제5장에서는 '위헌법률심사의 기준'이라는 항목을 두고 "입법자도 입법할 때 위헌법률심사의 기준이 되는 헌법의 모든 규정과 원칙, 그리고 입법에 관계되는 모든 국민의 기본권과 이해관계를 고려할 필요가 있다."고 하고 있다. 의원이 발의하는 법률안의

6 법제업무 운영규정 시행세칙 제11조 제2항 "법제처장은 법령안을 심사하는 때에는 당해법령안이 입법내용 및 형식에 있어서 제2조 각호의 규정에 의한 요건을 갖추고 있는지의 여부를 심사하여야 하며, 심사과정에 있어서는 공정성·객관성·논리성 및 신속성이 유지되도록 하여야 한다."

경우 법제실에서 법안의 초안을 입안하는 경우에는 이렇게 법안에 위헌적인 요소는 없는지에 대한 검토가 행하여지고 있다. 그러나 의원실에서 직접 법안의 초안을 작성하는 경우에는 이러한 법안에 대한 위헌성 심사가 이루어지고 있지 않다. 이는 의원실의 보좌진 중에는 입법에 대한 전문성 보다는 해당 전문분야의 전문성을 지니고 있는 경우가 대부분이고, 입법에 대한 체계적인 연수나 교육 등을 받을 수 있는 연수제도나 교육제도가 국회 내부에 존재하지 않기 때문이기도 하다. 또한 의원이 발의하는 법안은 사안에 대한 헌법적 및 법률적 검토보다는 사회문제에 대한 의제화를 시도하는 경우도 있다. 그리고 의원발의법률안의 수가 폭증하고 있기 때문에, 법제실에서도 발의법안에 대한 위헌성를 충분히 할 수 있는 여건은 조성되어 있지 못하다. 아무튼 이러한 이유로 의원들이 발의하는 법안에 대한 위헌성심사는 충분치 못하다고 할 수 있으므로, 이러한 법안들에 대한 사전적인 위헌성심사를 제도화하는 방안을 모색할 필요가 있다.

법안의 위헌성 여부를 심사하는 기준[7]으로는 평등원칙, 과잉금지원칙, 과소금지원칙, 신뢰보호원칙, 포괄적 위임입법 금지원칙, 명확성 원칙, 적법절차원칙, 체계정당성원칙, 보충성원칙 등이 있다.[8] 이러한 원칙에 위반되는지의 여부에 대한 사전심사를 통하여, 법안 단계에서 위헌성을 제거하는 작업이 필요하다. 이에 대하여 합헌성심사가 입법권을 제약할 수 있다는 반론이 가능하다. 그러나 입법권은 헌법에 합치하는 한도 내에서만 인정되는 것이므로, 법안에 대한 합헌성심사가 입법권을 제약한다는 것은 논리상 정당하지 못하다. 문제는 위헌논의가 남용되어 부당하게 입법이 지체되거나 저지되는 것이므로 이를 막을 수 있는 위헌성 사전심사제도가 고안되어야 할 것이다.[9] 정부가 제출하는 법

7 이러한 기준으로는 사안적합성(Sachgemäßheit), 체계정당성(Systemge- mäßheit), 결과정합성(Folgerichtigkeit), 적합성(Angemessenheit) 등을 들고 있고, 후자의 내용으로는 평등(Gleichheit), 비례(Verhaeltnismaessigkeit), 특히 형법에 있어서 명백성(Bestimmtheit)과 명확성(Klarheit)의 원칙 등이 열거되고 있다. Schneider, Hans, Gesetzgebung, 3. Aufl., 2002, S.36ff. 입법자의 입법재량권의 한계로서 적법절차의 원칙, 비례와 공평의 원칙, 과잉금지의 원칙, 자의금지의 원칙, 신뢰보호의 원칙, 명확성의 원칙 등을 들고 있기도 하다. 권영성, 헌법학원론, 2009, 803면.

8 홍완식, 입법의 원칙에 관한 연구, 법제처, 법제, 2006. 2, 79면 이하.

9 박균성, 입법의 질 제고에 관한 연구, 토지공법연구, 제43집 제1호, 2009. 2, 493면.

안의 경우에는 법제처 심사에서, 의원이 발의하는 법률의 경우에는 국회 법제실에서 법안의 위헌성을 심사하고, 심사의견을 법안에 첨부하도록 하여 국회 상임위원회 심사와 본회의 심사시 참고토록 하는 방안이 있을 수 있다. 현재는 국회의 법제사법위원회에서 체계·자구 심사를 담당하고 있으나, 「국회법」 개정을 전제로 하여 위헌성 심사를 담당하게 하거나 법제위원회를 분리·개편하여 위헌성 심사를 담당하게 하는 방안도 고려할 수 있을 것이다. 법제처와 국회법제실, 법제사법위원회의 심사 시에는, 내·외부 인사가 참여하여 위헌성 심사의 객관성과 공정성을 제고할 필요가 있다.

제4절 법안의 절차적 정당성 강화를 위한 개선방안

1. 문제의 소재

정부수립 이후 60년이 지났음에도 불구하고 우리국회의 입법과정을 보면 토론과 설득을 통한 의회내 다수의 형성이라고 하는 숙의민주주의를 이상으로 하는 합리적인 다수결원리가 실현되지 못하고, 단순한 수의 다수만 형성되면 된다는 식의 의회운영실태를 보이고 있다. 이러한 의회내 다수파의 힘의 논리에 의한 강행처리나 소위 '날치기통과' 등의 입법실태는 국민의 국회불신과 정치에 대한 냉소주의를 확산시키고 있다. 국회의사결정에 있어서 다수결의 원칙이 이성적 토론과 타협, 소수의사의 존중을 전제로 하는 질적 다수결이 아니라 수적·양적 다수결로 퇴색되고 있는 정치상황에서는 더욱 입법절차의 정당성이 강조된다. 국회가 국회의원 전원으로 구성된 회의체에서 심의와 표결을 거쳐 다수결로 국회의 입법권을 행사하면 그 법률은 모든 국가작용의 근거와 기준이 되고, 국민의 법적 지위를 직접 규율하게 되는 점에서, 국회의 입법과정에는 구성원인 국회의원의 자유로운 참여, 토론, 숙의 등이 활발하게 이루어질 수 있도록 합리적인 심의 과정이 보장되어야 한다.[10] 심의와 표결을 통한 국회 의사결정의 원리인 의회주의 이념의 핵심은 국민을 대표하는 의원들이 국정에 관하여 자유로이 의견을 개진하는 심의(제안·질의·토론) 과정을 거친 후 표결에 따라 국정에 관한 의사결정을 한다는 데 있다. 그런데 의회주의 이념이 제대로 실현되기 되기 위해서는 자유로운 질의와 토론, 소수의견의 존중과 반대의견에 대한 설득이 전제되어야 한다.[11] 이러한 국회 입법과정에서의 절차적 정당성 강화를 위해서, 앞으로의 입법통제는 입법절차상 하자에 대한 통제에 중점을 두어야 한다는 견해도 있다.[12] 우리 국회에서 날치기가 횡행하고 합의의 전통이 약해 의사일정이 거부되거나 지연되기 때문에, 국회의 회기 말에 무더기로 법을 처리하는 것이 관례처럼 되었고, 이는 충분히 심의되지 못한 졸속법안이나 부실법안이 양산되는 이유가 된다.[13] 이러한 입법과정에서의 경색은 논쟁적이지도 않고 시급히 통과되어야 할 법안도 제때에 통과되지 못하여 국회불신을 조장하는 경우도 있다.

2. 입법과정에서의 절차 준수

입법과정에서의 절차는 당연히 준수되어야 한다. 법률을 입법하는 입법기관에서 입법과정에 관한 사항을 정하고 있는 헌법과 법률 등을 위반하여 입법을 한다는 것은 용인될 수 없다. 입법이란 입법권을 지닌 입법기관인 국회가 주권이 지배하는 영역에서 모든 이들이 준수하여야 하는 법률을 만드는 것이다. 그러나 법규범이 내용적으로 올바른 입법이 되어야 하는 내용적 정당성이 충족되어야 하는 것과 마찬가지로, 헌법과 법률 등이 정하고 있는 절차를 준수하여 입법을 하여야 하는 입법권의 행사에 있어서의 절차적 정당성을 필요로 한다.

10 헌재 2009. 10. 29. 2009헌라8.

11 헌재 2009. 10. 29. 2009헌라8.

12 정만희, 헌법과 통치구조, 법문사, 2003, 252면.

13 김민전, 입법과정의 개혁, 박찬욱/김병국/장훈 공편, 국회의 성공조건, 동아시아연구원, 2004, 274면.

다시 말해서, 올바른 내용의 법률이 만들어져야 하는 것은 물론이고 헌법과 법률 등에서 정해진 절차에 따라 입법을 하여야 한다. 입법결과물의 내용적 정당성과 함께, 입법과정의 절차적 정당성을 갖추어야 한다.

적법절차원리는 입법·행정·사법 등 모든 국가작용은 절차상의 적법성을 갖추어야 할 뿐 아니라 공권력행사의 근거가 되는 법률의 실체적 내용도 합리성과 정당성을 갖추어야 한다는 헌법의 일반원리이다. 국회는 입법권과 입법과정에 있어서의 구체적인 절차를 스스로 정할 수 있는 자율권을 지니고 있으나, 그 권한의 행사가 절차적 정의를 위반할 정도의 일탈이라고 평가될 수 있을 정도에 이르게 되는 경우에는, 의회자율권의 행사라고 인정될 수 없을 것이다. 국회의 입법절차도 당연히 적법절차원리의 지배를 받는다.[14] 헌법재판소도 적법절차의 원칙은 모든 국가행위에 광범위하게 적용되는데, 기본권제한에 관련되든 아니든 모든 입법작용에 적용된다고 해석되어야 한다고 본다.[15]

입법절차가 적법하게 이루어지지 않은 경우에는 입법절차의 하자에 대한 통제가능성의 문제가 대두된다. 국회에서 입법절차가 헌법 및 법률에 정한 절차에 따르지 않은 해당 입법절차에 대한 헌법적 평가의 문제가 제기되는 것이며, 위헌법률심사권이 국회의 입법절차에도 미치는가 여부에 대하여는 긍정설과 부정설이 있지만, 권력분립의 원칙과 자주성 존중의 원칙을 논거로 하는 부정설이 다수설이다. 헌법재판소는 권한쟁의심판을 통하여 입법절차에 대한 심사를 행하고 있다.[16]

입법절차상의 문제가 헌법이나 법률에 명백히 위반되는 경우에는 국회의 자율권을 근거로 권한침해의 확인을 피할 수 없으며, 법률안에 대한 심의 및 표결권한을 침해하였다고 확인하는 한 그러한 입법절차상의 하자가 있는 법률안 가결선포행위는 위헌이라고 보아야 한다는 견해가 있다.[17] 구체적으로 입법절차가 적법하게 이루어졌는가에 대한 판단은 사안마다 개별적으로 판단되어져야

---

14 성낙인, 헌법학, 법문사, 2009, 457면.
15 헌재 2001. 11. 29. 2001헌바41.
16 홍성방, 헌법학, 현암사, 2009, 807면.
17 전광석, 한국헌법론, 법문사, 2007, 509면.

할 것이다. 1996년 12월 26일에 야당의원들에게 변경된 개의시간을 통지하지도 않은 채 비공개로 본회의를 개의하는 등 「헌법」 및 「국회법」이 정한 절차를 위반하여 법률안을 가결시킨 입법과정상의 흠결에 대하여 "국회는 국민의 대표기관, 입법기관으로서 폭넓은 자율권을 가지고 있고, 그 자율권은 권력분립의 원칙이나 국회의 지위, 기능에 비추어 존중되어야 하는 것이지만, 한편 법치주의의 원리상 모든 국가기관은 헌법과 법률에 의하여 기속을 받는 것이므로 국회의 자율권도 헌법이나 법률을 위반하지 않는 범위 내에서 허용되어야 하고 따라서 국회의 의사절차나 입법절차에 헌법이나 법률의 규정을 명백히 위반한 흠이 있는 경우에도 국회가 자율권을 가진다고는 할 수 없다."[18]고 하였다. 이 사건에서는 법률안에 대한 심의·표결권이 침해된 것으로 인정되었지만, 가결선포행위의 효력에 대한 의견은 나뉘어지는 가운데 이를 무효로 인정하지는 않았다. 입법절차에 있어서의 「국회법」 위반으로 심의·표결권 침해가 있다고 하더라도 위헌무효로 볼 수 없다고 판단함으로써, 날치기입법을 방지하고자 하는 실효성을 기대할 수 없다는 것이 문제로 지적되었다.[19] 국회에서 2009년 7월 22일에 '미디어관련법'을 처리하면서 문제가 되어 야당에 의하여 제기된 권한쟁의심판에서도 입법절차상의 하자로 인한 국회의원들의 심의·표결권은 인정되었으나, 이러한 과정을 통해 통과된 법률안에 대한 가결선포행위에 대해서는 "권한침해로 야기된 위헌·위법상태의 시정은 피청구인에게 맡기는 것이 바람직하므로 이 부분 청구는 기각"된다거나, "가결선포행위의 효력에 대한 사후의 조치는 오직 국회의 자율적 의사결정에 의하여 해결할 영역"이라고 보아 기각되었다. 그러나 "입법절차에 관한 헌법규정을 위반하였다는 등 가결선포행위를 취소 또는 무효로 할 정도의 하자에 해당한다고 보기는 어렵다"는 의견도 있었고, "가결선포행위의 국회의원 심의·표결권 침해를 확인하면서도 그 위헌성·위법성을 시정하는 문제는 국회의 자율에 맡기는 것이 타당하다는 이유 등을 들어 가결선포행위의 무효확인이나 취소 선언을 회피하는 것은 모든 국가작용이 합헌적으

18 헌재 1997. 7. 16. 96헌라2.
19 정만희, 전게서, 251면.

로 행사되도록 통제하여야 할 헌법재판소의 사명을 포기하는 것"이라는 의견도 있었다.[20]

입법과정의 하자로 인한 국회의장과 국회의원간의 권한쟁의는 한 번에 그치지 않았으며, 효과적으로 시정되지 않았다. 헌법재판소가 권력분립 원칙에 이론적 기반을 두어 국회의 자율권을 존중하는 소극적인 결정도 이해가 될 수 있지만, 보다 적극적으로 가결선포행위의 효력을 부인할 수도 있을 것이다. 국회의 심의·의결이라고 하는 법률안의 입법과정에서 국회의원들의 심의·표결권이 침해된 경우에, 그러한 권한침해행위의 효과를 제거하기 위해서는 입법과정의 위반의 결과물인 법률의 효력을 부인하는 것이 원칙일 것이다.

전술한 바와 같이 우리나라의 입법과정은 상임위원회를 중심으로 하여 법안심의가 이루어지는 위원회중심주의를 채택하고 있다. 상임위원회에서 채택되어 본회의에 상정된 안건은 대부분 본회의에서 그대로 의결되고 있으며, 몇몇 논쟁적인 법안만이 본회의에서 논의된다. 이러한 경우에도 본회의에서 해당 '논쟁적인 법안'이 심의되는 것이 아니라, '입법전쟁'이 치루어지는 것이다. 그러나 위원회중심주의가 우리나라 입법과정의 특징이라고 하더라도 본회의 자체의 존재의의가 불필요할 정도로 본회의 심의가 형식화되는 것이 합리화될 수는 없다.[21] 시간상의 제약으로 인하여 모든 법률안에 대한 본회의에서의 심의가 실질화되지는 못하더라도, 중요법률안에 대해서는 본회의에서의 심의·의결기능이 실질화되어야 한다. 특히 상임위원회 중심주의와 단일위원회 회부제도의 문제점을 극복하기 위하여 재도입된 제도인 전원위원회가 법안에 대해서는 한 번도 개최된 적이 없을 정도로 그 기능이 발휘되지 않는 한, 국회 본회의의 심의·의결과정은 개선될 필요가 있다. 그러나 아무리 제도가 개선되더라도 절차를 준수하겠다는 반성과 의지가 없이는, 절차적 정당성이 확보될 수 없다. 제도개선이 절차적 정당성을 담보하지 못하는 것이다. 헌법과 법률에 위반되는 절차에 의하여 심의·의결된 법률안의 효력을 인정하지 아니하는 결정도 궁극적으로는

20 헌재 2009. 10. 29. 2009헌라8.

21 석인선/이인호/권건보/최희경, 국회입법과정의 혁신에 관한 연구, 국회운영위원회, 2007. 2. 189면.

입법과정의 절차적 정당성 확보에 기여할 수 있을 것이다.

제5절 법안의 민주적 정당성 강화를 위한 개선방안

1. 문제의 소재

점차 다원화되고 있는 우리 사회에서는 입법사안에 대하여 다양한 견해차이가 드러날 때가 많다. 이러한 다양한 견해의 차이를 해결하기 위해서는 입법과정에 이르기 전에 입법사안에 대한 사회적 합의를 이루는 것이 중요하다. 사회적 합의가 전혀 마련되지 않은 사안을 입법과정에 투입하여 법제화 작업을 시도하게 되면, 여러 가지의 문제가 발생하게 되는 것을 우리는 보아왔다. 보다 원론적으로 말한다면, 국민의 대표기관인 국회는 입법과정을 통하여 갈등을 치유하고 달성되지 못한 사회적 합의를 촉진시키는 토론과 합의의 장이 되어야 함에도, 우리의 의회정치는 이러한 역할을 감당하지 못하는 경우가 많다.

국가에 주어진 공동체 통합이란 과제는 무질서한 권력투쟁에 근거하여서는 달성되지 아니하고 오직 계획적이고 협력적인 행위를 통해 달성된다. 국가과제의 달성을 위한 일정한 절차와 구성원의 동의에 근거한 정당한 지배의 구성물이 입법이다. 입법이란 조직화되고 절차적으로 질서가 잡힌 협동작업을 위한 인위적인 도구이자 제도라고 할 수 있다.[22] 이를 위해서는 입법과정에서 국민들의 의사가 충분히 대변되고 반영될 수 있는 제도가 갖추어져야 한다. 입법과정에 있어서의 민주성이란 입법과정이 특정세력에 의하여 좌우되지 않고 국민 다수의 의사를 충실히 반영하여 입법내용이 결정될 수 있도록 제도화되어야 한다.[23] 그러나 우리의 입법과정 및 입법과정에 제출되는 법안이 이러한 국민적

22 이성환, 입법과정에 있어서 국민참여, 국민대학교 법학연구소, 법학논총, 제21권 2호, 2009, 157면.

참여와 합의에 바탕을 둔 것인지에 대해서 회의적일 때가 있다. 법안의 민주적 정당성이 약화되는 경우에는 입법과정의 산출물인 법률에 대한 신뢰도 또한 약화될 수밖에 없다.

2. 입법과정에 있어서 국민참여의 확대

최근 한국 입법과정의 변화와 특징으로서 공청회의 '폭발적 개최 등'이 긍정적인 요인으로 지적되고 있는데, 이는 한국 국회가 의회민주주의를 지향하는 모습으로서 평가되고 있다.[24] 입법과정은 대의기구가 단순히 다수결의 원리에 따라 의사결정만을 하는 곳이 아니라 대다수의 국민이 공감할 수 있는 정책대안을 국회의원들의 숙의과정을 거치며 모색하는 과정이며, 이러한 과정을 통하여 입법과정의 민주적 정당성이 제고되는 것이다.[25] 이러한 이유로 입법과정에서는 보다 많은 국민의 참여와 결정과정에서의 숙의가 필요하게 된다.

입법과정에서의 국민참여는 입법갈등의 예방을 위한 기초작업이며 입법갈등 해결에 있어서도 단초를 제공한다는 점이 강조되고 있다.[26] 입법과정에 있어서 이해관계인의 의견을 수렴하고 관계기관과의 협의를 거쳤는지 여부를 법령안에 표시하도록 하고, 이해관계인의 의견수렴이 부족한 경우에는 입법예고시 이해관계인의 의견을 재수렴하도록 하자는 의견도 있다.[27] 특히 우리가 절실히 경험한 바와 같이 「사립학교법」 개정을 둘러싼 갈등이나 최근의 미디어법 처리와 관련한 갈등 등은 입법과정에 국민참여를 강화하고 실질화하여야 한다는 생

23 임종훈/박수철, 입법과정론, 제3판, 박영사, 2006, 14－18면. 이러한 입법과정의 민주화를 위해서는 국회의원과 국민간의 자유롭고 효과적인 의견교환과 입법과정의 공개성과 투명성이 이루어져야 한다. 또한 입법과정에서 민주성이 확보되기 위해서는 다수의 횡포는 물론이고 소수의 횡포도 발생하지 않도록 해야 한다.

24 최정원, 국회 입법과정의 변화와 특징: 입법환경과 입법행위자를 중심으로, 한국정치학회보, 제35집 제3호, 2001, 148면.

25 임종훈, 전게논문, 288면.

26 김유환, 입법과정에서의 갈등해결: 한국의 상황과 문제점, 입법과정에서의 갈등해결, 이화여자대학교 공공문제연구센터, 2009, 102면.

27 박균성, 전게논문, 500면.

각을 갖게 한다. 물론 국민참여의 확대와 강화가 입법과정에서의 갈등을 완화하거나 해소하는 데 어느 정도나 기여할 수 있을지에 대한 의문이 발생할 수도 있겠지만, 참여민주주의(participatory democracy)와 숙의민주주의(deliberative democracy)의 고양을 통하여 국가정책이 결정되어야 한다는 당위에 훨씬 근접한 제도가 모색되어야 한다는 점이 제도에 반영되어야 한다. 입법청원 등의 형태로 이루어지는 시민단체들의 '시민입법' 기능이 활성화됨으로써 시민사회의 정책적 요구를 국회가 보다 적극적으로 수용하고, 이를 의원입법으로 연결할 수 있는 제도적 장치의 확보도 요청되고 있다.[28] 입법예고제의 의무화 및 실효성의 제고, 입법공청회의 확대실시 및 의견반영, 입법모니터링제도의 도입과 활성화 등을 통하여 국민들의 의견이 입법과정에 적극 반영되고, 이는 입법과정과 법안의 민주적 정당성을 강화하게 될 것이다. 특정 법률의 경우에는 국회심의시에 청문회 등 청문절차를 거치는 것도 좋다.[29] 이렇게 대의민주주의를 기반으로 하고 참여민주주의적 요소를 도입하여 입법과정을 조화롭게 운영하기 위해서는, 입법공청회 등에서 입법전문가와 정책전문가가 입법에 적극 참여토록 하는 방안도 좋다.[30] 특히 국가정책이나 국민생활에 중요한 영향을 미치는 법률의 입법의 경우에는, 관련 전문가들로 구성된 '입법특별위원회'를 구성하여 논의케 한 후 이를 입법에 반영하는 방안도 좋을 것이다.

---

28 이동윤, 국회의 입법과정과 시민단체의 역할, 한국정당학회보, 제6권 제1호, 2007, 187면.

29 김철수, 헌법학(하), 박영사, 2008, 1596면. 「국회법」 제65조에는 특히 제2항에 법률안의 심사를 위한 청문회에 관한 규정도 두고 있으나, 활용되지 않고 있다.

30 Bates, John, Experts in the Legislative Process in the Britisch Isles, The participation of civil society in the legislative process, 2005, p.121; Novak, Frantisek, The role of legal experts in the legislative process in the Czeck Perublic, The participation of civil society in the legislative process, 2005, p.176.

제6절 법안의 체계적 정당성 강화를 위한 개선방안

1. 문제의 소재

현대에 들어와서는 다른 주요 국가의 경우에도 규범의 홍수(Normenflut)나 법령의 인플레(Gesetzesinflation)라고 불리는 일반적인 법규 과다의 현상이 있는데, 우리나라의 경우에도 많은 법령이 있음에 예외가 아니다. 법령의 수가 많아지는 것은 현대사회의 생활관계가 복잡해졌기 때문이기도 하고, 이전에는 국가가 개입할 필요가 없었던 사회적·가정적 사안에 국가가 법령을 통하여 적극적으로 개입하게 되었기 때문이기도 하다.

〈표 13-1〉 현행 법령 현황 (2009년 10월 31일 기준)

구 분		건 수
헌 법		1
법 령	법 률	1,235
	대통령령	1,675
	총 리 령	72
	부 령	1,385
	소 계	4,367
계		4,368

※ 출처: 법제처(http://www.moleg.go.kr) 2009. 11. 27. 방문

위의 <표 13-1>을 통하여 우리나라의 현행 법령 현황을 보면, 2009년 10월 31일 현재 헌법 1, 법률 1,235, 대통령령 1,675, 총리령 72, 부령 1,385 등 총 4,368건의 법령이 공포·시행되고 있다. 더욱이 행정부의 훈령·예규·고시의 수는 2009년 11월 27일 현재 총12,688건에 이르며, 각 지방자치단체 미디 각 권

역에서의 수많은 조례와 규칙이 공포·시행되고 있다. 대한민국 정부수립 이후 공포된 법령의 수는 총 5만건을 상회할 정도로 많다. 법령공포현황은 다음 <표 13-2>를 통해서 볼 수 있다.

〈표 13-2〉 법령 공포 현황 (2009년 10월 31일 기준)

구 분		건 수
헌 법		10
법 령	법 률	9,808
	대통령령	21,794
	국무원령	257
	각 령	1,765
	총 리 령	914
	부 령	16,645
	소 계	51,183
계		51,193

※ 출처: 법제처(http://www.moleg.go.kr) 2009. 11. 27. 방문

이렇게 법규범들은 수가 많아서 복잡하기도 하지만, 법규범 사이에 불일치와 모순이 존재하는 경우도 있다. 즉, 많은 법률 자체가 문제되기도 하지만 통일적인 체계성을 결여함으로 인하여 법률 상호 간에 모순 혹은 충돌이 발생하여 법률의 해석과 집행에 있어서 혼란이 있을 수 있고, 비체계적인 법률로 인하여 법적 안정성의 저하가 초래될 수 있다. 법체계의 모순과 불일치가 발생하는 이유는 여러 가지가 있겠지만, 입법의 영역이 넓어지게 되는 결과 법령의 절대적인 수가 많아졌고, 특히 우리나라의 경우에는 기본법, 특별법, 특례법 등의 양산으로 법질서의 체계가 복잡해졌기 때문에 많은 법령이 일관되고 통일된 체계를 유지하기가 어려워졌다는데 주된 이유가 있다.[31] 또한 법률이 입법정책적 및

31 상세는 홍완식, 체계정당성의 원리에 관한 연구, 토지공법연구, 제29집, 2005. 12, 467면

행정적 필요에 따라 제정·개정·폐지되는 결과, 법체계 전반의 관점에서 보면 체계성이 약화되거나 또는 체계성이 현저히 부족하게 되었다고 평가할 수 있다.

2. 법안의 체계성 검토

체계정당성(Systemgerechtichkeit) 또는 체계적합성(Systemgemäßheit)이란 입법기능에서 존중되어야 하는 원칙으로서 법규범 상호간에는 규범구조나 규범내용면에서 서로 상치 내지 모순되어서는 아니 된다는 원칙이다.[32] 헌법재판소는 체계정당성의 원리에 대하여 "'체계정당성'(Systemgerechtigkeit)의 원리라는 것은 동일 규범 내에서 또는 상이한 규범간에 (수평적 관계이건 수직적 관계이건) 그 규범의 구조나 내용 또는 규범의 근거가 되는 원칙면에서 상호 배치되거나 모순되어서는 안된다는 하나의 헌법적 요청(Verfassungspostulat)"[33]이라고 설명하고 있다. 체계정당성이란 입법자가 입법을 함에 있어서 법체계와 일치하거나 법체계에 적절한 결정을 하여야 한다는 것을 의미한다.[34]

법령 상호간의 체계성을 유지하기 위한 방법으로는 우선 규범통제제도를 들 수 있다. "체계정당성의 요청은 동일법률에서는 물론이고 상이한 법률간에도 그것이 수직적인 관계이건 수평적인 관계이건 반드시 존중되어야 하기 때문에 규범통제를 불가피하게 한다. 상·하규범간의 규범통제와 동등규범간의 규범통제, 신·구규범간의 규범통제 등이 입법기능에서 반드시 선행 내지 병행되어야 하는 것은 그 때문이다. 대다수 헌법국가에서와 마찬가지로 우리 헌법도 상·하규범간의 규범통제만은 이를 국회에게만 맡겨 놓지 않고 법원 또는 헌법재판소에 맡기고 있는데 위헌법령심사제도가 바로 그것이다."[35]라고 하여 입법에서 체계정당성의 원칙을 지키게 할 수 있는 제도로서 규범통제제도의 기능이 강조되

이하 참조.

32 허영, 한국헌법론, 2009, 890면.

33 헌재 2004. 11. 25. 2002헌바66; 헌재 1995. 7. 21. 94헌마136.

34 Peine, Franz-Joseph, Systemgerechtigkeit, 1985, S.25.

35 허영, 전게서, 891면.

고 있다.

우리 헌법재판소는 구 「상속세및증여세법」 제43조에 대한 위헌심사,[36] 「특정범죄가중처벌등에관한법률」 제5조의3 제2항 제1호에 대한 헌법소원,[37] 구 「국가공무원법」 제69조에 대한 사건[38] 등에서 체계정당성의 원칙에 위배되어 헌법상 비례의 원칙과 평등원칙이 침해된 것은 아닌지의 관점에서 사례를 검토한 바 있다. 그러나 독일연방헌법재판소는 물론이고 우리 헌법재판소도 이러한 체계정당성의 원리에 대한 위반이 바로 위헌으로 되는 것이 아니고, 과잉금지원칙이나 평등의 원칙 등 일정한 헌법의 규정이나 원칙을 위반하여야만 비로소 위헌으로 된다는 점에 의견의 일치를 보이고 있다. 즉, 체계정당성 위반은 비례원칙이나 평등원칙 등의 위헌성을 시사하는 하나의 징후일 뿐이라는 것이다. 반대로 입법자가 체계정당성의 위반을 정당화할 합리적인 사유가 있으면, 이에 관한 입법재량이 인정된다는 것이다.[39] 즉, 체계정당성의 위반을 정당화할 합리적인 사유가 존재하지 않는다면 입법재량을 일탈한 것이 되고, 이는 평등원칙 위반으로 될 가능성이 있다는 것이다. 이는 입법론적인 측면에서 보면 규범통제제도는 법령의 입법시 체계정당성 원칙의 준수를 입법자에게 강제할 수 있는 충분한 수단으로서 기능하지 못한다는 결과를 낳는다.

그러나 체계정당성 원칙에의 위반이 위헌의 정도에 이르지 아니하는 경우에도, 바람직한 법령의 체계성 확보를 위해서는 입법자 스스로 체계정당성 원칙에 적합하도록 법령을 입법하고 법령을 정비하여야 함은 물론이다. 이를 위해서는 입법의 입안시와 심사시 체계정당성의 원칙을 법령안 입안과 심사의 원칙으로 하여 법령을 입안하고 심사하여야 한다. 제도적으로는 국회 법제사법위원회의 체계·자구심사 과정에서 이러한 점이 법률의 입법에서 충분히 검토되었는지를 통제할 수 있을 것이다. 정부가 제출하는 법률안의 경우에는 의원이 발의하는 법률안의 경우보다는 체계성에 관한 검토를 하고 있다. 행정부의 각

36 헌재 2004. 11. 25. 2002헌바66.
37 헌재 1992. 4. 28. 90헌바24.
38 헌재 2003. 10. 31. 2002헌마684.
39 헌재 2004. 11. 25 2002헌바66.

부서에서 법률안을 입안하는 경우에 각 부서의 소관법률이 검토되기 때문에, 법안초안의 작성과정과 법제처의 심의과정에서 입법되는 법안의 체계성을 고려하게 된다. 또한 법안에 대한 정부 내의 입법과정 중의 하나인 차관회의와 국무회의를 준비하는 과정에서 법안의 체계성이 고려될 수 있는 기회가 있다. 그럼에도 불구하고 복잡하고 다양한 법령이 제정·개정·폐지되는 입법현실 하에서는 정부제출법안과 국회발의법안 공히 체계성의 강화를 위한 제도적 장치를 보완할 필요가 있다.

제7절 법안의 효율성 강화를 위한 개선방안

1. 문제의 소재

우선 입법과정의 효율성과 법률 자체의 효율성의 문제가 구별되어야 한다. 입법과정의 효율성이라고 함은 입법과정이 필요 이상으로 지연되지 않고 적정한 심사과정과 심사기간 내에 완료되어 적절한 시기에 법률이 시행될 수 있도록 함을 의미한다. 즉, "입법과정에서 확보되어야 할 효율성(efficiency)이란 가장 적은 비용과 노력으로 필요로 하는 양질의 법률이 가능한 한 많이 적시에 제정될 수 있어야 한다는 것"[40]이다. 입법은 적절한 시기를 놓쳐버리면 입법에 의한 국가적 효력이 보장될 수 없는 경우가 발생할 수 있으며, 이로 인하여 국가운영의 효율성이 저하되거나 법적 안정성이 침해되는 경우도 발생할 수 있다.[41]

다음으로, 입법과정의 결과물인 법률의 효율성은, 법안이 입법과정을 통과하여 법률로 시행될 경우에 필요이상의 경제적 비용이나 사회적 문제를 발생시키지 않고 의도한 입법목적을 달성할 수 있도록 법률을 입법함을 의미한다. 입

40 임종훈/김수철, 전게서, 22면.
41 박인수, 입법지연 및 갈등극복에 관한 연구, 공법학연구, 제8권 제4호, 2007, 264면.

법과정에서의 효율성에 대한 고려는 정의개념과 배치되는 것은 아니다.[42] 법안의 효율성 강화를 위한 개선방안이라고 함은, 입법과정을 통하여 법률이 효율적으로 시행될 수 있을지를 미리 평가하고, 비효율적인 요소가 있다면 이를 제거하여 법률 시행시의 효율성을 강화할 수 있는 개선방안을 의미한다. 일반적으로 국가작용의 효율성은 "국가목적의 달성을 위하여 효과적인 수단을 선택함으로써 적절하게 목적을 달성하는 것으로 이해된다. 즉, 기회비용이 적게 들어가는 적절한 수단을 동원하여 국가목적을 효과적으로 달성하는 것이 효율성이라고 할 수 있다."[43] 효율성에 대한 고려는 법률이 현실에 적합한 내용으로 입법될 수 있도록 하는 동기를 부여한다.[44] 어떠한 법률이 경제적·사회적 비용은 많이 드는데, 그 법률이 시행되는 경우 거둘 수 있는 경제적·사회적·문화적·복지적 효과는 상대적으로 적다고 한다면, 그 법안은 효율성이 없는 법안일 수 있다. 모든 가치를 계량화시키기 어려운 방법론상의 문제가 있기는 하지만, 법안의 비용과 효과 등을 사전에 예측하여 법안의 효율성을 강화하는 일은 입법과정의 합리화를 위해서나 입법결과물인 법률의 효율화를 위해서나 필요하다고 본다.

2. 법안의 효율성 강화를 위한 방안

우선, 입법과정의 효율성 강화를 위한 방안으로는 신속을 요하는 법률의 경우에는, 현행의 국회내 입법절차와는 다른 간소한 입법절차를 마련하여, 적시에 필요한 법률이 입법될 수 있도록 하는 방안을 생각해 볼 수 있다. 기존의 정

---

42 Mathis, Klaus, Effizienz statt Gerechtigkeit, Dunker & Humblot, 2004, S.205.

43 장영수, 헌법학, 홍문사, 2008, 960면–961면. "민주주의가 관철된 오늘날에 있어서는 국가작용의 효율성이 갖는 의미가 달라졌다. 국가작용의 근본적인 목적 자체가 국민의 기본권 보장에 있으므로 국가작용의 효율성이 민주주의 또는 법치주의의 요청과 충돌할 수 없기 때문이다. 오히려 오늘날 국가작용의 효율성을 확보하는 것은 동시에 민주주의와 법치주의를 보다 잘 실현시키는 것으로 평가될 수 있다."고도 한다.

44 Schmidtchen, Dieter, Die ökonomische Analyse des Recht, Der Effizienz auf der Spur, Nomos Verl., 1998, S.10.

부입법계획제도가 입법의 예측가능성과 적시성을 확보하는 방법이라고 할 수 있는데, 계획준수율이 낮고 계획의 잦은 변경으로 인하여 계획으로서의 의미가 저하되어 현행 정부입법계획제도가 형식적으로 흐르고 있다는 문제가 있다.[45] 그러나 이러한 문제가 있음에도 불구하고 정부입법은 상대적으로 '입법계획과 법령정비'라고 하는 특징을 지니고 있는 것이 사실이므로, 정부입법계획의 실질화와 준수를 위하여 노력하여야 한다. 정부입법계획에 대한 종합·조정기능의 보완이나 정부입법계획 주관부서의 역할을 강화하는 것도 하나의 방안이 될 수 있고,[46] 정부업무평가 등에 있어서 입법계획을 준수한 부처와 모범적 실적을 나타낸 부처에 다양한 인센티브를 주는 등의 방안도 좋을 것이다. 신속을 요하는 법률에 대해서는 신속한 입법절차를 허용하는 「국회법」 개정을 통하여, 간소한 입법절차를 도입하는 방안도 고려할 수 있다. 문제는 갈등과 논란의 소지가 있는 법률에 신속입법절차를 적용하려는 시도를 차단하면서도, 이견이 없고 신속한 통과를 요하는 법률에만 신속입법절차를 적용할 수 있는 제도적 장치를 마련하는 일이다. 소위 '민생입법'[47]이나 이견이 없는 '경제입법'은 적시 처리가 필요하므로, 법안 분류제도의 도입과 원내교섭단체의 합의가 있는 법안의 신속한 입법처리절차를 마련하는 일은 시도해 볼 만하다. 프랑스 의회에서 처럼 특별심의제도를 두어 제한토론이나 무토론투표 형식의 단축심의제도를 마련하는 방안도 고려할 수 있을 것이다.[48] 정부에서 제출하는 법률의 입법과정에서 규제심사와 법안심사가 별도로 이루어지고 있는데, 이 두 가지의 심사과정이 하나로 통합된다면 정부입법과정이 간소하고 신속하며 효율적으로 될 수 있다.

다음으로, 법안의 효율성 강화를 위해서는 법안이 공포되어 시행될 경우 어떠한 효과를 발생시킬 것인가에 관하여 법안의 입법과정에서 평가를 필요로 한다. 특히 사회적·문화적 효과 등은 계량화하기에 난점이 있지만, 재정적·경

---

45 박균성, 전게논문, 491면.

46 박인수, 전게논문, 279면.

47 흔히 정치권에서 '민생법안'이라고 표현되는 법안들은 이념적이거나 정치적이지 않음에도, 다른 논쟁적인 법안과 결부되어 국회에서의 심의·의결이 지연되거나 거부되는 경우가 있다.

48 박인수, 전게논문, 265면.

제적 효과 등은 계량화가 상대적으로 용이하여 법안이 효율성이 있을 것인지의 여부를 입법단계에서 사전에 평가할 수 있다. 법안에 대한 재정적 영향을 사전에 고려할 수 있도록 예측하는 방안은 법안이 시행될 경우에 소요되는 비용을 사전에 검토하는 것이다. 「국회법」 제79조의2에 따른 '법안비용추계서'나 「법제업무운용규정」 제11조에 의한 '재정소요비용추계서'는 법률안이 시행될 경우 소요될 것으로 예상되는 비용을 예측하자는 취지를 지니고 있다. 국회에서 재정소요법안에 대한 예산명세서 첨부를 의무화한 초기에는 예산명세서 첨부제도는 형식적으로 운영되다가, 2005년 7월 28일의 「국회법」 개정을 통하여 비용추계서 첨부제도가 새로이 도입되었다. 즉, 의원입법과 정부입법에 공히 비용추계서를 첨부할 것을 의무화하였다. 구체적인 비용추계 및 재원조달방안에 대한 자료의 작성 및 제출절차 등에 관하여 필요한 사항은 의원입법의 경우에는 「국회규칙」으로, 정부입법의 경우에는 「법제업무운영규정」에 정하고 있다. 즉, 대통령령인 「법제업무운영규정」 제11조 제2항에서는 법령안 주관기관의 장은 재정부담이 수반되는 법률안 또는 대통령령안을 입안할 때에는 당해 법령안의 시행으로 인하여 예상되는 재정소요비용에 관한 추계서를 작성하여 이를 국무회의 상정안에 첨부하도록 규정하고 있다. 2006년에 제정된 「국가재정법」 제87조는 법안비용추계제도의 법적 근거와 기본적인 절차 및 내용을 규정하고 있다. 이와 같은 재정소요추계제도 또는 법안비용추계제도는 법령 입안시 국가의 재정부담능력을 고려하고, 나아가 예산편성시 주요 참고자료로 활용하는 등의 목적으로 도입된 것이다. 양적인 면에서 재정소요추계제도 도입후의 실적은 미미하고, 또한 질적인 면에서도 재정소요추계에 대한 이해와 전문적 기법의 활용없이 주먹구구식 추계가 많아 실제 법령안에 대한 기획예산처의 검토나 국무회의 심의자료로서 활용되기 어렵다는 점이 문제로 지적[49]되고 있기는 하지만, 이는

49 추계실적이 저조한 것은 재정소요추계를 담당하는 각 부처에서 추계를 할 유인과 강제가 부족하기 때문이라는 평가가 있다. 동 제도는 재정통제를 위한 것으로서 조직과 예산의 확대를 꾀하는 부처 입장에서 자발적으로 추계할 유인이 없고 오히려 과소추계의 위험이 있다는 것이다. 또한 추계를 하지 않았을 경우 이를 강제할 수 있는 제도적 장치가 전혀 없는 것도 중요한 요인이며, 기획예산처나 법제처에서 재정소요추계를 유도하려는 노력이 부족한 것도 저조한 비용추계실적의 원인으로 지적되고 있다. 임명현, 입법관리의 실

개선이 필요한 사항이지 법안비용추계제도 자체의 문제점은 아니다. 앞으로의 과제는 동 제도의 실질적인 운용이며, 아울러 비용추계서의 정확성과 신뢰성을 제고할 필요가 있다. 법안 비용추계제도는 정부의 재정적자를 적절히 통제하고 법의 형태로 나타나는 정책을 효율적으로 관리함으로써 국민의 세금을 효과적으로 사용하기 위해서는 법률의 입안단계에서부터 국가가 부담해야 할 재정소요에 대해 면밀히 분석할 필요가 있다는 인식에 따라 생성된 제도[50]이며, 과거 대다수의 법률심의는 필요예산에 대한 사전적 추계없이 시행되어왔고 그 결과 예산낭비사례가 빈번했기 때문에 법안비용추계의 적극적인 활용이 필요하다.[51] 법안비용추계제도는 미국이 1974년도에 최초로 도입하여 이미 제도화된 상태이며, 스위스·독일·오스트리아 등 유럽연합의 국가들도 최근 법안비용추계를 그 내용의 일부로 하는 입법평가제도를 도입하여 시행중에 있다. 법안비용추계제도는 입법평가의 하나의 단계 또는 일부라고 할 수 있다. 법률에 대한 경제적·사회적·문화적·교육적 등 여러 관점에서의 다면화되고 종합적인 평가가 필요하며 부패영향평가·성별영향평가·갈등영향평가·규제심사와 같은 중복되고 복잡한 영향평가를 통합할 필요가 있다. 이러한 입법평가는 평가기준의 개발, 평가전문가의 양성, 제도화 문제 등의 과제가 있기 때문에, 시험적·단계적으로 도입할 필요가 있고, 입법권의 제약이 아닌 입법권 강화를 위한 관점에서 제도가 설계되어야 할 것이다.

태 및 효율화 방안, 한국법제연구원, 법제연구, 제27호, 2004, 219면.

50 국회예산정책처, 법안비용추계－원리와 방법, 2006, 13면.

51 신해룡·이남수, 예산부수법안의 법안비용추계에 관한 연구, 국회사무처 예산정책국, 2000, 12면.

제8절 맺음말

현행 입법과정의 문제점과 개선방안은 법안의 입안단계, 국회 위원회에서의 심의·의결단계, 국회 본회의 단계에서의 심의·의결단계 등으로 나누어서 살펴볼 수 있다. 정부가 법안을 입안하여 국회에 제출하는 과정에서는 정부입법계획의 개선, 법안에 대한 재정소요추계의 활성화, 국민의 입법의견의 적극적 수렴과 반영, 법안에 대한 규제영향분석 보완, 법제처의 법령안심사 보완 등으로 요약할 수 있다. 국회의원이 법안을 입안하여 발의하는 과정에서는 법률안 발의 의원정수와 관련된 문제의 제도적 보완, 법안실명제의 실효성확보, 법률안 공동발의제도의 개선, 국민의 입법참여 및 입법과정의 투명성 강화, 법안비용추계제도의 실질화, 입법평가제도의 단계적 도입, 입법지원체계 정비 등으로 요약할 수 있다. 국회 위원회의 심의·의결과정에서는 국민의 입법참여 확대와 투명성 강화, 위원회 회부제도의 개선, 위원회 심의의 실질화, 법제사법위원회 심사의 개선, 전원위원회제도의 활성화 등으로 요약할 수 있다. 국회 본회의 심의·의결과정에서는 법안의 '날치기 통과'와 '무더기 통과'의 방지, 본회의 심의의 활성화 등으로 요약할 수 있다. 이러한 개선방안의 궁극적 목표와 관련하여 논점들을 정리하면, 이러한 논의들은 법안이 법률로 진행되는 입법과정에서 헌법과 법률이 정하는 입법절차에 합치하고, 법안의 위헌성 여부가 사전에 심사되며, 기존 법체계와 합치하는 내용의 법률이 만들어져야 한다는 것이다. 이에 더하여 최근에 와서는 법안의 효율성도 강조되고 있고, 효율적인 법률이 되기 위한 여러 가지 제도적 개선방안도 도입되었거나 도입이 논의되고 있다. 이러한 입법과정의 목표는 입법학 이론의 이념적 목표요 입법과정의 실질적 목표인 '좋은 법률(Richtiges Recht)' 또는 '보다 나은 법률(Better Regulation)'을 입법하려는 것이다. 입법과정의 절차적 개선 및 절차준수에의 의지가 필요하다. 입법절차 준수의 의지가 입법제도의 개선으로 나타날 것이요, 입법제도의 개선은 입법절차 준수에의 의지가 동반되어야 이러한 입법과정의 목표가 달성될 수 있다.

| CHAPTER 13 _ 참고문헌 |

권영설, “입법과정의 헌법적 조명”, 「공법연구」, 제34집 제3호, 2006.

김민전, “입법과정의 개혁”, 박찬욱/김병국/장훈 공편, 「국회의 성공조건」, 동아시아연구원, 2004.

김승환, “의원입법의 개선·발전방안 모색”, 「의원입법의 발전방안」, 국회법제실/한국공법학회, 2004.

김유환, “입법과정에서의 갈등해결: 한국의 상황과 문제점”, 「입법과정에서의 갈등해결」, 이화여자대학교 공공분쟁연구센터, 2009.

김은철, “국회의 입법과정 개선방안에 관한 연구”, 「법학연구」, 제20집, 2005.

노현송/김낙순, 「생산적이고 효율적인 국회개혁을 위한 제언」, 2004.

박균성, “입법의 질 제고에 관한 연구”, 「토지공법연구」, 제43집 제1호, 2009.

박수철, “대한민국 국회 입법과정의 투명성과 합리성 제고방안”, 제헌 60주년기념 국제학술대회논문집, 2008.

박영도, “입법관리로서의 입법평가의 제도화”, 한국입법학회 학술대회자료, 2006,

______, 「입법심사의 체계와 방법론」, 입법이론연구 IV, 한국법제연구원, 1996.

______, “입법평가제도에 관한 연구”, 「입법학연구」, 제2집, 2002, 59면.

박인수, “입법지연 및 갈등극복에 관한 연구”, 「공법학연구」, 제8권 제4호, 2007.

박재창, 「한국의회개혁론」, 오름, 2004.

석인선/이인호/권건보/최희경, 「국회입법과정의 혁신에 관한 연구」, 국회운영위원회, 2007. 2.

신해룡/이남수, “예산부수법안의 법안비용추계에 관한 연구”, 국회사무처 예산정책국, 2000.

오호택, “의원입법의 문제점”, 「헌법학연구」, 제10권 제2호, 2004.

이동윤, “국회의 입법과정과 시민단체의 역할”, 「한국정당학회보」, 제6권 제1호, 2007.

이상영, “입법의 원칙에서 본 한국의 입법자와 입법과정 분석”, 「입법학연구」, 창간호, 2000.

이성환, “입법과정에 있어서 국민참여”, 「법학논총」, 제21권 제1호, 2009.

이시윤/이장은, 「우리나라 입법과정의 문제점과 그 개선방향」, 국회법제사법위원회, 2003. 11.

임동욱/함성득, 「국회 생산성높이기」, 박영사, 2000.

임명현, “입법관리의 실태 및 효율화방안”, 「법제연구」, 제27호, 한국법제연구원, 2002.

______, 「입법의 재정영향평가에 관한 연구 – 국가재정관리를 위한 입법평가의 활용성 연구」, 건국대학교 법학박사학위 청구논문, 2008. 8.

임종훈/박수철, 「입법과정론」, 제3판, 박영사, 2006.

임종훈, "입법과정의 민주적 정당성 제고를 위한 모색", 「헌법학연구」, 제11권 제4호, 2005.

임종훈/한수웅/김성태/남궁배홍, 「국회의 입법과정 개선을 위한 연구」, 국회사무처, 2005. 12.

임중호, "입법과정의 개선 및 발전방향", 「입법과정의 현황과 개선방안」, 국회법제실/한국공법학회, 2005.

장훈/김민전/김병국/김용호/박세일/박재완/박찬욱/박철희, 「성공하는 국회의 조건」, 국회운영위원회, 2003.

정만희, 「헌법과 통치구조」, 법문사, 2003.

정영국, "국회운영제도 개혁 : 독자성, 민주성, 전문성 그리고 효율성의 제고", 국회개원 50주년 개념 특별학술회의 주제발표집, 국회/한국정치학회, 1998. 5.

채수근, "의원입법과 법률안비용추계", 「입법에 관한 국회의 책임과 역할」, 국회법제실/한국행정법이론실무학회, 2005. 5.

최정원, "국회 입법과정의 변화와 특징: 입법환경과 입법행위자를 중심으로", 「한국정치학회보」, 제35집 제3호, 2001.

최윤철/홍완식, 「입법평가제도의 도입방안에 관한 연구」, 법제처, 2005. 11.

홍완식, "법령의 현황과 입법의 원칙", 「국회도서관보」, 2004. 6.

______, "입법평가의 현황과 과제", 「법제와 입법」, 국회 법제연구회, 2007.

______, "입법자의 법률개선의무에 관한 연구", 「공법연구」, 제31집 제2호, 2002.

______, "의원입법에 대한 합리적인 통제방안", 「저스티스」, 2008. 9.

______, "입법과정에서의 문제점과 개선방안", 「일감법학」, 2007. 2.

______, "규제개혁과 입법정책", 「공법연구」, 2008, 2.

국회 예산정책처, 법안비용추계 – 원리와 방법, 2006.

Bates, John, Experts in the Legislative Process in the Britisch Isles, The participation of civil society in the legislative process, 2005.

Mathis, Klaus, Effizienz statt Gerechtigkeit, Dunker & Humblot, 2004.

Novak, Frantisek, The role of legal experts in the legislative process in the Czeck Perublic, The participation of civil society in the legislative process, 2005.

Peine, Franz–Joseph, Systemgerechtigkeit, 1985.

Schmidtchen, Dieter, Die ökonomische Analyse des Recht, Der Effizienz auf der Spur, Nomos Verl., 1998.

Schneider, Hans, Gesetzgebung, 3. Aufl., 2002.

CHAPTER

14 의원입법에 대한 합리적인 통제방안

출처: 저스티스 제106호, 2008년

최근 들어 양적으로 늘어나고 있는 의원입법을 질적으로 개선하기 위한 노력이 활발하다. 의원들이 발의한 법률안은 양적으로도 얼마 되지 않았으며, 행정부가 제출한 법률안의 통과에 주된 역할이 주어졌던 '통법부'로서의 국회시절에는 입법과정의 혁신이나 개선 등의 문제의식조차 필요치 않았고 제도개선에의 필요성이 절실하지도 않았다. 그러나 정치과정의 민주화가 점진적으로 진행된 이후에는 국회의 국민대표기관으로서의 지위회복과 권한강화의 필요성이 대두되었었으며, 행정부의 필요와 제안에 의한 입법보다는 국민의 대표기관이자 입법기관으로서의 역할에 충실하려고 노력하게 되었다. 따라서 근래의 의원입법의 양적 증가에 대하여는 부정적인 평가보다는 긍정적인 평가가 내려시는 것이 옳다. 다만, 의원입법의 질적 개선을 위한 제도적인 개선과 의원들의 노력이 수반될 필요가 있다. 이러한 노력의 과정 속에서 국회에서의 입법과정에 관한 연구는 그동안 많이 수행되었으며, 대개의 문제점과 개선방안이 도출되었다. 일부의 개선방안은 「국회법」 개정 등을 통해서 실행에 옮겨졌으며, 실행을 위한 준비과정에 있는 것과 논의 중인 사항들도 있다. 의원입법에 대한 합리적인 통제방안이나 의원입법의 개선을 위한 개선방안 등은 그간의 경험에 비추어볼 때 제도적인 개선만을 통해서 달성된다고는 생각할 수 없다. 제도개선과 함께 국회의원 개개인의 전문성, 도덕성, 개방성, 참여성, 접근성 등의 제고가 필요하며, 입법부인 국회에서 정치적인 대립이 심한 현상에 대한 반성도 아울러 필요하다. 입법과정의 통제나 국회제도의 개선은 반드시 필요하지만, 국회의 개혁과 국회의원을 포함한 입법부 전체의 역량강화가 전제되어야 제도개선과 통제방안이 그 기대되는 효과를 발휘할 수 있을 것이다.

제1절 머리말

「헌법」 제52조 "국회의원과 정부는 법률안을 제출할 수 있다"는 규정에 따라 국회의원과 정부는 법률안제출권을 지닌다. 법률안제출권에 관한 조항은 제헌헌법 제39조에서 "국회의원과 정부는 법률안을 제출할 수 있다"는 규정을 둔 이후로 한 단어도 변함없이 그대로 유지되어 왔다. 일부에서는 대통령제 국가인 미국연방의 경우에는 정부에 법률안제출권이 없다[1]는 점을 비교헌법적 논거로 하여, 의원내각제적 요소인 정부의 법률안제안권을 폐지하자고 하는 논의[2]가 있어 왔다. 이러한 논의에도 불구하고 우리의 헌법은 제헌헌법에서부터 현행헌법까지 변함없이 국회의원과 정부 양 기관에 법률안제출권을 부여하고 있다.

이렇게 우리 헌법은 정부에도 법률안제출권을 부여하였고, 정부는 정책 전문성과 방대한 자료 및 관료조직의 강점을 활용하여 법률안제출의 주도권을 행사해오고 있었다. 그러나 최근에 와서는 국회의원이 제출하는 법률안의 양적 증대가 현저해지고 있다. 국회의원이 제출하는 법률안을 통상 의원입법[3]이라고

1 실제에 있어서는 행정부의 요청에 의하여 정부가 입안한 법률안이 의원입법으로 발의되고 있다.

2 최근에 대표적으로는 김철수, 기조발제 – 제정 60주년의 입법과 헌법보장문제, 제헌 60주년기념 국제학술대회논문집, 2008. 7, 11면. "미국식대통령제를 유지하려면 정부에게 법률안제안권을 인정하지 않아야 한다. 그래야만 대통령과 행정부가 국회의원을 존중하게 되고 국회의 권위가 향상될 수 있을 것이다. 미국국회와 같이 많은 법률가출신의 국회전문위원과 국회의원보좌관을 확보하여 국회의 입법기관성을 보장해야 할 것이다."

3 '의원입법' 보다 정확한 용어는 '의원발의 법률안'이고, '정부입법' 보다 정확한 용어는 '정부제출 법률안'이다. 특히 '정부입법'은 '행정입법'을 포함하는 개념으로 사용되는 경우가 종종 있기 때문에, '정부입법'보다는 '정부제출 법률안'이라는 용어의 사용이 바람직하다. 이 글에서는 일

하는 데, 의원입법의 양적 증대를 보는 시각에는 긍정적인 것과 부정적인 것이 있다. 긍정적인 시각에서는 의원입법의 양적 증대는 국회가 입법기관으로서의 역할을 제대로 하고 있다는 점을 긍정적으로 평가하고 있지만, 부정적인 시각에서는 의원입법의 양적증대는 부실법률과 졸속법률을 양산할 우려가 있다면서 부정적인 평가를 내리고 있다.

의원입법의 양적 증대가 국회의 활성화에서 오는 현상이든 과열된 법률안 발의 경쟁에서 오는 현상이든, 의원입법에 대한 합리적인 통제방안은 국회 내부와 국회 외부에서 지속적으로 논의되고 있으며 꾸준히 개선방안이 모색되고 있다. 입법에 대한 통제에는 입법내용에 대한 실체적 통제와 입법과정에 대한 절차적 통제가 있을 수 있다.[4] 입법에 대한 실체적 통제는 헌법재판소가 규범통제제도를 통해서 사후적으로 하는 것이고, 여기서는 의원입법의 개선을 위한 절차적인 통제방안이 주로 논의될 것이다. 특히 이 글에서는 의원입법의 합리적인 통제방안에 관한 지금까지의 논의를 정리해보고 향후의 개선방향을 제시해보고자 한다.

반적으로 많이 사용되어 관용화된 용어인 의원입법과 정부입법이라는 용어를 사용한다. 다만, 글의 맥락상 필요한 경우에는 '의원발의 법률안'과 '정부제출 법률안'을 사용하기로 한다.

4 입법내용에 대한 실체적 통제는 법률이 헌법에 위반되지 않느냐는 합헌성 심사에 그 초점이 맞추어질 수밖에 없다. 입법과정에 대한 심사가 행해지는 경우라고 하더라도 입법절차의 합헌성 여부만을 심사할 수 있다. 따라서 입법내용에 대한 실체적 통제에서는 법률의 합리성, 효율성, 효과성 등에 대한 심사는 행해질 수 없다. 그러나 입법과정에 대한 절차적 통제에서는 법률의 합리성, 효율성, 효과성뿐만 아니라, 입법과정의 투명성, 신중성, 효율성에 대한 통제도 가능하다. 전자의 관점에서는 입법의 지향점이 올바른 법(Richtiges Recht)이 될 수밖에 없지만, 후자의 관점에서는 입법의 지향점이 좋은 법(Gutes Gesetz)이 된다. 근래 유럽국가들에서 개선된 법(Better Regulation)을 목표로 하는 입법평가(Gesetzesfolgenabschätzung)나 규제영향분석(Regulatory Imfact Assessment)이 논의되고 시행되는 것은 좋은 법울 입법하기 위한 노력의 일환이라고 평가할 수 있다. 이러한 입법평가나 규제영향분석은 입법의 과성에서 수행되는 제도이다.

제2절 의원입법의 현황과 평가

1. 의원입법에 대한 양적 측면에서의 평가

〈표 14-1〉 제1대 국회부터 제17대 국회까지의 의원발의 법률안과 정부제출 법률안 비교

시기 구분 (연도)	전체 법률안	의원발의 법률안			정부제출 법률안		
		제출건수	가결건수	가결률	제출건수	가결건수	가결률
제헌국회(48-50)	234	89	43	48%	145	106	73%
제2대(50-54)	398	182	77	42%	216	137	63%
제3대(54-58)	410	169	72	43%	241	85	35%
제4대(58-60)	322	120	31	26%	202	44	22%
제5대(60-61)	296	137	30	22%	159	40	25%
국가재건최고회의(61-63)	1,162	554	514	93%	608	501	82%
제6대(63-67)	658	416	178	43%	242	154	64%
제7대(67-71)	535	244	123	50%	291	234	80%
제8대(71-72)	138	43	6	14%	95	33	35%
제9대(73-79)	633	154	84	55%	479	460	96%
제10대(79-80)	129	5	3	60%	124	97	78%
국가보위입법회의(80-81)	189	33	33	100%	156	156	100%
제11대(81-85)	489	202	83	41%	287	257	90%
제12대(85-88)	379	211	66	31%	168	156	93%
제13대(88-92)	938	570	171	30%	368	321	87%
제14대(92-96)	902	321	119	37%	581	537	92%
제15대(96-00)	1,951	1,144	461	40%	807	659	82%
제16대(00-04)	2,507	1,912	514	27%	595	431	72%
제17대(04-08)	7,489	6,387	1,350	21%	1,102	563	51%

※ 국회사무처에서 2004년에 발간한 의정자료집과 법률안의 처리에 관한 국회사무처의 통계 http://likms.assembly.go.kr/bill를 토대로 하여 재구성한 자료임.

국회에서의 법률안 처리에 관한 표를 통하여 살펴보면, 제1대부터 제14대 국회까지는 정부가 제출하는 법률안이 대체로 많았는데, 이는 입법의 주도권을 정부가 행사하고 있었다는 사실을 여실히 증명해 주고 있다. 그러나 제15대 국회 이후에는 의원발의 법률안이 급격히 증가하는 추세에 있음을 알 수 있다. 특히 제17대 국회의 가결률은 의원발의 법률안이 21%이고 정부제출 법률안이 51%임을 볼 수 있는데, 정부제출 법률안의 가결율에 비하여 의원발의 법률안의 가결율은 현저히 낮다. 의원발의 법률안의 가결율은 제11대 국회 이후 30%에서 41% 사이를 유지하고 있었는데, 제16대 국회에서의 가결율은 27%, 제17대 국회에서의 가결율은 21%로 저하된 것으로 나타나고 있는 것을 볼 때, 이러한 대책 마련은 시급하다고 할 수 있다.[5] 이러한 현상은 제17대 국회에서도 계속되었다. 제출된 의원발의 법률안은 6,387건이고 정부제출 법률안은 1,102건으로, 제17대 국회에서 제출된 법률안은 총 7,489건이다. 제17대 국회에서 제출된 이러한 법률안 총건수는 제16대 국회에서 제출된 법률안 총건수인 2,507건과 비교하면, 약 3배에 이르는 가히 폭발적인 증가세이다.

정부제출 법률안이 대세였던 우리나라의 입법현실에서 의원발의 법률안의 증가는 우선 국민의 대표기관인 국회의 기능과 역할이 그 본연의 모습을 회복한다는 측면에서 긍정적으로 평가될 수 있다. 특히, 제16대 국회와 제17대 국회에서는 의원발의 법률안이 정부제출 법률안에 비하여 크게 증가하였음을 알 수 있는데, 제16대 국회의 총 제출법률안 2,507건 중에서 의원발의 법률안은 1,912건으로써 76%를 차지하고 있으며, 제17대 국회의 총 7,489건 중에서 의원발의 법률안은 무려 6,387건으로 85%를 차지하고 있다. 이처럼 국회의 전문성 강화와 업무의 활성화, 시민단체의 의원입법활동에 대한 시민단체의 평가 등으로 인하여 의원입법은 양적으로 성장·발전하고 있는 모습을 보여주고 있다. 그러나 의원입법의 양적인 성장은 긍정적인 면만 있는 것이 아니다. 의원입법의 가결율 저조의 원인으로는 현실성·타당성에 대한 검증이 제대로 이루어지지 않아 집행이 불가능하거나 과다한 비용이 소요되는 점, 지역구 민원해결이나 이

5 홍완식, 법령의 현황과 입법의 원칙, 국회도서관보, 2004. 6. 72면.

익단체의 로비에 의하여 법안이 제출되기도 한다는 점, 대외적으로 법안제출실적을 과시를 위하여 제출된다는 점과 법제기술상 완성도가 미흡한 법률안이 제출된다는 점 등이 지적[6]되고 있다. 의원발의법안의 급증에 반비례하는 낮은 가결율은 의원입법이 충분한 사전검토나 준비에 의하여 발의된 것이 아니라, 법안발의실적을 올리기 위한 목적으로 제출된 것이 아닌가 하는 의문을 불러오기도 한다. 의원들이 발의하는 법안의 건수는 많으나 입법화되는 비율이 정부 제출법안에 비하여 낮은 이유를 이익집단의 압력에 못 이겨 마지못해 법안을 발의하는 경우와 입법의지는 없으면서 건수 올리기 식으로 발의하기 때문이라는 평가[7]는 경청할만하다. 따라서 이제는 의원입법안의 양적 증가를 질적 개선으로 전환시키는 준비와 작업이 필요한 단계에 접어들었다고 할 수 있다.

2. 의원입법에 대한 질적 측면에서의 평가

미국과 유럽에서는 법령의 질적 개선을 위한 여러 가지의 제도적 노력이 제시되고 있으며, 우리나라의 경우에도 법령의 질적 개선을 위한 논의가 있다. 발의된 법률안의 질적 수준을 측정하거나 평가하기는 대단히 어렵다. 그러나 유사한 법안의 중복제출을 억제할 법률적·현실적 장치가 없다는 점과 통합·조정된 법안 보다는 개별적 특수성과 이해관계를 반영한 법안이 많다는 점이 특별히 의원입법제출과정의 특성으로 지적[8]되고 있으며, 이러한 특성은 의원발의 법률안의 질적 평가를 낮추는 요인이로 작용한다. 이렇게 법률안 발의건수를 늘이려고 한다는 정황 아래서 현행 법률의 몇 개 조문만을 고쳐서 개정법률안을 제출한다거나, 다른 법률안을 베낀듯한 법률안을 제출한다거나, 다른 법률안과 거의 동일한 내용의 법률안을 중복해서 제출한 것이라면 제출된 법률안의

6 이한길, 제16·17대 의원발의 법안의 특성, 의원입법의 발전방안, 국회법제실/한국공법학회, 2004. 10, 113면.

7 김민전, 입법과정의 개혁, 박찬욱/김병국/장훈 공편, 국회의 성공조건, 동아시아연구원, 2004, 276면.

8 이한길, 전게논문, 95면.

질적 수준을 일견 평가절하할 수 있게 된다. 이른바 '부실법안', '졸속법안', '표절법안', '묻지마법안', '중복법안' 등이 문제로 지적된다.

특히, 입법과정의 실제를 관찰해보면, 제출되어진 법률안 중에는 동일 사안에 대한 중복법률안이 상당히 많다는 이유로 법률안의 질적인 측면에서의 문제가 제기되기도 한다.[9] 정부입법의 경우에는 중복법률안의 제출이 어려운 입법과정을 제도화하고 있지만, 의원입법은 법률안의 내용에 약간이라도 차이가 있으면 중복제출을 막을 제도적 장치[10]가 없기 때문에 법률안의 중복제출로 인하여 법률안의 가결율이 낮아지는 효과가 발생하기도 한다.[11] 또한 정치적 필요에 의하여 법률안이 급히 만들어지는 경우에는 법안의 처리에 급급하여 법안초안을 작성하는 시간도 얼마 주어지지 않기 때문에 부실하고 졸속적인 법안이 만들어질 소지를 지니고 있으며, 많은 재원을 필요로 하는 법안임에도 불구하고 필요예산이나 지출용도에 대한 정확한 예측이 없는 묻지마식의 법안도 만들어질 소지가 있는 것이다.

의원발의 법률안은 말 그대로 본래의 의미에서의 의원이 발의한 법률안이지만, 정부 또는 시민단체 등 제3자가 기초하여 제공하는 법률안 초안을 근간으로 의원이 입안하여 제출하는 경우, 정부가 마련한 법률안을 의원의 이름으로 제출하는 경우 등이 있기도 하다.[12] 즉, 의원이 법률안을 발의하는 형식을 갖추고 있으나 실질에 있어서는 '시민입법' 또는 '정부입법'인 것이다. 이러한 현상이 발생하는 이유로 지적되는 것은 정부입법을 하는 경우의 복잡한 입법예고절차나 규제개혁위원회의 규제심사절차 또는 부처협의절차를 회피하기 위해서이다.

---

9 2006년 12월 11일을 기준으로 보았을 때, 108건의 국회법 개정법률안, 58건의 공직선거법 개정법률안, 56건의 조세특례제한법 개정법률안, 41건의 소득세법 개정법률안, 28건의 형법 개정법률안, 16건의 정부조직법 개정법률안 등 많은 중복법률안들이 국회에 제출된 바 있다.

10 이러한 문제를 해결하는 방법으로 정당차원에서 의원입법 발의를 위한 계획을 수립하는 것이 필요하다는 제안이 있다. 강장석, 제17대 국회개혁과제에 관한 연구, 국회사무처, 2005. 10, 53면.

11 임종호, 입법과정의 개선 및 발전방향, 입법과정의 현황과 개선방안, 국회법제실/한국공법학회, 2005. 11, 41면.

12 법제실, 법제이론과 실무, 2006, 국회사무처, 47면.

이러한 법률안들은 소위 "절차회피적 법률안"이라고 지칭되기도 한다.[13] 이러한 법률안들은 그 경우를 구별하지 아니하고 의원발의법률안의 형식을 지니게 되는데, 의원입법은 정부입법처럼 입안단계에서의 규제심사 등을 거칠 필요가 없기 때문에 법안입안단계에서의 분석과 평가가 이루어지고 있지 않다는 문제가 발생한다.

의원발의 법률안에는 단점과 문제점만 있는 것이 아니다. "의원제출안의 대부분은 거의 행정부안을 명의만 바꾸어 제출한 것이다"[14]하고 하는 의원입법에 대한 평가는 이러한 평가에 상응하는 논증이나 통계 등이 제시되어 있지 않기 때문에 사실에 근거한 정확한 진단이라고 할 수 없다. 의원발의 법률안의 경우 정부제출 법률안에 비하여 소수자의 권리를 보호하거나 소외계층을 지원하는 긍정적인 역할을 하고 있으며 사회적으로 중요한 입법과제를 주도하는 등의 장점도 분명히 존재한다.[15] 뿐만 아니라 대의이념적 및 헌법원리적으로 국민의 대표기관으로서의 입법부가 국민의 의사를 입법으로 전환한다고 하는 상징성은 크다. 의원입법의 양적 증가와 일부 질적 저하에도 불구하고 의원입법의 활성화는 분명 고무적인 현상이다. 다만 의원입법의 개선을 위한 방안은 지속적으로 모색될 필요가 있기 때문에, 의원입법에 대한 합리적인 통제방안이 논의될 필요가 있다.

---

13 '간접투자자산운용업법'이나 '기업구조조정촉진법' 등의 경우가 정부입법보다 의원입법의 절차가 간단하다는 점을 이용하여 정부추진법안을 의원이 대신 발의하는 경우의 예로 지적되었다. 강원택, 17대 국회전반기 2년의 평가 : 성과와 과제, 국회 운영 무엇을 어떻게 바꿔야 하나?, 참여연대 의정감시센터, 2006. 7. 13, 4면.

14 이시윤/이장은, 우리나라 입법과정의 문제점과 그 개선방향, 국회법제사법위원회, 2003. 11, 26면.

15 석인선/이인호/권건보/최희경, 국회입법과정의 혁신에 관한 연구, 국회운영위원회, 2007. 2, 188면.

제3절 의원입법에 대한 합리적인 통제방안

1. 입안과정에서의 통제방안

1) 법률안발의를 위한 의원정수의 문제

현행 「국회법」에서는 국회의원이 법률안을 발의하기 위해서는 10인 이상의 국회의원의 찬성을 필요로 한다. 법률안발의를 위한 국회의원 정수는 변화가 있었다. 이는 「국회법」의 개정에 관한 사항인데 제헌국회 당시에는 10인이었으나 제9대 국회인 1973년에 「국회법」을 개정하여 20인으로 상향조정하였다. 이후 2003년에 「국회법」을 개정하여 현재와 같이 10인으로 하였다.

이렇게 법률안을 발의하기 위한 의원정수를 제한하는 이유는 법률안발의의 남발에 따른 비용과 불편 등을 고려한 것이지만, 법률안발의에 찬성의원을 요구할 필요가 있는지에 대한 문제제기와 찬성의원제도의 폐지를 검토하자는 의견이 있다.[16] 미국이나 영국, 프랑스 의회처럼 의원 1인이라도 법안을 발의할 수 있도록 하는 것이 바람직하다는 주장[17]도 있고, 5인 이상의 찬성으로 발의요건을 완화하자는 주장[18]도 있다. 18대 국회 들어와서 발의된 「국회법」일부개정법률안 중에는 법률안발의를 위한 10인의 의원정수 규정을 삭제하여 1인발의법안도 가능케 하자는 법률안이 제출된 바 있다.[19] 일본에서는 1955년의 「국회법」 개정을 통하여 법률안의 발의를 하려면 중의원에서는 20인 이상 참의원에서는 10인 이상의 찬성자가 필요하지만 초기에는 이러한 제한이 없었으며, 이러한 법안발의의원수의 제한은 국회의원의 법안발의권을 부당하게 제한다고 하는 견해가 있다.[20] 이론적으로는 이러한 의견이 바람직하다고 할 수 있지만, 이는 현

16 임종훈 등, 국회의 입법과정 개선을 위한 연구, 국회사무처, 2005, 36면.

17 함성득/임동욱/박찬표/이재호/윤승모, 제15대 국회의 평가와 향후 국회운영쇄신의 과제, 국회사무처, 2000. 11, 162면.

18 장훈/김민전/김병국/김용호/박세일/박재완/박찬욱/박철희, 성공하는 국회의 조건, 국회운영위원회, 2003, 18면.

19 「국회법」 일부개정 법률안, 진영의원 대표발의, 2008. 7. 11.

20 大石 眞, 일본형 의원내각제에서의 입법과정의 과제 －입법과정의 투명성과 합리성의 관

실성과 효율성의 측면에서 보아야 하지 않을까 한다. 법률안발의에 국회의원 10인의 찬성을 필요로 하는 현재의 제도 하에서 제17대 국회에서 의원들이 발의한 법률안의 수는 6,387건이었다. 따라서 법률안의 발의요건으로 국회의원 수를 10인으로 정한 것이 법률안의 발의 자체를 금지시키는 실질적인 효과를 가져온다고 볼 수 없다면, 현행의 교섭단체를 구성하기 위한 최소요건인 20인보다 절반 수준인 10인 정도의 법안발의를 위한 찬성자 요건은 의원들의 법안발의권을 과도하게 제한한다고는 볼 수 없지 않을까 한다.

2) 법안실명제의 실효성 확보

법안실명제의 법적 근거는 2000년 2월 16일의 「국회법」 개정으로 신설되고 2005년 7월 28일의 개정으로 일부 수정되었다. 법률안실명제는 의원의 입법활동을 활성화하고 책임성을 제고시키기 위한 취지를 지니고 있는데, 의원입법의 발의시 발의의원과 찬성의원을 구분하여 표시하고 법률안 제명의 부제로 발의의원의 성명을 기재하도록 하는 제도를 의미한다. 법안실명제는 “의원이 발의한 법률안중 국회에서 의결된 제정법률안 또는 전문개정법률안을 공표 또는 홍보하는 경우에는 당해 법률안의 부제를 함께 표기할 수 있다”고 하여 「국회법」 제79조 4항에서 규정하고 있다.

이러한 법안실명제가 명실상부한 실효성을 가지기 위해서는 개별의원의 입법활동에 대한 지원을 강화하는 동시에 의원들의 입법활동을 평가하는 시스템에도 변화가 있어야 한다는 의견이 있다. 종전의 경우 시민단체나 언론 등의 법률안 제안에 관한 의원활동 평가는 발의건수와 같은 양적인 측면에서 이루어졌는데, 이제는 질적인 측면에서의 평가가 필요하다는 것이다. 즉, 단순한 발의건수로 의원의 입법활동을 평가하는 방식에서 탈피하여 발의유형별로 제정법률안이나 전부개정법률안을 발의한 경우에는 일부개정법률안 보다 가중치를 주거나 가결된 법률안을 기준으로 하여 입법활동을 평가하는 등의 방안이 제시되고 있다.[21] 발의건수와 함께 가결건수도 함께 평가하는 방안도 고려할 수 있을 것이다.

점에서, 제헌 60주년기념 국제학술대회논문집, 2008. 7, 93면.

21 임종훈/박수철, 전게서, 190면.

3) 법률안 공동발의제도의 문제

국회의원이 법률안을 발의하는 경우에는 발의의원과 찬성의원을 구분하도록 하고 있다. 즉, 「국회법」 제79조 제3항은 의원이 법률안을 발의하는 때에는 발의의원과 찬성의원을 구분하도록 하고 있고, 발의의원이 2인 이상인 경우에는 대표발의의원 1인을 명시하도록 하고 있는데, 이것이 법률안이 공동발의제도이다.

그러나 하나의 법률안을 두세명의 의원들이 공동으로 발의한다는 것은 가능하며 사안에 따라서는 바람직하지만 100명 이상의 의원이 하나의 법률안을 공동으로 준비해서 발의한다는 것은 현실성이 없다는 비판이 있다.[22] 의정활동을 감시하는 시민단체 등에서 법안발의를 정량평가의 항목으로 평가를 하기 때문에 이러한 평가를 의식하여 공동발의제도를 이용하여 '이름 끼워넣기'를 한다는 의심을 피할 수 없다. 이러한 공동발의의 가장 큰 문제점은 공동발의자는 다수이지만 누구도 책임지지 않으려는 것이며, 이는 공동으로 발의한 법률안의 대부분이 국회의 임기말료까지 미가결로 남아있다는 사실에서 확인할 수 있다.[23] 실질과 외형이 일치하지 않는 공동발의제도는 공동발의제도의 취지를 퇴색시키고 있다.

〈표 14-2〉 최다 공동발의 의원 5순위

	의원명	당적	선수	공동발의건수
1	엄호성	한나라당	재선	1,573
2	이인기	한나라당	재선	1,056
3	안상수	한나라당	3선	1,005
4	박재완	한나라당	초선	957
5	이해봉	한나라당	3선	902

※ 출전: 윤종빈, 17대 국회의원 입법활동 평가, 17대 국회 의정활동 평가 및 국회운영개선방안, 경실련, 2007. 9, 10면.

22 임종훈 등, 전게서, 36면.

23 윤종빈, 17대 국회의원 입법활동 평가, 17대 국회 의정활동 평가 및 국회운영개선방안, 경실련, 2007. 9, 10면. 17대 국회의원을 대상으로 17대 국회인 2004년 6월부터 2007년 5월까지의 3년 동안의 의원입법발의 내용을 분석하였음.

4) 국민의 입법참여 확대와 입법과정의 투명성 강화

의원입법의 입안과정에서는 이해관계인이나 전문가를 포함한 국민들이 적극적으로 참여하여 국민들의 다양한 의견을 최대한 수렴하는 한편 입법과정에서의 투명성을 강화하는 것이 바람직하다. 그러나 실제의 입법과정에서는 의원이나 소수의 전문가들을 중심으로 법률안이 입안되고 있다. 이러한 점을 보완하기 위해서는 의원입법도 정부입법과 같이 입안단계에서 입법예고와 공청회개최를 의무화하는 방안이 바람직하다.

헌법 제52조에 따르면 법률안제안권은 정부와 국회의원에게만 있을 뿐 정당에는 법률안제안권이 없지만, 실제로는 정당차원의 법률안이 의원의 이름으로 발의되는 경우가 많다. 이러한 이유로 국회와 정당의 입법계획을 연계할 수 있는 제도적 장치의 모색이 주장되고, 특정한 법률안에 대하여는 각 개별의원에게 맡기기 보다는 정당차원의 입법을 추진하여 단일한 법률안을 발의하는 제도적 보완방안의 검토가 제시되고 있다.[24] 그러나 각 정당에는 연구소가 설치되어 연구인력이 있지만 대개는 정책문제에 대한 전문가이고 법제에 관한 전문인력을 거의 보유하고 있지 않으며, 재정여건 및 급변하는 정당여건상 다양한 분야의 전문인력을 안정적으로 확보하기가 사실상 어렵다는 점이 지적될 수 있기 때문에 '정당차원의 입법'을 추진하는 것이 바람직하냐는 반론이 제기될 수 있다. 한국의 정당이 정책정당으로서의 위상을 확보한 후에 '정당차원의 입법'이 논의되는 것이 바람직할 것이다.

입법예고는 국민의 알권리와 관련해서 '공개적이고 이성적인 토론의 형성을 통한 입법'이라는 입법원칙의 한 구현형태라는 설명이 있을 만큼 절차적으로 중요하게 여겨진다.[25] 앞서 정부입법의 경우에는 「행정절차법」에 따른 입법예고제도가 있어서 의무적으로 시행되고 있지만 의원입법의 경우에는 입법예고제가 의무가 아닌 임의적으로 운영되어 국민들이 법률안의 입안사실을 잘 알 수 없다는 점이 지적되고 있다. 따라서 「국회법」에서 도입한 입법예고제도의 취지

24 임종훈/박수철, 입법과정론, 제3판, 박영사, 2006, 188면.

25 이상영, 입법의 원칙에서 본 한국의 입법자와 입법과정 분석, 입법학연구, 창간호, 2000, 225면.

를 실현하기 위하여 입법예고제도를 임의적인 사항이 아닌 의무적 사항으로 규정하고 관련 「국회규칙」을 제정하는 등 제도개선이 요망된다는 의견이 있다.[26] 더 나아가 의원발의법안에 대한 입법예고와 입법청문에 관한 상세한 절차를 마련하고 이 과정에서 나온 의견의 처리방법에 관한 규정도 두어야 한다는 의견도 있다.[27] 우리국회의 공청회 개최현황은 입법과정의 민주성을 가늠할 수 있는 척도로 볼 수 있을 것이다. 국회에서의 공청회개최의 활성화는 법률안 심사활동의 생산성을 높이는 중요한 요인으로 평가되고 있는 점을 본다면, 입법공청회는 투명성을 높일 뿐만 아니라 국회의 생산성 향상에도 긍정적인 영향을 준다고 볼 수 있다.[28]

이에 더하여 입법모니터링제도의 도입도 검토해볼 만한 가치가 있다. 입법에 대한 모니터링은 입법과정의 전반적인 과정 즉, 법안입안－위원회심의－본회의의결의 과정에서 수행될 수 있다. 국회의 법률안 입안과정이나 심의과정에서 입법예고, 공청회 및 청문회 개최 등을 통해 전문가나 이해관계인 및 관련기관이나 단체의 의견을 수렴할 수 있으나 일반국민의 입법참여는 제한되는 것이 사실이다. 이러한 점을 보완하는 방안으로 각 위원회별로 전문가는 물론이고 일반국민들을 입법모니터 요원으로 위촉하여 심사중인 법률안과 시행중인 법률에 대한 의견을 받고 이를 입법과정에 참고하자는 것이다.[29] 법제처에서는 입법모니터 사업을 시행해본 경험이 있으니, 법제처의 경험을 참고하여 국회에서도 입법모니터링제를 도입할만 하다. 이는 입법과정에 수범자인 국민들의 참여를 활성화하여, 입법의 민주적 정당성을 강화하고 법령의 질적 개선과 법규준수율의 향상이라는 효과를 가져올 수 있을 것이다.

---

26 임종훈/박수철, 전게서, 189면.

27 김광수, 의원입법의 영향과 책임성, 입법에 관한 국회의 책임과 역할, 국회법제실/한국행정법이론실무학회, 2005. 6, 30면.

28 임동욱/함성득, 국회 생산성높이기, 박영사, 2000, 177면.

29 박수철, 대한민국 국회 입법과정의 투명성과 합리성 제고방안, 제헌 60주년기념 국제학술대회논문집, 2008. 7, 44면.

5) 법안비용추계제도 활성화

법안비용추계제도는 예산 또는 기금상 조치를 수반하는 법안에 대하여, 법안이 시행될 경우 소요될 것으로 예상되는 총비용 및 연도별 소요액을 추산하는 제도이다. 법안비용추계제도는 법률과 예산이 불일치하는 우리의 제도적 환경에서 입법과정과 예산과정을 연계시키는데 핵심적인 역할을 하는 제도로 평가되고 있다.[30] 이러한 비용추계 결과는 특히 법률안의 재정적 측면의 타당성을 검토하는 데 유용성이 있다. 따라서 법률안이 통과되어 시행되는 경우에 필요한 비용을 추계하여 재정적 측면의 타당성을 검토하고자 예산상의 조치를 수반하는 의원발의 법률안 기타 의안의 경우에는 비용추계서 제출을 의무화하고 있다.

국회에서 재정소요법안에 대한 예산명세서 첨부를 의무화한 것은 1973년부터이지만 실제 이 제도가 시행된 것은 1988년부터 였다. 시행 초기에도 예산명세서 첨부제도는 형식적으로 운영되다가, 2005년 7월 28일의 「국회법」 개정을 통하여 비용추계서 첨부제도가 새로이 도입되었다. 즉, 제79조의2(의안에 대한 비용추계 자료 등의 제출)에는 "① 의원 또는 위원회가 예산 또는 기금상의 조치를 수반하는 의안을 발의 또는 제안하는 경우에는 그 의안의 시행에 수반될 것으로 예상되는 비용에 대한 추계서를 아울러 제출하여야 한다. ② 정부가 예산 또는 기금상의 조치를 수반하는 의안을 제출하는 경우에는 그 의안의 시행에 수반될 것으로 예상되는 비용에 대한 추계서와 이에 상응하는 재원조달방안에 관한 자료를 의안에 첨부하여야 한다."고 하여 의원입법과 정부입법에 공히 비용추계서를 첨부할 것을 의무화하고 있다. 구체적인 비용추계 및 재원조달방안에 대한 자료의 작성 및 제출절차 등에 관하여 필요한 사항은 의원입법의 경우에는 「국회규칙」으로 정부입법의 경우에는 「법제업무운영규정」에 정하고 있다. 역대 국회의 예산부수법률안에 대한 예산명세서 첨부실적을 살펴보면 제13대로부터 제16대 국회의 총 의원발의 법안수 3,942건 중 예산명세서가 첨부된 경우는 121건으로 총 법안수 대비 3.1%에 불과하였으며, 예산명세서의 내용도

30 채수근, 의원입법과 법률안비용추계, 입법에 관한 국회의 책임과 역할, 국회법제실/한국행정법이론실무학회, 2005. 5, 50면

신뢰성이 부족하여 실제 상임위원회의 법률안 심사에서 거의 활용되지 않았다.[31] 근래의 상황은 보다 개선되었는데, 비용추계서 첨부현황에 관한 최근의 통계를 보면 다음과 같다.

〈표 14-3〉 연도별 비용추계서 첨부현황

	의원발의			정부제출		
	발의법률안	추계서첨부	첨부율(%)	제출법률안	추계서첨부	첨부율(%)
2005	1,817	331	18.2	242	23	9.5
2006	1,452	317	21.8	325	64	19.7
2007	1,476	513	34.8	319	150	47.0

※ 출전: 박수철, 대한민국 국회 입법과정의 투명성과 합리성 제고방안, 제헌 60주년기념 국제학술대회논문집, 2008. 7. 16, 42면.

현재 정부에서는 재정소요추계서, 국회에서는 예산명세서라는 이름으로 법안에 대한 소요비용을 추계하고 있으나 지금까지의 운용실적이 극히 저조하고 추계내용도 객관성과 신뢰성이 떨어지고 있다. 따라서 동 제도의 실효성을 높이기 위해서는 재정소요법안임에도 불구하고 예산명세서가 첨부되지 않은 경우에는 법안심의를 할 수 없도록 제도화[32]하거나 법률안 심사에 예산명세서가 활용되지 않는 경우 및 비용추계서에 의할 경우 정부재정에 미치는 영향이 막대하여 국가재정에 악영향을 미칠 것으로 판단되는 경우에는 전원위원회를 개최할 수 있도록 하는 방안을 제도화할 필요가 있다.

법안비용추계제도를 포함하는 넓은 범위의 재정영향평가시스템이 도입될 필요가 있다. 입법의 재정영향평가는 입법의 소요비용을 추정함으로써 법률이 재정적으로 집행이 가능한지를 분석함은 물론 거시적으로 총수입, 총지출, 재정적자, 국가채무 등 국가재정지표가 어떤 영향을 받는지를 평가하는 것을 포함한다.[33]

---

31 임명현, 입법관리의 실태 및 효율화방안, 법제연구, 제27호, 한국법제연구원, 2002, 14면.
32 노현송/김낙순, 생산적이고 효율적인 국회개혁을 위한 제언, 2004. 10, 77면.
33 임명현, 입법의 재정영향평가에 관한 연구 – 국가재정관리를 위한 입법평가의 활용성 연

6) 입법평가제도의 도입

법안비용추계제도는 법률안에 대하여 법률의 시행시에 발생되는 비용을 사전에 측정하는 제도이기 때문에 비용추계의 범위, 내용, 방법, 효과 등에서 한계가 존재한다. 따라서 법률안의 구상단계 뿐만 아니라 작성된 법률안을 포함하여 법률로 공포되어 시행된 결과 등 입법의 전 과정에 대한 여러 영역에서의 평가를 내용으로 하는 입법평가제도의 도입문제가 논의되고 있다. 입법자가 어떠한 법률을 입법하려는 경우에는 불확실한 예측에 의거하기 보다는 이용가능한 경험적 자료와 경험을 활용하여 입법화로 인하여 예견되는 영향을 가능한 확실히 평가하여야 한다.[34] 이러한 점에서 어떠한 사안에 대하여 입법을 하려는 경우에는 사회현상에 대한 평가, 기존 법령에 대한 평가, 새로이 마련하는 법령에 대한 평가 등 입법자에게는 '예측'과 '평가'의 작업이 필요하다. 이러한 평가는 여러 분야, 여러 시점(視點), 여러 시점(時點)에서 진행되어야 한다. 입법평가는 넓은 의미로는 법규에 대한 평가를 포함하여 규범의 효과와 질적 향상을 위하여 입법자 및 입법과정에 대한 평가를 수행하는 것이고, 좁은 의미로는 법규에 대한 평가와 입법과정에 대한 평가라고 할 수 있다.[35] 즉, 입법평가제도란 법령의 제정·개정에 따른 영향을 사전 및 사후에 분석하고 평가하여 그 결과를 입법에 반영하는 것을 의미하는 것으로, 입법평가제도는 법률의 입안부터 법률안 초안이 작성되고 법률안이 법률로서 시행된 후 국민에게 미치는 효과까지를 분석·평가하여 보다 나은 대안은 제시하는 제도를 의미한다. 입법평가제도는 법률의 규정이 낳는 모든 차원의 효과를 고려함으로써 법률의 질을 개선하는 것과 법률의 빈번한 개정에 따른 불안정성을 치유하는 것을 목적으로 한다.[36] 이러한 입법평가는 입법에 대한 비평이나 단순한 통계와도 다른 것이며, 정책학의 분야에서 이론화·체계화되고 있는 정책평가의 이론이 입법학분야에 응용되고 있는 것으로 볼 수 있다. 입법평가의 기능은 첫째, 입법의 합리화 기능인데

구, 건국대학교 법학박사학위 청구논문, 2008. 8, 172면.

34 박영도, 입법심사의 체계와 방법론, 입법이론연구 IV, 한국법제연구원, 1996, 41면.

35 최윤철/홍완식, 입법평가제도의 도입방안에 관한 연구, 법제처, 2005. 11, 21면.

36 박영도, 입법관리로서의 입법평가의 제도화, 한국입법학회 학술대회자료, 2006, 12, 16면.

과도한 규율을 제거하고 자원의 명확화와 손실을 제거함으로써 간소하며 간단하게 이해할 수 있는 규율체계를 만드는 것이다. 둘째, 정책의 타당성과 정당성 기능이다. 이는 결과의 예견가능성을 측정하고 이를 환류하는 과정에서 달성된다. 셋째, 입법평가제도는 여론과 행정, 재정, 사법적 통제의 도구가 되고 입법과정을 투명하게 함으로써 입법자의 의사결정을 지원함과 동시에 통제하는 기능을 지닌다.[37] 그간 입법평가제도에 관한 이론적 연구 특히 비교법적 연구는 어느 정도 진척이 되었으며, 지금은 사례연구와 방법론의 개발에 관한 논의와 연구가 진행 중이다.[38] 앞으로의 입법평가의 과제는 정치적 남용가능성의 배제, 인문적인 가치와 경제적 가치와의 균형적인 조화, 제도적 실효성의 제고, 우리나라의 실정에 적합한 입법평가 방법과 지침의 개발 등이다.[39]

법안의 정책적 결과를 검토하고 예상할 수 있도록 입법평가제도의 도입을 적극적으로 검토할 필요가 있다. 특히 사전입법평가와 사후입법평가 중에서 사전입법평가의 도입필요성이 주장되고 있는데, 이러한 입법평가제도는 법안 특히 의원발의법안이 '실적올리기' 식으로 남발되는 것을 막아 '졸속입법'이나 '부실입법'을 억제하고, 법률안의 책임성과 공익성을 높이는데 도움을 줄 것으로 기대되고 있다.[40] 구체적으로는 입법평가의 법적 근거를 마련하는 방안과 입법평가기관을 의회 또는 정부에 설치할 것인가 독립기관화할 것인가의 문제 및 입법평가전문가의 양성을 위한 제도화방안 등이 앞으로 논의되어야 할 과제이다.[41]

7) 입법지원조직의 확대와 강화

입법지원조직은 국회의원의 입법활동을 지원하는 인적 조직을 의미한다.

37 박영도, 입법평가제도에 관한 연구, 입법학연구, 제2집, 2002, 59면.

38 홍완식, 토론문, 유럽입법평가제도에 대한 사례연구, 2008, 7. 11, 66면.

39 홍완식, 입법평가의 현황과 과제, 법제와 입법, 국회 법제연구회, 2007, 126면 이하.

40 입법평가제도의 도입을 찬성하는 견해로는 강원택, 전게논문, 5면; 박영도, 입법관리로서의 입법평가의 제도화, 한국입법학회 학술대회자료, 2006, 12, 1면; 임종호, 전게논문, 41면; 정호영, 입법평가를 위한 법경제학적 접근방식에 관한 연구, 중앙대학교 박사학위청구논문, 2004, 48면; 채수근, 전게논문, 53면; 박수철, 전게논문, 44면; 석인선/이인호/권건보/최희경, 전게서, 189면; 임명현, 전게논문, 171면.

41 상세는 최윤철/홍완식, 전게서, 121면 이하 참조.

입법지원조직은 현대 의회의 실제에서 의원의 전문성을 강화해 주는 데 필수적이며, 의회의 입법능력은 입법지원조직의 기능과 역량에 의하여 좌우된다는 평가도 있다.[42] 이러한 이유로 의원입법의 발전을 위해서는, 국회 내에서 의원입법을 지원할 입법지원기구의 확대와 인력의 보강이 필요하다. 현재의 입법지원조직으로는 국회입법조사처, 국회도서관, 국회사무처 법제실, 위원회 전문위원실, 국회예산정책처, 정당소속전문위원, 정당정책연구소, 국회의원보좌진 등을 들 수 있으나, 의원입법의 입안과 검토를 실질적으로 지원함에는 아직도 부족하다는 지적이다. 또한 현재와 같은 입법지원체제의 문제점으로는 분산성, 중복성, 연계체제의 결여 등이 지적되고 있다.[43] 입법과정의 내실화를 기하는 데 있어서 1차적으로는 많은 양질의 입법이 제안되어야 하며, 이러한 양질의 입법제안이 존재하기 위해서는 민생의 현안과 어려움에 대해서 지역주민과 관계 이익단체로부터 많이 듣는 것 역시 중요하다. 이를 위해서는 정책전문보좌기관의 수과 전문성을 강화하는 것이 대단히 중요하다는 점도 지적되고 있다.[44] 즉, 행정부가 국회를 압도하는 행정부 중심의 권력적 편향성을 시정하고, 무엇보다도 국회 본연의 정책결정능력을 제고하기 위해서는 국회의 입법과정을 지원하는 조직을 확대·강화할 필요가 있다. 이러한 관점에서 국회의원이 법률안입안의 기초로 삼고 있는 사실관계에 대한 정보를 보다 중립적이고 객관적 입장에서 분석하고 전달하도록 함으로써 국회 의사결정체제의 합리성 정도를 높여야 할 것이다.[45] 제15대 국회부터 의원이 발의하는 법률안이 획기적으로 증대된 것에는 입법지원의 활성화가 하나의 요인을 차지하고 있다는 분석[46]을 보더라도 입

42 김승환, 의원입법의 개선·발전방안 모색, 의원입법의 발전방안, 국회법제실/한국공법학회, 2004. 10, 61면.

43 김광수, 전게논문, 30면; 성선제, 국회의 권능회복을 위한 입법권강화방안연구, 국회운영위원회, 2004, 136면.

44 김민전, 전게논문, 277면.

45 박재창, 입법지원체제, 박찬욱/김병국/장훈 공편, 국회의 성공조건, 동아시아연구원, 2004, 294면.

46 1994년에 설립된 국회도서관의 입법조사분석실 및 국회사무처의 법제예산실에 대한 법률안 의뢰 및 검토와 회답은 의원들의 법안발의를 58%로 상승시켜 주는 역할을 하였다. 임동욱/함성득, 전게서, 163면.

법지원체제의 확대와 강화는 의원입법의 발전을 위한 중요한 기반이라고 할 수 있다. 앞으로의 발전방향은 입법과정의 질적 발전이라고 할 수 있는데, 이를 위해서는 확충되고 전문화된 입법지원체제가 그 바탕이 되어야 한다.

2. 국회 위원회 심의·의결과정에서의 통제방안[47]

1) 위원회 심의과정에서의 국민의 입법참여 확대와 투명성 강화

의원입법이 증대되고 활성화되었다고 할지라도 아직은 법률안의 입안을 행정부가 주도하는 현실을 감안할 때 법안심의과정의 충실화는 입법기능의 강화를 위한 최우선의 과제가 된다.[48] 앞서 살펴본바와 같이 제17대 국회의 의원발의 법률안이 6,387건이고 총 법률안의 수는 7,487건이나 된다는 수치를 보더라도 제출되어진 법률안의 심사는 그 중요성을 더해가고 있다. 특히 우리나라는 상임위원회 중심주의를 채택하고 있기 때문에, 본회의 심의과정보다는 위원회 심의과정이 중요하다. 이처럼 위원회중심주의가 법률안을 전문가 중심으로 효율적으로 심의하기 위한 제도라고는 하지만, 입법과정의 민주성 및 입법내용의 객관성 등의 측면에서는 문제가 있을 수 있다. 특히 위원회 심사에서 실실적인 역할을 담당하는 소위원회의 심의는 투명성이 부족하다는 지적을 받고 있다. 국회 전문성의 제고라는 측면에서 뿐만 아니라, 시민사회의 의징참여기회 확대라는 차원에서도 공청회 개최를 보다 활성화하여야 한다는 주장이 10년에도 있었다.[49] 「국회법」 제58조 제5항은 이러한 점을 개선하기 위해 제정법률안 및 전문개정법률안에 대한 위원회 심사시 공청회를 개최하도록 의무화하여 국민의 입법과정에 대한 참여를 제도화하고 있지만, 일부의 경우에만 그 제도도입의 취지를 살리고 있다.

---

47 상임위원회의 심의·의결과정과 본회의의 심의·의결과정은 국회에 제출된 의원발의 법률안과 정부제출 법률안 모두 거쳐야 하는 공통적인 과정이다. 이 과정에서의 통제방안은 정부제출 법률안에도 동일하게 해당된다.

48 박찬표, 한국의회정치와 민주주의, 오름, 2002, 41면.

49 정영국, 국회운영제도 개혁 : 독자성, 민주성, 전문성 그리고 효율성의 제고, 국회개원 50주년 개념 특별학술회의 주제발표집, 국회/한국정치학회, 1998. 5, 213면.

「국회법」에서는 이렇게 제정법률안 및 전문개정법률안에 대한 위원회 심사시 공청회개최를 의무화하고 있으나, 공청회의 개최현황은 우리에게 긍정적인 수치를 제시해주지 않는다. 제16대 국회 동안 제출된 총 2,507건 중 공청회 개최된 법안 수는 136건으로 5.4%에 불과하다. 게다가 의결이 없는 한 반드시 공청회를 개최해야 하는 제정 및 전면개정 법률안은 제정 법률안 399건, 전면개정 법률안 78건으로 총 477건인 바, 이 중 공청회가 개최된 법안은 97건으로 전체 대상 법안의 20.3%에 그치고 있다.[50] 제16대 국회와 비교하여 제17대 국회에서의 공청회 개최현황을 살펴보면, 2006년 5월 2일을 기준으로 총 78건의 제정 및 전부개정 법률안 중 공청회 개최건수는 46회(59%), 미개최건수는 32회(41%)로서 공청회 개최의 건수와 비율은 이전에 비하여 상승되었다. 이처럼 입법과정에서 공청회가 활성화된 것은 입법과정이 신중해지고 이해 당사자 및 전문가의 견해를 청취하려는 노력이 증대된 것으로 긍정적으로 평가될 수 있다. 그러나 이러한 긍정적인 평가에도 불구하고 상당수의 공청회는 형식화되거나 낮은 참여율을 보이고 있다. 제정법률안 및 전부개정법률안의 경우에는 「국회법」에서 공청회의 개최를 의무화하고 있지만, 위원회 의결로 공청회를 생략할 수 있다는 예외규정을 적용하여, 17대 국회에서 41%가 공청회를 개최하지 않았다. 공청회가 형식적인 통과의례가 아니라 실질적인 국민들과 전문가의 의견수렴이라는 원래의 취지를 살리기 위해서는 보완책이 필요하다.[51] 공청회를 생략할 수 있다는 「국회법」 상의 단서조항을 삭제하고, 공청회에서 제시된 의견을 첨부하여 본회의에 보고하도록 의무화하는 방안도 생각해 볼 수 있다. 공청회 이외에 위원회는 제정법률안 및 전부개정법률안에 대하여는 입법청문회를 개최하도록 규정하고 있다. 입법청문회는 국회의 입법활동을 수행하는 데 필요한 사실확인과 법안의 장단점에 대한 의견을 제시함으로써 입법을 위한 공개토론회로 활용할 수 있다.[52] 그러나 입법공청회의 경우에도 위원회 의결로 공청회를 생략할

50 임명현, 전게논문, 15면.
51 강원택, 전게논문, 5면.
52 박종흡/이준원/배용수/원성수/이정만, 국회 입법심사기준의 분석절차와 기준에 관한 연구, 국회사무처, 2004. 8, 172면.

수 있다는 단서 조항을 두어 동 규정의 실효성을 떨어뜨리고 있다. 17대 국회에서 법률안을 대상으로 한 입법청문회는 개최된 적이 없다.

2) 위원회 회부제도의 문제점과 개선방안

본회의 중심주의 하에서는 소관위원회 소속의원이 아니더라도 본회의 단계에서 모든 의원들이 법률안심의에 실질적으로 참가할 수 있지만, 위원회중심주의를 입법과정의 기본적인 틀로 하고 있는 우리나라에서는 소관위원회 소속의원이 아닌 의원은 타 위원회소관의 법률안에 대하여 심의에 참가할 수 있는 방법은 본회의 표결 이외에는 실질적으로 없다고 할 수 있다. 이는 대의민주주의원리나 숙의민주주의에 대한 중대한 결함이라고 할 수 있다. 소관 위원회 소속의 소수의 의원들만이 심의에 실질적으로 참여하게 되는 이러한 '단일소관위원회원칙'의 문제점이 지적되고 있다.[53]

「국회법」은 법률안이 다른 위원회의 소관사항과 관련이 있는 경우에는 그 법률안을 관련위원회에 회부하고 의견을 듣도록 규정하고 있다. 관련위원회가 소관위원회에 심사의견을 제시하여야 하는 시한은 소관위원회가 정한 시한이라고 하고 있으나 보통 법률안에 대한 심사를 완료할 때까지로 하고 있으며, 특별한 이유없이 이 기간 내에 의견의 제시가 없는 경우에는 관련위원회의 의견을 기다릴 필요가 없이 바로 국회의장에게 심사보고를 할 수 있다(법 제83조, 제66조). 관련위원회는 소관위원회의 의사일정에 맞추어 심사의견을 제출하여야 하므로 상세한 심사를 주도적으로 할 수 없으며, 관련위원회의 심사의견의 반영 또는 검토여부에 관한 규정이 없기 때문에, 관련위원회의 심사의견이 기한에 맞추어 제출되더라도 소관위원회는 이 의견에 기속될 필요가 없다. 이를 조금 극단적으로 표현하면, 관련위원회의 심사의견은 있어도 그만 없어도 그만이고, 심사의견이 있더라도 반영해도 그만 안해도 그만이라는 것이다. 미국의회의 경우와 같이 관련위원회 심사의견을 전원위원회에 제출하도록 하여 그 구속력을 강화하거나, 법률안을 복수의 위원회에 회부하는 방법 등이 대안으로 제시되고 있다.[54] 법안을 복수의 위원회로 하여금 심사하게 하는 미국의 복수위원회제도

53 임종훈/박수철, 전게서, 258면.

(multiple referral)는 다양한 견해와 이익이 대표될 수 있으며, 이러한 과정을 통하여 복수의 위원회가 법안에 대하여 폭넓은 지지를 하게 되고, 이는 신중하고 합리적인 법률의 입법을 보장한다고 평가되고 있다.[55] 협상과 절충에 능하지 않은 우리 국회의 현실상 이러한 대안들은 '효율적인 의사진행을 방해하거나 지연시키는 효과'를 초래한다는 비난만을 받을 수 있다. 그러나 이러한 대안들은 국회 입법과정의 본래 기능인 민의를 수렴하고 다양한 정당이나 이익집단들의 절충을 가능케 하고 각 위원회의 전문성과 의견이 반영되는 방안이라고 할 수 있다.

관련위원회 회부제도가 도입되고 통계가 작성되기 시작한 제13대 국회 이후를 살펴보면, 관련위원회에 회부하는 건수와 비율은 14대 국회(11.5%), 15대 국회(17.0%), 16대 국회(33.5%)를 거치면서 꾸준히 증가하고 있다. 그러나 관련위원회가 의견을 제시한 건수와 비율은 14대 국회(28.5%), 15대 국회(18.3%), 16대 국회(10.3%)로서, 미미할 뿐만 아니라 그 비율이 지속적으로 감소하고 있다.

법률을 시행하기 위하여 재정이 소요되는 경우에는 예산결산특별위원회의 의견이 제시되는 것이 바람직하지만, 이러한 규정이 없다. 국가의 재정부담능력을 고려하지 않은 선심성 법안의 남발을 통제하기 위해서는 예산결산특별위원회의 의견제시를 의무화하는 등의 제도적인 보완이 필요하다.[56] 이와 관련하여 「국회법」은 제63조에서 소관위원회는 다른 위원회와 협의하여 연석회의를 열고 의견을 교환할 수 있다고 규정하고 있으며, 특히 세입예산안과 관련 있는 법안을 회부 받은 위원회는 예산결산특별위원회 위원장의 요청이 있을 때에는 연석회의를 열어야 한다고 규정하고 있다. 그러나 연석회의는 '의견은 교환하되 표결은 할 수 없는' 회의체이기 때문에 단일위원회의 문제점을 해소하는 등의 효과를 실질적으로 기대하기는 어렵다. 입법과정에서 법적 체계 및 자구를 검토하기 위하여 법제사법위원회의 심사절차를 마련하고 있듯이, 재정이 소요되는

---

54 임종훈/박수철, 전게서, 264면.

55 Tim Webster, The Rationality of American Law, 제헌 60주년기념 국제학술대회논문집, 2008. 7, 108면.

56 임명현, 전게논문, 16면.

법률안을 심의하는 경우에는 예산결산특별위원회의 심사절차를 거치도록 할 필요가 있다.

3) 소위원회 운영의 문제점과 개선방안

전술한 바와 같이 입법과정 중 본격적인 입법심의는 소관 상임위원회에서 이루어지고 있다. 그리고 상임위원회는 그 소관사항을 분담·심사하여 심의의 신중을 기하기 위한 목적으로 소위원회를 상설로 운영하고 있다. 그간 국회 상임위원회에서의 소소위원회의 비공개로 인한 문제가 지속적으로 제기[57]되었는데, 소위원회는 운영 면에서 지나치게 폐쇄적이라는 평가를 받아 왔다. 소위원회 회의의 비공개도 문제이지만 속기록조차 작성하지 않아 사실상 회의진행내용을 알 수 없는 경우가 제15대 국회에서 개회된 소위원회 총 건수의 97.1%, 제16대의 경우에는 56.4%에 이른다. 법안심사과정의 투명성을 제고하도록 하자는 방안은 10년 전에도 주장[58]되었고 제17대 국회 초반에도 요청[59]되었는데, 그동안 소위원회의 실질적인 공개가 시급한 것으로 지적[60]되었기에, 현재는 소위원회의도 회의록이 작성되어 국회 홈페이지를 통하여 공개되고 있다. 「국회법」 제57조 제5항에서 소위원회의 회의는 공개하도록 규정하고 있으나, 단서 규정을 두어 소위원회의 의결로 공개하지 아니할 수 있도록 하고 있는데, 소위원회에서는 비공개를 의결할 수 있다는 규정을 개정하여 비공개의 경우에는 그 사유나 요건을 명확히 제시하도록 할 필요가 있다. 전체적인 입법과정도 마찬가지이지만, 소위원회의 운영현황을 지속적으로 관찰하고 필요한 경우 이를 개선하여야 하는 것은 입법자 스스로의 의무이기도 하다.[61]

4) 위원회 심의기간의 부족

법률안에 대한 심의과정이 부족하다는 지적이 있다. 국회에서의 법률안심

57 함성득/임동욱/박찬표/이재호/윤승모, 전게서, 161면.
58 정영국, 전게논문, 212면.
59 참여연대, 전게서, 24면.
60 박재창, 한국의회윤리론, 오름, 2005, 56면.
61 홍완식, 입법자의 법률개선의무에 관한 연구, 공법연구, 제31집 제2호, 2002. 12, 281면 이하 참조.

의는 본회의보다는 소관 상임위원회를 중심으로 이루어지기 때문에 우리의 입법과정을 본회의 중심주의가 아니라, 위원회 중심주의라고 부른다. 본회의에서는 충분하고 심도있는 심의가 어렵고, 법률안에 대한 심의는 주로 소관 상임위원회에서 이루어진다.

국회의 입법과정에서의 충분한 심의가 없이 법률안이 졸속으로 처리된다는 지적이 있다. 위원회중심주의 하에서 법률안에 대한 심의가 주로 소관 상임위원회에서 이루어지기는 하지만, 법률안이 국회에 접수된 날부터 본회의에서 의결되는 날까지의 기간을 보면 '외관상' 법률안의 심의가 얼마나 신중하게 또는 졸속으로 이루어지는가를 추지해 볼 수 있다. 제15대 국회에서는 정부제출 법률안의 경우 70% 이상이 2개월 이내에 가결되었고 의원발의 법률안의 경우 50% 정도가 2개월 이내에 가결되었으며, 제16대 국회에서는 정부제출 법률안의 경우 44.3%가 2개월 이내에 가결되었고 의원발의 법률안의 경우 50% 정도가 4개월 이내에 가결되었다.[62] 이러한 부실심의를 방지하기 위하여 2003년 2월의 「국회법」개정을 통하여 법률안이 위원회에 회부되어 온 후 종전에는 5일만 경과하면 되었는데 15일을 경과하여야 위원회 의사일정에 상정할 수 있도록 상정 전 최소계류기간을 연장하였다. 2005년 7월의 「국회법」 개정을 통해서는 일부개정법률안의 경우에는 계류기간 15일이 그대로 이지만, 제정법률안 및 전부개정법률안의 경우에는 20일을 경과하여야 상정할 수 있도록 최소계류기간을 연장하였다. 법률안의 졸속처리를 방지하고 위원회 심의기간을 늘려 법률안심의를 신중하게 하기 위한 조치이다. 그러나 이러한 최소계류기간의 연장은 법률안심의를 위한 외형적 조건일 뿐이기 때문에, 신중한 법률안심의에 대한 의원들의 의지가 동반되어야 함에는 이론의 여지가 없을 것이다.

5) 법제사법위원회에서의 심사

각 상임위원회에서 심사된 모든 법안은 원칙적으로 법제사법위원회에 회부되어 체계·자구심사를 받은 후에 본회의에 상정된다. 이러한 법사위의 체계·

62 임종훈/한수웅/김성태/남궁배홍, 국회의 입법과정 개선을 위한 연구, 국회사무처, 2005. 12, 56면.

자구심사제도는 법령전체의 용어 및 조문체계의 통일성을 기하기 위하여 1920년의 「국회법」개정을 통하여 도입된 이후에 현재까지 운영되고 있다. 법사위의 체계·자구심사제도는 형식적인 체계나 자구에 대한 심사 이외에도 폭넓은 심사를 의미한다는 견해도 있다. 즉, 법률전문가들로 구성되어 있는 법제사법위원회에서 다른 소관 상임위원회가 심사한 법률안의 합헌성, 체계적합성 등을 확보하는 데 의미가 있다는 것이다.[63]

법제사법위원회의 체계·자구심사제도에 대해서는 심사대상법안의 양적 증가로 인한 졸속심사의 우려, 본회의 안건처리의 지연과 입법경제상의 낭비, 법사위소관법률 심사의 부실 등이 지적되고 있으며, 이러한 문제점을 해결할 대안으로 국회 법제실의 기능을 강화하여 통상의 법률안에 대하여는 법제실에서 체계·자구심사를 하고 제정법률안과 쟁점법률안에 대하여는 법사위에서 체계·자구심사를 하는 방안[64]이 제시되고 있다. 또한 법제사법위원회를 법제위원회와 사법위원회로 분리[65]하여, 사법위원회는 사법업무에 관한 사항을 맡게 하고, 법제기술부분은 이를 전담하는 전문보좌조직의 지원을 받아 각 상임위가 책임지도록 하는 방안,[66] 법조인 출신으로 법제특별위원회를 구성하여 법제실의 실무지원을 받아 체계·자구심사를 하도록 하는 방안,[67] 분리된 법제위원회 산하에 입법전문가로 구성된 기구를 두어 법체계의 조율업무 등을 전담시키자는 방안[68] 등도 제시되고 있다.

6) 전원위원회제도의 활성화

전원위원회제도는 제헌 국회(1948. 6. 10)부터 제4대 국회(1960. 9. 25)까지 존치되었는데, 국회 본회의의 의결로 전원위원회의 심사가 대부분 생략되는 비정상적인 운영이 지속되다가 제5대 국회에서 「국회법」 개정(1960. 9. 26)을 통하여 폐

63 석인선/이인호/권건보/최희경, 전게서, 177면.
64 강장석, 전게서, 67면.
65 노현송/김낙순, 전게서, 70면.
66 함성득/임동욱/박찬표/이재호/윤승모, 전게서, 165면.
67 참여연대, 17대 국회에서 처리해야 할 개혁과제, 2004. 6, 25면.
68 석인선/이인호/권건보/최희경, 전게서, 182면.

지되었다. 이후 전원위원회제도는 제15대 국회 말에 「국회법」 개정(2000. 2. 26)을 통하여 다시 도입되었는데, 재도입의 취지는 상임위원회 중심주의의 문제점을 개선하고 안건의 심도있는 심사와 국회의 원만한 운영을 제고하기 위한 것이다.[69] 지금까지 제헌국회 2회, 제2대 국회 4회, 그리고 제16대 국회 1회로 총7회 개최되었다. 제16대 국회에서 개회된 전원위원회는 2003년 3월 '국군부대의 이라크파병 동의안'을 처리하기 위한 것이므로, 법률안 심의의 신중을 기하기 위하여 전원위원회를 개최한 것은 전원위원회를 재도입한 2000년 이후 한 건도 없는 실정이다.

현행의 국회 위원회제도는 그 제도 자체나 운영 면에서 적지 않은 문제점이 드러나고 있으며, 입법 내용의 타당성을 확보하는 데 결함이 있을 수밖에 없다는 점이 지적되고 있다. 따라서 위원회 중심주의로 인하여 본회의의 법안심의가 형식화되는 것을 보완하기 위한 취지로 도입된 것이 전원위원회제도이다. 즉, 위원회 심사를 거치거나 위원회가 제안한 의안 중 조세 또는 국민에게 부담을 주는 법률안에 대해 재적의원 4분의 1 이상의 요구가 있으면 전원위원회를 개회할 수 있다. 이처럼 전원위원회는 해당 법률안에 대하여 관심이 있는 국회의원이면 누구나 참여해서 수정안을 제출할 수 있기 때문에 국민들의 다양한 의견이 입법과정에 반영될 수 있다. 이러한 점에서 전원위원회는 전술한 단일위원회제도에서 발생할 수 있는 소수의 횡포 또는 다수의 횡포를 방지할 수 있기 때문에, 전원위원회제도의 활성화는 중요하다. 예를 들어 미국 연방의회의 경우 연방정책과 관련하여 조세의 부과나 예산지출을 수반하는 공적 법률안(public bills)은 반드시 전원위원회(Committee of the Whole)에서 심사를 거친 다음 본회의에서 심의를 하고 있다는 점을 유념할 필요가 있다.[70]

전원위원회의 활성화 대책으로는 「국회법」의 개정을 통하여 주요 법률안은 의무적으로 전원위원회를 경유하도록 하는 방안, 연석회의가 법률안을 절충하는 데 실패하거나 관련위원회의 심사의견을 소관위원회가 무시한 경우 관련위원회가 요청하면 개회될 수 있도록 규정하는 방안 등이 제시되고 있다.[71] 다른 방안

69 박봉국, 국회법, 박영사, 2000, 89면.
70 임종훈/박수철, 전게서, 267면.
71 임종훈/박수철, 전게서, 268면.

으로는 재적의원 4분의 1이라는 개최요건 외에 운영위원회에도 전원위원회의 개최를 요구할 수 있는 권한을 주는 방향으로 개선하는 것이 바람직하다는 의견이 있다. 국회운영상 필요하다고 생각할 경우 신속한 소집을 위해 운영위원회에 그러한 권한을 주는 것이 효율적이라는 것이다. 이와 함께 전원위원회의 심사방식은 조문별 심의방식을 도입하는 것이 바람직하다는 의견 등이 제시되고 있다.[72]

3. 국회 본회의 심의·의결과정에서의 통제방안

1) 서 론

전술한 바와 같이 제5대 국회에서 「국회법」의 개정을 통하여 전원위원회제도가 폐지되고 국회 본회의에서의 법안심의기능이 약화되면서 제6대 국회 이후에는 국회가 상임위원회를 중심으로 하여 운영되었다. 상임위원회에서 채택된 안건은 본회의에서 대부분 그대로 의결되는 것이 일반화되었다. 이로 인하여 본회의의 의안심사는 형식화되어 국회의 의사를 최종적으로 결정하는 상징성만 지니게 되었고, 위원회에서 교섭단체 상호간에 이견이 있은 채로 가결된 법률안은 본회의에서의 소위 '날치기 통과'의 요인이 되는 등 국회 본회의에서의 파행현상[73]이 드러나게 되면서 본회의의 법률안 심의기능은 극도로 저하하게 되었다. 그러나 위원회중심주의가 우리나라 입법과정의 특징이라고 하더라도 본회의 자체의 존재의의가 불필요할 정도로 본회의 심의가 형식화되는 것이 합리화될 수는 없다.[74] 시간적으로 모든 법률안에 대한 본회의에서의 심의가 실질화되지는 못하더라도 중요법률안에 대한 신중한 처리는 본회의 심의과정과 의결과정에서 나타나야 하리라고 생각한다. 따라서 국회 본회의 심의·의결과정에서의 통제방안이나 개선방안이 강구될 필요가 있다.

2) 법안의 '날치기 통과'와 관련하여

우리국회의 입법과정을 보면 의회주의 반세기의 역사를 거치면서 의회주

72 김민전, 전게논문, 289－290면.
73 박봉국, 전게서, 89면.
74 석인선/이인호/권건보/최희경, 전게서, 189면.

의원리가 현실정치에서 구현되지 못하고 다수파의 힘의 논리에 의한 강행처리나 소위 '날치기통과' 등의 입법실태는 국민의 국회불신과 정치에 대한 냉소주의를 확산시키고 있다고 평가되기도 한다. 국회의사결정에 있어서 다수결의 원칙이 이성적 토론과 타협, 소수의사의 존중을 전제로 하는 질적 다수결이 아니라 수적·양적 다수결로 퇴색되고 있는 정치상황에서는 더욱 입법절차의 정당성이 강조되며, 앞으로의 입법통제는 입법절차상 하자에 대한 통제에 중점을 두어야 한다는 것이다.[75] 우리 국회에서 날치기가 횡행하고 합의의 전통이 약해 의사일정이 확정되지 못한 관계로 본회의가 개회되는 날이 많아졌고, 그 결과 회기 말에 무더기로 법을 처리하는 것이 관례처럼 되어 질 낮은 법을 양산해 낸다는 것이다.[76]

법안의 '날치기'와 관련하여 헌법재판소는 법률조항이 위헌인지의 여부를 판단할 때 입법행위의 결과물인 법률의 내용 이외에 입법행위의 과정이 헌법에 위반되었는지를 심사할 수 있는가 하는 문제가 수차례 제기되었다. 헌법이나 법률에서 법률의 입법과정에 대하여 규정하고 있다면 국회는 이러한 입법절차를 준수하여야 한다. 명시적인 입법절차에 대한 위반은 헌법재판소의 권한쟁의 심판을 통해서 다툴 수 있다.[77]

1990년 7월 14일에 개회된 제150회 국회 제11차 본회의에서 국회부의장이 의장의 직무를 대리하여 같은 당 소속 국회의원들이 겹겹이 에워싼 가운데, 소형녹음기에 대고 의사봉도 없이 육성으로 개회선언을 한 뒤 26개 의안을 일괄상정하여 일체의 토론과 질의를 생략한 채 불과 33초만에 의안을 가결 또는 폐기 처리하였던 기록이 있다. 이러한 입법과정에 대하여 헌법과 법률에의 위반을 이유로 하여 의안처리행위의 당연무효를 주장하며, 헌법소원과 권한쟁의심판이 청구되었다. 우선, 입법과정에서의 이러한 법률안 날치기처리에 대하여 1990년도 초에는 국회의원들에 의하여 입법권 침해로 인한 헌법소원심판이 청구되었다. 이에 대하여 헌재는 "국회의원이 국회 내에서 행하는 질의권·토론권

75 정만희, 헌법과 통치구조, 법문사, 2003, 252면.
76 김민전, 전게논문, 274면.
77 정종섭, 전게서, 823면.

및 표결권 등은 입법권 등 공권력을 행사하는 국가기관인 국회의 구성원의 지위에 있는 국회의원에게 부여된 권한이지 국회의원 개인에게 헌법이 보장하는 권리 즉 기본권으로 인정된 것이라고 할 수 없으므로, 설사 국회의장의 불법적인 의안처리행위로 헌법의 기본원리가 훼손되었다고 하더라도 그로 인하여 헌법상 보장된 구체적 기본권을 침해당한 바 없는 국회의원인 청구인들에게 헌법소원심판청구가 허용된다고 할 수 없다."고 하여 국회의원은 개인의 권리구제수단인 헌법소원을 청구할 수 없다고 하여 기각결정을 하였다.[78] 또한 헌법재판소는 위의 동일한 사건에 대하여 제기된 권한쟁의심판 청구사건에서 "헌법 제111조 제1항 제4호 및 헌법재판소법 제62조 제1항 제1호는 헌법재판소가 관장하는 국가기관 상호간의 권한쟁의심판을 국회, 정부, 법원 및 중앙선거관리위원회 상호간의 권한쟁의심판으로 한정하고 있으므로, 그에 열거되지 아니한 기관이나 또는 열거된 국가기관 내의 각급기관은 비록 그들이 공권적 처분을 할 수 있는 지위에 있을지라도 권한쟁의심판의 당사자가 될 수 없으며 또 위에 열거된 국가기관 내부의 권한에 관한 다툼은 권한쟁의심판의 대상이 되지 않는다. 따라서 국회의 경우 현행 권한쟁의심판제도에서는 국가기관으로서의 국회가 정부, 법원 또는 중앙선거관리위원회와 사이에 권한의 존부 또는 범위에 관하여 다툼이 있을 때 국회만이 당사자로 되어 권한쟁의심판을 수행할 수 있을 뿐이고, 국회의 구성원이거나 국회 내의 일부기관인 국회의원 및 교섭단체 등이 국회 내의 다른 기관인 국회의장을 상대로 권한쟁의심판을 청구할 수 없다."[79]고 하여 권한쟁의심판을 각하하였다.

그러나 헌법재판소는 1997년 7월 16일의 결정을 통하여 국회의원과 국회의장간의 권한쟁의 청구인적격을 부인하던 종전의 판례[80]를 변경하였는데, 국회의장이 야당의원들에게 본회의 개의일시를 「국회법」에 규정된 대로 적법하게 통지하지 않음으로써 그들이 본회의에 출석할 기회를 잃게 되었고, 그 결과 법률안의 심의 표결과정에 참여하지 못하게 되었다면 이로써 헌법에 의하여 야당

78 헌재 1995. 2. 23. 90헌마125.
79 헌재 1995. 2. 23. 90헌라1.
80 헌재 1995. 2. 23. 90헌라1.

의원들에게 부여된 법률안 심의 표결의 권한이 침해된 것으로 인정하였다.[81] 이처럼 날치기 입법과정에 의하여 법률안 심의·표결권 침해를 주장하는 국회의원들의 권한쟁의심판청구를 받아들인 것은 한편으로는 헌법재판소에 의한 적극적인 입법과정통제로 평가할 수 있다. 그러나 다른 한편으로 헌법재판소는 그 날치기통과 입법이 「국회법」의 규정을 위반하였다고 하더라도 위헌무효로 볼 수 없다고 판단함으로써, 날치기입법을 방지하고자 하는 실효성을 기대할 수 없다는 것이 문제로 지적되었다.[82]

국회에서의 입법과정이 대의제 원리를 부정하고 국가가 수행해야 하는 일반이익의 창출과 공공성원리의 실현과 정면으로 충돌하는 경우에는, 법치주의에서 말하는 법률은 합헌적 법률을 말하고 적법절차원리는 입법에도 관철되어야 하며 민주주의는 절차적 정당성을 가져야 한다는 점에서, 규범통제를 통하여 헌법적 심사를 하는 것이 필요하다고 할 것이다.[83] 국회의 입법과정의 위헌성논란을 조율할 수 있는 특별위원회의 설치를 제안하는 의견이 있다. 특히 법률안 등의 순조로운 진행을 방해하고 있는 경우에는 원내교섭단체의 합의를 거쳐 국회의장이 이를 심의하는 특별위원회를 구성하자는 것이다.[84] 그러나 우리의 현실정치에 비추어 초당파적이고 객관적인 특위의 구성과 운영이 가능한지는 의문이고, 일본의 기관승인제[85] 등과 같은 제도는 오히려 정치제도나 정치상황에 따라 입법의 사전검열이라는 역기능이 발현될 가능성이 크다.

3) 법안의 '무더기 통과'와 관련하여

법률안의 심의와 의결을 가능한 한 정기국회가 아닌 임시국회에서 하기 위한 여러 제도적인 장치가 마련되어 있음에도 불구하고, 많은 법률안이 정기국

81 헌재 1997. 7. 16. 96헌라2.

82 정만희, 전게서, 251면.

83 정종섭, 전게서, 825면.

84 이국운, 한국헌정에 있어 입법권자 권위실추의 진단과 처방, 한국헌정에 있어 입법권자의 권위회복을 위한 공법적 실천, 국회법제실/한국공법학회, 2006. 11, 76면.

85 일본 중의원에서 자유민주당의 '국회대책요령'으로 '의원이 법률안 및 결의안 등을 제출할 경우에는 당 3역과 국회대책위원장의 승인을 얻을 것'을 의무화하고 있다. 大石 眞, 앞의 글, 94면.

회 또는 연말에 개회되는 임시국회에 제출되고 있다.[86] 연말의 짧은 일정에 많은 법안이 몰리다보니 어떤 경우에는 하루에 통과되는 법안의 수가 많아지고 그 내용에 대한 심사가 제대로 이루이지지 못하는 경우가 적지 않은 것이다. 전술한 바와 같이 우리 국회의 입법과정이 본회의 중심이 아니라 위원회 중심으로 진행되기 때문에, 위원회에서 이미 심의된 법률안에 대하여 본회의에서는 심의보다는 표결을 위주로 진행된다. 그러나 위원회에서의 법안심의의 문제점을 익히 살펴본 것처럼, 단일위원회제도의 문제점을 보완하기 위해서는 본회의에서도 어느 정도 법률안에 대한 심의가 필요하다. 위원회중심주의의 입법과정에서도 법률안의 무더기 통과는 변명이 될 수 없다.

역대 국회별로 하루에 법안을 가장 많이 처리한 건수를 보면 13대 국회가 33건, 14대 국회가 60건, 15대 국회가 82건, 16대 국회가 41건이었다. 아무리 위원회 중심주의를 택하고 있는 우리 국회의 입법과정이라고 하더라도, 법안의 내용은 고사하고 법안의 이름 정도도 기억할 수 없을 정도의 법안 '처리' 상황에서 양질의 입법을 기대한다는 것 자체가 무리라는 평가가 있는 것이다.[87] 본회의에서 법률안에 대하여 반대토론을 하는 것은 매우 이례적인 일로 95% 이상의 법률안이 찬반토론없이 이의 유무만을 물어서 만장일치로 의결되고 있으며, 법률안의 내용과 관련하여 심사보고자나 제인자에게 질의를 하는 예는 거의 없다.[88] 입법과정이 본회의 중심주의나 위원회 중심주의냐를 불문하고 본회의에서 질의나 토론절차 하나 없이, 하루 동안에 의결되는 법률안의 수가 이처럼 많다는 사실은 '졸속입법'의 혐의를 벗어나기 어렵다. 졸속입법을 통제하는 것은 물론이고, 중요한 입법사안의 경우에는 본회의 심의를 활성화하는 제도적 장치가 필요하다.

86 제15대 국회에서 법안의 월별제출현황을 보면 정기국회에 법안의 제출이 집중되어 있음을 알 수 있다. 예컨대, 5월에 제출된 법안은 단지 25건인데 반해, 정기국회인 11월에 제출된 법안은 620건에 이르고 있다. 김민전, 전게논문, 276면.

87 김민전, 전게논문, 272면.

88 석인선/이인호/권건보/최희경, 전게서, 189면.

4) 본회의 심의의 통제 및 활성화방안

입법과정에서 위원회 중심주의를 채택하고 있더라도, 본회의 심의를 활성화하는 것은 절대적으로 필요하다. 따라서 법률안 수정안의 제출요건을 삭제하거나 대폭 완화하는 것이 바람직하다. 법률안 발의요건보다 수정안 제출요건을 어렵도록 한 것을 시정해야 한다는 지적이다. 제5대 국회까지는 법률안의 심의는 독회의 절차를 두고 있었다. 제1독회에서는 위원장의 심사보고, 의안낭독, 질의응답과 대체토론을 하고, 제2독회에서는 의안을 축조낭독하면서 심의하였고, 제3독회에서는 의안전체에 대한 가부를 표결로 결정하였다. 그러나 실제로는 국회 본회의에서 축조낭독하면서 심의한 예가 없었고, 실효성도 없어서 제6대 국회부터는 이러한 독회제를 폐지하였다. 그리하여 현 국회는 독회제도를 채택하고 있지 아니하다.[89] 본회의에서의 법안심의를 활성화하기 위하여 독회제도를 재도입하자는 의견[90]이 있다. 동시에 본회의에서 필요한 경우에는 독회제도를 통하여 조문별 심사를 할 필요가 있다. 다만, 모든 법안에 대하여 축조심의를 하는 것은 비효율적이기 때문에 운영위원회나 재적 4분의 1 이상의 찬성이 있을 경우로 한정하자는 의견이 제시되고 있다.[91] 국회에 제출되는 법안의 양적 증가를 고려할 때 독회제도를 도입하는 경우에는 국회가 상시 개원하는 '상시국회' 체제를 검토할 필요가 있다. 독회제도를 도입하지 않더라도 상시국회제도를 도입하는 것이 바람직하다.

본회의 운영에서 무엇보다도 중요한 점은 「국회법」 등에서 정하고 있는 입법과정과 절차는 위원회는 물론이고 본회의에서도 준수되어야 한다는 것이다. 의회는 입법과정을 통하여 단지 정책기능 뿐 아니라 사회적 갈등의 통합기능을 수행할 수 있느냐의 여부는 바로 입법과정과 절차의 준수 여부에 달려있다고

89 박봉국, 전게서, 371면.

90 장훈/김민전/김병국/김용호/박세일/박재완/박찬욱/박철희, 전게서, 22면. 독회제는 단순히 졸속입법을 예방하는 차원을 넘어서 국회 기능의 실질화를 위해서도 요구된다는 점을 지적하고 있다. 법안심사의 지연을 피하기 위하여 1독회는 본회의 보고로 대신하고, 2독회는 소관 상임위원회에서 하며, 3독회는 본회의에서 하자는 것이며, 독회제도의 도입은 전술한 '법안의 날치기 통과'를 저지하는 효과도 낳는다고 한다.

91 김민전, 전게논문, 291면.

하여도 과언이 아니다. 다수파는 소수파에 대하여 충분한 토론과 설득을 다한 후에 의사절차에 따라 표결을 하여야 하며, 소수파도 역시 의사절차의 물리적 방해를 지양하여 입법과정의 '절차적 정당성'이 확보되어야 한다.[92] 충분한 토론과 숙의가 없는 다수의 횡포는 국회를 비생산적이고 비능률적인 기관으로서 인식시키고 극단적으로는 '의회무용론'으로 나타나게 된다.[93] 본회의의 법안심의가 형식화되는 것을 보완하기 위한 취지로 전원위원회제도가 도입된 것 같이, 본회의 심의의 활성화를 위한 방안이 고안될 필요가 있다.

5) 법안의 표결방식

현재 법률안을 포함한 의안의 표결은 대부분 전자표결로 행하여지고 의원들의 표결은 회의록에 기록되고 있다. 전자표결제도가 도입되기 전에는 의원 개개인의 투표기록을 확인할 수 없어서 책임의 소재－법안에 대한 표결의 경우에는 특정법안에 대한 찬반 여부－를 분명하게 가릴 수 없다는 점에 문제가 있었다. 국회에서 실시하는 각종 선거나 국무총리 등 해임건의안 또는 재의를 위해서 환부된 법률안에 대한 안건 등 「국회법」 제112조에서 특별히 무기명투표를 하도록 규정하고 있는 경우가 아니라면, 의원활동에 대한 국민적 평가가 가능하도록 기록·공개하여야 한다는 주장이 있어왔다.[94] 표결방법 중 이의유무를 묻는 방법을 변칙적으로 남용함으로써 표결의 익명성과 이로 인한 책임성의 결여를 초래해 왔나[95]는 시석이나, 특별한 예외사유가 없는 한 모든 법안에 대하여 전자투표제도를 의무화[96]하자는 요구나 본회의 표결에서 인사문제 등 제한적인 사유 이외에는 전자기표기 사용을 의무화하고 표결결과를 공개함으로써, 국민의 알권리를 충족시키고 국회표결의 투명성을 강화해야 한다는 요구[97]도 있었다.

92 박찬표, 전게서, 46면.
93 이승우, 한국의 입법권자 본연의 소임을 다하고 있는가, 한국헌정에 있어 입법권자의 권위회복을 위한 공법적 실천, 국회법제실/한국공법학회, 2006. 11, 11면.
94 김민전, 전게논문, 291면.
95 박찬표, 전게서, 46면.
96 노현송/김낙순, 전게서, 74면.
97 참여연대, 전게서, 23면.

국회본회의에서의 표결방법은「국회법」제112조에 규정되어 있다. 동 규정의 1항과 2항에 따르면 전자투표에 의한 기록표결로 가부를 결정하도록 하고 있으며, 투표기기의 고장 등 특별한 사정이 있을 때에는 기립표결로 가부를 결정할 수 있고, 중요한 안건으로서 의장의 제의 또는 의원의 동의로 본회의의 의결이 있거나 재적의원 5분의 1이상의 요구가 있을 때에는 기명·호명 또는 무기명투표로 표결하도록 규정하고 있다. 그러나 3항에서는 "의장은 안건에 대한 이의의 유무를 물어서 이의가 없다고 인정한 때에는 가결되었음을 선포할 수 있다. 그러나 이의가 있을 때에는 제1항 또는 제2항의 방법으로 표결하여야 한다."는 규정을 둠으로써 전자투표에 의한 표결방법을 무력화시킬 수 있는 규정을 아직도 지니고 있다. 현재 전자투표가 원칙적으로 시행되고 있는 국회의 운영현실과「국회법」규정이 일치하도록 조정할 필요가 있다.

제4절 맺음말

국회의 입법과정을 개선하려는 노력이 가시적이다. 이러한 작업의 일환으로서, 점증하는 의원입법을 입법과정의 합리화, 투명화, 효율화 등의 목표 하에 통제하고 개선하려는 노력도 보인다. 행정부가 제출한 법률안을 통과만 시켜주는 거수기 역할을 담당하던 '통법부'로서의 국회시절에는 입법과정의 혁신이나 개선 등의 문제의식조차 필요치 않았고 그러한 연유로 제도개선에의 필요성은 절실하지도 않았다. 그러나 정치과정의 민주화가 점진적으로 진행된 이후에는 국회의 국민대표기관으로서의 지위회복과 권한강화의 필요성이 대두되었었으며, 행정부의 필요와 제안에 의한 입법보다는 국민의 대표기관이자 입법기관으로서의 역할에 충실하려고 노력하게 되었다.

이러한 노력의 과정 속에서 국회에서의 입법과정에 관한 연구는 그동안 많이 수행되었으며, 대개의 문제점과 개선방안이 도출되었다. 일부의 개선방안은

「국회법」 개정 등을 통해서 실행에 옮겨졌으며, 실행을 위한 준비작업과정에 있는 것도 있다. 우리 국회는 입법과정상의 문제점을 개선하는 노력을 계속해 왔으나, 이러한 노력에도 불구하고 입법과정상의 문제점은 상존하고 있는 듯이 보인다.[98] 이러한 의원입법에 대한 합리적인 통제방안이나 의원입법의 개선을 위한 개선방안 등은 그간의 경험에 비추어볼 때 제도적인 개선만을 통해서 달성된다고는 생각할 수 없다. 국회가 이를 달성하기 위해서는 국회의 기관능력을 제고하는 일이 급선무이며, 국회의 기관능력은 결국 국회 자체와 국회의원 개개인의 전문성, 도덕성, 개방성, 참여성, 접근성 등이 제고될 때 성취가능해진다[99]는 것이다. 입법부인 국회가 정권쟁취를 위한 정쟁의 장으로만 기능[100]하고 있는 것에 대한 반성도 아울러 필요하다. 입법과정의 통제나 국회제도의 개선은 반드시 필요하지만, 국회의 개혁과 국회의원을 포함한 입법부 전체의 역량강화가 전제되어야 제도개선과 통제방안이 그 기대되는 효과를 발휘할 수 있을 것이다.

| CHAPTER 14 _ 참고문헌 |

강원택, "17대 국회전반기 2년의 평가 : 성과와 과제", 「국회 운영 무엇을 어떻게 바꿔야 하나?」, 참여연대 의정감시센터, 2006.

김광수, "의원입법의 영향과 책임성", 「입법에 관한 국회의 책임과 역할」, 국회법제실/한국행정법이론실무학회, 2005.

김민전, "입법과정의 개혁", 박찬욱/김병국/장훈 공편, 「국회의 성공조건」, 동아시아연구원, 2004.

김승환, "의원입법의 개선·발전방안 모색", 「의원입법의 발전방안」, 국회법제실/한국공법학회, 2004.

노현송/김낙순, 「생산적이고 효율적인 국회개혁을 위한 제언」, 2004.

---

98 박봉국, 의원입법 보좌기능의 전문화방안, 의원입법의 발전방안, 국회법제실/한국공법학회, 2004. 10, 67면 이하.

99 박재창, 한국의회개혁론, 오름, 2004, 319면.

100 이승우, 전게논문, 26면.

박봉국, 「국회법」, 박영사, 2000, 89면.

______, "의원입법 보좌기능의 전문화방안", 「의원입법의 발전방안」, 국회법제실/한국공법학회, 2004.

박수철, "대한민국 국회 입법과정의 투명성과 합리성 제고방안", 제헌 60주년기념 국제학술대회논문집, 2008.

박영도, "입법관리로서의 입법평가의 제도화", 한국입법학회 학술대회자료, 2006,

______, 「입법심사의 체계와 방법론」, 입법이론연구 IV, 한국법제연구원, 1996.

______, "입법평가제도에 관한 연구", 「입법학연구」, 제2집, 2002, 59면.

박재창, "입법지원체제", 박찬욱/김병국/장훈 공편, 「국회의 성공조건」, 동아시아연구원, 2004.

______, 「한국의회개혁론」, 오름, 2004.

______, 「한국의회윤리론」, 오름, 2005, 56면.

박종흡/이준원/배용수/원성수/이정만, 「국회 입법심사기준의 분석절차와 기준에 관한 연구」, 국회사무처, 2004. 8.

박찬표, 「한국의회정치와 민주주의」, 오름, 2002.

서원우, "행정입법에 대한 통제", 「의회에 의한 행정입법 통제」, 국회법제실/행정법이론실무학회, 2004.

석인선/이인호/권건보/최희경, 「국회입법과정의 혁신에 관한 연구」, 국회운영위원회, 2007. 2.

성선제, 「국회의 권능회복을 위한 입법권강화방안연구」, 국회운영위원회, 2004.

이국운, "한국헌정에 있어 입법권자 권위실추의 진단과 처방", 「한국헌정에 있어 입법권자의 권위회복을 위한 공법적 실천」, 국회법제실/한국공법학회, 2006. 11.

이상영, "입법의 원칙에서 본 한국의 입법자와 입법과정 분석", 「입법학연구」, 창간호, 2000.

이승우, "한국의 입법권자 본연의 소임을 다하고 있는가", 「한국헌정에 있어 입법권자의 권위회복을 위한 공법적 실천」, 국회법제실/한국공법학회, 2006. 11.

이시윤/이장은, 「우리나라 입법과정의 문제점과 그 개선방향」, 국회법제사법위원회, 2003. 11.

이한규, "상임위원회 행정입법검토(국회법 제98조의2)의 운영현황", 「의회에 의한 행정입법 통제」, 국회법제실/행정법이론실무학회, 2004.

이한길, "제16·17대 의원발의 법안의 특성", 「의원입법의 발전방안」, 국회법제실/한국공법학회, 2004. 10.

임동욱/함성득, 「국회 생산성높이기」, 박영사, 2000.
임명현, "입법관리의 실태 및 효율화방안", 「법제연구」, 제27호, 한국법제연구원, 2002.
______, 「입법의 재정영향평가에 관한 연구 – 국가재정관리를 위한 입법평가의 활용성 연구」, 건국대학교 법학박사학위 청구논문, 2008. 8.
임종훈 등, 「국회의 입법과정 개선을 위한 연구」, 국회사무처, 2005.
임종훈/박수철, 「입법과정론」, 제3판, 박영사, 2006.
임종훈/한수웅/김성태/남궁배홍, 「국회의 입법과정 개선을 위한 연구」, 국회사무처, 2005. 12.
임중호, "입법과정의 개선 및 발전방향", 「입법과정의 현황과 개선방안」, 국회법제실/한국공법학회, 2005.
윤종빈, 17대 국회의원 입법활동 평가, 「17대 국회 의정활동 평가 및 국회운영개선방안」, 경실련, 2007. 9.
장훈/김민전/김병국/김용호/박세일/박재완/박찬욱/박철희, 「성공하는 국회의 조건」, 국회운영위원회, 2003.
정만희, 「헌법과 통치구조」, 법문사, 2003.
정영국, "국회운영제도 개혁 : 독자성, 민주성, 전문성 그리고 효율성의 제고", 국회개원 50주년 개념 특별학술회의 주제발표집, 국회/한국정치학회, 1998. 5.
채수근, "의원입법과 법률안비용추계", 「입법에 관한 국회의 책임과 역할」, 국회법제실/한국행정법이론실무학회, 2005. 5.
최윤철/홍완식, 「입법평가제도의 도입방안에 관한 연구」, 법제처, 2005. 11.
함성득/임동욱/박찬표/이재호/윤승모, 「세15대 국회의 평가와 향후 국회운영쇄신의 과제」, 국회사무처, 2000. 11.
홍완식, "법령의 현황과 입법의 원칙", 「국회도서관보」, 2004. 6.
______, "토론문", 「유럽입법평가제도에 대한 사례연구」, 2008, 7.
______, "입법평가의 현황과 과제", 「법제와 입법」, 국회 법제연구회, 2007.
______, "입법자의 법률개선의무에 관한 연구", 「공법연구」, 제31집 제2호, 2002.
大石 眞, "일본형 의원내각제에서의 입법과정의 과제 –입법과정의 투명성과 합리성의 관점에서", 제헌 60주년기념 국제학술대회논문집, 2008. 7
Tim Webster, "The Rationality of American Law," 제헌 60주년기념 국제학술대회논문집, 2008. 7

CHAPTER 15 규제개혁과 입법정책

출처: 공법연구 제36집 제3호, 2008년

우리나라에서도 1990년대 이후로 규제개혁을 위한 정부차원의 노력이 활발해졌으며, 새 정부의 출범과 함께 규제완화나 규제개혁이라는 말이 유행처럼 되었다. 그러나 규제완화는 새로이 등장한 개념이나 용어가 아니라 우리를 포함하여 주요 국가들이 오래전부터 추구해왔던 입법정책이라고 할 수 있다. 법학에서의 규제란 「행정규제기본법」과 「기업활동 규제완화에 관한 특별조치법」에서의 규제개념과 유형구분에 유념할 필요가 있다. 또한 법치주의원리에 부응하는 규제법정주의와 규제명확성의 원칙은 규제개혁의 기본이 되어야 한다. 보충성의 원리와 관련한 논의를 통하여 국가개입의 범위와 한계 및 사회적 자율성의 범위와 한계에 관한 기본적 토대를 점검해보고, 보충성의 원리와 규제개혁의 관계를 고찰하였다. 우리나라의 입법과정에 대한 고찰을 통하여 규제의 절차적 통제가 적절히 수행되고 있는지를 검토하고, 의원입법과 정부입법과정의 비교를 통하여 규제통제의 비대칭성의 문제를 검토하였다. 또한 최근에 많이 논의되는 입법평가제도가 규제개혁에 기여할 수 있는지에 관하여 고찰하였다. 규제개혁의 목표와 지향점은 모든 규제를 철폐하는 것이 아니라, 과도한 규제는 철폐하거나 완화하고 필요한 규제는 유지하는 것이다. 규제철폐는 무규제상태를 의미하는 것이 아니라 공법적 규제의 형식을 변경시키거나 공법적 규제를 사법적 규제로 전환시키는 것이라는 분석이나, 규제개혁이란 규제의 완화나 폐지만이 아니라 경우에 따라서는 규제의 강화를 내포하는 다양한 성격을 가진 것이라는 평가도 이와 동일한 시각이라고 할 수 있다. 규제개혁의 목표는 목표없는 규제완화나 탈규제가 아니라 규제의 합리화라는 것이다. 경제적 규제와 사회적 규제를 구분하는 등 규제영역과 개별규제별로 필요한 규제와 불필요한 규제를 구분하고, 집행가능한 규제와 집행불가능한 규제를 구분하며, 규제순응도를 높이는 규제의 합리화 작업이 필요하다.

제1절 머리말

새 정부의 출범과 함께 규제완화나 탈규제 또는 규제개혁이라는 말이 유행처럼 되었다. 그러나 규제완화는 새로이 등장한 개념이나 용어가 아니라 우리를 포함하여 주요 국가들이 오래전부터 추구해왔던 입법정책이라고 할 수 있다. 1970년대부터 미국과 유럽 각국은 민간부분의 활성화와 정부기능의 축소 등을 지향점으로 하여 민영화 등과 함께 규제완화나 규제개혁이 추진되어 왔다. 우리나라에서도 정부주도하의 급속한 경제발전을 추구해 오는 과정에서 각종의 정부규제가 만연되고 양산될 수밖에 없었기 때문에, 시장경쟁과 민간자율의 원리가 되살아 날 수 있게 하기 위해서는 우선적으로 불합리하고 불필요한 정부규제를 완화하지 않으면 안된다는 점이 이미 오래전부터 지적되고 있었다.[1] 국내외를 불문하고 규제완화의 문제는 신자유주의적 경향에 힘입어 최근 경제정책과 재정정책의 화두라고 평가되고 있다.[2] 규제가 늘어날수록 정부는 비대해지고, 현실에 맞지 않고 불합리한 규제로 인해 사회가 지불해야 하는 비용은 막대하며, 규제가 늘어날수록 부정부패는 증가[3]하기 때문에 이러한 규제를 어떻

1 강신일/최병선, 작은 정부를 위한 정부기능의 효율화 방안 -민영화와 정부규제완화-, 한국경제연구원, 1993, 178면.

2 Ruge Reinhard, Die Gewährleistungsverantwortung des Staates und der Regulatory State, Duncker & Humblot, 2003, S.27.

3 김영평/최병선/신도철, 규제의 역설, 삼성경제연구소, 2006, 11면.

게 하면 개혁하느냐의 문제제기가 있는 것이다.

주지하는 바와 같이 우리나라에서도 1990년대 이후로 규제개혁을 위한 정부차원의 노력이 활발해졌다. 우리나라에서의 규제개혁을 위한 시도는 1990년초 '경제행정규제완화위원회', 1991년 말 국무총리 자문위원회로서의 '행정규제완화 민간자문위원회', 1993년에 경제기획원의 '경제행정규제위원회', 1993년에 대통령 직속의 '행정쇄신위원회', 1993년에 상공자원부의 '기업활동규제심의위원회', 1994년에 총무처 소속의 '행정규제합동심의위원회', 1994년에 대통령직속의 '경제행정규제완화점검단'이 설치되어 활동한 바 있다. 이와 같은 임시적이고 한정적인 규제개혁조직에서 탈피하여, 1998년 3월에 시행된 「행정규제기본법」에 근거하여 동년 4월에 설립된 규제개혁위원회가 현재 규제개혁 작업을 총괄하고 있다.

2008년 1월 30일 현재 규제개혁위원회에 등록된 규제의 수는 5,170개이다. 2008년 1월 21일 보도에 의하면 대통령직 인수위원회는 이러한 규제의 총량을 제한하고자 하는 취지의 규제총량제를 도입하여 한해의 행정규제 건수 상한선을 2000건으로 제한하며, 규제폐지시한이 지켜지지 않아 사실상 유명무실해진 규제일몰제[4]의 운영을 강화하는 내용으로 「기업활동 규제완화에 관한 특별조치법」을 개정하기 위한 계획을 지니고 있다고 한다. 새로 구성된 정부에서는 규제완화가 정부정책과 입법정책의 기조가 될 것이라는 점을 예상할 수 있고, 이러한 규제개혁과 입법정책의 논점과 방향성이 법학분야에서도 검토될 필요가 있다.

이렇게 규제개혁이 관심을 받게 되는 것은 규제개혁이 긍정적인 경제적 효

---

4 「행정규제기본법」 제8조에서는 규제의 존속기한을 명시하도록 하고 있다. 즉, 규제를 신설 또는 강화하고자 할 때에 계속하여 존속시켜야 할 명백한 사유가 없는 규제에 대하여는 존속기한을 설정하여 당해 법령 등에 명시하도록 하고, 규제의 존속기한은 필요 최소한의 기간 내에서 설정되고, 그 기간은 원칙적으로 5년을 초과할 수 없도록 하며, 규제의 존속기한을 연장할 필요가 있는 때에는 당해 규제의 존속기한이 도래하기 6월 전까지 규제개혁위원회에 심사를 요청하고 3월 전까지 규제의 존속기한 연장을 내용으로 하는 개정안을 국회에 제출하도록 하는 등 규제일몰규정(sunset legislation)을 두고 있다. 규제일몰제도는 규제기관의 성과를 심사하는 과정에서 의회가 규제를 존속시키기 위한 재수권(reauthorization) 조치를 취하지 않는 한 자동적으로 폐지되도록 하는 제도이다.

과를 가져온다는 기대 때문이라고 할 수 있다. 규제개혁이 수행되었던 외국의 경험에 따르면 규제개혁은 각 경제지표에 긍정적인 효과를 가져왔다는 것이다. 우리나라의 경우 정부규제가 시장 메커니즘의 작동을 압도하였기 때문에, 규제완화와 시장기능의 정상화로 나아가야 한다는 것이다.[5] 규제개혁은 주로 행정학이나 경제학의 분야에서 다루어왔지, 법학분야에서는 지금까지 규제개혁을 다룰만한 적절한 접점을 찾지 못해왔기 때문에 법학분야에서 규제개혁을 다룬 논문을 찾기는 쉽지 않다. 이 글에서는 규제개혁과 입법정책의 연관관계를 고찰함을 통하여 규제개혁과 법학의 접점을 모색해 보기로 한다.

제2절 규제의 개념과 유형 등

1. 규제의 개념

규제는 정부 또는 정부가 권한을 위임한 기관이나 기구들이 기업, 국민, 정부 자체를 대상으로 요건을 부여하는 법, 질서, 기타 규율[6]이라는 개념정의도 있고, 규제는 개인의 사적 활동이나 경제활동을 제한하는 정부의 정책[7]이라는 개념정의 등이 있다. 현재 '규제'를 법률의 명칭으로 사용하는 법률은 「기업활동 규제완화에 관한 특별조치법」, 「독점규제 및 공정거래에 관한 법률」, 「독점규제 및 공정거래에 관한 법률의 적용이 제외되는 부당한 공동행위 등의 정비에 관한 법률」, 「범죄수익 은닉의 규제 및 처벌 등에 관한 법률」, 「사행행위 등 규제 및 처벌특례법」, 「소음·진동규제법」, 「약관의 규제에 관한 법률」, 「오존층보호를 위한 특정물질의 제조규제 등에 관한 법률」, 「유사 수신행위의 규제에 관한 법률」, 「지뢰 등 특정재래식무기 사용 및 이전의 규제에 관한 법률」, 「지역특화

5 사공영호, 규제완화 제약요인의 해소방안 모색, 한국행정연구원, 1998, 12면.
6 양준석/김홍률, OECD규제개혁연구 : 규제순응과 효율성, 대외경제정책연구원, 2001, 15면.
7 Teske Paul, Regulation in the States, Brookings institution Press, 2004, p.5.

발전특구에 대한 규제특례법」, 「질서위반행위 규제법」, 「토지이용규제기본법」, 「풍속영업의 규제에 관한 법률」, 「행정규제기본법」, 「화학·생물무기의 금지 및 특정화학물질·생물작용제 등의 제조·수출입규제 등에 관한 법률」 등이 있다. 이러한 법률 중 규제에 대한 개념정의를 하고 있는 법률을 통하여 규제의 개념을 살펴보면 다음과 같다. 즉, 「기업활동 규제완화에 관한 특별조치법」 제2조 제2호에서는 ""행정규제"라 함은 국가, 지방자치단체 또는 법령에 의하여 행정권한을 행사하거나 행정권한을 위임 또는 위탁받은 법인·단체 또는 개인이 특정한 행정목적의 실현을 위하여 기업활동에 직접 또는 간접적으로 개입하는 것을 말한다."고 하여 행정규제에 대한 개념정의를 하고 있다. 또한 「행정규제기본법」 제2조 제1호에서는 ""행정규제"라 함은 국가 또는 지방자치단체가 특정한 행정목적을 실현하기 위하여 국민(국내법을 적용받는 외국인을 포함한다)의 권리를 제한하거나 의무를 부과하는 것으로서 법령 등 또는 조례·규칙에 규정되는 사항을 말한다."라고 행정규제를 개념정의하고 있다.

2. 규제의 유형

규제는 규제의 주체에 따라 중앙정부의 규제와 지방자치단체의 규제로도 구분할 수 있지만, 규제의 성격에 따라서 경제적 규제, 사회적 규제, 행정적 규제로 구분되고 있다.[8] 규제개혁위원회도 규제의 성격에 따라서 ① 행정적 규제와 ② 진입규제, 가격규제, 거래규제, 품질규제 등의 경제적 규제 ③ 환경규제, 산업재해규제, 소비자안전규제, 사회적 차별규제 등의 사회적 규제로 구분하고 있다.[9] 사회적 규제의 확대 및 강화가 불가피한 것이 우리의 정치현실이라면 규제완화 문제는 경제적 규제의 완화에 초점이 모아져야 한다. 경제적 규제와 사회적 규제를 잘 구분하지 못한 채 규제완화를 요구하는 점이 오해를 불러일으키기 때문에 경제적 규제와 사회적 규제를 구분하여 규제완화를 추진하는 것이

8 양준석/김홍률, 전게서, 15면.
9 규제개혁위원회, http://www.rrc.go.kr/ 2008. 1. 30 방문.

바람직하다는 지적이다.[10] 이는 정부규제가 시장경제 활동과 직접적인 관계가 있는 정부의 개입에 한정하는 것이 적절하다고 보는 것과 동일한 시각이다.[11] 전술한 바와 같이 「기업활동 규제완화에 관한 특별조치법」과 「행정규제기본법」은 행정규제에 대한 개념을 법률 자체에서 정의하고 있는 대표적인 법률이다. 이 두 법률에서는 '행정규제'라는 동일한 개념에 대하여 약간 다른 개념정의를 하고 있다. 이러한 법률에 따른 상이한 개념정의는 규제의 유형과 관련되어 있다. 「기업활동 규제완화에 관한 특별조치법」에서의 규제는 "기업활동에 직접 또는 간접적으로 개입하는" 경제적 규제를 대상으로 하는 것이고, 「행정규제기본법」에서의 규제는 "특정한 행정목적을 실현하기 위하여 국민의 권리를 제한하거나 의무를 부과하는" 규제를 대상으로 하는 것이기 때문에 모든 유형의 규제가 그 대상이 된다고 할 수 있다. 기본법으로서의 성격상 모든 유형의 규제를 그 대상으로 하고 있다고 보아야 할 것이다. 다만 두 법률이 일반법과 특별법의 관계에 있다고 볼 수 있으므로, 기업활동에 관련된 경제적 규제에 대하여는 「기업활동 규제완화에 관한 특별조치법」이 우선 적용된다고 할 수 있다. 이외에도 불량규제만을 대상으로 하는 ① 기대되는 효과에 비하여 사회적 비용이 막대한 정부규제 ② 특정집단에게 특혜를 제공하거나 국민의 경제적 자유와 기회를 제한하는 규제 ③ 규제집행자에게 과다한 재량권을 부여하여 비리의 소지를 발생시키는 규제 ④ 규제의 효과적 실행이 사실상 불가능하거나 그 집행을 외면하여 규제준수율이 매우 낮은 규제 ⑤ 기준과 절차가 지나치게 이상론에 치우친 나머지 사실상 사문화된 규제 등의 유형구분도 있다.[12] 규제완화의 범위와 한계는 이러한 규제의 유형과 일정한 관련이 있다. 후술하는 보충성의 원리의 적용범위에 있어서도 국가의 개입이 필요한 영역과 사회의 자율성이 존중되어야 하는 영역이 구분되는 것과 마찬가지이다. 다만, 규제는 복합성과 양면성을 지니는 복합적인 성격의 복합규제가 경우가 많다. 따라서, 사회적 배려를 위한 규제가 경제적 부담으로 작용하는 경우가 있고, 지역균형의 목표가 경제적 효율이

---

10 강신일/최병선, 전게서, 65면.

11 배용수, 규제정책론, 대영문화사, 2006, 25면.

12 한국경제연구원/전국경제인연합회, 규제개혁종합연구, 제1권, 2007. 10, 63면 이하.

라는 목표와 상충되는 경우가 있다는 점 등이 규제정책을 수립하는 데 있어서 균형있게 고려되어야 한다.

3. 규제의 목적과 수단

규제의 목적은 정당하여야 하며 규제수단은 규제목적을 달성하기 위하여 적정한 것이어야 한다. 다음의 자도소주구입명령제도에 관한 헌법재판소 결정에서는 규제의 목적과 수단 그리고 규제와 경쟁의 관계에 대하여 설시하고 있다.

정부는 1976년부터는 자도소주구입제도(1976. 6. 24. 국세청훈령 제534호)를 시행하였고, 1981년에는 400여개의 소주업체를 10개 업체로 통합·축소하였다.[13] 자도소주구입제도는 소주도매업자로 하여금 자도소주를 의무적으로 총구입액의 100분의 50 이상을 구입하도록 제도화함으로써 경쟁을 억제하고 소주시장의 현상태를 유지하는 데 기여하였다고 평가되었다. 경제행정규제완화위원회가 1990. 5. 소비자에 대한 서비스를 향상하고 자유경쟁을 통한 주류산업의 경쟁력을 제고하기 위하여 주류산업에 대한 규제를 완화하기로 결정함에 따라 자도소주구입제도를 1991년말에 폐지하였다. 그러나 자도소주구입제도는 「주세법」의 개정으로 재도입되어 1996년 1월 1일부터 다시 시행되었다. 그러나 이후 「주세법」(1950. 4. 28. 법률 제132호 제정, 1995. 12. 29. 법률 제5036호 최종 개정) 개정으로 재도입된 자도소구구입명령제도의 근거규정은 1996년 12월 26일에 헌법재판소에 의하여 위헌결정이 내려졌다.[14] 이 사건에서 헌법재판소는 주류산업에 대한 규제는 국민보건과 재정의 확보를 위한 주세보전을 목적으로 하되, 주류의 제조 및 판매에 관한 면허제도, 음주허용연령의 법적 규제, 광고의 규제, 판매시간의 규제 등 각 나라마다 국민의 음주습관과 사회·문화적 여러 요소를 고려하

---

13 자도소주구입제도라는 규제를 '훈령'의 형식으로 하는 것과 국가가 소주업체를 그 의사에 반하여 강제로 통합·축소하는 것은 다분히 위헌의 소지가 있으나, 당시에는 정치환경과 헌법재판기능의 비활성화 등의 이유로 인하여 이러한 국가활동에 대한 위헌의 문제가 적극적으로 제기되지 않았다.

14 헌재 1996. 12. 26. 96헌가18.

여 다양한 규제수단을 선택하여 시행할 수 있다고 하였다. 주류는 국민건강에 미치는 영향이 크고, 국가의 재정에도 직접 영향을 미치는 것이기 때문에 다른 상품과는 달리 폭넓은 국가의 규제를 받도록 하고 있으며, 이에 따라 입법자는 주류에 대하여 "국민보건"과 "세수확보"를 위한 규제에 있어서는 일반 상품과는 달리 광범위한 입법형성의 자유를 가진다는 것이다. 그러나 소주판매업자가 매월 소주류 총구입액의 100분의 50 이상을 자도소주로 구입하도록 하는 구입명령제도는 실질적으로는 지방 소주제조업자에게 경쟁으로부터의 면제라는 특권을 부여하고, 그로 말미암아 기업의 능력과 관계없이 구입명령제도를 통하여 확보되고 유지되는 현상태에 안주하는 결과를 가져오게 한다고 판단하였다. 결국 구입명령제도는 전국적으로 자유경쟁을 배제한 채 지역 나누어먹기 식의 지역할거주의로 자리잡게 하고, 그로써 지방 소주업체들이 각 도마다 최소한 50%의 지역시장 점유율을 보유하게 하여 지역 독과점적 현상의 고착화를 초래하게 한다. 이로 말미암아 사실상 경쟁이 본래의 기능을 읽고, 경쟁을 통하여 얻으려는 효과는 얻을 수 없게 된다. 그러므로 이 사건 법률조항이 규정한 구입명령제도는 지방 소주업체를 경쟁으로부터 직접 보호함으로써 오히려 경쟁을 저해하는 것이기 때문에 공정하고 자유로운 경쟁을 유지하고 촉진하려는 목적인 "독과점규제"라는 공익을 달성하기 위한 적정한 규제라고 볼 수 없는 것이다. 즉, 규제목적은 정당할 수 있지만 규제수단이 주류시장에서의 경쟁을 지해하는 방법을 선택하였기 때문에, 이러한 극단적인 규제는 우리 헌법질서가 수용할 수 있는 한계를 넘어섰다는 판단을 한 것이다. 이렇게 규제의 목적과 그에 합당한 규제수단을 선택함에 있어서는 과잉금지의 원칙이 적용될 수 있을 것이다. 규제의 목적은 정당한지, 규제의 수단은 규제목적을 달성하기 위하여 적합한지, 규제로 인하여 발생하는 피해가 가장 적은 규제수단이 선택되었는지, 규제로 인하여 발생하는 유용성과 손실 사이에 합리적인 균형관계가 있는지 등은 기존 규제의 완화나 새로운 규제의 도입에 있어서도 유용한 기준이 될 것이다. 다만 규제에 대하여 이러한 기준을 적용하는 경우에 '인문적 가치'와 '경제적 수치'가 균형있게 활용되는 것이 바람직하다.

제3절 규제완화와 법치주의의 연관관계

1. 규제법정주의

법치주의란 모든 국가작용은 법에 의하여 이루어져야 한다는 것을 의미한다. 규제완화정책을 추구한다는 것은 법령 등을 입법함에 있어서 규제완화정책이 반영될 수 있도록 하는 것을 의미한다. 국민의 기본권과 경제생활에 중대한 영향을 미치는 정책이 입법적 근거도 없이 기준이 정해지고 또 그 기준이 바뀌는 것은 민주적 법치사회에 대한 중대한 위협이 되기 때문에,[15] 규제를 강화하는 정책이든 규제를 완화하는 정책이든 법령에 근거를 두어야 한다. 규제정책이나 입법정책은 국가의 작용을 의미하는 것이기 때문에, 모든 국가작용은 법령의 근거를 지녀야 한다는 의미에서 법치국가원칙이 준수되어야 하기 때문이다. 특히 규제는 개인과 기업의 권리를 제한하거나 의무를 부과하기 때문에, 규제는 법치주의원칙에 충실하게 설정되고 집행되어야 한다는 점에는 이론의 여지가 있을 수 없다.

「행정규제기본법」도 제4조에서는 '규제법정주의'라는 제하에 ① 규제는 법률에 근거하여야 하며, 그 내용은 알기 쉬운 용어로 구체적이고 명확하게 규정되어야 한다. ② 규제는 법률에 직접 규정하되, 규제의 세부적인 내용은 법률 또는 상위법령이 구체적으로 범위를 정하여 위임한 바에 따라 대통령령·총리령·부령 또는 조례·규칙으로 정할 수 있다. 다만, 법령이 전문적·기술적 사항이나 경미한 사항으로서 업무의 성질상 위임이 불가피한 사항에 관하여 구체적으로 범위를 정하여 위임한 경우에는 고시 등으로 정할 수 있다. ③ 행정기관은 법률에 근거하지 아니한 규제로 국민의 권리를 제한하거나 의무를 부과할 수 없다고 하여 규제를 함에 있어서 법치주의원칙에 충실하여야 함을 명시하고 있다.

---

15 선정원, 규제개혁과 정부책임 –건설산업의 규제개혁실패와 공법학의 임무–, 공법연구, 제30집 제1호, 2001, 400면.

이와 함께 동법 제5조(규제의 원칙)에서는 규제의 본질적 내용의 침해금지원칙, 실효성원칙, 객관성·투명성·공정성 원칙을 명시하고 있다.[16] 이러한 규제법정주의 원칙에도 불구하고 "법령에 근거하지 않은 규제와 행정간섭"과 "기준과 절차, 결과가 불투명하고 집행권자의 재량권이 과다"한 점이 우리나라 정부규제의 문제점으로 지적되고 있다.[17]

2006년도 규제개혁 추진지침을 보면 '규제개혁과제 법령개정 소요시간 단축'이라는 항목에서 "규제 개선방안 마련시 충분한 의견수렴을 거친 경우 법령개정시 부처협의 등 의견수렴절차 생략 및 법제심사기간을 최소화" 할 것과 "법률사항은 국회와 협조를 통하여 의원입법방식을 적극 활용"하는 조치를 각 부처에 주문하고 있다.[18] 이러한 규제개혁추진지침은 규제가 법령에 근거를 두고야 한다는 것과 신속한 규제개혁을 위해서는 입법과정의 신속함을 필요로 한다는 점을 강조하고 있다. 특히 "의원입법방식을 적극 활용"하도록 주문하고 있는 점은 특기할 만하다. 후술하는 바와 같이 정부입법의 절차와 기간이 복잡하고 길기 때문에 신속한 입법을 위해서는 의원입법의 방식을 선호하고 있거니와, 규제심사를 통하여 신중한 입법을 강조하는 규제개혁의 입상에서도 신속한 입법처리를 원하고 있는 것이다.

규제의 순응도와 관련해서 법치주의가 문제되기도 한다. 규제순응이란 피규제자들이 규세·규범과 정부의 정책목표를 준수하는 것을 의미한다. 이러한 규제순응이 부진한 경우에는 법치주의와 정부에 대한 사회적 신뢰도가 감소되기 때문에 규제개혁에 있어서 규제순응을 제고하는 것도 규제완화나 철폐 또는 규제심사 등과 버금가는 중요한 문제이다.[19] 또한 규제의 필요성이나 정당성이

---

16 ① 국가 또는 지방자치단체는 국민의 자유와 창의를 존중하고, 규제를 정하는 경우에도 그 본질적 내용을 침해하지 아니하도록 하여야 한다. ② 국가 또는 지방자치단체는 국민의 생명·인권·보건 및 환경 등의 보호와 식품·의약품의 안전을 위한 규제를 실효성 있게 정하여야 한다. ③ 규제의 대상과 수단은 규제의 목적을 실현하는 데 필요한 최소한의 범위 안에서 가장 효과적인 방법으로 객관성·투명성 및 공정성이 확보되도록 설정되어야 한다.

17 한국경제연구원/전국경제인연합회, 전게서, 21면.

18 국무조정실, 2006년도 규제개혁 추진지침, 2006. 1, 11면.

19 양준석/김홍률, 전게서, 27면.

결여된 규제는 법치주의의 토대를 약화시킴으로서 규제순응뿐 아니라 법치주의에 대한 국민의 신뢰를 약화시킬 수 있다.

2. 규제의 명확성원칙

규제는 법령에 근거를 두어야 하는 데 규제를 내용으로 하는 법령을 입법할 때에는 입법의 원칙이 준수되어야 한다. 입법의 원칙의 하나로서의 명확성의 원칙[20]이라 함은 법률은 행정과 사법에 의한 법적용의 기준으로서 명확해야 한다는 것을 말한다.[21] 즉, 모든 법규범은 구성요건과 그 법적 효과에 관하여 규정되어야 하고, 수범자가 이해할 수 있어야 하며 행정기관과 법원에 의하여 자의적으로 해석되거나 집행되어지지 않을 정도로 명확하여야 한다.[22] 명확성의 원칙은 기본적으로 모든 입법에 요구되는 것이지만 특히 규제를 내용으로 하는 기본권제한 입법에 엄격히 요구된다. 규범의 의미내용으로부터 무엇이 금지되는 행위이고 무엇이 허용되는 행위인지를 수범자가 알 수 없다면 법적 안정성과 예측가능성은 확보될 수 없게 될 것이고, 이는 법집행 당국에 의한 자의적 집행을 가능하게 할 것이기 때문이다.[23] 헌법재판소도 "법률은 명확한 용어로 규정함으로써 적용대상자에게 그 규제내용을 미리 알 수 있도록 공정한 고지를 하여 장래의 행동지침을 주어야 차별적이거나 자의적인 법해석을 예방할 수 있는 것인데, 법규범의 의미내용으로부터 무엇이 금지되는 행위이고 무엇이 허용되는 행위인지를 국민이 알 수 없다면 법적 안정성과 예측가능성은 확보될 수 없게 될 것이고, 법집행 당국에 의한 자의적 집행이 가능하게 될 것이다."[24]고

---

20 홍완식, 입법의 원칙에 관한 연구, 법제처, 법제, 2006. 2, 80면; 홍완식, 입법원칙으로서의 명확성의 원칙에 관한 연구, 한국입법정책학회, 입법정책, 제2호, 2007. 12 참조.

21 법령입안심사기준, 법제처, 2006. 12, 21면.

22 Schneider, Hans, Gesetzgebung, 3. Aufl., 2002, S.46.

23 헌재 1990. 4. 2 89헌가113; 1996. 8. 29 94헌바15; 1996. 11. 28. 96헌가15; 1998. 4. 30. 95헌가16.

24 헌재 2003.12.18. 2001헌바91; 1998. 4. 30. 95헌가16; 2000. 2. 24. 98헌바37; 2002. 7. 18. 2000헌바57 참조.

하여 규제에 대한 명확성의 원칙의 준수에 대하여 강조하고 있다. 즉, 명확성의 원칙은 수범자에게는 법이 규율하는 내용을 미리 알 수 있도록 하여 일상적인 생활에서 행동기준을 제공하고, 법집행자에게는 객관적인 판단기준을 주어 차별적이거나 자의적인 법의 해석과 집행을 방지하는 기능을 한다.[25]

이렇듯 규제는 법령에 근거를 두고 있어야 함은 물론이고, 그 내용이 명확하여야 한다. 규제개혁의 중요내용으로 '기준설정의 명확화·구체화'가 요구된다는 지적[26]은 규제에 명확성의 원칙이 적용되어야 한다는 것에 다름이 아니다. 규제의 명확성은 규제하고자 하는 내용이 명확하여 다의적으로 해석·적용되어서는 안된다는 것을 의미한다. 이는 무엇을 어떻게 규제하는지에 대하여 법령이 명확하게 규정함으로써 규제를 준수하여야 하는 자에게는 규제의 내용을 미리 알 수 있도록 하여 개인이나 기업의 행동기준을 정하는 의미를 지니고, 규제를 적용하고 집행하는 자에게는 규제의 대상과 내용에 대한 객관적인 판단기준을 주어 자의적인 규제의 적용과 집행을 방지하게 한다. 즉, 복잡하고 과도한 규제체계는 행정청의 임의적인 해석을 가능케 하고 재량의 여지를 확대시키기 때문에 국민들의 민원을 야기하거나 업무의 효율성을 저하시키는 것은 물론이고, 규제담당 공무원의 부정부패를 야기할 수 있는 가능성을 높인다. 이는 결국 법률에 의한 행정이라고 하는 법치주의의 근본을 잠식하는 결과를 초래한다. 법제처에서 재량행위투명화사업을 수행하고 있는데, 법제업무를 주로 담당하는 법제처에서 재량행위투명화 사업을 수행하는 이유도 규제를 담고 있는 법령을 명확하게 함으로써, 행정재량의 모호성과 불투명성을 제거하여 민원의 발생을 억제하고 행정의 투명성을 제고하는 데 있는 것이다.

25 정종섭, 헌법학원론, 박영사, 2007, 144면.
26 함인선, 규제개혁의 법과 경제, 공법연구, 제31집 제5호, 2003, 198면.

제4절 규제완화와 보충성의 원리

1. 보충성원리의 개념과 기능

보충성의 원리는 개인과 단체 간에, 소단위의 단체와 대단위의 단체 간에, 상급 단체와 하급 단체 간에, 더 나아가서는 사회와 국가 간에 응용되어질 수 있는[27] 조직과 권한에 관한 일반원리이다. 즉, 보충성의 원리란 개인이 스스로의 주도 하에 그리고 스스로의 힘으로 할 수 있는 일을 개인에게서 박탈하여 공동체의 활동으로 삼아서는 안된다는 것을 의미한다.[28] 이는 상위의 조직체가 하위 조직체를 간섭하는 것은 보충적으로만 허용된다는 것이다. 보충성의 원리에 따르면 행동의 우선권은 언제나 '小單位'(untere Instanz, kleinere Einheit)에게 있는 것이고, 소단위의 힘만으로 처리될 수 없는 사항에 한해서 '次上單位'가 보충적으로 개입할 수 있다는 것이다.[29] 사전적 의미에서 보더라도, 상부의 조직단위는 하부의 조직단위가 수행할 수 없거나 또는 수행하기에 적합하지 않은 기능만을 담당하여야 한다는 것[30]이다.

사회와 국가의 관계에 있어서도 보충성의 원리는 의미를 지닌다. 즉, 사회에 대한 국가의 작용은 보충적인 것이며, 자율에 기초하여 공동체가 유지되고 그 구성원의 삶이 영위될 수 있는 한 국가의 개입이나 간섭은 금지된다[31]는 것이다. 보충성의 원리의 적용과 관련하여 사회와 국가의 관계는 규제의 범위나 한계와 관련하여 중요한 시사점을 제공하여주고 있는데, 보충성원리는 정부와 민간의 기능과 역할을 구분함에 있어서도 유용한 기준을 제시해 준다고 본다.

---

27 Isensee, Josef, Subsidiaritätsprinzip und Verfassungsrecht, －Eine Studie über das Regulativ des Verhältnisses von Staat und Gesellschaft－, 1968, S. 23.

28 홍성방, 헌법학, 현암사, 2004, 168면; Isensee, a.a.O., S.28.

29 허영, 헌법이론과 헌법(상), 박영사, 1988, 319면.

30 Creifelds Rechtswörterbuch, 9. Aufl., S.1100.

31 정종섭, 전게서, 11면.

정부는 민간이 잘 할 수 있는 일을 박탈하여 정부의 일로 하여서는 아니되기 때문에, 정부는 민간에 대하여 보충적이고 부차적인 역할만을 담당해야 한다. 이러한 보충성의 원칙은 "공동체 문제의 해결에 관한 역할 분담 원리로 세계적으로 통용되는 법원칙 내지 사회철학적인 원리"로서 평가된다.[32]

2. 보충성의 원리와 규제개혁

우리 헌법재판소는 특별히 경제영역에서 보충성의 원리에 기초하여 기본적으로는 개인과 사회의 자율이 존중되고 예외적으로 국가의 개입이 허용된다고 하는 보충성의 원리에 바탕을 둔 결정을 내리고 있다. 보충성의 원리의 적용범위와 관련하여 과거에는 경제·교육·문화·사회복지분야를 보충성원칙의 적용범위로 보았지만, 최근에는 보충성의 원리를 국가와 사회의 역할분담에 관한 더욱 포괄적이고 일반적인 원리로 보아 그 적용범위를 국가작용 일반으로 확대하는 경향이 강해지고 있다.[33]

헌법재판소는 토지기래허가제도를 규성하고 있는 「국토이용관리법」상의 규정의 위헌여부심사에 있어서 토지거래허가제의 사적자치의 원칙 내지는 보충의 원리에의 위배여부에 대하여 판난하면서, "토지거래허가제는 헌법이 정하고 있는 경제질서와 아무런 충돌이 없다고 할 것이므로 이를 사적 자치의 원직이나 헌법상의 보충의 원리에 위배된다고 할 수 없다"[34]고 하고 있다. 즉, "자유민주주의 국가에서는 각 개인의 인격을 존중하고 그 자유와 창의를 최대한으로 존중해 주는 것을 그 이상으로 하고 있는 만큼 기본권주체의 활동은 일차적으로 그들의 자결권과 자율성에 입각하여 보장되어야 하고 국가는 예외적으로 꼭 필요한 경우에 한하여 이를 보충하는 정도로만 개입할 수 있고, 이러한 헌법상의 보충의 원리가 국민의 경제생활영역에도 적용됨은 물론"[35]이라는 것이다. 또

32 이기우, 지방분권과 시민참여, 역사넷, 2003, 132면
33 Herzog, Roman, 「Der überforderte Staat」, FS zum Peter Lerche zum 65. Geburtstag, 1993, S.26.
34 헌재 1989. 12. 22. 88헌가13.
35 헌재 1989. 12. 22. 88헌가13.

한 헌법재판소는 화재보험에의 강제가입에 관한 법률규정의 위헌여부를 심사하면서, 보험가입강제는 "개인의 경제상의 자유와 창의의 존중을 기본으로 하는 경제질서 하에서는 어디까지나 예외적인 것"이라고 하면서 "이러한 법일수록 목적달성을 위하여 최소한의 범위로 국한시켜야 하며 다른 합헌적인 대체수단이 있으면 이를 따를 것"[36]이라고 하였다. 국제그룹해체에 관한 헌법소원심판에 있어서 「헌법」 제119조 제1항의 의미가 "기업의 생성·발전·소멸은 어디까지나 기업의 자율에 맡긴다는 기업자유의 표현이며 국가의 공권력은 특단의 사정이 없는 한 이에 대한 불개입을 원칙으로 한다"는 것이라고 하였다. 특히 공권력의 가부장적·적극적 개입은 기업 스스로의 문제해결능력 즉 자생력을 마비시키는 것이며 "기업의 경제상의 자유와 창의의 존중을 기본으로 하는 「헌법」 제119조 제1항의 규정과는 합치할 수 없다"고 한 헌법재판소의 결정[37]도 보충성의 원리를 이론적 기반으로 한 결정이라고 해석할 수 있는 것이다. 이처럼 경제와 교육, 문화와 사회복지를 포함한 국민생활의 각 분야에서 개인과 사회의 자율과 능력의 발휘 및 자유와 의사가 우선한다고 하는 생각은, 국가의 역할과 임무는 개인과 사회의 자율기능을 보완하고 보충한다는 보충성의 원리에 기반을 둔 것이며, 이는 규제를 통하여 개인과 기업의 자율성을 침해하는 국가작용은 다른 대체수단이 존재하지 않을 경우의 최후적이며 보충적인 수단이라는 사고를 그 기반으로 한다.

정부규제는 시장이 자율적으로 해결할 수 없는 문제를 정부가 지닌 권위(authority)를 통해서 인위적으로 해결하기 위한 것인데 비하여, 규제완화는 시장기능의 복원을 통해서 정부실패를 최소화하고 민간이 자율적으로 경제사회질서를 형성해 나갈 수 있도록 조장하는 것이라는 사고[38]의 바탕에는 위에서 설명한 바와 같이 '민간이 할 수 있는 일을 정부가 간섭하여서는 안된다는 점과 경제에 대한 국가의 간섭은 보충적'이라는 보충성의 원리가 기반을 두고 있다. 규제 또는 국가의 간섭보다 시장의 자율성 등 사회의 기능이 우선되어야 하는 이유는

36 헌재 1991. 6. 3. 89헌마204.
37 헌재 1993. 7. 29. 89헌마31.
38 강신일/최병선, 전게서, 48면.

효율성의 문제와 연결되어 있다. 정부규제로 인한 효율의 증가와 시장의 작동으로 인한 효율의 증가를 비교할 때, 시장이 효율적이라는 것이다. 한면으로는 독점규제나 부정경쟁방지, 경제적 약자에 대한 배려 등 규제가 필요한 분야가 있고, 다른 한면으로는 규제를 통한 국가의 간섭보다는 시장의 자율규제가 필요한 분야가 있다.

제5절 규제완화와 입법과정

1. 입법과정 개관

규제 및 규제완화를 논의하는 데 있어서 입법부가 중요한 이유는 입법부인 의회는 규제의 설정 또는 완화를 법제화하는 입법권과 행정부의 법집행행위를 감독할 수 있는 권한을 지니기 때문이다. 특히 입법과정이 중요한 이유는 입법과정에서 비합리, 비효율, 불투명 등이 나타나서는 안 되기 때문이다.[39]

주지하다시피 「헌법」과 「국회법」에 의하여 법률의 제출권은 국회의원과 정부에 있으며, 제출된 법률안에 대한 심의·의결권은 국회에 있고, 국회에서 의결된 법률을 공포하는 권한은 대통령에게 부여되어 있다. 국회의원이 발의하는 법률안을 '의원입법'이라 부르는데 비해서, 정부가 제출하는 법률안을 보통 '정부입법'이라 부른다. 의원입법이 발의되어 심의되고 의결되는 입법과정과 정부입법이 제출되어 심의되고 의결되는 과정에는 약간의 차이가 있다. 의원입법이건 정부입법이건 국회에 제출된 이후 국회에서의 심의과정이 진행되는 과정은 동일하지만, 국회에 제출되기 전에 거치는 자체 내의 입법과정에는 차이가 있는 것이다. 특히 규제문제와 관련해서는 정부가 제출하는 법률안은 필히 규제심사를 받아야 하지만, 국회의원의 발의하는 법률안의 경우에는 규제심사를

39 김일중, 규제와 재산권, 한국경제연구원, 1995, 28면·391면.

받을 필요가 없다는 점에서 의원입법과 정부입법은 큰 차이를 보이고 있다. 즉, 중앙행정기관의 장은 입법을 통해 규제를 신설 또는 강화하고자 하는 경우 규제개혁위원회의 규제심사를 받은 후에 법제처장에게 법령안 심사를 요청하여야 한다.[40] 각 부처에서 규제에 관한 사항, 즉 국민의 권리를 제한하거나 의무를 부과하는 법령을 입안하는 경우에는 「행정규제기본법」에 의하여 규제영향분석과 규제의 대상·범위 및 방법에 대하여 중앙행정기관별 자체심사를 거치고 공청회, 입법예고, 이해관계인·전문가 등의 의견을 수렴한 후 규제영향분석서, 자체심사의견과 행정기관 및 이해관계인 등의 제출의견의 요지를 첨부하여 규제개혁위원회의 규제심사를 받도록 하고 있다. 그러나 정부입법의 경우와 달리 의원입법의 경우에는 규제심사가 없기 때문에, 정부입법을 하는 경우의 복잡한 입법예고절차나 규제개혁위원회의 규제심사절차 등을 피하기 위하여 국회의원에게 법률안의 제출을 의뢰하여 의원입법의 형식으로 법률안을 제출하는 경우가 있다. 이를 소위 "절차회피적 법률안"이라고 지칭하기도 한다.[41] 이러한 법률안들은 그 경우를 구별하지 아니하고 의원발의법률안의 형식을 지닌다. 또한 의원입법은 정부입법처럼 입안단계에서의 규제심사 등을 거칠 필요가 없기 때문에 법안입안단계에서의 분석과 평가가 이루어지고 있지 않다는 문제가 보완될 필요가 있다.[42]

---

40 「법제업무운영규정」 제21조, 「행정규제기본법」 제10조. 이러한 규제심사를 하는 이유는 불필요한 행정규제를 폐지하고 비효율적인 행정규제의 신설을 억제함으로써 사회·경제활동의 자율과 창의를 촉진하여 국민의 삶의 질을 높이고 국가경쟁력의 지속적인 향상을 도모하기 위해서이다.(「행정규제기본법」 제1조) 규제심사를 받기 위해서 제출하는 규제영향분석서에는 ① 규제의 신설 또는 강화의 필요성 ② 규제목적의 실현가능성 ③ 규제외 대체수단의 존재 및 기존규제와의 중복여부 ④ 규제의 시행에 따라 규제를 받는 집단및 국민이 부담하여야 할 비용과 편익의 비교분석 ⑤ 경쟁제한적 요소의 포함여부 ⑥ 규제 내용의 객관성과 명료성 ⑦ 규제의 신설 또는 강화에 따른 행정기구·인력 및 예산의 소요 ⑧ 관련 민원사무의 구비서류·처리절차 등의 적정여부 등을 종합적으로 고려한 규제영향분석이 포함되어야 한다.

41 '간접투자자산운용업법'이나 '기업구조조정촉진법' 등의 법률안이 정부입법보다 의원입법의 절차가 간단하다는 점을 이용하여 정부가 추진하는 법안을 의원입법의 형식으로 발의되었던 실례로 지적되었다. 강원택, 17대 국회전반기 2년의 평가 : 성과와 과제, 국회 운영 무엇을 어떻게 바꿔야 하나?, 참여연대 의정감시센터, 2006. 7. 13, 4면.

42 홍완식, 입법과정에서의 문제점과 개선방안, 일감법학, 제11호, 2007, 266면.

2. 입법과정에서의 규제심사

입법과정에서 규제와 관련한 문제점은 크게 두 가지로 볼 수 있다. 하나는 전술한 바와 같이 의원입법의 발의과정에는 규제심사가 없다는 것이고, 다른 하나는 정부입법의 규제심의의 실효성의 문제이다. 전자와 관련하여, 입법평가제도의 도입이 주장되고 있다. 후술하는 입법평가제도는 의원이 발의한 법안이 '실적올리기' 식으로 남발되는 것을 막고, 의원입법의 책임성과 효율성을 제고하는 데 기여할 것으로 기대되고 있다.[43] 최근 입법평가시스템의 도입에 관하여 학계와 국회의원들을 대상으로 조사를 실시한 바 있는데, 찬성의견이 68.1% 반대의견이 31.9%에 달하는 결과를 보여 입법평가시스템을 도입하자는 의견이 반대의견보다 두 배 이상 높게 나타났다.[44] 후자와 관련하여, 법률안에 대한 규제영향분석서를 각 부처가 작성하도록 하는 것은 규제영향분석의 질적 저하를 초래하고 영향분석서의 객관성에 의문이 제기되었다. 대부분의 규제개혁대상은 경제적 파급효과가 낮은 행정절차적인 규제였으며 국가경쟁력을 좌우할 수 있는 중요한 규제들은 정치논리에 가려서 충분한 검토가 이루어지지 않고 있고, 규제도입의 정책적 당위성만을 반복적으로 열거하고 있을 뿐 규제의 비용과 효과에 대한 계량적인 분석은 거의 이루어지지 못하고 있다는 점이 문제점으로 지적되었다.[45] 또한 현재의 규제개혁위원회 구성으로는 규제영향분석서에 대한 전문성 있고 심도 있는 심의를 기대하기 어렵다는 점도 문제로 지적되고 있다.[46] 규제개혁 체감도에 관한 조사에 따르면, 정부의 규제개혁에의 의지는 높

43 강원택, 앞의 글, 5면; 박영도, 입법관리로서의 입법평가의 제도화, 한국입법학회 학술대회자료, 2006, 12, 1면; 임중호, 입법과정의 개선 및 발전방향, 입법과정의 현황과 개선방안, 국회법제실/한국공법학회, 2005. 11, 41면; 정호영, 입법평가를 위한 법경제학적 접근방식에 관한 연구, 중앙대학교 박사학위청구논문, 2004, 48면; 채수근, 의원입법과 법률안 비용추계, 입법에 관한 국회의 책임과 역할, 국회법제실/한국행정법이론실무학회, 2005. 5, 53면; 최윤철/홍완식, 입법평가제도의 도입방안에 관한 연구, 법제처, 2005. 11.

44 전학선/홍완식/허동원, 의원발의 법률안에 대한 입법부와 행정부의 협의방식에 관한 연구, 법제처, 2007. 11, 77면.

45 최종원, 규제개혁의 어제와 오늘 : 10년의 세월을 넘어, 2003년도 규제개혁백서, 규제개혁위원회, 2004, 595면.

46 임명현, 입법관리의 실태 및 효율화방안, 법제연구, 제27호, 한국법제연구원, 2002, 10면.

이 평가(70.3%)되지만 규제개혁의 성과에 대해서는 낮게 평가(37.9%)되고 있으며,[47] 규제개혁의 향후과제로서 '규제판단기준의 법제화'나 '규제개혁에 국회의 적극적 참여'가 필요하다는 의견[48]이 있다. 전술한 문제점에 대한 개선방안으로서 의원입법의 발의과정에서 규제심사제도를 거치도록 하는 방안과 정부입법에 대한 규제심사를 투명하고 실효성 있게 수행하는 방안이 마련되어야 할 것이다.

제6절 규제완화를 위한 입법평가

1. 입법평가의 의의와 필요성

근래에 법학분야에서는 입법평가제도에 관한 연구와 논의가 활발하게 진행되고 있다.[49] 법안비용추계제도를 담당하는 국회 예산정책처에서는 입법의 재정적 평가라 할 수 있는 입법평가를 2005년부터 시행하고 있고, 행정부에서도 1999년에 제도적으로는 도입된 재정소요추계제도를 활성화하기 위한 노력을 하고 있다. 특히 2006년 국가재정법의 제정 이후 법률안에 대한 재정적 입법평가를 준비하고 있다. 법안비용추계제도는 법률안에 대하여 법률의 시행시에 발생되는 비용을 사전에 측정하는 제도이기 때문에 비용추계의 범위, 내용, 방법, 효과 등에서 한계가 존재한다. 따라서 법률안의 구상단계 뿐만 아니라 작성된 법률안을 포함하여 법률로 공포되어 시행된 결과 등 입법의 전 과정에 대하여 규제심사, 효율성심사 등을 포함하는 여러 영역에서의 평가를 내용으로 하는 입법평가제도의 도입에 관한 논의가 진행되고 있다. 법을 경제적으로 분석한다

47 고동수, 2005년 규제개혁 평가 및 향후 추진방향, 2005년도 규제개혁백서, 규제개혁위원회, 2006, 768면.

48 신종익, 규제개혁 추진평가 및 향후과제, 2003년도 규제개혁백서, 규제개혁위원회, 2004, 618면.

49 입법평가에 관한 논의의 현황과 앞으로의 과제에 대하여는 홍완식, 입법평가의 현황과 과제, 법제와 입법, 제2호, 2007, 109면 이하 참조.

는 것은 특정한 법률규정이 어떠한 효과를 가질지에 대한 예측을 하는 것이다.[50] 입법자가 어떠한 법률을 입법하려는 경우에는 불확실한 예측에 의거하기보다는 이용가능한 경험적 자료와 경험칙을 활용하여 입법화로 인하여 예견되는 영향을 평가하여야 한다.[51] 입법을 함에 있어서는 필히 사회현상에 대한 평가, 기존 법령에 대한 평가, 새로이 마련하는 법령에 대한 평가 등이 선행되어야 한다. 입법평가제도란 법령의 제정·개정·폐지에 따른 영향을 사전 및 사후에 분석하고 평가하여 그 결과를 입법에 반영하는 것을 의미하는 것으로, 입법평가제도는 법률의 입안부터 법률안 초안이 작성되고 법률안이 법률로서 시행된 후 국민에게 미치는 효과까지를 분석·평가하여 보다 나은 대안은 제시하는 제도를 의미한다.[52]

규제의 개발, 검토, 개혁작업에 있어서 규제영향분석(Regulatory Impact Analysis)을 활용하도록 하자는 제안[53]도 있거니와, 규제의 합리성－입법의 측면에서는 규제적 성격을 지니는 입법의 합리성－을 제고하는 방법으로 최근 각국의 주목을 끄는 제도가 규제영향분석의 한 내용인 규제입법에 대한 비용편익분석이다.[54] OECD의 회원국에서의 규제영향분석 운용실적을 보면, 제출된 법률안에 대한 사전평가는 물론이고 이미 시행되고 있는 법률에 대한 긍정적 및 부정적 효과를 측정하는 규제영향분석제도는 규제입법의 효율성을 향상시키는데 적절한 제도라고 평가되고 있다.[55]

규제는 비용과 편익을 수반하기 때문에 합리적인 규제를 만들기 위해서는 규제로 인해 기대되는 편익과 규제로 인하여 발생하는 비용이 대체로 일치하는 정도 까지만 규제를 하는 것이 바람직하다. 이러한 비용편익분석은 규제정책을 논의할 때 준거해야 할 기준점이 없다는 점에서 특별한 중요성을 지닌다.[56] 비

---

50 Friedman, David, Law's Order, Princeton University Press, 2000, p.15.
51 박영도, 입법심사의 체계와 방법론, 입법이론연구 IV, 한국법제연구원, 1996, 41면.
52 홍완식, 앞의 글, 270면 이하.
53 양준석/김홍률, 전게서, 22면.
54 Schneider, Hans, a.a.O., S.46.
55 OECD, Regulatory Impact Analysis : Best Practices in OECD Countries, p.7.
56 강신일/최병선, 전게서, 67면.

용편익분석은 개인의 경제적 자유보다는 정부의 개입확대를 결과하기 쉽다는 견해[57]도 있지만, 규제에 대하여 비용편익분석 내지 규제영향분석제도를 도입하는 것은 제도의 효율화에 이바지하고 정치적 의사결정이 보다 쉽고 안정적으로 이루어지도록 할 뿐만 아니라 자의적인 규제를 줄이는데 큰 도움이 될 것이라는 견해도 있다.[58]

합리적이고 적정한 규제가 되기 위해서는 규제의 효율성과 민주성이 유지되어야 하는 데,[59] 입법평가는 규제를 내용으로 하는 법령의 효율성과 민주성 제고에 기여할 수 있을 것이다. 각국에서 법령체계의 단순화, 규제합리화에의 노력이나, 입법평가를 통한 법령의 효율성의 제고 등은 규제개혁 문제에 대한 해답으로 인식되고 있다. 앞으로 법안의 정책적 결과를 검토하고 예상할 수 있도록 입법평가제도의 도입을 적극적으로 검토할 필요가 있다. 특히 규제와 관련한 법령의 입법평가는 규제의 합리성과 효율성을 사전 및 사후에 측정하여 개선방안을 마련할 수 있다는 점에서 그 필요성이 더욱 절실하다.

2. 입법자의 의무와 입법평가

입법기관인 국회는 법률이 국민들의 생활를 적정하게 규율할 수 있도록 법률관찰의무와 법률개선의무를 지니고 있다.[60] 법률개선의무란 입법 당시에는 예견할 수 없었던 문제가 출현하여 입법이 기초로 하고 있는 사실관계에 의문이 제기된 경우에, 해당 입법이 새로운 규범현실 하에서도 제 기능을 발휘할 수 있는지에 관하여 입법자는 심사하여야 할 의무가 있다고 하는 것이다. 입법 당시에는 합헌적인 법률이었으나 사회의 현실적 여건이 변화해서 위헌인 법률로 된다거나, 입법당시에는 고려치 못했던 요인으로 인해 법률적용 시에는 전체적

57 박세일, 법경제학, 박영사, 2006, 56면.
58 김영평/최병선/신도철, 전게서, 290면.
59 배용수, 전게서, 290면 이하.
60 법률개선의무에 관한 상세는 홍완식, 입법자의 법률개선의무에 관한 연구, 공법연구, 제31집 제2호, 2002, 281면 이하 참조.

혹은 부분적으로 잘못된 효력이 발생하는 경우, 이러한 입법자의 의무는 중요한 의미를 지닌다고 한다. 즉, 입법당시와는 확연하게 변화된 상황이나 잘못된 현실진단이 있다고 인정될 경우에 입법자는 법률개선의무를 진다는 것이다. 또한 법률관찰의무라는 것은 입법자가 법률이 사회현실을 제대로 규율하고 있는지의 여부를 판단하기 위해서, 여러 가지 필요한 자료들을 계획적으로 조사하고, 수집하고, 평가하는 것을 의미한다. 입법은 현실에 대한 정확한 사실조사와 분석 및 평가 등을 기초로 성립되어야 법률의 규범력과 신뢰성 더 나아가서는 효율성을 확보할 수 있을 것이다. 즉, 법률이 시행되는 과정과 결과를 관찰하여 법률의 실제적인 효과를 평가하고, 최대한으로 충실한 자료를 토대로 해서 입법을 하여야 한다는 것이다. 이러한 법률관찰의무를 성실하게 수행하기 위하여 입법자는 법률이 현실사회와 적합한가를 법률의 제정·개정 후에도 계속하여 관찰·조사할 의무를 진다. 입법자의 법률관찰의무는 조사의무(Prüfungspflicht)를 포괄하는 개념인 것으로 보인다. 독일연방헌법재판소의 견해에 따르면 입법자의 조사의무란 어떠한 법률이 입법되어졌을 때와는 현저하게 사회현실적 기초가 변화된 경우에, 해당 법률이 입법시의 합헌성을 아직도 유지하고 있는지를 조사하여야 한다는 것을 의미한다.[61]

앞서 설명한 입법평가제도[62]는 입법활동의 계획성을 구비하여 법규의 무절제한 증식을 억제하고 입법과정에서 나타나는 경솔함을 제거하는 한편 정기적으로 입법의 현상을 검토하여 입법의 현상을 평가함으로써 입법자의 법률관찰의무와 법률개선의무를 수행하기 위한 방안의 하나라고 설명될 수 있다.[63]

3. 규제개혁과 입법평가

법은 그 자체를 위하여 존재하는 것이 아니라, 개인들의 공동생활에 필요

---

61 Isensee, Josef, Das Grundrecht als Abwehrrecht und staatliche Schutzpflicht, §111, Handbuch des Staatsrecht, Bd.V, 2. Aufl., 2000, Rdnr.155.

62 독일에서는 법률효과평가(Gesetzesfolgenabschätzung)라는 용어를 사용하고, 미국에서는 규제영향평가(Regulatory Imfact Analisys)라는 용어를 사용하고 있다.

63 홍완식, 사회현실의 변화와 입법자의 과제, 국회도서관보, 344호, 2008. 1, 86면 이하.

한 규칙들을 규범화하고 개인 간의 분쟁을 해결하는 등 공동체 내에서의 일정한 사회적 기능을 수행하기 위하여 존재한다. 그런데 법이 지나치게 개념화되고 경직화되면 법이 사람을 위해 봉사하는 것이 아니라 사람이 법을 지키기 위해 존재하는 것처럼 될 수 있다. 현대사회에 들어 일상생활의 규율화현상이 지나쳐서 사회에서 자율적으로 해결되어도 될 문제에 국가가 타율적으로 개입하는 현상이 나타나게 되었다. 이러한 현대국가의 경향은 법령체계를 복잡하고 방대하게 만들게 되었다. 현대국가는 '법률의 홍수'라고 불리울 만큼 많은 수의 법령체계를 가지고 있다. 미국의 경우에는 방대한 양의 법률규정이 수록된 연방법전(us code)체제를 가지고 있으며, 독일의 경우에도 연방법률의 수는 2,197개나 되며, 일본도 우리에 못지 않은 많은 법률이 제정되어 있다. 이러한 법률의 양적 팽창이라는 세계 각국의 공통적인 현상이 나타나는 것은, 입법자들이 법률만들기를 즐기기 때문이 아니라 법률이 규율하는 사회현실이 복잡해졌다는 것이 첫째의 원인이고 국민들의 생활에 대한 국가의 개입이 많아졌다는 것이 둘째의 원인이라고 할 수 있다.

OECD의 규제개혁 관련 연구결과에 따르면, 규제순응을 저하시키는 여러 요인 중에 법률의 복잡성이 공히 지적되고 있다.[64] 주지하다시피 현대의 대부분의 국가는 방대한 법령체계를 지니고 있으며, 최근의 법령개혁의 경향은 이러한 방대한 법령의 수를 줄이는 것을 포함하고 있다. 따라서 OECD차원에서는 규제개혁(Regulatory Reform)이라는 이름하에 규제의 양적 감소와 질적 제고를 위한 회원국 공동의 노력을 하고 있다. '법령의 홍수'나 '법령의 인플레'라는 현상에서 우리나라도 예외가 아니며, 우리나라에서는 이러한 입법을 지칭하여 '과잉입법' 혹은 '묻지마 입법'이라고 하고 있다. 이처럼 우리나라도 현행 법률의 수가 점차로 증가하고 있는데, 2007년 12월 31일 현재 우리나라는 1,223개의 현행 법률이 있다.[65] 제14대 국회에서는 총656개의 법률이 통과되었고, 제15대 국회

64 양준석/김홍률, 전게서, 62면.

65 헌법 1개, 법률 1,223개, 대통령령 1,612개, 총리령 73개, 부령 1,358개를 포함하여 우리나라 현행 법령의 수는 4,267개이다. 법제처 http://www.moleg.go.kr 2008년 1월 30일 방문.

는 총1,120개의 법률, 제16대 국회는 총948개의 법률,[66] 제17대 국회에서는 2008년 1월 30일 까지 제출되어진 7,314개의 법률안 중에서 총1,637개의 법률이 통과되었다.[67] 17대 국회에 들어와서 임기를 4개월 가량 남겨놓고 있는 현재까지 3년 8개월 동안 국회는 전체법률의 수인 1,223개 보다도 400여개나 많은 1,637개의 법률을 입법한 것이고, 16대 국회와 비교하면 거의 2배에 육박하는 수의 법률을 입법한 것이다. 이러한 수치는 국회가 활발한 활동을 하고 있고 법률을 시의적절하게 개정하고 있다는 점에서 긍정적인 평가를 할 수도 있지만, 17대 국회의 4년 임기동안 약 1,637개의 법률이 입법되고 현행 법률의 수가 1,223개라는 사실은 법률서비스와 법적 안정성의 측면에서 부정적인 평가를 할 수도 있다.

국민들의 입장에서는 이렇게 법률이 많은 것도 문제지만, 자주 개정되는 것도 문제인 것으로 비추어진다. 법률의 이해가능성 또는 수용도 등을 논하기 이전에 이렇게 '많은' 법률이 이렇게 '자주' 바뀐다는 것은 국민의 법률생활을 혼란케 하고 법의 이념이자 목표로 제시되는 법적 안정성을 위협하고 있는 것이다. 관점을 달리하여 법률안의 발의권을 지니고 있는 정부와 국회를 바라보게 되면, 이렇게 많은 법률을 제대로 만들고 고치는 것인지에 대한 의문이 생기지 않을 수 없다. 특히 법률을 심의하고 의결하는 기관인 국회는 교과서에 적힌 대로 국민의 편에 서서 국민이 만들어준 헌법과 법률에 따른 입법권한을 제대로 행사하는지에 관해서 의문을 가질 수 있다.[68] 입법평가제도는 법률의 규정이 낳는 모든 차원의 효과를 고려함으로써 법률의 질을 개선하는 것과 법률의 빈번한 개정에 따른 불안정성을 치유하는 것을 목적으로 한다[69]는 점에서 입법의 문제를 치유할 수 있는 하나의 방법으로 제시되고 있다. 규제가 만들어 졌다고 국가의 책임이 끝나는 것이 아니다. 만들어진 규제는 일관되게 집행되어야만 규제의 효력이 지속되고 규제순응도도 향상될 수 있으며, 국가는 규제의 입안

66 의정자료집, 국회사무처, 2004, 607면,
67 국회사무처 http://likms.assembly.go.kr/bill 2008년 1월 30일 방문.
68 홍완식, 입법과정에서의 문제점과 개선방안, 일감법학, 제11호, 2007, 291면.
69 박영도, 입법관리로서의 입법평가의 제도화, 한국입법학회 학술대회자료, 2006, 12, 16면.

과정과 집행과정에서 규제의 당위성과 정당성을 유지하기 위하여 지속적으로 노력하여야 한다.[70] 이를 위해서는 규제에 대한 지속적인 관찰과 평가 및 개선 작업이 필요하며, 규제를 내용으로 하는 법령에 대한 입법평가를 수행하여야 할 필요가 있다.

제7절 맺음말

민영화와 규제완화가 최근 많이 주장되고 있다. 방만한 정부와 과도한 규제는 국가의 효율성을 저해하는 심각한 문제임에 틀림이 없다. 그러나 민영화와 규제완화를 위한 정책을 추진함에 있어서의 균형성은 매우 중요하다. 규제개혁정책의 가시적인 성과를 거두기 위하여 규제개혁의 효과적인 시행을 위한 과제의 수행이 강력히 주장[71]되기도 하지만, 신자유주의적 규제개혁이론들이 "관계법령들의 복잡한 기능과 과제를 무시하고 미시경제학의 완전경쟁모델을 기초로 이러한 법학의 자율성을 크게 훼손"[72]하는 규제개혁이론의 한계가 성토되기도 한다.

일반적으로는 정부실패와 시장실패가 공히 지적되고 있으며 정부와 시장기능은 상호 대체적이기 보다는 상호 경쟁적이고 보완적인 관계에 있다는 평가[73]는 정부와 시장의 어떤 쪽으로도 치우치지 않는 균형이 필요하다는 점과 맥락을 같이 한다. 이러한 점을 규제의 측면에 대입해 보면 과도한 규제도 문제지만, 무규제도 또한 문제라고 할 수 있다. 민영화와 규제폐지가 과연 효율성을 향상시켜 가격을 인하시키고 서비스개선 등 바람직한 성과를 내고 있는지는 논

70 양준석/김홍률, 전게서, 68－69면.

71 김종석, 규제개혁의 과제와 방향, 규제연구, 특집호, 1999. 11, 465면.

72 선정원, 규제개혁과 정부책임 －건설산업의 규제개혁실패와 공법학의 임무－, 공법연구, 제30집 제1호, 2001, 395면.

73 강신일/최병선, 전게서, 47면.

란이 많은 문제라고 지적[74]되고 있다는 점도 이러한 균형감각을 반영한다고 볼 수 있다. 현재와 같이 복잡하고 방만하며 경직된 규제체계를 지니고 있는 상태에서는 규제완화라는 방향과 다른 방향으로 나아갈 수는 없다고 생각되지만, 규제완화라는 커다란 물결 속에 정작 필요한 종류와 정도의 규제가 철폐되는 일은 우려할만하다.

규제개혁의 목표와 지향점은 모든 규제를 철폐하는 것이 아니라, 과도한 규제는 철폐하거나 완화하고 필요한 규제는 유지하는 것이다. 규제철폐는 무규제상태를 의미하는 것이 아니라 공법적 규제의 형식을 변경시키거나 공법적 규제를 사법적 규제로 전환시키는 것이라는 분석[75]이나, 규제개혁이란 규제의 완화나 폐지만이 아니라 경우에 따라서는 규제의 강화를 내포하는 다양한 성격을 가진 것이라는 평가[76]는 이와 동일한 시각이라고 할 수 있다. 규제개혁의 목표는 목표없는 규제완화나 탈규제가 아니라 규제의 합리화라는 것이다. 경제적 규제와 사회적 규제를 구분하는 등 규제영역과 개별규제별로 필요한 규제와 불필요한 규제를 구분하고, 집행가능한 규제와 집행불가능한 규제를 구분하며, 규제순응도를 높이는 규제의 합리화 작업이 필요하다.

규제개혁이 단순한 탈규제가 아니라 규제의 합리화 또는 규제의 적정화가 되어야 한다는 말인데, 이는 소방규제와 관련한 다음의 언급에서 나타난다. 즉, 소방규제가 미흡할 경우에는 화재사고이 빈발괴 인명과 새산피해가 증가하고 국민들의 불안감증대·국가의 대외 이미지 추락·외국인의 투자감소 등으로 이어질 수 있다는 것이다. 반대로 소방규제가 지나칠 경우 피규제자들의 기업이나 건축물 등의 초기투자가 늘어나 경제활동에 부담을 가중시켜 국가경쟁력을 저하시키거나 국가행정에 대한 불만으로 이어질 수도 있다는 것이다.[77] 자본시장규제의 바람직한 방향이 논의되면서도 첫 번째 규제방향은 혁신과 경쟁을 촉

---

74 조택(역), Palast Greg/Oppenheim Jerrold/MacGregor Theo, Democracy and Regulation, 민주주의와 규제, 이화여자대학교 출판부, 2004, 322면.

75 선정원, 앞의 글, 391면.

76 함인선, 규제개혁의 법과 경제, 공법연구, 제31집 제5호, 2003, 223면.

77 정병도, 소방규제정책의 문제점과 개선방안, 소방논집, 제15호, 2005, 241면.

진하는 것이어야 하지만, 두 번째 규제방향은 불공정거래에 대한 규제를 한층 강화하는 것이 되어야 한다는 점도 규제개혁의 방향은 탈규제가 아니라 규제의 합리화·적정화라는 점을 증명하는 것이다.[78] OECD도 규제개혁의 목표에 대하여 '보다 개선된 규제'와 '탈규제'로 이분하면서 규제의 합리화가 가장 최선의 방안이라고 권고하는 것도 이와 동일한 맥락으로 이해될 수 있다. 규제는 그 성격과 규제분야에 따라 그 정도가 달라져야 할 것이고, 규제목적과 규제수단 등에 비추어 적절한 규제가 되어야 한다. 이러한 규제정책은 입법정책을 통해 반영되어야 한다. 규제정책과 입법정책은 이러한 점에서 밀접히 연관되어 있다.

| CHAPTER 15 _ 참고문헌 |

강원택, 17대 국회전반기 2년의 평가 : 성과와 과제, 「국회 운영 무엇을 어떻게 바꿔야 하나?」, 참여연대 의정감시센터, 2006. 7. 13.

강신일/최병선, 작은 정부를 위한 정부기능의 효율화 방안 －민영화와 정부규제완화－, 한국경제연구원, 1993.

김영평/최병선/신도철, 규제의 역설, 삼성경제연구소, 2006.

김일중, 규제와 재산권, 한국경제연구원, 1995.

김종석, 규제개혁의 과제와 방향, 규제연구, 특집호, 1999. 11.

박세일, 법경제학, 박영사, 2006.

박영도, 입법관리로서의 입법평가의 제도화, 한국입법학회 학술대회자료, 2006, 12.

______, 입법심사의 체계와 방법론, 입법이론연구 IV, 한국법제연구원, 1996.

배용수, 규제정책론, 대영문화사, 2006.

사공영호, 규제완화 제약요인의 해소방안 모색, 한국행정연구원, 1998.

선정원, 규제개혁과 정부책임 －건설산업의 규제개혁실패와 공법학의 임무－, 공법연구, 제30집 제1호, 2001.

신보성/박경서, 우리나라 자본시장규제의 선진화 방향, 한국증권연구원, 2004.

양준석/김홍률, OECD규제개혁연구:규제순응과 효율성, 대외경제정책연구원, 2001.

임명현, 입법관리의 실태 및 효율화방안, 법제연구, 제27호, 한국법제연구원, 2002.

임중호, 입법과정의 개선 및 발전방향, 입법과정의 현황과 개선방안, 국회법제실/한국

78 신보성/박경서, 우리나라 자본시장규제의 선진화 방향, 한국증권연구원, 2004, 75면.

공법학회, 2005. 11.
전학선/홍완식/허동원, 의원발의 법률안에 대한 입법부와 행정부의 협의방식에 관한 연구, 법제처, 2007. 11.
정병도, 소방규제정책의 문제점과 개선방안, 소방논집, 제15호, 2005.
정종섭, 헌법학원론, 박영사, 2007.
정호영, 입법평가를 위한 법경제학적 접근방식에 관한 연구, 중앙대학교 박사학위청구논문, 2004.
조택(역), Palast Greg/Oppenheim Jerrold/MacGregor Theo, Democracy and Regulation, 민주주의와 규제, 이화여자대학교 출판부, 2004.
채수근, 의원입법과 법률안비용추계, 「입법에 관한 국회의 책임과 역할」, 국회법제실/한국행정법이론실무학회, 2005. 5.
최윤철/홍완식, 입법평가제도의 도입방안에 관한 연구, 법제처, 2005. 11.
한국경제연구원/전국경제인연합회, 규제개혁종합연구, 2007. 10.
함인선, 규제개혁의 법과 경제, 공법연구, 제31집 제5호, 2003.
홍성방, 헌법학, 현암사, 2004.
홍완식, 입법의 원칙에 관한 연구, 법제처, 법제, 2006. 2.
______, 입법과정에서의 문제점과 개선방안, 일감법학, 제11호, 2007.
______, 입법자의 법률개선의무에 관한 연구, 공법연구, 제31집 제2호, 2002.
______, 입법평가의 현황과 과제, 법제와 입법, 제2호, 2007.
______, 입법원칙으로서의 명확성의 원칙에 관한 연구, 입법정책, 제2호, 2007. 12.
______, 「사회현실의 변화와 입법자의 과제」, 국회도서관보, 2008. 1.
Friedman, David, Law's Order, Princeton University Press, 2000.
Herzog, Roman, Der überforderte Staat, FS zum Peter Lerche zum 65. Geburtstag, 1993.
Isensee, Jesef, Das Grundrecht als Abwehrrecht und staatliche Schutzpflicht, §111, Handbuch des Staatsrecht, Bd.V, 2. Aufl., 2000.
Isensee, Josef, Subsidiaritätsprinzip und Verfassungsrecht, －Eine Studie über das Regulativ des Verhältnisses von Staat und Gesellschaft－, 1968.
OECD, Regulatory Impact Analysis : Best Practices in OECD Countries.
Ruge Reinhard, Die Gewährleistungsverantwortung des Staates und der Regulatory State, Duncker & Humblot, 2003.
Schneider, Hans, Gesetzgebung, 3. Aufl., 2002.
Teske Paul, Regulation in the States, Brookings institution Press, 2004.

CHAPTER

16 '국회선진화법'에 관한 고찰

출처: 헌법학연구 제18권 제4호, 2012년

'국회선진화법'이라고 불린 2012년 5월의 「국회법」 개정 내용은 안건신속처리(Fast Track), 의사진행방해(Filibuster), 국회의장의 직권상정 제한, 안건조정위원회의 설치, 안건자동상정, 의장석·위원장석 점거 및 회의장 출입방해 행위에 대한 징계의 강화 등이다. 이 중에서 가장 핵심적이고 논란이 많은 것은 '의사진행방해제도(무제한토론제도)'이다. 이 제도에 따르면 과반수 의석을 확보한 정당일지라도 독자 입법이 불가능하며, 반대가 있는 법안은 국회에서 가결될 수 없을 것이기 때문에 의정의 경색이 우려되기도 한다. 또한 의사진행방해제도는 일종의 가중 다수결 제도인데, 이는 민주주의 원리와 헌법상 일반다수결 원칙에 위반하는 것으로 위헌이라는 의견이 있다. 그러나 「헌법」 제49조에 따라 법률에 특별한 규정을 두어 가중 다수결을 규정하는 것 자체를 위헌으로 볼 수는 없다. 국회에서의 다수결의 원칙은 소수존중의 원칙아래 자유로운 토론과 설득이 보장되어야 하며, 다수결의 원칙은 소수파와의 대화와 타협을 전제로 하는 의사결정방식이기 때문이다. 의사진행방해제도는 소수파와 다수파에게 의사진행방해를 시작할 수 있는 기회와 종료할 수 있는 기회를 각각 부여하고 있다. 이는 여야합의와 교차투표 등을 통하여 5분의 3 이상이라고 하는 여야 공동의 다수를 형성하라는 취지를 담고 있다. 상대방을 설득하고 합의할 수 있는 의안을 여야가 공동으로 만들어야 하지만, 정당기속이 강한 우리의 정치현실에서 이러한 이상적인 시스템이 기능을 발휘할 수 있을지에 대한 의문이

제기되고 있다. 현재의 시점에서 새로운 제도의 성패를 예측하기는 어렵지만, 제19대 국회에서의 제도운영 이후에 사후 입법평가를 통하여 제도를 개선해 나갈 필요가 있다.

제1절 머리말

2012년 5월 2일에 「국회법」 개정안이 국회 본회의에서 의결되었다. 언론은 이 법률에 '국회선진화법' 혹은 '몸싸움방지법'이라는 명칭을 부여하였지만, 공식적으로는 「국회법」의 일부 규정이 신설되거나 개정되는 것이었다. 2012년 5월은 제18대가 국회 임기 막바지였기에, 이러한 법률개정은 자기들의 임기가 아닌 제19대 국회를 위한 법률개정이었다. 따라서 이러한 법률개정은 제18대 국회에서 처리할 것이 아니라, 제19대 국회로 넘겨야 한다는 주장도 제기되었다. 그러나 국민여론에 힘입은 제18대 국회의원들은 「국회법」 개정안을 국회 본회의에서 의결하였다. 이 개정법률은 2012년 5월 25일에 대통령에 의하여 공포되어 제19대 국회인 현재 시행되고 있다. '국회선진화법'은 국회 내의 폭력이나 폭언 등을 사전에 예방하고 사후에 제재하려는 몇 가지 제도를 도입하였다. 다수당이 단순히 다수의 힘에만 의지하여 소수당에 대한 설득이나 합의없이 의안을 처리하지 못하도록 제도적 장치를 마련하고자 하였으며, 소수당은 회의장 점거나 폭력 행사를 통하여 회의진행을 저지하지 않도록 하는 제도를 마련하자는 것이 법률개정의 취지이다. 즉, 의안자동상정제나 의안신속처리제는 입법지연을 막기 위한 방안이며, 안건조정절차나 본회의에서의 의사진행방해(무제한토론) 제도는 소수당의 보호를 위한 방안이라고 할 수 있다. 대한민국 정부수립 이후 종종 국회폭력이 문제되었는데, 예전에 비하여 수가 늘어난 보좌진과 당직자들이 국회폭력사태에 동참하면서 물리력 행사의 규모와 정도가 심해졌다. 이는 근본적으로 민주화 이후 정파·정당간의 이념적·정치적 대립이

정치과정 중에 해소되지 못한 결과라고도 할 수 있다. 특히, 제18대 국회에서는 해머와 전기톱, 소화전 등까지 동원되면서 국회폭력과정에서 부상자가 발생하기도 하였다. 이러한 국회의 모습은 국내신문에 대서특필되고, 해외언론에서는 조롱거리로 다루어졌다. 이와 같은 국회에서의 폭력은 국회의 회의 및 의결기능을 마비시킬 뿐만 아니라 국회에 대한 신뢰도를 저하시키는 요인이 되었다. 따라서 이러한 국회폭력을 사전에 예방하고 사후에 제재하기 위한 제도적 장치를 「국회법」에 반영할 필요가 절실하였다. 이와 같은 취지의 소위 '국회선진화'를 위하여 수많은 「국회법」 개정안이 여야 국회의원들에 의하여 발의되었으며, 이중에서 몇 가지의 제도가 「국회법」 개정에 반영되었다. 이 글에서는 「국회법」 개정에 관한 배경과 논란 및 통과된 개정법률의 내용과 향후 전망 등에 관해서 고찰하기로 한다.

제2절 국회선진화를 위한 논의와 국회법 개정과정

1. 국회법 개정사

「국회법」은 국회의 조직·의사 등에 관한 사항을 규정하고 있다. 「헌법」 제64조 제1항에서 국회의 의사와 내부규율을 '규칙'의 형식으로 규율할 것을 명시적으로 규정하고 있지만, 국회가 자신의 내부적 사안을 일차적으로 「국회법」이란 법률의 형식으로 규율한 것은 헌법에 부합한다.[1] 「국회법」은 대한민국 정부수립 직후인 1948년 10월 2일에 제정·공포·시행되었다. 이후 2012년 5월에 개정되기까지 총53회나 개정되었다.[2] 최근인 2012년 5월 2일에 '국회선진

1 한수웅, 국회법의 법적 성격 및 국회법 위반의 효과, 중앙법학, 제11집 제4호, 2009, 76면.
2 윤원중, 국회법 해설, 2012, 발간사 1면; 53회에 걸친 국회법 개정의 상세 내용에 관해서는 정호영, 국회법론, 법문사, 2012 참조.

화법' 혹은 '몸싸움방지법'이라고 불린「국회법」개정안은 많은 논란 끝에 본회의에서 재석 192명 중 찬성 127명, 반대 48명, 기권 17명으로 의결되었다.「국회법」개정의 역사를 살펴보면 여당의 힘이 강했던 제14대와 제17대 국회에서는, 상임위원회의 소관을 바꾸는 등의 단순개정이 아닌, 국회운영의 구조를 변화시키는 내용상의 개정은 한번밖에 없었다. 이는 국회의 운영을 효율화해서 국회운영이 지연되는 것을 막기 위한 의미로 평가되고 있다. 반면에 야당의 힘이 강했던 제13대, 제15대와 제16대 국회에서는 보다 빈번한「국회법」개정이 있었다. 특히, 국회운영을 특정세력이 독점하지 못하도록 분권성과 국회의 대행정부 견제력 및 정부수집력을 강화하는 요소들이 대거 포함된「국회법」개정이 이루어진 것으로 평가되고 있다.[3] 제18대 국회에서「국회법」은 총 7차례 걸쳐 개정되었으며, 최근의「국회법」개정이 2012년 5월의 개정이다.

2. 국회선진화를 위한 논의

정부수립 이후 국회가 개원한 이래, 헌성사에는 국회에서의 비정상적인 의안처리가 몇 번 있었다. 특히 제18대 국회에 들어와서는 보좌진과 당직자의 수가 늘어나고 의안처리에 관한 여야간의 합의가 순조롭지 않는 등의 상황 속에서 회의장봉쇄, 몸싸움 등이 발생하였다. 이는 헌법재판소에 의한 권한쟁의심판[4]으로 이어지고,「국회법」차원에서도 재발방지를 위한 제도적 방안이 논의되기도 하였다. 이처럼, '국회선진화법'의 등장배경은 국회에서 입법절차에 관한 헌법과 법률의 규정을 존중하여 의안을 처리하고, 폭력이나 폭언 등을 사전에 예방하고 사후에 제재하기 위해서이다. 다수당은 단순히 다수의 힘에만 의지하여 소수당에 대한 설득이나 합의없이 의안을 처리하지 못하도록 제도적 장치를 마련하고, 소수당에게는 회의장 점거나 물리력의 행사를 통하여 회의진행

3 김민전, 원내 의석분포, 대통령의 권력, 그리고 국회법 개정의 방향 : 민주화 이후 국회를 중심으로, 한국과 국제정치, 제24권 제4호, 통권 63호, 2008, 88면.

4 홍완식, 헌법재판소에 의한 입법절차 통제, 공법학연구, 제12권 제2호, 한국비교공법학회, 2011, 249면 이하 참조.

을 저지하지 않도록 하는 제도적인 장치를 마련하자는 것이다. 대한민국 정부수립 이후 종종 국회폭력이 문제되었는데, 예전에 비하여 수가 늘어난 보좌진과 당직자들이 국회폭력사태에 동참하면서 물리력 행사의 규모와 정도가 심해졌다. 특히 제18대 국회에서는 해머와 전기톱, 소화전 등까지 동원되면서 국회폭력과정에서 부상자가 발생하기도 하였다. 이와 같은 국회에서의 폭력은 국회의 회의 및 의결기능을 마비시킬 뿐만 아니라 국회에 대한 신뢰도를 저하시키는 요인이 되었다. 따라서 이러한 국회폭력을 사전에 예방하고 사후에 제재하기 위한 제도적 장치를 「국회법」에 반영할 필요가 절실하였다. 이와 같은 취지의 소위 '국회선진화'를 위하여 수많은 「국회법」 개정안이 여야 국회의원들에 의하여 발의되었다.

3. 국회선진화를 위한 법안 발의

국회는 어떠한 사항에 대하여 언제, 어떻게 입법할지의 여부를 스스로 판단하여 결정할 입법형성의 자유와 권한을 지니고 있으며 이를 입법재량이라고도 한다. 이러한 입법자의 형성의 자유는 국민대표기관으로서의 지위와 헌법상 보장된 입법권에 기인하는 헌법적 가치의 반영이다. 이러한 입법재량을 존중하면서 입법과정을 선진화하는 것이 필요하다.[5] 그간 우리 국회에서는 의안처리의 부당성, 불법성, 위헌성에 관한 문제가 정치적 및 법적으로 문제되어 왔으며, 이는 후진적인 의정운영의 보습으로 비추어졌다. 특히 제18대 국회에서는 이러한 문제가 심화되었다. 따라서 국회에는 소위 '국회선진화법'이라는 이름으로 일방적 의안처리와 폭력사태를 방지하기 위한 법률안들이 발의되었다. 이처럼 소위 '국회선진화법'이라고 불리는 법률안은 국회폭력을 추방하기 위한 취지로 2009년경부터 발의되었던 수많은 법률안을 통칭한다. 이러한 '국회선진화법'은 대개는 「국회법」 개정안[6]의 형식으로 발의되어 있고, 「국회법」의 특별법[7]에 해

5 음선필, 선진화를 위한 입법과정의 정비, 제도와 경제, 제4권 제1호, 2010, 23면.

6 2009년 11월에 제출된 국회운영위원회의 '국회법 개정법률안 검토보고'는 총 82건의 국회법 개정법률안을 검토보고의 대상으로 하고 있다. 이후에도 많은 수의 국회법 개정법률안

당하는 형식으로 발의된 것도 있다. 이렇듯 많은 법률안으로 구성되어 있는 '국회선진화법'은 그 내용도 다양하다. 이러한 다양한 '국회선진화법'은 몇 개의 영역으로 나누어진다. 즉, 국회 운영위원회는 '국회선진화법안'들을 ① 직권상정 요건 강화 ② 자동상정제 도입 ③ 상임위 내 의안조정위원회 설치 ④ 위원회 심사배제 ⑤ 필리버스터제 도입 ⑥ 적용 시기[8] ⑦ 국회 폭력시 처벌 강화 등 7개 영역으로 분류하였다. 이후에도 '국회선진화'를 위한 법안이 다수 제출되었으나, 대개 이러한 유형에 해당한다. 여야의 협의에 의하여 이들 중 몇 개 사안에 대한 합의가 이루어졌는데, 이를 '의안처리 개선 및 질서유지 등을 위한 국회법 개정안'이라 불렀다. 동 법률안의 제안이유에 대해서는 "국회에서 쟁점안건의 심의과정에서 물리적 충돌을 방지하고 안건이 대화와 타협을 통하여 심의되며, 소수 의견이 개진될 수 있는 기회를 보장하면서도 효율적으로 심의되도록 할 필요가 있음. 또한 예산안 등에 대하여는 법정 기한 내 처리가 될 수 있도록 제도를 보완하는 한편, 의장석 또는 위원장석 점거금지 등으로 국회내 질서유지를 강화하는 등 민주적이고 효율적인 국회를 구현하려는 것임"을 밝히고 있다. 보다 구체적으로 살펴본다면, 제18대 국회에서 의안처리과정에서의 몇 건의 폭력사태를 경험한 여야 국회의원들은 여당의 '국회바로세우기 모임'과 야당의 '민주적국회운영모임' 등을 구성하여 의안처리 개선방안을 논의하였다. 2011년 5월 30일의 교섭단체 대표(황우여 의원, 김진표 의원)회담에서는 의안처리개선 관련법을 개정하기로 하고, 교섭단체 대표의원간 협의를 하였다. 교섭단체 대표간 합의에 따라 국회운영위원회 위원들로 6인 소위원회를 구성하였고, 소위원회에서는 2011년 12월말까지 수차례 회의를 열어 '의안처리개선 및 질서유지 관련 국회법 등에 대한 개정 의견'을 채택하였다. 소위원회의 의견

이 발의되었다.

7 예를 들어, '국회의 입법질서유지를 위한 특별법안'(차명진 의원 대표발의), '국회의 질서유지 등에 관한 법률안'(이범래 의원 대표발의), '국회내 민주적 기본질서 유지에 관한 특별법안'(정미경 의원 대표발의), '국회에서의 폭력행위 등 방지를 위한 특별법안'(이범래 의원 대표발의), '국회 회의 방해 범죄의 가중처벌 등에 관한 법률안'(주성영 의원 대표발의) 등이다.

8 제18대 국회인 당시 시점에서, 개정 국회법을 제18대 국회에서부터 적용할지 또는 제19대 국회에서 적용할지 여부에 관한 문제가 논의의 대상이었다.

에 대하여 각 교섭단체에서 소속의원들의 의견수렴이 있었고, 원내 교섭단체 대표의원 및 원내 교섭단체 수석부대표간 협의가 있었으며, 국회운영위원회 법안심사소위원회(2012. 2. 10) 및 운영위원회 전체회의(2012. 2. 27 및 2012. 4. 17)에서 이를 심의·의결하였다.[9] 이후 운영위원회에서 의결된 「국회법」 개정안에 대한 논란이 있었고, 수정안이 마련되었다. 동 수정안은 2012년 5월 2일에 법제사법위원회에 상정·의결된 후, 곧바로 본회의에 상정·의결되었다.

제3절 2012년 5월에 개정된 국회법

1. 일반론

'몸싸움방지법'이란 '국회선진화법'의 여러 법안 중에서도 국회에서의 폭력사태를 방지하기 위한 법안을 통칭하는 것이다. '몸싸움방지법'을 '의안처리 개선 및 질서유지 등을 위한 국회법 개정안'이라고도 한다. '몸싸움방지법'은 다수당에 의한 날치기 통과를 어렵게 함은 물론이고, 소수당에 의한 물리력의 행사도 어렵게 하자는 것이다. 이를 위해 두 가지 핵심적인 제도를 도입하자는 것인데, '신속처리(Fast Track)제도'와 '의사진행방해(Filibuster)제도'의 도입이다. 그리고 법안의 신속처리제도와 의사진행방해제도를 도입하기 위한 선결조건으로 국회의장의 직권상정 요건을 강화하였다. 직권상정 제한이나 신속처리제도 및 의사진행방해제도 모두, 국회 내 법안처리 과정에서 발생할 수 있는 다수당의 횡포나 소수당의 폭력과 같은 비정상적인 입법절차를 방지하기 위한 취지를 지니고 있다. 이 외에도 안건조정위원회의 설치에 관한 규정, 장기미회부 의안의 자동상정에 관한 규정, 의장석·위원장석을 점거한 의원은 징계안을 바로 본회의에 부의하여 신속히 의결하도록 하는 규정, 의원의 국회 회의장 출입을 방해

9 국회 운영위원장, 국회법 일부개정법률안, 2012. 4. 17, 1-2면.

하는 행위에 대한 징계를 신설하고 질서문란 행위를 한 의원에 대한 징계로 경고·수당감액·출석정지를 통하여 징계수준을 강화하는 규정 등을 두고 있다.

2. 직권상정의 제한

「국회법」 제85조에 의하여 국회의장은 위원회에 회부하는 안건 또는 회부된 안건에 대하여 심사기간을 지정할 수 있도록 하고 있으며, 이 경우 의장은 각 교섭단체 대표의원과 협의하여야 한다. 해당 위원회가 심사기간 내에 심사를 마치지 아니한 때에는 중간보고를 들은 후 다른 위원회에 회부하거나 바로 본회의에 부의할 수 있다. 이를 통상적으로 직권상정이라 부른다. 상임위원회 단계에서의 심사기간 지정에 대해서는 「국회법」 제85조에, 법제사법위원회 단계에서의 심사기간 지정에 대해서는 「국회법」 제86조에 규정되어 있다. 그간 문제가 되었던 '법안 날치기'에는 직권상정절차가 종종 활용되었다. 직권상정이 「국회법」에 처음 도입된 것은 1973년 2월 7일에 국회의 권한을 대행한 비상국무회의에서 제15차 「국회법」 개정을 통해서이다. 직권상정제도는 도입 이후 한동안 활용되지 않다가, 제12대 국회에서 24건, 제13대 40건, 제14대 21건, 제15대 87건, 제16대 국회 5건, 제17대 29건을 직권상정한 기록이 있다. 제18대 국회에서 국회의장이 직권상정을 한 안건은 97건으로 역대 국회 최고치이다.[10] 직권상정을 '날치기'라고 규정하고 국회의장의 직권상정제도를 엄격히 제한하거나 폐지하자는 의견이 있는 반면에, 국회의장의 직권상정에 관한 권한을 보다 강화하자는 의견도 있다. 2008년에 활동한 국회운영제도개선 자문위원회는 활동보고서의 '국회의장의 역할과 의무강화'라는 항목에서, 의장의 권한에 있어서는 선진국 의회의 경우 권한강화 추세임을 전제하며, "시급히 처리해야 할 안건의 심사가 지연되는 문제를 최소화하기 위하여 교섭단체 대표의원과의 협의 대신 국회운영위원회와 협의를 거치되, 협의가 이루어지지 않을 경우에는 의장이 직권으로 심사기간을 지정할 수 있도록"[11] 권고하였다. 의장의 직권상정을 압박하

10 정희옥, 18대 국회 의정활동 평가, 의정연구, 제18권 제1호, 2012, 28면.
11 국회운영제도개선 자문위원회, 국회운영제도개선 자문위원회 활동결과보고서, 2008. 12, 54면.

는 현실정치적 필요가 강조되기도 한다. 즉, "의원들이 본회의장 앞에 앉아 3월 2일 저녁부터 1박 2일 농성을 하면서 김의장에게 쟁점법안의 '직권상정'을 강력히 요구"하거나 직권상정을 자제하고 중재안을 찾으려는 의장에 대하여 "어려운 시기에 우리가 의장을 잘못 뽑은게 아닌가 하는 그런 생각을 한다"거나 "법안통과를 위해서는 어떤 난관도 불사해야 한다. 그런데도 의장은 직권상정을 안하겠다고 발뺌하고 있다"[12]고 하기도 한다. 그렇지만, 국회의장의 직권상정은 여당에 대한 국민의 신뢰와 지지를 약화시키는 원인이 되었으며, 국민의 정치적 불신을 증폭시키는 계기가 되었다.[13] 따라서, "국회의장의 독자적 '직권상정'이 국회 무질서의 주요한 요인이 되고 있으므로 그 요건을 매우 엄격히 제한할 필요가 있다"[14]는 의견 등 국회의장의 직권상정권을 제한할 필요성에 대해서 넓은 공감대가 형성되어 있었다. 국회의장의 직권상정권은 예외적인 상황에서 최후로 행사되어야 한다는 점에서 '보충성의 원칙'이 적용되어야 한다는 주장이다. 직권상정권은 국가비상사태의 경우나 여야합의에 따른 경우(상황적 제한)와 통상 입법절차가 진행될 것을 우선 기다린 이후인 법안발의 후 최소 20일이 지난 경우(시기적 제한)로 제한되어야 한다는 것이다. 이러한 절제된 직권상정만이 국민적 지지를 얻어낼 수 있으며, 그로 인하여 통과된 법률 역시 국민에게 정당한 규범력을 가질 수 있다고 본다[15]는 의견이다. 국회의장의 직권상정 규정은 지정된 심사기간 내에 심사를 마치지 아니한 사유 이외에는 다른 사유를 규정하고 있지 않았다. 그러나 이번 「국회법」 개정을 통해서, 심사기간을 지정하는 실체적 사유를 신설하여 '천재지변의 경우, 전시·사변 또는 이에 준하는 국가비상사태의 경우, 의장이 각 교섭단체대표의원과 합의하는 경우'로 한정하였다. 제85조 제1항 및 제86조 제2항을 신설하여, 국회의장의 직권상정 요건을 천재지변, 전시·사변 또는 이에 준하는 국가비상사태 및 각 교섭단체대표의원 간

---

12 서기준, 한국 의회정치의 근본문제와 발전과제, 서석사회과학논총, 제4집 1호, 2011, 11-12면.

13 박인수, 국회의장 직권상정제도, 입법정책, 제4권 제2호, 2010, 9면.

14 서기준, 한국 의회정치의 근본문제와 발전과제, 서석사회과학논총, 제4집 1호, 2011, 32면.

15 음선필, 선진화를 위한 입법과정의 정비, 한국경제의 선진화를 위한 제도개혁과제, 경기개발연구원, 2009, 132면.

합의가 있는 경우로 한정하되, 천재지변, 국가비상사태의 경우에는 각 교섭단체 대표의원 간 협의를 하도록 하였다. 천재지변의 경우, 전시·사변 또는 이에 준하는 국가비상사태의 경우에도, 이에 관한 안건에 대해서만 심사기간을 지정할 수 있도록 규정하였다. 말하자면, '기간방식'만을 정하던 입법방식에서 '사유방식'을 추가하여 규정하였고, 이 사유에 해당하는 안건에 대해서만 직권상정이 가능하다. 앞으로는 국회의장의 일방적인 직권상정은 거의 불가능하게 되었다. 또한 이 개정 규정으로 인하여 여야합의가 없는 법안이 직권상정됨으로 인해서 발생하였던 국회폭력은 줄일 수 있을 것으로 보인다. 직권상정은 여·야간에 정치적 대립이 있는 경우에 일방적인 의안처리를 하기 위한 제도가 아니라는 입법적 의지를 분명히 하는 「국회법」 개정이다.

3. 신속처리제도

신설된 「국회법」 제85조의2에 따르면, 위원회에 회부된 안건에 대하여 재적의원 과반수 또는 소관 위원회 재적위원 과반수가 서명한 신속처리안건 지정동의를 의장 또는 소관 위원회 위원장에게 제출하여 재적의원 5분의 3 이상 또는 소관 위원회 재적위원 5분의 3 이상이 찬성하였을 때에는 신속처리안건으로 지정된다. 위원회가 해당 안건을 신속처리안건으로 지정한 날부터 180일 이내에 심사를 완료하지 아니한 때에는 다음 날에 법제사법위원회로 회부된 것으로 본다. 그리고 법제사법위원회가 신속처리안건을 90일 이내에 심사를 완료하지 아니한 때에는 다음 날에 본회의에 부의된 것으로 본다. 본회의에 부의된 것으로 보는 신속처리안건은 60일 이내에 본회의에 상정되어야 하되, 60일 이내에 본회의에 상정되지 아니한 때에는 그 기간 경과 후 처음으로 개의되는 본회의에 상정된다. 신속처리제도는 소관 상임위원회와 법제사법위원회 및 본회의의 안건심의에 적용된다.[16] [17] 또한 신설된 제86조 제3항 및 제4항에 따르면, 법제

16 정호영, 국회법론, 2012, 452면.

17 수정안이 만들어지기 전의 원안에서는, 본회의에 부의된 것으로 간주된 신속처리대상안건이 60일 이내에 본회의에 상정되지 않을 경우 재적의원 5분의 3 이상의 요구로 본회의

사법위원회가 체계·자구심사를 위하여 회부된 안건에 대하여 이유 없이 회부 후 120일 이내에 심사를 마치지 아니한 때에는, 소관 위원회 위원장이 간사와 협의하여 이의가 없으면 의장에게 해당 법률안의 본회의 부의를 요구한다. 다만, 이의가 있는 경우에는 재적위원 5분의 3 이상의 찬성 의결(무기명투표)로 의장에게 본회의 부의를 요구한다. 이 경우 국회의장은 30일 이내에 각 교섭단체 대표의원과 합의하여 본회의에 부의하여야 한다. 다만, 각 교섭단체 대표의원과 합의가 이루어지지 아니하는 경우 그 기간 경과 후 처음으로 개의되는 본회의에서 무기명투표로 본회의 부의 여부를 결정한다.

4. 합법적 의사진행방해

「국회법」 제103조(발언회수의 제한)는 국회 본회의에서의 발언회수를 제한하고 있으며 제104조(발언원칙)는 국회 본회의에서의 발언시간을 제한[18]하고 있다. 이러한 발언자·발언회수·발언시간의 제한에 관한 규정으로 인하여, 국회의원의 충분하고 무제한한 발언은 허용되지 않는다. 이러한 규정은 국회에서의 효율적인 의사진행을 위한 것으로, 미국 상원에서와 같은 의사진행방해(filibuster)는 허용되지 않는다는 규범적 표현이었다. 그간 국회에서 법안 등에 대한 토론

에 상정하도록 하고 있었다. 수정안에서는 5분의 3이라는 요건을 삭제하여 60일 경과후 본회의에 자동상정되도록 자동상정 요건을 완화하였다.

18 1948년에 제정된 「국회법」 제46조에 "의원의 질의, 토론 기타 발언에 대하여는 특히 국회의 결의가 있는 때 외에는 시간을 제한할 수 없다"는 규정을 둔 이후로, 「국회법」에서는 국회의원의 발언시간에 대하여 국회의 의결을 통하여 제한한다고 규정하고 있었다. 예를 들어 김대중의원의 필리부스터가 행해졌던 1964년의 「국회법」 제97조(발언시간의 제한) 제1항은 "발언시간은 국회의 의결로 제한할 수 있다"고 규정되어 있었다. 그러나 1973년 2월 7일의 「국회법」 개정을 통하여 「국회법」 제97조(발언시간의 제한)는 "① 의원의 발언시간은 30분을 초과할 수 없다. 다만, 의장은 15분을 초과하지 아니하는 범위 안에서 1회에 한하여 연장을 허가할 수 있다. ② 보충발언과 의사진행 및 신상에 관한 발언시간은 제1항의 규정에 불구하고 10분을 초과할 수 없다."고 규정되었다. 당시의 「국회법」 개정이유는 "유신헌법에 따라 능률적이고 생산적인 국회운영을 도모하여 합리적 의회주의의 확립을 기하기 위하여 의안의 효율적 처리 등 국회운영의 합리화와 의원의 긍지와 품위향상에 기여하려는 것임"이었다. 발언시간이 국회의 의결이 아니라 법률규정에 의하여 제한되기 시작한 것은, 이처럼 1973년 2월 7일의 「국회법」 개정 이후이다.

과 심의는 여야의 의견이 대의정치에 반영되는 대의민주주의나, 사회의 다양한 의견이 충분한 숙의고정을 거친 후에 의회의 결정에 반영되는 숙의민주주의의 한 과정으로 이루어졌다기보다는, 여야의 극한 의견대립과 이로 인한 물리적 충돌로 나타나고는 했다. 따라서, 국회 내 소수당이 물리적인 방식이 아니라 합법적으로 의사진행을 방해함으로써 반대의사를 표출하는 제도의 필요성이 등장하였고, 미국상원에서 시행하고 있는 의사진행방해(filibuster) 제도가 대안으로 제시되었다.[19] 이 제도는 원내 소수파가 자신의 입장을 표명하고 이견을 제기할 수 있도록 안건 심의과정이 운영되어야 한다[20]는 점을 고려한 제도이다. 이는 소수파의 의견개진 기회를 충분히 보장함으로써, 의사당에서의 물리적 충돌을 방지하고자 도입되었다.[21] "무제한토론이 의사진행방해의 수단으로서 악용될 가능성이 있는 것은 사실이나 장외투쟁을 원내로 끌어들이는 유인책이 될 수 있다는 점에서 고려해 볼만하다고 본다. 지금까지 원내에서 말로 싸우기보다는 걸핏하면 거리에서 힘으로 싸우기에 익숙해졌던 지극히 한국적인(?) 입법과정을 선진화하기 위한 일보의 전진이라는 의미에서 시도해볼 만 하다고 하겠다."는 의견도 있었다.[22] 신설된 「국회법」 제106조의2(무제한토론의 실시 등)에 따르면, 의원은 재적의원 3분의 1 이상의 요구가 있는 경우 본회의 심의 안건에 대하여 시간의 제한을 받지 않고 무제한토론을 할 수 있다. 무제한토론을 실시하는 본회의는 '1일 1차 회의'의 원칙에도 불구하고 무제한토론 종결선포 전까지 산회하지 아니하도록 하며, 더 이상 토론할 의원이 없거나, 재적의원 3분의 1 이상이 제출한 토론 종결동의를 재적의원 5분의 3 이상의 찬성으로 의결한 경우 또는 무제한토론 중 회기가 종료된 경우에 무제한토론이 종결된다. 간단히 정리하면, 의사진행방해 제도는 재적의원 3분의 1 이상이 요구하면 본회의에서 무제한토론을 시작할 수 있고, 재적의원 5분의 3이상이 찬성하면 토론을 종료할

19 전진영, 국회 및 주요국 의회의 질서유지제도, 국회 입법조사처, 현안보고서, 제20호, 2009, 25면.
20 박재창, 한국의회개혁론, 오름, 2004, 241면.
21 정호영, 국회법론, 2012, 391면.
22 음선필, 선진화를 위한 입법과정의 정비, 제도와 경제, 제4권 제1호, 2010, 35면.

수 있다. 의사진행방해를 통해 소수당이 다수당을 견제할 수 있도록 하면서도, 여야합의나 교차투표 등을 통해 다수가 형성되면 다수의견에 힘을 실어주게 된다. 제도의 기능을 따져 볼 때는 '의사진행방해 제도'가 걸맞은 표현이지만, 개정된 「국회법」의 문구나 제도의 내용에 착안한다면 본회의에서의 '무제한토론 제도'가 보다 충실한 표현이다. 이러한 「국회법」 규정에 따르면, 제19대 국회에서는 100명이 요구하면 본회의 무제한토론을 시작할 수 있고, 180명 이상이 찬성을 하면 토론이 종료된다. 이는 국회에서 소수파가 반대하는 법안을 의결하기 위해서는 180석 이상을 확보해야 한다는 것을 의미한다. 물론, 의사진행방해에 의해서 법안이 통과되지 않은 채로 회기가 종료되면 필리버스터도 자동 종결되고, 다음 회기에서 해당안건은 지체없이 표결처리될 수 있다. 이 경우의 의결정족수는 과반수이므로, 소위 '식물국회'를 피할 수 있는 방안은 존재한다. 그럼에도 불구하고, 이 제도에 따르면 국회 과반수 의석을 확보한 정당일지라도 독자 입법이 불가능하며, 사실상 국회의 입법 불임증(不妊症)이 우려되는 상황이 만들어 질 것이라는 우려가 있다. 또한 필리버스터 제도는 일종의 '가중 다수결(Super Majority)' 제도라면서, 이 제도가 정당성을 얻으려면 먼저 자유민주주의의 핵심 원칙인 다수결의 원칙이 존중되어야만 한다는 의견도 있다. 이 개정안이 통과된다면 국회는 아무것도 의결할 수 없다는 '식물국회론'과 '입법불임증'이 강력한 정치현실적인 반대론이고, 이러한 의사진행방해 종료를 위한 가중다수결은 헌법상 일반다수결 원칙에 위배된다는 것이 규범적 반대론이다. 이 제도는 소수파와 다수파에게 의사진행방해를 시작할 수 있는 기회와 종료할 수 있는 기회를 각각 부여하고 있다. 또한 제도의 취지는 여야합의와 교차투표 등을 통하여 5분의 3 이상이라고 하는 여야 공동의 다수를 형성하라는 것이다. 상대방을 설득하고 합의할 수 있는 의안을 공동으로 만들라는 취지를 지니고 있다.

5. 위원회에서의 안건조정제도

위원회에서의 안건조정제도는 2012년 5월의 「국회법」 개정을 통하여, 「국회법」 제57조의2에 신설되었다. 위원회는 법률안[23]에 대한 이견을 조정하기 위하여, 재적위원 3분의 1 이상의 요구에 따라 여야 동수[24] 각 3인으로 위원회에 안건조정위원회를 둔다. 안건에 대한 조정안은 재적 조정위원 3분의 2 이상의 찬성으로 의결하며, 의결된 조정안에 대해서는 소위원회 심사를 거친 것으로 보아 30일 이내에 해당 위원회에서 표결하도록 한다. 신속처리안건을 심사하는 조정위원회는 그 안건이 법제사법위원회에 회부 또는 본회의에 부의된 것으로 보는 때에는 그 활동을 종료한다고 규정되어 있다. 30일 이내에 조정되지 아니하거나 조정안이 부결된 경우에 해당 안건은 소위원회에 회부된다. 이 규정의 입법취지는 안건조정위원회를 여야동수로 구성하여 논의의 장을 마련함으로써 대화와 타협을 통하여 안건을 효과적으로 처리하려 함에 있다.[25]

6. 법안자동상정제도

신설된 개정 「국회법」 제59조의2에 따르면, 위원회에 회부되어 상정되지 아니한 법률안은 제59조에 따른 숙려기간 경과 후 30일이 경과한 날 이후 처음으로 개회하는 위원회에 상정된 것으로 본다. 이 '안건자동상정' 또는 '의안상정간주'[26] 제도는 위원회에서 의안의 최초 상정 여부를 둘러싼 여야간 갈등을 해

23 안건조정이 가능한 '안건'에는 예산안, 기금운용계획안, 임대형 민자사업 한도액안 및 체계·자구심사를 위하여 법제사법위원회에 회부된 법률안은 제외된다. 「국회법」 제57조의 2 제2항.

24 국회운영위원회 수석전문위원실에서 펴낸 '개정 국회법 소개' 15면의 "여·야 의원 동수(각 3인)"라는 표현은 여당이 다수당인 경우를 가정한 표현으로 생각된다. 「국회법」 제57조의2 제4항에서는 "소속 의원수가 가장 많은 교섭단체(이하 이 조에서 "제1교섭단체"라 한다)에 속하는 조정위원의 수와 제1교섭단체에 속하지 않는 소성위원의 수를 같게 한다."라고 규정하고 있다.

25 개정 국회법 소개, 국회 운영위원회 수석전문위원실, 2012. 6, 16면.

26 개정 국회법 소개, 국회 운영위원회 수석전문위원실, 2012. 6, 12면의 표현임.

소하기 위한 것이다. 즉, 국회의 법률안 중에는 발의는 되었으나 위원회에 상정조차 되지 않는 경우가 다수 있다. 이러한 경우 상임위원회 회부 후 일정기간이 경과한 법률안의 경우에는 자동 상정될 수 있도록 하자는 제안이 이전부터 있었다.[27] 이러한 법안의 자동상정을 가능케 하는 규정은 정당간 또는 이익집단간의 갈등을 유발할 수 있는 법률안을 국회 안에서 심사하도록 유도하는 장점이 있고, 법률안의 처리기한을 규정하는 것과는 다르므로 의원들의 법률안 심의권을 제한할 우려는 없다.

7. 징계의 강화

몸싸움 방지를 위한 가장 간단하고 효과적인 방법은 몸싸움에 대한 징계의 실질화 및 징계수위 강화일 수 있다. 수적 요건이 엄격하여 실효성을 의심받는 의안신속처리나 의사진행방해보다는, 엄격한 징계가 가장 실효성이 있지 않느냐는 주장이 있어 왔다. 몸싸움에 대한 징계수위를 현행 1개월 출석정지에서 최대 1년 출석정지로 강화하는 「국회법」 개정안이 발의된 적이 있었고, 회의장 점거 목적의 보좌진 및 당직자 동원 금지법도 발의되었지만 모두 임기만료로 폐기되었다. 개정된 「국회법」 제148조의2, 제155조 제7호의2 및 제156조 제7항 신설규정에 따르면, 의원은 의장석 또는 위원장석 점거금지와 함께, 점거한 의원이 의장 또는 위원장의 조치에 불응하는 경우 징계안을 바로 본회의에 부의하여 지체 없이 의결하도록 하였다. 의장석·위원장석 점거의 경우에는 윤리특위의 심사·의결절차가 생략된다. 또한 제148조의3 및 제155조 제7호의3 신설규정은 의원의 국회 회의장 출입을 방해하는 행위를 금지하고, 위반행위에 대하여 징계하도록 하였다. 그리고 제163조 제2항 신설하여 질서문란행위 관련 의원에 대한 징계는 공개회의에서의 경고 또는 사과의 경우 2개월 동안 수당 월액의 2분의 1을 감액하고, 30일 이내의 출석정지의 경우 3개월 동안 수당 월

27 정대영/김미숙/박영원/전완희/이정은, 장기미처리법률안의 해결방안, 국회입법조사처, 현안보고서, 95호, 2010, 35면.

액의 전액을 감액하도록 하여 징계수준을 강화하였다.

8. 기 타

신설된 「국회법」 제85조의3에 따르면, 위원회는 예산안, 기금운용계획안, 임대형 민자사업 한도액안 및 세입예산안 부수 법률안으로 지정된 법률안에 대한 심사를 매년 11월 30일까지 마쳐야 하고, 심사를 마치지 아니한 경우 해당 의안은 그 다음날에 본회의에 바로 부의된 것으로 본다. 국회는 예산안을 회계연도 개시 30일 전까지 의결하여야 한다는 「헌법」 제54조의 규정이 준수되지 않는 상황을 개선하기 위한 방안이다. 예산안 자동상정제도로 예산안 의결시한은 준수될 것이지만, 여당이 예산안 협상에 소극적이 될 뿐 아니라 단독 처리가 가능하게 된다는 비판이 있다. 정기회 기간 중에는 예산안 처리에 부수하는 법률안만 위원회 또는 본회의에 상정할 수 있도록 제한하는 규정(제93조의2 제2항)은 삭제되었다. 이는 실효성이 없던 조항을 삭제한 것이다. 제57조 제2항 후단이 신설되어, 상설 소위원회에 인원 및 예산 등을 지원할 수 있는 근거가 마련되었다.

제4절 국회법 개정에 관한 논쟁과 평가

1. 일반론

제18대 국회 말에 추진된 '국회선진화법'은 국민 여론의 강력한 지지를 받았다. '국회선진화법'의 내용에 대하여 이견과 논란이 있었지만, 여야합의로 진행되어온 점을 존중하여 「국회법」을 개정할 필요가 있다는 의견이 우세하였다. 2012년 5월의 「국회법」 개정은 기존에 논의되던 '몸싸움방지법' 내지는 '국회선진화법'이라는 이름으로 불려진 법률안의 일부가 통과된 것으로 볼 수 있다. '국회선진화법'이 대체로 여론의 지지를 받았지만, 구체적으로 성안된 이 법률안에 대해서는 찬성론[28]과 반대론[29]이 있었다. 즉, '몸싸움방지법'의 통과에 대해서는 위헌론과 무용론이 등장하기도 하였으나, 관망론과 낙관론이 주류를 이루었다.

2. 개정 국회법의 위헌성 여부

2012년 4월 17일 국회 운영위원회에서 여야합의안을 바탕으로 한 위원장의 대안이 나온 후에, 정의화 국회의장 권한대행은 기자회견[30]을 통하여 '국회선진화법안'은 헌법정신에 위배되며 대의민주주의 기본원리를 부정하는 법안이라는 의견[31]을 표명하였다. 헌법개정이나 의원제명 등 특별 안건에 대해서만 재적의

28 "이 법안이 원안대로 통과되면 폭력사태는 줄어들 수 있다. 더욱이 몸싸움의 직접적 원인이 됐던 국회의장 직권상정의 요건이 강화됐다는 사실은 폭력 행사의 기회를 최소화한다는 측면에서 역시 긍정적이라고 평가할 만하다. 만일 이런 법이 존재하는 상태에서도 소수당이 폭력을 행사한다면 국민적 여론이 가만있지 않을 것이고, 그렇게 되면 소수당으로선 뜻도 관철시키지 못하고 욕만 얻어먹는 꼴이 될 것이다. (중략) 더구나 식물국회가 된다는 말에도 동의할 수 없다. 민주주의의 최고 가치는 효율적 업무 수행이 아니라 소수의견을 최대한 제도권에 반영하는 것이고, 그렇기 때문에 다수결은 단지 하나의 수단일 뿐 더 중요한 것은 소수의견을 최대한 반영하도록 타협과 대화를 계속하는 것이다." 신율, 한겨레신문, 4. 26.

29 "필리버스터 안은 소수당의 의사진행방해를 종결하기 위해 재석의원 60% 이상의 찬성을 요구한다. 우리 「헌법」 제49조는 "국회는 헌법 또는 법률에 특별한 규정이 없는 한 재적의원 과반수의 출석과 출석의원 과반수의 찬성으로 의결한다"고 규정한다. 법안에 필리버스터가 제기되면, 그 의결정족수가 과반(50%)에서 60%로 상향되는 효과를 낳는다. 이러한 조건이 상시화될 수 있단 점에서 위헌 논란은 당연하다." 김준석, 한겨레신문, 4. 26.

30 "개정안은 국회의장 직권상정요건이 강화돼 상정자체가 불가능하게 하는 대신, 그 대체 제도로 의안신속처리제를 도입했는데 재적의원 3/5 이상 또는 위원회 소속 위원 3/5 이상의 요구가 있어야 합니다. 우리 정당 구조상 합법적 선거를 통해 제 1당이 3/5 이상의 의석을 가진 전례가 없고, 헌법 개정이나 의원 제명 등 특별 안건에 대해서만 재적의원 2/3 이상 찬성으로 의결하고 일반 안건은 '과반수'로 하는 헌법 정신에도 위배되는 사항이 아닐 수 없습니다."

31 이에 대한 반론으로서는 "오히려 대의제 민주주의는 입장과 견해를 달리하는 여당과 야당이나 의원들 사이에 활발한 대화와 토론을 통해 상호 이해의 폭과 깊이를 넓히고, 다수자와 소수자 사이의 협상과 양보 속에 합의점(타협점)을 찾아가는 것이 가장 바람직한 의사결정방법이라고 할 것이다" 박수철, 입법총론, 한울, 2011, 424면.

원 2/3 이상의 찬성으로 의결하고, 일반 안건은 과반수로 하는 헌법정신에 위배되는 법안이라는 주장이다. 이와 같은 위헌론의 핵심은 국회선진화법의 가중다수결 규정들이 「헌법」 제49조에 위반된다는 점이다. 문제는 일반 법률의 표결처리를 헌법 개정을 위한 표결의 수준으로 왜곡시킨다는 데 있으며, 미국식 의사진행방해 제도의 도입은 보다 신중하게 접근할 필요가 있다[32]는 의견도 있었다. 「헌법」 제49조는 "국회는 헌법 또는 법률에 특별한 규정이 없는 한 재적의원 과반수의 출석과 출석의원 과반수의 찬성으로 의결한다. 가부동수인 때에는 부결된다."고 규정하고 있다. 「국회법」 제109조는 "의사는 헌법 또는 이 법에 특별한 규정이 없는 한 재적의원 과반수의 출석과 출석의원 과반수의 찬성으로 의결한다"고 규정하고 있다. 국회의 의결에는 대개 일반다수결이 적용되지만, 「헌법」과 「국회법」에는 "특별한 규정"이 다수 규정되어 있다. 「헌법」에는 법률안의 재의에 관한 「헌법」 제53조 제4항, 의원의 제명에 관한 제64조 제3항, 대통령 탄핵소추에 관한 제65조 제3항, 헌법개정안의 의결에 관한 제130조 제1항 등에 가중다수결이 규정되어 있다. 「국회법」에도 번안에 관한 제91조 제1항, 의원의 자격심사에 관한 제142조 제3항에서 가중다수결이 규정되어 있다. 이렇게 「헌법」과 「국회법」에는 일반정족수에 대한 예외규정이 다수 존재한다. 이러한 「헌법」과 「국회법」 규정을 볼 때, 위헌론에서 주장하고 있는 것처럼 가중다수결제를 도입하고 있는 것 자체만으로는 위헌이라고 할 수는 없다. 또한 국회에서의 다수결의 원칙은 소수존중의 원칙아래 자유로운 토론과 설득이 보장되어야 하며, 다수결의 원칙은 단순한 수의 지배가 아니라 자유로운 토론을 통한 이성의 지배[33]라거나, 다수결의 원리는 소수자의 보호를 외면하여서는 아니된다. 회의운영에 있어서 다수는 소수의 의견을 존중하고 대화와 타협에 의해 설득하는 것이 필요하다[34]는 의견이 있다. 국회에서의 논의과정은 다양한 의견의 수렴과 상호이해 및 설득과정을 거쳐야 하며 최종의사결정은 다수결원리

32 곽진영, 입법과정에서의 소수당 배려 . 의사결정과정의 대표성 확보방안, 국회입법조사처, 2009, 76면.

33 박봉국, 국회법, 박영사, 2004, 343면.

34 안병옥, 한국의회론, 지방행정연구소, 2004, 4면.

에 따라야 한다. 그러나 다수결원리는 최종의사결정의 모습일 뿐 그 자체가 의회민주주의의 본질적 내용일 수는 없고,[35] 민주주의를 실현하는 하나의 방법[36]이다. 다수결은 다수의 독재에 이르게 할 수도 있기 때문에 소수자의 권리보호는 자유민주주의의 필요조건[37]이고, 소수의 보호가 중요한 전제조건[38]라고 보며, 양적 다수만을 중요시하는 것이 아니라 소수파의 의견을 청취해야 하는 질적 다수결[39]이 되어야 한다. 더 나아가 의회정치에 있어서 대립되는 소수자들에게 의사를 표시할 기회를 전혀 부여하지 않든가 또는 토론과 설득의 과정을 생략한 채 다수결로써 결정을 내리는 것과 같은 다수자의 횡포[40]가 지적되기도 한다. 소수에게는 의견개진의 기회를 부여하고, 다수에게는 다수의견이 진리인 양 착각하지 않도록 경계하자는 것이 소수파 자유보장의 논거[41]이다. 의회민주주의의 기본원리의 하나인 다수결원리는 의사형성과정에서 소수파에게 토론에 참가하여 다수파의 견해를 비판하고 반대의견을 밝힐 수 있는 기회를 보장하여 다수파와 소수파가 공개적이고 합리적인 토론을 거쳐 다수의 의사로 결정을 한다는데 그 정당성의 근거가 있으며,[42] 다수결원칙의 요체는 다수자 의사의 단순한 산술적 지배라기보다는 조정의 결과로서 지배의사의 형성과 그에 대한 승복의 체계이며 또 다른 중요한 보호가치는 소수자에 대한 배려[43]이다. 의결정족수를 과반수로 하는 것은 다수결의 원리에서 절대적으로 요구되는 것은 아니고 다수결의 원리를 파괴하지 않는 한에서 적당한 수를 정하면 좋은 것이다.[44] 우리 헌법은 국회 회의에서의 의사결정방법으로 다수결원리를 채택하고 있으며, 이를 「헌법」 49조에서 구체적으로 규정하고 있다. 이에 따라 「헌법」 제49조에

35 성낙인, 헌법학, 법문사, 2012, 964면.
36 정종섭, 헌법학원론, 박영사, 2012, 1129면.
37 최대권, 법치주의와 민주주의, 2012, 173면.
38 전광석, 한국헌법론, 집현재, 2011, 79면.
39 김철수, 헌법학개론, 박영사, 2006, 1108면.
40 홍성방, 헌법학(하), 박영사, 2010, 94면.
41 박재창, 한국의회개혁론, 오름, 2004, 241면.
42 헌재 2010. 12. 28. 2008헌마7.
43 권영설, 헌법이론과 헌법담론, 법문사, 2006, 412면.
44 박선영, 헌법 제49조, 헌법 주석서: 국회·정부에 관한 장, 한국헌법학회, 2008, 169면.

서는 일반정족수와 특별정족수를 구분하고 있으며, 어떠한 사항에 대하여 법률에 특별정족수를 규정하는 것 자체가 위헌이라고 단정할 수는 없다. 무제한토론규정을 도입한 입법자의 결정은 원칙적으로 입법자의 형성의 자유에 속하는 것으로 볼 수 있고, 이 제도의 운용이 타당하고 실효성이 있을 것이냐의 문제는 위헌 여부의 문제가 아니라 향후 법률개선의 문제라고 보여 진다.

안건조정위원회의 구성이 교섭단체에만 한정되고 있다는 문제가 제기될 수 있다. 우리 국회에서 한 정당이 교섭단체를 구성하느냐 실패하느냐에 따른 차별이 의회의 구성·운영·역할·지원 등의 차원에서 매우 큰 상황에서 법률안조정위원회의 구성을 교섭단체만으로 한정할 경우, 법안은 소수의 목소리와 권익을 보호하기 위한 것이 아니라 교섭단체를 구성한 정당을 보호하기 위한 것으로 해석될 우려가 있다는 주장이다.[45] 그러나 「헌법」 제8조의 정당국가 규정을 포함하여 「국회법」 제33조에서 교섭단체를 구성할 수 있는 의원의 수를 20인 이상으로 한정하는 규정 등을 통해서 볼 때, 안건조정위원회 규정의 타당성이나 실효성이 문제가 될 수 있어도 위헌이라고 단정할 수는 없다.

3. 개정 국회법의 실효성 논란

새 제도는 대화와 타협을 통하여 소수파의 존중과 다수결의 확립을 추구하는 총체적인 국회운영방향 설정이라는 평가[46]와 '국회선진화법'의 통과로 촉발된 국회운영과 대통령-국회 관계의 변화가 획기적으로 이루어짐으로써 우리 정치가 처해있는 심각한 상황을 타개하는 돌파구가 열릴 수 있기를 기대[47]한다는 긍정적인 평가가 있는 반면에, 이러한 「국회법」 개정을 통하여 "여야대립이 완전 해소되는 것은 결코 아니며, 마지막 본회의 의결과정에서 물리적 충돌이

45 곽진영, 입법과정에서의 소수당 배려 : 의사결정과정의 대표성 확보방안, 국회입법조사처, 2009, 75면.

46 조정관, 국회선진화법 통과의 의의와 전망, 국회선진화법과 제19대 국회운영 전망, 2012. 6. 26, 50면.

47 정진민, 국회선진화를 위한 제19대 국회의 과제, 국회선진화법과 제19대 국회운영 전망, 2012. 6. 26, 23면.

벌어지지 않는다고 보장할 수는 없을 것"[48]이라는 부정적인 평가도 있다.

'법안자동상정제도'는 전술한 바와 같이, 위원회에서 의안의 최초 상정 여부를 둘러싼 여야간 논란을 방지하기 위한 것이다. 제18대 국회에서 법안이 발의된 후 위원회에 상정되기까지 평균 188일이 걸렸는데, 이는 국회입법절차에 소요되는 평균기간인 282일의 66.7%를 차지하고 있다. 법안이 발의된 후 위원회에 상정되기까지 소요되는 188일 동안은 아무런 심의가 진행되지 않는 기간으로서, 법안이 마치 서랍 속에 있는 것과 같은 기간이다. 따라서 법안 숙려기간인 일부개정법률안의 경우 15일 또는 전부개정이나 제정법률안의 경우 20일이 지난 후 다시 30일이 경과하면 위원회에 자동으로 상정된다. 이렇게 하면, 평균 상정 소요기간이 188일에서 45일이나 50일로 줄어들게 되어, 평균 138일이나 143일의 입법절차 소요기간이 단축되는 효과가 있다. 물론 법안이 위원회에 상정된다고 하여 상정된 모든 법안을 심도있게 심의한다고 볼 수 없다는 비판이 있지만, 지금까지의 불필요한 소요기간을 줄이는 효과는 부정할 수 없다. 지금까지의 '상정 부작위'가 수많은 법안을 사전에 걸러주는 일종의 진입제한의 효과를 가지고 있다고도 할 수 있으나, 위원회에서 심사도 되기 전에 법안이 실질적으로 폐기되는 것은 법안발의자의 입법권을 침해하는 것이기 때문에 바람직하지 못하다. 많이 제출되는 법안에 대한 일종의 사전심사는 입법평가제도의 도입 등을 통해 개선되고 보완되는 것이 바람직하다.

필리버스터라 불리는 무제한토론제도에 관한 우려가 크다. 어떠한 법안이 재적의원 3분의 1에 해당하는 100석을 확보한 야당의 요구로 무제한토론 대상 안건으로 지정되어 무제한토론이 개시되면, 다른 어떠한 의안도 국회 본회의에서 심의·의결될 수 없는 의정중단의 상황이 된다.[49] 무제한토론을 실시하는 안건에 대하여 무제한토론을 할 의원이 없는 경우와 재적의원 5분의 3 이상의 찬

48 강장석, 제19대 국회의 정상화·선진화 방안 모색: 행태와 제도개선, 의정논총, 제7권 제1호, 2012, 14면.

49 미국 연방상원에서의 최장 필리버스터 기록은 1957년 스트롬 서몬드 의원에 의한 24시간 18분이고, 한국 국회에서의 최장 필리버스터 기록은 1964년 김대중 의원에 의한 5시간 19분이다.

성으로 토론종결이 가결되면, 무제한토론은 종결되고 안건에 대하여 지체없이 표결된다. 무제한토론 종결동의가 재적의원 3분의 1의 요구로 국회의장에게 제출되더라도 토론종결을 위해서는 재적의원 5분의 3 이상의 찬성이 필요하기 때문에, 해당 법안의 의결정족수가 과반수인 50%에서 60%로 상향되는 효과를 낳는다는 문제점이 지적된다. 무제한토론제도를 도입한 취지는 이러한 상황에서 다수당이 소수당을 설득하고 합의를 도출하라는 것이다. 소수당은 회의장을 점거하거나 몸싸움을 하지 말고 설득에 응하여 법안수정 등의 요구사항을 관철할 수 있다는 것이다. 긍정적인 시각에서는 이러한 제도변화가 의정행태의 변화를 이끌어 낼 수 있다는 것이다. 그러나 부정적인 시각에서는 이러한 제도여건 하에서 다수당은 5분의 3 이상의 의석을 확보하기 위하여 합당이나 다른 당 의원의 입당 등을 시도할 것이고 소수당 의원의 몸싸움도 재연될 것이라는 예상을 한다. 개정 「국회법」에서는 몸싸움이 일어날 경우 징계사유의 추가, 징계의 강화, 징계절차의 신속을 꾀하고 있으나, 이러한 정도의 제도개선이 물리적 충돌을 방지할 수 있을지에 대한 의문도 제기된다. 설득과 합의를 통하여 재적의원 5분의 3 이상의 다수가 형성된 경우에, 설득되지 못한 소수파 의원의 저항과 몸싸움은 재연될 수 있다는 것이다. 이러한 점에서 개정 「국회법」이 몸싸움 방지의 실효성은 없으면서 입법경색은 해결하지 못할 것이라는 비판을 받을 수 있다.

제17대 국회에서 7,489건의 법안이 발의되고 제18대 국회에서 13,881건의 법안이 발의되는 등 법안발의의 양적 증대가 현저하다. 문제가 되는 것은 발의건수의 양적 증대가 아니라, 이를 처리하는 국회의 능력 여부이다. 쟁점법안의 심사에 많은 시간이 투입됨으로써 합의가 쉽게 이루어질 수 있는 법안까지도 처리가 지연될 수 있다는 점에서 쟁점법률안과 비쟁점법률안을 구별하여 처리할 수 있도록 하는 방안을 고려해볼만 하다는 의견[50]처럼, 법안의 진정한 신속처리절차를 생각해 볼 수 있다. 소위 '민생법안'은 정치적 갈등이나 이념적 대립과는 직접적인 관계가 없는 법안들이고, 이들은 정치적 갈등이나 이념적 대립

50 강원택/강주현/한정훈, 한국 국회의 운영개선에 관한 연구, 국회 내 정치적 갈등관리를 위한 방안의 모색, 한국정치학회, 2009, 116면 이하.

때문에 처리되지 못하는 경우가 발생한다. 끼워넣기식으로 쟁점법안의 처리와 연동되어, 민생법안을 처리하려면 그와 동시에 쟁점법안을 처리하여야 한다는 식이었다. 이러한 문제를 피하기 위하여, 즉 민생법안 등 이념적 대립이 없고 정치적 쟁점도 없는 법안은 처음부터 신속처리법안으로 분류하여 신속하게 처리하고, 신속함보다는 신중함을 필요로 하는 그 이외의 쟁점법안들은 통상적인 입법절차를 거치게 하자는 것이, 입법절차의 투트랙화 방안이다. 진정한 신속처리절차는 이견없는 법안을 신속하고 효율적으로 처리하자는 방안이다. 이러한 점에서 개정 「국회법」 제85조의2의 신속처리제도에 대하여 "한국의 의안신속처리제가 애초의 취지대로 입법지연을 막고, 입법이 시급한 의제를 신속하게 처리하는 수단으로 기능할 수 있을 것인가?"[51]하는 의문이 제기되고 있다.

물리적으로 회의의 개회를 방해하는 경우는 의사진행에 중대한 장애를 제공하는 것이므로, 이에 대하여 엄중하고 신속한 제재조치를 취할 수 있고 의사규칙위반자에 대한 벌칙을 강화해야 한다는 주장이 있어 왔다.[52] 이러한 주장이 반영된 개정 「국회법」에서는, 의장석 또는 위원장석 점거금지·회의장 출입 방해행위 금지 등 질서문란행위에 대한 징계를 신설·강화하였다. 관련 의원에 대한 징계 강화를 통하여 공개회의에서의 경고 및 사과의 경우에도 2개월 수당의 2분의 1을 감액하고, 30일 이내의 출석정지의 경우 3개월 동안 수당 등 월액의 전액을 감액하도록 하여 징계수준을 강화하였다. 결과적으로 개정전 규정과 비교하여 개정 후 규정은 2개월 수당 2분의1 삭감을 신설하고, 1개월 수당 반액 삭감을 3개월 전액 삭감으로 늘렸다. 국회에서의 질서문란행위과 관련하여 징계수준 및 실효성을 강화하기 위하여 금전적 불이익을 병과하기 위한 입법취지를 담고 있다.[53] 본회의장 의장석과 상임위원회 위원장석을 점거한 경우 징계안을 윤리특위에 제출하지 않고 본회의에 부의하여 지체없이 의결하도록 규정한 것에 대하여 "매우 적절하고 타당한 조치로 평가한다"[54]는 의견도 개진되었다.

51 전진영, 외국의회의 신속입법(Fast－Track)절차와 국회 의안신속처리제의 쟁점 검토, 국회선진화법과 제19대 국회운영 전망, 2012. 6. 26, 69면.

52 박재창, 한국의회개혁론, 오름, 2004, 259면.

53 개정 국회법 소개, 국회 운영위원회 수석전문위원실, 2012. 6, 34면.

그러나 "여야는 국회의원의 부당한 특권을 줄이고 몸싸움을 한 의원에 대해 강력한 징계를 내리는 법안은 통과시키지 않으면서 '국회선진화법' 운운하고 있는 것"[55]이라는 의견도 있었다. 특히, 출석정지제도는 기존 「국회법」에 이미 있었음에도 회의장 점거나 최루탄 투척같은 행위를 실효적으로 저지하지 못했는데, 수당 삭감폭의 확대가 폭력방지에 실효성을 가져올지는 의문이다. 또한 징계안의 의결에 대하여 본회의에서 무제한토론이 벌어질 수도 있으며, 아무리 '강화된 징계안'이라도 본회의에서 의결되지 못하는 경우가 발생할 수 있다.

제5절 맺음말

'국회선진화법'은 특정 정당에의 유·불리를 떠나서 1년 넘게 여야간의 협의를 통하여 논의가 진행되었으며, 적정한 절차를 통해 합의를 이룬 사안이라는 점이 중시되어야 한다는 의견이 다수의 지지를 받았다. 입법사안을 절차적인 면과 실체적인 면으로 나누어 본다면, '국회선진화법'은 절차적인 면에서 비교적 오랜동안의 숙의를 거친 「국회법」 개정이다. 제18대 국회에서 여야간에 오랜 논의를 통하여 합의된 개정안이 좌절되었다면, 바람직한 입법과정으로 볼 수 없다. '국회선진화법'의 실체적인 내용을 정리하자면, 2012년 5월의 「국회법」 개정 내용은 안건신속처리, 합법적 의사진행방해, 국회의장의 직권상정 제한, 안건조정위원회의 설치에 관한 규정, 장기미처리 의안의 자동상정에 관한 규정, 의장석·위원장석 점거 및 회의장 출입방해 행위에 대한 징계의 강화 등이다. 이 중에서 가장 핵심적이고 논란이 많은 것은 '의사진행방해 제도'이다. 의사진행방해를 통해 소수당이 다수당을 견제할 수 있도록 하면서도, 여야합의나 교

54 강장석, 제19대 국회의 정상화·선진화 방안 모색: 행태와 제도개선, 의정논총, 제7권 제1호, 2012, 21면.

55 조선일보, 2012. 5. 8.

차투표 등을 통해 다수가 형성되면 다수의견에 힘을 실어주자는 취지로 도입되었다. 의사진행방해 제도는 일종의 가중 다수결 제도인데, 이는 민주주의 핵심인 다수결의 원칙에 반하는 것이므로 위헌이라는 의견이 제기되었다. 이 제도의 도입으로 국회는 아무것도 의결할 수 없다는 '식물국회론'과 '입법불임증'이 강력한 정치현실적인 반대론이었고, 이러한 의사진행방해 종료를 위한 가중다수결은 헌법상 일반다수결 원칙에 위배된다는 것이 규범적 반대론이었다. 그러나, 의사진행방해제도는 소수파와 다수파에게 의사진행방해를 시작할 수 있는 기회와 종료할 수 있는 기회를 각각 부여하고 있다. 이는 여야합의와 교차투표 등을 통하여 5분의 3 이상이라고 하는 여야 공동의 다수를 형성하라는 취지를 담고 있다. 상대방을 설득하고 합의할 수 있는 수정안을 여야가 공동으로 만들어야 한다. 정당기속이 강한 우리의 정치현실에서 이러한 이상적인 시스템이 기능을 발휘할 수 있을지 의문이지만, 이를 위헌이라고는 할 수 없다. '국회선진화법'의 통과에 대해서는 위헌론과 무용론이 등장하기도 하였으나, 관망론과 낙관론이 보다 다수를 차지하고 있다. 국회개혁은 완성될 수 없는 과제이며, 제도의 개선만으로는 국회개혁이 성취될 수 없어 보인다. 의정운영의 자세와 행태가 변하기 전에는 어떠한 국회개혁과 제도개선도 무용지물이다. 민주주의의 발전과 법제도 개선을 열망하고 있는 국민들에게, 개정된 「국회법」에 '국회선진화법' 또는 '몸싸움방지법'이라는 작명을 할 수 밖에 없는 한국 민주주의와 의회정치의 현재 모습이 부끄럽지만, 이는 부인할 수 없는 엄연한 현실이다. 현재의 시점에서 새로운 제도의 성패를 예측하기는 어렵지만, 제19대 국회에서의 제도운영 이후에 사후 입법평가를 통하여 제도를 개선해 나갈 필요가 있다.

| CHAPTER 16 _ 참고문헌 |

강원택/강주현/한정훈, 한국 국회의 운영개선에 관한 연구, 국회 내 정치적 갈등관리를 위한 방안의 모색, 한국정치학회, 2009

강장석, 제19대 국회의 정상화·선진화 방안 모색 : 행태와 제도개선, 의정논총, 제7권 제1호, 2012

곽진영, 입법과정에서의 소수당 배려 : 의사결정과정의 대표성 확보방안, 국회입법조사처, 2009
권영설, 헌법이론과 헌법담론, 법문사, 2006
김민전, 원내 의석분포, 대통령의 권력, 그리고 국회법 개정의 방향 : 민주화 이후 국회를 중심으로, 한국과 국제정치, 제24권 제4호, 통권 63호, 2008
김철수, 헌법학개론, 박영사, 2006
박봉국, 국회법, 박영사, 2004
박선영, 헌법 제49조, 헌법 주석서 : 국회·정부에 관한 장, 한국헌법학회, 2008
박수철, 입법총론, 한울, 2011.
박인수, 국회의장 직권상정제도, 입법정책, 제4권 제2호, 2010
박재창, 한국의회개혁론, 오름, 2004.
서기준, 한국 의회정치의 근본문제와 발전과제, 서석사회과학논총, 제4집 1호, 2011
성낙인, 헌법학, 법문사, 2012
안병옥, 한국의회론, 지방행정연구소, 2004
음선필, 선진화를 위한 입법과정의 정비, 제도와 경제, 제4권 제1호, 2010.
______, 선진화를 위한 입법과정의 정비, 한국경제의 선진화를 위한 제도개혁과제, 경기개발연구원, 2009.
전광석, 한국헌법론, 집현재, 2011
전진영, 국회 및 주요국 의회의 질서유지제도, 국회 입법조사처, 현안보고서, 제20호, 2009.
______, 외국의회의 신속입법(Fast-Track)절차와 국회 의안신속처리제의 쟁점 검토, 국회선진화법과 제19대 국회운영 전망, 2012. 6. 26
정대영/김미숙/박영원/전완희/이정은, 장기미처리법률안의 해결방안, 국회입법조사처, 현안보고서, 95호, 2010.
정진민, 국회선진화를 위한 제19대 국회의 과제, 국회선진화법과 제19대 국회운영 전망, 2012. 6. 26
정종섭, 헌법학원론, 박영사, 2012
정호영, 국회법론, 2012.
정희옥, 18대 국회 의정활동 평가, 의정연구, 제18권 제1호, 2012
조정관, 국회선진화법 통과의 의의와 전망, 국회선진화법과 제19대 국회운영 전망, 2012. 6. 26
최대권, 법치주의와 민주주의, 2012

한수웅, 국회법의 법적 성격 및 국회법 위반의 효과, 중앙법학, 제11집 제4호, 2009.
홍성방, 헌법학(하), 박영사, 2010
홍완식, 한국 법제에 대한 고찰, 일감법학, 제20호, 2011
______, 헌법재판소에 의한 입법절차 통제, 공법학연구, 제12권 제2호, 한국비교공법학회, 2011
______, 현행 입법과정의 문제점과 개선방안, 법제연구, 제37호, 한국법제연구원, 2009
______, 의원입법에 대한 합리적인 통제방안, 저스티스, 통권 106호, 한국법학원, 2008
국회운영제도개선 자문위원회, 국회운영제도개선 자문위원회 활동결과보고서, 2008. 12
개정 국회법 소개, 국회 운영위원회 수석전문위원실, 2012. 6

CHAPTER

17 국회 법안발의 규칙의 제정에 관한 검토

출처: 법제와 입법 제3호, 2008년

제1절 머리말

의원입법[1] 즉, 의원발의 법률안은 제15대 국회 이후 증가하는 추세를 보이다가 제17대 국회에서는 6,387건의 의원발의 법률안이 발의되었을 만큼 증가추세가 현저하다. 제18대 국회에 들어와서는 약 7개월간 2,782건의 의원발의 법률안의 제출[2]된 것을 보면 의원발의 법률안의 증가세는 앞으로도 지속될 것으로 보여진다. 의원발의 법률안의 증가는 긍정적으로도 볼 수 있고 부정적으로도 볼 수 있다. 국회가 제 기능을 다하지 못하고 있으며, 정부에서 제출한 법률안을 통과만 시키는 기관, 즉 '통법부'라고 비난되던 시절에는 입법권과 대정부견제권을 지니는 국회의 기능과 권한의 회복이 절실히 요청되고 있었다. 이러한 관점에서는 의원발의 법률안의 증가는 국회가 제 할 일을 비로소 다하고 있다고 평가할 수 있다. 정부제출 법률안에 비하여 초라한 건수의 법률안만의 발의되던 상태에서 이제는 의원발의 법률안이 양적으로 정부제출 법률안을 압도하

1 '의원입법' 보다 정확한 용어는 '의원발의 법률안'이고, '정부입법' 보다 정확한 용어는 '정부제출 법률안'이다. 특히 '정부입법'은 '행정입법'을 포함하는 개념으로 사용되는 경우가 종종 있기 때문에, '정부입법'보다는 '정부제출 법률안'이라는 용어의 사용이 바람직하다.

2 http://likms.assembly.go.kr/bill/jsp/StatFinishBill4.jsp 2009년 1월 10일 방문.

게 되었다. 의원발의 법률안의 증가는 국회의 기능과 권한의 회복으로 평가될 수 있는 것이다. 그러나 의원발의 법률안이 법률로 성립되는 비율인 가결율은 제16대 국회 27%, 제17대 국회 21% 등 20%대를 맴돌고 있다. 정부제출 법률안은 양적으로 많지는 않지만 가결율은 제16대 국회 72%, 제17대 국회 51% 등 의원발의 법률안의 가결율보다 훨씬 높다. 이러한 가결율의 차이를 두고 정부제출 법률안과 의원발의 법률안이 질적으로 차이가 있다고 평가되기도 한다. 그러나, 의원발의 법률안의 제출을 입법과정으로만 평가할 것이 아니라 사회적 어젠다의 공식화라거나 소수세력을 보호하기 위한 이슈화라고 하는 정치과정으로 평가한다면 이러한 가결율의 차이가 반드시 법안의 질적 저하를 의미하는 것은 아니라고 평가할 수도 있다. 그러나 의원발의 법률안에 대한 평가가 어떠하던, 이러한 의원발의 법률안의 폭증이라고 하는 현상에 직면하고 있다면, 의원발의 법률안이 구상되고 입안되며 입안된 법률안이 심의·의결을 위하여 국회에 제출되어지는 절차의 합리성을 한번쯤 검토할 필요가 있다. 국회 본연의 업무와 기능은 일차적인 것이 입법권의 행사요 입법기능이다. 국회가 그 입법기능을 활발히 발휘한다는 점은 일단 고무적인 현상이라고 할 수 있고, 다만 양적으로 증가하고 있는 만큼 질적으로도 양질의 법안이 발의되어질 수 있도록 국회의 제도와 운영을 개선하여야 하는 것이 현재의 과제라고 할 수 있다. 따라서 국회의원들이 법안을 발의하는 과정에 대한 규정을 정부제출 법률안이 발의되는 과정에서의 규정과 비교하여 헌법, 법률, 법률 하위규정, 국회규칙 등을 대상으로 하여 검토하고 개선방안을 모색하고자 한다.

제2절 입법에 관한 헌법규정

헌법에서는 입법과정에 관한 대강의 규정만을 두고 있다. 법률안을 제출할 권한이 국회의원과 정부에 있다는 제52조 규정과 국회에서 의결된 법률안에 대하여 대통령이 재의를 요구할 수 있다는 재의요구권(거부권)이 제53조에 비교적 상세히 규정되어 있다. 대통령의 재의요구권이 헌법에 규정될 정도라면, 국회에서의 입법절차에 관한 대강의 규정이라도 헌법에 규정되어야 균형있는 헌법규범이라고 할 수 있음에도 불구하고, 국회에서의 입법절차에 관한 규정은 헌법의 규율대상이 아니라 국회법의 규율대상으로 여겨지고 있는 듯 하다. 헌법에 규정된 입법과정에 관한 조항만을 본다면, 정부에게도 법률안제출권이 있다는 규정과 대통령은 법률안에 대한 재의요구권이 있다는 규정이다. 즉, "입법권은 국회에 속한다"는 「헌법」 제40조의 규정에도 불구하고, 헌법에 표현된 입법과정에 관한 규정은 행정부 중심의 규정으로 구성되어 있다.

그 이외에는 법률안을 포함하여 국회에서 처리되는 모든 의안에 대한 일반적인 규정의 형태로 의사정족수와 의결정족수에 관한 규정이 제49조에 규정되어 있으며, 국회 회의의 원칙적인 공개와 비공개 요건 등에 관하여 제50조에 규정되어 있다. 또한 제51조에서는 회기계속의 원칙과 국회의원의 임기만료로 인한 예외 등이 규정되어 있다.

「헌법」 제49조 국회는 헌법 또는 법률에 특별한 규정이 없는 한 재적의원 과반수의 출석과 출석의원 과반수의 찬성으로 의결한다. 가부동수인 때에는 부결된 것으로 본다.

제50조 ① 국회의 회의는 공개한다. 다만, 출석의원 과반수의 찬성이 있거나 의장이 국가의 안전보장을 위하여 필요하다고 인정할 때에는 공개하지 아니할 수 있다.

② 공개하지 아니한 회의내용의 공표에 관하여는 법률이 정하는 바에 의한다.

제51조 국회에 제출된 법률안 기타의 의안은 회기중에 의결되지 못한 이유로 폐기되지 아니한다. 다만, 국회의원의 임기가 만료된 때에는 그러하지 아니하다.

제52조 국회의원과 정부는 법률안을 제출할 수 있다.

제53조 ①국회에서 의결된 법률안은 정부에 이송되어 15일이내에 대통령이 공포한다.

② 법률안에 이의가 있을 때에는 대통령은 제1항의 기간내에 이의서를 붙

여 국회로 환부하고, 그 재의를 요구할 수 있다. 국회의 폐회중에도 또한 같다.

③ 대통령은 법률안의 일부에 대하여 또는 법률안을 수정하여 재의를 요구할 수 없다.

④ 재의의 요구가 있을 때에는 국회는 재의에 붙이고, 재적의원과반수의 출석과 출석의원 3분의 2이상의 찬성으로 전과 같은 의결을 하면 그 법률안은 법률로서 확정된다.

⑤ 대통령이 제1항의 기간내에 공포나 재의의 요구를 하지 아니한 때에도 그 법률안은 법률로서 확정된다.

⑥ 대통령은 제4항과 제5항의 규정에 의하여 확정된 법률을 지체없이 공포하여야 한다. 제5항에 의하여 법률이 확정된 후 또는 제4항에 의한 확정법률이 정부에 이송된 후 5일이내에 대통령이 공포하지 아니할 때에는 국회의장이 이를 공포한다.

⑦ 법률은 특별한 규정이 없는 한 공포한 날로부터 20일을 경과함으로써 효력을 발생한다.

「헌법」 제64조에는 “국회는 법률에 저촉되지 아니하는 범위 안에서 의사와 내부규율에 관한 규칙을 제정할 수 있다.”고 규정되어 있음으로써 국회의원들이 법률안을 발의하는 절차 등에 관한 규율을 정할 수 있는 근거가 마련되어 있다. 그러나, 현재 일반적인 ‘의사와 내부규율’에 관한 사항만이 「국회규칙」으로 규정되어 있을 뿐, 법률안발의에 관한 의사절차 규정은 아직 마련되어 있지 않다.

제3절 입법에 관한 법률규정

입법과정을 체계적으로 규율하는 단일법률은 존재하지 않고, 「행정절차법」, 「행정규제기본법」, 「국회법」, 「법령 등 공포에 관한 법률」 등에서 입법과정에 관한 사항을 규정하고 있다. 특히 헌법개정안과 조약 대통령령을 포함하여 국회에서 의결되어진 법률안의 공포절차 등은 「법령 등 공포에 관한 법률」에서 규정하고 있다. 이렇게 입법과정에 관한 비체계적인 법령을 종합하여 조정하고 체계화할 필요가 있다는 점이 지적[3]되고 있기도 하지만, 이에 관한 구체적인 법률안이 제출된 바는 없다.

1. 정부제출 법률안에 관한 행정절차법 규정

정부제출 법률안에 관한 일반적인 사항은 「행정절차법」에 규정되어 있고, 규제심사와 관련된 사항은 「행정규제기본법」에 규정되어 있다. 또한 정부의 법제업무와 관련된 구체적인 사항은 대통령령인 「법제업무운영규정」과 총리령인 「법제업무운영규정 시행규칙」에 규정되어 있다.

우선 행정절차법에서는 '제4장 행정상 입법예고' 제41조에서 제44조까지에서 법률안(입법안)의 입법예고와 공청회에 관한 사항을 정하고 있다. 입법예고의 기준·절차 등에 관한 사항은 대통령령으로 정하도록 하고 있지만, 행정절차법 시행령 제23조(행정상 입법예고)에는 "행정상 입법예고에 관하여는 「법제업무운영규정」이 정하는 바에 따른다."고 하여 입법예고에 관한 구체적인 사항은 후술하는 「법제업무운영규정」에서 정하도록 하고 있다.

> 행정절차법 제41조(행정상 입법예고) ① 법령 등을 제정·개정 또는 폐지(이하 "입법"이라 한다)하고자 할 때에는 당해 입법안을 마련한 행정청은 이를 예고하여야 한다. 다만, 다음 각호의 1에 해당하는 경우에는 예고를 하지 아니할 수 있다.
> 1. 입법내용이 국민의 권리·의무 또는 일상생활과 관련이 없는 경우
> 2. 입법이 긴급을 요하는 경우
> 3. 상위 법령 등의 단순한 집행을 위한 경우
> 4. 예고함이 공익에 현저히 불리한 영향을 미치는 경우
> 5. 입법내용의 성질 그 밖의 사유로 예고의 필요가 없거나 곤란하다고 판

3 신상환, "정부입법과정의 발전적 법제화 방안", 법제연구, 제22호, 2002, 242면.

단되는 경우

② 삭제

③ 법제처장은 입법예고를 하지 아니한 법령안의 심사요청을 받은 경우에 입법예고를 함이 적당하다고 판단될 때에는 당해 행정청에 대하여 입법예고를 권고하거나 직접 예고할 수 있다.

④ 입법예고의 기준·절차 등에 관하여 필요한 사항은 대통령령으로 정한다.

제42조(예고방법) ① 행정청은 입법안의 취지, 주요내용 또는 전문을 관보·공보나 인터넷·신문·방송 등의 방법으로 널리 공고하여야 한다.

② 행정청은 입법예고를 하는 경우에는 대통령령을 국회 소관 상임위원회에 제출하여야 한다.

③ 행정청은 입법예고를 하는 때에 입법안과 관련이 있다고 인정되는 중앙행정기관, 지방자치단체 그 밖의 단체 등이 예고사항을 알 수 있도록 예고사항의 통지 그 밖의 방법 등으로 알려야 한다.

④ 행정청은 제1항에 따라 예고된 입법안에 대하여 전자공청회 등을 통하여 널리 의견을 수렴할 수 있다. 이 경우 제38조의2 제2항부터 제4항까지의 규정을 준용한다.

⑤ 행정청은 예고된 입법안의 전문에 대하여 열람 또는 복사의 요청이 있는 때에는 특별한 사유가 없는 한 이에 응하여야 한다.

⑥ 행정청은 제4항의 규정에 의한 복사에 따른 비용을 요청한 자에게 부담시킬 수 있다.

제43조(예고기간) 입법예고기간은 예고할 때 정하되, 특별한 사정이 없는 한 20일 이상으로 한다.

제44조(의견제출 및 처리) ① 누구든지 예고된 입법안에 대하여 그 의견을 제출할 수 있다.

② 행정청은 의견접수기관·의견제출기간 기타 필요한 사항을 당해 입법안을 예고할 때 함께 공고하여야 한다.

③ 행정청은 당해 입법안에 대한 의견이 제출된 경우 특별한 사유가 없는 한 이를 존중하여 처리하여야 한다.

④ 행정청은 의견을 제출한 자에게 그 제출된 의견의 처리결과를 통지하여야 한다.

⑤ 제출된 의견의 처리방법 및 결과통지에 관하여는 대통령령으로 정한다.

제45조(공청회) ① 행정청은 입법안에 관하여 공청회를 개최할 수 있다.

② 공청회에 관하여는 제38조, 제38조의2, 제38조의3, 제39조 및 제39조의2의 규정을 준용한다.

규제심사와 관련된 사항은 「행정규제기본법」에 규정되어 있다. 즉, 「행정규제기본법」 제4조(규제법정주의)에서는 규제는 법률에 근거하여야 하며, 행정기관은 법률에 근거하지 아니한 규제로 국민의 권리를 제한하거나 의무를 부과할 수 없다는 규정을 두고 있다. 또한 중앙행정기관의 장은 규제를 신설·강화·연장하는 법령안에 대하여 법제처에 법령안심사를 요청하기 전에 자체적으로 규제영향분석서를 작성하여 규제개혁위원회에 심사를 요청하도록 규정하고 있다.

「행정규제기본법」 제7조(규제영향분석 및 자체심사) ① 중앙행정기관의 장은 규제를 신설 또는 강화(규제의 존속기한 연장을 포함한다. 이하 같다)하고자 할 때에는 다음 각호의 사항을 종합적으로 고려하여 규제영향분석을 하고 규제영향분석서를 작성하여야 한다.

1. 규제의 신설 또는 강화의 필요성
2. 규제목적의 실현가능성
3. 규제외 대체수단의 존재 및 기존규제와의 중복여부
4. 규제의 시행에 따라 규제를 받는 집단 및 국민이 부담하여야 할 비용과 편익의 비교분석
5. 경쟁제한적 요소의 포함여부
6. 규제 내용의 객관성과 명료성
7. 규제의 신설 또는 강화에 따른 행정기구·인력 및 예산의 소요
8. 관련 민원사무의 구비서류·처리절차 등의 적정여부

② 중앙행정기관의 장은 제1항의 규정에 의한 규제영향분석서를 입법예고기간 동안 국민에게 공표하여야 하고, 제출된 의견을 검토하여 규제영향분석서를 보완하며, 의견을 제출한 자에게 제출된 의견의 처리결과를 통지하여야 한다. <신설 2005.12.29>

③ 중앙행정기관의 장은 제1항의 규정에 의한 규제영향분석의 결과를 기초로 규제의 대상·범위·방법 등을 정하고 그 타당성에 대하여 자체심사를 하여야 한다. 이 경우 관계전문가 등의 의견을 충분히 수렴하여 심사에 반영하여야 한다.

④ 규제영향분석의 방법·절차와 규제영향분석서의 작성지침 및 공표방법 등에 관하여 필요한 사항은 대통령령으로 정한다.

제9조(의견수렴) 중앙행정기관의 장은 규제를 신설 또는 강화하고자 하는 경우에는 공청회, 행정상 입법예고등의 방법으로 행정기관·민간단체·이해관계인·연구기관·전문가 등의 의견을 충분히 수렴하여야 한다.

제10조(심사요청) ① 중앙행정기관의 장은 규제를 신설 또는 강화하고자 하는 경우에는 위원회에 심사를 요청하여야 한다. 이 경우 법령안에 대하여는 법제처에 법령안 심사를 요청하기 전에 하여야 한다.

② 중앙행정기관의 장은 제1항의 규정에 의하여 심사를 요청하는 때에는 규제안에 다음 각호의 사항을 첨부하여 위원회에 제출하여야 한다.

1. 제7조 제1항의 규정에 의한 규제영향분석서
2. 제7조 제2항의 규정에 의한 자체심사의견
3. 제9조의 규정에 의한 행정기관·이해관계인등의 제출의견 요지

③ 위원회는 제1항의 규정에 의하여 규제심사의 요청을 받은 때에는 해당 법령에 대한 규제정비계획을 제출하게 할 수 있다.

제11조(예비심사) ① 위원회는 제10조의 규정에 의하여 심사를 요청받은 날부터 10일이내에 당해 규제가 국민의 일상생활 및 사회·경제활동에 미치는 파급효과를 고려하여 제12조의 규정에 의한 심사를 받아야 할 규제(이하 "중요규제"라 한다)인지 여부를 결정하여야 한다.

② 제1항의 규정에 의하여 위원회가 중요규제가 아니라고 결정한 규제는 위원회의 심사를 받은 것으로 본다.

③ 위원회는 제1항의 규정에 의하여 결정을 한 때에는 지체없이 그 결과를 관계 중앙행정기관의 장에게 통보하여야 한다.

제12조(심사) ① 위원회는 제11조 제1항의 규정에 의하여 중요규제라고 결정한 규제에 대하여는 심사요청을 받은 날부터 45일이내에 심사를 완료하여야 한다. 다만, 심사기간의 연장이 불가피한 경우에는 위원회의 결정으로 1차에 한하여 15일을 넘지 아니하는 범위내에서 연장할 수 있다.

② 위원회는 관계 중앙행정기관의 자체심사가 신뢰할 수 있는 자료와 근거에 의하여 적절한 절차에 따라 적정하게 이루어졌는지 여부를 심사하여야 한다.

③ 위원회는 제10조 제2항 각호의 첨부서류중 보완이 필요한 사항에 대하여는 관계 중앙행정기관의 장에게 그 보완을 요구할 수 있다. 이 경우

보완에 소요되는 기간은 제1항의 규정에 의한 심사기간에 산입하지 아니한다. <개정 2005.12.29>

④ 위원회는 제1항의 규정에 의하여 심사를 마친 때에는 지체없이 그 결과를 관계 중앙행정기관의 장에게 통보하여야 한다.

2. 의원발의 법률안에 관한 국회법 규정

의원발의 법률안의 발의에 관한 사항 및 국회에 제출되어진 모든 법률안(정부제출 법률안과 의원발의 법률안)의 심의와 의결에 관한 사항은 「국회법」에 규정되어 있다. 「국회법」은 ‘법률안’에 대한 규정을 두는 경우도 있지만 ‘의안’이나 ‘안건’에 관한 규정[4]을 통하여 법률안의 처리절차에 관해서 규율하고 있다.

정부제출 법률안의 입법과정에 관해서는 행정절차법 등에 규정을 두고 있지만, 의원발의 법률안의 입법과정에 관해서는 「국회법」에 규정을 두고 있다. 그러나 「국회법」에는 의원입법의 발의에 관한 절차규정 등이 조항의 수도 적을 뿐만 아니라 대단히 미흡하게 규정되어 있다. 행정절차법에도 정부제출 법률안의 입법과정에 관한 조항이 많지는 않지만, 「법제업무운영규정」 등 하위규정에 구체적인 사항을 규정하게 함을 통하여 구체성과 체계성을 지니고 있다는 점에서 행정절차법과 「국회법」은 차이가 발견된다. 의원발의 법률안의 발의 등에 관한 「국회법」의 규정은 다음과 같다.

「국회법」 제79조(의안의 발의 또는 제출) ① 의원은 10인 이상의 찬성으로 의안을 발의할 수 있다.

② 의안을 발의하는 의원은 그 案을 갖추고 이유를 붙여 소정의 찬성자와 연서하여 이를 의장에게 제출하여야 한다.

③ 의원이 법률안을 발의하는 때에는 발의의원과 찬성의원을 구분하되, 당해 법률안에 대하여 그 제명의 부제로 발의의원의 성명을 기재한다. 다만,

---

4 위원회의 개회, 정례회의, 위원회의 의사·의결정족수, 소위원회의 활동범위, 회의, 전원위원회에 관한 사항, 본회의에서의 심의·의결에 관한 사항 등은 법률안의 처리에도 적용되는 규정이다. 그러나 법률안의 처리에 관한 독자적이고 체계적인 규정이 필요하다.

발의의원이 2인 이상인 경우에는 대표발의의원 1인을 명시하여야 한다.
④ 의원이 발의한 법률안중 국회에서 의결된 제정법률안 또는 전부개정법률안을 공표 또는 홍보하는 경우에는 당해 법률안의 부제를 함께 표기할 수 있다.

제79조의2(의안에 대한 비용추계 자료 등의 제출) ① 의원 또는 위원회가 예산 또는 기금상의 조치를 수반하는 의안을 발의 또는 제안하는 경우에는 그 의안의 시행에 수반될 것으로 예상되는 비용에 대한 추계서를 아울러 제출하여야 한다.
② 정부가 예산 또는 기금상의 조치를 수반하는 의안을 제출하는 경우에는 그 의안의 시행에 수반될 것으로 예상되는 비용에 대한 추계서와 이에 상응하는 재원조달방안에 관한 자료를 의안에 첨부하여야 한다.
③ 제1항 또는 제2항의 규정에 의한 비용추계 및 재원조달방안에 대한 자료의 작성 및 제출절차 등에 관하여 필요한 사항은 국회규칙으로 정한다.

제51조(위원회의 제안) ① 위원회는 그 소관에 속하는 사항에 관하여 법률안 기타 의안을제출할 수 있다.
② 제1항의 의안은 위원장이 제출자가 된다.

또한 「국회법」에는 제출되어진 법률안의 심의에 관한 사항이 규정[5]되어 있지만, 이 경우에도 미흡하게 규정되어 있다. 법률안의 심의에 관한 규정 중 입법예고와 공청회 등에 관한 「국회법」 규정은 다음과 같다.

제82조의2(입법예고) ① 위원회는 심사대상인 법률안에 대하여 그 입법취지·주요내용 등을 국회공보 등에 게재하여 입법예고 할 수 있다. 다만, 폐회중에는 위원장이 간사와 협의하여 예고할 수 있다.
② 위원장은 제1항의 규정에 의하여 입법예고를 할 때에는 의장에게 미리 보고하여야 한다.
③ 입법예고의 방법·절차 기타 필요한 사항은 국회규칙으로 정한다.

제64조(공청회) ① 위원회(소위원회를 포함한다. 이하 이 조에서 같다)는 중요한 안건 또는 전문지식을 요하는 안건을 심사하기 위하여 그 의결 또는 재적

5 소위원회, 위원회, 본회의에서의 심의 등에 관한 사항이 규정되어 있는데, 이 중 몇 개의 규정만 살펴보기로 한다.

위원 3분의 1 이상의 요구로 공청회를 열고 이해관계자 또는 학식·경험이 있는 자 등(이하 "진술인"이라 한다)으로부터 의견을 들을 수 있다. 다만, 제정법률안 및 전부개정법률안의 경우에는 제58조 제6항의 규정에 의한다.

② 위원회에서 공청회를 열 때에는 안건·일시·장소·진술인·경비 기타 참고사항을 기재한 문서로 의장에게 보고하여야 한다.

③ 진술인의 선정과 진술인 및 위원의 발언시간은 위원회에서 정하며, 진술인의 발언은 그 의견을 듣고자 하는 안건의 범위를 넘어서는 아니된다.

④ 위원회가 주관하는 공청회는 그 위원회의 회의로 한다.

⑤ 기타 공청회운영에 필요한 사항은 국회규칙으로 정한다.

제65조(청문회) ① 위원회는 중요한 안건(국정감사 및 조사를 포함한다)의 심사에 필요한 경우 증인·감정인·참고인으로부터 증언·진술의 청취와 증거의 채택을 위하여 그 의결로 청문회를 열 수 있다.

② 제1항의 규정에 불구하고 법률안의 심사를 위한 청문회의 경우에는 재적위원 3분의 1 이상의 요구로 개회할 수 있다. 다만, 제정법률안 및 전부개정법률안의 경우에는 제58조 제6항의 규정에 의한다.

③ 위원회는 청문회개회 5일전에 안건·일시·장소·증인 등 필요한 사항을 공고하여야 한다.

④ 청문회는 공개한다. 다만, 위원회의 의결로 청문회의 전부 또는 일부를 공개하지 아니할 수 있다.

⑤ 위원회는 필요한 경우 전문가를 위촉하여 청문회에 필요한 사전조사를 실시하게 할 수 있다.

⑥ 청문회에서의 발언·감정 등에 대하여 이 법에서 정한 것을 제외하고는 국회에서의 증언·감정 등에 관한 법률에 따른다.

⑦ 제64조 제2항 내지 제4항의 규정은 청문회에 준용한다.

⑧ 기타 청문회운영에 필요한 사항은 국회규칙으로 정한다.

제59조(법률안의 상정시기) 위원회는 발의 또는 제출된 법률안이 그 위원회에 회부된 후 일부개정 법률안의 경우에는 15일, 제정 법률안 및 전부개정 법률안의 경우에는 20일(법제사법위원회의 체계·자구심사의 경우에는 5일)을 경과하지 아니한 때에는 이를 의사일정으로 상정할 수 없다. 다만, 긴급하고 불가피한 사유로 위원회의 의결이 있는 경우에는 그러하지 아니하다.

「국회법」상의 위 규정은 준수되지 않고 있으며, 우리의 입법현실과 일치하지 않는다. 즉, 입법예고나 공청회, 청문회에 관한 세 조항 모두 「국회규칙」으로 운영에 필요한 사항을 정하도록 하고 있음에도 불구하고 해당 「국회규칙」은 존재하지 않으며, 입법예고와 공청회는 규정되어진 대로 시행되지 않고 있다. 정부가 제출하는 법률안의 경우에는 국회 제출 전에 입법예고와 공청회가 행해지도록 규정되어 있음과 비교하여 의원이 발의하는 법률안의 경우에는 국회 제출 후에 입법예고와 공청회가 행해지도록 규정되어 있다는 점도 행정절차법의 사전입법절차와 「국회법」의 사전입법절차의 차이로 지적될 수 있다. 또한 「국회법」 제65조에 규정되어 있는 청문회도 "법률안의 심사를 위한 청문회"를 명시하고 있음에도 불구하고, 공청회와의 차별성의 불분명할 뿐만 아니라 지금까지 한차례의 입법청문회도 시행된 바 없다.[6]

제4절 입법에 관한 법률 하위규정

1. 법제처의 법제업무운영규정 등

법제처에서는 법제업무의 매뉴얼이라고 할 수 있는 「법제업무운영규정」을 만들어 운영하고 있다. 즉, 「법제업무운영규정」은 대통령령으로 제정되어 있으며, 이를 시행하기 위한 상세한 규정을 담은 「법제업무운영규정」 시행규칙은 총리령으로 제정되어 있다. 우선 「법제업무운영규정」은 제1조(목적)에서 "이 영은 법령의 제정·개정 또는 폐지 등 정부 입법활동과 기타 정부의 법제업무에 관하여 필요한 사항을 규정함으로써 국민의 입법참여기회를 확대하고 법령의 실효성을 높여 효율적인 국가정책수행을 도모하며 나아가 국민의 권익증진에

6 이는 현행 「국회법」이 의원내각제인 일본식 공청회제도와 대통령제인 미국식 청문회제도를 모두 도입하였기 때문이다. 국회운영제도개선 자문위원회, 국회운영제도개선 자문위원회 제안결과 발표, 2008. 11. 9, 15면.

이바지함을 목적으로 한다."고 규정하고 있다. 제3조 입법활동의 기준으로서 "모든 입법활동은 헌법과 법령에서 정한 절차에 따라 이루어져야"하도록 규정하고 있으며, 정부입법계획에 관한 상세한 조항을 두고 있다. 입법예고에 관해서는 절차와 방법, 제출의견의 처리, 입법예고제도 운영의 확인·점검 등에 관한 사항도 규정하고 있으며, 법제정비의 추진7에 관한 사항도 규정하고 있다. 제28조에서 제30조까지의 '법제업무의 전문성 확보', '법제업무 지원', '법제업무 관련 정보시스템의 구축·활용 등'에 관한 규정은 법제업무의 체계화와 전문화를 위한 법규적 토대로 평가될 수 있는 규정이다.

법제업무 운영규정의 조문 목록

제1장 총칙
- 제1조 목적
- 제2조 정의
- 제3조 입법활동의 기준

제2장 정부입법계획의 수립·시행
- 제4조 입법계획의 총괄·조정
- 제5조 부처입법계획의 수립
- 제6조 부처입법계획의 내용
- 제7조 부처입법계획의 수립시 유의사항
- 제8조 정부입법계획의 수립등
- 제9조 정부입법계획의 시행·수정

7 「법제업무운영규정」 제24조 (법제정비의 추진 <개정 2007.2.2>) ①법제처장은 현행 법령이 다음 각 호의 어느 하나에 해당하는 경우에는 해당 법령을 검토·정비하도록 조치하여야 한다. <개정 2008.12.31>
1. 제정 또는 개정된 후 오랜 기간 동안 법령의 주요 부분이 수정·보완되지 아니하여 해당 법령을 현실에 맞게 정비할 필요가 있는 경우
2. 국민의 일상생활과 기업·영업활동에 과도한 부담을 주거나 불합리한 법령을 정비할 필요가 있는 경우
3. 국내외의 여건변화에 대응하여 중요한 국가정책을 효율적으로 수행하기 위하여 법령의 검토·정비가 필요한 경우
4. 그 밖에 현행법령에 대한 검토·정비가 필요하다고 인정되는 경우

제10조 정부입법추진상황의 국무회의 보고등
제10조의2 중·장기 입법계획
제3장 입법과정에서의 협조
제11조 입법과정에서의 기관간 협조
제12조 법률안 국회심의과정의 협조등
제13조 정부이송 법률안의 통보 등<개정 2004.1.9>
제4장 국민의 입법의견 수렴
제14조 법령안 입법예고
제15조 예고방법
제16조 삭제
제17조 법령안의 복사비용
제18조 제출의견의 처리
제19조 입법예고제도 운영의 확인·점검 등
제20조 자치법규안 입법예고
제5장 법령안 등의 심사
제21조 법령안등의 심사요청
제22조 하위법령의 적기정비
제23조 대통령훈령안등의 심사
제6장 법제의 정비·개선 등 <개정 2007.2.2>
제24조 법제정비의 추진 <개정 2007.2.2>
제25조 훈령·예규등의 적법성 확보
제7장 법령해석
제26조 법령해석의 요청
제27조 법령해석시 유의사항
제27조의2 법령해석심의위원회의 설치 및 구성
제27조의3 위원회의 운영
제27조의4 공무원의 파견요청 등
제27조의5 수당 등
제27조의6 운영세칙
제8장 법령운영의 전문성 확보 및 지원
제28조 법제업무의 전문성 확보<개정 2004.1.9>
제29조 법제업무지원

「법제업무운영규정」을 시행하기 위해서 만들어진 「법제업무운영규정 시행규칙」 제1조(목적)에서는 "이 규칙은 「법제업무운영규정」에서 위임된 사항과 그 시행에 관하여 필요한 사항을 규정함을 목적으로 한다."고 규정하고 있다. 그러나, 상위규정인 「법제업무운영규정 시행규칙」을 시행하기 위한 내용만을 담고 있는 것이 아니라, 제2조에 법령입안시 유의사항이나 제11조에 법령안의 심사에 관한 규정을 두고 있는 점은 주목할만하다. 제2조에는 법령입안시 유의사항으로서 입법의 필요성, 입법내용의 정당성 및 법적합성, 입법내용의 통일성 및 조화성, 표현의 명료성 및 평이성을 제시하고 있다.[8] 법령입안시의 유의사항이 이 것뿐일까 만은, 법령입안시의 최소한의 유의사항 제시를 통하여 입법의 기준과 원칙을 구현하려는 입법적 의지는 좋은 평가를 받을 수 있다.

---

8 「법제업무운영규정」 시행규칙 제2조(법령입안시 유의사항) 법령안의 입법을 추진하고자 하는 중앙행정기관의 장(이하 "법령안 주관기관의 장"이라 한다)은 법령이 입안시 법령안이 다음 각호의 요건에 적합하도록 유의하여야 한다.

1. 입법의 필요성
   가. 새로운 입법조치를 요하는 것으로서 그 내용이 명확히 구체화될 수 있는 것이어야 하며, 그 시행의 효과와 시행에 따른 문제점에 대한 면밀한 분석·검토를 기초로 할 것
   나. 입법내용이 그 적용대상이 되는 일반 국민이 준수를 기대할 수 있는 강제적 규범으로서의 실효성을 가질 것
2. 입법내용의 정당성 및 법적합성
   가. 헌법이념을 구체화하고, 정의와 공평을 실현하는 내용으로서 개인의 지위존중과 공공복리의 요청이 조화를 이루고, 권한행사의 절차와 방법이 공정하여 부당하게 국민의 자유와 권리를 제한하는 일이 없어야 하며, 국민생활에 급격한 변화를 주지 아니하도록 하는 등 사회질서의 안정성과 예측가능성을 보장할 것
   나. 헌법과 상위법에 모순·저촉되지 아니하도록 하고, 하위법령과 관련하여 위임근거를 명확히 할 것
3. 입법내용의 통일성 및 조화성
   가. 다른 법령과의 조화와 균형이 유지되도록 하고 법령 상호간에 중복·상충되는 내용이 없을 것
   나. 입법내용이 당해법령의 소관사항에 적합한 것일 것
4. 표현의 명료성 및 평이성
   가. 입법내용의 의미가 확실하게 이해될 수 있고 입법의도가 오해되지 아니하도록 정확히 표현할 것
   나. 적용대상이 되는 누구에게나 쉽게 이해될 수 있도록 알기 쉬운 용어를 사용하고, 전체 내용을 쉽게 파악할 수 있도록 조문을 배열할 것

법제업무 운영규정 시행규칙의 조문 목록

제1장 총칙
- 제1조 목적
- 제2조 법령입안시 유의사항

제2장 정부입법계획의 수립·시행
- 제3조 입법계획의 수립·시행
- 제4조 정기국회처리예정 법률안의 제출

제3장 법령안 재정소요추계제도의 운영
- 제5조 재정소요추계서의 작성
- 제6조 재정소요추계의 방법 및 기간
- 제7조 재원조달의 방법표시
- 제8조 관계부처와의 협의

제3장의2 입법과정에서의 협조 <신설 2004.2.13>
- 제8조의2 국회심의과정의 대책 마련

제4장 국민의 입법의견수렴
- 제9조 입법예고의 예외사유
- 제10조 제출의견의 반영

제5장 법령안 등의 심사
- 제11조 법령안의 심사
- 제12조 하위법령의 동시검토
- 제13조 하위법령안의 사전준비
- 제13조의2 국무회의 등 상정을 위한 조치

제6장 법제의 정비·개선 등 <개정 2007.2.2>
- 제14조 정부입법 자문위원회의 구성
- 제15조 위원회의 기능
- 제16조 위원회의 운영
- 제17조 법제정비실무협의회 및 실무작업반의 설치
- 제18조 법령정비의 추진절차
- 제19조 훈령·예규등의 심사대상 위원회
- 제20조 삭제

제7장 법령해석
- 제21조 삭제

제22조 법령해석의 요청방법
제8장 법령운영의 전문성 확보 및 지원
제23조 법무담당공무원의 인사관리
제24조 법제업무지원

「법제업무운영규정」과 동 시행규칙 이외에도 국무총리 훈령으로 '정부입법정책수행의 효율성 제고 등에 관한 규정'이 있다. 동 훈령은 제1조 목적에서 "이 규정은 정부입법정책을 추진함에 있어서 정부부처간 및 정부·국회간의 협조체계를 구축함으로써 효율적인 입법활동을 지원하고 법률의 원활한 집행을 도모함을 목적으로 한다."고 규정하고 있다. 특히, 의원발의 법률안과 정부제출법률안 중 국회 심의과정에서 주요 내용이 수정된 법률안에 대하여 법리적 쟁점의 유무, 다른 법률과의 충돌 여부, 조세의 감면 여부, 재정지출의 증가 여부, 정부조직의 신설·폐지·변경 및 인원의 소요 여부, 규제의 신설·강화 여부, 입법정책상 부처간 이견 및 그 밖에 집행상 문제점 유무 등을 법제처장이 검토하도록 하고 있다. 이러한 훈령 형식의 규범의 실현 여부는 별론으로 하고 라도, 법률안의 합리성과 경제성 및 신중성을 확보하려는 노력은 바람직하다.

정부 입법정책 수행의 효율성 제고 등에 관한 규정 조문 목록

제1조 목적
제2조 적용범위
제3조 의원발의법률안의 통보 등
제4조 적용대상법률안의 검토 및 의견통보
제5조 관련부처의 장의 의견 청취 등
제6조 의견의 사전조정 등
제7조 정부입법정책협의회의 설치
제8조 협의회의 소집
제9조 전담인력

제10조 협의결과의 보고
제11조 소관부처의 장의 국회의견제출 등
제12조 고위당정협의회의 회의 보고 <개정 2008.3.18>
제13조 국무회의 보고
제14조 기관평가 자료 활용

2. 국회규칙 등

위에서 살펴본 바와 같이 정부에는 법제업무운용규정과 동 시행규칙 등이 있어서 법률안을 작성할 때 참고할 수 있는 규정이 있지만, 의원발의 법률안의 입안에 관해서는 정부의 「법제업무운영규정」 등에 상응하는 규정이 없다. 앞에서 본 바와 같이 입법예고의 방법과 절차, 공청회와 청문회의 운영에 관한 사항을 「국회규칙」으로 정하도록 명시적으로 규정하고 있으나, 이에 해당하는 「국회규칙」 마저도 마련되어 있지 않다.

국회 법제실에서 만든 '법률용어 · 법문표현 · 입법모델 입안방법'[9]이 있는데, 그 내용으로는 법률용어의 표준화 기준, 현행 법률제명 띄어쓰기 용례, 법률안의 표준화 기준을 설명하고 있다. 이러한 입법방법의 제시가 의원실에서 법률안 초안을 작성하는 데 유용하기는 하지만, 법안입안의 구체적인 절차 등을 내용으로 하지 않은 것이기 때문에 의원입법을 규율하는 국회자체 규정으로서의 의미는 없고 참고자료로서의 의미를 지니고 있다. 정부제출 법률안을 심사하는 법제처는 2006년에 '법령입안심사기준'을 만들어 법안과 법안심사에 활용하도록 하고 있는데, 국회와 법제처가 공동으로 법률입안 심사기준을 마련하는 방안도 제시되고 있다.[10] 2008년 5월에 국회법제실에서도 '입법이론과 법제실무'를 만들어 법률안의 입안과 심사에 참고하도록 하고 있다. 그러나 법률안 입안과 심사의 지침으로서의 가이드라인은 물론이고, 입법에 있어서 구속력 있는

9 국회사무처 예규 제23호, 제24호, 국회법제실, 2008. 5. 30.
10 전학선, 전게 논문, 303면.

절차규정 등을 「국회규칙」으로 만들어서 법제실무와 입법절차에 활용할 필요가 있다.

제5절 입법과정에 관한 국회규칙의 제정필요

의원발의 법률안의 발의절차에 관한 규정을 두고 있지 않다는 것은 큰 문제이다. 의원발의 법률안의 절차와 관련해서는 '의안의 비용추계 등에 관한 규칙' 정도만 마련되어 있을 뿐이다. 물론 이에 관한 절차규정을 두지 않고 자율적으로 발의하도록 할 수도 있지만, 제17대 국회와 제18대 국회처럼 발의되는 법률안이 폭증하고 있는 상황 하에서는 국회의원들이 법률안을 발의함에 있어서 준수하여야 하는 절차에 관한 규정을 두는 것이 필요하다. 이는 「국회법」 등에 근거를 둘 필요는 있지만, 법령의 형식 보다는 국회의 자율적인 의사규칙으로 규정되는 것이 바람직하다. 다음과 같은 (가칭) '의원입법 발의절차에 관한 규칙'은 국회의원이 법안을 발의할 때 유의하여야 하는 자율적 절차규칙을 만드는 경우에 참고할 만 하다. 특히, 앞에서 살펴본 바와 같이 정부가 제출하는 법률안의 경우에는 각 정부부처에서의 법률안 입안과정과 법제처 심사과정에서 법률안의 합헌성이나 체계성, 내용적 정당성 등이 사전에 검토되는 것에 비하여, 의원들이 발의하는 많은 법률안의 경우에는 이러한 검토가 이루어지지 않은 채로 법안발의가 이루어지고 있다는 비판으로부터 자유로워지기 위해서 및 더욱 나아가 법안의 품질을 제고하기 위해서는 이러한 「국회규칙」의 제정이 절실하게 필요하다고 생각된다.

의원입법 발의절차에 관한 규칙(가칭)[11]

제1장 총칙

제1조(목적) 이 규칙은 「국회법」 제79조의 규정에 따른 의원입법 발의절차를 규정하여, 의원입법의 전문성 확보와 효율성과 신중성을 도모함을 목적으로 한다.

제2조(정의) 이 법에서 사용하는 용어는 다음과 같이 정의한다.

1. “의원입법”이라 함은 「국회법」 제79조의 규정에 따라 국회의원이 법률안을 발의하는 것을 말한다.
2. “의원입법 발의절차”라 함은 국회의원이 입안하여 법안을 국회에 제출하기 전까지의 단계를 말한다.

제2장 의원입법 발의과정에서의 기관협조

제3조(입법조사분석) ① 의원은 입법내용의 정당성 및 법적합성, 입법의 합헌성, 정책관련사항 등 입법과 관련하여 필요한 조사·분석을 국회입법조사처에 의뢰하여 검토한다.

② 입법조사분석에 관한 절차 등은 국회입법조사처법과 관련규칙에 따른다.

제4조(법안비용추계) ① 의원은 「국회법」 제79조의2에 따라 입법안의 시행에 필요한 재정소요비용의 추계를 국회예산정책처에 의뢰한다.

② 법안비용추계 절차는 국회예산정책처법과 관련규칙에 따른다.

제5조(법제심의) ① 의원은 법제의 심의 또는 검토를 법제실에 의뢰한다.

② 법제실의 법제심사에 관하여는 법제실 규칙에 따른다.

제3장 국민의견 수렴절차

제6조(공청회 실시) ① 의원은 입법안의 조사분석과 비용추계, 법제심의를 경료한 후 입법안에 관한 공청회를 실시한다.

② 의원은 공청회를 실시한 후 공청회 결과보고서를 작성한다.

제7조(전자입법예고) ① 의원은 제3조 내지 제7조의 절차를 거친 후, 국회 홈페이지의 전자입법예고란에 특별한 사정이 없는 한, 20일 이상 입법안에 대한 입법취지와 주요내용 등을 입법예고하여 입법안에 대한 국민들의 의견을

11 이현출, 의원입법의 현황과 개선과제, 국회입법조사처 개청 1주년 기념 세미나, 2008. 11, 86면에 있는 것은 전문 인용하였음..

수렴한다. 다만, 당해 법률의 제정 또는 개폐가 긴급을 요하거나 입법내용의 성질상 예고의 필요가 없거나 예고가 곤란한 경우, 또는 단순한 체계 및 자구의 수정과 같은 경우에는 예고를 하지 않을 수 있다.

② 전자입법예고란에 입법예고를 게시한 의원은 입법예고란에 제시된 의견들을 법안에 반영할 것인지 정하고, 결과를 정리하여 보고서를 작성한다.

제8조(발의시 제출서류) 의원은 법안을 제출할 때 입법조사분석서, 예산 및 비용추계서, 법제심사검토서, 공청회 결과보고서, 입법예고 결과보고서를 첨부하고, 첨부하지 않은 사항에 대해서는 이유서를 첨부한다.

더 나아가 보다 포괄적인 내용의 의원입법의 발의에 관한 절차를 국회 자율규정으로서 제정하는 것은 반드시 필요하다고 본다. 이는 의원발의 법률안 입안과정과 제출과정의 절차적인 틀을 만드는 의미 뿐만 아니라 나날이 증가하고 있는 의원발의 법률안이 보다 신중하고 완성도 높게 입안될 수 있는 자율규정으로서의 의미도 지닐 수 있기 때문이다.

제6절 맺음말

국회의원들이 법안을 발의하는 과정에 대한 일정한 규칙이 미흡하다. 국회의원들이 법안을 발의하는 과정에 대하여 규칙이 존재할 필요가 있느냐는 의문이 있을 수 있지만, 요즈음과 같이 의원발의 법률안의 증가세가 현저한 상황에서는 특히 법안의 발의과정을 규율할 규칙의 필요성이 있다. 국회의원들의 법률안 입안과정을 타율적으로 통제하는 것이 아니라, 국회의 자율권 행사의 일종인 「국회규칙」의 제정을 통하여 법률안 입안과정을 자율적으로 통제할 필요가 있는 것이다. 앞에서 살펴 본내로, 헌법에서는 입법과정에 관한 대강의 규정만을 두고 있고, 「국회법」의 규정도 입법과정에 관한 한 특히 국회의원들이 법률안을 입안하여 제출하는 과정에 관한 규정은 그리 체계적이거나 충분하지 못하다고 할 수 있다. 국회규칙도 「의안의 비용추계 등에 관한 규칙」 정도만 마련되어 있을 뿐, 법률안의 입안과정이나 심사과정을 전체적으로 규율하는 「국회규칙」은 존재하지 않는다. 정부는 대통령을 수반으로 하는 통일적인 조직체라는 특성이 있기는 하지만, 법률안의 입안과정을 규율하는 규정이 존재함은 앞서 본바와 같다. 국회의 경우에도 최소한 법률안의 입법과정을 규율하는 「국회규칙」이 필요하며, 더 나아가서는 「국회법」의 위임을 통하여 입법과정 전체를 규율하는 자율규정이 필요하다고 하겠다. 이러한 입법과정에 관한 「국회규칙」에는 법안의 발의과정에서 국민 일반과 관련 전문가들의 의견을 입법예고나 공청회 등을 통하여 수렴하는 구체적인 내용, 법안의 효과나 규제효과를 분석하는 내용, 조문별 제안이유를 제시하여야 하는 내용, 법안의 합헌성 여부를 검토하는 절차에 관한 내용, 다른 법률과의 체계성 여부를 검토하는 내용 등을 담아야 할 것이다. 자율성은 신뢰를 기반으로 한다. 국회 입법권 중 법안발의권 행사의 자율성도 민주성과 전문성에 대한 국민의 신뢰를 확보할 필요가 있으며, 일정한 자율적인 절차적 통제규정을 마련하는 것은 자율성을 훼손하는 것이 아니라 자율성을 확보하는 데 기여할 수 있을 것이다.

| CHAPTER 17 _ 참고문헌 |

국회사무처 예규 제23호, 제24호, 국회법제실, 2008. 5. 30.

신상환, "정부입법과정의 발전적 법제화 방안", 법제연구, 제22호, 2002.

이현출, 의원입법의 현황과 개선과제, 국회입법조사처 개청 1주년 기념 세미나, 2008. 11.

전학선/홍완식/허동원, 의원발의 법률안에 대한 입법부와 행정부의 협의방식에 관한 연구, 법제처, 2007. 11.

CHAPTER 18 헌법재판소에 의한 입법절차 통제

출처: 공법학연구 제12권 제2호, 2011년

대한민국 정부수립 이후 입법절차에 대한 사법심사는 실질적으로 및 제도적으로 가능하지 않았다. 비정상적인 입법절차에 대해서는 단지 '선거에 의한 심판'을 하자고 하였지만, 과연 비정상적인 입법절차에 대한 유권자의 심판이 있었는지는 의문이다. 날치기 법안처리 등 국회에서의 비정상적인 입법절차가 제18대 국회에서도 일어나는 등 날치기가 근절되지 않는 상황이 이러한 의문과 회의의 근거이다. 그러나 비정상적인 입법절차에 대하여 국회의원이 국회의장을 대상으로 제기한 권한쟁의 심판이 가능하게 되었다는 것은, 권한쟁의 심판의 결과는 별론으로 하고 상당한 제도적 진전으로 평가되어야 한다. 1988년에 설립된 헌법재판소에 의하여 비정상적인 입법절차에 대한 사법심사가 가능하기 전에는, 늘 있어왔던 법원이나 전신 헌법재판소나 헌법위원회에서는 이러한 사법심사에 대한 기대가능성 조차 있지 않았다. 작금에는 날치기 법률안이 국회를 통과하여 공포·시행된 후에, 헌법재판소에 권한쟁의 심판이 제기되는 패턴이 계속되고 있다. 헌법재판소에 의한 국회의원과 국회의장간의 권한쟁의심판에서, 국회의원의 심의·표결권은 침해되었지만 통과된 법률은 무효로 볼 수 없다는 헌법재판소의 결정이 있었으며, 이러한 결정에 대하여 논란이 많다. 국회입법절차에 있어서 무엇보다도 중요한 점은 「헌법」 및 「국회법」에서 정하고 있는 입법절차는 국회에서의 상임위원회에서는 물론이고 본회의에서도 반드시 준수되어야 한다. 이는 국회 스스로 준수하여야 하는 자율성의 핵심이요, 만일 이러한 중요한 절차가 준수되지 않아 권한쟁의심판의 대상이 되었다면 헌법과 법률이 정하는 입법절차에 위반하여 국회의원의 심의·표결권을 침해한 법률안 또는 법률은 그 효력이 부인되어야 옳다. 헌법재판소의 위헌법률심판에서 위헌으로 판단된 법률은 무효가 되듯이, 권한쟁의심판에서는 국회의원의 심의·표결권이 침해되었다고 판단된 경우라면, 그러한 입법절차에 의하여 통과된 법률안은 무효로 되는 것이 옳은 것이다. 국회의 자율권 행사가 기대될 수 없는 경우나 상황이라면, 헌법재판소가 결정을 통하여 이를 촉구하는 것이 법률 형성과정에서의 절차적 정당성을 회복하는 유일한 길이다.

제1절 머리말

우리사회의 변화속도가 매우 빠르게 진행되고 있으며 사회의 변화에 맞추어 시의적절한 입법적 대처가 필요하게 되고 있음과 동시에 이전에는 사회적 규율에 맡겨왔던 많은 문제에 대해서도 법률로 규율하고자 하는 결과로 인하여 입법수요가 많아지고 있다.[1] 입법적 현상은 국회의 적극적이고 활발한 입법활동을 요구하는 데 비하여, 국회는 이념적·정치적 대립으로 인하여 경색되는 일이 잦으며, 비정상적인 법안처리－넓게는 의안처리－가 발생하곤 하였다. 날치기 입법은 반복적으로 이루어졌고 이에 대응하여 야당에서는 국회에서 농성을 하고 언론과 국민은 날치기 입법을 규탄하다가 잊어버리고, 그처럼 통과된 법률은 아무 일도 없었던 것처럼 정상적으로 공포·시행되는 일이 반복되어 왔다.[2] 이는 국회 스스로 다수파와 소수파, 여당과 야당, 보수측과 진보측간의 갈등과 분쟁을 자율적·합리적으로 해결하지 못하는 결과이며, 이러한 비정상적인 입법절차에 대하여 헌법재판소가 개입하게 되었다. 이렇듯, 종종 국회의 자율성

1 박영도, 최근의 입법경향과 입법의 선진화를 위한 과제, 동아법학, 제50호, 2011. 2, 90면.
2 이상규, 날치기 입법의 종식을 바라며, 사법행정, 제33권 1호, 1992. 1, 2면.

은 상실되고 헌법재판소에 의한 타율적인 분쟁해결이 시도되곤 하였다.

2002년 3월 「국회법」을 개정하면서 '의장석 표결 선포제도'라는 것을 도입하였는데, 이는 국회의 심의·표결과정에서 국회의장의 표결선포 및 표결결과선포가 의장석에서만 이루어지도록 명문으로 규정함으로써 비정상적인 절차에 의한 안건처리의 방지와 국회의 위상을 제고하고자 한 것이다. 이러한 「국회법」 개정의 배경과 이유가 인상적인데, 이는 "표결의 의장석 선포를 규정한 것은 국회의 정상적 운영을 위한 획기적인 조치라 아니할 수 없다. 주지하는 바와 같이 국회는 제헌 이래 어느 한 국회도 이른바 "날치기"라 일컬어지는 강행저지와 강행처리의 악순환이 반복되지 아니한 때가 없었으며, 소수의 난폭한 저지와 다수의 때와 장소를 가리지 아니하는 강행처리로 인해 폭력과 무질서가 늘 도사리고 있어 온 것이 부인할 수 없는 사실"[3] 때문에 그 개선방안의 하나로서 '의장석 표결 선포제도'를 도입한 것이다. 제헌 이후 국회운영에 대한 반성책의 하나로 이러한 제도가 2002년에 도입되었다. 2011년 오늘의 국회 운영의 현실은 어떠한가? 그간의 경제발전과 민주주의 발전을 토대로 국회운영은 대화와 합리가 지배하여야 할 터인데, 아직도 여야는 의안처리에서 물리적으로 충돌하고 있으며, 날치기를 저지하기 위한 제도적인 노력에도 불구하고, 의안의 날치기 처리는 종종 헌법재판소의 심판을 받고 있다. 결정적인 순간에 국회의 자율권은 발휘되지 못하고 다른 헌법기관에 의한 타율적인 간섭과 판단에 그 운명을 맡기게 되는 경우가 드물지 않다. 이 글에서는 헌법재판소에 의하여 시도되었던 입법절차의 통제에 대하여, 그동안 내려진 헌법재판소의 권한쟁의심판 결정을 통하여 살펴보고자 한다.

---

3 개정 국회법 소개, 국회운영위원회 수석 전문위원실, 2002. 3, 45면.

제2절 입법절차에 대한 사법심사 가능성

1. 입법과정과 입법절차

입법과정은 실질적 의미에 있어서의 입법과정과 형식적 의미에 있어서의 입법과정으로 구분되기도 하고, 광의의 입법과정과 협의의 입법과정으로 구분되기도 한다. 광의의 입법과정이란 대체로 법률을 제정하고 행정부를 감독하며 국민을 대표하는 입법부의 모든 기능과 활동뿐 아니라, 내각·관료·정당·압력단체 등 공식·비공식의 기관이나 세력이 의회를 중심으로 하여 입법을 둘러싼 운동이나 작용을 영위하는 전체적인 과정[4]을 의미한다. 이에 대하여 협의의 입법과정이란 대체로 국회에서 법률을 입법하는 과정을 의미하는 것으로서, 법률안의 제안, 법률안의 심의와 의결, 정부에의 이송과 공포, 시행 등의 과정[5]을 의미한다. 또한 최협의의 입법과정이란 대체로 국회에서 이루어지는 법률안에 대한 심의·의결과정을 중심으로 하는 입법과정[6]을 의미한다. 그러나 입법과정과 입법절차는 엄격한 개념적 구분없이 혼용되고 있는데, 이는 두 용어가 자생적으로 형성된 것이 아니고 번역된 용어이기 때문일 것으로 추측된다. 민주주의와 의회주의 그리고 의회제도를 유럽과 미국 등에서 받아들이면서 입법절차와 입법과정을 혼용하기 시작하였다. '입법절차'라고 하는 용어는 'Gesetzgebungsverfahren'이라고 하는 독일어를 번역한 용어이고, '입법과정'이라고 하는 용어는 'legislative process' 또는 'law－making process'라는 영어를 번역한 용어라고 할 수 있다.[7] 이 글에서 다루게 되는 법률의 입법절차란 주권자인 국민들의 의사가 대의기관인 국회에서 '법률'이라고 하는 형식적이고 규범적인 국가의사로 결정되는 과정

4 박영도, 입법과정연구의 입법학적 접근시각, 법과 사회, 제10호, 1994, 173면.

5 유병훈·이상희, 우리나라의 입법과정에 관한 고찰, 법제, 제528호, 법제처, 2001. 12, 43면; 김승환, 입법학에 관한 연구, 고려대학교 박사학위 청구논문, 1987, 34면; 김영구, 한국국회의 입법과정, 삼보, 1991, 20면.

6 정호영, 국회법, 법문사, 2004, 71면.

7 김승환, 전게논문, 7면.

인 형식적 의미의 입법과정 또는 협의의 입법과정을 의미하는 것으로 한다. 즉, 여기서 입법절차란 정부 또는 의원에 의하여 법률안이 제출되고, 입법기관인 국회에서 심의하는 과정과 의결하는 절차를 의미하는 것으로 본다. 이렇게 법률이 만들어지는 공식적인 과정을 특히 입법절차라고 한다. 국회에서의 의정활동의 하나인 입법절차는 "날치기와 봉쇄의 정치에서 벗어나 소수의 발언과 다수의 결정 원칙이 지켜지는 방향"[8]으로 이루어져야 한다. 이러한 절차와 원칙이 지켜지지 않는다면, 이러한 절차와 원칙을 수호할 수 있는 제도적인 장치가 마련되어야 한다. '날치기 입법'이란 "소정의 입법절차를 실력의 행사로 왜곡함으로써 마치 의결이 있은 것과 같은 형식을 취하는 경우"[9]라고 정의되고 있다. 법률 성립의 절차적 정당성이 결여된다는 점에서 그 잘못된 절차 자체와 절차적 정당성이 결여된 과정을 통하여 만들어진 결과물인 법률의 효력 등이 문제된다.

2. 입법절차에 대한 사법심사 가능성

국회가 「헌법」과 「국회법」 그리고 국회의 의사규칙이 정한 절차에 의하지 아니하고서 법률을 통과시킨 경우에는 절차법의 위반으로서 헌법상 적법절차원리나 법치국가원리의 위반을 초래할 수 있고, 따라서 이러한 경우에는 헌법재판소가 그 법률에 대하여 관여할 수밖에 없다.[10] 헌법재판소도 "국회는 국민의 대표기관, 입법기관으로서 폭넓은 자율권을 가지고 있고, 그 자율권은 권력분립의 원칙이나 국회의 지위, 기능에 비추어 존중되어야 하는 것이지만, 한편 법치주의의 원리상 모든 국가기관은 헌법과 법률에 의하여 기속을 받는 것이므로 국회의 자율권도 헌법이나 법률을 위반하지 않는 범위 내에서 허용되어야 하고 따라서 국회의 의사절차나 입법절차에 헌법이나 법률의 규정을 명백히 위반한 흠이 있는 경우에도 국회가 자율권을 가진다고는 할 수 없다."[11]고 하여, 입법절

8 심지연, 정당개혁과 의정활동의 방향, 한국민주시민교육학회보, 제8호, 2003. 12, 114면.
9 이상규, 전게논문, 3면.
10 방승주, 위헌입법의 현황과 대책, 저스티스, 제106호, 2008. 9, 256면.
11 헌재 1997. 7. 16. 96헌가2.

차의 하자가 명백한 경우에는 헌법재판소에 의한 사법심사가 가능함을 밝히고 있다.

다음의 문제로는 헌법재판소에 의한 사법심사가 가능하다면, 어떠한 기관 및 어떠한 유형의 심판에 의하여 사법심사가 가능하느냐가 문제된다. 실제로 입법절차가 파행으로 진행된 경우에 있어서 헌법소원심판에 의하여 입법절차의 위헌성을 교정하기 위한 시도들이 행하여 졌지만 그러한 헌법소원은 각하되었다. 즉, 1990년 7월 14일에 국회 본회의장에서 국회의장을 대리한 국회부의장에 의하여 자파 국회의원들에 둘러싸여 일체의 토론과 질의를 생략한 채 33초만에 법률안을 가결한 건에 대하여 헌법소원심판이 청구되었지만 국회의원은 헌법소원심판을 청구할 수 있는 당사자가 아니라는 이유로 각하되었고,[12] 같은 사건에 대하여 권한쟁의심판이 제기되었지만 이 또한 권한쟁의심판의 당사자가 아니라는 이유로 각하되었다.[13] 이후 이러한 입법절차의 파행 또는 흠결은 재차 발생한다. 즉, 1996년 12월 26일 오전 6시 경에 국회 본회의장에서 가결되어 12월 31일에 공포된 노동관계법률이 기본권을 침해하였다는 이유로 근로자들이 청구한 헌법소원심판인 헌재 97헌마8 사건에서는 "이 사건 법률의 입법절차가 헌법이나 「국회법」에 위반된다고 하더라도 그와 같은 사유만으로는 이 사건 법률로 인하여 청구인들이 현재, 직접적으로 기본권을 침해받은 것으로 볼 수는 없다"는 이유로 헌법소원심판청구가 각하되었다. 동 사건에서는 "이른바 날치기 법률안 처리[14]에 대한 구제방법"으로서 "국회의원이 국회의장을 상대로 권한쟁의에 관한 심판을 청구하여 해결하여야 할 사항"이라고 하고 있다. 이렇게 1996년 12월 26일에 국회 본회의장에서 '처리'되어 12월 31일에 공포된 노동관계법률에 대해서는 입법절차의 하자를 이유로 위헌법률심판이 청구되기도 하였다. 제청법원은 이 사건 개정법률의 국회통과절차가 위헌이라는 이유로 쟁의행위를 하였고 동 개정법이 위헌인 경우 그 시행을 저지하기 위한 쟁의행위는 헌법질서

12 헌재 1995. 2. 23. 90헌마125.

13 헌재 1995. 2. 23. 90헌라1.

14 "이른바 날치기 법률안처리"라는 표현은 헌법재판소의 결정문에 나타난 표현이다. 헌재 1998. 8. 27. 97헌마8.

수호를 위한 저항권의 행사이므로 정당한 것이라고 하였으나, 헌재는 「국회법」 소정의 협의없는 개의시간의 변경과 회의일시를 통지하지 아니한 입법절차의 하자는 저항권행사의 대상이 되지 않을 뿐 아니라, 동 위헌법률심판은 재판의 전제성 요건이 충족되지 아니하여 부적법하므로 각하하였다.[15] 이 사건에 대하여는 결국 권한쟁의 심판이 청구되었고, 헌재는 이와 유사한 사안에 대하여 권한쟁의심판을 각하하였던 결정을 번복하여, 국회의원의 국회의장에 대한 권한쟁의 심판을 받아들이게 된다. 즉, 「헌법재판소법」 제62조 제1항 1호가 국가기관 상호간의 권한쟁의심판을 "국회, 정부, 법원 및 중앙선거관리위원회 상호간의 권한쟁의심판"이라고 규정하고 있는 것은 예시적인 것으로 해석하여, 권한쟁의심판을 청구할 수 있는 국회의원이 국회의장을 상대로 권한침해 확인과 위헌확인을 구하는 것을 적법하다고 보았다. 입법절차에 대한 사법심사가 가능해진 것이다. 이후로는 국회에서 '날치기' 등의 비정상적인 입법절차가 발생하는 경우에는 예외없이 헌법재판소에 권한쟁의심판이 청구되고 있다.

입법절차를 대상으로 하는 권한쟁의심판은 현대 정당국가적 상황에서 국회의 다수파가 소수파의 의사를 무시하고 법률안을 일방적으로 심의·의결하는 것을 사후적으로 통제하는 제도로서의 기능을 지니고 있다. 이러한 입법절차를 대상으로 하는 권한쟁의심판을 통하여 헌법재판소는 국회내 소수파의 권한과 역할을 보호하고 의회민주주의의 기능을 충실히 할 수 있도록 역할을 담당하는 것이다. 이러한 역할은 그간 국회의원과 국회의장간의 권한쟁의심판이나 국회의원과 상임위원회 위원장간의 권한쟁의심판 등을 통해서 구체화되었다.

이처럼 헌법에서 법률을 제정하거나 개정할 때 지켜야 할 절차를 규정하고 있으면 국회는 반드시 이 규정에 따라 입법을 하여야 한다. 이러한 경우 국회가 헌법의 명시적인 절차규정을 위반하여 입법을 하면 위헌이 된다. 이러한 명시적인 절차규정의 위반이 있는 경우에는 권한쟁의심판을 통해서 다툴 수 있는데, 「헌법재판소법」 제61조 제2항에 따라서 권한쟁의심판에서는 헌법상의 절차규정위반 뿐만이 아니라 법률상의 절차규정의 위반도 다툴 수 있는 것으로 보고

15 헌재 1997. 9. 25. 97헌가4.

있다.[16] 또한 헌법에 입법절차를 정하고 있는 조항에 명시적으로 규정되지는 않았지만 실질적으로 요구되는 절차적인 사항(안건에 대한 실질적인 토론기회가 부여되지 않았거나 소수파인 의원에게 충분한 발언기회가 제공되지 않았거나, 표결이 정상적으로 행해지지 않은 경우 등)을 준수하지 않고 입법된 법률에 대한 위헌심판의 가능 여부가 문제될 수 있다. 즉, 실질적 입법과정 위반에 대한 위헌심사가 가능한지의 여부에 관한 문제가 있다. 이러한 경우, 심사의 대상이 되어야 한다고 보는 견해[17]도 있지만, 민주주의 원리와 국회의 입법형성의 자유에 비추어볼 때, 헌법재판소가 국회 입법행위의 세세한 과정과 입법자의 행동을 모두 심사하는 것은 헌법재판의 기능에 합치하지 않는 다는 견해도 있다.[18]

제3절 헌법재판소의 입법절차에 대한 통제

1. 입법절차에의 적법절차 원리의 적용 여부

적법절차의 원칙은 모든 국가작용은 절차적으로 적법성을 갖추어야 함을 의미한다. 이에 더하여 적법절차의 원칙은 실체적 내용에 있어서도 합리성과 정당성을 갖추어야 한다는 원리로 확대 발전되었다. 즉, 적법절차의 원칙은 입법·집행·사법 등의 모든 국가작용에 적용되는 것이므로, 행정절차 뿐만이 아니라 입법절차에서도 적법절차의 원칙은 준수되어야 한다. 즉, 입법을 하는 절차에 있어서도 적법절차원칙은 중요하기 때문에, 입법절차의 중요한 사항은 헌법과 법률 등에 의하여 규정되어 있다. 적법절차원리는 입법에도 관철되어야 하

16 정종섭, 헌법학원론, 2011, 1030면.
17 정만희, 헌법과 통지구조, 2003, 252면.
18 정종섭, 전게서, 1032-1033면. 그러나 국회의 최적의 입법이나 입법과정상의 합리성에 관한 노력이 없고, 입법과정이 대의원리를 부정하고 국가가 수행해야 하는 일반이익의 창출과 공공성원리의 실현과 정면으로 충돌하는 경우에는 실질적 입법과정에 대해서도 권한쟁의 심판을 통한 헌법적 심사를 함이 필요하다고 한다.

며, 민주주의는 절차적 정당성을 가져야 한다는 점에서 규범통제나 권한쟁의심판을 통하여 실질적 입법과정에 대해서도 헌법적 심사를 하는 것이 필요하다.[19] 헌법재판소도 "적법절차의 원칙은 헌법조항에 규정된 형사절차상의 제한된 범위 내에서만 적용되는 것이 아니라 국가작용으로서 기본권 제한과 관련되든 관련되지 않든 모든 입법작용 및 행정작용에도 광범위하게 적용된다"[20]고 한다.

헌법재판소는 입법절차에서도 적법절차의 원리가 적용된다고 하고 있으나, 입법절차에서의 적법절차 위반을 이유로 제기된 건에 대해서는 비교적 관대하게 판단하고 있다. 즉, 「세무대학설치법폐지법률」을 제정하는 과정에서 이를 위한 별도의 청문절차를 거치지 않았다고 하여 적법절차 위반 여부가 문제된 사건에서 헌법재판소는 세무대학 폐지와 관련된 공청회를 거쳤고, 법안의 입법예고를 하였으며, 국무회의 심의를 거치는 등 헌법과 법률이 정하는 절차와 방법을 준수하였기에 비록 별도의 청문절차를 거치지 않았다고 하여 이를 적법절차 위반으로 볼 수는 없다 하였다.[21] 「신행정수도 후속대책을 위한 연기·공주지역 행정중심 복합도시 건설을 위한 특별법」을 제정하면서 국민들의 의견청취절차를 거치지 않은 것이 적법절차 위반인지 여부에 대한 판단에서, 헌법재판소는 "국회입법에 대하여는 원칙적으로 일반 국민의 지위에서 적법절차에서 파생하는 청문권은 인정되지 아니하므로"[22] 적법절차 위반으로 보지 않았다. 제주도의 4개 시군을 폐지하고 제주특별자치도를 설치하는 법률을 제정하는 과정에서 주민투표를 실시하지 않은 것이 적법절차에 위배되는지 여부를 판단하면서, 헌법재판소는 "자치단체 폐지에 대한 이해관계인의 참여 즉 이해관계인에게 고지하고 그에 관한 의견의 진술기회를 부여함으로써 그 진술된 의견이 국회에 입법자료를 제공하는 기능을 하도록 하면 족하"[23]다며 적법절차 원칙은 준수된 것으로 보았다. 지방자치단체를 폐치 분합하는 법률을 제정하는 과정에서 주민투

19 정종섭, 전게서, 1033면.
20 헌재 1992. 12. 24. 92헌가8.
21 헌재 2001. 2. 22. 99헌마613.
22 헌재 2005. 11. 24. 2005헌마579.
23 헌재 2006. 4. 27. 2005헌마1190.

표를 실시하지 않고 주민의견조사를 실시한 것이 적법절차원칙에 위배되는지 여부를 판단하면서, 헌법재판소는 주민투표를 실시하지 아니하였다 하여 적법절차원칙을 위반하였다고 할 수 없다[24]고 하였다.

헌법재판소는 권력분립의 원칙과 취지에 따라 국회 입법절차에서의 적법절차 위반여부에 대한 적극적 판단을 상당히 자제하고 있다. 그러나, 국회 스스로가 자율권의 범위를 넘어서서 의사절차를 무시하거나 일탈한다면 헌법과 「국회법」상의 적법절차원칙 위반을 구성할뿐더러 사법통제의 대상이 되지 않을 수 없다.[25]

2. 권한쟁의 심판을 통한 입법절차의 통제

1) 주요사례 검토

(1) 1987년 헌법개정 이전

정부수립 이후 국회에서의 입법과정은 정치적 격변기에 있어서 몇 건의 소위 '날치기 통과' 통과로 인하여 국회에서의 입법과정에 대한 불신과 불만을 야기하였다. 1968년 초에 일어난 국회 입법절차에서의 날치기 처리에 대하여 유진오 신민당 당수는 "석유유류세법안 날치기 통과는 국회를 결정적으로 행정부에 예속시켜 국회부재 현상을 조작하기 위해 감행된 처사"이며 "날치기가 헌법과 「국회법」의 제 규정을 정면으로 무시, 강행되었다는 점이며 온 국민은 조국의 민주헌정이 치명적인 상처를 입은 현실을 직시해 달라."고 하였다.[26] 1975년 초에 벌어진 국회 입법절차에서의 날치기 처리에 대하여도 "국민의 기본권을 제약하는 주요 입법을 할 때마다 날치기과 변칙처리를 서슴지 않는 여당은 19일 또 다시 다수의 힘으로 엄청난 비리를 저질렀다. 이날 오후 법사위의 자리를 국회도서관 열람실로 옮겨 형법개정안을 날치기 통과시킨 여당측은 마치 이 법안을 국회 본회의장에서 통과시키려는 듯 양동작전을 벌이는 가운데 국회휴게

---

24 헌재 1994. 12. 29. 94헌마201.
25 권영설, 국회의사절차의 헌법문제, 헌법이론과 헌법담론, 2006, 421면.
26 경향신문, 1968년 3월 2일.

실로 본회의를 옮겨 유정의원들만으로 날치기 처리해 버리자 국회 본회의장은 흥분과 비통으로 뒤범벅이 됐다."[27]라는 언론의 보도가 있었다. 이러한 '날치기 법안처리'에 대해서 흥분과 비난이 있었지만,[28] 이러한 날치기 법안처리의 부당성과 위헌성을 시정할 수 있는 제도는 결여되어 있었다. 야당의 투쟁과 여당의 자제만이 당시의 유일한 해법이었다고 할 수 있다. 실제로 이러한 위헌·위법한 입법절차에 대한 사법적 심사는 이행되지 않았다. 흔히 이야기되기를, 의안의 날치기 처리에 대한 궁극적인 통제방법은 선거를 통한 국민들의 심판이라고 할 수 있겠으나, 날치기를 하는 정치세력은 이러한 원론적인 이야기를 두려워하지 않았고, 국민들이 과연 선거를 통하여 의안 날치기 처리를 심판하였는지에 대한 인과관계의 실질적인 입증에 대해서는 확신할 수 없다는 평가가 옳을 것이라 생각한다.

(2) 1987년 헌법개정 이후

1987년의 헌법 개정과 1988년의 헌법재판소법 제정을 통하여, 헌법재판소가 다시 설립되었고, 헌법재판소의 권한으로 권한쟁의 심판절차가 도입되었다.[29] 국회에서의 날치기 등 비정상적인 입법절차를 사후적으로 통제하고 시정할 수 있는 방법으로 활용된 것이 헌법재판소의 권한쟁의심판이었다. 비교법적으로 살피자면, 권한쟁의심판제도는 독일에서 정부와 의회간의 권한분쟁을 해결하기 위하여 등장하였다. 그러나, 의회와 정부가 다수당에 의하여 통합되는 정당국가적 경향의 강화로 인하여 정치과정에서 의회의 소수파가 의회의 다수파의 월권적 행위를 헌법적 원리에 의하여 통제할 수 있는 제도로서의 기능도 지니게 되었다.[30] 1988년 헌법재판소의 재창립후에 최초로 접수된 권한쟁의 사건은 국회 교섭단체와 국회의원들이 국회의장에 의한 변칙적인 의안처리로 인

27 동아일보, 1975년 3월 20일.

28 날치기에 참여한 국회의원의 반성도 물론 있다. 즉, "날치기라고 해야겠죠. 그 과정이 중대한 잘못이었어요. 내가 정당했다고 변명할 생각은 전혀 없습니다. 정말 잘못된 일이었어요." 날치기 참여는 인생에 다시 오기 힘든 잘못, 월간 말, 제128호, 1997. 2, 60면.

29 1962년에 제정되고 1964년에 폐지된 헌법재판소법에도 권한쟁의심판은 규정되어 있었으나, 전혀 기능하지 못하였다.

30 헌법재판실무제요, 헌법재판소, 제1개정증보판, 2008, 324면.

하여 자신들의 표결권한 등이 침해되었다면서 청구한 사건(헌재 1995. 2. 23. 90헌라1)이었다. 1990년 7월 14일에 국회에서 벌어진, 소위 '날치기'라 불리는 위헌·위법한 입법절차에 대한 사법심사를 구하는 사건에서, 헌법재판소는 국회 교섭단체나 국회의원은 권한쟁의심판의 청구인이 될 수 없다고 하면서 심판청구를 각하하였다. 즉, 국회의 구성원이나 국회 내의 일부기관인 국회의원 및 교섭단체 등이 국회 내의 다른 기관인 국회의장을 상대로 권한쟁의심판을 청구할 수 없다고 하였다. 헌법재판소의 이러한 소극적 입장으로 인하여 입법절차를 대상으로 하는 권한쟁의심판의 역할과 기능은 활성화되지 못하는 듯 하였다. 이러한 결정을 통하여 "국회의원으로서의 권한이 침해되었다고 주장하면서 그 권한침해에 대한 확인을 구하고 있는데도 이를 해결해 줄 법적 구제방법이 없게 된다"[31]는 것이었다.

이후 1996년 12월 26일에 국회에서 벌어진 또 하나의 '날치기' 법안처리에 대한 권한쟁의심판청구사건에서 헌법재판소는 입장을 바꾸었다. 즉, 헌법재판소는 야당의원들이 국회의장의 변칙적인 법률안처리로 인한 권한침해를 다투었던 사건(헌재 1997. 7. 16. 96헌라2)에서, 앞서의 견해를 변경하여 국회의원과 국회의장간의 권한쟁의를 인정하게 된다. 앞서의 결정과 달리, 헌법재판소법 제62조 제1항 제1호의 규정을 예시적인 조항으로 해석[32]함으로써 국회의원과 국회의장도 권한쟁의심판의 당사자가 될 수 있다고 한 다음, 국회의장이 본회의 개의일시를 야당의원들에게 통지하지 않은 채 여당의원들만 출석한 가운데 법률안을 상정·표결하여 가결을 선포한 것은 야당의원들의 법률안 심의·표결권을 침해한 것이라고 하였다. 이로써 우리 헌정사에서 간헐적으로 반복되던 국회에서의 변칙적인 소위 '날치기' 의안처리의 위헌성이 확인되었을 뿐만 아니라 국가기관

31 헌재 1997. 7. 16. 96헌라2.

32 「헌법」 제111조 제1항 제4호 소정의 "국가기관"에 해당하는지 여부는 그 국가기관이 헌법에 의하여 설치되고 헌법과 법률에 의하여 독자적인 권한을 부여받고 있는지, 헌법에 의하여 설치된 국가기관 상호간의 권한쟁의를 해결할 수 있는 적당한 기관이나 방법이 있는지 등을 종합적으로 고려하여야 할 것인바, 이러한 의미에서 국회의원과 국회의장은 위 헌법조항 소정의 "국가기관"에 해당하므로 권한쟁의심판의 당사자가 될 수 있다. 헌재 1997. 7. 16. 96헌라2.

간의 권한쟁의심판은 활성화되는 계기가 되었다. 이후 국회의장이나 국회상임위위원장 등과 국회의원간의 권한쟁의심판은 헌법재판소에 의하여 일관되게 인정되었다.[33] 이처럼 날치기 혹은 비정상적인 입법과정에 의하여 법률안 심의·표결권 침해를 주장하는 국회의원들의 권한쟁의심판청구를 받아들인 것은 한편으로는 헌법재판소에 의한 적극적인 입법과정통제로 평가할 수 있다. 그러나 다른 한편으로 헌법재판소는 그 날치기통과 입법이 「국회법」의 규정을 위반하였다고 하더라도 위헌무효로 볼 수 없다고 판단함으로써 날치기입법 방지의 실효성을 기대할 수 없다는 것이 문제로 지적되었다.[34] 이러한 헌법재판소 결정에 힘입어, 이후에도 국회에서의 '법률안 날치기 처리'는 계속되었다. 국회의장은 2009년 7월 22일 밤 11시경 「신문법」과 「방송법」 개정안 등 언론관계법안을 국회 본회의에 직권 상정하였다. 국회부의장은 야당의원들의 출입문 봉쇄로 국회 본회의장에 진입하지 못한 국회의장으로부터 의사진행을 위임받아 본회의의 개의를 선언한 다음, 「신문법」과 「방송법」 등 언론관계법안을 일괄 상정한다고 선언하고, 심사보고나 제안설명은 단말기 회의록, 회의자료로 대체하고 질의와 토론도 실시하지 않겠다고 하였다. 「신문법」 개정안은 재석 162인의 찬성으로 가결되었고, 「방송법」 개정안에 대하여 표결을 진행하여 투표를 종료한다는 선언 이후의 전자투표결과는 재적 294인, 재석 145인, 찬성 142인, 반대 0인, 기권 3인이라고 표시되었다. 이에 국회부의장은 "재석의원이 부족해서 표결 불성립되었으니 다시 투표해 주시기 바랍니다."라는 하여 다시 투표가 진행되었고, "투표 종료를 선언합니다."라고 말한 후 전자투표 게시판에 재적 294인, 재석 153인, 찬성 150인, 반대 0인, 기권 3인으로 투표 결과가 집계되자, 「방송법」 수정안이 가결되었다고 선포하였다. 헌법재판소는 국회의장이 본회의에서 「신문법」 및 「방송법」의 개정법률안에 대한 가결을 선포한 행위는 국회의원들의 법률안 심의·표결권을 침해한 것으로 인정하였으면서도 이러한 가결선포행위에 관한 무효확인 청구는 기각하였다.[35] 헌법재판소는 무효를 선언하지 않은 이유

33 헌재 2000. 2. 24. 99헌라1; 2010. 12. 28. 2008헌라7 등.
34 정만희, 전게서, 251면.
35 헌재 2009. 10. 29, 2009헌라8.

로서 위법의 하자가 중대하지 않다는 것을 이유로 들고 있으나 의회자율권과 헌법재판의 관계상 무효선언을 자제한다면 모를까, 헌법재판소는 법률안의 입법과정에 대하여 심사할 수 있고 무효를 선언할 수 있다고 하면서도 그 위법의 정도가 중대하지 않아 무효선언을 하지 않는다는 것은 설득력이 약하다. 입법절차에서 「국회법」의 명시규정에 위반한 것은 위법의 하자가 중대하지 않다고 할 수 없기 때문이다.[36] 나아가 "결국 절차의 위법이 확인되었음에도 법안은 유효한 것으로 인정돼 사실상 날치기 통과에 면죄부를 주었고 이로써 권한쟁의 신청이 이어지고 있다"[37]는 평가도 있다.

2009헌라8 사건에 대한 헌법재판소의 결정이 있은 후에 「신문법」과 「방송법」의 개정안 등을 가결한 행위에 대하여 재차 권한쟁의심판이 청구되었다. 청구인들은 헌법재판소가 2009헌라8등 사건의 결정주문 제2항에서 피청구인의 신문법안 및 방송법안 가결선포행위가 청구인들의 이 사건 각 법률안 심의·표결권을 침해한 것이라고 인정한 이상, 위 주문의 기속력에 따라 피청구인은 청구인들에게 이 사건 각 법률안에 대한 심의·표결권을 행사할 수 있는 조치를 취하여야 함에도 불구하고 피청구인이 아무런 조치를 취하지 않고 있고, 피청구인의 위와 같은 부작위는 청구인들의 이 사건 각 법률안 심의·표결권을 침해하는 것이라고 주장하였다. 헌법재판소는 이 사건(헌재 2010. 11. 25. 2009헌라12)에서 법률안 가결선포행위가 국회의원들의 법률안 심의·표결권을 침해한 것임을 확인한 권한침해확인결정의 기속력으로 피청구인이 구체적인 특정한 조치를 취할 작위의무를 부담한다고는 볼 수 없다는 이유로 하여 청구를 기각하였다.

'법안날치기 처리'는 국회 본회의에서 뿐만이 아니라 국회 상임위원회에서도 반복되었다. 한미 FTA 비준동의안의 상임위원회 심의과정에서 출입문이 봉쇄된 채로 여당의원들만으로 심의·의결이 이루어졌고 이에 대하여 국회의원과 국회 외통위원장 간의 권한쟁의심판이 제기되었다. 한미 FTA는 「헌법」 제60조 제1항의 국회의 동의를 필요로 하는 조약에 해당하므로 소수당 소속 외통위 위

36 정종섭, 전게서, 1031면.
37 대한변협신문, 제344호, 2011년 3월 21일, 8면.

원인 청구인들 각자에게 이 사건 동의안에 대한 심의·표결권이 인정되며, 상임위원회 위원장의 질서유지권은 상임위원회에서 위원들을 폭력으로부터 보호하고 안건을 원활하게 토의하기 위하여 발동하는 것이므로, 위와 같은 목적을 위하여 행사되어야 하는 한계를 지닌다. 이 사건(헌재 2010.12.28, 2008헌라7)에서 헌법재판소는 외통위 위원장인 피청구인이 상임위원회의 개의 무렵부터 회의 종료시까지 외통위 회의장 출입문의 폐쇄상태를 유지함으로써 회의의 주체인 소수당 소속 외통위 위원들의 회의장 출석을 봉쇄한 것은 '상임위원회 회의의 원활한 진행'이라는 질서유지권의 인정 목적에 정면 배치되는 것으로서 질서유지권 행사의 한계를 벗어난 행위라고 보았다. 이를 정당화할 만한 특별한 사정이 있었다는 점에 대한 입증책임은 상임위원장에게 부과되는데, 이 사건에 나타난 사정을 종합하더라도 이를 정당화할 만한 불가피한 사정이 있었다고 보기 어렵다고 하였다. 그러므로 상임위원장이 야당 소속 상임위 의원들의 출입을 봉쇄한 상태에서 이 사건 회의를 개의하여 한미 FTA 비준동의안을 상정한 행위 및 이를 법안심사소위원회에 회부한 행위는 「헌법」 제49조의 다수결의 원리, 「헌법」 제50조 제1항의 의사공개의 원칙과 이를 구체적으로 구현하는 「국회법」 제54조, 제75조 제1항에 반하는 위헌·위법한 행위라고 보았다. 그 결과 청구인들은 이 사건 동의안 심의과정(대체토론)에 참여하지 못하게 됨으로써, 헌법에 의하여 부여받은 의안 심의권을 침해당하였다고 판단하였다. 헌재는 이 사건에서 국회 외통위원장이 위원회 회의실 출입문을 폐쇄한 상태로 상임위 전체회의를 개의하여 FTA 비준동의안을 상정하고 이를 법안심사소위원회로 회부한 행위는 국회의원들의 비준동의안 심의권을 침해한 것이라 판단하였다. 그러나 이 사건에서도 이러한 상정 및 회부 행위에 관한 무효확인청구는 모두 기각되었다.

이후에도 국회 입법절차를 대상으로 하는 권한쟁의는 그치지 않고 있다. 법률안에 대한 입법절차는 아니지만 2010헌라5, 6사건은 2010년 12월 8일 국회 본회의에서 2011년 예산안과 국군의 아랍에미레이트 파견동의안 등에 대하여 의결한 행위가 의원들의 법률안 심의표결권, 예산안 심의확정권, 국군의 해외파견 동의권을 침해했는지 여부가 문제되었다. 이에 대하여 "끊임없이 제기되는 국회의장과 국회의원간 권한쟁의 사건들, FTA비준동의안, 미디어법, 예산안 등 민감한 사안들이 국회를 통과하자마자 헌재로 오고 있는 상황이다. 서로간의 심의, 토론과 합의를 통해 법안을 통과시키지 못하고 매번 반복하는 권한쟁의 다툼"[38]으로 비추어지고 있다. 이제 국회는 헌법재판소의 권한쟁의심판을 한편에서는 두려워하지도 않고, 다른 한편에서는 기대하고 있지도 않는다고 할 수 있다.

2) 국회의장을 대신한 국회부의장의 의사진행

소위 '날치기 의안처리'의 대표적인 유형으로는 국회 본회의장이 아닌 장소에서 형식적인 입법절차가 진행되는 경우와 국회 부의장에게 의사진행권을 위임해서 입법절차가 진행되는 경우가 있다. 본회의 입법절차가 본회의장이 아닌 곳에서 진행되거나, 본회의장에서 진행되더라도 국회의장이 의장석이 아닌 복도나 통로 등에서 의사를 진행하는 경우에 대한 반성으로 2002년 3월에는 「국회법」을 개정하였다. 즉, 본회의의 안건 심의절차 중 표결과정에 있어서 의장의 표결선포 및 표결결과선포를 의장석에서만 이루어지도록 명문으로 규정함으로써 비정상적 절차에 의한 안건처리를 방지하기 위한 취지의 「국회법」 개정이었다.[39] 그간 국회는 여야간 의견이 첨예하게 대립되어 더 이상의 타협이나 협상이 기대되기 어려운 현안에 대하여, 이의 처리와 처리저지를 위해 의사진행의 방해, 단상점거, 의장의 사회석 등단 방해 등으로 의장이 본회의장 의장석에 등단하지 못하고 의장석 이외의 장소에서 당해 안건을 처리하는 사례가 있었으며, 이러한 심사절차의 정당성 여부에 대한 논란이 제기되어 왔었다.[40] 이러한 「국회법」 개정작업의 결과 현행 「국회법」 제110조(표결의 선포) 제1항은 "표결할 때에는 의장이 표결할 안건의 제목을 의장석에서 선포하여야 한다."고 규정하고 있으며, 제113조(표결결과선포)는 "표결이 끝났을 때에는 의장은 그 결과를 의장석에서 선포한다."고 규정하고 있다. 이 개정규정에 따라 '날치기'라 하더라도

38 대한변협신문, 제344호, 2011년 3월 21일, 8면.
39 정호영, 전게서, 63면.
40 개정 국회법 소개, 국회운영위원회 수석 전문위원실, 2002. 3, 43면.

반드시 의장석에서 이루어져야 하기 때문에, 의장석을 쟁탈하기 위한 공격과 의장석을 수호하기 위한 방어의 공방이 벌어지는 것이다.

최근의 비정상적인 입법절차 진행의 전형적인 유형은 대개 국회의장이 부의장에게 의사진행을 맡기는 것이다. 「국회법」 제10조에 의하여 의장은 국회를 대표하고 의사를 정리하며, 질서를 유지하고 사무를 감독한다. 동법 제12조는 부의장의 의장직무대리에 관한 사항을 규정하면서, 의장이 사고가 있을 때에는 의장이 지정하는 부의장이 그 직무를 대리한다는 규정을 두고 있다. 국회의장이 의안처리에 반대하는 국회의원들에 의하여 입법절차를 진행할 수 없을 때에는 국회부의장이 대신하여 의안을 처리하게 되었고, 날치기는 주로 국회부의장에 의하여 처리되는 기괴한 관행이 생긴 것이다. 전 국회의장 이만섭은 "지금까지 밤낮 날치기가 문제였습니다. … 국회의장이 욕을 먹든지 어떤 일이 생겨도 모든 책임을 내가 져야지 사회권을 넘기면 국회가 아수라장이 되는 것을 뻔히 알면서 어떻게 사회권을 넘긴단 말입니까? 그것은 국회를 알만한 사람은 다 알고 모르는 사람은 쉬운 말로 그렇게 이야기를 하지만 사회권을 넘기면 실제로 큰 일이 나는 거예요"[41]라고 회고하고 있다. 후술하는 바와 같이 국회의원의 심의·표결권이 침해된 입법절차를 거친 법률안의 효력이 부인된다면, 국회의장이 국회부의장에게 날치기를 대리시킬 이유도 없고, 국회부의장의 입장에서도 효력이 부인될 날치기를 대신하겠다고 나설 이유도 없을 것이다.

3) 국회의원의 심의·표결권의 침해 문제

헌법재판소에 제기된 국회의원과 국회의장간의 권한쟁의심판의 대부분은 국회의장의 의사진행으로 인하여 국회의원의 심의·표결권이 침해되었는지 여부에 대한 것이었다.

96헌라2 사건에서 헌법재판소는 국회의원의 심의·표결권이 헌법에 명문의 규정이 없지만 「헌법」 제40조와 제41조 등으로부터 당연히 도출되는 권리라고 인정하였다. 이러한 국회의원의 법률인 심의·표결권은 국회이 다수파 의원에게만 보장되는 것이 아니라 소수파 의원에게도 보장되는, 국회의원 모두에게 보

41 황소웅, 날치기는 없다, 문학사상사, 2001, 133·139면.

장되는 권한이라는 점을 명백히 하고 있다.[42] 2009헌라8 사건에서도 「신문법」 수정안은 위원회의 심사도 거치지 않고 직권상정된 안건으로서 본회의 의결에 의할지라도 질의와 토론절차가 생략될 수 없으며, 질의 부분을 생략하고 토론 신청 유무도 확인하지 않은채 바로 표결을 진행한 것은 청구인들의 심의·표결권을 침해한 것으로 인정하였다.[43] 2008헌라7 사건에서 국회상임위원장이 위원회 전체회의 개의직전부터 회의가 종료될 때 까지 회의장 출입문을 폐쇄하여 회의의 주체인 소수당 소속 상임위원회 위원들의 출입을 봉쇄한 상태에서 상임위원회 회의를 개의하여 한미FTA 비준동의안을 상정한 행위 및 소위원회로 안건심사를 회부한 행위가 회의에 참석하지 못한 위원들의 심의권을 침해한 것인지에 대하여 판단하면서, 상임위원장의 회의장 출입문 폐쇄는 회의에 참석하지 못한 해당 상임위 소속 위원들의 심의권을 침해한 것이라고 보았다.[44]

원론적으로 질의·토론 등 입법절차에 따른 법률제정은 의회주의의 본질에 속한다. 왜냐하면 의회주의는 입법기능과 합의제라는 두 가지 본질적 원리 내지 요소를 가지는데 이 합의제는 곧 의회의 질의·토론과정을 내포하는 것이기 때문이다. 이처럼 국회에서의 토론과정은 본질적 요소로서 본질적 절차를 이루는 것이며, 이 과정을 박탈한 것은 본질적인 절차를 결여한 것으로 위헌이라고 보아야 한다.[45] 국회의사절차의 핵심은 다수결의 원리이다. 그러나 다수결원칙은 그 전제가 자유롭고 평등한 상태에서의 이성적 토론이다. 토론과 설득에 의해서 정치적으로 이해득실을 달리하는 세력간의 조정과 절충이야 말로 의회제도의 핵심임이 분명하다. 따라서 다수결 원칙의 요체는 다수자 의사의 단순한 산술적 지배라기 보다 조정의 결과로서의 지배의사의 형성과 그에 대한 승복의 체계이다. 다수결원리와 함께 또 다른 중요한 보호가치는 소수자에 대한 배려이다.[46]

---

42 헌재 1997. 7. 16. 96헌라2.
43 헌재 2009. 10. 29. 2009헌라8.
44 헌재 2010. 12. 28. 2008헌라7.
45 정재황, 국회의 날치기통과 등 졸속입법에 대한 통제, 법과사회, 법과사회이론연구회, 제6호, 1992, 36면.
46 권영설, 전게서, 412면.

4) 심의·표결권이 침해된 법률안의 효력 문제

헌법재판소의 법정의견은 심의·표결권이 침해된 법률안의 효력 문제에 대하여 일관되게 무효라고 할 수 없다는 결론을 유지하고 있다. 그 이유로서 "일반국민의 방청이나 언론의 취재를 금지하는 조치가 취하여지지도 않았음이 분명한 바, 그렇다면 이 사건 법률안의 가결선포행위는 입법절차에 관한 헌법의 규정을 명백히 위반한 흠이 있다고 볼 수 없으므로 이를 무효라 할 수 없다"[47]거나 "기능적 권력분립과 국회의 자율권을 존중하는 의미에서 헌법재판소는 원칙적으로 처분의 권한 침해만 확인하고, 권한침해로 야기된 위헌·위법상태의 시정은 피청구인에게 맡기는 것이 바람직"[48]하다고 하였다. 한미FTA 비준동의안 처리에 있어서 상임위원회 위원장에 의한 상임위원회 소속 국회의원의 심의권이 침해되었다고 판단한 사건에 있어서도 "본회의에서 심의·표결 과정에서 다양한 절차와 방법으로 청구인들의 심의권을 보장함으로써 이 사건 상정·회부행위의 하자를 사후적으로 치유할 수 있으므로"[49] 권한쟁의 심판의 청구가 기각되기도 하였다. 「신문법」과 「방송법」 등에 대한 본회의에서의 입법절차에서 국회의원들의 심의·표결권이 침해된 것으로 인정하였으나, 동 법안에 대한 무효확인청구에 대해서는 기각되었는데, 이후에 국회의장이 '침해된 국회의원들의 심의·의결권을 회복 할 수 있는 조치를 취하지 않는 부작위'에 대한 권한쟁의심판을 청구하였다. 이에 대하여 헌법재판관 4인은 각하, 1인은 기각, 4인은 인용의견을 개진하여, 동 심판청구는 기각되었다. 4인의 각하의견은 "종전 권한침해확인결정의 기속력으로 피청구인에게 종전 권한침해행위에 내재하는 위헌·위법성을 제거할 적극적 조치를 취할 법적 의무가 발생한다고 볼 수 없"다고 보았고, 기각의견은 "헌법재판소가 권한의 존부 또는 범위의 확인을 넘어 그 구체적 실현방법까지 임의로 선택하여 가결선포행위의 효력을 무효확인 또는 취소하거나 부작위의 위법을 확인하는 등 기속력의 구체적 실현을 직접 도

47 헌재 1997. 7. 16. 96헌라2.
48 헌재 2009. 10. 29. 2009헌라8.
49 헌재 2010. 12. 28. 2008헌라7.

모할 수는 없다"고 하였다.[50]

헌법재판소의 법정의견에 따르면, 국회는 국민의 대표기관이자 입법기관으로서 의사(議事)와 내부규율 등 국회운영에 관하여 폭넓은 자율권을 가지므로 국회의 의사절차나 입법절차에 헌법이나 법률의 규정을 명백히 위반한 흠이 있는 경우가 아닌 한 그 자율권은 권력분립의 원칙이나 국회의 위상과 기능에 비추어 존중되어야 한다는 것이다.[51] 따라서 그 자율권의 범위 내에 속하는 사항에 관한 국회의 판단에 대하여 다른 국가기관이 개입하여 그 정당성을 가리는 것은 바람직하지 않고, 헌법재판소도 그 예외는 아니라고 판단하였다.[52] 그러나 이러한 헌법재판소의 법정의견에 대해서는 비판이 많다. 헌법재판소 스스로도 "국회의 자율권은 의사절차와 관련해 법에 명시되지 않은 부분을 분명히 위반한 경우에까지 주장할 수 있는 만능 면책 수단이 아니다."[53]라고 자율권의 한계를 분명히 선언하고 있다. "국회는 국민의 대표기관, 입법기관으로서 폭넓은 자율권을 가지고 있고, 그 자율권은 권력분립의 원칙이나 국회의 지위, 기능에 비추어 존중되어야 하는 것이지만, 한편 법치주의의 원리상 모든 국가기관은 헌법과 법률에 의하여 기속을 받는 것이므로 국회의 자율권도 헌법이나 법률을 위반하지 않는 범위 내에서 허용되어야 하고 따라서 국회의 의사절차나 입법절차에 헌법이나 법률의 규정을 명백히 위반한 흠이 있는 경우에도 국회가 자율권을 가진다고는 할 수 없다."[54]는 것이다. 최근의 결정에서도 반대의견은 "헌법재판소가 별도로 취소 또는 무효확인 결정을 하지 않더라도 법적·사실적으로 가능한 범위 내에서 자신이 야기한 위헌·위법 상태를 제거하여 합헌·합법 상태를 회복하여야 할 의무를 부여하는 것으로 보아야 한다"고 하고, 또한 "2009헌라8 등 권한침해 확인결정에도 불구하고, 국회가 이 사건 법률안에 대한 심의·표결절차의 위법성을 바로 잡고 침해된 청구인들의 심의·표결권을 회복시

50 헌재 2010. 11. 25. 2009헌라12.
51 헌재 1997. 7. 16. 96헌라2.
52 헌재 1998. 7. 14. 98헌라3.
53 헌재 1997. 7. 16. 96헌라2.
54 헌재 1997. 7. 16. 96헌라2.

켜줄 의무를 이행하지 않는 것은 헌법재판소의 종전 결정의 기속력을 무시"하는 것이므로 심판청구를 인용하여야 한다는 의견을 개진하였다. 이외에도, 「국회법에 명시된 조항을 위반한 경우를 두고 국회자율권을 거론하면서 면죄부를 주려해서는 안될 뿐만 아니라, 헌법재판소가 미디어법 통과의 위헌성과 권한침해를 인정하면서 미디어법 가결선포행위에 대해 무효선언을 하지 않는 것은 일종의 직무유기에 가깝다는 평가[55]가 있으며, 헌법재판소가 국회의 전횡에 대하여 통제하는 기능을 제대로 발휘하지 못하는 경우에는 위헌입법행위의 유일한 사후통제가능성 마저도 형해화될 수 있음을 주의하여야 한다는 비판[56]이 있다. 국회의원의 법률안 심의·표결권을 침해한 국회부의장의 위법한 의사진행권 행사와 가결선포행위 및 그로 인해 통과된 법률들은 당연히 무효가 되는 것이고 헌법재판소는 이에 대하여 무효선언을 해주어야 한다[57]는 직설적인 주문도 있다. 결과적으로, 헌법재판소는 국회의 입법절차 상의 하자에 대한 궁극적인 통제에 미치지는 못하고 있다는 평가[58]를 받을 정도로 소극적인 판결경향을 보이고 있다. 99헌라1 사건에서 피청구인 국회의장은 "국회는 다수결원칙에 의하여 의사를 결정한다. 다수결에 따라 확정된 안건에 대하여 권한쟁의심판으로 그 효력을 문제삼는 것은 의회민주주의와 국회의 자율권 존중이라는 측면에서 허용될 성질의 것이 아니다"는 의견을 제출하였다. 다수결원칙이 의회운영의 중심원리임은 옳지만, 다수결원칙만이 의회운영의 유일한 원리라고는 할 수 없다. 토론과 타협의 원리, 적법절차의 원리, 소수자보호의 원칙 등도 의회운영에 있어서의 중요한 원리임을 간과해서는 아니된다. 대의정치가 원활히 그리고 충실히 기능하기 위해서는 소수파나 반대파에 의하여 대의되는 국민들의 의견을 청취하고 존중하는 과정과 자세가 필요하기 때문이다.

---

55 임지봉, 헌법재판소 미디어법 관련 권한쟁의심판사건 결정의 헌법적 문제점, 법과 사회, 2010, 77면.

56 방승주, 전게논문, 257면.

57 임지봉, 전게논문, 78면.

58 박인수/조홍석/남복현, 헌법재판소에 의한 헌법재판이 우리 사회에 미친 영향, 헌법재판소, 2010, 301면.

3. 소 결

권한쟁의심판에 대하여 헌법재판소가 지나치게 소극적인 태도를 견지하게 되면 정치적 소수파의 보호를 통한 권력분립 실현이라는 권한쟁의심판의 과제를 충분히 수행하지 못하게 될 우려[59]가 있었고, 헌법재판소는 초기 국회의원과 국회의장간의 권한쟁의심판을 각하 하던 태도에서 나아가 입법절차에 대한 하자의 문제를 적극적으로 판단하기 시작하였다. 권한쟁의심판의 의미와 목적에 관해서도 다양한 의견이 있을 수 있다. 입법절차에 대한 권한쟁의 심판이 대개 국회내의 소수파를 보호하는 기능을 수행한다는 일반적인 평가와는 달리, "이 문제에 관한 또 하나의 과제는 소수파의 의사진행 방해행위를 어떻게 평가할 것인지 이다. 국회 다수파의 변칙적인 의안처리는 물론 정치적, 법적으로 부정적 평가를 받아야 마땅하지만, 그 반면에는 소수파가 다수결원칙을 인정하지 않으려 하고 의사진행 방해행위를 통하여 실력행사로써 정치적 의사를 관철시키려 한 데 기인하는 바도 적지 않았다. 지금까지 권한쟁의심판을 통하여 주로 부각되고 통제된 것은 다수파의 변칙처리 부분이었다. 국회 다수파와 소수파 간의 정치적 힘겨루기의 전부를 법적인 잣대로 평가, 해결하는 것은 바람직하지도 쉽지도 않겠지만, 향후로는 소수파의 위헌·위법적인 의사진행 방해행위에 대해서도 권한쟁의심판을 통하여 법적으로 평가하고 통제하는 것은 일정 부분 필요하리라 본다."[60]는 의견도 있다.

우리 국회의 입법과정을 보면 의회주의 반세기의 역사를 거치면서 의회주의원리가 현실정치에서 구현되지 못하고 다수파의 힘의 논리에 의한 강행처리나 소위 '날치기통과' 등의 입법실태는 국민의 국회불신과 정치에 대한 냉소주의를 확산시키고 있다. 또한 국회의사결정에 있어서 다수결의 원칙이 이성적 토론과 타협, 소수의사의 존중을 전제로 하는 질적 다수결이 아니라 수적·양적 다수결로 퇴색되고 있는 정치상황에서는 더욱 입법절차의 정당성이 강조되며,

59 김하열, 권한쟁의심판의 발전과 과제, 헌법논총, 제19집, 2008, 482면.
60 김하열, 전게논문, 482면.

앞으로의 입법통제는 입법절차상 하자에 대한 통제에 중점을 두어야 한다[61]는 점이 지적되고 있다. 국회 상임위원회 및 본회의에서의 심의·의결과정은 토론과 설득을 거친 이후의 표결과정을 통하여 다양한 국민들의 입법에 대한 의견이 조정되고 합의될 필요가 있다. 그러나 헌법과 법률이 정하는 입법절차를 무시한 국회에서의 의사진행은 국민들에게 국회에 대한 불신을 조장하고, 그 입법과정의 결과물인 법률에 대한 신뢰의 저하와 준법정신의 약화로 이어질 수 있다. 헌법과 법률에 정해진 국회입법절차는 엄격히 준수되어야 하며, 준수되지 않은 절차를 통하여 의결된 법률에 대한 효력은 부인되어야 바람직하다.[62]

이처럼 우리 국회에서 날치기가 횡행하고 합의의 전통이 약해 의사일정이 확정되지 못한 관계로 본회의가 개회되는 날이 많아졌고, 그 결과 회기 말에 무더기로 법을 처리하는 것이 관례처럼 되어 질 낮은 법을 양산[63]하기 때문에 입법절차에 대한 헌법재판소의 사법적 통제는 입법의 절차적 통제를 통하여 입법절차의 결과물인 법률의 실체적 정당성을 확보하기 위한 수단이라고 할 수 있다.

제4절 맺음말

오랜기간 동안 입법절차에 대한 사법심사는 실질적으로 및 제도적으로 가능하지 않았다. 비정상적인 입법절차에 대해서는 단지 '선거에 의한 심판'을 하자고 하였지만, 과연 비정상적인 입법절차에 대한 유권자의 심판이 있었는지는 의문이다. 날치기 법안처리 등 국회에서의 비정상적인 입법절차가 제18대 국회

61 정만희, 전게서, 252면.

62 홍완식, 현행 입법과정의 문제점과 개선방향, 법제연구, 한국법제연구원, 제37호, 2009. 12, 13면.

63 김민전, 입법과정의 개혁, 박찬욱/김병국/장훈 공편, 국회의 성공조건, 동아시아연구원, 2004, 274면.

에서도 일어나는 등 날치기가 근절되지 않는 상황이 이러한 의문과 회의의 근거이다. 그러나 비정상적인 입법절차에 대하여 국회의원이 국회의장을 대상으로 제기한 권한쟁의 심판이 가능하게 되었다는 것은 그 심판의 결과는 별론으로 하고 상당한 진전으로 평가되어야 한다. 1988년에 설립된 헌법재판소에 의하여 비정상적인 입법절차에 대한 사법심사가 가능하기 전에는, 늘 있어왔던 법원이나 전신 헌법재판소나 헌법위원회에서는 이러한 사법심사에 대한 기대가능성 조차 있지 않았다. 작금에는 날치기 법안 통과 후 헌법재판소에 권한쟁의 심판이 제기되는 패턴이 계속[64]되고 있다.

주지하다시피 우리나라의 헌법과 법률은 대의민주주의를 기본으로 하고, 직접민주주의적인 요소를 보충적으로 반영하고 있을 뿐이어서, 법률에 대한 국민발안 등이 인정되지 아니하며, 입법절차에서도 국민들이 직접 참여할 수 있는 제도를 두고 있지 않다. 헌법재판소가 설시하듯이 "대의민주제에서 법률의 제정 개폐는 입법부의 몫이고, 국민은 단지 헌법이 보장하는 입법청원 또는 언론활동을 통하여 정치적 의사결정에 관여할 수 있을 뿐"[65]이기 때문에 헌법과 법률이 정하는 입법절차는 엄격히 준수되어야 한다. 입법절차에의 국민의 직접적 간여 방법이 없기 때문에, 헌법과 법률에 따른 절차규정이 그나마 입법의 절차적 정당성, 궁극적으로는 입법과정 자체와 입법과정의 결과물인 법률의 정당성을 획득하는 유일한 방법인 것이다.

국회에서의 비정상적인 입법절차에 대하여 국회의원이 국회의장을 대상으로 하여 제기한 권한쟁의심판에서, 국회의원의 심의·표결권은 침해되었지만 통과된 법률은 무효로 볼 수 없다는 헌법재판소의 결정에 대하여 논란이 많다. 국회 입법절차에 있어서 무엇보다도 중요한 점은 「헌법」 및 「국회법」에서 정하고 있는 입법절차는 국회에서의 상임위원회에서는 물론이고 본회의에서도 반드시 준수되어야 한다.[66] 이는 국회 스스로 준수하여야 하는 자율성의 핵심이요, 만일 이러한 중요한 절차가 준수되지 않아 권한쟁의심판의 대상이 되었다면 헌법

64 대한변협신문, 제344호, 2011년 3월 21일, 8면.
65 헌재 1997. 9. 25. 97헌가4.
66 홍완식, 의원입법에 대한 합리적인 통제방안, 저스티스, 제106호, 2008. 9, 124면.

과 법률이 정하는 입법절차에 위반하여 국회의원의 심의·표결권을 침해한 법률안 또는 법률은 그 효력이 부인되어야 옳다. 헌법재판소의 위헌법률심판에서 위헌으로 판단된 법률은 무효가 되듯이, 권한쟁의심판에서는 국회의원의 심의·표결권이 침해되었다고 판단된 경우라면, 그러한 입법절차에 의하여 통과된 법률안은 무효로 되는 것이 옳다는 것이다. 국회의 자율권 행사가 기대될 수 없는 경우나 상황이라면, 헌법재판소가 이를 촉구하는 것이 법률 형성과정에서의 절차적 정당성을 회복하는 유일한 길이다.

| CHAPTER 18 _ 참고문헌 |

권영설, 국회의사절차의 헌법문제, 헌법이론과 헌법담론, 2006.

김민전, 입법과정의 개혁, 국회의 성공조건, 동아시아연구원, 2004.

김승환, 입법학에 관한 연구, 고려대학교 박사학위 청구논문, 1987.

김영구, 한국국회의 입법과정, 삼보, 1991.

김하열, 권한쟁의심판의 발전과 과제, 헌법논총, 제19집, 2008.

박영도, 최근의 입법경향과 입법의 선진화를 위한 과제, 동아법학, 제50호, 2011. 2.

______, 입법과정연구의 입법학적 접근시각, 법과 사회, 제10호, 1994.

______, 입법이론연구 Ⅱ - 입법과정의 이론과 실제, 한국법제연구원, 1994. 12.

박인수/조홍석/남복현, 헌법재판소에 의한 헌법재판이 우리 사회에 미친 영향, 헌법재판소, 2010.

방승주, 위헌입법의 현황과 대책, 저스티스, 제106호, 2008. 9.

심지연, 정당개혁과 의정활동의 방향, 한국민주시민교육학회보, 제8호, 2003. 12.

유병훈/이상희, 우리나라의 입법과정에 관한 고찰, 법제, 제528호, 법제처, 2001. 12.

이상규, 날치기 입법의 종식을 바라며, 사법행정, 제33권 1호, 1992. 1.

임종훈/박수철, 입법과정론, 제3판, 2006.

임지봉, 헌법재판소 미디어법 관련 권한쟁의심판사건 결정의 헌법적 문제점, 법과 사회, 2010.

정만희. 헌법과 통치구조, 2003.

정재황, 국회의 날치기통과 등 졸속입법에 대한 통제, 법과사회, 법과사회이론연구회, 제6호, 1992.

정종섭, 헌법학원론, 2011.
정호영, 국회법, 법문사, 2004.
한상희, 입법학 : 우리의 과제와 방향, 입법학연구, 창간호, 2000.
홍완식, 의원입법에 대한 합리적인 통제방안, 저스티스, 제106호, 2008. 9.
_____, 현행 입법과정의 문제점과 개선방향, 법제연구, 제37호, 2009. 12.
황소웅, 날치기는 없다, 문학사상사, 2001.
개정 국회법 소개, 국회운영위원회 수석 전문위원실, 2002. 3.
헌법재판실무제요, 헌법재판소, 제1개정증보판, 2008.

저자 약력

홍 완 식

건국대학교 법학과 졸업 (법학석사)
쾰른대학교 졸업 (법학박사)
현) 건국대학교 법학전문대학원 교수
한국입법학회 회장
국회 입법지원위원
법제처 법제자문관
한국헌법학회 감사
유럽헌법학회 부회장
한국법학회 부회장
일감법학 편집위원장
입법과 정책 편집위원
국회도서관 법률도서관 자문위원
대한변호사협회 입법평가위원회 부위원장
대한변호사협회 입법행정아카데미 운영위원
대학입시 출제위원장 역임
입법고시 등 출제위원 역임
국회의장배 토론대회 심사위원 역임

주요 저서 및 논문

법과 사회 (2013)
법학개론 (공저, 2012)
헌법주석서 (공저, 2010)
사회변화와 입법 (공저, 2008)
독일사회복지론 (공저, 2005)
헌법 (공저, 2004)
케냐의 결혼법 개정과 남녀평등 (2014)
독일 연방과 주의 문화재보호법 (2014)
케냐 헌법에 관한 연구 (2013)
스마트그리드 입법에 관한 고찰 (2012)
교육감 주민소환제 도입에 관한 입법과정 고찰 (2012)
법인·단체의 정치자금 기부금지 (2011)
특별부담금에 관한 연구 (2011)
독일의 입법평가 (2009)
미국 연방의회의 입법과정 (2009)
문화재보호법제의 개선방안에 관한 연구 (2009)
로비제도 관련 법률안에 대한 헌법적 고찰 (2008)
사회보장입법의 현황과 과제 (2008)
사회변화와 입법자의 과제 (2008)
통일한국의 토지관련 헌법정책 (2008)
특별검사법에 관한 입법론적 고찰 (2007)
입법평가의 현황과 과제 (2007)
유럽연합과 보충성의 원칙 (2007)
토지법제에 대한 입법론적 고찰 (2007)
입법원칙으로서의 명확성원칙에 관한 연구 (2007)
헌법개정에 있어 국회분야의 논점 (2006)
입법의 원칙에 관한 연구 (2006)
국기법 제정 논의에 대한 입법론적 고찰 (2006)
인터넷실명제 관련 법률안의 입법원칙에 따른 검토 (2006)
헌법개정논의에 관한 고찰 (2005)
의회형 옴부즈만 제도의 도입에 관한 연구 (2005)
유럽연합의 입법에 관한 연구 (2004)
북한의 입법에 관한 연구 (2004) 등

법학총서01

입법학연구

초판인쇄 2014년 8월 25일
초판발행 2014년 8월 30일

지은이 홍완식
펴낸이 박노일

총괄기획 김중용
편 집 심성보 · 김인숙

펴낸곳 pnc publishing and culture 피앤씨미디어
경기도 고양시 일산동구 강송로 153 310-1501
등록 제396-2012-000203호
전 화 070)7550-3758 팩 스 02)718-8554
홈페이지 www.pncmedia.co.kr 이메일 pnc@pncmedia.co.kr
ISBN 979-11-5730-019-8 93360

정 가 25,000원